KB203716

팔천송반야경

八千頌般若經

[일러두기]

◦ 구마라지바(Kumārajiva, 鳩摩羅什) 한역의 경전을 대본으로 하여
우리말로 옮기고, 인명 지명 주요술어의 한자음역식 표현을 산스크리
트어로 바꾸었다.
◦ 한역(漢譯)의 대조를 위해 다나팔라(Dānapāla, 施護) 역을 부분적으
로 번역하여 합본하였다.
◦ 경문의 문단을 살피기 위해 에드워드 콘즈(Edward Conze)의 영역
본을 일부 첨부하였다.
◦ 오온(五蘊) 등 기본 술어는 한길사 간 학담평석 아함경과 같이하였다.
◦ 교육원 간 팔천송반야경의 기본 번역에 종요송(宗要頌) 평창(評唱)을
더해 본서의 간략한 풀이로 삼았다.

팔천송반야경
八千頌般若經

·

구마라지바(Kumārajiva) 한역(漢譯)

대승선사(大乘禪師) **학담**(鶴潭) 편역 및 평창

푼다리카

□ 금강경천태소(金剛經天台疏) 발간에 이어 본 팔천송반야경(八千頌般若經)을 새롭게 간행한다. 1994년 조계종 개혁 상황에서 필자는 제도개혁으로 교단의 새 판을 짜려는 주변의 분위기 속에서 개혁은 제도 틀의 변화뿐 아니라 수행과 사상[敎觀]에서 출가상가의 왜곡된 사고가 새롭게 변화되어야 한다고 주장했다. 대중을 가르치는 자가 먼저 교육되어야 하고, 그 교육내용도 여래의 가르침과 시대의 요구에 맞는 바른 내용이어야 하는 것이다.

그래서 필자는 개혁과정에서 출가상가 구성원의 의무교육제도 교육원 별원화의 분야에 힘을 기울여 일정정도 개혁의 성과를 달성했다. 그러나 종헌전문에 담겨있는, 과거 왕조시대 중국불교 선종 법통주의에 갇힌 불교관 수행관의 수정을 주장했다가 개인사에서 큰 좌절과 상처를 안았다.

그 뒤 나는 조계선(曹溪禪)의 선종사적 흐름을 새롭게 조명하기 위해 육조법보단경을 발간하였으며, 개혁교단에서 교육원 역경위원장을 맡아 출가상가의 반야부 경전 교과서로 이 팔천송반야경을 발간한 바 있다. 1990년대 중반에서 2000년대 초반까지 주변의 보호막이 없는 필자의 입장에서 실적주의적 성과에 조바심치며 너무 빨리 몇 권의 경전을 발간하다 보니 본 경의 거친 번역에 마음 한 켠에 늘 무거운 짐이 있었다.

금강경천태소를 발간하고 나서, 나는 칠순이 다 된 나이에 삶의 행보에서 주변의 분위기를 살펴 머뭇거리기에는 내가 해야 할 일들을 위해 나에게 허용된 시간이 별로 넉넉하지 않다는 생각에 팔천송반야경을 발간하게 되었다. 그러면서 나는 불교철학 불교 수행관의 재정립을 위해서는 아함(阿含) 반야(般若) 유식(唯識) 여래장(如來藏)의 불전을 선(禪)의 실천적 종지를 토대로 새롭게 정비해야 한다고 생각하였다.

한길사 간 학담 평석 아함경 발간 이후 그 평석 아함경 수록경전에서 네 아함 가운데 많은 경전을 수록하지 못한 중아함경(中阿含經)의 완역을 발원하였고, 이미 간행된 현수법장반야심경소 금강경천태소에 이어 본 팔천송반야경 평창과 이만송 대품반야의 발간을 기획하고 있다.

대품반야의 초역은 끝냈으나 경전의 원문에 원효대사의 대혜도경종요(大慧度經宗要)를 함께 붙이고 가상길장법사(嘉祥吉藏法師)의 대품경유의(大品經遊義)의 주요 풀이를 더해 이만송 반야경을 발간한 뒤, 중론(中論) 조론(肇論)의 선해(禪解)를 발간하여 올해 안에 반야부 경전의 큰 그림을 마감하려 한다. 그리고 올 하반기 유식불교(唯識佛敎)의 기본교과서로 상종팔요(相宗八要)를 지욱선사(智旭禪師)와 설랑법사(雪朗法師) 두 조사의 풀이를 참고로 우리말로 옮기고 풀이하려 한다.

대승기신론(大乘起信論)은 반야와 유식의 철학적 종합의 성격을 띤다. 평석 아함 이후 이미 풀이해놓은 원효대사(元曉大師)의 대승기신론소기(大乘起信論疏記)를 마저 발간하면, 아함 · 반야 · 유식 · 여래장의 기본 교과서를 모두 발간한 셈이 된다.

그러나 책이 어찌 다만 책일 것인가. 문자를 통하되 문자를 넘어서 사마타(śamatha)와 비파사나(vipaśyanā)가 하나된[止觀俱行] 디야나(dhyāna, 禪)의 종지에 돌아갈 때 반야의 문자는 자기를 넘어서 문자의 참모습을 실현할 것이며, 불교는 불교를 넘어서 불교의 역사적 자기실현을 이룰 수 있으리라.

□ 나는 오랫동안 각운동(覺運動) 곧 프라즈냐파라미타(prajñā-pāramitā)가 역사운동으로서 선(禪)과 선으로서의 역사운동〔波羅密行〕을 정립한다고 주장해왔다. 바른 지견이 없이 안거수행의 철 수 계산하면서 선방의 장로 행세하는 암증선사(暗證禪師)와, 글만 따지며 문자반야를 통해 선정과 지혜의 종지에 돌아가지 못하는 문자법사(文字法師)를 모두 넘어서지 못하면 한국불교 선종〔禪〕과 불교교학〔敎〕은 둘 다 기사회생할 길이 없다.

화두(話頭)를 들어서 절대적인 한 물건을 찾으려 하거나 소소영영(昭昭靈靈)한 주인공을 찾으려 하면 이는 선의 병폐〔禪病〕이지 바른 선정이 될 수 없다. 또한 이는 붇다께서 연기법의 실상을 밝히면서 부정한 저 브라마나(brāhmaṇa, 婆羅門)들의 전변설(轉變說)과 슈라마나(śrāmaṇa, 沙門)들의 적취설(積聚說)에 다시 돌아가는 일이니, 이와 같은 바깥길〔外道〕의 삿된 견해〔邪見〕 이것으로 어찌 여래의 정법안장(正法眼藏)을 말할 것인가.

문자 밖에 따로 전해준 진리를 실로 얻을 수 있는가. 오히려 가르침의 문자에 얻을 문자상이 없는 줄 알면 이것이 바로 '가르침 안에 참으로 전한 것이 가르침 밖에 따로 전함〔敎內眞傳 敎外別傳〕'이라고 깨우쳐 말한 옛 조사의 뜻일 것이다.

문자에 집착하여 문자를 헤아려 진리를 구하는 자는 진리를 사물화하는 자이며, 문자를 떠나서 문자 너머 진리를 따로 구하는 자, 그는 목을 끊고 살기를 구하는 자와 같으니 어찌 슬프지 않겠는가. 중국 당조 남양혜충선사(南陽慧忠禪師)는 바깥길의 사견에 떨어져 선(禪)을 말하는 자들을 다음 같이 꾸짖었다.

"이 같은 풀과 나무에 붙은 도깨비의 견해로 어찌 언교(言敎)를 세울 것인가. 아 괴롭다. 우리 종(宗)은 망하는구나."

남양혜충선사의 이와 같은 통탄의 경책이 오늘날 한국불교에서 화두법을 '화두를 들어서 불성(佛性)에 계합한다'고 말하는 어두운 선류(禪流)들에게도 빗발치듯 내리칠 것이다.

개혁의 과제는 선교(禪敎) 양면에만 있는 것이 아니라 이판사판(理判事判) 두 영역에 모두 있다. 선(禪)을 닦으면 세간법을 버리는 듯이 생각하고, 일[事]을 하면 돈과 권력을 화두 삼아 세간법을 탐착하는 것으로 생각하는 것이 한국불교의 고질병이다.

일제강점기 송만암(宋曼庵)선사 같은 사판이면 일하되[事] 선(禪) 속에서 일하고, 백용성(白龍城)선사 같은 이판이면 선하되[禪] 일[事]을 떠나지 않고 선(禪)하는 것이니, 이와 같은 역사적 실천의 전형을 오늘 다시 회복해야 한다.

□ 한 인간의 총체적 삶에서 존재와 사유 언어는 나눌 수 없다. 붇다께서 가르치신 계(戒)·정(定)·혜(慧)의 세 가지 배움[三學]은 이런 연기론적 인식에 기초한 것이고, 이의 중국 종파불교적 반영이 선(禪)·교(敎)·율(律)이다.

이런 뜻에서 참으로 선의 종지[禪宗]로 살아온 수행자나 종사라면 선(禪)을 말하면 경전의 가르침[敎]과 비나야[律]를 거둘 수 있어야 하고, 아직 여래의 가르침을 못 깨친 수행자는 늘 참회하고 발원하며 여래의 가르침을 거울삼아 자신의 일상을 이끌어 가야 한다.

이른바 선종과 조사선의 법통이 세워진 뒤 선종의 종파이데올로기로서 가장 해독을 끼친 언어가 교외별전(敎外別傳)이다. 교외별전을 말만을 좇는 문자법사의 병통을 깨는 방편어로서 이해하면 큰 허물이 없지만, 이를 그대로 맹신하고서 가르침에 맞지 않는 선의 지견을 교외별전으로 포장하는 것은 여래의 뜻을 저버리는 것이며 붇다와 조사께 큰 죄를 짓는 것이다.

그래서 중국명말 고승 우익지욱선사(藕益智旭禪師)는 '가르침 안에 참으로 전한 것이 가르침 밖에 따로 전함'이라 했던가. 지욱선사를 따르면 여래의 가르침이 교라면 조사공안도 교인 것이다.

학담이 표방하는 대승선(大乘禪)의 용어적 연원은 중국 남북조시성사 승조법사의 조론(肇論)에 있다. 대승선에서는 여래의 가르침이 도의 문에 드는 첫 이정표일 뿐 아니라 도를 행하는 지침이 되고 깨달음의 검증이 되며 중생과 역사에 나아가는 나침반이 된다. 대승선은 도를 얻었다고 말하며 도인(道人)의 자리에 앉아 중생을 내려다보는 도인의 선[道人禪]이 아니고, 지금 현실의 삶에서 아파하며 살고 있는 범부(凡夫) 자신의 선 곧 범부선(凡夫禪)이다.

대승선은 '붇다와 붇다라야 제법의 실상을 사무쳐 다한다'는 법화의 가르침을 따라 여래를 공경하고 여래의 법을 공경하며 내가 지은 공덕을 스스로 받지 않고[不受福德] 중생에 회향하고[衆生廻向] 역사에 회향하는 선이다. 대승선은 우파니샤드(Upaniṣad)의 밀전주의를 반대한 여래의 가르침을 따라 깨달음의 대중적 검증 대중강설을 통한 가르침의 역사회향을 주창한다.

　대승선에서는 여래가 중생의 가장 높은 스승이 되며, 여래의 가르침을 여실히 믿고 행하는 자가 교수선지식(敎授善知識)이 되고, 대중이 함께 동학선지식(同學善知識)이 되고 외호선지식(外護善知識)이 된다. 여래도 '법을 공경한다' 말했는데 지금 도의 이름 밑에 대중의 숭앙을 받고 복수용하는 세간의 스승 된 이들은 스스로 '여래를 공경하고 법을 공경하는가' 물어야 한다. 종사도 여래의 제자로서 대중을 가르쳐야 하고 대중 속에서 솔선수범하며 붇다의 수트라와 조사의 강종(綱宗)으로 대중을 이끌어야 한다. 이것이 중국 명말청초 임제종 회산계현선사(晦山戒顯禪師)가 선문단련설(禪門鍛鍊說)에서 말한, 선문의 종사〔禪門宗師〕가 갖추어야 할 종사의 요건이다.

　선종의 종파이데올로기로서 큰 해독을 끼치는 또 하나의 언구가 바로 '여섯 파라미타는 세 큰 칼파를 거쳐 닦는 점수행이고 조사선의 법문만이 바로 여래의 땅에 깨쳐드는 돈오문이다'라는 말이다. 이는 전혀 경교의 뜻과는 십만팔천 리 어긋난 말이니, 이제 이 시대불교의 병폐는 다시 우리에게 경전에 의거해 수행하며 돈오(頓悟)를 말하고 오수일여(悟修一如)를 말하는 새로운 선풍진작을 요구한다.

　반야경의 가르침에 의하면, 반야가 제법실상을 바로 깨쳐 삼세를 한 생각에 바로 뛰어 넘되 삼세를 거두는 돈오법이다. 그리고 반야일 때 여섯 파라미타가 모두 거두어짐이 오수일여의 뜻이다. 경교의 뜻과 다른 것을 조사선으로 포장하는 것은 여래의 바른 법바퀴를 비방하는 것으로 큰 죄업의 과보를 불러일으킬 것이다.

　가르침에 의거하되 깨달음의 실천으로 가르침을 지양할 때 가르침은 이제 자기 깨달음의 검증이 되고 역사에 나아가는 나침반이 된다.

그리고 삼계도사 붇다의 이름으로 기술된 여래선(如來禪) 위에 그보다 나은 조사선(祖師禪)이라는 신묘한 도리가 있겠는가. 조사선의 신묘한 도리를 세우는 것이 도리어 조사선 여러 조사들을 땅에 파묻는 일이 될 것이다.

명말 크게 깨친 선사로서 경전주석에 일생을 바치고 율학을 현창하며 정토법문을 주창한 운서주굉・감산덕청・우익지욱의 뜻이 앞에서 보인 종파선(宗派禪)으로서 선종의 병폐를 구하기 위함이라 생각된다.

이제 영가선사(永嘉禪師)의 증도가(證道歌) 게송과 우리불교 고려조의 선사 진각혜심(眞覺慧諶)의 몇 수 게송을 우리가 제기한 문제의식에 대한 해결의 방향 제시로 보이며, 위 조사들의 게송의 뜻이 본 팔천송반야경 발간의 취지가 됨을 밝힌다.

범부중생으로서 다행히 선법(禪法)을 만나고 여래의 수트라를 만난 우리들은 오직 하루하루 과오와 죄업을 참회하고 마하야나(mahāyāna)의 큰 원을 일으키며 여래의 큰 은혜 갚기를 서원해야 한다.

'죽은 자를 살려야 죽은 자를 보고, 산 자를 죽여야 산 자를 본다'고 했던가. 옛 조사의 이 공안을 오늘의 현성공안으로 삼아야 시대불교의 새로운 앞길이 열릴 것이다.

○ 영가선사송 - 증도가(證道歌)

위없는 여래선을 단박 깨쳐 사무치니
여섯 파라미타 만 가지 행이 바탕 속에 두렷하네
꿈속에선 밝고 밝게 여섯 갈래 길 있더니

깨친 뒤엔 모두 공해 대천세계 모습 없네

頓覺了如來禪　　六度萬行體中圓
夢裏明明有六趣　覺後空空無大千

말 없을 때 말함이고 말할 때 말 없으니
큰 보시의 문이 열려 좁아 막힘 전혀 없네
무슨 종지 아느냐고 내게 누가 묻는다면
마하 프라즈냐 파라미타의 힘이라 답하여 주리

默時說說時默　　大施門開無壅塞
有人問我解何宗　報道摩訶般若力

○ 진각선사송 - 당에 올라 말함[上堂]

지혜 복덕 갖추신 세존께 머리 숙여 절하니
그 모습 푸른 못에 가을달 나타남이네
하직하여 어긋남이 천 리 밖의 먼 곳이나
얼굴 마주하고 다시 그 얼굴 마주하네

稽首兩足尊　　碧潭秋月現
辭違千里外　　對面復對面

오늘 아침은 시월 초나흗날인데
한바탕 불사를 이미 마쳤다 하네
맨 뒤의 한 구절 그대 위해 보이리니
마하 프라즈냐 파라미타로다

팔천송반야경(八千頌般若經)

차례

今朝十月初四日　一場佛事旣云畢
末後一句爲君宣　摩訶般若波羅密

○ 진각선사송 – 대중에게 보임〔示衆〕

있다고 하거나 없다고 함이 모두 비방이고
때로 말하고 잠자코 말 없음이 다 참됨 아니네
요즈음 곧바로 조계의 소식 얻었으니
남쪽바다 페르시아 배에서 손수건을 판다네

道有道無俱是謗　或談或默惣非眞
近來便得曹溪信　南海波斯賣手巾

알려는가
신라의 부자와 금주의 칠이로다
예부터 서로 전해 곧장 오늘에 이르러서
오늘에야 또렷이 그대들에게 들어 보이나니
마하 프라즈냐 파라미타로다

要會麽
新羅附子金州漆　自古相傳直至今
今日分明擧似君　摩訶般若波羅密

2019年 己亥 初
서울 동묘 토굴에서
대승선(大乘禪)을 제창하며
학담(鶴潭)

2부 팔천송반야경 원문

1부

팔천송반야경
종요(宗要)

Ⅰ. 오중현의로 경의 큰 뜻을 밝힘〔五重玄義〕

이 경의 요점이 되는 실천의 마루〔宗要〕를 천태선사의 오중현의(五重玄義)로 간략히 정리해 보인다.

1. 제목을 풀이함〔釋題〕

본 반야경의 갖춰진 이름은 마하프라즈냐파라미타수트라(mahā-prajñā-pāramitā-sūtra)인데, 한역 경전의 이름은 마하반야바라밀경(摩訶般若波羅密經)이다.

마하(mahā)의 '크다' 함은 '다섯 쌓임으로 표현된 세간의 있되 공해 헤아릴 수 없는 진리'의 세계를 '크다〔大〕' 함이니, 실상반야(實相般若)를 나타낸다. 프라즈냐파라미타(prajñā-pāramitā)는 지혜이니, 실상 그대로의 지혜로서 관조반야(觀照般若)이다. 수트라(sūtra)는 경이니, 지혜인 실상이 언어로 표현된 것으로 문자반야(文字般若)이다.

실상반야는 여래의 지혜인 진리로서 지혜로 드러난 실상의 세계이다. 때로 수트라는 이를 모든 법의 실상〔諸法實相〕이라 하고, 여래의 법신〔如來法身〕이라 한다. 여래의 법신은 프라즈냐로써 드러나고 여래의 지혜는 법신에서 일어나지만, 지혜는 비추되 비춤 없고 지혜로 비추는바 법신의 진리는 진리의 모습이 공하여 지혜인 진리는 여래의 해탈의 활동〔解脫〕으로 드러난다.

여래의 해탈의 활동이 여래의 설하되 설함 없는 설법행이니 곧 문자반야이다. 여래의 법신(法身)이 공하되 어둡지 않아 프라즈냐의 지혜가 있고, 지혜가 막힘없어 해탈의 활동이 있으나, 해탈의 활동이 다시 하되 함이 없이 고요하여 도로 법신이 되는 것이니, 법신(法身)·반야(般若)·해탈(解脫)은 같음도 아니고 다름도 아니다.

이런 뜻을 본 경은 다음 같이 보인다.

수부티가 말했다.

"참으로 그렇고 그렇소, 카우시카(Kauśika)여. 마하파라미타가 곧 프라즈냐파라미타이며 헤아릴 수 없는 파라미타가 곧 프라즈냐파라미타이며, 가없는 파라미타가 곧 프라즈냐파라미타입니다.

카우시카여, 물질이 헤아릴 수 없으므로 프라즈냐파라미타도 헤아릴 수 없고, 느낌·모습취함·지어감·앎이 헤아릴 수 없으므로 프라즈냐파라미타도 헤아릴 수 없습니다. 조건〔緣〕이 가없으므로 프라즈냐파라미타도 가없습니다. 중생이 가없으므로 프라즈냐파라미타도 가없습니다."

▪ 〔2품〕

그때 대중 가운데에 여러 하늘신들이 있어서 이렇게 생각하였다.

'모든 야크샤 무리들의 말과 글귀는 뜻을 알 수 있겠지만, 수부티께서 말하고 논하는 바는 알아듣기 어렵구나!'

수부티가 여러 하늘신들이 마음으로 생각하는 바를 알아채고서 여러 하늘신들에게 말했다.

"이 가운데는 설함도 없고 보임도 없고 들음도 없소."

여러 하늘신들은 이렇게 생각하였다.

'수부티께서는 이 뜻을 쉽게 알도록 하시려 하지만 그 말씀은 더욱 깊고 미묘해지는구나!'

▪ 〔2품〕

학담이 한 노래로 찬탄하리라.

이 경의 문자는 어디서 일어나는가
여래 지혜를 좇아 세간에 나타나네
여래 지혜의 몸이 곧 법의 몸이니
법신과 문자는 끝내 다름 없어라

此經文字何所起　從如來智現世間
如來智身卽法身　法身文字終無別

이 경 제목 세 반야 나타내니
마하인 실상은 지혜를 좇아 나타나고
프라즈냐는 실상과 같은 여래의 지혜이며
수트라 문자는 지혜를 좇아 나왔으니
실상 관조 문자 세 반야에 다름이 없네

此經題名三般若　摩訶實相從智現
般若如實如來智　文字從智三無別

그러므로 보디사트바 경의 말씀 들으면
이룸 없이 물러섬 없는 지혜 이루고
건넴 없이 미망의 중생 건네주며
크나큰 장엄 일으켜 정토 이루네

是故菩薩聞經說　無成而成不退智
無度而度迷妄衆　發大莊嚴成淨土

2. 진리의 바탕을 보임〔辨體〕

이 프라즈냐파라미타 경전의 문자〔能詮文字〕가 보인 진리의 모습〔所詮實相〕은 어떠한가. 여래의 법은 지금 중생이 보고 듣는 세간법의 공한 진실 밖에 그 무엇이 아니니, 세간법 밖에 얻을 신묘한 법이 있다면 그것은 여래의 법이 아니다.

모든 법의 실상이 곧 여래의 법신이고 여래의 지혜의 몸이니, 경은 다음 같이 가르친다.

"잘 행하는 남자여, 너는 이때 모든 법의 참모습을 살펴야 한다. 어떤 것이 모든 법의 참모습인가? 붇다께서는 온갖 법에 더러운 때가 없다고 말씀하셨다. 왜냐하면, 온갖 법의 성품이 공하고 온갖 법은 나〔我〕가 없고 중생(衆生)이 없으며, 온갖 법은 허깨비 같고 꿈과 같고 메아리 같고 그림자 같고 불꽃과 같기 때문이다.

잘 행하는 남자여, 네가 만약 이와 같이 모든 법의 참모습을 살펴 법사를 따르면, 오래지 않아 프라즈냐파라미타를 잘 알게 될 것이다."

▪ 〔27품〕

"잘 행하는 남자여, 모든 붇다께서는 좇아 온 곳이 없고 가서 이르는 곳이 없다. 왜냐하면, 모든 법의 한결같음은 움직이지 않기 때문이다. 모든 법의 한결같음이 곧 여래이다.

잘 행하는 남자여, 남이 없고 옴도 없으며, 감이 없고 사라짐이 없는 것이 곧 여래이다. 참된 바탕〔實際〕은 옴도 없고 감도 없으니 참된 바탕이 곧 여래이다. 공(空, sunyata)은 옴도 없고 감도 없으니 공함이 곧 여래이다. 모습 끊어짐〔斷〕은 옴도 없고 감도 없으니,

끊어짐이 곧 여래이다. 모습 떠남[離]은 옴도 없고 감도 없으니, 모습 떠남이 곧 여래이다. 사라짐[滅]은 옴도 없고 감도 없으니, 사라짐이 곧 여래이다. 허공의 성품[虛空性]은 옴도 없고 감도 없으니, 허공의 성품이 곧 여래이다.

잘 행하는 남자여, 이 모든 법을 떠나서는 여래가 없으니, 이 모든 법의 한결같음과 모든 여래의 한결같음은 다 하나라 둘이 없으며 다름도 없다. 잘 행하는 남자여, 이 한결같음은 오직 하나이지 둘도 없고 셋도 없으며, 모든 법의 수[諸數]를 떠나 실로 있는 바가 없다.

잘 행하는 남자여, 비유하면 늦봄의 해가 한낮에 쨍쨍 내리쬘 때 들판에서 아지랑이가 움직이는 것을 보고 어리석은 사람이 그것을 좇아 물을 얻겠다고 하는 것과 같다. 잘 행하는 남자여, 그대 뜻에 어떠한가. 이 물은 어디로부터 오는가? 동쪽의 바다로부터 오는가, 아니면 남·서·북쪽의 바다로부터 오는가?"

사다프라루디타보디사트바가 큰 스승에게 말씀드렸다.

"아지랑이 가운데는 물도 없는데, 하물며 오는 곳과 가는 곳이 있겠습니까? 다만 이것은 어리석은 사람이 지혜가 없으므로 물이 없는 곳에서 물이라는 생각을 일으킨 것이지 실로는 물이 없습니다."

▪ 〔28품〕

학담도 한 노래로 찬탄하리라.

여래께서 말씀하신 법계의 진리
세간의 진실 밖엔 법이 없도다
실상은 모습 없어 본래 머묾 없으니
이와 같이 밝게 사무쳐 알면
이것이 프라즈냐의 지혜이네

如來所說法界理　世間眞實外無法
實相無相本無住　如是了知卽般若

여래의 몸은 곧바로 진여이니
좇아 온 바가 없고 가는 곳 없네
프라즈냐 지혜의 법을 행하는 자는
여래의 법의 몸에 돌아가나니
넓고 큰 칼파에 참된 교화 도우리

如來身是卽眞如　無所從來無所去
行般若者歸法身　廣大劫中助眞化

3. 실천의 마루를 밝힘〔明宗〕

미망의 중생으로 하여금 아누타라삼약삼보디에 이르게 하는 실천의 마루는 무엇인가.

프라즈냐파라미타가 여섯 파라미타를 이끌어 물러나 구름이 없는 지혜의 땅에 이르게 하고, 사르바즈냐나의 지혜를 이루어 아누타라삼약삼보디에 이르게 하니, 경은 다음 같이 가르친다.

"아난다여, 그러므로 프라즈냐파라미타는 다섯 파라미타를 이끄는 것이다. 아난다여, 비유하면 큰 땅 가운데 씨앗을 뿌려 인연이 화합하면 바로 싹이 트고 자라나서, 이 땅에 의지하지 않고서는 마침내 싹이 틀 수 없는 것과 같다.

아난다여, 이와 같이 다섯 파라미타는 프라즈냐파라미타 가운데 머물러서 자라날 수 있으며, 프라즈냐파라미타가 이들을 보살펴 주므로 사르바즈냐나에 향할 수 있는 것이다. 그러므로 아난다여, 프라즈냐파라미타가 다섯 파라미타를 이끄는 것이다."

■ 〔4품〕

"그렇고 그렇다, 카우시카여. 프라즈냐파라미타는 크게 밝은 만트라이며 프라즈냐파라미타는 위없는 만트라이며 프라즈냐파라미타는 함께 할 것이 없는 만트라이다.

왜냐하면 카우시카여, 지난 세상 모든 붇다들이 이 밝은 만트라에 의해 아누타라삼약삼보디를 얻었으며, 아직 오지 않은 세상 모든 붇다들 또한 이 만트라에 의해 아누타라삼약삼보디를 얻으실 것이며, 지금 시방에 드러나 있는 모든 붇다들 또한 이 만트라에 의해 아누타라삼약삼보디를 얻기 때문이다.

카우시카여, 이 밝은 만트라로 인해 열 가지 바른 길〔十善道〕이 세상에 나타나며, 네 가지 선정〔四禪〕과 네 가지 헤아릴 수 없는 마음〔四無量心〕과 물질 없는 세계의 네 가지 선정〔四無色定〕과 다섯 가지 신통〔五神通〕이 세상에 나타난다.

보디사트바로 인해 열 가지 바른 길이 세상에 나타나며, 네 가지 선정과 네 가지 헤아릴 수 없는 마음과 물질 없는 세계의 네 가지 선정과 다섯 가지 신통이 세상에 나타난다.

만약 여러 붇다들이 세상에 나오지 않더라도 다만 보디사트바들로 인해 열 가지 바른 길과 네 가지 선정과 네 가지 헤아릴 수 없는 마음과 물질 없는 세계의 네 가지 선정과 다섯 가지 신통이 세상에 나타나니, 비유하면 마치 달이 뜨지 않을 때 별자리의 밝은 빛이 세간을 비추는 것과 같다.

이와 같이 카우시카여, 세상에 붇다가 계시지 않을 때에도 세상에 있는 온갖 착한 행위와 바른 행은 다 보디사트바들을 좇아 나오며, 이 보디사트바의 방편의 힘은 다 프라즈냐파라미타에서 생겨난다."

▪ 〔4품〕

"세존이시여, 무엇이 보디사트바의 옳은 스승입니까?"

붇다께서 수부티에게 말씀하셨다.

"모든 붇다 세존이 바로 보디사트바의 옳은 스승이다. 왜냐하면 보디사트바를 가르쳐 프라즈냐파라미타에 들어가게 하기 때문이다. 수부티여, 이것을 보디사트바의 옳은 스승이라 한다.

다시 수부티여, 여섯 파라미타〔六波羅密〕가 보디사트바의 옳은 스승이며, 여섯 파라미타가 보디사트바의 큰 스승이며, 여섯 파라미타가 보디사트바의 길이며, 여섯 파라미타가 보디사트바의 밝은 빛이며, 여섯 파라미타가 보디사트바의 횃불이다.

수부티여, 지나간 세상 모든 붇다도 여섯 파라미타를 좇아 생겼으며, 아직 오지 않은 세상 모든 분다도 여섯 파라미타를 따라 생길 것이며, 드러나 있는 세상 시방의 헤아릴 수 없는 아상키야 세계의 모든 분다도 다 여섯 파라미타를 좇아 생긴다.

또 삼세 모든 분다의 사르바즈냐나도 다 여섯 파라미타를 따라 생겼다. 왜냐하면 모든 분다께서는 여섯 파라미타를 행하여 네 가지 거두는 법〔四攝法〕으로써 중생을 거두시기 때문이니, 곧 널리 베풂〔布施〕·부드러운 말〔愛語〕·남을 이롭게 하는 행〔利行〕·함께 일함〔同事〕으로 아누타라삼약삼보디 얻음을 말한다.

수부티여, 그러므로 알아야 한다. 여섯 파라미타는 큰 스승이고 아버지고 어머니며 집이고 돌아가는 곳이며 섬이고 건져줌이며 마쳐 다한 길이니, 여섯 파라미타는 온갖 중생을 이익되게 한다.

그러므로 보디사트바가 스스로 깊은 지혜가 밝고 또렷하여 남의 말에 따르지 않고 남의 법을 믿지 않으며 온갖 중생의 의심을 끊고자 한다면, 이 프라즈냐파라미타를 배워야 한다."

▪ 〔20품〕

학담도 한 노래로 찬탄하리라.

모든 법의 실상이 여래의 보디인데
실상은 성품 없고 보디도 그러하네
보디는 성품 없고 보디사트바도 그러하며
보디사트바가 성품 없으니 프라즈냐도 그러하네

諸法實相卽菩提　實相無性菩提然
菩提無性菩薩然　菩薩無性般若然

프라즈냐는 성품 없어 진실대로의 행이니

프라즈냐가 다른 파라미타를 이끌도다
여섯 파라미타 서로 거두어 큰 스승이 되고
곧바로 크고 밝은 빛이 되어 보디 이루리

般若無性如實行　般若引導餘諸度
六度相攝爲大師　卽大光明成菩提

그러므로 중생은 붇다를 큰 스승으로
프라즈냐를 바탕 삼아 여러 파라미타 행하면
마침내 보디 언덕에 이르게 되어
붇다께 언약 받아 붇다의 일을 행하리

是故衆生佛爲師　般若爲體行諸度
畢竟當到菩提岸　被佛授記行佛事

4. 가르침을 판별함〔判敎〕

여래의 온갖 가르침은 중생의 미망을 돌이켜 해탈의 언덕에 오르도
록 함이고, 가르침 안의 모든 방편의 뜻은 실상의 땅에 이르게 하기
위한 방편이다. 그러므로 온갖 가르침은 실상의 땅에서 일어나 실상
의 땅에 돌아가는 것이니, 법화경은 '하나인 붇다의 수레에서 세 수레
를 분별해 설한다〔於一佛乘中 分別說三〕'고 한다. 방편으로 세워진 세
수레는 끝내 다 한 진리의 수레에 돌아가니 이 뜻을 법화경은 '오직
하나인 붇다의 수레가 있을 뿐 이승도 없고 삼승도 없다〔唯有一佛乘
無二亦無三〕'고 한다.

화엄가의 교판에서 반야교는 대승의 문을 여는 첫 가르침〔大乘始
敎〕이라고 하지만, 천태교판(天台敎判)의 뜻으로 보면 반야는 일승의
땅에서 열어보인 보디사트바야나〔菩薩乘〕의 가르침이라, 반야의 가
르침은 성도의 새벽부터 니르바나의 밤까지 설한 가르침이며, 법계에
늘 구르는〔法界常轉〕 진리의 수레바퀴〔法輪〕인 것이다.

이 뜻을 본 경은 다음 같이 말한다.

　(사리푸트라가 말했다.)
　"수부티께서 말한 뜻대로라면 물러나 구르는 보디사트바란 없소.
만약 그렇다면 붇다께서 말씀하신 슈라바카(śrāvaka)와 프라테카
붇다(pratyeka-buddha)와 보디사트바의 세 수레의 사람〔三乘
人〕 사이에는 차별이 없소."
　이때 마이트레야니푸트라가 사리푸트라에게 말했다.
　"그렇다면 수부티존자는 한 보디사트바의 진리수레〔bodhisattva
-yāna, 菩薩乘〕만을 두려는 것인지를 물어야 할 것입니다."

사리푸트라가 곧 수부티에게 물었다.

"그렇다면 오직 한 보디사트바야나만을 두려 하오?"

수부티가 말했다.

"한결같음 가운데 과연 슈라바카의 수레, 프라테카붇다의 수레, 붇다의 수레니 하는 세 실천의 수레의 사람이 있을 수 있을까요?"

"수부티시여, 한결같음 안에서는 이 세 가지 모습의 차별이 없소."

"사리푸트라시여, 그렇다면 한결같음에는 하나의 모습이 있습니까?"

"없소, 수부티여."

"사리푸트라시여, 한결같음 안에 하나인 진리의 수레 사람이 있음을 보게 될까요?"

"보지 못하오, 수부티여."

"사리푸트라시여, 이와 같이 실로 이 법을 얻을 수는 없습니다. 그런데 존자께서는 왜 이렇게 생각하십니까?

'이것은 슈라바카의 수레이고 이것은 프라테카붇다의 수레이고, 이것은 붇다의 수레〔佛乘〕이다.'

이 세 실천의 수레는 한결같음 안에서 서로 차별이 없습니다.

만약 보디사트바가 이러한 말을 듣고도 놀라지 않고 두려워하지 않고 빠지지 않고 물러서지 않는다면, 이 보디사트바는 곧 보디를 성취할 수 있음을 알아야 합니다."

▪ 〔15품〕

"수부티여, 이것을 모든 붇다의 남이 없는 법의 참음〔無生法忍〕이라고 한다. 보디사트바로서 이와 같은 법의 참음을 성취하는 이는 아누타라삼약삼보디의 언약을 얻을 것이다. 수부티여, 이것을 모든 붇다의 두려울 것이 없는 도라 한다. 보디사트바가 이 도를 행하여 닦아 익히며 가까이 하고서도 붇다의 위없는 지혜, 큰 지혜, 스스로 그러한 지혜〔自然智〕, 온갖 것 아는 지혜〔一切智〕, 여래의 지혜를 얻지 못하는 일이란 없다."

• 〔20품〕

"세존이시여, 보디사트바가 보디사트바와 함께 머무는 것은 그 법이 어떠합니까?"

붇다께서 말씀하셨다.

"서로 보기를 붇다와 같다는 생각으로 이 사람이 나의 큰 스승이라 하나인 진리의 수레〔eka-yāna, 一乘〕에 같이 타고서 한 길〔eka-marga, 一道〕을 같이 갈 사람이라 생각해야 한다.

저 사람이 배운 바와 같이 나도 또한 배워야 할 것이니, 만약 저 사람이 섞인 것을 배우면 내가 배울 바가 아니다. 만약 저 사람이 청정하게 사르바즈냐나에 맞는 생각을 배우면 나도 또한 배워야 한다. 보디사트바가 만약 이와 같이 배우면 이것을 배움 같이함〔同學〕이라고 이름한다."

"이와 같이 배우는 이는 마라나 마라 따르는 이들도 항복받게 할 수 없고, 이와 같이 배우는 이는 빨리 아비니바르타니야보디사트바의 지위를 얻으며, 이와 같이 배우는 이는 빨리 도량에 앉으며, 이와 같이 배우는 이는 스스로 행할 곳〔自行處〕을 배우고, 건져 보살피는 법을 배운다.

이와 같이 배우는 이는 크나큰 자비를 배우며, 이와 같이 배우는 이는 '사제(四諦)를 세 번 굴려 보이는 열두 가지 모습의 법 바퀴〔三轉十二相法輪〕'를 배우고, 이와 같이 배우는 이는 중생 건네줌을 배우며, 이와 같이 배우는 이는 붇다의 씨앗〔佛種〕 끊지 않음을 배우며, 이와 같이 배우는 이는 단 이슬의 문〔甘露門〕 여는 법을 배운다."

• 〔21품〕

학담도 한 노래로 찬탄하리라.

여래의 교설은 일승에 돌아가니
그 가운데는 둘도 없고 셋도 없도다
보디사트바가 이와 같이 밝게 안다면
방편을 짓지 않고 크고 곧은 길을 가리라

如來敎說歸一乘　其中無二亦無三
菩薩如是了分明　不作方便行直道

크고 곧은 길을 가며 프라즈냐 행하면
물러나 구름 없는 지혜로 저 언덕 이르리
일체지를 이루어 세 방편을 갖추니
방편으로 세 수레 행하나 붇다의 수레에 돌아가네

行大直道行般若　不退轉智必到岸
成一切智卽具三　方便行三歸佛乘

5. 실천의 효용을 논함〔論用〕

여래께서 프라즈냐의 수트라를 통해 가르치신 실상의 땅이 다함없는 공덕의 땅이고, 여래의 프라즈냐가 허망하지 않으므로 가르침을 듣고 의심하지 않고 놀라지 않으면, 그 스스로 진리의 땅에 들고 다함없는 공덕의 땅에 든다.

경은 다음 같이 말한다.

"아난다여, 만약 보디사트바가 온갖 법의 저 언덕〔一切法彼岸〕에 이르고자 하면 반드시 프라즈냐파라미타를 배워야 한다. 왜냐하면 아난다여, 프라즈냐파라미타를 배우는 것은 모든 배움 가운데 으뜸으로서 모든 세간을 안락하고 이익되게 하기 때문이다."

▪ 〔25품〕

"보디사트바가 이와 같이 프라즈냐파라미타를 행할 때 곧 다나파라미타·실라파라미타·찬티파라미타·비리야파라미타와 디야나파라미타를 다 갖추게 된다. 보디사트바가 프라즈냐파라미타를 행할 때 곧 모든 파라미타를 갖추고 또한 방편과 힘까지 갖출 수 있게 된다. 또한 이 보디사트바가 프라즈냐파라미타를 행할 때 지어내어 생겨난 여러 가지 것들을 문득 알 수 있게 된다.

그러므로 수부티여, 보디사트바가 방편과 힘을 얻고자 하면 반드시 프라즈냐파라미타를 배워야 하고 프라즈냐파라미타를 닦아야 한다.

수부티여, 만약 보디사트바가 프라즈냐파라미타를 행하여 프라즈냐파라미타를 내게 될 때에는 반드시 드러나 있는 헤아릴 수 없고 가없는 세계의 모든 붇다와 모든 붇다의 사르바즈냐나도 다 프라즈냐파라미타를 좇아 생겨난다고 생각해야 한다. 보디사트바가 이와 같이 생각할 때 다음 같이 사유해야 한다.

'온 시방 모든 붇다들이 얻으신 온갖 법의 모습을 나도 또한 반드시 얻으리라.'

수부티여, 보디사트바가 프라즈냐파라미타를 행할 때는 반드시 이와 같은 생각을 내야 한다."

▪ 〔25품〕

학담도 한 노래로 찬탄하리라.

이 경의 문자는 진여를 좇아 나타났네
그러므로 프라즈냐의 이같은 말씀은
참되고 한결같아 속이지 않는 말씀이니
진실대로의 말씀은 세간의 다라니네

此經文字從眞現　是故般若如是說
眞語如語不誑語　如實語言世總持

중생이 만약 듣고 의심내지 않으면
이 사람을 마하사트바라 이름하니
여섯 파라미타 모두 거두고 복덕 지혜 갖춰
이 세간 중생의 돌아가는 곳 되어서
세간 중생 건네줌이 끝이 없으리

衆生若聞不生疑　是人名爲摩訶薩
咸攝六度福慧足　爲世歸處度無極

Ⅱ. 팔천송반야경 해제

- 팔천송반야경의 대의 개관

1. 대승경전의 성립사로 본 팔천송반야경

(1) 경전성립의 역사적 고찰

경전성립에 관한 학계의 연구성과는 불교경전이 역사 속에서 전승되고 시대적으로 편집되어 경전으로 성립되었음을 분명히 하고 있다. 그러나 역사적으로 성립된 모든 경전은 그 경에 담긴 내용이 붇다 육성의 가르침에 뿌리를 두고 있으므로, 대승 북전불교의 모든 경전은 이 경전이 붇다가 당대에 직접 설한 것이라고 스스로 규정하고 있다. 대승불교권의 많은 불교도들은 화엄·아함·반야·법화·열반 등 여러 경이 붇다 일대에 설한 가르침이라는 사실을 아무런 의심 없이 받아들이고 있다.

붇다께서 세상에 머물던 때와 오늘의 시대는 2500년이 넘는 먼 시간의 틈이 있다. 그러므로 경전언어를 대하는 우리들 배우는 이들은, 경전언어에 반영된 역사성(歷史性)과 경전이 담고 있는 가르침의 일미성(一味性), 가르침의 당대성과 역사적인 편집 두 측면의 긴장 속에서 경전언어를 올바로 읽어낼 수 있을 때 시간의 벽과 틈을 뛰어넘어 프라즈냐에 돌아갈 수 있을 것이다.

특히 시대적으로 편집한 다양한 경전이 붇다 일생에 설한 가르침이라는 주장은 중국불교에서 교상판석(敎相判釋)의 체계로 정립되었다. 교판은 자기가 의지하는 종파의 종지(宗旨)를 중심으로 붇다의 교설을 종합적으로 이해한 체계이며, 경전의 다양한 언어적 방향과 역사성을, 망집을 대치하는 법약(法藥)이자 중생교화의 다양한 방편으로 이해하여 교리를 판별해낸 체계이다.

분명 중국불교의 교상판석은 경전의 역사적 전승과정에 그대로 부합되지는 않는다. 교상판석은 경전언어의 다양성이 중생의 근기와 병통에 따른 차별성일 뿐 모든 가르침은 붇다의 깨달음의 유출임을 보인다. 이처럼 교설의 다양성을 깨달음의 일미성에 복귀시켜내는 교상판석에서의 교설의 이해는, 우리에게 언어의 차별성과 역사성에 매몰됨이 없이 프라즈냐와 해탈에 나아갈 실천의 단초를 제공한다.

그러나 그 반대로 교상판석적인 교설의 이해를 절대화함으로써 경전언어 형성의 역사성에 착안하지 못하면 가르침의 교조화, 경전언어의 신비화에 빠지게 될 것이다.

우리들은 지금 시간의 틈을 안고 경전언어를 마주하고 있다. 그러므로 우리들은 팔만대장경으로 규정된 수트라의 방대한 텍스트를 통해 텍스트에 담긴 대중과 시대의 요구, 중생의 병통에 따라 달라지는 언어의 차별성을 철저히 이해해야 한다. 그럴 수 있을 때 우리는 경전 안에 들어 있는 형식논리의 모순을 넘어 언어와 사유로 한정할 길 없는〔不思議〕삶의 참모습에 돌아갈 수 있을 것이다.

또한 경전 언어에 들어 있는 역사성에 착안하여 경전의 갖가지 비유와 서로 다른 표현을 대하되 언어와 사유의 형식에 갇히지 않을 때, 우리들 자신이 오늘의 역사 속에서 다양한 비유와 언사, 방편을 열어 시대대중에 해탈의 언어를 다시 보일 수 있을 것이다.

곧 경전 언어는 그 언어 형성의 역사성을 옳게 읽어낼 수 있을 때 역사적 한계를 넘어설 수 있다. 이런 뜻에서 우리들은 불교경전 편집의 역사적 과정을 살펴보지 않을 수 없다.

모든 경전은 '이와 같이 내가 들었다'로 시작하니, 이는 모든 경전은 붇다가 직접 말씀하신 것이고, 그 가르침을 아난다(Ānanda, 阿難)가 듣고 문자화하였음을 뜻한다. 이처럼 경전은 붇다의 깨달음과 그것의 언어적 표현으로서의 가르침 그리고 가르침을 직접 들은 제자들의 구체적인 경험에 근본을 둔다. 곧 문자로 쓰인 경전이란 붇다 니르바나 후 기억과 암송을 통해 전승된 가르침이 시대의 요구를 통해 문자화한 것이다.

초기경전의 결집은 대개 붇다 니르바나 후 100년 안에 이루어진다. 제1결집은 붇다 니르바나 직후 마하카샤파(Mahā-kāśyapa)의 제안으로 500명의 제자들이 라쟈그리하성(Rājagṛha, 왕사성)의 핍팔라굴(pippala, 七葉窟)에 모여 기억하고 있는 교법을 합송(合誦, saṅgīti)을 통해 경전화하였다.

이에 교법[Dharma]은 붇다를 가까이 모셔 '많이 들음으로 으뜸인〔多聞第一〕' 제자 아난다가 송출(誦出)하고, 율[Vinaya]은 '지계로 으뜸인〔持戒第一〕' 제자 우파리(Upāli)가 송출하였다 한다.

제2결집은 교단의 근본 2부 분열과 동시에 이루어진다. 교단분열은 곧 바이샬리(Vaiśāli)의 비구들이 계율에 위반되는 열 가지 일〔daśa dravya, 十事〕을 실행하고 있었기 때문에 그것에 반대하는 사람들이 그에 이의를 제기함으로써 출발한다. 700명의 비구가 바이샬리에 모여 열 가지 일을 계율에 위반된 사항으로 규정하고, 계율 규정을 옹호하는 제2결집을 결행한다.

한편 열 가지 문제점에 관용적 입장을 가졌던 야사비구가 서방 마투라지방의 장로들에게 지원요청을 하였지만, 동서 양측의 장로들은 열 가지 일을 잘못된 일〔非事〕로 판정한다. 이에 승복하지 않은 비구들이 모여 대중부를 만들어 교단은 상좌부(上座部, theravāda, stha uiravāda)와 대중부(大衆部, mahāsaṃghika)로 분열된다.

제3결집은 상좌부 내부에서의 논사(論事)의 편집을 뜻한다.

법화·반야·화엄·정토계 등 대승경전의 결집은 지말 18파의 교단분열 이후 이루어진다. 대승경전의 편집은 근본(根本) 2부와 지말(枝末) 18파로 분열된 각 교단의 교리논쟁 속에서 붇다의 근본이념에 복귀하려는 사상운동이 그 계기를 이룬다. 곧 붇다의 근본이념에 돌아가려는 사상운동과, 불전문학을 통해 붇다를 찬양하고 붇다의 스투파〔佛塔〕에 예배하면서 믿음〔信〕과 행(行) 중심으로 가르침을 대중화했던 신앙운동이 일어나면서 대승불전의 편집이 이루어진다.

소극적 출가 중심주의적인 슈라바카상가(śrāvaka saṃgha, 聲聞僧伽)에 대해, 붇다의 스투파를 신앙의 중심으로 하여 붇다를 찬탄하면서 적극적 구세활동을 폈던 보디사트바가나(bodhisattva-gaṇa)의 형성이 대승불교의 흥기와 대승경전의 성립에 커다란 역할을 했다고 볼 수 있다.

대승경전의 성립은 인도 자체에 명확히 기록해 정리해 둔 것이 없으므로 중국에서 번역된 경전을 통해 거슬러 추정할 수밖에 없다. 현재 알 수 있는 대승경전 가운데 제일 오래된 경전은 반야부 계통의 『육바라밀경』『보살장경』이다. 소품반야경에 해당되는 지루가참(支婁迦讖))의 『도행반야경(道行般若經)』이 A.D. 179년에 번역되어진 것으로 보아, 이미 인도에 A.D. 1세기 무렵에 반야부 경전의 기본틀이 성립되어져 있음을 알 수 있다.

『법화경』 또한 그 내용이 성문승(聲聞乘, śrāvaka-yāna)·연각승(緣覺乘, pratyekabuddha-yāna)·보살승(菩薩乘, bodhisattva-yāna)이 다 하나인 붇다의 진리수레〔一佛乘〕에 돌아감을 보이고 있다는 데서 보살교단이 형성되면서 성립된 초기 대승경전임을 알 수 있

다. 다르마라차(Dharmarakṣa, 竺法護)의 『정법화경(正法華經)』의
역출이 A.D. 286년에 이루어진 것으로 보아 『법화경』의 가장 오래
된 원형이 A.D. 2세기 이전에 성립되어진 것으로 볼 수 있다.

중국에서 붇다바드라(Buddhabhadra, 覺賢)에 의한 『화엄경』의
역출은 A.D. 421년이므로 『화엄경』은 반야·법화에 견주어 후대에
경전체계가 완성되어졌음을 추정할 수 있다. 그러나 『화엄경』은 대부
(大部)가 역출되기 이전에 『십지경(十地經)』이 다르마라차에 의해서
'온갖 지혜와 덕이 차츰 갖추어짐을 보인 경〔漸備一切智德經〕'으로 번
역되고, 『화엄경』「명호품(名號品)」「광명각품(光明覺品)」의 내용이
로카라챠(Lokarakṣa, 支婁迦讖)에 의해 『도사경(兜沙經)』으로 역출
된 것으로 보아 단편적인 『화엄경』의 구성내용은 이미 A.D. 1~2세
기경 인도에서 형성되어진 것으로 볼 수 있다.

대승경전 가운데 가장 분량이 많은 경이 『반야경』이다. 한역된 『반
야경』 가운데 거의 대부분이 현장이 번역한 『대반야바라밀경』에 포
함되는데(대정장 5~7권), 현장은 A.D. 660년 정월에서 663년 10
월까지 대반야의 번역을 마치고 664년 2월 5일에 입적하였다. 현장
의 제1부는 400권의 방대한 분량으로 십만송반야라 하며, 제2부 78
권이 이만오천송반야, 제4부 18권을 팔천송반야라 부른다.

『이만오천송반야경』이 구마라지바역의 『대품반야경』이며, 『팔천
송반야경』이 구마라지바역의 『소품반야경』이다. 『소품반야경』은 여
러 가지 이역본이 있으니, 이를 시대적으로 정리하면 다음과 같다.

① 로카라챠(Lokarakṣa, 支婁迦讖)가 179년 번역한 『도행반
　야경(道行般若經)』 10권 30품
② 지겸(支謙)이 222년~228년에 번역한 『대명도무극경(大明

度無極經)』6권 30품

③ 다르마라차(Dharmarakṣa, 竺法護)가 (265~?년에) 번역
한 『마하반야바라밀초경(摩訶般若波羅密鈔經)』5권 13품

④ 구마라지바(Kumārajiva 343~413)가 408년에 번역한
『마하반야바라밀경(摩訶般若波羅密經)』

⑤ 현장(玄奘)이 660년~663년에 번역한 제 4회 18권 29품 및
제5회 10권 24품

⑥ 다나팔라(Dānapāla, 施護)가 (982~?년에) 번역한 『불모출
생삼법장반야바라밀다경(佛母出生三法藏般若波羅密多經)』2
5권 32품

그 밖에 티베트역이 있으며, 범본은 니파이(尼波爾)에 전한 것을
기초로 1884년 라젠드라랄리 미트라(Rājendralāli Mitra)가 캘커
타(Calcutta)에서 출판하였고, 일본에서도 1932년 동양문고본(東
洋文庫本)으로 오기하라 운라이[荻原雲來]에 의해 발간되었다.
　현장의 대반야 가운데 십만송, 이만오천송, 팔천송은 갖춰진 내용
이 풍부할 뿐 아니라 유포된 범위가 넓어 『반야경』 문헌의 뿌리가 되
는 것으로 생각된다. 특히 이만오천송의 대품반야와 팔천송의 소품반
야는 제1 초품, 제25 견아촉불품, 제26 수지품, 제27 상제품, 제29
촉루품이 서로 거의 같은 내용을 담고 있어서 어느 경이 모본이 되어
다른 경이 파생되었는지 논란이 되어 왔다.
　『반야경』의 성립에 있어서는 먼저 가장 큰 십만송이 성립되고, 차
츰 간략하게 되어서 팔천송으로 요약되었다는 견해도 있을 수 있고,
그 반대로 팔천송이 먼저 되고 차츰 내용이 덧붙여져 십만송이 정비
되었으리라고 보는 견해도 가능하다. 이만오천송과 팔천송을 비교해

보면 여러 판본이 동시에 병행되었을 가능성을 배제할 수 없지만, 먼저 팔천송반야가 성립되고 나중 이만오천송, 십만송으로 전개되었다는 견해가 타당하리라 본다.

그것은 팔천송에서 전개된 사상이 대품 이만오천송에서 심화되고 발전된 형태로 등장하며, 경전구성의 체계와 내용이 큰 경으로 갈수록 풍부화되고 있기 때문이다.

몇 가지 예를 들어보자. 첫째 소품반야에서는 여섯 파라미타행의 회향처인 깨달음의 세계가 일체지(一切智, 一切智者性)의 한 지혜로 표현되는데, 대품반야에서는 일체지(一切智, sarvajñāna, 一切智者性) 도종지(道種智, mārgajñatā, 道智者性) 일체종지(一切種智, sarvathā-jñāna, 一切相智者性)의 세 지혜로 전개되어지고 있다.

소품에서 일체지는 마쳐 다한 깨달음을 전체적으로 지칭하는 개념이지만, 대품에서 일체지는 공(空)을 통달한 슈라바카 · 프라테카붇다의 지혜, 도종지는 공에 머묾 없이 거짓 있음〔假有〕을 통달한 보디사트바의 지혜, 일체종지는 공함과 있음에 다 머묾 없는 붇다의 지혜로 표현된다. 일반적 해석으로 보면 붇다께서는 일체종지에 일체지 · 도종지를 함께 가지고 있고, 보디사트바는 도종지에 일체지를 함께 하고 있으나, 슈라바카 · 프라테카붇다께서는 일체지만을 갖고 있다.

그러나 있음〔有〕이 곧 있음 아님을 통달하면 머물 공(空)을 보지 않으므로, 일체지의 한 지혜가 세 지혜를 모두 거두어 세 지혜가 한 생각 가운데 원융한 것〔圓融三智〕이다.

지혜에 관한 대품의 경전구절을 인용하면 다음과 같다.

그때 수부티가 여쭈었다.
"세존이시여, 세존께서는 일체종지를 말씀하셨습니까?"

붇다께서 수부티에게 말씀하셨다.

"나는 일체종지를 말하였다."

수부티가 말씀드렸다.

"붇다께서 일체지(一切智)를 말씀하시고, 도종지(道種智)를 말씀하시며, 일체종지(一切種智)를 말씀하셨는데, 이 세 가지 지혜에는 어떤 차별이 있습니까?"

붇다께서 수부티에게 말씀하셨다.

"사르바즈냐나〔一切智〕[1]는 곧 온갖 슈라바카와 프라테카붇다의 지혜요, 마르가즈냐나〔道種智〕는 보디사트바마하사트바의 지혜이며, 사르바타즈냐나〔一切種智〕는 모든 붇다의 지혜이다."

그러나 앞에서 언급한 바처럼 대품이 세 가지 지혜를 벌려 보인 것은 깨달음이 차제적으로 이루어짐을 보이기 위한 것이 아니라, 중생의 있음〔有〕에 대한 집착을 깨기 위해 일체지를 세우고, 치우친 수행자들의 공(空)에 대한 집착을 깨기 위해 공도 공하여 거짓 있음〔假有〕이 없지 않음을 보이기 위해 도종지를 세우며, 공과 거짓 있음의 집착을 넘어 중도(中道)를 보이기 위해 일체종지를 세운 것이다.

있음이 곧 있음 아님이므로 있음의 집착을 떠나고, 일체지에서 공에 대한 집착을 일으키지 않으면 일체지가 곧 도종지며 일체지가 일체종지이니, 팔천송이 일체지로 여래의 지혜를 표현한 것과 대품반야가 세 가지 지혜를 열어 보인 것이 서로 뜻이 다르지 않다.

---

1) 살바야(薩婆若, sarvajñatā)는 사르바즈냐나(一切智)라고 번역한다. 모든 존재의 공성을 두루 아는 지혜가 사르바즈냐나이고, 보디사트바가 중생을 교화하기 위해서 종별을 다 아는 지혜가 도종지(道種智)이고, 모든 존재의 중도의 진실을 아는 지혜가 일체종지(一切種智)이다. 각기 슈라바카〔聲聞〕와 프라테카붇다〔緣覺〕·보디사트바〔菩薩〕·붇다의 지혜에 배대한다.

『팔천송반야경』은 여섯 파라미타가 일체지의 근원이고 여러 붇다 보디사트바를 출생시키는 산실임을 보인다. 곧 여섯 파라미타가 일체지에 회향되고 일체지가 여섯 파라미타로 발현되므로 여러 파라미타가 서로 융통하는 것이다.

그러나 『팔천송반야경』은 모든 파라미타행은 지혜가 그 행의 바탕이 되므로 여섯 가지 파라미타 가운데 프라즈냐파라미타가 다른 다섯 가지 파라미타를 인도한다는 가르침에 치중한다. 그에 견주어 대품은 다나파라미타(dāna-pāramitā, 布施), 실라파라미타(śīla-pāramitā, 持戒), 찬티파라미타(kṣānti-pāramitā, 忍辱), 비리야파라미타(vīrya-pāramitā, 精進), 디야나파라미타(dhyāna-pāramitā, 禪定)를 얻으려면 프라즈냐파라미타를 갖추라고 권하면서도, 「여섯 파라미타가 서로 거두는 품(六度相攝品)」에서 여섯 파라미타가 서로 거두므로 한 파라미타에 머물면 다른 모든 파라미타를 함께 거두어 씀을 보인다.

또한 「한마음이 만행을 갖추는 품(一心具萬行品)」에서는 '보디사트바마하사트바의 모든 다나파라미타는 프라즈냐파라미타를 여의지 않는다고 말한다. 그리고 그 밖에 닦는바 실라·찬티·디야나파라미타도 프라즈냐파라미타를 여의지 않으며, 네 가지 선정·네 가지 한량없는 마음·네 물질 없는 세계의 선정·네 곳 살핌과 나아가 여든 가지 거룩한 상호도 프라즈냐파라미타를 멀리 떠나지 않는다'라고 말한다.

이렇게 팔천송의 일체지가 일체지·도종지·일체종지로 전개된 것이라든가 여섯 파라미타행에 관한 보다 심화된 교설이 대품에서 전개된 것을 보면, 『팔천송반야경』이 처음 성립된 뒤 『반야경』이 이만오천송반야, 십만송반야로 넓혀지고 깊어진 것으로 볼 수 있을 것이다.

이제 다시 반야경이 편집된 역사적 과정을 살펴보자.

『반야경』이 최초 편집되어 유포되어진 순서에 대해서는 보통 남인도 아안드라왕국 등에서 일어나 서해안에 넓혀지고 서북인도에 미친 것으로 알려졌다.

문헌상 남방에서 북방으로 유포된 것으로 기술된 것도 있고, 현장 역은 동남에서 시작되어 동북에 이르는 육방설을 표방한다. 이러한 기록 등에 공통된 것은 『반야경』이 남쪽에서 일어나 북쪽으로 넓혀졌다는 내용인데, 이에 상응한 『팔천송반야경』의 내용은 이렇다.

붇다께서 말씀하셨다.

"사리푸트라(Śariputra)여, 여래께서 니르바나에 드신 뒤에 프라즈냐파라미타는 반드시 남방에 흘러 퍼질 것이며, 남방으로부터 다시 서방으로 흘러 퍼지고 서방으로부터 다시 북방으로 흘러 퍼질 것이다.

사리푸트라여, 나의 가르침이 번성할 때에는 법이 사라져가는 모습을 볼 수 없을 것이다. 북방에서라도 만약 프라즈냐파라미타를 베껴 쓰고 받아 지녀 공양하는 이가 있다면, 이 사람도 또한 붇다의 눈으로 지켜보시고 알아보시고 생각하시는 것이다."

사리푸트라가 붇다께 말씀드렸다.

"세존이시여, 여래께서 니르바나에 드신 뒤 뒤의 5백세〔後五百歲〕가 되었을 때에도 프라즈냐파라미타가 널리 북방에까지 흘러 퍼지게 됩니까?"

붇다께서 말씀하셨다.

"사리푸트라여, 여래가 니르바나에 드신 뒤 뒤의 5백세가 되었을 때에 프라즈냐파라미타가 반드시 북방에까지 널리 흘러 퍼지게 된다. 그 가운데 어떤 잘 행하는 남자와 여인이 프라즈냐파라미타를 들고 받아 지녀 읽고 외우며 닦아 익힌다면 이 사람은 일찍부터 오래도록 아누타라삼약삼보디의 마음을 내어왔다고 알아야 한다."

사리푸트라가 말했다.

"세존이시여, 북방에서는 얼마나 많은 보디사트바들이 프라즈냐 파라미타를 잘 받아 지녀 읽고 외우며 닦아 익히겠습니까?"

붇다께서 말씀하셨다.

"사리푸트라여, 북방에서는 비록 많은 보디사트바가 프라즈냐파라미타를 읽고 외우며 듣고 받아들이지만, 그 가운데 이를 잘 외우고 날카롭게 닦아 익혀 행할 수 있는 이는 얼마 되지 않을 것이다.

이러한 사람은 프라즈냐파라미타를 들어도 놀라거나 두려워하지 않으니, 일찍이 이미 많은 붇다를 뵙고 의심가는 것을 여쭈었으므로 이러한 사람은 보디사트바의 길을 갖추어 행할 수 있고, 아누타라삼약삼보디를 위하는 까닭에 헤아릴 수 없는 중생을 이익되게 할 수 있음을 알아야 한다.

▪ 〔10품〕

(2)『반야경』의 교판적 이해

인도에서 역사적으로 편집된 『반야경』은 법집(法執)에 떨어진 부파불교의 사상적 오류를 시정하기 위한 시대적 과제를 안고 성립되었다. 곧 붇다의 다섯 쌓임〔pañca-skandha, 五蘊〕 열두 들임〔āyatana, 十二處〕 열여덟 법의 영역〔aṣṭādaśa dhātavaḥ, 十八界〕의 모든 법〔諸法〕을 밝히는 교설은 여러 가지 요인들이 이루어낸 존재〔我, Ātman〕의 실체성을 부인할 뿐 아니라 존재를 이루어내는 법〔法, Dharma〕 그 자체의 실체성까지 부정한다.

존재〔我〕와 존재구성의 제요인〔法〕의 실체성을 끝까지 부정하여 아(我)와 법(法)을 연기적으로 살려내는 붇다의 뜻에 철저하지 못함으로써, 부파불교의 여러 논사들은 아(我)를 부정하여 법(法)의 실체를 탐구하는 데 사상의 중심을 두게 된다.

그리고 함이 있음〔有爲〕 너머 함 없음〔無爲〕에 안주하는 것으로 수행과 실천의 방향을 잡게 된다.

곧 법집(法執)에 떨어진 대표적 종파인 설일체유부종(說一切有部宗)의 종지 속에서는, 인연으로 일어난 세속의 존재〔世俗有〕와 세속의 존재 너머 니르바나의 영역, 진리의 영역〔勝義有〕은 양분된다. 연기론의 바른 입장에서 보면 모든 함이 곧 실체 없으므로 함이 있음〔有爲〕을 끝내고 함 없음에 나아가는 것도 아니고〔不盡有爲〕, 함이 없음이 다만 함 없음이 아니므로 함 없음에도 머물 것이 없다〔不住無爲〕.

이처럼 함이 있음을 다할 것도 없고 함이 없음에 머물 것도 없는 바른 실천의 길을 열어가지 못함으로써 유부종의 논사들은 함이 있음을 다하고 함이 없음에 나아가려 한다.

『반야경』의 편집은 붇다의 연기론과 연기론적 실천을 왜곡하는 이러한 사상의 위기에서 발단한다.

이에 견주어 반야경을 중심으로 삼은 중관불교(中觀佛敎) 이후 유식논사(唯識論師)들의 사상작업은 법(法)의 실체성을 타파하기 위해 제창한 중관 반야사상가들의 공(空)이 새롭게 실체화되는 실천의 위기를 극복하기 위해, 만법의 연기적 활동상을 주체의 행위〔識〕를 통해 다시 천명하고 있다.

이렇게 보면 중관 불교에서 공(空, śūnyatā)이라는 부정의 언어가 허무에로의 복귀가 아니며, 유식불교의 식(識, vijñāna)이라는 긍정의 언어가 새로운 실체성의 강조가 아닐 것이다. 곧 반야 중관의 부정은 실로 있음〔實有〕의 부정을 통해 존재를 있음 아닌 있음으로 정립하며, 유식불교의 긍정은 실로 없음〔實無〕의 부정을 통해 공성(空性)을 없음 아닌 없음으로 밝혀낸다.

그렇다면 중관의 있음 아닌 있음과 유식의 없음 아닌 없음이 끝내 둘 없는 곳이 모든 존재의 참모습이며 여래의 진실한 입각처(立脚處)라 할 것이니, 반야와 유식은 서로 모순되는 언어형식을 통해 존재의 참모습에 돌아가고 있는 것이다.

반야와 유식이 서로 반대되는 논리를 통해 하나인 실상에 돌아가고 있다는 이 말을 뒤집어 보면, 반야와 유식은 하나인 법의 실상을 중생의 망집에 따라서 달리 표현한 것이며, 여래의 한 가르침을 방편에 따라 달리 기술한 것이다. 그리고 교법에 대한 위와 같은 이해는 프라즈냐의 경전과 유식불교의 역사적 성립을 인정하더라도 반야와 유식이 한 붇다의 가르침이고, 하나인 실상〔一實相〕의 다른 표현이라는 후대 불교도들의 신념의 근거가 된다.

중국불교의 교상판석(敎相判釋) 체계는 분명 불교의 역사적 전승 과정 및 경전성립사를 무시하고, 모든 교법이 오직 한 붇다가 일생에 설한 가르침이라고 주장한다. 이러한 주장은 여래가 설한 모든 교법이 실상에 귀착하며 붇다의 한 가르침에 복귀한다는 신념에 기초하고 있다. 그러므로 교상판석의 경전이해 체계는 경전에 대한 비역사적 접근방식에도 불구하고, 다양한 붇다의 교설과 중생의 병통에 따라 달라진 갖가지 교화 형식 속에서 한 맛〔一味〕인 실상으로 복귀할 수 있는 실천적 의미를 일깨워주고 있다.

중국불교의 교상판석은 위에서 고찰한 바와 같이 다양한 경전언어 체계 속에서 하나인 실상〔一實際〕을 밝혀내려는 인식노력의 산물임과 동시에, 중국불교가 갖는 번역불교 종파불교의 특수성에 뿌리를 두고 형성된 것이다.

곧 중국불교는 인도말에서 한문으로 번역된 경전으로 불교를 이해하고 수행했던 체계이다. 그러므로 번역된 경전 중심의 불교는 필연

적으로 자기가 가까이한 경전과 그 경전에서 제시한 수행방법을 중심으로 불교교리와 수행체계를 종합해야 할 자기요구를 안게 된다. 그래서 중국불교는 특정 경전, 특정 수행 방법을 중심으로 종파를 형성하고, 그 종파의 종지를 지표로 불교의 전체 교상(敎相)을 위치지우고 판가름하는 교상판석의 이론체계가 형성되었다.

중국불교에서 『반야경』이 갖고 있는 교상의 위치를 자기체계에 의해 명료하게 제시한 종파는 중관철학의 아비다르마(abhidharma, 論)를 중심으로 종파를 형성한 삼론종(三論宗)과 『대지도론(大智度論)』『중론(中論)』에서 일심삼관(一心三觀)의 수행체계를 정립한 천태종(天台宗), 『화엄경』을 중심으로 붇다의 일대경교를 교판한 화엄종(華嚴宗)이다.

먼저 삼론종의 『반야경』 교판을 살피기로 하자.

가상길장(嘉祥吉藏)의 『중관론소(中觀論疏)』는 이렇게 말한다.

"대개 세 개의 법바퀴가 있다. 첫째는 근본법륜(根本法輪)이니 일승(一乘)의 가르침이 이것이다. 둘째 지말법륜(持末法輪)이니 중생이 일승을 감당하여 들을 수 없으므로 하나인 붇다의 수레〔一佛乘〕에서 세 수레〔三乘〕를 분별하여 말하지만, 세 수레는 하나인 붇다의 수레를 좇아 일어난 것이므로 지말이라 말한다.

셋째는 '지말을 거두어 근본에 돌아가는 법륜〔攝末歸本法輪〕'이니 저 세 수레를 모아 같이 일승의 끝〔一極〕에 돌아감이다. 이 세 문이 가르침을 거두지 않음이 없고 이치를 거두지 않음이 없다. 그것은 마치 허공이 만상을 머금은 것과 같고 바다가 백 개의 강물을 받아들임과 같다."2)

---

2) 凡有三輪 一根本法輪 謂一乘教也 二枝末法輪之教 衆生不堪聞一 故 於一佛乘

가상길장에 의하면 『화엄경』은 실상 자체를 바로 설하고 있으므로 '뿌리가 되는 법의 바퀴〔根本法輪〕'가 되고, 화엄 이후 법화 이전까지 아함에서 마하야나의 모든 법륜은 일승의 근본에서 일어났다는 뜻으로 '뿌리에서 나온 가지로서의 법의 바퀴〔枝末法輪〕'라 한다. 법화는 방편의 세 수레〔三乘〕를 거두어 일승에 돌아가므로 이를 '가지를 거두어 뿌리에 돌아가는 법의 바퀴〔攝末歸本法輪〕'라 한다.

곧 삼론의 교판에 의하면 『반야경』은 지말법륜이니, 이는 중생에게 갖가지 망집이 있으므로 하나인 붇다의 수레〔一佛乘〕라는 실상을 좇아 그 망집을 대치할 방편의 언어를 열어 실상에 이끌어들인 교설인 것이다.

『반야경』의 경전언어는 주로 법집을 깨뜨리는 언어, 모습에 대한 집착을 깨뜨리는 언어를 쓰지만, 법이 공함〔法空〕마저 취할 것이 없음을 보이고, 공(空)마저 공한 줄 다시 보여 끝내는 일체종지(一切種智)에 이르게 하는 것이다.

그러므로 『반야경』은 물질〔色〕과 느낌〔受〕·모습취함〔想〕·지어감〔行〕·앎〔識〕의 있음에 대한 집착을 깨기 위해 물질과 느낌·모습취함·지어감·앎이 공하다고 가르치지만, 다시 다섯 쌓임이 있음과 공함을 떠난 중도실상〔五蘊卽中道〕임을 보이기 위해 '물질이 헤아릴 수 없으므로 프라즈냐가 헤아릴 수 없고, 느낌·모습취함·지어감·앎이 헤아릴 수 없으므로 프라즈냐가 헤아릴 수 없다'고 한다.

중국불교에서 가장 잘 짜인 교판체계는 천태교판(天台敎判)과 화엄교판(華嚴敎判)이다. 두 교판에서 천태교판은 경전의 서로 다른 언

分別說三 三從一起故稱枝末也 三攝末歸本 會彼三乘同歸一極 此之三門無敎不收 無理不攝 如空之含萬像 若海之納百川

어형식과 교화방식 속에서 실상의 하나됨을 밝혀내는 데 치중한 교판이다. 그에 견주어 화엄교판은 화엄일승교(華嚴一乘敎)를 중심으로 실상을 밝히기 위해 펼치는 각 경전의 교설의 차별성과 가르침의 깊고 낮음에 주로 착안한 교판이라 할 것이다.

먼저 『반야경』에 대한 천태교판의 입장을 살피기로 하자.

천태교판은 오시팔교(五時八敎)로 요약된다.

다섯 때의 교판〔五時敎判〕은 붓다의 교설을 붓다의 생애 가운데 다섯 때에 설한 것으로 배열한 교판이다.

이는 『화엄경』 「여래성기품」의 세 가지 비춤〔三照〕의 비유와 『열반경』 「성행품」의 다섯 가지 맛〔五味〕, 『법화경』 「신해품」의 장자(長者)와 거지아들〔窮子〕의 비유를 근거로 구성한 것이다.

여덟 가르침〔八敎〕은 화법사교(化法四敎)와 화의사교(化儀四敎)인데, 화법사교는 중생의 망집에 따라 달리 설해진 교법의 내용을 망집의 방향에 따라 네 가지로 분류한 교판이며, 화의사교는 대중의 근기와 취향에 따라 벌어진 교화형식의 차이를 네 가지로 가름한 것이다.

천태교판을 도표로 보이면 다음과 같다.

다섯 때〔五時〕	화엄	녹원(아함)	방등	반야	법화 · 열반
화법(化法)	별 · 원〔兼〕	장〔但〕	장통별원藏通別圓〔對〕	통 · 별 · 원〔帶〕	원〔純〕 추설 · 추민
화의(化儀)	돈(頓)	비밀 · 부정(秘密 · 不定)	점(漸)	점(漸)	비돈 · 비점 비비밀 · 비부정
삼조(三照)	고산(高山)	유곡(幽谷)	식시(食時)	우중 · 평지(禺中 · 平地)	정중(正中)
오미(五味)	유미(乳味)	락미(酪味)	생소미(生穌味)	숙소미(熟穌味)	제호미(醍醐味)
신해(信解)	의의(擬宜)	유인(誘引)	탄가(彈訶) 출입(出入)	도태(淘汰) 출납(出納)	부재(付財)

위 교판체계에서 오시설(五時說)에 의하면 붇다의 교설 시기는 화엄시(華嚴時)·아함시(阿含時)·방등시(方等時)·반야시(般若時)·법화열반시(法華涅槃時)의 다섯 때로 구분된다.

오시설에 의하면 화엄은 붇다가 깨달으신 보디나무 아래 적멸도량에서 21일 동안 바로 원만교를 설한 것이고, 녹원시는 중생의 근기를 따라 맨처음 다섯 비구 등을 위해 사슴동산〔鹿野苑〕에 나아가 사제(四諦)와 십이연기(十二緣起)의 인연법을 설한 것이다.

방등시는 사슴동산에서의 설법이 깨달음에 이끌기 위한 방편인 줄 모르고 작은 실천의 수레에 머문 대중을 위해 히나야나(hīna-yāna, 小乘)를 꾸짖어〔彈訶〕 마하야나(mahā-yāna, 大乘)에 들게 한 시기의 설법인데, 천태는 『비말라키르티수트라』 곧 『유마경』을 그 대표적인 경전으로 든다.

반야시란 히나야나에 막힌 사람들이 마음에서 미혹을 돌이켜 마하야나의 기틀을 밝히면, 이때 프라즈냐를 설해 마하야나의 뜻으로 융통하게 하고 히나야나의 뜻을 걸러내서〔淘汰〕 저 거지자식이 보배창고를 보아 마음에 기쁨을 내도록 함이다. 이는 '해가 사시에 비추는 것과 같음'이고, '생소를 더욱 삭혀 숙소의 맛을 이룸과 같음'이다.

법화·열반은 삼승(三乘)의 방편을 거두어 일승(一乘)에 거두는 때의 설법이다. 『열반경』을 '뒤를 이어 설하고〔追說〕 뒤를 이어 없애는 교설〔追泯〕'이라 함은, 『법화경』에서 다하지 못한 일승의 뜻을 이어서 설하고 『법화경』에서 깨지 못한 집착을 이어서 없애준다는 뜻이다.

『법화경』에서 장자와 거지 자식의 비유를 통해 살펴보자. 집을 잃고 헤매는 아들이 장자의 위세를 보고 놀라 어쩔 줄 모르는 것〔擬宜〕

은 화엄시(華嚴時)이고, 그 아들을 집 안에 끌어들여[誘引] 똥을 치게 한 것은 녹원시(鹿苑時)이며, 집안 출입을 마음대로 할 수 있게 한 것은 방등시(方等時)이고, 창고의 출납을 맡긴 것은 반야시(般若時)이며, 최후에 가업을 부쳐준 것[付財]은 법화열반시(法華涅槃時)이다.

그러나 장자가 거지자식을 끌어들여 똥을 치게 한 것도 똥 치는 일을 맡겨주기 위한 목적이 아니라 그 끌어들임의 방편을 통해 집안의 가업을 맡기기 위함이니, 방편으로 세운 차제의 처음 가운데 이미 맨 끝의 완성된 가르침이 있는 것이다.

화법사교설(化法四敎說)은 붇다의 일대교설을 망집을 다스리는 가르침의 언어적 방향에 따라 장교(藏敎) 통교(通敎) 별교(別敎) 원교(圓敎)로 분류한다. 장교(藏敎, 生生法)는 온갖 법이 인연으로 일어남을 보인 교설이고, 통교(通敎, 生不生法)는 인연으로 일어나므로 곧 공해 남이 없음[無生]을 보인 교설이며, 별교(別敎, 不生生法)는 공하기 때문에 남이 없이 만법이 남[無生而生]을 보인 교설이고, 원교(圓敎, 不生不生法)는 남과 남이 없음을 다 넘어서 남도 아니고 나지 않음도 아닌 법을 보인 중도의 교설이다.

『반야경』은 화법사교설로 보면 통교(通敎)의 법문이다. 그러나 프라즈냐가 보인 남이 없음[無生]은 인연으로 일어남[生生]에서 실로 일어남의 집착을 깨기 위한 것이므로, 남이 없음을 밝힌 프라즈냐의 법문은 남이 없되 인연으로 남[不生生]과 남과 남 없음을 모두 넘어선 중도실상[不生不生]에 통한 법문이다.

또 천태교판에서 화의사교설(化儀四敎說)은 망집에 빠진 중생에게 지혜의 눈을 열어 보이는 교화형식에 따라 교설을 분류한 것이다. 화의사교는 돈(頓) 점(漸) 비밀(秘密) 부정(不定)인데, 화엄은 단박 법계에 들게 하는 돈교(頓敎)의 가르침이고, 아함·방등·반야는 방편의 문을 열어 차츰 이끌어 들이므로 점교(漸敎)이다. 비밀교란 비밀부정교(秘密不定敎)인데 듣는 대상을 따라 듣는 대중이 알지 못하게 돈과 점을 정함 없이 구사하는 교화방식이며, 부정교란 현로부정교(顯露不定敎)인데 가르침에 대해 듣는 대중에게 분명하게 드러내어 돈과 점의 이익을 정한 바 없이 얻게 하는 것을 말한다.

반야교는 화의사교설에 의하면 점교(漸敎)이다. 그러나 이때 점교란 차츰 닦아서 깨달음에 들게 한다는 뜻이 아니다. 중생이 있음[有]을 집착하면 그에 상응하여 공(空)을 설하고, 공(空)을 집착하면 법집에 따라 거짓 있음[假有]을 설해 집착을 깨준다는 뜻에서 점차일 뿐, 공(空)을 듣고 공에 집착하지 않으면 공(空)이라는 언어를 통해 바로 중도에 든다.

그러므로 프라즈냐는 점교로 분류되나 돈과 점을 정함 없이 함께 쓰는 가르침이다[漸·秘密·不定]. 이것은 바로 『반야경』에서 깨달음에 관해 일체지(一切智)·도종지(道種智)·일체종지(一切種智)의 차제적인 언어를 쓰지만 이 세 가지 지혜가 차제가 아님과 같으며, 공(空)과 거짓 이름[假名]과 중도(中道)의 뜻을 벌리지만 그것들이 연기(緣起)의 다른 이름인 것과 같다.

화엄교판은 오교판(五敎判)과 십종판(十宗判)으로 요약되는데, 오교판은 천태의 화법사교와 화의사교를 한 체계 안에 종합한 교판이다. 곧 마하야나(mahā-yāna)와 히나야나(hīna-yāna), 편교(偏敎)와 원교(圓敎)로 가름하는 기준은 천태의 화법사교에 해당되고, 돈교(頓敎) 점교(漸敎)를 가르는 기준은 천태의 화의사교에 해당되기 때문이다.

오교판과 십종판을 한 묶음으로 도표화하면 다음과 같다.

오교판(五敎判)	십종판(十宗判)
1. 소승교 (小乘敎)	1. 아법구유종(我法俱有宗) : 　아집과 법집에 다 떨어진 인과교 2. 법유아무종(法有我無宗) : 　아집은 벗어났으나, 법집에 떨어진 가르침 3. 법무거래종(法無去來宗) : 　현재의 법은 있고 과거 미래의 법은 없다는 종, 　곧 대중부 4. 현통가실종(現通假實宗) : 　현재법에도 가와 실이 있다는 가르침 5. 속망진실종(俗妄眞實宗) : 　속제는 허망하고 진제는 진실하다는 가르침 6. 제법단명종(諸法但名宗) : 　모든 법을 분석하여 이름뿐 실체 없음을 보인 　가르침. 공을 공으로 집착하는 성실론(成實論)
2. 대승시교 (大乘始敎) : 　空始敎·相始敎	7. 일체개공종(一切皆空宗) : 　제법의 실체성이 공함을 밝히는 가르침
3. 대승종교 (大乘終敎)	8. 진덕불공종(眞德不空宗) : 　만법이 공하되 진여의 공덕은 공하지 않음을 보이는 　가르침. 여래장설. 오교판에서 상시교(相始敎)인 　유식설을 십종판에서는 진덕불공종에 포함시킴
4. 돈교(頓敎)	9. 상상구절종(相想俱絶宗) : 　생각하는 마음과 생각되는 경계가 본래 공한 줄 　단박 깨치게 하는 종지
5. 원교(圓敎)	10. 원명구덕종(圓明具德宗) : 　낱낱 법이 온갖 공덕을 원만히 갖춤을 밝힌 종

　위의 화엄교판을 개관해보면, 화엄종의 교판은 화엄종의 별교일승
(別敎一乘) 원명구덕종(圓明具德宗)으로서의 종지를 최상의 교설로

놓고 부파불교 여러 유파의 교설까지 함께 끌어들여 교상의 깊고 낮음을 밝히고 있다. 그런 뜻에서 화엄교판은 부파·중관·유식·여래장으로 이어지는 인도불교의 교리변천사를 일정정도 반영한 교판이라 할 수 있다.

화엄교판에서 『반야경』은 '대승의 처음을 여는 가르침〔大乘始敎〕'이며 '온갖 것이 공함을 보이는 종〔一切皆空宗〕'이다. 반야의 공(空)은 있음〔有〕의 집착을 깨기 위한 공이므로 공이 거짓 있음과 중도를 떠나지 않는다. 그러므로 역사적으로 대승불교의 단초를 열었다는 뜻에서 대승시교라 하면 그 뜻이 옳지만 대승종교에 대한 낮은 교설로서의 시교라 함은 옳지 않다. 그것은 프라즈냐의 공(空)이 중도를 밝히기 위한 공(空)이며, 파라미타에서 '온갖 것이 공하다'는 교설은 법집까지 철저히 깨뜨려서 아(我)와 법(法)의 중도실상을 열어주기 때문이다.

반야에서 밝힌바 다섯 쌓임의 공성을 통달할 때 물질법의 있음을 깨뜨려 물질법의 헤아릴 수 없음에 나아가게 되고, 느낌·모습취함·지어감·앎의 있음을 깨뜨려 마음의 헤아릴 수 없음에 나아가게 된다. 그러므로 파라미타에서 공(空)이라는 교설을 듣고 공이라는 분별도 내지 않으면, 바로 마음과 물질〔名色〕의 실체성을 단박 뛰어넘어 파라미타의 공덕을 전면적으로 드러내게 되는 것이다.

이를 현수법장(賢首法藏)의 십종판에 대입해 보자. 참으로 온갖 법이 다 공함〔一切皆空〕을 깨쳐 모습과 생각이 다 끊어지면〔相想俱絶〕, 공하지 않은 참된 덕〔眞德不空〕이 현전하여 한 법 가운데 온갖 법을 쓰고, 온갖 법 가운데서 한 법을 떠나지 않아 늘 지혜가 두렷이 밝고 온갖 덕이 갖춰지게 되는 것〔圓明具德〕이다.

2. 팔천송반야경 각 품 내용의 개관

〔1품〕 보디사트바와 프라즈냐행〔初品〕: 프라즈냐 법의 모임이 이루어진 곳〔般若會上〕은 라자그리하의 그리드라쿠타산(Gṛdhrakūṭa, 耆闍崛山)으로 수행승 1250인이 붇다와 함께 한다. 주요 등장인물은 수부티와 사리푸트라이며, 붇다께서 수부티에게 법을 설하기를 명하니 수부티가 보디사트바와 프라즈냐파라미타의 뜻을 설한다.

붇다의 신묘한 힘을 받아 수부티가 법을 설하고 사리푸트라가 들으니, 설하고 들음이 붇다의 신묘한 힘을 받는다는 것은 말하고 들음에 실로 말하고 들음이 없다는 뜻이다. 그것은 말함에 말함 없고 들음에 들음 없는 것이 법의 참모습이며, 법의 참모습이 여래가 서있는 삶의 입각처이기 때문이다. 곧 말함에 말함 없기에 헤아릴 수 없는 언어적 실천이 일어나며, 들음에 들음 없으므로 다함없는 들음의 작용이 있을 수 있으니, 이 뜻이 바로 여래의 신묘한 힘으로 법을 설함이다.

프라즈냐행자는 다섯 쌓임을 취하지 않되 다섯 쌓임을 버리지도 않는다. 또한 프라즈냐를 행하는 보디사트바는 프라즈냐라는 집착도 내지 않으며, 스스로 보디사트바라는 모습도 일으키지 않는다. 보디사트바는 중생을 제도하되 제도한다는 생각도 없이 세간을 선정과 지혜로 장엄하니, 이것이 크나큰 장엄을 일으킴이며 크나큰 진리의 수레를 타는 것이다.

〔2품〕 프라즈냐에 머무는 법〔釋提桓因品〕: 인드라하늘왕(Śakro devānāṃ indraḥ, 석제환인)이 사만 명의 데바타(devatā, 天子)와 더불어 법의 모임에 함께 하고, 네 하늘왕〔四天王〕 브라흐마하늘(Brah mā, 梵天)왕 등 여러 하늘대중이 법의 모임에 함께 하여 보디사트바가 프라즈냐에 머무는 법을 수부티에게 묻는다.

수부티는 다섯 쌓임의 항상함과 덧없음에 다 머물지 않음이 프라즈냐에 머묾이라는 것을 말해주며, 프라즈냐 가운데는 설함도 없고 들음도 없음을 보여준다.

프라즈냐는 물질 가운데서 구해도 안 되고 물질을 떠나서 구해도 안 되며, 느낌·모습취함·지어감·앎에서 구해도 안 되고, 느낌·모습취함·지어감·앎을 떠나서 구해도 안 된다. 프라즈냐는 다섯 쌓임이 아니지만 다섯 쌓임을 떠나지도 않기 때문이니, 다섯 쌓임의 참모습을 통달하여 중생이 가없는 줄 알면 곧 프라즈냐가 가없는 줄 아는 것이다.

인드라하늘왕은 때로 법을 묻는 자가 되지만, 때로 법을 설하는 자가 되며, 수부티가 다만 법을 설하는 자가 되지 않고 때로 법을 듣는 자가 되니, 설하고 들음 속에 설하는 자와 듣는 자, 설함과 들음의 실체를 다 얻을 수 없기 때문이다.

〔3품〕 프라즈냐파라미타의 공덕〔塔品〕: 프라즈냐파라미타를 받아 지녀 설한 바대로 행하면 모든 마라(māra, 魔)가 틈을 얻을 수 없을 것이며, 모든 하늘대중이 그를 보살펴 줄 것이다. 프라즈냐를 받아 지니는 자는 싸움터에서도 목숨을 잃지 않을 것이며, 프라즈냐의 만트라(mantra)를 외우는 자는 마침내 아누타라삼약삼보디의 언덕에 오를 것이고, 모든 중생에게 무서움이 없고 두려움이 없을 것이다.

'프라즈냐의 수트라'를 받아 지니는 것은 일체지에 공양하는 것이므로 모든 모습의 공양보다 뛰어나다. 그러므로 온천하에 가득히 일곱 보배의 스투파를 쌓아 공양하고 나아가 삼천대천세계에 가득한 일곱 보배의 스투파를 쌓아 공양해도 잘 행하는 남자와 여인이 프라즈냐파라미타수트라를 공양하고 존중하며 찬탄한 복덕만은 못하다.

〔4품〕 모든 파라미타를 인도하는 프라즈냐의 밝은 만트라〔明呪品〕: 인드라하늘왕에게 붇다께서는 '프라즈냐가 크게 밝은 만트라이고 위없는 만트라이며 같이할 것 없는 만트라임'을 가르치시고, 프라즈냐에 공양하고 찬탄하는 현세공덕을 말씀한다.

모든 붇다의 일체지가 파라미타에서 생겨났으니, 프라즈냐가 다른 모든 파라미타의 인도자가 된다. 그러므로 프라즈냐만을 찬탄해도 모든 파라미타를 찬탄하는 것이 되니, 프라즈냐를 받아 지녀 설한 대로 행하면 프라즈냐의 보살핌으로 모든 장애 속에서 두려움이 없게 될 것이다. 또한 붇다처럼 존경을 받으며 갖가지 상서를 만나 늘 안락하며, 몸과 마음이 가볍고 편안해지는 등 헤아릴 수 없는 현세의 공덕을 얻는다.

〔5품〕 사리에 공양한 공덕과 프라즈냐의 공덕〔舍利品〕: 붇다께서 다시 붇다의 사리에 공양한 공덕과 프라즈냐의 공덕을 대비하여 프라즈냐의 공덕이 수승함을 밝힌다. 그것은 모든 붇다의 아누타라삼약삼보디가 프라즈냐로 인해 나오기 때문이니, 시방의 헤아릴 수 없는 붇다를 진실 그대로〔如實〕 보고자 하면 프라즈냐파라미타를 닦아야 한다.

프라즈냐가 다른 다섯 가지 파라미타를 앞에서 이끌어주므로 프라즈냐를 행하면 모든 파라미타를 다 행하게 된다. 프라즈냐에는 크나큰 공덕이 있고 가없는 공덕이 있다.

〔6품〕다른 공덕과 같이할 것 없는 프라즈냐행〔佐助品〕: 붇다께서는 인드라하늘왕에게 삼천의 큰 천세계〔三千大天世界〕중생을 열 가지 착한 업에 이끄는 복덕보다 『프라즈냐파라미타수트라』를 받아 지니도록 한 공덕이 더 크며, 나아가 지혜와 하나되지 못한 선정을 닦도록 한 복덕보다 『프라즈냐파라미타수트라』받아 지니도록 한 공덕이 더 큼을 가르친다.

나아가 프라즈냐는 일체지에 회향되기 때문에 중생으로 하여금 슈라바카나 프라테카붇다의 과덕을 얻게 한 복덕보다 프라즈냐의 공덕이 더 큼을 밝힌다. 이에 수부티는 카우시카(Kauśika)에게 여섯 파라미타의 법이 여러 보디사트바를 도와주며 보디사트바들을 안온하게 위로하고 보살펴 아누타라삼약삼보디에 이르게 함을 말한다.

〔7품〕보디사트바의 회향〔廻向品〕: 마이트레야(Maitreya, 彌勒) 보디사트바와 수부티는 보디사트바의 회향에 대해 '보디사트바는 중생이 지은 모든 착한 뿌리〔善根〕를 따라 기뻐하고 따라 기뻐하고서는 깨달음에 회향하므로 취할 모습이 없음'을 묻고 답한다. 곧 보디사트바는 모든 공덕을 아누타라삼약삼보디에 회향하되 회향하는 마음과 회향되어지는 법이 없이 회향하니, 이렇게 모습 없이 회향할 때 그 회향을 바른 회향이라 한다.

또한 이와 같은 모습 없는 회향의 복덕이 가장 높고 미묘하여 모든 얻을 것 있는 마음의 복덕보다 빼어나다. 모습 없는 바른 회향은 이미 지나가고, 드러나 있으며, 아직 오지 않은 삼세의 법을 취하지도 않고 버리지도 않으며, 나고 사라짐을 뛰어넘어 모든 법의 참모습 그대로 회향함에 실로 회향하는 모습도 없다.

그러므로 그 복덕은 시방의 강가아강(Gaṅgā, 恒伽) 모래알처럼 많은 보디사트바들이, 얻을 것 있는 마음으로 헤아릴 수 없는 아상키야 중생에게 옷가지와 먹고 마실 것, 잠자리와 의약품 등 온갖 즐길 거리 공양하는 복덕보다 뛰어나다.

[8품] 프라즈냐의 묘용과 프라즈냐를 헐뜯는 죄업[泥犁品]: 프라즈냐는 세간의 어둠을 밝히고 세간 중생을 이익되게 하고 안온하게 하며, 모든 보디사트바의 어머니가 되고 외롭고 가난한 이의 구호자가 되므로 프라즈냐파라미타를 모름지기 붇다처럼 공경해야 한다.

프라즈냐가 다른 다섯 가지 파라미타를 인도하여 일체지에 이르게 하니, 프라즈냐가 없으면 눈먼 이들이 이끌어주는 이가 없어서 성이나 마을에 나아갈 수 없는 것과 같다.

물질·느낌·모습취함·지어감·앎 다섯 쌓임의 참모습이 프라즈냐인데, 다섯 쌓임은 나되 남이 없으므로 물질을 내지 않으면 프라즈냐를 내게 되고, 느낌·모습취함·지어감·앎을 내지 않으면 프라즈냐를 내게 된다. 그러나 이와 같이 나지 않고 사라지지 않음[不生不滅]을 다시 분별하면 프라즈냐를 잃게 되고 프라즈냐를 멀리 떠나게 된다.

프라즈냐는 보고 들음 속에서 보되 봄이 없고 들되 들음 없음이므로, 프라즈냐는 붙잡을 수 있는 어떤 것으로 들을 수 없고 볼 수 없다. 프라즈냐는 모습에 모습 없는 모든 법의 참모습이므로, 프라즈냐를 거스르는 것은 일체지를 거스름이고 삼세의 붇다를 거스름이 된다. 그러므로 그 사람은 헤아릴 수 없는 고통을 받게 되니, 그 과보는 '다섯 거스르는 죄[五逆罪]'를 짓고 받는 과보보다 더욱 무겁다.

그러나 옳은 스승을 따라 바르게 정진하면 다섯 쌓임이 깨끗하므로 일체지가 깨끗하고, 중생이 깨끗한 줄 깨달아 알므로 프라즈냐를 헐뜯고 거스르지 않게 되며 붇다(Buddha, 佛)와 다르마(Dharma, 法) 상가(Saṃgha, 僧)를 헐뜯지 않게 된다.

〔9품〕 프라즈냐파라미타의 깨끗함을 찬탄함〔歎淨品〕: 수부티가 붇다께 '프라즈냐파라미타의 깨끗함은 깊고 깊으며 밝지만, 이 깨끗함에 집착해도 프라즈냐파라미타를 잃게 된다'고 말씀드리니 붇다께서 수부티를 인가하시고 칭찬하신다.

곧 세간법에의 집착도 프라즈냐가 아니지만, 세간법 밖에 깨끗함을 세워 집착하거나 번뇌를 끊고 아누타라삼약삼보디에 회향한다 해도 프라즈냐가 아닌 것이다.

세간법의 참모습에 늘어나고 줄어듦이 없으므로, 프라즈냐에도 늘어나고 줄어듦이 없으며 물러나거나 뒤바뀜이 없다. 세간법의 참모습에 늘어나고 줄어듦이 없음을 통달하므로 보디사트바는 칭찬해도 기뻐하지 않고 칭찬하지 않아도 화내지 않는다. 보디사트바는 중생이 공한 줄 알지만 공에 머물지 않고 중생을 위해 크나큰 장엄을 일으키니, 이런 보디사트바가 용맹스럽고 굳센 보디사트바이다.

보디사트바의 설법이란 법의 참모습 그대로의 행이며, 참모습을 그대로 일러주는 행이다. 보디사트바는 설하되 설함이 없고 설함 없되 설함 없음도 없다. 그러므로 법의 수레바퀴는 굴릴 때에도 구르는 바가 없고, 돌려보낼 법도 없고 보여줄 법도 없으며, 볼 수 있는 법도 없으니, 이와 같이 법 설하는 것을 일컬어 '프라즈냐파라미타를 설한다'고 한다.

프라즈냐는 온갖 법의 다함없고 지음 없고 무너뜨릴 수 없는 참모습이므로 사라지지 않는 파라미타가 프라즈냐파라미타이며, 움직이지 않는 파라미타가 프라즈냐파라미타이며, 공하고〔空〕 모습 없고〔無

相〕지음 없는〔無作〕파라미타가 프라즈냐파라미타이다.

〔10품〕사유하고 말할 수 없는 프라즈냐와 프라즈냐의 유포〔不可思議品〕: 어떤 사람이 프라즈냐파라미타를 얻어 듣기만 해도 이 사람은 일찍이 여러 붇다께 공양한 사람이다. 그러므로 프라즈냐를 받아지녀 설할 수 있는 사람은 일찍이 헤아릴 수 없는 붇다께 공양한 사람이며, 프라즈냐를 듣고 놀라지 않은 사람이다. 그 반대로 지금 프라즈냐를 거스르는 이는 이미 오래도록 프라즈냐를 헐뜯어 온 사람이다.

프라즈냐에 공경함은 일체지에 공경함이니, 프라즈냐를 행하고 프라즈냐를 익히는 이는 물질과 느낌·모습취함·지어감·앎에 머물지 않고, 물질과 느낌·모습취함·지어감·앎이라는 생각을 익히지 않는다. 지금 프라즈냐를 들을 수 있는 이는 이미 오래 전에 착한 뿌리를 심고 쌓은 사람이므로, 지금 프라즈냐를 듣고 행하는 이는 반드시 아누타라삼약삼보디의 언약을 받을 것이다.

비유하면 바다를 향해 나아가는 이가 나무와 산들을 보지 못하면 큰 바다에 가까이 이른 줄 아는 것과 같다. 프라즈냐는 깊고 깊으며 허공처럼 청정하니, 프라즈냐를 받아 지녀 행하는 이는 모든 마라가 그 빈 틈을 얻을 수 없으며, 모든 붇다가 잘 보살펴 주실 것이다.

이 프라즈냐는 실상 그대로의 바른 법이기 때문에 붇다께서 니르바나에 드신 뒤 온 세상에 유포될 것이니, 먼저 남방에 흘러 퍼지고 남방에서 서방으로 서방에서 다시 북방으로 흘러 퍼지게 될 것이다.

〔11품〕갖가지 마라의 일〔魔事品〕: 보디사트바의 프라즈냐행은 탐냄·성냄·어리석음의 세 독을 철저히 지혜와 자비로 돌이켜 쓰는 행이다. 그러므로 탐냄·성냄·어리석음의 세 독을 살림살이로 삼는 잘

못된 무리들과 그 무리들의 힘에 의해 프라즈냐에 장애가 형성된다. 해탈은 장애의 원인을 잘 살펴 아는 곳에서 구현되므로, 탐냄·성냄·어리석음의 세 독으로 살아가는 마라와 마라의 활동을 밝혀 다시 보디사트바의 길을 열어 보인다.

보디사트바가 프라즈냐를 행하되 즐겨 대중을 위해 설하지 않거나, 스스로 높은 체하며 흐트러진 행동거지에 빠지면 이는 마라의 짓이다.

마라는 세간의 모습에 탐착할 뿐 아니라 프라즈냐의 큰 길을 막고 일체지의 근본을 버리고 가지나 잎에 집착하도록 하니, 프라즈냐를 버리고 치우친 수행자의 길로 가는 것도 마라의 짓이다.

또한 『프라즈냐수트라』를 받아 지녀 베껴 쓰면서 글자에 집착하거나, 『프라즈냐수트라』와 같은 '뜻 다한 경[了義經]'을 버리고 다른 치우친 가르침에 빠지면 이것도 마라의 짓이다. 설법하는 이가 기꺼이 설하지 않는다든가 듣는 이가 게을러 옳게 받아들이지 않으면 이것도 마라의 짓이다.

마라는 진리의 길에 이와 같은 갖가지 어려움과 걸림을 이루나, 마라의 짓도 스스로 마라의 짓이 되는 것이 아니라 삶의 잘못된 관성과 왜곡된 세계관, 물든 환경이 마라의 짓을 일으키게 하는 것이다. 그러므로 마라와 마라의 짓이 본래 공한 곳에 돌아가 참으로 프라즈냐에로 결단해가면 마라의 짓이 도리어 보디사트바의 창조적인 행이 된다.

[12품] 한결같은 프라즈냐의 공능[小如品]: 마라가 일으키는 장애에 주의를 기울여 마라의 짓에서 벗어나지 못하면, 마라가 일으키는 어려움이 프라즈냐를 가로막게 된다.

프라즈냐가 일체지의 원인이니 프라즈냐가 모든 붇다를 낳는다. 그러므로 프라즈냐가 모든 붇다의 일체지를 보여주며 세간의 참모습을 보여준다. 붇다께서는 수부티에게 프라즈냐란 다섯 쌓임의 참모습, 다섯 쌓임의 무너지지 않는 모습임을 보이시며, 다시 여래 또한 프라즈냐파라미타에 의해 중생의 큰 마음을 아시고, 헤아릴 수 없는 마음을 있는 그대로 아심을 보인다.

곧 여래는 프라즈냐에 의해 다섯 쌓임의 한결같음을 아시니 다섯 쌓임의 한결같음이 이 세간의 한결같음이며, 여래의 한결같음이자 중생의 본래 깨끗함이다. 여래께서는 이와 같은 법을 얻어 중생을 위해 이 한결같은 법을 설하시는 분이니, 그 말씀을 듣고 믿어 받아들이는 이, 그가 바로 물러나 구르지 않는 보디사트바 곧 아비니바르타니야 보디사트바이다.

〔13품〕모습 없는 참모습으로서의 프라즈냐〔相無相品〕: 인드라하늘왕과 욕계의 일만 하늘신과 브라흐마하늘의 이만 하늘신들이 모여, 붇다께 존재의 참모습이란 공하고 모습 없고 지음 없음을 말씀드리니 붇다께서 그들을 칭찬하신다.

프라즈냐파라미타는 모든 붇다가 행하신 곳이니, 모든 붇다도 프라즈냐파라미타를 찬탄하고 공양하고 공경한다. 그러므로 붇다께서는 다시 수부티에게 프라즈냐파라미타가 다섯 쌓임의 참모습을 보여주며 붇다의 세간을 보여주며, 프라즈냐가 여래를 출생하므로 여래도 이 프라즈냐에 의지함을 말씀하신다.

이에 수부티는 붇다께 '프라즈냐는 크나큰 일, 이루 생각할 수 없고 말할 수 없는 법을 위해 세간에 나왔음'을 말씀드리니, 붇다가 그를 인가하시고 다시 여래의 법은 '깨달은 이의 법'이며 '스스로 그러한 법

〔自然法〕'이며 '온갖 것의 진실 아는 이〔一切智者〕'의 법임을 가르친다.

프라즈냐는 온갖 법의 참모습 그대로의 행이다. 그런데 온갖 법이 허공처럼 헤아릴 수 없고 말할 수 없으므로, 여래의 법 붇다의 법도 또한 헤아릴 수 없고 이루 말할 수 없다.

이와 같이 프라즈냐와 온갖 법의 참모습을 설할 때 오백 명의 비구와 스무 명의 비구니, 육만의 우파사카(upāsaka), 삼만의 우파시카(upāsikā)가 법의 눈〔法眼〕이 깨끗해지고, 스무 명의 보디사트바가 남이 없음〔無生〕을 얻었으니, 이는 프라즈냐에 의지하면 반드시 해탈하게 됨을 구체적인 예를 들어 밝힌 것이다.

그러므로 깊은 프라즈냐파라미타를 듣고 믿어 의심치 않고 즐겨 설하면, 이 사람은 프라즈냐의 보살핌을 받아 세간의 탐욕 경계에 떨어지지 않을뿐더러 슈라바카나 프라테카붇다의 두 가지 지위에 떨어지지 않게 된다.

〔14품〕의지해야 할 프라즈냐의 방편〔船喩品〕: 프라즈냐의 방편이 아니면 중생은 세간의 고통바다를 건너 아누타라삼약삼보디의 세계에 나아갈 수 없다. 비유하면 그것은 큰 바다에서 배가 부서질 때, 나무나 널빤지나 공기 주머니를 붙잡으면 걱정 없이 저 쪽 언덕에 이를 수 없는 것과 같다.

또한 아누타라삼약삼보디에 믿음이 있고 하고자 함이 있고 정진이 있더라도 프라즈냐의 방편에 의해 보살펴지지 않으면 일체지를 얻지 못하니, 비유하면 덜 구워진 흙항아리에 물을 길으면 항아리가 부서지는 것과 같다.

프라즈냐의 방편에 의해 보살펴지면 마침내 중도에서 물러남이 없이 아누타라삼약삼보디에 이르게 될 것이다. 비유하면 그것은 잘 구워진 항아리에 물을 긷는 것과 같고, 큰 바닷가에서 장비를 잘 갖춘 배를 바닷가에 대놓고 재물을 실으면 이 배가 중도에 가라앉지 않고 가고자 하는 곳에 이름과 같다.

　　[15품] 보디사트바의 발심과 한결같음을 따라 행함[大如品] : 수부티에게 붇다께서는 이렇게 가르치신다.
　　"새로 보디에 뜻을 일으킨 보디사트바는 프라즈냐를 가르쳐 줄 수 있는 옳은 스승을 가까이 해 모든 보시와 지계·인욕·정진·선정·지혜를 아누타라삼약삼보디에 회향해야 한다. 보디사트바는 세간을 안락하게 하고 안온하게 하기 위해 보디의 마음을 내며 세간을 위해 건져주는 자 되고 돌아가는 곳 되고 마쳐 다한 길이 되며, 집이 되고 섬이 되며 길잡이 되길 발원해야 한다."
　　그러므로 보디사트바는 중생을 얻을 것이 없지만, 얻을 것이 없는 데 머물지 않고 중생을 건네줄 큰 행을 일으키니 이것이 보디사트바의 크나큰 행이다. 보디사트바는 프라즈냐파라미타를 닦되 닦는 이와 닦음과 닦는 바가 없으니, 보디사트바의 닦음은 허공을 닦는 것과 같다.
　　보디사트바는 온갖 헤아림이 없으니, 헤아림 없는 것이 바른 살림이다. 일체지를 따르는 보디사트바의 살림 아닌 살림에는 물질의 실체가 없고 느낌·모습취함·지어감·앎의 실체가 없다. 다섯 쌓임이 실체가 없으므로 다섯 쌓임의 참모습 그대로의 행인 다나파라미타·실라파라미타·찬티파라미타·비리야파라미타·디야나파라미타·프라즈냐파라미타에도 얻을 것이 없다.
　　다섯 쌓임의 실체 없는 참모습[五蘊空寂相]이 다섯 쌓임의 한결같음이고 다섯 쌓임의 한결같음이 여래의 한결같음이다. 이 한결같음은 무너지지 않고 차별되지 않으며 걸림이 없으니, 이 한결같음을 따라 행하면 이것이 여래를 따라 태어난 것이다.

여래를 따라 태어나는 이는 물질을 따라 태어나지 않고 느낌·모습 취함·지어감·앎을 따라 태어나지 않으며, 히나야나(hīna-yāna, 小乘)의 네 가지 해탈의 지위를 따라 태어나지 않는다. 여래를 따라 태어나는 이는 프라즈냐의 방편이 보살펴서 마침내 아누타라삼약삼 보디에 이른다.

〔16품〕 아비니바르타니야보디사트바의 모습〔阿惟越致相品〕: 수부 티가 붇다에게 물러나 구름이 없는 지위〔不退轉地〕에 있는 보디사트 바의 모습을 물으니, 붇다께서는 한결같음을 따라 모든 법의 참모습 에 들어가지만 이러한 한결같음마저 분별하지 않는 이, 그가 바로 아 비니바르타니야(a-vinivartanīya)보디사트바라 답하신다.

아비니바르타니야보디사트바는 스스로 세 악한 길의 업 짓지 않고 남을 시켜 짓게 하지도 않으며, 스스로 프라즈냐를 구하되 모든 중생 을 안락하게 하기 위해 프라즈냐를 행한다. 아비니바르타니야보디사 트바는 마음에 의심 없고 몸가짐이 늘 안정되며, 생활이 늘 안온하여 나날의 살림살이가 프라즈냐파라미타와 서로 응한다.

아비니바르타니야보디사트바는 프라즈냐행을 방해하는 마라의 어 지럽힘을 보게 되면, 이것이 곧 마라의 짓인 줄 알아 마라의 짓에 움 직임이 없이 굳센 마음과 뒤바뀌지 않는 마음을 낸다. 아비니바르타 니야보디사트바는 세속의 집에 머물러도 욕망에 탐착하지 않으며, 여 러 가지 선정에 들어가도 욕계의 선정을 따라 태어나지 않는다. 아비니 바르타니야보디사트바는 일체지의 마음을 늘 여의지 않고 온갖 다툼·

원한·헐뜯음을 즐겨하지 않으며, 늘 중생이 안락해지길 서원한다.

아비니바르타니야보디사트바는 악한 마라가 나타나 온갖 거짓된 말로 꾀어도 흔들리거나 의혹을 내지 않고, 프라즈냐의 다함없는 법, 바른 법 보살펴 지키길 발원한다.

아비니바르타니야보디사트바가 의지하는 프라즈냐란 다섯 쌓임의 한결같음이고 다섯 쌓임의 깊고 깊음이니, 프라즈냐의 가르침과 같이 배우고 프라즈냐의 말씀과 같이 행하면, 그 공덕은 이루 헤아릴 수 없게 되고 이루 말할 수 없게 된다.

〔17품〕 깊고 깊은 프라즈냐의 공덕〔深功德品〕: 프라즈냐의 공덕은 다함없고 가없는 다섯 쌓임의 실상 그대로의 공덕이므로 프라즈냐를 떠나 짓는 온갖 공덕보다 빼어나다.

프라즈냐가 없는 다나·실라·찬티·비리야·디야나는 참된 파라미타가 아니므로 설사 강가아강 모래 수만큼 오랜 칼파 프라즈냐 없는 다나·실라 등을 닦는다 해도 프라즈냐파라미타를 말씀대로 닦아 행한 공덕에 미칠 수 없다.

온갖 법은 있되 공하고 나되 남이 없으므로 온갖 법은 헤아릴 수 없고, 헤아릴 수 없으므로 늘어남과 줄어듦이 없다. 그러므로 프라즈냐를 행하는 보디사트바는 온갖 파라미타를 행할 때 늘어난다거나 줄어든다고 생각하지 않으며, 프라즈냐까지도 실로 붙잡을 것이 없다고 생각한다.

또한 프라즈냐에 나고 사라짐이 없고 늘어나고 줄어듦이 없으므로 프라즈냐의 회향처인 아누타라삼약삼보디도 나고 사라짐이 없으니, 앞의 마음으로 아누타라삼약삼보디 얻는 것도 아니지만 앞의 마음을 떠나지도 않으며, 뒤의 마음으로 아누타라삼약삼보디 얻는 것도 아니지만 뒤의 마음을 떠나지도 않는다.

　보디사트바는 아누타라삼약삼보디에 실로 얻을 것이 없지만, 중생의 나고 사라지는 마음을 떠나 따로 아누타라삼약삼보디가 있지 않은 줄 알므로 아누타라삼약삼보디 얻지 못할까 두려워하지 않는다.

　보디사트바는 나쁜 짐승, 원수나 적 가운데 또는 물 없는 곳에서도 놀라거나 두려워하지 않고, 그 중생에게 성내거나 원한심을 품지 않고 오히려 보시할 마음을 내며, 중생이 구하는 바를 따라 베풀어줄 것을 생각한다. 아누타라삼약삼보디는 실로 얻을 것이 없지만 아누타라삼약삼보디는 이미 보디사트바의 삶에 주체화되어 있기 때문이다.

　〔18품〕 강가데바의 보디에 언약 받음과 모습 없는 해탈문〔恒伽提婆品〕: 모임 가운데 강가데바 여인은 디팡카라붇다(dīpaṁkara, 燃燈佛)의 처소에서 보디에 착한 뿌리를 심은 뒤, 깨달음을 떠남이 없이 프라즈냐파라미타를 행한 인연으로 오는 세상 별자리칼파〔星宿劫〕에 금빛 꽃 붇다〔金花佛〕가 될 것이라 언약 받는다.

　이처럼 진리의 인연은 허망치 않아 마침내 아누타라삼약삼보디에 이르게 되니, 올바로 진리에 인연을 짓는 일은 바르게 프라즈냐파라미타를 행하는 일이며, 프라즈냐파라미타를 행하는 일은 공한 사마디〔空三昧〕와 모습 없는 사마디〔無相三昧〕와 지음 없는 사마디〔無作三昧〕를 행함이다.

　그러나 공은 있음이 있음 아님을 밝힌 것이고, 모습 없음은 모습이 모습 아님을 보인 것이며, 지음 없음은 모든 지음에 실로 지음 없음을 보인 가르침이므로 공과 모습 없음과 지음 없음을 배우지만, 다만 공하고 모습 없고 지음 없음으로 깨달음을 삼거나 그것에 떨어지지 않는다.

이처럼 공을 배우되 공으로 증득을 삼아 길 가운데서 진실한 바탕을 증득하지 않는 보디사트바는, 중생을 실로 볼 것이 없지만 중생을 버리지 않는다. 그 보디사트바는 공(空)으로 증득을 삼지 않는 공한 사마디[空三昧]의 참된 뜻을 중생에게 설해주어 함께 아누타라삼약삼보디에 이르게 하니, 이런 보디사트바를 아비니바르타니야보디사트바라 한다.

〔19품〕 마라의 일 깨달음과 참된 멀리 떠남의 행〔阿毘跋致覺魔品〕: 붇다께서는 수부티에게 '아비니바르타니야보디사트바는 모든 법이 꿈같다고 알되 그 꿈같음을 증득하지 않으며, 삼계가 꿈같음을 알되 중생을 버리지 않는다'고 가르치신다. 그리고 '아비니바르타니야보디사트바에게는 바른 법 거스르는 힘을 이길 수 있는 큰 공덕이 있다'고 가르치신다.

붇다께서는 다시 보디사트바의 프라즈냐행을 방해하는 갖가지 마라의 짓을 보여 그 마라의 짓에서 벗어나도록 당부한다. 악한 마라는 보디사트바의 프라즈냐행을 깨뜨리기 위해 '올바로 멀리 떠나는 법〔遠離法〕'을 깨뜨리고 다만 사람을 피해 고요한 곳, 빈 들판에 살도록 권유한다.

그러나 참으로 멀리 떠나는 행은 모습〔相〕과 모습 밖의 공(空)을 다 떠나는 행이니, 이와 같이 두 가지 치우침을 떠난〔遠離二邊〕 사람은 숲 속의 고요한 곳에 있어도 멀리 떠남이고, 마을의 시끄러운 곳에 살아도 멀리 떠남이 된다.

참으로 멀리 떠남을 행하는 이는 시끄러움을 떠나 따로 고요함을 찾지 않으며, 청정하게 행하는 다른 보디사트바를 업신여기지 않으니, 이와 같이 멀리 떠나는 사람을 붇다께서 칭찬하시며 모든 중생이 공경한다.

〔20품〕 보디사트바의 스승인 여섯 파라미타〔深心求菩提品〕: 여섯 파라미타가 옳은 스승이고 여섯 파라미타가 보디사트바의 길이며, 밝은 빛이고 보디사트바의 햇불이다. 그것은 삼세 모든 붇다의 일체지가 여섯 파라미타에서 생기기 때문이니, 여섯 파라미타가 큰 스승이고 어버이가 되며 집이고 섬이며 건져주는 자이다.

붇다께서는 수부티에게 다시 말씀한다.

"프라즈냐는 세간의 참모습을 그대로 쓰는 행이므로 프라즈냐는 걸림 없고 모습 없다. 중생은 나와 나의 것을 붙들어 더러움이 있지만, 보디사트바는 실로 붙잡을 나가 없고 나의 것이 없음을 알므로 늘 깨끗하다. 그러나 다시 이 가운데 깨끗함의 자취도 없고 깨끗함을 받는 사람도 없으니, 이것을 보디사트바가 프라즈냐파라미타를 행함이라 한다. 프라즈냐행은 가없고 다함없으며 깨끗한 법의 참모습을 발현해 쓰는 행이므로 프라즈냐파라미타에 서로 응하는 행을 하면 그 복 또한 다함없고 가없다."

그러므로 프라즈냐를 행하는 보디사트바는 물질을 취해 프라즈냐를 행하지도 않고, 물질을 떠나 프라즈냐를 행하지도 않으며, 느낌·모습취함·지어감·앎을 취해 프라즈냐를 행하지도 않고, 느낌·모습취함·지어감·앎을 떠나 프라즈냐를 행하지도 않는다. 이처럼 프라즈냐에 취함도 없고 버림도 없으므로 프라즈냐를 행하는 이는 아누타라삼약삼보디의 언약을 받되 받는 모습도 보지 않는다. 프라즈냐를 행하는 이는 온갖 모습 있는 세간의 착한 일과 치우친 수행의 과위를 뛰어넘어 이루 말할 수 없고 헤아릴 수 없는 현세의 복덕을 받는다.

프라즈냐행자는 늘 붇다의 신묘한 힘을 떠나지 않으며, 아누타라삼약삼보디를 얻기 전에는 끝끝내 치우친 수행자의 과위에 떨어지지 않을 것이다.

〔21품〕 보디사트바에게 일어나는 마라의 장애와 바르게 프라즈냐 배우는 법〔恭敬菩薩品〕: 마라와 보디사트바가 다 공하지만, 지금 마라는 보디사트바가 아니고 보디사트바는 마라가 아니다. 그러므로 마라가 틈을 타 보디사트바의 프라즈냐행에 장애 끼치는 경우를 잘 가려 알아 마라에 붙잡히지 않아야 하니, 붇다께서는 아난다에게 보디사트바가 악한 마라에게 붙잡히는 경우를 밝혀 마라의 장애로부터 벗어나게 하신다.

믿음이 굳건하지 못한 자, 옳은 스승을 버리고 잘못된 스승을 따르는 자, 다른 보디사트바를 얕보는 자는 늘 악한 마라에게 빈 틈을 준다. 그러나 모든 잘못과 허물에서 스스로 잘못됨과 허물됨을 알아 다시 짓지 않으면 잘못과 허물이 그의 삶을 물들이지 못하니, 스스로 뉘우치는 자는 중생을 위해 크나큰 장엄을 일으킬 수 있다.

먼저 깨달음의 길에 들어선 보디사트바와 함께 진리의 길에 나란히 걷는 보디사트바야말로 큰 스승이고 한 수레를 타고 해탈의 한 길을 함께 걸을 사람이다.

바른 구도자는 서로 보기를 붇다 마주하듯이 하여야 하며 서로 따라 배워야 한다. 그리하여 서로 북돋워주고 서로 이끌어서 남이 없음〔無生〕을 위해 일체지를 배우고 떠남〔離〕을 위해 일체지를 배우면 그는 마침내 저 언덕에 이르를 것이다.

일체지를 배우는 것이 프라즈냐를 배우는 것이고, 붇다의 열 가지 힘, 네 가지 두려움 없음을 배우는 것이다. 보디사트바가 이렇게 배우면 마라가 그를 항복받을 수 없으며, 온갖 악한 길에 결코 떨어짐이 없을 것이다. 보디사트바는 온갖 공덕을 수용하지만, 보디사트바는 본래 깨끗한 모습 가운데서 프라즈냐파라미타를 행하므로 새로이 얻음도 없고 빠져 잃거나 물러남도 없다. 그는 이 세간의 복밭이 되고 이 세간의 섬이 되고 길잡이가 된다.

〔22품〕 보디사트바를 따라 기뻐하는 공덕〔無慳煩惱品〕: 프라즈냐는 온갖 번뇌가 실로 일어남이 없음을 단박 체달하게 하므로, 보디사트바가 프라즈냐를 배우면 번뇌의 마음, 아끼는 마음, 계 깨뜨리는 마음, 화내는 마음, 게으른 마음, 흩어져 어지러운 마음, 어리석은 마음을 내지 않는다. 프라즈냐는 온갖 번뇌가 실로 남이 없음〔無生〕을 체달하되 공(空)에 머물지 않으므로, 프라즈냐파라미타를 배우면 한 생각에 온갖 파라미타를 다 거둔다.

프라즈냐는 이처럼 한 생각에 온갖 법의 참모습을 통달케 하므로, 아누타라삼약삼보디를 얻어 온갖 중생의 구호자가 되려는 자는 프라즈냐파라미타를 배워야 한다. 그러나 프라즈냐에는 프라즈냐라는 모습도 붙지 않으므로 프라즈냐를 행하면서 프라즈냐를 행한다는 분별도 내지 않아야 참으로 프라즈냐를 행하는 자이다.

수부티가 설한 위와 같은 가르침을 듣고 인드라하늘왕은 붇다께 꽃을 뿌리고 온갖 보디사트바가 일체지를 갖추도록 발원하고, 스스로 아누타라삼약삼보디를 위해 부지런히 닦아 행하고 정진할 것을 발원한다. 그러자 붇다께서는 다시 카우시카에게 스스로 발심하고 여섯 파라미타행자를 따라 기뻐하는 복덕이 헤아릴 수 없음을 설하신다.

이에 카우시카가 붇다에게 프라즈냐와 보디가 끝내 모습을 떠났으므로 보디에 새로 얻을 것이 없음을 말씀드리니, 붇다께서는 프라즈냐를 떠나서 아누타라삼약삼보디 얻는 것이 아니지만, '이미 모습 떠난 프라즈냐로써 모습 떠난 깨달음을 얻는 것이 아니라' 가르치신다.

그렇다면 중생이 보디와 파라미타에서 일찍이 물러난 바가 없고, 붇다께서 보디와 파라미타에서 실로 얻은 바도 없는 것이니, 이와 같이 알고 이와 같이 행하는 자가 참된 프라즈냐행자라 할 것이다.

[23품] 보디사트바의 크나큰 장엄과 프라즈냐행자에 대한 공경〔稱揚菩薩品〕: 프라즈냐는 모든 분별을 뛰어넘으므로 세간법의 집착도 없고 프라즈냐를 행한다는 집착도 내지 않는다. 이에 수부티가 붇다께 '보디사트바가 깊고 깊은 뜻 행함'을 물으니, 여래께서는 '보디사트바가 하는 행은 모습 없어 깊고 깊은 뜻을 행하되 이 깊고 깊음으로 마쳐 다한 깨달음을 삼지 않는다'고 답변하신다.

프라즈냐는 프라즈냐마저 분별하지 않으므로 미워함과 사랑함의 집착이 없고, 버려야 할 지위는 멀고 얻어야 할 깨달음이 가깝다는 분별이 없다. 프라즈냐는 모습이 없으므로 무너질 것 없는 단단함을 행하나, 그 단단함으로 마쳐 다한 깨달음을 삼지 않고 증득을 삼지 않는다.

이에 수부티가 여러 하늘신들에게 '보디사트바는 깊고 깊음과 굳고 단단함을 행하되 그 깊고 깊음과 굳고 단단함도 취해 증득하지 않으므로, 모습 없음에 머물지 않고 중생을 위해 크나큰 장엄 일으킴'을 보여준다. 참으로 모습 떠난 보디사트바는 빠질 법과 빠질 곳을 보지 않으니, 그가 바로 물러나 구름이 없이 프라즈냐를 행하여 마침내 아누타라삼약삼보디를 얻을 자이다.

그러므로 붇다께서는 수부티에게 '모습 있음과 모습 없음에 다 머묾 없이 프라즈냐를 행하는 보디사트바를 모든 하늘이 공경하고 예배할 것이며, 모든 붇다가 보살펴 생각해 주시며 모든 악한 마라가 무너뜨릴 수 없음'을 가르쳐 주신다. 늘 붇다의 칭찬을 받는 자, 그가 아직 물러남이 없는 지위를 얻지 못했다 해도 그는 마침내 치우친 수행자의 지위를 떠나 아누타라삼약삼보디의 언약을 받아 아누타라삼약삼보디를 얻게 될 것이다.

〔24품〕 여섯 파라미타를 맡겨 부침〔囑累品〕: 붇다께서는 수부티에게 '프라즈냐에 의지하면 일체지에 머물게 되며 아누타라삼약삼보디를 얻게 되리라' 말씀하신다. 그러나 붇다께서는 생각에 생각 없고〔於念無念〕 모습에 모습 없는〔於相無相〕 존재의 참모습이 아누타라삼약삼보디이므로 '아누타라삼약삼보디엔 보디를 얻는 자도 없고 얻을 보디의 모습도 없음'을 다시 보이신다.

프라즈냐와 보디에 얻을 모습이 없으므로 모든 집착과 걸림이 없이 행하는 공덕은, 모습에 걸린 모든 행을 넘어 그 공덕이 가장 빼어나고 가장 묘하고 가장 높다. 프라즈냐와 보디에 실로 얻을 것이 없다는 가르침을 듣고 도리하늘의 모든 하늘신들과 육백 명의 비구들이 크게 기뻐하여 붇다께 꽃을 뿌리니, 붇다께서는 육백 비구가 오는 세상 '꽃을 뿌리는 붇다〔散華佛〕'가 되리라는 언약을 주신다.

이와 같이 육백 비구에게 해탈의 언약을 준 것은, 보디의 착한 뿌리를 심고 프라즈냐를 받아 지니면, 그 공덕이 허망하지 않아 마침내 프라즈냐파라미타를 떠나지 않고 아누타라삼약삼보디 얻게 됨을 확신시켜 주기 위함이다.

그러므로 붇다께서는 아난다에게 프라즈냐파라미타를 맡겨 부치시며, '프라즈냐가 모든 붇다의 진리의 곳간〔法藏〕이므로 프라즈냐파라미타를 받아 지녀 읽고 외우면, 삼세 모든 붇다의 아누타라삼약삼보디를 받아 지니게 되며, 마침내 아누타라삼약삼보디에서 물러나지 않는다'고 말씀하신다.

아난다에게 맡겨 부치신 바처럼 모든 붇다의 아누타라삼약삼보디가 파라미타에서 일어나며, 여섯 가지 파라미타가 모든 보디사트바의 어머니이니, 여섯 파라미타를 행하는 자 그가 이 세간에 여래를 출생시키는 자이며 여래의 일을 행하는 자이다.

〔25품〕헤아릴 수 없고 다함없는 프라즈냐파라미타의 공덕〔見阿閦佛品〕: 붇다가 프라즈냐를 설하심에 그 회상에 함께 한 모든 대중이 붇다의 신묘한 힘으로 아쵸브야붇다의 회상을 다 보게 되니, 이곳 사바세계와 저곳 아쵸브야붇다의 세계가 다 한결같음이기 때문이며, 이곳과 저곳에 멀고 가까움이 끊어졌기 때문이다.

온갖 법에는 실로 그렇다 할 것이 없으므로 온갖 법은 이루 말할 수 없고 생각할 수 없으며, 허깨비 같아 받는 자도 없고 집착할 바가 없으니, 이와 같이 행하는 이를 프라즈냐를 행하는 자라 한다.

프라즈냐에는 모습이 끊어졌으므로 프라즈냐는 다함이 없으니, '프라즈냐를 다한다 하는 것은 허공을 다한다'고 하는 것과 같다. 프라즈냐를 낸다는 것은 존재의 참모습 그대로 산다는 것이니, 물질이 다함없고 느낌 · 모습취함 · 지어감 · 앎이 다함없음을 그대로 쓰면 이것이 프라즈냐파라미타를 내는 것이다.

그런데 '다함없다'는 것은 모든 법이 연기이므로 실로 남이 없고, 남이 없으므로 사라짐이 없다는 뜻이니, 이처럼 다함없는 법으로 열두 가지 인연〔十二因緣〕을 살펴 모든 법이 인연 없이 생겨난다고도 보지 않고, 모든 법이 항상하다고도 보지 않으면 이것이 프라즈냐를 행할 때 십이인연 살핌이라 한다.

프라즈냐는 이와 같이 법의 참모습을 주체화한 생활이니, 프라즈냐를 행할 때 다나 · 실라 · 찬티 · 비리야 · 디야나를 다 갖춘다. 그러므로 붇다께서는 다시 수부티에게 '프라즈냐를 행하면 모습에 갇힌 다른 보시의 복덕보다 빼어난 공덕을 얻으며, 세 악한 길에 떨어짐이 없이 모든 붇다를 여의지 않는다'고 가르치시니, 모임 가운데 하늘과 사람 아수라들도 크게 따라 기뻐하였다.

〔26품〕 온갖 법의 참모습인 프라즈냐〔隨知品〕: 프라즈냐는 존재의 참모습 그대로의 삶의 활동이므로, 붇다께서는 수부티에게 '온갖 법이 분별없고 무너짐이 없고 헤아릴 수 없으므로 프라즈냐파라미타도 분별없고 무너짐이 없으며 헤아릴 수 없음'을 가르치신다. 온갖 법에 번뇌의 뜨거움이 없고 물듦이 없으므로 프라즈냐도 이와 같고, 온갖 법의 성품이 깨끗하고 묶임 없으므로 프라즈냐 또한 이와 같다. 또 큰 바다와 허공이 가없는 것처럼 프라즈냐 또한 가없고, 물질이 모습 떠나고 느낌 · 모습취함 · 지어감 · 앎이 모습 떠났으므로 프라즈냐 또한 모습을 떠났다.

다섯 쌓임으로 표시된 온갖 법이 있되 공하므로 다함이 없고, 그 다함없는 모습이 큰 바다 같고 허공 같으며 수메루산 같고 햇빛 같으니, 프라즈냐도 또한 큰 바다 같고 허공 같으며 수메루산 같고 햇빛같이 다함없다.

온갖 법의 참모습이 생겨남이 없으므로 사라짐이 없고, 얻을 모습이 없으므로 무너짐이 없듯이 프라즈냐도 또한 이와 같으니, 프라즈냐 가운데는 중생의 모습이 본래 없다. 그러므로 스스로 중생의 모습에 갇혀 아누타라삼약삼보디를 얻지 못할까 두려워하거나 프라즈냐파라미타에서 물러나 구르는 자, 그는 참된 프라즈냐행자가 아니다.

〔27품〕 사다프라루디타보디사트바의 프라즈냐행〔薩陀波崙品〕: 깨달음은 본래 갖춰있지만, 번뇌의 땅에 있는 중생에게 보디는 물러나 구름이 없는 굳건한 믿음과 몸과 목숨을 바친 정진을 통해 구현된다. 그러므로 붇다께서는 '큰 우렛소리 같은 붇다의 처소' 사다프라루디타보디사트바〔常啼菩薩〕의 목숨 바친 구도를 예로 들어 프라즈냐행을 닦도록 하신다.

사다프라루디타는 몸과 목숨을 바친 구도심으로 프라즈냐를 구하니, 허공에서 소리가 들려 이렇게 가르친다.

"동쪽으로 가면 프라즈냐를 들을 수 있으리니, 밤낮을 가려 생각지 말고 모든 일을 생각지 말고 곧장 앞으로 나아가되, 좌우나 앞뒤를 돌아보지 않고 나아가면 스승을 만나 프라즈냐를 들을 수 있으리라."

이에 사다프라루디타는 그 소리를 따라 동으로 가다 '누구에게서 프라즈냐를 들을까' 다시 걱정하니, 붇다의 모습이 나타나 아름다운 연못에 연꽃이 만발하고 갖가지 보배나무가 우거진 중향성(衆香城)으로 가 다르모가타보디사트바〔法上菩薩〕로부터 프라즈냐를 들도록 가르친다.

붇다의 가르침을 듣고 사다프라루디타는 온갖 사마디의 문에 들어가니, 붇다께서 '프라즈냐란 모든 법에 생각할 것이 없음'임을 보여주고 다르모가타보디사트바를 스승 삼도록 다시 말씀한다.

사다프라루디타는 사마디에서 일어나 '이 붇다께서 어디서 왔다 어디로 가셨는가' 크게 의심하면서, 이 물음을 다르모가타보디사트바에게 여쭈려고 보디사트바에게 공양 올릴 것을 서원한다. 목숨을 대가로 한 인드라하늘왕의 시험 앞에 목숨을 내던지니, 장자의 딸이 감동하여 사다프라루디타에게 헤아릴 수 없는 공양거리를 갖추어주고 함께 다르모가타보디사트바에게 나아간다.

이에 사다프라루디타와 장자의 딸과 오백 여인은 함께 보디사트바에게 나아가 '세세생생 다르모가타보디사트바와 같이 보디사트바의 도 행하리라' 발원하고, '모든 붇다가 어디서 오셨다가 어디로 가셨는가'를 다르모가타보디사트바에게 여쭈었다.

그런데 사다프라루디타의 이 물음은 곧 붇다가 오고 간 곳만을 물음이 아니라, 우리가 보고 듣고 경험하는 '온갖 존재가 좇아 온 곳이 어디며 돌아간 곳이 어디인가'를 묻는 것이다. 그러므로 사다프라루디타처럼 참으로 간절히 삶의 화두(話頭)를 스스로 물어 몸과 목숨을 다하는 자, 그는 마침내 목숨을 다한 자기물음을 통해 모든 의심이 끊어진 아누타라삼약삼보디의 땅에 바로 들어가 사라짐 없는 니르바나의 공덕을 받아 쓸 것이다.

〔28품〕 다르모가타보디사트바의 설법과 사마디의 증득〔曇無竭品〕: 구도자 사다프라루디타가 '붇다께서 어디서 오셨다 어디로 가셨는가'를 물음에, 다르모가타보디사트바가 '모든 붇다가 좇아 온 곳이 없고 가서 이르는 곳이 없다'고 대답하니, 이는 붇다를 들어 온갖 법의 참모습을 밝힘이다.

곧 온갖 법의 참모습과 참모습을 깨친 여래는 둘이 없으니, 오고 감이 없는 실제(實際)가 여래이며 공함〔空〕이 곧 여래이다.

다르모가타보디사트바가 다시 비유를 들어 오고 감이 없는 여래의 참모습을 밝히니, 모든 법의 참모습은 환술사가 지은 병사와 말이 오고 감이 없는 것과 같고, 거문고의 소리가 좇아 온 곳도 없고 가서 이르는 곳도 없는 것과 같다.

이와 같이 다르모가타보디사트바가 오고 감이 없는 여래의 참모습을 설할 때, 함께 있던 헤아릴 수 없는 대중이 아누타라삼약삼보디를 얻고 법의 눈〔法眼〕의 깨끗함을 얻었으니, 사다프라루디타 또한 크게 기뻐하여 다르모가타보디사트바에게 하늘의 꽃을 받아 공양 올린다.

다르모가타보디사트바가 7년 동안 사마디에 들어 계시다 사마디에서 다시 일어나 법을 설하시려 함에 사다프라루디타가 몸을 찔러 피를 내어 다시 공양 올리니, 인드라하늘왕이 만다라꽃을 바쳐 보디사트바에게 공양 올리도록 한다. 다르모가타보디사트바가 사마디에서 일어나 법을 설하나 그 설함에 실로 설함이 없고, 사다프라루디타보디사트바는 몸과 목숨 바친 법공양으로 법을 들으나 그 들음에 실로 들음이 없다.

다르모가타보디사트바가 대중에게 '모든 법이 평등하므로 프라즈냐가 평등하고 다섯 쌓임이 가없으므로 프라즈냐가 가없음'을 설하니, 사다프라루디타는 앉은 곳에서 바로 평등한 사마디를 얻고 모습 떠난 사마디, 무너짐이 없는 사마디를 얻었다.

이때 사다프라루디타가 '앉은 곳을 떠나지 않고 사마디를 얻었다' 함은 바로 중생의 탐냄·성냄·어리석음이 곧 한결같음이므로, 그 탐냄·성냄·어리석음을 실로 끊지 않고 여섯 아는 뿌리〔六根〕를 깨끗이 함이며 번뇌를 여의지 않고 깨달음을 성취함이니, 사다프라루디타야말로 지금 우리들 자신의 삶의 모습이 되어야 하는 것이다.

〔29품〕 이어가고 넓혀가야 할 프라즈냐행〔囑累品〕: 다르모가타보디사트바가 설함 없이 법을 설하니, 사다프라루디타가 들음 없이 법을 들어 헤아릴 수 없는 사마디를 얻고, 사마디 얻은 그 자리에서 헤아릴 수 없는 공덕을 수용하였다. 그러므로 붇다께서는 이 일을 들어 수부티와 아난다에게 프라즈냐파라미타를 믿어 받아 말씀대로 닦아 행하기를 당부하신다.

그리하여 붇다께서는 다시 아난다에게 '프라즈냐를 존중하고 공경하여 맨 뒤에 붇다의 씨앗 끊지 않도록 당부하며, 프라즈냐를 행할 때 그렇게 행한 때와 곳을 따라 붇다께서 세상에 함께 함'을 보이신다.

그러므로 다섯 가지가 흐린〔五濁〕 끝 세상 바른 법의 등불이 꺼지려 할 때라도, 프라즈냐파라미타를 믿어 받들며 말씀대로 닦아 행하고 널리 중생을 위해 크나큰 장엄을 일으키면, 그가 여래의 일을 하는 여래의 사자이며, 법의 등불〔法燈〕을 아직 오지 않은 세상에 전하고 법의 향기〔法香〕를 온 누리 붇다의 땅에 널리 끼치는 프라즈냐행자일 것이다.

3. 팔천송반야경의 근본종지

(1) 보디사트바와 마하야나(mahāyāna, 大乘)

『팔천송반야경』은 프라즈냐파라미타의 실천 주체로서 보디사트바를 제시한다. 경에서 보이는 보디사트바의 갖춰진 이름은 '보디사트바마하사트바(bodhisattva-mahāsattva)'이다. 보디사트바는 '자각된 중생, 깨달음을 추구하는 중생'의 뜻이고, 마하사트바는 '크나큰 중생 곧 큰 마음의 범부〔大心凡夫〕'라는 뜻이다. 보디사트바마하사트바의 이름은 이처럼 중생현실 밖의 초월적인 인간이 아니라 중생은 중생이되 자각된 중생, 깨달음을 지향하되 깨달음에 머물지 않고 중생을 위해 크나큰 장엄을 일으키는 주체라는 뜻이다.

자타카(Jātaka)나 불전문학의 '붇다의 진리의 수레에 대한 찬송〔讚佛乘〕'에서 보디사트바란 이미 성불이 결정된 보디사트바, 성불의 언약〔記別, vyākaraṇa〕을 받은 보디사트바 곧 사카무니(Śākyamuni) 붇다가 앞 세상 보디사트바로서 수행하던 모습을 나타냈던 뜻이다.

그러나 '프라즈냐수트라'에서 보디사트바는 깨달음을 지향하는 모든 인간을 일컫는 보편적 개념으로 쓰이며, 해탈을 추구하는 중생 자신, 구도자 자신을 나타내는 뜻으로 쓰인다. 프라즈냐 이전의 경전에서 사카무니 붇다라는 한 분 특수한 인격을 지칭하던 보디사트바가 보편적 실천의 주체로서 떠올려지게 된 것은 붇다 니르바나 이후 수행자상에 대한 역사적 반성을 통해 이루어졌다.

『팔천송반야경』에서 치우친 수행자상으로 규정되어 자주 등장하는 슈라바카와 프라테카붇다는 원래부터 부정적인 뜻으로 쓰여진 것은 아니다. 원래 슈라바카(śrāvaka)가 붇다로부터 직접 설법하는 소리를 듣고〔聲聞〕 깨달음에 나아간 수행자를 뜻했다면, 프라테카붇다(pratyeka-buddha) 곧 연각(緣覺)은 이성적인 사유를 통해 홀로 십이연기(十二緣起)를 깨달은 수행자를 뜻하니, 이는 붇다 니르바나 이후 문헌에 의거하여 연기법을 사유했던 수행자를 나타낸다.

그렇다면 진리에 들어가기 위해 슈라바카야나(śrāvaka-yāna, 聲聞乘)가 채택한 감성적 확신의 방법이나, 프라테카붇다야나(pratyeka-buddha-yāna, 緣覺乘)의 이성적인 사유의 방법은 그 자체가 잘못인 것은 아니다. 두 실천의 수레는 그 감성적이고 이성적인 진리 체현의 방법론이 연기론적 세계관에 철저하지 못함으로써 관념화되고 비실천화될 때 비판의 대상이 된 것이다.

『팔천송반야경』에서 슈라바카·프라테카붇다는 새로운 법집에 떨어진 수행자, 세간법이 공하고 모습 없고 지음 없다는 말을 듣고 공함과 모습 없음과 지음 없음으로 증득을 삼아 역사에 돌아나오지 못한 수행자를 지칭한다.

그에 견주어 보디사트바는 모든 법의 참모습 그대로 행하는 자, 세간법이 공하고 모습 없고 지음 없다는 말을 배워도 공(空)과 모습 없음〔無相〕과 지음 없음〔無作〕으로 증득을 삼지 않고, 모든 있음의 영역과 모습의 세계, 지음이 있는 현실의 세계에 되돌아나와 크나큰 장엄을 일으키는 인간으로 표시된다.

보디사트바는 저절로 보디사트바가 되는 것이 아니라 깨달음을 향한 크나큰 마음의 결단〔菩提心, bodhicitta〕에 의해서 중생 스스로 중생을 넘어 보디사트바가 된다. 보디사트바는 인연으로 일어난 모든 법의 실체성에서 벗어나 크나큰 행에로 결단한 인간이다. 그러므로 나와 너 이것과 저것 나고 죽음이 있는 이 언덕과 나고 죽음이 없는 저 언덕에 모두 머물지 않으니, 보디사트바 스스로의 해탈의 결단은 끝내 물들고 어지러운 이 역사와 사회의 크나큰 장엄에로 귀결된다.

「대여품」은 보디사트바의 '보디의 마음 내는 것〔發菩提心〕'을 이렇게 말한다.

"나는 세간을 위해 건져주는 자 되고, 세간을 위해 귀의처 되며, 세간을 위해 집이 되고, 세간을 위해 마쳐 다함의 길이 되며, 세간을 위해 섬이 되고, 세간을 위해 길잡이 되며, 세간을 위해 나아갈 곳이 되려고 아누타라삼약삼보디를 얻으리라."

깨달음의 길에서 보디사트바가 처음 내는 마음이 이와 같이 세간과 중생에게 공덕을 돌이키는 크나큰 마음이므로, 보디사트바는 모든 착한 뿌리와 파라미타행을 회향함이 없이 일체지에 회향하고 중생에게 회향한다.

진리에 무너질 수 없는 굳건한 믿음을 내서 다시는 아누타라삼약삼보디의 길에서 물러나 구르지 않는 보디사트바를 『반야경』은 아비니바르타니야보디사트바〔不退轉菩薩, a-vinivartanīya〕라 한다. 붇다의 진리의 수레를 찬송하는 불전문학에서 성불의 언약을 받은 보디사트바는 사카무니 붇다의 앞의 몸인 보디사트바뿐이지만, 『반야경』에서 모든 아비니바르타니야보디사트바는 이미 깨치신 여래로부터 깨달음의 언약을 받는 것이다.

마하야나(mahāyāna, 大乘)는 보디사트바가 타고 가는 크나큰 실천의 수레이다. 보디사트바가 타는 실천의 수레를 마하야나라 함은 슈라바카가 타는 실천의 수레와 프라테카붇다가 타는 실천의 수레를 작은 수레〔小乘, hīnayāna〕라 비판하면서 나타난 것이다.

그런데 슈라바카야나를 작은 수레라 비판함은 붇다로부터 직접 배움이나 소리 들음을 비판한 것이 아니라, 그 배움이 대중에게 회향되지 못한 실천의 편협성을 비판한 것이다. 그리고 프라테카붇다야나를 작은 수레라 비판함은 이성적 사유로 살핌을 비판하는 것이 아니라, 진리의 추구를 대중 앞에 회향하지 못한 실천의 닫혀짐을 비판한 것이다.

그러므로 보디사트바가 타는 크나큰 진리의 수레는 슈라바카의 소리 들음과 프라테카붇다의 이성적 살핌을 떠나 따로 있는 것은 아니다. 『법화경』은 이 뜻을 슈라바카야나·프라테카붇다야나·보디사트바야나가 끝내 '하나인 붇다의 진리 수레〔一佛乘〕'에 돌아가고, '하나인 진리의 수레〔一乘, ekayāna〕'의 길에서 세 가지 방편의 수레〔三乘〕가 일어났음을 밝힌다.

실천에 관해 『법화경』이 '세 가지 실천의 수레가 다 일승에 돌아간다'는 회통의 입장을 취하고 있다면, 『반야경』은 슈라바카·프라테카붇다의 치우치고 닫힌 실천을 비판하여 보디사트바의 크나큰 진리의 수레〔mahāyāna〕를 열어 보이는 데 교설의 힘을 기울인다.

『팔천송반야경』의 「초품」은 보디사트바야나를 이렇게 보인다.

"보디사트바는 온갖 법에 장애 없음을 배우니, 실상 그대로 모든 법 아는 이를 보디사트바의 뜻이라 한다. 많은 사람들을 위해 윗자리가 되어줌을 마하사트바의 뜻이라 하며, 세계를 크게 장엄하려는 마음을 일으켜 대승을 따르고자 하기 때문에 마하사트바라 한다."

"보디사트바는 헤아릴 수 없는 아상키야의 중생을 건네주지만, 중생을 건네주고 나서는 건네준 중생이 없으니, 이것을 보디사트바가 크나큰 장엄 일으킴이라 한다."

"보디사트바의 마하야나는 허공과 같다. 허공이 헤아릴 수 없는

아상키야의 중생을 받아들이듯이 마하야나 또한 이와 같이 헤아릴
수 없는 아상키야 중생을 받아들인다.

　마하야나란 허공이 온 곳도 없고 가는 곳도 없고 머무는 곳도 없는
것처럼 마하야나도 또한 이와 같아서 이미 지남을 얻을 수 없고 드
러나 있음을 얻을 수 없으며 아직 오지 않음을 얻을 수 없어서 이
대승은 삼세에 평등하다. 그러므로 이름을 마하야나라 한다."

(2) 법의 집착[法執]을 넘어

　초기불교에서 다섯 쌓임[五蘊]・열두 들임[十二處]・열여덟 법의
영역[十八界]을 보인 교설은 연기적인 세계의 실상을 밝혀주는 구체
적인 교법이다. 붇다가 다섯 쌓임을 설한 뜻은 다섯 쌓임이라는 실체
적인 요인에 의해 존재가 쌓여져 이루어짐을 밝히기 위한 것이 아니
다. 다섯 쌓임 설은 다섯 쌓임의 여러 요인이 어울려 존재가 구성되므
로 존재 자체에도 실체가 없고, 다섯 쌓임의 각 요인들도 서로 의지해
일어나므로 존재를 이루어내는 여러 요인도 실체 없음을 보인다.

　다섯 쌓임의 각 법들에는 실로 있음도 없고 실로 없음도 없으며, 다
섯 쌓임이 이루어낸 존재에도 실로 있음도 없고 실로 없음도 없다.

　그러나 부파불교의 대표적인 한 종파인 설일체유부종(說一切有部
宗)은 존재를 이루어내는 여러 요인들의 실체성을 부인하는 붇다의
뜻과는 달리, 세속의 존재는 공하지만 세속의 존재를 이루는 여러 법
은 스스로 있는 것으로 본다.

　그리하여 유부종은 세속의 존재[saṃvṛti-sat, 假有, 施設有]는 허
망하지만, 세속의 존재를 이루는 여러 가지 법은 실재하므로 그를 '빼
어난 뜻의 있음[paramārtha-sat, 勝義有]'이라 한다. 유부종의 입장
에 따르면 빼어난 뜻의 존재인 법을 살펴 개체의 실체성에서 벗어날

수 있지만, 개체를 이루는 법이 법으로 남아 있으므로 법의 실체성에 갇혀 참으로 모습의 질곡에서 벗어나지는 못한다.

예를 들면 물질의 세계는 땅[地]·물[水]·불[火]·바람[風]의 네 가지 큰 요소[四大]로 이루어졌다. 그런데 이 땅·물·불·바람도 서로 의지해서 일어나 이 땅·물·불·바람 안에도 붙들어 쥘 자기 알맹이[自性]는 없다. 그러나 유부의 논사들은 개체를 이루는 법의 요소를 '자성을 가진 것[sa-svabhāva], 실체로서 있는 것[dravyataḥ-sat]'이라 말하고, 법에의 탐구로서 해탈의 길을 찾으려 한다.

그러나 아(我)의 실체 없음을 법의 실체[法我]로서 환원하는 입장은 '실로 존재하지 않는 거짓 있음의 영역'과 '존재를 존재이게 하는 빼어난 뜻[勝義]의 영역'을 양분하는 입장으로 진정한 연기적인 해탈의 길이 아니다. 『반야경』은 부파불교시대 아비다르마불교의 법집(法執)을 다시 부정하여 연기론적 해탈의 길에 다시 복귀한다.

다섯 쌓임이 실로 있음이 아니므로 프라즈냐는 다섯 쌓임 가운데서도 얻을 수 없고, 다섯 쌓임이 실로 없음이 아니므로 프라즈냐는 다섯 쌓임을 버리고도 얻을 수 없다. 프라즈냐와 아누타라삼약삼보디는 다섯 쌓임으로 표시된 모든 법의 있되 있음 아닌 참모습일 뿐 다섯 쌓임 너머에 있는 것이 아니다.

경전에 나타난 다섯 쌓임, 열두 들임, 열여덟 법의 영역, 세간(世間)이라는 말은 연기의 언어, 곧 서로 의존해서 생성해감을 나타내는 언어[生生法]로서 중도로서의 세계의 실상[中道實相]을 열어 보인다. 그런데 치우친 수행자들이 개체의 실체성을 부정한 뒤 다시 다섯 쌓임 등 여러 법의 실체성을 세우려 하므로 경전은 '다섯 쌓임의 한결같음이 여래의 한결같음[五蘊如]'이라고 말하니, 다섯 쌓임의 한결같음이란 법이 인연으로 나되 실로 남이 없음[緣起生故實無生]을 나타낸다.

그런데 여기서 다섯 쌓임의 한결같음이란 '다섯 쌓임이 일어나고 사라진다고 생각하는 집착〔斷見〕'과 '다섯 쌓임이 늘 머문다는 집착〔常見〕'을 깨기 위한 것이다. 그러므로 다섯 쌓임의 한결같음이라는 말을 듣고 다섯 쌓임의 한결같음과 다섯 쌓임의 깊고 깊음을 취하면 새로운 법집을 이루니, 경전은 '다섯 쌓임의 한결같음과 깊고 깊음도 취하지 않고 한결같음도 분별하지 않는다'고 한다.

이때 다섯 쌓임의 한결같음을 분별하지 않음이란, 그 분별하지 않음으로 인해 다시 다섯 쌓임의 '일어나고 사라지는 모습〔起滅相〕'에 떨어지는 것이 아니다. 그러므로 끝내 다섯 쌓임이 일어남〔起〕과 일어나지 않음〔不起〕을 다 뛰어넘을 때 다섯 쌓임의 중도실상을 체현할 수 있는 것이다. 경전은 항상함도 없고 덧없음도 없는 다섯 쌓임의 중도실상을 '물질이 헤아릴 수 없으므로 프라즈냐가 헤아릴 수 없고, 느낌·모습취함·지어감·앎이 헤아릴 수 없으므로 프라즈냐가 헤아릴 수 없다'고 한다.

곧 다섯 쌓임, 열두 들임, 열여덟 법의 영역, 세간, 온갖 법 등이 연기(緣起)의 언어로써 실상을 열어 보이는 범주라면, '다섯 쌓임이 한결같음'이란 연기이므로 실로 남이 없는 공제(空諦)를 보이는 것이다. 다시 '다섯 쌓임의 한결같음도 분별하지 않음'이란 실로 남이 없되 인연으로 나는 가제(假諦)를 보이는 것이며, '다섯 쌓임이 헤아릴 수 없다'는 말은 다섯 쌓임이 나되 남이 없고, 남이 없되 남이 없음도 없는 중도제(中道諦)를 보이는 것이다.

그런데 공제(空諦)·가제(假諦)·중도제〔中諦〕란 그 언어〔言敎〕에 상응하는 고유한 존재의 영역〔理境〕을 갖고 있는 것이 아니라, 인연으로 일어나므로 있음도 없고 없음도 없는 곳에서 중생이 일으키는 집착 따라 세워진 이름일 뿐〔言敎施設〕이다. 이러한 뜻을 경전은 '온갖 법은 분별할 수 없고 헤아릴 수 없으니, 프라즈냐도 또한 이와 같다'고 말한다.

법집을 깨뜨려 언어와 사유로 제약할 길 없는[不可思議] 삶의 참모습에 귀착케 하는 경전의 가르침을 다시 몇 구절 인용하면 다음과 같다.

모든 법이 평등하므로 프라즈냐파라미타 또한 평등하다.
모든 법이 모습 떠났으므로 프라즈냐파라미타 또한 모습 떠났다.
모든 법이 움직이지 않으므로 프라즈냐파라미타 또한 움직이지 않는다.
모든 법이 생각 없으므로 프라즈냐파라미타 또한 생각이 없다.
모든 법이 두려움 없으므로 프라즈냐파라미타 또한 두려움이 없다.

(3) 여섯 파라미타와 사르바즈냐나[一切智]

프라즈냐파라미타행은 모든 법의 참모습 그대로의 행이다. 모든 법의 참모습이 실상의 프라즈냐[實相般若]라면, 실상 그대로의 행은 관조의 프라즈냐[觀照般若]이며, 『수트라』의 가르침은 문자의 프라즈냐[文字般若]이다.

곧 '다섯 쌓임이 헤아릴 수 없으므로 프라즈냐파라미타가 헤아릴 수 없다'는 경전의 가르침에서, 다섯 쌓임이 헤아릴 수 없음[五蘊無量]은 실상반야이고, 프라즈냐파라미타가 헤아릴 수 없음[般若無量]은 관조반야이며, '프라즈냐가 헤아릴 수 없다'는 경전의 언구[言敎]는 문자반야이다.

다섯 쌓임이 있음도 아니고 없음도 아닌 다섯 쌓임의 참모습이 세계의 실상이라면, 그 실상을 체달하여 하되 함이 없고 함이 없되 함

없음도 없는 창조적인 활동이 프라즈냐파라미타이며, 그 프라즈냐파라미타의 언어적 표현이 『프라즈냐수트라』이다. 이렇게 보면 관조의 프라즈냐는 실상의 프라즈냐에서 일어나고, 실상의 프라즈냐는 관조의 프라즈냐를 통해 생활 속에서 체현되며, 문자의 프라즈냐는 관조의 프라즈냐 그 언어적 표출이며 실상에서 일어난 해탈의 행위 자체이다.

문자의 프라즈냐와 관조의 프라즈냐, 실상의 프라즈냐가 서로 동떨어지지 않으므로 수행자는 문자의 프라즈냐를 통해 프라즈냐파라미타를 행하고 프라즈냐파라미타에 의해 세계의 실상에 돌아간다. 『프라즈냐파라미타』 문자의 프라즈냐가 여섯 파라미타와 일체지 관조의 프라즈냐에 회향되고 끝내 중도실상에 돌아가므로, 『팔천송반야경』 「촉루품」은 '프라즈냐수트라를 받아 지녀 읽고 외우고 설한 대로 행하는 것이 삼세의 붇다를 공경 공양하는 것'이라고 말하고, 또한 「니려품」은 이렇게 말한다.

> "깊은 프라즈냐파라미타를 헐뜯고 거스르는 이는 곧 아누타라삼약삼보디를 헐뜯고 거스르는 것이며, 아누타라삼약삼보디를 헐뜯고 거스르는 이는 곧 이미 지나가고〔過去〕 드러나 있으며〔現在〕 아직 오지 않은〔未來〕 모든 붇다의 일체지를 헐뜯고 거스르는 것이며, 일체지를 헐뜯고 거스르는 이는 곧 법보를 헐뜯고 거스르는 것이며, 법보를 헐뜯고 거스르는 이는 곧 승보를 헐뜯고 거스르는 것이니, 삼보를 헐뜯고 거스르는 까닭에 헤아릴 수 없고 가없는 무거운 죄업을 일으킨다."

이처럼 프라즈냐파라미타의 언교는 여섯 파라미타의 실천을 제시하며, 파라미타의 실천은 끝내 일체지에 회향되고 중도실상에 귀착된다. 그리고 여섯 가지 파라미타가 다 일체지에 회향되므로 여러 파라미타가 서로 다른 파라미타를 거두지만, 프라즈냐파라미타는 눈[眼]과 같이 다른 파라미타를 인도한다.

이에 『팔천송반야경』 「무간번뇌품」은 다음 같이 가르친다.

> "보디사트바가 만약 모든 파라미타를 거두고자 하면 프라즈냐파라미타를 배워야 한다. 보디사트바가 프라즈냐파라미타를 배우면 곧 온갖 중생 가운데서 가장 우두머리가 된다."

관조의 프라즈냐행으로서 여섯 파라미타가 일체지의 원인이라면, 일체지는 파라미타행의 결과이다. 곧 여섯 파라미타행이 사제법(四諦法)에서 도제(道諦)라면, 일체지(一切智)는 멸제(滅諦)이다. 벗어나야 할 고제(苦諦)가 집제(集諦)의 원인에 의해 일어나므로 실로 끊어야 할 고제의 실체성이 없는 곳을 『프라즈냐수트라』는 '다섯 쌓임의 본래 깨끗함'이라 말하고, 이를 『기신론(起信論)』은 '본래 깨쳐 있음[本覺]'이라 한다.

지양해야 할 삶의 소외와 괴로움이 본래 공하므로[本空] 여섯 파라미타행은 번뇌를 끊고 깨달음을 얻는 행이 아니라, 주체와 객체가 겹쳐지는 생활의 장 속에서 모습의 닫혀짐을 넘어서고, 있음과 없음의 대립을 넘어서는 행이다. 그러므로 파라미타행은 지음 없는 행이고 모습 없는 행이며 공한 사마디이다[無作行 無相行 空三昧].

무명(無明, avidyā)에 의해 일어난 결과로서의 고제(苦諦)가, 원인인 집제(集諦) 너머에 있지 않음과 같이 결과로서의 깨달음은 해탈을 구현하는 파라미타행 너머에 있는 것이 아니라 파라미타행의 하되 함이 없는 함이 깨달음이다.

이렇게 보면 깨달음의 집안 속 일〔家裏事〕을 떠난 파라미타의 길 가운데 일〔途中事〕이 참된 수행이 될 수 없고, 함이 없는 함으로서의 '길 가운데 일'을 떠난 깨달음의 '집안 속 일'은 생활 밖의 초월적 신비가 될 것이다.

깨달음은 파라미타행의 원인을 통해 실체적인 결과로 주어지는 것이 아니지만, 파라미타행을 떠난 깨달음이란 관념의 허상일 뿐이다. 그러므로 경은 여섯 파라미타가 삼세 붇다의 지혜의 원천이고 해탈의 근본임을 이렇게 말한다.

"여섯 파라미타가 보디사트바의 옳은 스승이고, 여섯 파라미타가 보디사트바의 큰 스승이며, 여섯 파라미타가 보디사트바의 길이고, 여섯 파라미타가 보디사트바의 밝은 빛이며, 여섯 파라미타가 보디사트바의 횃불이다.

수부티여, 지나간 모든 붇다도 여섯 파라미타를 좇아 나셨고, 아직 오지 않은 모든 붇다도 여섯 파라미타를 따라 나실 것이며, 드러나 있는 시방의 헤아릴 수 없는 아상키야 세계의 모든 붇다도 다 여섯 파라미타를 따라 나신다.

또한 삼세 모든 붇다의 일체지도 다 여섯 파라미타를 따라 생겼다. 왜 그런가. 모든 붇다께서는 여섯 파라미타를 행하여 네 가지 거두는 법〔四攝法〕으로써 중생을 거두시니, 곧 널리 베풂〔布施〕・부드러운 말〔愛語〕・남을 이롭게 하는 행〔利行〕・함께 일함〔同事〕으로 아누타라삼약삼보디를 얻기 때문이다."

일체지는 여섯 파라미타의 결과로 주어지는 깨달음의 세계이다. 그런데 깨달음이란 모든 법의 참모습이 전면적으로 실현된 세계이므로,

깨달음은 현실을 버리고 따로 얻는 세계가 아니라 일상의 삶 속에서 모습에서 모습 떠나고 생각에서 생각 떠난 행으로 주어진다. 곧 일체지는 다섯 쌓임으로 표시된 현실의 장에서 다섯 쌓임의 실체성을 넘어선 행이며, 여섯 파라미타의 하되 함이 없는 행 자체로 주어지니, 일체지를 얻는다 해도 맞지 않고 일체지를 얻지 못한다 해도 맞지 않는다.

대품반야에서는 깨달음의 세계인 일체지를 일체지(一切智)·도종지(道種智)·일체종지(一切種智)로 나누어 보이니, 이는 깨달음에 차제가 있다는 뜻이 아니라 중생의 망집에 상응해서 지혜의 이름을 세운 것이다. 곧 일체지는 중생의 있음에 물든 이성적 미혹과 감성적 미혹〔見思惑〕에 상응한 이름이고, 도종지는 공을 공으로 집착하여 티끌세계 모래수 변화에 막히는 미혹〔塵沙惑〕에 상응하는 지혜의 이름이며, 일체종지는 번뇌의 근본 뿌리인 무명의 미혹〔無明惑〕에 상응하여 세운 중도의 지혜인 것이니, 일체지·도종지·일체종지는 차제가 아니다.

일체종지로 기술된 아누타라삼약삼보디는 중생이 프라즈냐행을 통해 새로이 이루어야 할 깨달음의 세계〔始覺〕이지만, 중생 자신의 참모습 자체이므로 중생 현실을 버리고 아누타라삼약삼보디를 얻는 것이 아니다. 그러므로 경은 '모든 법의 한결같음과 모든 여래의 한결같음은 다 하나라 둘이 없으며 다름이 없다'고 말하며, 또한 아누타라삼약삼보디의 세계가 '중생의 생각〔諸念〕'과 '여러 가지 파라미타행〔波羅密行〕'을 떠나지 않음을 이렇게 말한다.

"아누타라삼약삼보디란 곧 한결같아서 늘거나 줄어듦이 없다. 만약 보디사트바가 늘 이와 같은 생각에 응하여 행하면 곧 아누타라삼약삼보디에 가까워지게 된다.

　이와 같이 수부티여, 말할 수 없는 뜻은 비록 늘거나 줄어듦이 없으나 모든 생각을 물리지 않으며[不退諸念] 모든 파라미타를 물리지 않는다[不退諸行]. 보디사트바가 이로써 행하면 아누타라삼약삼보디에 가까워지지만 보디사트바의 행을 물리지 않는다."

　늘어나거나 줄어듦이 없는 아누타라삼약삼보디가 생각과 파라미타행을 물리거나 버리지 않음이란, 보디사트바의 파라미타행이 마쳐 다한 깨달음을 떠나지 않고 마쳐 다한 깨달음이 중생의 현실에 다시 돌아옴을 보인다. 중생의 못 깨침[不覺]과 보디사트바의 닦아 행함[修行]과 붇다의 마쳐 다한 깨달음[究竟覺]이 서로 떨어지지 않는다는 이러한 뜻을 『팔천송반야경』에 나오는 여러 보디사트바의 지위를 통해 다시 살펴보자.

　곧 『팔천송반야경』에서는 여섯 파라미타를 행해 아누타라삼약삼보디에 나아가는 보디사트바의 지위에 대해 '처음 보디의 마음을 낸 보디사트바[初發心菩薩]', '새로 배우는 보디사트바[新學菩薩]', '뒤로 물러나 구르지 않는 보디사트바[不退轉菩薩]', '한 생이 지나면 붇다를 돕는 자리의 보디사트바[一生補處菩薩]'의 네 가지 이름이 나온다.

　'처음 마음 낸 보디사트바'는 아누타라삼약삼보디에 굳건한 믿음을 내 '이 세간의 건져주는 자 되고 집이 되고 섬이 될 큰 원력'으로 파라미타행을 발원하는 보디사트바이다.

　'새로 배우는 보디사트바'는 마하야나의 바른 발심에 토대해서 파라미타행을 일으키는 보디사트바이다.

　'물러나 구름이 없는 보디사트바'는 깊은 프라즈냐파라미타를 용맹스럽게 행해 다시는 중생의 무명(無明)과 집착, 바깥길의 잘못된 세계관〔邪見〕 잘못된 수행자들의 왜곡된 실천에 빠지지 않는 보디사트바이다.

'한 생 지나면 붇다를 돕는 자리의 보디사트바'는 이미 깨달음의 언약을 받아 반드시 다음 생에 붇다의 지위에 오르게 될 보디사트바이다.

그런데 처음 마음 낸 보디사트바 위에 새로 배움·물러나 구름이 없음·한 생이면 돕는 자리에 앉게 됨의 이름을 세운 것은 앞의 믿음이 행의 토대가 되며, 믿음은 행으로 전개되어야 함을 뜻할 뿐, 처음 마음 낸 보디사트바라는 차제적인 단계 위에 다음 보디사트바의 단계가 실체적으로 있는 것은 아니다. 처음 마음 낸 보디사트바가 한번 낸 믿음이 견고하여 바로 파라미타를 실천하여 다시 물러나지 않으면, 바른 믿음 낸 곳이 법에 대한 모든 의심과 동요가 사라진 깨달음의 세계인 것이다.

차제의 언어는 파라미타행의 세계가 모습에 머물러 붙잡는 행이거나 한군데 고정된 행이 아님을 보인다. 그리고 그것은 깨달음이 과정과 관계 속에 역동적으로 살아 움직임을 보이는 것이며, 깨달음이란 불완전의 역사 속에 이미 있는 완성을 보면서 불완전과 갈등의 역사를 조화와 화해의 역사로 바꾸어가는 행임을 보인다.

'한 생이면 돕는 자리에 앉는 보디사트바'는 파라미타행을 성취하여 다시는 나고 죽음의 세계에 떨어지지 않는 보디사트바로서, 보디의 언약을 이미 받았지만 아직 붇다의 자리에 앉지 않은 보디사트바이다. 이는 이미 깨달음 속에 있되 머물러 붙잡아야 할 깨달음의 모습도 보지 않고, 늘 앞으로 나아가는 창조적 주체의 모습을 나타내는 것이다.

⑷ 법의 참모습과 둘 없는 붇다의 몸

여래의 법신(法身)은 여래의 육체적인 몸[色身]이 아니지만, 육체
적인 몸을 떠나지도 않는다. 법신은 색신 밖에 있는 것이거나 색신을
생기게 하고 사라지게 하는 어떤 것이 아니라, 인연으로 나되 실로 남
이 없고 인연으로 사라지되 사라짐이 없는 색신의 참모습이 법신이
다.

그러므로 『중아함경』 「전유경」은 '여래가 사후에 존재하느냐, 존재
하지 않느냐'고 묻는 것은 대답할 필요가 없는 부질없는 법[無記法]이
라고 가르친다. 그것은 여래가 사후에 존재한다고 하면 상견(常見)에
떨어진 것이고, 여래가 사후에 존재하지 않는다고 하면 단견(斷見)에
떨어져 연기의 실상에 맞지 않기 때문이다.

부파불교의 논사들은 붇다께서 가르치신 연기법에 대해서도 법공
(法空)을 통달하지 못하여 사상적인 왜곡을 일으켰듯, 붇다의 존재에
대해서도 나고 죽음이 끊어진 무위의 세계, 열반의 세계에 돌아간 것
으로 이해하거나 어떤 공간적 처소에 영속적 실체로서 안주하는 것으
로 이해하였다.

이러한 이해는 다분히 유위(有爲)의 세계 밖에 무위(無爲)의 세계
를 설정하는 견해이거나 상견적 세계관[常見]이 불신관(佛身觀)에 반
영된 것이다.

그러나 붇다의 법신[佛法身]은 세간의 참모습이며 다섯 쌓임의 참
모습이니, 인연으로 있고 인연으로 없는 세간의 나고 사라짐 없는 참
모습을 통달할 때 여래의 법신을 통달할 수 있다. 여래의 법신은 물질
의 네 큰 요인[四大] 그대로가 아니지만 네 큰 요인을 떠난 것도 아니
며, 다섯 쌓임이 아니지만 다섯 쌓임을 떠난 것도 아니다. 온갖 존재
가 나되 실로 남이 없는 줄 요달한 자가 여래의 무너짐이 없고 사라짐

이 없는 법의 몸[法身]을 볼 것이니, 그것은 온갖 법의 한결같음이 여래의 한결같음이기 때문이다.

「다르모가타품」은 이렇게 여래의 법신을 밝힌다.

"잘 행하는 이여, 비유하면 바다 가운데에 있는 갖가지 진귀한 보배가 동쪽에서 온 것도 아니고 남·서·북방과 네 모서리[四維]와 위 아래 어느 곳에서도 오지 않은 것과 같다. 중생의 복덕은 인연의 바다가 이 보배를 내기 때문에 원인 없이 있는 것은 아니지만, 보배가 사라질 때도 또한 시방 그 어디에도 이르는 것이 아니다. (중생의 복덕은) 여러 인연이 합하면 있는 것이고, 뭇 인연이 사라지면 없는 것이다.

잘 행하는 이여, 모든 여래의 몸 또한 이와 같다. 정한 법이 없으므로 시방 그 어디로부터 오는 것이 아니나, 또한 원인이 없이 있는 것도 아니다. 본래 행한 업의 과보로써 생기는 것이니, 여러 가지 조건[緣]이 합하면 곧 있고, 여러 가지 조건들이 사라지면 곧 없다.

잘 행하는 이여, 비유하면 거문고의 소리는 좇아 온 곳도 없고 가서 이르는 곳도 없는 것과 같다. 거문고 소리는 여러 인연에 속하는 것이니, 줄이 있고 몸통이 있고 젓대가 있고 사람이 손으로 그것을 탐이 있으면 여러 조건들이 합하여 곧 소리가 있는 것이니, 이 소리는 줄로부터 나는 것도 아니고 몸통이나 젓대나 손으로부터 나는 것도 아니다. 여러 인연이 합하면 곧 소리가 있으나 좇아 오는 곳이 없으며, 여러 조건들이 흩어지면 사라지지만 이르는 곳이 없다.

잘 행하는 이여, 여래의 몸 또한 이와 같이 여러 인연에 속하는 것이다. 헤아릴 수 없는 복덕으로 이루어진 바이므로 한 인연이나 한 복덕을 좇아 생겨난 것이 아니나, 또한 원인[因]도 없고 조건[緣]도 없이 있는 것은 아니다. 여러 조건들이 합함으로써 있지만 좇아

오는 곳이 없고, 여러 조건들이 흩어지면 사라지지만 가서 이르는
곳도 없다."

(5) 『반야경』의 불국관(佛國觀)

『팔천송반야경』에는 「아쵸브야붇다를 보는 품」에 아쵸브야여래(A
kṣobhya, 不動如來)의 회상이 잠깐 등장하고 또 '큰 우렛소리 같은
붇다'의 처소 다르모가타(Dharmodgata)보디사트바가 살고 있는 중
향성의 모습이 등장한다.

『유마경』에도 『반야경』과 같은 「아쵸브야붇다를 보는 품」이 있고
유마거사가 본래 아쵸브야붇다의 묘희국(妙喜國, Abhirati) 사람이
었다고 말한다. 그래서 『반야경』의 신자들은 아쵸브야붇다가 계시는
묘희국에 왕생하는 신앙을 가졌다. 다르모가타보디사트바가 사는 중
향성의 보배연못과 연꽃, 보배나무와 공덕의 물이 넘치는 모습은 아
미타붇다의 극락세계에 대한 묘사와 공통점이 많다.

이곳 사바세계의 붇다회상 말고 다른 붇다의 존재와 불국토를 말하
고 있는 뜻은 무엇일까. 먼저 그것은 붇다의 깨달음이 여기 이곳에 한
정되지 않고 어느 곳 어느 때에나 열려져 있음을 말한다. 그리고 일체
지에 회향하는 파라미타행은 세계의 성취와 국토의 장엄을 떠나지 않
으며, 더불어 사는 이웃의 해탈로 넓혀짐을 보인다.

법이 인연으로 나고 나는 차원〔生生法〕에서 다른 곳의 불국토를 풀
이하면, 첫째 그곳은 더러움과 깨끗함이 뒤얽혀 있는 곳이자, 더러운
곳을 전환하여 새롭게 만들어가는 깨끗한 곳이다. 천태의 네 가지 불
토설〔四種佛土說〕로 보면 악함을 버리고 착함을 추구하는 범부들과
성인들이 함께 머무는 곳 곧 범성동거토(凡聖同居土)이다.

다음 연기하므로 모든 법이 공한 차원〔不生法〕에서 보면, 그 곳은

만법이 실로 생겨남이 없으므로 사라짐이 없는 곳, 더러움도 깨끗함도 없는 곳이다. 있되 공한 세계의 모습이 바로 붇다의 정토인 뜻을 「아쵸브야붇다를 보는 품」에서는 '붇다께서 신묘한 힘을 거두니 아쵸브야붇다의 세계가 다시 나타나지 않았다'고 표현한다. 천태의 네 가지 불토설로 보면 방편의 도〔方便道〕로써 공(空)을 체달했지만, 중도가 온전히 드러나지 못함으로 방편의 나머지가 있는 성인의 국토 곧 방편유여토(方便有餘土)이다.

다음 공하므로 헤아릴 수 없는 방편이 없지 않은 차원〔不生生法〕에서 풀이하면, 그곳은 모든 번뇌와 탐욕이 공한 곳에서 헤아릴 수 없는 공덕을 일으켜 건립한 장애 없는 세계 곧 '실다운 과보로 이루어지는 장애 없는 땅〔實報無障碍土〕'이다. 이곳은 네 가지 불토설로 보면 범부의 탐욕에도 머물지 않고 공에도 머물지 않는 성인들이 머무는 곳이다.

다음 중도(中道)의 차원에서 고찰하면, 나되 남이 없고 나지 않되 나지 않음도 없는〔不生不生〕 법계의 실상 자체를 나타내니, 그곳은 바로 온갖 법이 여래의 한결같음 그대로인 곳이며, 다섯 쌓임의 헤아릴 수 없음이 바로 여래의 헤아릴 수 없음과 둘이 없는 곳이다. 이 국토는 네 가지 불토설로 보면, 있음과 공함의 집착을 다 버린 중도의 지혜를 성취한 사람들이 머무는 붇다의 국토 곧 늘 고요하되 밝은 진리의 땅〔常寂光土〕이다.

이렇게 보면 아쵸브야붇다의 세계는 사바세계가 아니지만 사바세계를 떠난 것도 아니고, 이곳이 아닌 저기 저곳으로 표현되지만 여기 이곳을 떠나지도 않는다. 그리고 물질이 아니고 느낌·모습취함·지어감·앎이 아니지만 물질과 느낌·모습취함·지어감·앎을 떠나지 않는 땅으로서 다섯 쌓임의 한결같음 자체를 나타낸다 할 것이다.

곧 아쵸브야붇다의 세계는 물들고 때묻은 세계, 탐욕의 세계를 버리고 가야 할 곳이지만, 실로 떠나보내는 곳도 없고 새로 태어날 곳도 없는 실상의 세계이니, 만법이 나되 남이 없음〔生無生〕을 깨친 자가 남이 없이 그곳에 태어날 수 있는〔無生生〕 것이다.

4. 반야불교가 오늘의 시대에 주는 실천적 의미

지금까지 『팔천송반야경』의 전체 흐름을 개관하고 경전이 보이는 기본종지를 조망하였다. 앞에서 이미 지적한 바처럼 『반야경』은 붇다의 연기법과 연기론적 실천을 왜곡시키는 시대의 병폐를 치유하기 위한 사상적 과제를 안고 편집되었다.

그러므로 『반야경』을 중심으로 한 대승불교운동은 한편으로는 붇다께서 제시한 연기론적 세계관과 실천에로 복귀하는 운동의 성격을 띠면서, 시대대중의 요구와 시대대중이 안고 있는 삶의 문제에 대한 응답의 성격을 동시에 띠고 있다.

붇다께서 가르치신 근본종지에 돌아가 연기론의 원래적 실천성을 회복함이 프라즈냐파라미타라면, 시대의 요구를 따라 삶의 문제를 더불어 풀어내는 것은 방편바라밀이다. 프라즈냐〔般若〕와 방편(方便)은 서로 거스르지 않으니, 프라즈냐에 철저할 때 방편이 자재하게 구사되고, 방편의 힘이 보살피고 방편을 자재하게 구사할 때 프라즈냐 또한 있음〔有〕과 공(空)에 매이지 않는 살아 있는 프라즈냐가 된다.

그렇다면 『팔천송반야경』이 대중의 요구에 응답하기 위해 집중적으로 제기했던 사상의 과제가, 오늘날 문명사 대전환의 격류 앞에 서 있는 시대대중 앞에 어떤 실천의 지평을 열어줄 것인가 살펴보자.

먼저 『반야경』은 붇다 니르바나 이후 한정된 출가승단 중심의 관념적 수도불교(修道佛敎), 사변적 이론불교(理論佛敎)를 넘어서서 광범한 대중이 함께 하는 열려진 실천의 길을 열어놓았다. 『반야경』에서의 보디사트바와 보디사트바 상가의 집단은 출가승단에 한정된 사람들의 모임이 아니라 출가·재가를 망라하고 광범한 인도지역 세간을 망라하며, 각계각층 사람들의 모임을 망라하는 열려진 상가를 뜻한다.

『반야경』이 시작되는 첫머리에서 비구의 무리들과만 함께 했던 반야회상의 모임은 「아쵸브야붇다를 보는 품」에 이르러 비구·비구니·우파사카·우파시카의 네 부류 대중과 하늘과 용 등 여러 부류의 중생들이 함께 하는 크나큰 법의 모임으로 확장된다. 더불어 같이 행할 수 있는 모든 부류의 대중이 함께 아쵸브야붇다의 세계를 보았다는 『반야경』의 기록은 『반야경』이 지향하는 실천의 광대성을 극명하게 드러내 준다.

그러므로 경전은 도처에서 오직 열심히 배우기만 할 뿐 배움을 대중 앞에 회향할 줄 모르는 슈라바카야나〔聲聞乘〕와, 사변적 이론과 이성적 사유를 통해 스스로 깊은 세계관에 깨달아 들어갔지만 그 깨달음을 역사 앞에 넓힐 줄 몰랐던 프라테카붇다야나〔緣覺乘〕의 무리를 비판한다. 나아가 경전은 모든 공덕을 일체지와 중생에게 회향하며 자신의 해탈을 대중의 해탈, 국토의 성취와 합치시키는 보디사트바야나〔菩薩乘〕의 실천을 찬탄한다.

『반야경』이 대중적 실천의 지평을 열게 되는 신앙의 토대는, 붇다 니르바나 이후 믿음의 근거와 의지처를 찾지 못해 방황하는 대중에게 붇다의 법신〔佛法身〕이 결코 사라질 수 없고 무너질 수 없는 진리의 몸임을 깨우쳐준 데 있다.

여래의 몸은 나고 사라짐이 없는 진리의 몸이다. 그런데 이 진리의 몸은 나고 사라지는 세간의 모습 밖에 있는 것이 아니라 세간의 나되 남이 없는 참모습 자체이다. 이처럼 여래의 몸이 물질이 아니지만 물질 아닌 것도 아니므로, 여래의 참몸에 대한 공경과 예배는 여래를 찬탄하는 신앙대중의 문자행과 둘이 아니며, 여래의 사리에 공양하고 여래의 사리를 모시는 스투파를 쌓고, 경전을 받아 지녀 베껴 쓰고 남을 위해 설해주는 법공양의 행과 둘이 아니다.

『프라즈냐수트라』의 공(空)은 모습이 곧 모습 아님을 보이므로, 모습 있는 현실생활에서 모습을 떠나고〔於相離相〕 함이 있는 행 가운데서 함이 있음을 떠나면〔於爲無爲〕, 모습 있음과 함이 있음이 곧 해탈의 행위이다. 그러므로 대중은 이제 여래의 스투파 앞에 한 송이 꽃을 바치고 한 구절의 노래를 바치며 향을 올린 인연으로도 프라즈냐행에 나아가 끝내 성불의 언약을 받게 된다.

프라즈냐파라미타의 실천은 붇다의 여덟 바른 길〔八正道〕이라는 연기적 실천을 시대 속에서 새롭게 천명한 운동이다. 팔정도와 프라즈냐행은 다 인간행위를 진리의 중심에 놓고 세계를 해명하고 해탈의 길을 제시한다. 그러므로 행위하는 모든 주체, 살아 움직이는 모든 삶들이 깨달음의 주체이며 공덕의 원천이다.

연기법은 현실 밖에 새로운 현실을 설정해서 인간과 세계문제를 설명하는 선험주의를 배격하지만, 또한 현실의 닫힌 틀과 고립된 존재의 벽도 타파한다. 진리는 인연으로 일어난 어떤 것의 자기모습에 갇히지 않지만, 세간의 모습과 인간의 연기적 언어활동 밖에 초월해 있지도 않다.

언어로 말할 수 있는 세속의 영역이 있고 언어가 미칠 수 없는 진리의 영역이 따로 있다는 생각은 붇다의 연기법에 가장 배치된 언어관이며 세계관이다. 오히려 가르치고 있는 이 문자행 가운데 실로 가르치는 자도 없고 가르침 받는 자도 없으며, 가르칠 법의 실체도 없다고 바로 알아듣는 자가, 언어를 없애지 않고 실상을 구현할 수 있는 것이다. 또한 그가 언어를 쓰는 일상행위 속에서, 말에 갇히거나 말을 회피함이 없이 말에 말이 없는 헤아릴 수 없는 문자행으로 대중을 깨달음에 이끌 것이다.

'가르침 밖에 선(禪)을 따로 전한다〔敎外別傳〕'는 주장은 가르침의 문자상이 공한 줄 모르고 문자상에 머물러 있는 이의 집착을 깨기 위한 것이니, 문자의 가르침을 통해 단박 말에 말 없음〔於言無言〕을 깨달으면 진리가 언어와 모습 밖을 떠나지 않는 줄 알게 된다.

물질은 땅·물·불·바람 사대(四大)의 원자적 요소가 모여서 이루어진 덩어리가 아니라, 연기이므로 공한 물질이다. 물질이 있되 공한 물질이므로 물질은 인간행위 밖에 저 홀로 닫힌 어떤 것이 아니라 인간에게 행위 자체인 물질, 마음 자체인 물질로 주어진다.

물질은 나되 실로 남이 없고 남이 없으므로 사라짐도 없다. 프라즈냐의 가르침을 통해 물질의 본질을 올바로 통찰하면, 물질은 자기 밖에 덩어리로 벗어나 있는 어떤 소유물이 아니다. 그러므로 깊은 프라즈냐파라미타의 실천을 통해 물질을 인간의 소유로 보고 도구로 보는 물질관이 사라질 때, 인간해탈이 물질의 해탈과 다르지 않고 물질의 해탈이 인간의 해탈과 다르지 않게 된다.

곧 물질이 실로 있다는 집착을 놓아버릴 때 물질을 내 것으로 생각하는 자아의식이 해방된다. 물질에 갇혀진 자아의식과 주체의 관념에 틀 지워진 물질의 실체성이 동시에 해방될 때, 물질은 다함없는 공덕의 모습으로 인간 삶의 토대가 되고 공덕의 근원이 될 것이다.

그 뜻을 경전은 '물질이 헤아릴 수 없으므로〔色無量故〕 프라즈냐가 헤아릴 수 없고, 느낌·모습취함·지어감·앎이 헤아릴 수 없으므로〔識無量故〕 프라즈냐가 헤아릴 수 없다'고 말한다.

『프라즈냐수트라』의 가르침에 의하면 일체지의 한결같음과 청정함이란 중생의 한결같음과 청정함이다. 이 말은 곧 깨달음의 길〔菩提路〕이란 중생의 번뇌를 끊고 아누타라삼약삼보디의 신비한 내용을 얻는 것이 아님을 가르친다. 중생의 번뇌와 중생의 중생됨에 실로 그렇다 할 것이 없음을 체달하여 중생의 청정함을 구현하되 청정함에도 머물지 않으면 그것이 바로 아누타라삼약삼보디의 청정함이다.

그러므로 지금 번뇌를 끊고 니르바나를 얻으려 하거나, 중생과 중생의 업을 단죄하고 아누타라삼약삼보디의 청정성을 얻으려는 왜곡된 진리관은 부정되어야 한다. 불교가 제시하는 여섯 파라미타행은 아는 자와 아는 바가 겹쳐지는 중생의 현실생활의 장을 머묾 없고 막힘없고 걸림 없는 행으로 전환해가는 활동이다. 그런데 중생의 모습에 머묾과 막힘 가운데 실로 막힘이 없으므로, 중생의 모습에 머묾을 돌이키는 여섯 파라미타행은 하되 함이 없는 행이니, 여섯 파라미타의 하되 함이 없는 모습이 바로 아누타라삼약삼보디이다.

여섯 파라미타를 행하되 실로 함이 없음이 길을 가는 도중사(途中事)에서 가리사(家裏事)를 여의지 않음이고, 여섯 파라미타를 행함 없되 행함 없음도 없는 것이 가리사에 앉아 도중사를 쓰는 일이다. 그러므로 선(禪)을 내면의 신비나 고요함을 관조하는 것으로 생각하는 것은 프라즈냐가 제시하는 바른 수행이 아닌 것이다.

여섯 파라미타를 행하되 함이 없음이 선(禪)이 말하는 돈오(頓悟)이며, 행함이 없되 행함 없음도 없는 것이 선(禪)이 말하는 돈수(頓修)이다. 그러므로 돈오돈수를 어떤 정체되고 절대화된 경지에 들어앉는 것으로 생각하는 것은 프라즈냐를 등지는 일이며 아누타라삼약삼보디를 등지는 일이다.

돈오(頓悟)의 '단박 깨침'은 생각과 모습에 곧 생각 없고 모습 없음을 체달하여 다시는 모습에 물든 생각〔妄想〕과 생각에 갇힌 모습〔妄境界〕을 내지 않는 것이다. 그 뜻을 『팔천송반야경』은 '만약 보디사트바가 이와 같이 프라즈냐파라미타를 배우면 곧 번뇌의 마음을 내지 않고, 인색한 마음을 내지 않으며, 계를 깨뜨리는 마음을 내지 않고, 화내는 마음을 내지 않으며, 게으른 마음을 내지 않고, 산란한 마음을 내지 않으며, 어리석은 마음을 내지 않는다'고 말한다.

다시 돈수(頓修)의 '단박 닦음'이란 단박 닦아서 아무 것도 닦을 것이 없다는 뜻이 아니다. 단박 닦음은 모든 인과적 행이 머묾 없는 행이 되고 깨달음의 자기활동으로서의 행이 되는 것을 말하니, 생각에 생각 없되 생각이 생각 없음이므로 생각 없음마저 없음을 체달하면 모든 생각을 물리지 않고[不退諸念] 모든 행을 물리지 않음[不退諸行]을 말한다. 이 뜻을 경전은 '보디사트바는 이와 같이 프라즈냐파라미타를 배워 모든 파라미타를 거둔다'고 말한다.

이처럼 프라즈냐행자 곧 올바른 수행자는 처음부터 얻어야 할 깨달음과 끊어야 할 번뇌의 실체성을 보지 않고 보디의 마음을 내므로 늘 본래 깨쳐 있음[本覺]에 서서 닦음 없는 닦음을 이어가니, 그는 처음 보디의 마음 낼 때 마쳐 다한 깨달음을 이미 주체화하고 있는 것이다.

또한 프라즈냐행자는 나와 너, 나와 중생의 실체성이 본래 공한 곳에 서서 크나큰 보디사트바의 장엄을 일으키므로, 내가 먼저 깨닫고 중생을 건진다든가 내가 깨닫기 전에 중생을 건진다는 헛된 분별을 내지 않는다. 프라즈냐행자는 세간을 위해 건져주는 자 되고 섬이 되고 길잡이 되기 위해 스스로 보디의 마음 낸 자이니, 보디사트바에게 있어서 자기해탈은 마침내 세계의 해탈과 둘이 아니다.

그러므로 프라즈냐파라미타는 대중과 역사가 없는 닫힌 선정[禪]과 선정의 자기부정 없는 어지러운 역사참여를 지양한다. 프라즈냐파라미타 곧 각운동(覺運動)은 선(禪)으로서의 역사운동[波羅密行]과 역사운동[波羅密行]으로서의 선(禪)을 우리 모두에게 제시한다.

III. 승예법사 서문

○ 소품경 승예법사서〔小品經序 釋僧叡〕

프라즈냐파라미타수트라란 이치를 다하고 성품을 다한〔窮理盡性〕
바른 말씀〔格言〕이고, 보디사트바가 붇다를 이루는 넓은 법도〔弘軌〕
이다.

법도가 넓지 않으면 넉넉히 무리의 다름을 같이 아울러 그 돌아감
을 가리키지 못하고, 성품이 다하지 않으면 중생이 무엇으로 도량에
올라 바른 깨침을 이루겠는가. 바른 깨달음이 이루어지고 무리의 다
름이 하나되는 것이 어찌 이 길을 말미암지 않겠는가.

이 무리가 다르기 때문에 은근히 세 번 어루만져 이를 자주 나타내
고 공덕을 겹쳐 견주며, 견줌을 아홉으로 늘리어 이로써 한결같음에
자주 이른다.

'프라즈냐의 모습 물음〔問相〕'이 그윽하되 그 그윽함을 그윽하게 하
고, '허깨비품〔幻品〕'에서 의지함을 잊되 그 잊음을 잊으며, '도행(道
行)'에서 그 나루를 평탄히 하고, '따져 물음〔難問〕'에서 그 근원을 사
무치고, '따라 기뻐함〔隨喜〕'에서 나아감을 잊어서 요점을 마치고, '비
춤이 밝음〔照明〕'에서 교화하지 않음으로 그윽이 한다.

글〔章〕은 비록 서른〔三十〕이지만 이를 꿰뚫는 것은 프라즈냐의 도
(道)이며, 말〔言〕은 비록 십만(十萬)이지만 이를 곱절로 함은 행(行)
이다. 행(行)이 엉긴 뒤에야 남이 없고〔無生〕, 도가 넉넉해진 뒤에야
한 생 자리 돕는 이〔補處〕가 되며, 여기 미쳐야 온갖 지혜〔一切智〕로
변하게 된다.

법화(法華)는 바탕을 거울 삼아 비춤을 엉기게 하고, 반야(般若)는 끝이 그윽하여 뒤집힘을 푸니, 뒤집힘을 푸는 진리의 길이 보디사트바의 도이다.

비춤을 엉기게 하고 바탕을 거울 삼음이 그 마침을 고하되 마치지만 사라지지 않는다. 곧 길에 돌아감에 성김을 붙드는 세 가지 진실의 자취〔三實之跡〕가 있으나, 방편의 응함이 평탄하지 않으면 법도를 어지러이 휘날리게 한다.

미혹의 나아감이 다름이 있으니 이 때문에 법화와 반야가 서로 마주해 마침을 기약하고, 방편과 진실의 교화가 그윽이 하나되니 이로써 다함을 기다린다.

그 이치 다하고 성품 다함을 논하여 만행을 평탄히 밝히면 진실은 비춤과 같지 않은 것〔實不如照〕이다. 그 큰 밝음을 취하면 교화와 앎〔化解〕에 본래 셋이 없으니, 곧 비춤이 진실과 같지 않은 것〔照不如實〕이다. 그러므로 찬탄함이 깊으면 곧 프라즈냐의 공〔般若之功〕이 무거움이요, 아름다움이 실다우면 법화의 씀〔法華之用〕이 미묘한 것이다.

이 경의 세존께서 세 번 어루만지고 세 번 당부하시는 것은 중생이 아직 충분히 미혹됨이 아니기 때문이다.[3]

---

3) 般若波羅密經者, 窮理盡性之格言, 菩薩成佛之弘軌也. 軌不弘, 則不足以寮群異指其歸; 性不盡, 則物何以登道場成正覺. 正覺之所以成, 群異之所以一, 何莫由斯道也.

是以異. 慇懃, 三撫以之頻發, 功德疊校, 九增以之屢至. 如〈問相〉. 玄而玄其玄, 〈幻品〉忘寄而忘其忘, 〈道行〉坦其津, 〈難問〉窮其源, 〈隨喜〉忘趣以要終, 〈照明〉不化以. 玄.

章雖三十, 貫之者道; 言雖十萬, 倍之者行. 行凝然後無生, 道足然後補處, 及此而變一切智也.

진나라 태자가 있으니 태자궁에 자취를 깃들이고 구역 밖에 운치를 헤아리며, 이 경을 즐겨 맛보다 세간이 꿈같다는 생각이 늘어나게 되자 대품(大品)을 받아들여 깨쳤다.

그는 깊이 경 옮기는 이가 뜻 잃었음〔失會〕을 알았으나, 구마라지바법사가 신묘하게 그 경의 글을 베풀어줌을 듣고 경의 바탕이 온전히 있음을 사무쳤다.

홍시(弘始) 10년 2월 6일 번역해 내도록 청하였고, 4월 30일 글을 바로잡아 모두 마쳤다. 옛 번역을 고찰하였는데, 마치 묵은 밭의 씨앗 심음과 같아 김맴〔芸〕이 반을 지나도 아직 충분히 가려내지 못했다.

이 경의 바른 글〔正文〕은 네 가지가 있으니, 이는 분다께서 때를 달리해 교화에 나아가는 데 넓고 간략함의 말씀인 것이다. 많은 것은 십만 게〔十萬偈〕가 있다고 하고, 적은 것은 육백 게〔六百偈〕가 있다.

이 대품(大品)이 인도의 중품(中品)인데, 마땅함을 따르는 말씀인 것이니, 다시 어찌 반드시 많고 적음을 헤아릴 것이며, 그 번잡함과 간략함을 말할 것인가.

산스크리트의 글은 아름다운 바탕인데, 본래 번역을 살펴보니 아름다운 기교에는 충분치 못하지만 바탕에는 바로 나머지가 있다.

그러니 다행히 글로 깨친 어진 이가 그 빛남을 간략히 하여 그 진실에 가까워지는 것을 바랄 뿐이다.4)

《法華》鏡本以凝照, 《般若》冥末以解懸. 解懸理趣, 菩薩道也. 凝照鏡本, 告其終也. 終而不泯, 則歸途扶疎, 有三實之跡; 權應不夷, 則亂. 紛綸, 有惑趣之異. 是以《法華》, 《般若》相待以期終, 方便, 實化冥一以俟盡. 論其窮理盡性, 夷明萬行, 則實不如照; 取其大明. 化解本無三, 則照不如實. 是故歎深則《般若》之功重, 美實則《法華》之用微 此經之尊, 三撫三囑, 未足惑也.

4) 有秦太子者, 寓跡儲宮, 擬韻區外, 飫味斯經, 夢想增至, 准悟大品, 深知譯者

○ 덧붙이는 글

(1) 구마라지바와 승예

팔천송반야경은 이만오천송반야경을 대품(大品)이라고 함에 맞추어 소품(小品) 반야경이라 한다.

동아시아에서 대품반야와 소품반야경의 한문본으로 대중적으로 유포된 번역본은 구마라지바의 번역본이다. 구마라지바의 삼론(三論) 반야(般若) 법화경(法華經)의 한문번역은 단순히 산스크리트어문의 중국어문으로의 옮김에 그치지 않는다. 이는 산스크리트로 전승된 인도문명과 중국한자문명의 만남이라는 문명사적 변화를 나타내는 모습이라 할 수 있다.

구마라지바의 번역 이전에 중국불교는 기성철학의 뜻으로 불교를 이해하는 격의불교(格義佛敎)를 벗어나지 못했다. 구마라지바의 번역으로 인해 동아시아 한자문명권의 대중은 이제 불교철학 자체의 뜻으로 불교를 말하고 기술하는 새로운 불교시대에 들어가게 되었다. 그리고 번역된 한문경전의 대중화는 정치적으로 남북조 시기까지 분열의 시대를 넘어 수당(隋唐) 통일시대(統一時代), 수당 불학시대(佛學時代)로 진입할 사상적 토대가 되었다.

구마라지바의 번역장은 이질적인 언어권의 텍스트를 한문으로 바

之失會. 聞究摩羅法師, 神授其文, 經本猶存. 以弘始十年二月六日, 請令出之至四月三十日校正都訖. 考之舊譯, 若荒田之稼, 芸過其半, 未足多也.

　斯經正文, 凡有四種, 是佛異時適化, 廣略之說也.其多者云有十萬偈, 少者六百偈.此之大品, 乃是天竺之中品也. 隨宜之言, 復何必計其多少, 議其煩簡耶! 梵文雅質, 案本譯之於麗巧不足, 樸正有餘矣. 幸冀文悟之賢, 略其華而幾其實也.

꾸는 장소일 뿐 아니라, 붇다의 가르침을 배우고 가르치며 중국 땅에서 중국 최고의 지성들이 모여 한문으로 주체적인 불교해석의 장을 펼치는 역사적인 장소였다. 구마라지바의 역장에 같이했던 대중 가운데 탁월했던 네 사람의 현자를 구마라지바 문하의 사철(四哲)이라 하니, 본 소품반야경의 서문을 쓴 승예법사도 그 한 분이다.

승조(僧肇) 승예(僧叡) 도생(道生) 도융(道融)을 사철이라 한다. 그 가운데 승조법사는 구마라지바의 강설을 직접 듣고 대승선사 붇다바드라의 가르침을 받은 성사로서 반야경의 큰 가르침을 아비다르마로 재구성하여 『조론(肇論)』을 저술하였다. 물불천론(物不遷論)·반야무지론(般若無知論)·열반무명론(涅槃無名論)이 조론의 핵심내용을 구성하고 있으니, 물불천론이 반야공철학의 세계관적 존재론적 규명이라면 반야무지론은 인식론적 규명이며 열반무명론은 실천론적 해탈론적 규명이다.

그러나 붇다 연기론의 특성상 존재론 인식론 실천론은 서로가 서로를 이루어주고 있으므로 서로 나뉠 수 없는 것이다. 승조법사의 조론의 가르침은 『선문염송(禪門拈頌)』 여러 곳에서 옛 선사들이 공안법문(公案法門)으로 다시 제출하고 있을 만큼 중국불교사에 큰 영향을 끼친 저술이다.

필자가 이미 『금강경천태소』에서 거론한 바 있듯, 승조법사의 「금강경주」는 동아시아 최초의 금강경 주석이라 할 수 있는 저술이다. 이 승조 금강경주는 중국 땅에서 천 년 가까이 자취를 감추었다 송대 말엽에서야 「천태소」와 함께 일본 비예산 천태의 고승들에 의해 다시 중국 땅에 돌아왔다.

도생(道生)법사는 중국 선종의 선사들도 응화현성의 반열에 올리는 성사로서, 선문염송 후반부에 그의 법어가 수록되어 있다. 도생법

사는 중국 선종에서 돈오(頓悟) 점수(漸修) 논쟁이 있기 몇 백 년 전에 돈오성불론(頓悟成佛論)을 제창하였고, 불성상주(佛性常住)를 가르치는 북전 열반경이 번역되기 전에 이미 일체중생실유불성론(一切衆生悉有佛性論)을 말하였다.

구마라지바 제자들의 이러한 주장들이 실은 구마라지바 역장에서 배워 깨친『프라즈냐파라미타수트라』의 가르침을 시대 대중 앞에 펼쳐보인 것이다.

승예법사는 18세 때 승현(僧賢)의 제자가 되었으나 구마라지바의 역장에서 구마라지바로부터 삼론(三論)을 배우고 성실론(成實論)을 강설하여 스승으로부터 크게 칭찬을 받았다. 구마라지바가 번역한 본 소품경의 서문뿐 아니라 대품경(大品經) 법화경(法華經) 유마경(維摩經) 사익경(思益經) 선경(禪經) 등의 서문을 써서 각 경전의 대의를 간략히 밝혀주고 있다.

(2) 승예서문의 간단한 풀이

승예법사는 프라즈냐파라미타수트라가 궁리진성(窮理盡性)의 격언(格言)이라 정의하고 있다. 이치를 다함이란 볼 바 사물의 이치가 다함이니 모습에 모습 없는 실상반야(實相般若)이고, 성품을 다함이란 보는 마음에 마음이 없음이니 관조반야(觀照般若)이며, 바른 말씀〔格言〕이란 프라즈냐의 말씀이니 문자반야(文字般若)이다.

저 세계에 볼 바 이치가 있으면 모습 다한 실상이 아니고 성품이 다하지 않으면 볼 수 있는 마음에 마음이 다하지 않음이니, 비추되 비춤 없는 지혜가 아니다. 진리 아닌 진리와 지혜 아닌 지혜가 그윽이 하나될 때 지혜는 해탈의 행이 되고 중생을 위한 가르침의 말씀이 된다. 이처럼 그 말씀이 진리와 지혜가 하나된 진실 그대로의 말씀〔如實言〕이 아니면 바른 말이 될 수 없다.

법도가 넓음이란 중생을 실상의 땅에 세우는 언어의 방편이 넓고 넓음이다. 법도가 넓고 성품이 다함으로 프라즈냐의 종지는 실상의 지혜에서 근기를 거두는 방편을 세우고 그 방편이 실상에 이끄는 방편 아닌 방편이므로 방편은 끝내 다해 실상으로 돌아가는 것이다.

승예법사가 본문 경전내용의 큰 뜻을 말하면서 '모습 물음〔問相〕, 허깨비품〔幻品〕, 도의 행〔道行〕, 따져 물음〔雜問〕, 따라 기뻐함〔隨喜〕, 비춤이 밝음〔照明〕'이라고 한 말은 지금 유통되고 있는 경전의 품 이름과 서로 꼭 맞지는 않는다.

프라즈냐파라미타수트라의 진리 서술방식은 묻고 답함으로 이루어져 있다. 때로 공을 아는 데 으뜸인 제자〔解空第一〕 수부티존자가 묻고 붇다께서 답하고, 하늘신들이 묻고 붇다께서 답하거나 수부티가 답한다. 때로 지혜가 으뜸인 제자〔智慧第一〕로 붇다 상가의 슈라바카 제자 가운데 맨 윗머리인 사리푸트라존자가 묻고 세존이 답하며, 사리푸트라존자와 수부티존자가 서로 묻고 답한다.

승예법사가 '모습 물음〔問相〕'이라 한 것은 아마도 서품에서 프라즈냐 행하는 모습, 마음이 마음 아닌 마음의 실상, 사르바즈냐나 이루는 모습, 보디사트바가 프라즈냐파라미타 배우는 모습에 대해 물음을 일으켜 그 해답 구하는 것을 말한 듯하다. 경문에서는 바로 어떤 때 수부티존자 스스로 물음을 일으켜 그 답을 말하고 보디사트바의 옳은 스승 보디사트바마하사트바의 모습, 보디사트바의 크나큰 장엄〔大莊嚴〕에 물음 일으켜 붇다께서 답해주시고 있다.

서품의 물음 일으킴과 답이 전체 경의 주제가 되는 모든 물음과 답을 하나로 꿰뚫고 있으니, 다른 경의 일반적인 편제로 보면 '경의 뜻을 일으키는 첫머리[發起序]'에 해당한다 할 것이다.

'허깨비품[幻品]'이란 제2품 등에서 다섯 쌓임[五蘊]이 허깨비 같아 중생이 허깨비 같고, 닦아 얻는 과덕 니르바나 또한 허깨비 같아 얻을 것 없음을 보인 가르침을 나타낸 듯하다.

'도의 행[道行]'이란 프라즈냐파라미타의 행을 말한다. 곧 이는 프라즈냐파라미타 행한 공덕이 세간 물질의 보시 행한 공덕과 함이 있는 공덕[有爲功德]보다 빼어남을 보이고, 프라즈냐파라미타가 온갖 파라미타 이끄는 행임을 보인 수트라의 가르침이라 볼 수 있다. 또 프라즈냐파라미타 행은 다 사르바즈냐나에 회향되고 아누타라삼약삼보디에 회향되어, 프라즈냐파라미타의 회향은 실상에 하나된 공덕임을 보인 가르침에 해당할 것이다.

'따져 물음[難問]'이란 프라즈냐 행하는 모습 설하는 모습을 다시 수부티가 세존께 깊이 따져 물어 중생에게 다시 열어준 가르침일 것이다. 곧 경의 가르침에 의하면 프라즈냐는 물질 등 다섯 쌓임을 행하지 않되 공(空)을 증득하지 않으며 프라즈냐에도 머물지 않는 행이다.

프라즈냐의 법은 세간법의 실상 밖의 그 어떤 법도 아니니, 물질이 헤아릴 수 없으므로 프라즈냐가 헤아릴 수 없는 것이며, 중생이 헤아릴 수 없으므로 프라즈냐가 헤아릴 수 없는 것이다.

그러므로 사르바즈냐나의 깨끗함은 물질·느낌·모습취함·지어감·앎 이 다섯 쌓임의 깨끗함과 둘이 없고 다름이 없고 무너짐이 없는 것이다.

'따라 기뻐함[隨喜]'은 프라즈냐파라미타의 실상 그대로의 행을 따라 기뻐하는 보디사트바의 행[菩薩行]과 그 행을 무너뜨리려는 마라의 일[魔事]을 밝힌 수트라의 가르침일 것이다.

보디를 등지는 한 생각이 마라의 일을 일으키나 마라의 일을 깨달아 벗어나면 마라의 일이 프라즈냐의 일이 된다. 수트라는 여러 곳에서 마라의 일을 깨우치고 벗어나 보디사트바의 행이 뒤로 물러나 구름이 없는 지혜에 이르게 한다.

아비니바르타니야보디사트바는 늘 프라즈냐의 행 듣고 행하기를 좋아하고 마라의 일 마라의 행에 흔들려 움직이지 않는다. 그는 아누타라삼약삼보디에 이르기 전 그 가운데 사이에 얻을 것 있는 작은 실천〔小乘〕의 과위에 머물지 않는다.

물러나 구름이 없는 보디사트바는 모든 공덕을 중생에 회향하여 세간의 길이 되고 섬이 되기 위해 발심한다. 또 니르바나마저 꿈같은 줄 알아 처음 마음 냄〔初發心〕과 마쳐 다한 니르바나〔究竟涅槃〕에 두 모습이 없음을 깊이 믿어, 구하는 마음 얻는 마음이 없이 행하되 행함 없이 프라즈냐파라미타를 행한다.

그것은 중생의 한결같음과 보디사트바의 한결같음 여래의 한결같음이 같아 차별이 없기 때문이다.

'비춤이 밝음〔照明〕'이란 프라즈냐가 비추는 실상에 모습 없으므로 비추는 지혜에 비춤 없음을 보인 뜻일 것이다. 곧 비추는 모습에 모습 없으면 비추는 지혜의 앎에 앎이 없어서 프라즈냐의 지혜는 머묾 없고 얻음 없는 행〔無所得行〕으로 주어짐을 나타낸다. 그래서 서문은 '실상은 비춤과 같지 않고 비춤은 실상과 같지 않다' 한 것이리라.

밝은 비춤의 행에서는 끊을 번뇌가 없고 버릴 중생이 없으며 얻을 보디가 없고 머물 니르바나가 없다. 그러므로 보디사트바의 프라즈냐 행은 늘 과정 속에서 니르바나의 공덕을 쓰며 생각생각이 중생회향의 파라미타가 되고 장엄함이 없이 세계를 장엄하는 크나큰 장엄이 되는 것이리라.

곧 지혜의 비춤이 비추되 비춤 없으므로 보디사트바는 건질 중생과 장엄할 세계의 모습을 보지 않는 것이니, 보디사트바의 중생 건네줌은 중생을 건네주되 건네줌 받는 중생이 본래 공한 것이고 교화하되 교화함이 없는 것이다.

이렇게 보면 법화는 실상의 가르침이나 실상의 땅에서 방편의 자취를 드리워 방편의 가르침을 실상에 회향케 한다. 그에 비해 프라즈냐는 방편의 가르침이나 그 방편이 실상에서 일어나 실상에 돌이키는 방편이므로 방편 지음에서 그대로 방편을 짓지 않고[不作方便] 곧장 중도의 바른 길로 나아가는 것이다.

이런 뜻을 승예법사는 '방편과 진실의 교화가 그윽이 하나된다'고 말한 것이리라.

(3) 소품 반야경의 번역

승예법사에 의하면 요진의 때에 요진태자가 구마라지바법사의 대품을 받아들여 깊이 깨우치고서, 소품반야경의 번역을 구마라지바법사에게 요청해 이 경을 번역해냈다. 대반야경 전체가 십만 게이고 대품반야가 이만오천 게이며 소품반야가 팔천 게이고 금강경이 육백 게이나, 경의 게가 많건 적건 그 큰 뜻은 프라즈냐파라미타의 한 행인 것이다.

그러므로 말씀을 듣고 말씀대로 행하는 곳에 경 설하고 듣는 자가 모두 실상의 땅에 돌아가고 보디언덕에 오름이 있는 것이다. 프라즈냐수트라의 말에 실로 말함이 없는 것이 프라즈냐가 밝히는 실상인데, 게의 많고 적음이 종지에 무슨 관계가 있을 것인가.

승예법사의 서문에 따르면 프라즈냐파라미타경에서 그 큰 뜻이 돌아가는 곳은 프라즈냐와 사르바즈냐나의 지혜이고 진여의 한결같음이고 모습에 모습이 없는 실상이다.

그러나 또한 넓은 법도의 문에서 보면 대품경과 금강경을 이어주며 대품반야의 요약본이 되는 경이, 이 팔천 송의 프라즈냐수트라임을 알 수 있다.

필자 또한 오래도록 한국불교 상가의 출가수행자나 일반대중이 배우는 반야부경전의 기본 교과서가 이 팔천송반야경이 되어야 한다고 주장해왔는데, 그 뜻은 반야부 경전 가운데 팔천송반야경의 중요성을 강조하는 이 승예법사의 서문에 다 담겨있다고 할 수 있다.

2부

팔천송반야경
원문

제1품 보디사트바와 프라즈냐행
〔初品〕

　주체와 주체의 행위와 세계는 서로 동떨어져 있지 않다. 곧 행위와 세계를 떠난 인간 주체가 없으므로 보디사트바(bodhisattva, 菩薩)에는 보디사트바라는 고정된 자기 모습이 없으니, 세계의 실상을 통달하여 온갖 것에 머묾 없는 창조적 행위가 주체에게 자각된 인간, 보디사트바의 이름을 준다. 반대로 프라즈냐파라미타(prajñā-pāramitā, 般若波羅密) 또한 스스로 프라즈냐파라미타가 아니다. 자아와 세계의 참모습에 실로 그렇다 할 것이 없으므로 취하지 않고, 실로 그렇다 하지 않을 것도 없으므로 버리지 않는 주체의 창조적 행위가 프라즈냐파라미타이므로, 프라즈냐는 프라즈냐가 아니라 그 이름이 프라즈냐파라미타인 것이다.

　또한 저 세계는 자각된 인간의 삶에 있어 삶 밖에 있는 외적 세계가 아니라, 삶의 토대이자 삶의 활동 자체로서의 세계이니, 보디사트바의 파라미타행에 의해 중생의 물든 세계는 정토의 기쁨에 찬 세계로 전환된다.

　보디사트바는 세계와 중생이 실로 있다는 집착에 빠져 모습의 질곡에 갇히지 않지만, 세계와 중생이 실로 없다는 집착에도 머묾 없이 국토를 장엄하려는 마음을 일으키니 이것이 마하야나(mahāyāna)를 따르이다.

　또한 중생이 허깨비 같은 줄 알지만 중생을 버리지 않으므로, 제도한다는 생각이 없이 헤아릴 수 없는 아상키야(asaṃkhya, 阿僧祇) 중생을 제도하니 이것이 크나큰 장엄을 일으킴이다.

　이에 경은 '보디사트바의 지혜는 안의 물질·느낌·모습취함·지어감·앎〔內五蘊〕, 밖의 물질·느낌·모습취함·지어감·앎〔外五蘊〕, 안과 밖이 겹쳐지는 물질·느낌·모습취함·지어감·앎〔內外五蘊〕에서도 보지 못하고, 안과 밖의 다섯 쌓임·안과 밖이 겹치는 다섯 쌓임을 떠나서도 보지 못하니, 보디사트바는 물질의 행〔色行〕을 행하지도 않고, 물질의 행〔色行〕을 무너뜨리지도 않는다'고 말한다.

또한 경은 '보디사트바는 실상 그대로 모든 법을 보아 크나큰 장엄을 일으켜 스스로를 장엄하며, 어렵고 괴롭다는 생각을 냄이 없이 아상키야 중생을 이롭게 하여 많은 대중을 위해 인도자가 되어준다'고 말한다.

학담이 노래로 종요를 말해보리라.

아는 뿌리 경계와 앎 셋은 자기성품 없어서
서로 의지하고 도와서 자기바탕 이루네
그러므로 보디사트바는 보디사트바가 아니고
프라즈냐 또한 그러해 프라즈냐 아니네

根境識三無自性　相衣相資以成體
是故菩薩非菩薩　般若亦然非般若

여섯 경계 경계 아니고 마음은 마음 아니니
이와 같이 밝게 알면 곧 진실한 모습이네
진실대로 행하는 자 보디사트바라 이름하니
다섯 쌓임에 머물지 않고 다섯 쌓임 버리지 않네

六境非境心非心　如是了知卽實相
如實行者名菩薩　不住五蘊不捨蘊

이와 같이 행하는 이 마하야나를 타나니
그 사람을 또한 마하사트바라 이름하네
그는 큰 장엄을 일으켜서 붇다를 떠나지 않고
붇다의 보살펴 생각해줌 받아 길이 물러서지 않네

如是行者乘大乘　其人亦名摩訶薩
發大莊嚴不離佛　被佛護念永不退

1. 프라즈냐회상의 대중

이와 같이 내가 들었다.

한때 붇다께서는 라쟈그리하성(Rājagrha)의 그리드라쿠타산(Grd hrakūṭa) 가운데에 계시면서 큰 비구상가 천이백오십 사람과 함께 하시었으니, 그들은 다 아라한(Arhat)이었다.

모든 번뇌의 흐름을 이미 다함은 코끼리를 잘 다루는 이와 같았고, 해야 할 일을 이미 다 이루어 무거운 짐을 부려 벗었으며, 스스로의 이익됨을 얻어 모든 있음〔諸有〕에 묶임을 다했으며, 바른 지혜가 해 탈하여 마음이 자재함을 얻었으나, 오직 아난다(Ānanda)만은5) 그 렇지 못하였다. 6)

---

5) "오직 아난다(Ānanda, 阿難)만은 마음이 자재를 얻지 못했다.": 모든 수트 라에 가르침을 듣고 전한 주체가 아난다이므로 아난다는 설법 들음의 대명사 인데, 왜 본경은 아난다만 슈라바카의 제자 가운데 해탈을 얻지 못했다 하는 가. 이는 아난다가 슈라바카 들음의 대명사이듯 법집(法執)을 짊어진 슈라바 카의 대명사가 아난다임을 나타낸다.

푸드갈라(pudgala)를 이루는 다르마(dharma)의 실체가 있으면 푸드갈 라의 실체가 있게 되니, 아집(我執)과 법집(法執)은 서로 규정한다. 지금 원 시불교 근본주의자들이 다섯 쌓임 등 모든 법을 적취설처럼 설명하는 집착 또 한 법의 집착이 다시 푸드갈라의 집착이 되는 것이니, 다나팔라(Dānapāla, 施護)는 아난다가 '푸드갈라에 머물렀'고 번역하였다.

유식불교의 오위백법론(五位百法論)은 이 논〔百法論〕의 뜻이 사람과 법에 자기실체 없음〔人無我 法無我, pudgala-dharma-nairātmya〕을 밝히는 데 있다고 말하여, 법의 집착이 푸드갈라의 집착이 됨을 보이고 있다.

6) 〔E.Conze역 1품〕

(Edward Conze, The Perfection of Wisdom in Eight Thousand Li nes & its Verse Summary, Season's Foundation(Bolinas), 1973.)

한때 이렇게 나는 들었다.

다나팔라(Dānapāla, 施護)역(1품)

한때 붇다께서 왕사성 그라드라쿠타산 가운데 계셨는데, 큰 빅슈의 무리 천이
백오백 사람과 함께하시었다. 그들은 다 아라한으로 온갖 분들이 번뇌 흐름이
다해 마음이 잘 해탈하고 지혜가 해탈하여 큰 용왕과 같았다.

모든 짓는 것들이 다 갖추어져 무거운 짐을 버리고 크고 좋은 이익을 얻었으
며, 모든 있음에 묶임을 다해〔盡諸有結〕 바른 지혜가 걸림이 없었다. 마음이
고요함에 머물러 이미 자재를 얻었는데, 오직 한 존자만이 푸드갈라(pudgal
a)에 머물렀으니, 아난다를 말한다. 7)

"세존께서는 라자그리하 독수리산 꼭대기에 사셨는데, 1250명 큰 비구의
모임과 같이하셨다. 그들은 모두 아라한으로서 밖으로 흐름이 말라 다했고,
완전한 다스림에 의해 더럽혀지지 않았으며, 그들의 마음은 자유로워졌고, 잘
매임 없이 지혜로우며, 좋은 집안의 교양 있는 사람들로서, 그들의 할 일을
다했고, 고된 일을 마쳤으며, 무거운 짐을 내려놓았다. 그들 자신의 것이 잘
완수되었고, 그들을 묶었던 형틀이 사라졌고, 바른 이해로 그들의 마음은 온
전한 마음의 완전한 통제 안에서 잘 풀렸다. 다만 한 사람만 그에서 빠지니,
존자 아난다였다."

Thus have I heard at one time. The Lord dwelt at Rajagriha, on
the Vulture Peak, together with a great gathering of monks, with
1,250 monks, all of them Argats, -their outflows dried up, undefil
ed, fully controlled, quite freed in their hearts, well freed and wis
e, thoroughbreds, great Serpents, their work done, their task acco
mplished, their burden laid down, their own weal accomplished, w
ith the fetters that bound them to becoming extinguished, their he
arts well freed by right understanding, in perfect control of their
whole minds-with the exception of one single person, i.e., the Ven
erable Ananda.

7) 一時, 佛在王舍城鷲峯山中, 與大苾芻衆 千二百五十人俱, 皆是阿羅漢一切
漏盡無餘煩惱, 心善解脫、慧善解脫, 如大龍王, 諸有所作皆悉具足; 捨彼重

2. 보디사트바와 프라즈냐파라미타의 뜻

(1) 보디사트바가 성취해야 할 프라즈냐파라미타

그때 붇다께서 수부티(Subhūti)에게 말씀하셨다.

"그대는 즐겁게 잘 설하는 자이니, 여러 보디사트바(bodhisattva)들에게 성취해야 할 프라즈냐파라미타(prajñā-pāramitā)를 설해주어라." 8)

사리푸트라(Śāriputra)는 이렇게 생각했다.

'수부티는 스스로의 힘으로 설할까, 아니면 붇다의 신묘한 힘을 받아 설할까.' 9)

擔得大善利, 盡諸有結正智無礙, 心住寂靜已得自在 唯一尊者住補特伽羅, 所謂阿難。

8) 〔E.Conze역 1품〕

세존께서 장로 수부티존자에게 말씀하였다.

"수부티여, 지금 보디사트바 위대한 존자들께 다음을 분명히 말해주어라. 그들은 완전한 지혜로부터 출발하고 있는데, 어떻게 보디사트바 위대한 존재들이 완전한 지혜 안으로 나아갈 수 있는지."

The Lord said to the Venerable Subhuti, the Elder: Make it clear now, Subhuti, to the Bodhisattvas, the great beings, starting from perfect wisdom, how the Bodhisattvas, the great beings go forth into perfect wisdom!

9) 〔E.Conze역 1품〕

그러자 존자 사리푸트라가 이렇게 스스로 생각했다.

'저 장로 수부티존자는 그 자신의 드러난 지혜의 힘과 씀을 통해서 자신의 완전한 지혜를 말할까, 아니면 붇다의 힘에 의해서 말할까.'

Thereupon the Venerable Sariputra thought to himself: Will tha

수부티는 사리푸트라가 마음으로 생각하는 바를 알아차리고서 사리푸트라에게 말했다.

"붇다의 여러 제자들이 설하는 바가 있다면, 그것은 다 붇다의 힘입니다. 왜 그런가요. 붇다께서 말씀하신 법 가운데서 배우는 이들은 모든 법의 참모습을 증득할 수 있으며, 증득하고서 설하는 바가 있으면 다 법의 참모습과 서로 어긋나지 않으니, 이는 법의 참모습 스스로의 힘〔法相力〕 때문입니다."

다나팔라역(1품)

"그대는 지금 아셔야 합니다. 세존에게 있는 슈라바카의 제자들이 모든 법 가운데서 만약 스스로 펼쳐 말하거나 남을 위해 말한다면 이 온갖 것은 다 붇다의 위신의 힘입니다.

왜냐하면 붇다께서 말씀하신 법, 만약 이 가운데서 닦아 배울 수 있는 사람, 그는 모든 법 스스로의 참성품을 증득할 수 있기 때문입니다. 법을 증득하므로 말하는 것이 있으면 다 모든 법과 서로 어긋나 등지지 않기 때문입니다.

그러므로 사리푸트라여, 붇다께서 말씀하신 법은 모든 법의 성품을 따릅니다〔順諸法性〕. 모든 잘 행하는 이는 이와 같이 알아야 합니다." 10)

이때 수부티가 붇다께 말씀드렸다.

"세존(世尊, Bhagavat)이시여, 붇다께서는 저로 하여금 여러 보

t Venerable Subhuti, the Elder, expound perfect wisdom of himself, through the operation and force of his own power of revealing wisdom, or through the Buddha's might?

10)　「汝今當知, 世尊所有聲聞弟子, 於諸法中若自宣說、或爲他說, 一切皆是佛威神力。何以故？佛所說法, 若於是中能修學者, 彼能證得諸法自性。以證法故, 有所言說皆與諸法無所違背。是故, 舍利子！佛所說法順諸法性, 諸善男子當如是知。」

디사트바들이 성취해야 할 프라즈냐파라미타를 설하도록 하셨습니다. 세존이시여, 말씀하신 보디사트바에서 보디사트바란 어떤 법의 뜻이 보디사트바입니까? 저는 보디사트바라고 이름할 법이 있음을 보지 않으므로 보디사트바라고 합니다."

"세존이시여, 저는 보디사트바를 보지도 않고 보디사트바를 얻지도 않으며 또한 프라즈냐파라미타를 보지도 않고 얻지도 않습니다. 그런데 어떤 보디사트바들에게 프라즈냐파라미타를 가르치겠습니까?

만약 보디사트바들이 이런 말을 듣고도 놀라지 않고 두려워하지 않고 빠지지 않고 물러나지 않고 설한 바와 같이 행한다면, 이야말로 '보디사트바에게 프라즈냐파라미타를 가르쳤다'고 할 수 있을 것입니다."

<u>다나팔라역(1품)</u>
"세존이시여, 붇다께서는 이렇게 말씀하셨습니다.
'저로 하여금 즐겨 하고자함을 따라 그 펴서 말해주어야 할 바와 같이 보디사트바의 프라즈냐파라미타를 말하도록 하라.'
세존이시여. 무슨 뜻으로 보디사트바라고 이름합니까?
세존이시여. 저는 보디사트바라고 이름할 법 있음을 보지 않습니다. 또한 프라즈냐파라미타라고 이름할 법 있음을 보지 않습니다. 이 뜻 때문에 보디사트바나 보디사트바의 법은 다 있는 바 없고 볼 수 없으며 얻을 수 없습니다. 프라즈냐파라미타 또한 있는 바 없고 볼 수 없으며 얻을 수 없습니다. 제가 어떤 보디사트바를 위하여 어떤 프라즈냐파라미타를 가르쳐야 합니까?
세존이시여. 만약 보디사트바마하사트바가 이 말을 듣고, 마음에 움직이는 바가 없고 놀라지 않고 두려워하지 않고 물러나 빠지지 않으면, 이것이 곧 보디사트바의 프라즈냐파라미타를 가르침이라 하고, 이것이 곧 프라즈냐파라미타를 밝게 아는 것이며, 이것이 곧 프라즈냐파라미타에 편안히 머무는 것입니다." 11)

"거듭 다시 세존이시여, 보디사트바가 프라즈냐파라미타를 행할 때 이와 같이 배워서 '이것이 보디사트바의 마음이다'라고 생각하지 않아야 합니다. 왜 그런가요. 이 마음은 마음이 아니니, 마음의 모습이 본래 깨끗하기 때문입니다."

이때 사리푸트라가 수부티에게 말했다.

"이 마음 아닌 마음은 있는 것이오, 없는 것이오?"

수부티가 사리푸트라에게 말했다.

"마음 아닌 마음에서 있음이나 없음을 얻을 수 있겠습니까, 없겠습니까?"

사리푸트라가 말했다.

"얻을 수 없소."

수부티가 사리푸트라에게 말했다.

"만약 마음 아닌 마음에서 있음이나 없음을 얻을 수 없다면, '마음이 있는가, 없는가' 하는 이런 말을 할 수 있겠습니까?"

사리푸트라가 말했다.

"무슨 법이 마음 아닌 마음이오?"12)

---

11) 「世尊！佛作是言，令我隨所樂欲，如其所應宣 說菩薩摩訶薩般若波羅密多。世尊！以何等義名爲菩薩？當說何法爲菩薩法？世尊！我不見有法名爲菩薩，亦不見有法名爲般若波羅密多。以是義故，若菩薩及菩薩法，皆無所有，不可見、不可得；般若波羅密多亦無所有，不可見、不可得。我當爲何等菩薩教何等般若波羅密多？世尊！若菩薩摩訶薩聞作是說，心無所動，不驚不怖亦不退沒，是卽名爲教菩薩摩訶薩般若波羅密多，是卽了知般若波羅密多，是卽安住般若波羅密多。」

12) 이 부분은『대정신수대장경』판본(이하『대정장』)에는 '何法爲非心'이라고 되어 있고, 원판(元版)과 명판(明版) 대장경에는 '何法爲非心心'이라고 되어

수부티가 말했다.

"무너지지 않고 분별하지 않음입니다."

<u>다나팔라역(1품)</u>

사리푸트라가 말했다.

"무엇을 마음의 성품 아님이라 하오?"

수부티가 말했다.

"온갖 것에 무너지는 바가 없어서 모든 분별 멀리 떠나는 이것이 마음의 성품 아님〔非心性〕입니다." 13)

"보디사트바가 이런 말을 들어도 놀라지 않고 두려워하지 않고 빠지지 않고 물러서지 않으면, 보디사트바는 프라즈냐파라미타의 행 떠나지 않은 줄 알아야 합니다.

만약 잘 행하는 남자와 여인이 슈라바카(śrāvaka, 聲聞)의 지위를 배우려 한다면 이 프라즈냐파라미타를 듣고 받아 지녀 읽고 외우며 설한 바와 같이 닦아 행해야 합니다.

프라테카붇다(pratyeka-buddha, 緣覺)의 지위를 배우려 할 때도 프라즈냐파라미타를 듣고 받아 지녀 읽고 외우며 설한 바와 같이 닦아 행해야 합니다.

보디사트바의 지위를 배우고자 할 때도 또한 프라즈냐파라미타를 듣고 받아 지녀 읽고 외우며 설한 바와 같이 닦아 행해야 합니다.

왜 그런가요. 프라즈냐파라미타 가운데는 보디사트바가 반드시 배

있다. 지금은 후자에 따라 '무엇이 마음 아닌 마음이오?'라고 옮긴다.

13) 舍利子言 : 「何名非心性？」

　　須菩提言 : 「一切無所壞, 遠離諸分別, 是爲非心性。」

워야 할 법을 널리 말씀하고 있기 때문입니다."

(2) 프라즈냐파라미타를 행하는 모습

수부티가 붇다께 말씀드렸다.

"세존이시여, 저는 보디사트바14)를 얻지도 않고 보지도 않는데, 어떤 보디사트바들에게 프라즈냐파라미타를 가르칠 수 있겠습니까?

세존이시여, 저는 보디사트바라는 법이 오고 감을 보지 않는데, 보디사트바에게 이 글자를 만들어주고〔與菩薩作字〕이것이 보디사트바라고 하니, 저는 의심해 뉘우칩니다.

세존이시여, 또 보디사트바라는 글자에는 정해짐이 없고 머무는 곳도 없습니다. 왜 그런가요. 이 글자에는 있는 바가 없기 때문입니다. 있는 바 없음에도 또한 정해짐이 없고 머무는 곳도 없으니, 만약 보디사트바가 이 일을 듣고도 놀라지 않고 두려워하지 않고 빠지지 않고 물러서지 않는다면, 보디사트바는 마침내 물러나 구름이 없는 지위〔不退轉地〕에 머물지만 이 머묾에도 머무는 바가 없다고 알아야 합니다.

거듭 다시 세존이시여, 보디사트바가 프라즈냐파라미타를 행할 때에는 물질〔色〕 가운데 머물러서도 안 되고, 느낌〔受〕·모습취함〔想〕·지어감〔行〕·앎〔識〕 가운데 머물러서도 안 됩니다. 왜 그런가요. 물질 가운데 머물면 물질의 행을 지음이 되고, 느낌·모습취함·

---

14) 보디사트바는 범어 bodhi-sattva의 소리 옮김이니, 한역(漢譯)은 보리살타(菩提薩多)라고 한다. 보디사트바는 '깨친 중생, 깨달음〔bodhi, 覺〕을 구하는 중생〔sattva, 有情〕'이라는 뜻으로 스스로 깨닫고 남을 깨닫게 하는〔自覺覺他〕 대승 수행자를 이른다. 또는 위없는 보디를 완성하기 이전의 샤카세존을 가리키기도 한다.

지어감·앎 가운데 머물면 느낌·모습취함·지어감·앎의 행을 지음이 되기 때문입니다.

만약 머물러서 짓는 법[作法]을 행하면 프라즈냐파라미타를 받아들일 수도 없고, 프라즈냐파라미타를 익힐 수 없으며 프라즈냐파라미타를 갖추지 못하니, 그렇게 되면 사르바즈냐나(sarvajñāna, 一切智)를 이룰 수 없습니다.

왜 그런가요. 물질에는 받아 생각할 것이 없고, 느낌·모습취함·지어감·앎에도 받아 생각할 것이 없기 때문입니다. 물질에 받아들일 것이 없다면 이것은 물질이 아니며, 느낌·모습취함·지어감·앎에 받아들일 것이 없다면 느낌·모습취함·지어감·앎이 아니니, 프라즈냐파라미타 또한 받아들일 것이 없습니다.

보디사트바는 이와 같이 프라즈냐파라미타를 배우고 행해야 하니, 이것을 '보디사트바의 모든 법 받아들임 없는 사마디[諸法無受三昧]'가 넓고 커서 헤아릴 수 없고 정함 없음이라고 합니다. 슈라바카나 프라테카붇다는 결코 이 사마디(samādhi, 三昧)를 무너뜨릴 수 없습니다. 왜 그런가요. 이 사마디는 모습으로써 얻을 수 없기 때문입니다."

다나팔라역(1품)

"거듭 다시 세존이시여. 만약 보디사트바마하사트바가 프라즈냐파라미타를 행할 때나, 프라즈냐파라미타를 살펴 생각할 때는 물질에 머물지 않고 느낌·모습취함·지어감·앎에 머물지 않습니다.

왜냐하면 만약 물질에 머물면 곧 물질의 행을 행함이라 프라즈냐파라미타를 행함이 아니고, 만약 느낌·모습취함·지어감·앎에 머물면 곧 느낌·모습취함·지어감·앎의 행을 행함이라 프라즈냐파라미타를 행함이 아니기 때문입니다.

왜 그런가요. 모든 법에 머물면 곧 프라즈냐파라미타를 받지 못하고, 프라즈냐파라미타와 서로 응하지 못하며, 프라즈냐파라미타를 두렷이 채우지 못하여 사즈바르냐냐를 이룰 수 없기 때문입니다.

왜 그런가요. 프라즈냐파라미타는 물질을 받지 않고 느낌·모습취함·지어감·앎을 받지 않으며, 만약 물질을 받지 않으면 물질이 아니고 느낌·모습취함·지어감·앎을 받지 않으면 느낌·모습취함·지어감·앎이 아니기 때문입니다.

그러므로 프라즈냐파라미타 또한 받는 바가 없으니, 보디사트바마하사트바는 받을 바 없는 법 가운데서 이와 같이 행해야 합니다. 이것이 곧 보디사트바마하사트바가 온갖 법 받음 없는 사마디라 이름하는 것이니, 넓고 크며 두렷이 가득해 헤아릴 수 없이 분명히 정해져 온갖 슈라바카·프라테카붇다가 깨뜨릴 수 없는 것입니다.

세존이시여. 저 온갖 지혜는 모습 있음이 없고 취할 바 없습니다."15)

"만약 이 사마디가 모습으로써 얻을 수 있는 것이라면 쓰레니카브라마나(Śreṇika-brāhmaṇa, 先尼梵志)16)가 온갖 것 아는 지혜〔薩

---

15)　「復次, 世尊！若菩薩摩訶薩行般若波羅密多時, 觀想般若波羅密多時, 不住於色, 不住受、想、行、識。何以故？若住於色, 卽行色行, 非行般若波羅密多。若住受、想、行、識, 卽行受、想、行、識, 非行般若波羅密多。何以故？住於諸法卽不能受般若波羅密多, 與般若波羅密多而不相應, 不能圓滿般若波羅密多, 不能成就一切智。何以故？般若波羅密多不受於色, 不受受、想、行、識。若不受色卽非色, 不受受、想、行、識卽非受、想、行、識, 是故般若波羅密多亦無所受。菩薩摩訶薩於無受法中當如是行, 此卽名爲菩薩摩訶薩一切法無受三摩地。廣大圓滿無量決定, 不爲一切聲聞緣覺所壞。世尊！彼一切智, 無有相、無所取、」

16)　선니브라마나: 선니(先尼)는 범어로 Śreṇika이다. 유군(有軍) 또는 승군(勝軍)이라 옮기며, 또 서니외도(西尼外道)나 서니카외도(西儞迦外道) 혹은 산니외도(霰尼外道)라고도 한다. 그는 신아(神我)를 독실히 믿으며 '마음은 늘 그 모습이 사라졌다〔心常相滅〕'는 생각을 우러러 받드는 외도이다. 『북본

婆若, sarvajña]에 대하여 믿음을 내지 않았을 것입니다. 쓰레니카브라마나는 헤아림이 있는 지혜로써 이 법 가운데 들어와서는 물질을 받지 않고 느낌·모습취함·지어감·앎도 받지 않았으니, 이 브라마나는 들음이 없었고 봄이 없었습니다.

이 지혜는 안의 물질〔內色, 六根〕로도 보지 못하고, 이 지혜는 밖의 물질〔外色, 六境〕로도 보지 못하며, 이 지혜는 안팎이 겹쳐지는 물질〔內外色, 六識〕로도 보지 못하고, 이 지혜는 안팎의 물질을 떠나서도 보지 못합니다.

이 지혜는 안의 느낌·모습취함·지어감·앎으로도 보지 못하고, 이 지혜는 밖의 느낌·모습취함·지어감·앎으로도 보지 못하며, 이 지혜는 안팎이 겹쳐지는 느낌·모습취함·지어감·앎으로도 보지 못하고, 이 지혜는 안팎의 느낌·모습취함·지어감·앎을 떠나서도 보지 못합니다.

쓰레니카브라마나는 사르바즈냐나의 지혜를 믿어 알아서 모든 법의 참모습을 얻었으므로 해탈을 얻었고, 해탈을 얻고 나서는 모든 법 가운데 취함도 없고 버림도 없으며, 나아가 니르바나(nirvāṇa)에 대해서도 취함도 없고 버림도 없었습니다.

세존이시여, 이것을 보디사트바의 프라즈냐파라미타라고 하니, 프라즈냐파라미타는 물질을 받아들이지도 않고 느낌·모습취함·지어감·앎을 받아들이지도 않습니다.

비록 물질을 받아들이지 않고 느낌·모습취함·지어감·앎을 받아들이지 않더라도, 붇다의 열 가지 힘〔十力〕과 네 가지 두려움 없음〔四無所畏〕과 열여덟 가지 함께하지 않는 법〔十八不共法〕을 갖추지 않고

대열반경(北本大涅槃經)』 권29, 권39, 『능엄경(楞嚴經)』 권10, 『가홍음의(可洪音義)』 권11, 『현응음의(玄應音義)』 권23에 나온다.

서는 마침내 중도에서 니르바나에 이르지 않습니다."

다나팔라역(1품)

"만약 취할 모습이 있다면 쓰레니카(śreṇika)나 파리몰라야카 같은 사람들은 사르바즈냐나에 믿음을 내지 못합니다. 왜냐하면 이 사람이 믿음과 앎을 내어서 헤아릴 수 있는 지혜로 이와 같은 법에 들어가면 물질을 받지 않고 느낌·모습취함·지어감·앎을 받지 않기 때문입니다. 즐겨 기뻐하는 법이 지혜의 살피는 바 되지 않으며, 안의 물질[內色]이 지혜의 살피는 바 되지 않고, 밖의 물질[外色]이 지혜의 살피는 바 되지 않으며, 안과 밖의 물질[內外色]이 지혜의 살피는 바 되지 않고, 안과 밖의 물질 떠남이 지혜의 살피는 바 되지 않기 때문입니다.

이와 같이 안의 느낌·모습취함·지어감·앎이 지혜의 살피는 바 되지 않고, 밖의 느낌·모습취함·지어감·앎이 지혜의 살피는 바 되지 않으며, 안과 밖의 느낌·모습취함·지어감·앎이 지혜의 살피는 바 되지 않고, 또한 안과 밖의 느낌·모습취함·지어감·앎을 떠남이 지혜의 살피는 바 되지 않기 때문입니다.

그러니 저 쓰레니카 등이라도 이와 같은 법과 사르바즈냐나의 지혜에 깊이 믿음과 앎을 내면 모든 법의 성품[諸法性]에서 해탈하고, 또 온갖 법에 취함도 없고 취하지 않음도 없게 되며, 나아가 니르바나 또한 취함도 없고 취하지 않음도 없게 됩니다.

세존이시여. 보디사트바의 법을 닦는 자는 비록 물질과 느낌·모습취함·지어감·앎에 받는 바가 없지만, 그가 아직 여래의 열 가지 힘, 네 가지 두려움 없음, 열여덟 함께하지 않는 법을 두렷이 가득하게 하지 않고는 또한 길 가운데서 니르바나를 취하지 않습니다.

그러므로 세존이시여. 보디사트바마하사트바는 이와 같이 프라즈냐파라미타를 깨쳐 압니다."17)

---

17) 「若有相可取者, 彼室哩尼迦、波哩沒囉惹迦如是等人, 於一切智不應生信。

"거듭 다시 세존이시여, 보디사트바가 프라즈냐파라미타를 행할 때에는 반드시 이와 같이 사유해야 합니다.

'무엇이 프라즈냐파라미타인가? 누구의 프라즈냐파라미타인가? 만약 법을 얻을 수 없으면 이것이 곧 프라즈냐파라미타인가?'

만약 보디사트바가 이와 같이 사유하고 살필 때 놀라지 않고 두려워하지 않고 빠지지 않고 물러서지 않는다면, 이 보디사트바는 프라즈냐파라미타의 행을 떠나지 않았다고 알아야 합니다."

이때 사리푸트라가 수부티에게 말했다.

"만약 물질이 물질의 자기성품〔色性〕을 떠나고, 느낌·모습취함·지어감·앎이 느낌·모습취함·지어감·앎의 자기성품을 떠나며, 프라즈냐파라미타가 프라즈냐파라미타의 자기성품을 떠났다면, 왜 보디사트바가 프라즈냐파라미타행을 떠나지 않는다고 말하오?"

수부티가 말했다.

"이와 같이 사리푸트라시여, 물질이 물질의 자기성품을 떠나고, 느낌·모습취함·지어감·앎이 느낌·모습취함·지어감·앎의 자기성

何以故？此人於一切智而生信解，以有量智入如是法，不受於色，不受受、想、行、識，不以喜樂法爲智所觀，不以內色爲智所觀，不以外色爲智所觀，不以內外色爲智所觀，亦不離內外色爲智所觀。

如是不以內受、想、行、識爲智所觀，不以外受、想、行、識爲智所觀，不以內外受、想、行、識爲智所觀，亦不離內外受、想、行、識爲智所觀。

而彼室哩尼迦等於如是法及一切智智深生信解，於諸法性而得解脫，又於一切法無取無非取，乃至涅槃亦無取無非取。

世尊！修菩薩法者，雖於色、受、想、行、識而無所受，彼未圓滿如來十力、四無所畏、十八不共法，亦不中道取證涅槃。是故，世尊！菩薩摩訶薩應如是了知般若波羅密多。」

품을 떠나고, 프라즈냐파라미타가 프라즈냐파라미타의 자기성품을 떠나면, 이 법들은 다 자기성품을 떠나고 떠나보낼 자기성품의 모습〔性相〕도 또한 떠났기 때문입니다〔是法皆離自性 性相亦離〕."18)

사리푸트라가 말했다.

"만약 보디사트바가 이 가운데서 배운다면 사르바즈냐나를 성취할 수 있겠소?"

수부티가 말했다.

"그렇습니다, 사리푸트라시여. 보디사트바로서 이와 같이 배우는 이라면 사르바즈냐나를 성취할 수 있습니다. 왜 그런가요. 온갖 법은 남이 없고 이루어짐도 없기 때문입니다. 만약 보디사트바로서 이와 같이 행하는 이라면 곧 사르바즈냐나에 가까워진 것입니다."

이때 수부티가 사리푸트라에게 말했다.

"보디사트바가 만약 물질의 행〔色行〕을 행하면 모습을 행함이 되고, 물질의 행을 일으켜내도 모습을 행함이 되며, 물질의 행을 없애도 모습을 행함이 되고, 물질의 행을 떠나버려도19) 모습을 행함이 되며, 물질의 행을 공하게 해도 모습을 행함이 되고, '이러한 행을 내가 행한다'고 해도 또한 모습을 행함이 됩니다.

느낌·모습취함·지어감·앎의 행을 행하여도 모습을 행함이 되고, 앎의 행〔識行〕을 일으켜내도 모습을 행함이 되며, 앎의 행을 없애

---

18) 성품의 모습 떠남: 다섯 쌓임의 있음이 곧 공하여 다섯 쌓임이 자기성품의 모습을 떠나지만, 다섯 쌓임이 원래 공하여 떠나보낼 성품의 모습이 없는 것이다. 다만 중생이 그 자기성품을 집착하므로 떠난다고 말한 것이다.

19) 『대정장』에는 '若壞色行'이라고 되어 있고, 송(宋) 판본과 궁(宮) 판본에는 '若離色行'이라고 되어 있다. 여기선 후자를 따라 '물질의 행을 떠나버려도'라고 옮겼다. 위에서 궁(宮) 판본은 구송본(舊宋本, A.D.1104~1148)으로서, 궁내성(宮內省) 도서관에 소장된 판본이다.

도 모습을 행함이 되고, 앎의 행을 떠나버려도 모습을 행함이 되며, 앎의 행을 공하게 해도 모습을 행함이 되고, '이러한 행을 내가 행한다'고 해도 모습을 행함이 됩니다.

만약 이와 같이 생각한다 합시다.

'이와 같이 행할 수 있는 자가 프라즈냐파라미타를 행한다고 해도 또한 모습을 행함이 된다.'

그러면 이러한 보디사트바는 방편을 잘 알지 못한다고 알아야 합니다."

사리푸트라가 수부티에게 말했다.

"이제 보디사트바가 어떻게 행해야 프라즈냐파라미타를 행한다고 할 수 있겠소?"

수부티가 말했다.

"만약 보디사트바가 물질을 행하지 않아서 물질의 남〔色生〕을 행하지 않고, 물질의 사라짐〔色滅〕을 행하지 않으며, 물질의 떠남을 행하지 않고, 물질의 공함을 행하지 않으며, 느낌·모습취함·지어감·앎을 행하지 않아서 앎의 남〔識生〕을 행하지 않고, 앎의 사라짐〔識滅〕을 행하지 않으며, 앎의 떠남을 행하지 않고, 앎의 공함을 행하지 않으면 이것이 프라즈냐파라미타를 행하는 것입니다.

'프라즈냐파라미타를 행한다'고도 생각하지 않고, '행하지 않는다'고도 생각하지 않으며, '행하기도 하고 행하지 않기도 한다'고도 생각하지 않고, '행하는 것도 아니고 행하지 않는 것도 아니다'라고도 또한 생각하지 않으면 이것을 프라즈냐파라미타를 행함이라고 합니다.

왜 그런가요. 온갖 법을 받아들임이 없기 때문이니, 이것을 '보디사트바의 모든 법 받아들임 없는 사마디가 넓고 커서 헤아릴 수 없고 정함이 없음'이라 하니, 슈라바카나 프라테카붇다는 결코 이 사마디를 무너뜨릴 수 없습니다. 보디사트바가 이 사마디를 행하면 빨리 아누타라삼약삼보디(anuttara-samyak-saṃbodhi)를 얻습니다."

(3) 프라즈냐파라미타를 배움

수부티가 붇다의 위신력을 받아 이렇게 말했다.

"만약 보디사트바가 이러한 사마디를 행하되 이 사마디를 생각하지 않고 분별하지도 않아서 이 사마디에 '내가 들어갈 것이다'라든지 '내가 지금 들어간다'라든지 '내가 이미 들어갔다'는 이러한 분별이 없으면, 이 보디사트바는 이미 여러 붇다로부터 아누타라삼약삼보디의 언약을 받은 줄 알아야 합니다."

사리푸트라가 수부티에게 말했다.

"보디사트바는 행하는 바 사마디로 여러 붇다로부터 아누타라삼약삼보디의 언약을 받으니, 이 사마디는 보여줄 수 있소, 없소?"

수부티가 말했다.

"보여줄 수 없습니다, 사리푸트라시여. 왜 그런가요. 잘 행하는 남자는 이 사마디를 분별하지 않으니, 사마디의 성품은 있는 바가 없기 때문입니다."

붇다께서 수부티를 칭찬하여 말씀하셨다.

"잘 말하고 잘 말했다. 나는 그대가 다툼 없는 사마디[無諍三昧]를 행하는 사람들 가운데 으뜸이라 말한다. 보디사트바는 이와 같이 프라즈냐파라미타를 배워야 한다. 만약 이와 같이 배운다면 이것을 프라즈냐파라미타를 배움이라 말한다."

사리푸트라가 붇다께 말씀드렸다.

"세존이시여, 보디사트바가 이와 같이 배운다는 것은 어떤 법을 배우는 것입니까?"

붇다께서 사리푸트라에게 말씀하셨다.

"보디사트바가 이와 같이 배운다는 것은 법에 배우는 바가 없음이다. 왜 그런가. 사리푸트라여, 이 모든 법은 사람들이 집착하는 것처럼 그렇지 않기 때문이다."

사리푸트라가 붇다께 말씀드렸다.

"세존이시여, 그렇다면 지금 어떻게 있습니까?"

붇다께서 말씀하셨다.

"있는 바 없는 것처럼 이와 같이 있다. 이와 같은 모든 법이 있는 바가 없으므로 법에 대한 집착을 무명(無明, avidyā)이라 한다. 범부는 무명을 분별하고 무명을 탐착하여 '두 가의 치우침〔二邊〕'에 떨어져 알지 못하고 보지 못한다.

없는 법 가운데서 마음〔nāma, 名〕과 물질〔rūpa, 色〕을 기억하여 모습 취하고 분별하여 탐착한다.

탐착하기 때문에 있는 바 없는 법〔無所有法〕을 보지 못하고 알지 못하며 벗어나지 못하고 믿지 못하고 바르게 머물지 못한다. 그러므로 범부의 탐착하는 마음 쏨〔貪著數〕 가운데 있게 된다."

사리푸트라가 붇다께 말씀드렸다.

"세존이시여, 보디사트바가 이와 같이 배우고 또 다시 사르바즈냐나를 배우지는 않습니까?"

붇다께서 사리푸트라에게 말씀하셨다.

"보디사트바가 이와 같이 배우면 다시 사르바즈냐나를 배우지 않는다. 이와 같이 배우면 또한 사르바즈냐나를 배움이라 하며 사르바즈냐나를 성취함이라 한다."

수부티가 붇다께 말씀드렸다.

"세존이시여, 만약 어떤 이가 '허깨비 사람이 사르바즈냐나를 배운다면 사르바즈냐나를 성취할 수 있겠는가, 없겠는가'라고 묻는다면 저는 어떻게 답해야 합니까?"

붇다께서 수부티에게 말씀하셨다.

"내가 도리어 그대에게 묻겠으니 생각대로 답해보아라. 어떻게 생각하느냐? 허깨비는 물질과 다르고 물질은 허깨비와 다르며, 허깨비는 느낌·모습취함·지어감·앎과 다른가?"

수부티가 말했다.

"허깨비는 물질과 다르지 않고 물질은 허깨비와 다르지 않으니, 허깨비가 곧 물질이고 물질이 곧 허깨비입니다. 허깨비는 느낌·모습취함·지어감·앎과 다르지 않고 느낌·모습취함·지어감·앎은 허깨비와 다르지 않으니, 허깨비가 곧 느낌·모습취함·지어감·앎이고 느낌·모습취함·지어감·앎이 곧 허깨비입니다."

"수부티여, 어떻게 생각하느냐? 다섯 가지 받는 쌓임〔五受陰, pañca-upādāna-skandha〕을 보디사트바라고 할 수 있는가 없는가?"

"할 수 있습니다, 세존이시여."

붇다께서 수부티에게 말씀하셨다.

"보디사트바가 아누타라삼약삼보디를 배우는 것은 허깨비 사람이 배우는 것과 같이 하여야 하니, 왜냐하면 다섯 쌓임이 곧 허깨비 사람인 줄 알아야 하기 때문이다. 왜 그런가. 물질을 말해도 허깨비 같으며, 느낌·모습취함·지어감·앎을 말해도 허깨비 같기 때문이니, 앎〔識〕은 곧 여섯 아는 뿌리〔六根, 六情〕이고 다섯 쌓임이다."20)

---

20) 앎과 아는 자: 앎〔識〕은 여섯 아는 뿌리〔六根〕와 여섯 경계〔六境〕에서 일어나지만, 앎일 때 아는 주체와 아는바 세계는 앎활동 자체로 주어진다. 이렇게 연기법을 알지 않고 앎활동 너머에 아는 자가 있고 아는바 저 세계가 있다 하면, 붇다의 뜻이 아니다.

"세존이시여, 새로 보디에 뜻을 낸 보디사트바들이 이렇게 말하는 것을 들으면 놀라고 두려워하며 물러서 빠지지 않겠습니까?"

붇다께서 수부티에게 말씀하셨다.

"새로 보디에 뜻을 낸 보디사트바들이 그릇된 스승〔惡知識〕을 따른다면 놀라고 두려워하며 물러서 빠지겠지만, 옳은 스승〔善知識〕을 따라 이렇게 말하는 것을 듣는다면 놀라고 두려워하며 물러서 빠지지 않을 것이다."

(4) 그릇된 스승과 옳은 스승

수부티가 말씀드렸다.

"세존이시여, 어떤 이가 보디사트바의 그릇된 스승입니까?"

붇다께서 말씀하셨다.

"프라즈냐파라미타를 멀리 떠나도록 하고 깨달음〔菩提, bodhi〕을 즐거워하지 않도록 하며, 모습을 취해 분별하여 글과 게송을 꾸미도록 가르치며, 또 슈라바카와 프라테카붇다의 방편으로 설한 경전과 법을 섞어 배우도록 하며, 마라(māra)의 일〔魔事〕을 하게 할 인연을 주면, 이를 보디사트바의 그릇된 스승이라고 한다."

수부티가 말했다.

"세존이시여, 어떤 이가 보디사트바의 옳은 스승입니까?"

붇다께서 말씀하셨다.

"만약 프라즈냐파라미타를 배우도록 하고 마라의 일을 말해주며, 마라의 허물과 잘못을 말해주어 마라의 일과 마라의 허물과 잘못을 알도록 하고서 이를 멀리 떠나도록 가르친다 하자. 수부티여 이러한 이를 '마하야나(mahāyāna, 大乘)의 마음과 크나큰 장엄〔大莊嚴〕을 일으킨 보디사트바마하사트바의 옳은 스승'이라고 한다."

(5) 보디사트바마하사트바의 뜻

수부티가 붇다께 말씀드렸다.

"세존이시여, 보디사트바라고 말씀하셨는데 보디사트바에는 어떤 뜻이 있습니까?"

붇다께서 수부티에게 말씀하셨다.

"온갖 법에 장애 없음을 배우며 또한 진실 그대로 모든 법을 아는 이, 이를 보디사트바의 뜻이라 한다."

수부티가 붇다께 말씀드렸다.

"세존이시여, 온갖 법을 진실 그대로 아는 이를 보디사트바라고 한다면, 다시 어떤 뜻으로 마하사트바(mahā-sattva)21)라 합니까?"

붇다께서 말씀하셨다.

"많은 무리들〔大衆〕을 위해 윗머리가 되어줌을 마하사트바의 뜻이라 한다."

사리푸트라가 붇다께 말씀드렸다.

"세존이시여, 저도 또한 기꺼이 마하사트바라고 하는 뜻을 말해보겠습니다."

붇다께서 말씀하셨다.

"말하고 싶은 대로 곧 말해보아라."

---

21) 마하살(摩訶薩)은 범어 마하사트바(mahā-sattva)의 소리 옮김이다. '위대한 사람'이란 뜻으로 '크나큰 중생〔大衆生, 大有情〕'이라고도 번역한다. 보디사트바는 스스로를 이롭게 하며 남도 이롭게 하는 크나큰 원력과 크나큰 행이 있으므로 '크나큰 중생〔摩訶薩〕'이라 한다. 깨달음 구하는 이를 도 행하는 중생〔道衆生〕이라 하는데, 그 가운데는 슈라바카나 프라테카붇다도 포함되므로 그들과 구별하기 위하여 다시 '크나큰 중생〔大衆生〕'이라고 한다. 또 십지(十地) 이상의 보디사트바를 나타내기 위하여 '마하사트바'라고도 한다.

사리푸트라가 붇다께 말씀드렸다.

"세존이시여, 보디사트바는 나라는 생각〔我見, Ātmadṛṣṭi〕·중생이라는 생각〔衆生見, Sattvadṛṣṭi〕·정해진 목숨이 있다는 생각〔壽者見, Jīvādṛṣṭi〕·사람〔人, pudgala〕22〕이라는 생각〔人見, Pudgaladṛṣṭi〕·있다는 생각〔有見, Bhavadṛṣṭi〕·없다는 생각〔無見, Abhavadṛṣṭi〕·끊어져 없어진다는 생각〔斷見, Ucchedadṛṣṭi〕·항상한다는 생각〔常見, Śāśvatadṛṣṭi〕 등을 끊도록 하기 위하여 법을 설하니, 이것을 마하사트바의 뜻이라 합니다. 여기에서 마음 가운데 집착하는 바 없음을 또한 마하사트바의 뜻이라고 합니다."

사리푸트라가 수부티에게 물었다.

"왜 여기에서 마음 가운데 집착하는 바가 없소?"

수부티가 말했다.

"마음이 없기 때문에 여기에서 마음 가운데 집착하는 바가 없습니다."

푸르나마이트레야니푸트라(Purna Maitrāyanīputra)가 붇다께 말씀드렸다.

"세존이시여, 보디사트바가 크나큰 장엄을 일으켜 크나큰 진리의 수레〔大乘〕를 타기 때문에, 이를 마하사트바의 뜻이라고 합니다."

(6) 보디사트바의 큰 장엄

---

22) 푸드갈라(pudgala): 한역에서는 사람〔人〕으로 옮김. 다섯 쌓임의 각 요인이 서로 어울려 합해 개체의 생명 이루어진 것을 푸드갈라라 하는데, 푸드갈라의 집착〔pudgala-dṛṣṭi〕은 다르마의 집착으로 일어난다. 곧 법과 사람의 실체 없음〔pudgala-dharma-nairātmya〕을 함께 깨달아야 푸드갈라의 집착에서 벗어날 수 있다.

수부티가 붇다께 말씀드렸다.

"세존이시여, 보디사트바가 크나큰 장엄을 일으킨다고 말씀하셨는데, 무엇을 크나큰 장엄을 일으킴이라 합니까?"

붇다께서 말씀하셨다.

"보디사트바는 이렇게 생각한다.

'나는 헤아릴 수 없는 아상키야(asaṁkhya, 阿僧祇)의 중생을 건네주어야 한다. 그러나 건네주고 나서는 니르바나에 건네줌 받은 중생은 있지 않다. 왜냐하면, 모든 법의 모습이 그러하기 때문이다.'

비유하면 환술사(幻術師)가 네거리에서 변화로 많은 사람들을 만들어낸 다음 변화로 된 사람의 목을 다 자르는 것과 같으니, 그대 생각은 어떠한가? 다치거나 죽는 이들이 있겠느냐?"

수부티가 말씀드렸다.

"없습니다, 세존이시여."

붇다께서 말씀하셨다.

"보디사트바 또한 이와 같아서 헤아릴 수 없는 아상키야 중생을 건네주고 나서는 니르바나에 건네줌 받은 중생은 있지 않다. 만약 보디사트바가 이러한 일을 듣고도 놀라지 않고 두려워하지 않는다면, 이 보디사트바가 크나큰 장엄을 일으킨 줄 알아야 한다."

수부티가 말씀드렸다.

"제가 붇다께서 말씀하신 뜻을 이해하기로는 이 보디사트바는 크나큰 장엄을 일으켜서 스스로 장엄함을 알아야 합니다. 왜냐하면 사르바즈냐나는 일부러 짓거나 일으키는 법이 아니기 때문입니다.

중생을 위하므로 크나큰 장엄을 일으키지만 이 중생 또한 짓거나 일으키는 법이 아닙니다. 왜냐하면 물질은 얽매임이 없고 풀어짐이 없으며 느낌·모습취함·지어감·앎도 얽매임이 없고 풀어짐이 없기 때문입니다."

푸르나가 수부티에게 말했다.

"물질은 얽매임이 없고 풀어짐이 없으며, 느낌·모습취함·지어감·앎도 얽매임이 없고 풀어짐이 없습니까?"

수부티가 말했다.

"물질은 얽매임이 없고 풀어짐이 없으며, 느낌·모습취함·지어감·앎도 얽매임이 없고 풀어짐이 없소."

푸르나가 말했다.

"어떤 물질이 얽매임이 없고 풀어짐이 없으며, 어떤 느낌·모습취함·지어감·앎이 얽매임이 없고 풀어짐이 없습니까?"

수부티가 말했다.

"허깨비 사람의 물질이 얽매임이 없고 풀어짐이 없으며, 허깨비 사람의 느낌·모습취함·지어감·앎이 얽매임이 없고 풀어짐이 없소. 있는 바가 없기 때문에 얽매임이 없고 풀어짐이 없으며, 떠났으므로 얽매임이 없고 풀어짐이 없으며, 남이 없으므로 얽매임이 없고 풀어짐이 없으니, 바로 이것을 보디사트바마하사트바가 크나큰 장엄을 일으켜 스스로 장엄한다고 하오."

다나팔라역(1품)

수부티가 답해 말했다.

"푸르나여, 그대는 지금 알아야 하오. 허깨비사람의 물질은 묶임도 없고 풀림도 없으며 허깨비사람의 느낌·모습취함·지어감·앎은 묶임도 없고 풀림도 없소.

허깨비사람 물질의 진여〔色眞如〕는 묶임도 없고 풀림도 없으며, 허깨비사람 느낌·모습취함·지어감·앎의 진여는 묶임도 없고 풀림도 없소. 왜냐하면 있는 바 없기 때문에 묶임도 없고 풀림도 없으며, 떠났기 때문에 묶임도 없고 풀림도 없으며, 나지 않기 때문에 묶임도 없고 풀림도 없소.

만약 보디사트바마하사트바가 이와 같이 깨쳐 안다면 이것이 곧 대승에 편안히 머묾[安住大乘]이고, 대승의 갑옷[被大乘鎧]을 입고 대승으로 장엄하는 것이오."

그때 곧 존자 푸르나마이트레야니푸트라는 이 말을 듣고서 잠자코 말없이 머물렀다. 23)

(7) 마하야나의 참모습을 보임

수부티가 붇다께 말씀드렸다.

"세존이시여, 무엇이 마하야나(mahāyāna, 大乘)이며 무엇이 보디사트바가 마하야나에 나아가는 것입니까? 이 진리의 수레는 어디에 머물며, 이 마하야나는 어느 곳에서 나옵니까?"

붇다께서 수부티에게 말씀하셨다.

"마하야나라고 함은 헤아릴 수 없으니 나누어 셀 수 없기 때문이다. 이 진리의 수레가 어느 곳에서 나오고 어디에 머무느냐 하면, 이 진리의 수레는 삼계(三界, tri-dhātu)24)로부터 나와서 사르바즈냐나에 머문다. 타야 할 수레 없음[無乘]이 바로 마하야나를 낸 것[無乘是乘

---

23) 須菩提答言:「滿慈子! 汝今當知, 幻人色無縛無解, 幻人受、想、行、識無縛無解, 幻人色眞如無縛無解, 幻人受、想、行、識眞如無縛無解。何以故? 無所有故無縛無解, 離故無縛無解, 不生故無縛無解。若菩薩摩訶薩如是了知者, 是卽安住大乘, 被大乘鎧, 大乘莊嚴。卽時, 尊者滿慈子聞是說已, 默然而住。」

24) 삼계(三界, 梵語 trayo dhātavaḥ 巴利語 tisso dhātuyo): 뭇 삶들의 존재상태를 욕망의 세계[欲界, kāma-dhātu], 물질 있는 세계[色界, rūpa-dhātu], 물질 없는 세계[無色界, ārūpya-dhātu]의 세 가지로 나눈 것을 말한다.

出者]이니, 왜 그런가? 낸 법〔出法〕과 내는 자〔出者〕가 다 있는 바 없는데, 무슨 법이 나오겠는가?"

수부티가 붇다께 말씀드렸다.

"세존이시여, 말씀하신바 마하야나란 온갖 세간의 하늘과 사람, 아수라 등을 뛰어넘습니다. 세존이시여, 마하야나는 허공과 같습니다. 허공이 헤아릴 수 없는 아상키야의 중생을 받아들이듯이 마하야나 또한 이와 같이 헤아릴 수 없는 아상키야 중생을 받아들입니다. 이 마하야나란 허공이 온 곳도 없고 가는 곳도 없고 머무는 곳도 없는 것과 같습니다. 마하야나도 또한 이와 같아서 앞때〔前際〕를 얻을 수 없고 가운데때〔中際〕를 얻을 수 없으며 뒤때〔後際〕를 얻을 수 없어서, 이 진리의 수레는 삼세에 평등합니다. 그러므로 마하야나라 이름합니다."

붇다께서 수부티를 칭찬하여 말씀하셨다.

"잘 말하고 잘 말했다. 보디사트바마하사트바의 마하야나란 그대가 말한 바와 같아야 한다."

다나팔라역(1품)

이때 존자 수부티가 붇다께 말씀드렸다.

"세존이시여. 붇다의 말씀과 같이 보디사트바는 대승에 편안히 머물고 대승의 갑옷을 입고 대승으로 장엄합니다. 세존이시여. 무슨 뜻으로 대승이라 이름합니까? 보디사트바는 어떻게 깨쳐 압니까? 이 수레는 어디에서 나오고 나와서는 어디에 머뭅니까?"

붇다께서 수부티에게 말씀하셨다.

"대승이란 한정지어 헤아릴 수 없고 나누어 셀 수 없으며 가의 끝이 없다. 이 뜻 때문에 대승이라 이름한다.

보디사트바마하사트바는 곧 이와 같이 깨쳐 안다.

또 '대승은 어디에서 나오고 어디에 머무는가'라고 말하니, 이 수레는 삼계에서 나와 파라미타에 머물며, 저 수레는 집착하는 바 없으므로 사르바즈냐나에 머문다. 이 수레를 좇아 보디사트바마하사트바를 낸다.

거듭 다시 수부티여, 만약 법이 나온 바가 없고 또한 머무는 바가 없다면 머묾이 없으므로 사르바즈냐나가 머묾 없음에 서로 응한다. 또 이 대승이 또한 있는 바 없으면 곧 나오는 바가 없으니 나옴이 없으므로 이와 같이 나온다.

그 까닭이 무엇인가. 만약 나오는 바가 있음과 나오는 바가 없음, 이와 같은 두 가지 법은 모두 얻을 수 없고 나는 바가 없다. 나아가서 온갖 법 가운데는 나올 법이 없고 또한 나올 법 아님도 없다.

수부티여, 보디사트바마하사트바의 프라즈냐파라미타는 이와 같이 나온다."
25)

이때 푸르나마이트레야니푸트라가 붇다께 말씀드렸다.

"세존이시여, 붇다께서는 수부티에게 프라즈냐파라미타를 말하게 하시더니, 이제 마하야나를 말하게 하시는군요."

<u>다나팔라역(1품)</u>

이때 존자 푸르나마이트레야니푸트라가 붇다께 말씀드렸다.

---

25)　爾時, 尊者須菩提白佛言:「世尊！如佛所言:『菩薩摩訶薩安住大乘, 被大乘鎧, 大乘莊嚴。』世尊以何義故爲名大乘？菩薩云何了知？是乘從何所出？出已於何所住？」

佛告須菩提:「大乘者無限量、無分數、無邊際, 以是義故名爲大乘。菩薩摩訶薩卽如是了知。又言大乘從何所出、住何處者？是乘從三界出, 住波羅密多, 彼無所著故卽住一切智, 從是出生菩薩摩訶薩。復次須菩提！若法無所出亦復無所住, 以無住故, 卽一切智無住相應。又此大乘亦無所有, 卽無所出, 無出故如是出。所以者何？若有所出、若無所出, 如是二法俱不可得而無所生, 乃至一切法中, 無法可出亦無非法可出。須菩提！菩薩摩訶薩般若波羅密多如是出生。」

"세존이시여. 붇다께서는 수부티로 하여금 프라즈냐파라미타를 말하게 하시더니, 왜 지금은 마하야나의 법〔大乘法〕을 말하게 하십니까?"[26)]

3. 보디사트바의 프라즈냐행을 다시 보임

(1) 얻을 것 없는 보디사트바의 모습

수부티가 붇다께 말씀드렸다.

"세존이시여, 제가 말씀드린 것이 프라즈냐파라미타를 벗어나 떠나지는 않겠습니까?"

"그렇지 않다, 수부티여. 그대가 말한 것은 프라즈냐파라미타를 따르는 것이다."

"세존이시여, 저는 지난 세상의 보디사트바도 얻을 수 없고, 앞으로 올 세상이나, 드러나 있는 세상의 보디사트바도 얻을 수가 없습니다. 물질이 끝이 없으므로 보디사트바도 끝이 없으며, 느낌 · 모습취함 · 지어감 · 앎이 끝이 없으므로 보디사트바도 끝이 없습니다.

세존이시여, 이와 같이 온갖 곳, 온갖 때, 온갖 여러 가지에서 보디사트바를 얻을 수 없는데, 어떤 보디사트바들에게 프라즈냐파라미타를 가르쳐야 합니까? 저는 보디사트바를 얻을 수도 없고 볼 수도 없는데, 어떤 법으로 프라즈냐파라미타에 들어가야 합니까?

세존이시여, 보디사트바라고 말씀하시지만 보디사트바란 다만 이름만 있는 것이니, 비유하면 나〔我, ātman〕라고 말하지만 나라는 법이 마침내 나지 않는 것〔畢竟不生〕과 같습니다.

---

26) 爾時, 尊者滿慈子白佛言 : 「世尊 ! 佛令須菩提說般若波羅密多, 何故於今說大乘法 ?」

세존이시여, 온갖 법의 성품 또한 이와 같은데, 이 가운데 어떤 것이 이 물질에 집착하지 않음이며 물질이 나지 않음입니까? 어떤 것이 이 느낌·모습취함·지어감·앎에 집착하지 않음이며 느낌·모습취함·지어감·앎이 나지 않음입니까? 물질이 보디사트바의 얻을 수 없음이고, 느낌·모습취함·지어감·앎이 보디사트바의 얻을 수 없음이고, 얻을 수 없음 또한 얻을 수 없습니다.

세존이시여, 온갖 곳, 온갖 때, 온갖 여러 가지에서도 보디사트바를 얻을 수 없는데, 어떤 법을 가르쳐 프라즈냐파라미타에 들어가도록 해야 합니까? 세존이시여, 보디사트바란 다만 이름만 있는 것이니, 마치 나라는 법이 마침내 나지 않는 것과 같습니다. 모든 법의 성품 또한 이와 같으니, 이 가운데 어떤 것이 물질에 집착하지 않음이고 물질이 나지 않음이며, 어떤 것이 느낌·모습취함·지어감·앎에 집착하지 않음이고 느낌·모습취함·지어감·앎이 나지 않음입니까? 모든 법의 성품이 이와 같아서 이 성품 또한 나지 않으며, 나지 않음 또한 나지 않습니다.

세존이시여, 저는 이제 나지 않는 법〔不生法〕을 가르쳐 프라즈냐파라미타에 들어가도록 해야 합니까? 왜냐하면 나지 않는 법을 떠나서는 보디사트바가 아누타라삼약삼보디 행함을 얻을 수 없기 때문입니다. 만약 보디사트바가 이렇게 말함을 듣고도 놀라지 않고 두려워하지 않는다면 이 보디사트바는 프라즈냐파라미타를 행한다고 알아야 합니다.

세존이시여, 보디사트바가 프라즈냐파라미타를 따라 행할 때 이렇게 살핀다면 모든 법〔諸法〕에서 곧 물질을 받아들이지 않습니다. 왜냐하면 물질은 남이 없어서 곧 물질이 아니며, 물질은 사라짐이 없어서 곧 물질이 아니기 때문입니다. 남이 없고 사라짐도 없어서 둘이 없고 다름도 없으니, 이와 같이 물질을 설하면 곧 이것이 둘이 없는 법〔無二法〕입니다.

보디사트바는 프라즈냐파라미타를 행할 때 느낌·모습취함·지어감·앎을 받지 않습니다. 왜냐하면 느낌·모습취함·지어감·앎은 남이 없어서〔識無生〕곧 느낌·모습취함·지어감·앎이 아니며, 느낌·모습취함·지어감·앎은 사라짐이 없어서〔識無滅〕곧 느낌·모습취함·지어감·앎이 아니기 때문입니다. 남이 없고 사라짐도 없어서 둘이 없고 다름도 없으니, 이와 같이 느낌·모습취함·지어감·앎을 설하면 곧 이것이 둘이 없는 법입니다."

다나팔라역(1품)

그때 존자 수부티가 붇다께 말씀드렸다.

"세존이시여. 제가 말한 마하야나가 저 프라즈냐파라미타에 어긋남이 없는지요?"

붇다께서 말씀하셨다.

"아니다, 수부티여. 그대가 말한 것은 프라즈냐파라미타를 따르는 것이다."

이때 수부티가 붇다의 신묘한 힘을 받아 붇다께 말씀드렸다.

"세존이시여. 저는 앞과 뒤 가운데 때에서 보디사트바를 구해 아주 얻을 수 없습니다. 왜냐하면 물질이 가없으므로 보디사트바마하사트바 또한 가없고, 느낌·모습취함·지어감·앎이 가없으므로 보디사트바마하사트바 또한 가없습니다.

물질이 보디사트바의 있는 바 없음이므로 얻을 수 없고, 느낌·모습취함·지어감·앎이 보디사트바의 있는 바 없음이므로 또한 얻을 수 없습니다.

세존이시여. 이와 같이 온갖 때 온갖 곳 온갖 여러 가지에서 보디사트바마하사트바를 구해도 마침내 얻을 수 없으며, 프라즈냐파라미타 또한 볼 수 없고 얻을 수 없으며, 나아가 사르바즈냐나 또한 볼 수 없고 얻을 수 없습니다. 이와 같이 온갖 법이 온갖 때 온갖 곳 온갖 여러 가지에서 다 볼 수 없고 얻을 수 없는데, 무엇이 법이고 무엇이 법 아님입니까? 무슨 법으로 프라즈냐파라미타에 들어가도록 가르쳐야 합니까?

세존이시여. 보디사트바는 다만 이름자만 있고 프라즈냐파라미타 또한 다만 이름자만 있으며, 저 이름자 또한 나는 바가 없습니다.

세존이시여. 나(我)와 나의 법(我法)을 말하지만 마침내 나는 바가 없음과 같으니, 나(我)는 자기성품이 없기 때문에 온갖 법 또한 그렇습니다.

이 가운데서 어떻게 물질이 집착 없고 남이 없으며, 어떻게 느낌ㆍ모습취함ㆍ지어감ㆍ앎이 집착 없고 남이 없습니까? 온갖 법이 성품 없으므로 집착 없고 남이 없으며 법이 성품 없으므로 온갖 법이 남이 없습니다. 그러므로 남이 없음 또한 남이 없습니다(無生亦無生). 저는 지금 곧 남이 없는 법으로써 프라즈냐파라미타에 들어가도록 가르칩니다.

세존이시여. 만약 남이 없는 법을 떠나 온갖 법을 구하고 나아가서 붇다와 보디사트바의 법을 구해도 아주 얻을 수 없습니다. 왜냐하면 남이 없는 법을 떠나면 보디사트바마하사트바가 저 보디의 행을 이룰 수 없기 때문입니다." 27)

---

27) 時, 尊者須菩提卽白佛言:「世尊! 我所說大乘, 將無違彼般若波羅密多耶?」

佛言:「不也, 須菩提! 如汝所說, 隨順般若波羅密多。」

是時, 須菩提承佛神力白佛言:「世尊! 我於前、後、中際求菩薩摩訶薩了不可得。何以故? 色無邊故菩薩摩訶薩亦無邊, 受、想、行、識無邊故菩薩摩訶薩亦無邊。色是菩薩無所有故不可得, 受、想、行、識是菩薩無所有故不可得。世尊! 如是一切時、一切處、一切種, 求菩薩摩訶薩畢竟不可得。般若波羅密多亦不可見、不可得, 乃至一切智亦不可見、不可得。如是一切法於一切時、一切處、一切種, 皆不可見、不可得。云何爲法? 云何爲非法? 當以何法教入般若波羅密多? 世尊! 菩薩但有名字, 般若波羅密多亦但有名字, 而彼名字亦無所生。

世尊! 如說我、我法畢竟無所生, 我無自性故, 一切法亦爾。此中云何色無著無生? 云何受、想、行、識無著無生? 一切法無性故無著無生, 以法無性故一切法無生, 是故無生亦無生。我今卽以無生法, 教入般若波羅密多。世尊! 若離無生法求一切法, 乃至佛菩薩法, 了不可得。何以故? 若離無生法者, 菩薩摩訶薩無能成就彼菩提行。」

(2) 남이 없는 존재의 참모습

사리푸트라가 수부티에게 물었다.

"내가 수부티 그대가 말한 뜻을 이해하기로서는 보디사트바는 곧 남이 없소. 만약 보디사트바가 남이 없다면 무슨 까닭에 어려운 행을 하며 중생을 위해 고뇌를 받소?"

수부티가 말했다.

"저는 보디사트바에게 어려운 행이 있도록 하고 싶지 않습니다. 왜냐하면 어려운 행이라는 생각이나 괴로운 행이라는 생각을 내면 헤아릴 수 없는 아상키야 중생을 이롭게 할 수 없기 때문입니다. 중생에 대하여 쉽다는 생각[易想], 즐겁다는 생각, 어버이처럼 여기고 자식처럼 여기는 생각, 내 것이라는 생각[我所想]을 내면 헤아릴 수 없는 아상키야 중생을 이롭게 할 수 있을 것입니다.

마치 나[我]라는 법을 온갖 곳, 온갖 때, 온갖 여러 가지에서도 얻을 수 없는 것과 같이 보디사트바는 안팎의 모든 법 가운데 반드시 이와 같은 생각을 내야 합니다. 만약 보디사트바가 이와 같은 마음으로 행하면 또한 이를 하기 어려운 행이라고 말합니다.

사리푸트라께서 말씀한 바와 같이 보디사트바는 남이 없습니다[無生]. 이와 같이 사리푸트라시여, 보디사트바는 실로 남이 없습니다."

사리푸트라가 말했다.

"다만 보디사트바만 남이 없소, 사르바즈냐나 또한 남이 없소?"

수부티가 말했다.

"사르바즈냐나 또한 남이 없습니다."

사리푸트라가 말했다.

"사르바즈냐나가 남이 없다면 범부 또한 남이 없겠지요?"

수부티가 말했다.

"범부 또한 남이 없습니다."

사리푸트라가 수부티에게 말했다.

"만약 보디사트바가 남이 없다[菩薩無生]면 보디사트바의 법[菩薩法]도 남이 없으며, 사르바즈냐나가 남이 없다면 사르바즈냐나의 법도 남이 없으며, 범부가 남이 없다면 범부의 법도 남이 없으니, 이제 남이 없음으로써 남이 없음을 얻으면 보디사트바는 사르바즈냐나를 얻어야 하겠지요?"

수부티가 말했다.

"나는 남이 없는 법으로 하여금 얻을 바 있음이 되게 하지 않습니다. 왜냐하면 남이 없는 법은 얻을 수 없기 때문입니다."

사리푸트라가 말했다.

"생겨나고 생겨남[生生]이란 남이 없이 남[無生生]인데, 그대가 말하고 기꺼이 말하고자 하는 것은 남[生]이오, 남 없음[無生]이오?"

수부티가 말했다.

"모든 법은 남이 없어서 말하는바 남이 없음을 기꺼이 말하는 것도 또한 남이 없으니[所言無生樂說亦無生] 이와 같이 기꺼이 말합니다."

(3) 프라즈냐파라미타의 힘

사리푸트라가 말했다.

"참으로 잘 말하고 잘 말했소. 수부티여, 그대는 법을 설하는 사람들 가운데서 가장 으뜸이오. 왜냐하면 수부티여, 그대는 묻는 바를 따라 다 답하실 수 있기 때문이오."

수부티가 말했다.

"법이 원래 그러해야 하기 때문입니다. 모든 붇다의 제자는 의지하는 바 없는 법으로 묻는 바에 답할 수 있습니다. 왜냐하면 온갖 법이 정함이 없기 때문입니다."

사리푸트라가 말했다.

"참으로 잘 말하고 잘 말했소. 이것은 어떤 파라미타의 힘이오?"

수부티가 말했다.

"이것이 프라즈냐파라미타의 힘입니다. 사리푸트라시여, 만약 보디사트바가 이와 같이 말하고 이와 같이 논할 때 의심하지 않고 뉘우치지 않고 어려워하지 않는다면, 이것이 보디사트바의 행이고 이 행은 이 생각 떠나지 않은 줄 알아야 합니다."

사리푸트라가 말했다.

"만약 보디사트바가 이 행[是行]을 떠나지 않고 이 생각[是念]을 떠나지 않으면, 온갖 중생 또한 이 행을 떠나지 않고 이 생각을 떠나지 않아서, 온갖 중생이 또한 곧 보디사트바일 것이오. 왜냐하면 온갖 중생들도 이 생각을 떠나지 않기 때문이오."

수부티가 말했다.

"참으로 옳은 말씀이고 옳은 말씀입니다. 사리푸트라시여, 그대는 나[我]를 떠남으로써 참된 나의 뜻을 이루려[離我而成我義] 하십니다. 왜냐하면 중생에 중생이라는 자기성품이 없기 때문이니, 생각에도 생각의 자기성품이 없는 줄 알아야 합니다. 중생을 떠나기 때문에 생각 또한 떠나며, 중생을 얻을 수 없기 때문에 생각 또한 얻을 수 없습니다.

사리푸트라시여, 저는 보디사트바로 하여금 이 생각으로써 프라즈냐파라미타를 행하도록 하려 합니다."

평창

붇다의 가르침은 하늘에서 땅으로 내려오는 초월주의적 세계관과 땅에서 하늘로 오르는 세속주의적 가르침을 모두 넘어선다. 붇다의 가르침은 지금 이곳 보고 듣는 경험현실에서 출발하되 경험현실이 있되 공한 진실을 열어보이고, 진실 그대로의 해탈의 삶을 개현한다.

중생이 누리는 삶이 괴로움으로 나타나든 즐거움으로 나타나든 모습이 모습 아닌 세계의 실상에 부합되지 않은 삶은, 여래에 의해 삼사라(saṃsāra, 輪廻) 곧 괴로움의 바퀴 돎으로 규정된다. 두카(Dhūka)의 부자유에서 비목샤(vimokṣa) 해탈에로 중생을 이끄는 것이 여덟 바른 길[八正道]이니, 이것이 가르침의 요점이다.

그러나 중생의 나고 죽음의 바퀴 돎이 본래 진실 아닌 것을 진실로 아는 환상의 꿈에서 연기된 것이라면, 해탈은 사물화된 모습으로 얻는 것이 아니라 진실을 진실대로 다시 돌이켜 살펴 진실 그대로의 프라즈냐의 삶을 사는 데 있다.

중생의 괴로움이 본래 공한 곳에서 보면 해탈은 새로 얻는 것이 아니지만 중생의 괴로움이 없지 않은 데서 보면 해탈은 얻음 없이 얻는 것이니, 그 뜻을 수트라[四十二章經]는 '닦지 않고 얻지 않되 모든 지위를 거치지 않고 스스로 높고 거룩함이 되는 길[非修非證不歷諸位而自崇最]'이라 말한다.

연기론은 존재의 있는 그대로의 진실을 열어 보이는 길이므로 초월자의 계시를 통해 가르치는 자가 그 계시를 내려주는 교육방법이 아니다. 연기론의 교육방법은 세계의 진실을 먼저 깨친 여래가 미망의 중생에게 그 진실을 열어주고 그 진실을 깨친 중생[覺衆生, bodhisattva]이, 다시 아직 깨치지 못한 중생에게 그 가르침을 말해주는 교화방식이다.

그러므로 붇다의 교설에서 가르치는 자와 가르침 받는 자, 하늘과 사람, 스승과 제자가 진리 안에서 하나되어 때로 붇다가 가르치고 하늘대중이 그 가르침을 듣고 때로 제자가 설하고 스승이 들으며 하늘과 사람이 서로 대화한다. 그리하여 진리 안에서 말하고 듣는 자가 함께 기뻐하며 프라즈냐를 찬탄하고 세계의 실상 안에서 스승과 제자가 함께 진리의 기쁨을 누린다.

　모든 수트라는 여섯 가지의 조건을 이루어〔六成就〕여래가 깨친 진리의 가르침을 세간에 펼친다. 여섯 가지 성취란 곧 가르침의 내용이 '이와 같다〔如是〕'고 믿게 하는 믿음의 성취〔信成就〕, 아난다존자가 직접 '내가 들었다〔我聞〕'고 말하는 들음의 성취〔聞成就〕, 구체적인 역사적인 시간 속 '어느 때 들었다'고 하는 때의 성취〔時成就〕, '어느 곳에서 들었다'는 곳의 성취〔處成就〕, '세간의 실상을 온전히 깨쳐 해탈을 성취한 붇다께서 설하셨다'는 설법주체의 성취〔主成就〕와 '여래의 가르침을 아무아무 대중이 같이 들었다'는 무리의 성취〔衆成就〕가 여섯 가지 조건의 성취이다.

　진리는 그 어떤 초월적인 것이 아니라 지금 보고 듣고 말하고 대답하는 이곳 대화의 장을 떠나지 않는다. 지금 이곳 경험의 장 속에서 말하는 자와 듣는 자가 들을 수 있고 말할 수 있다고 하는 것은, 무엇을 나타내 보이는가. 이는 곧 말하고 듣는 이곳이 바로 이것이 이것 아니되 이것 아님도 아니고 저것이 저것 아니되 저것 아님도 아닌, 두렷이 통한 경계〔圓通境界〕이며 '신묘하게 통해 크고 밝은 공덕의 곳간〔神通大光明藏〕'임을 나타낸다.

　이와 같고 이와 같은 진리를 많이 들음으로 으뜸인 제자〔多聞第一〕 '아난다'가 들었지만 아난다는 그냥 아난다가 아니고 들을 줄 알고 볼 줄 알며 들어서 이해하고 행할 수 있는 온갖 목숨 있는 것들의 대명사이다.

　그러므로 붇다 당시라 해도 이와 같고 이와 같은 진리를 여래께서 설해주어도 귀 막고 눈 막은 이들은 스스로 이와 같은 진리 가운데 있으면서도 그 깨달음의 길을 등지고 티끌에 나아가는 자이다. 그러나 뒷대 아득히 멀리 떨어진 때라도 들어서 믿는 자, 그는 여래의 눈 앞에서 이와 같은 진리를 들어 여래의 땅〔如來地〕에 바로 뛰어들어가는 자이다.

이렇게 보면 프라즈냐파라미타 가르침의 회상은 그 때와 곳이 그 곳과 때에 닫히지 않고, 가르침을 듣는 대중 또한 그 소리를 듣는 빅슈의 무리 1250인에 한정되지 않는다.

수트라의 표현처럼 하늘왕과 하늘왕의 무리들이 그 모임에 함께하여 가르침을 듣고 같이 기뻐하며, 용 야크샤 마호라가 등이 프라즈냐 회상의 함께하는 대중이다. 어찌 그뿐이랴. 흐리고 물든 뒷세상 그 어느 때라도 이 가르침에 믿음을 내는 모든 이들이 또한 여래 프라즈냐회상의 대중인 것이다.

연기법(緣起法)의 가르침에서는 세계를 전변(轉變)해내는 초월적 일자〔Tad Ekam, 彼一者〕도 없고 사물 사물에 고유한 자기성취의 조건도 없다. 초기교설이 가르치는 것처럼 연기법에서 지금 온갖 존재〔一切法〕는 아는 마음〔心〕과 알려지는 모습〔色〕으로 분류되니 마음은 물질을 떠난 마음이 없고 물질은 마음을 떠난 물질이 없다.

아는 자〔六根〕와 아는 바〔六境〕, 앎활동〔六識〕은 서로 의지해서 자기성품을 이루어가니 아는 자 아는 바 앎활동은 모두 실로 있음〔實有〕도 얻을 수 없고 실로 없음〔實無〕도 얻을 수 없다.

마음이 마음 아니고 모습이 모습 아님을 통달한 지혜를 프라즈냐라 하고 프라즈냐의 지혜를 성취한 중생을 보디사트바라 하고 마하사트바라 한다. 그러므로 보디사트바는 스스로 보디사트바가 아니고 프라즈냐가 보디사트바의 이름을 주고, 프라즈냐는 스스로 프라즈냐가 아니고 보디사트바의 세계의 실상을 깨친 행이 프라즈냐라 이름된다.

중생의 여섯 앎〔識〕은 알되 앎이 없는 앎이니, 알되 앎에 갇힌 앎을 중생의 번뇌라 하고 앎에서 앎을 떠나되 앎 없음마저 떠난 행을 프라즈냐라 한다. 프라즈냐의 지혜 속에서 저 세계와 중생은 나의 앎 밖에 실로 있는 어떤 것으로서의 세계와 중생이 아니다. 저 세계와 중생은 나의 앎의 토대이되 앎 자체로 주어지는 세계와 중생이니 보디사트바는 중생에 가없는 자비의 마음을 일으켜 아상키야 중생을 건네주되 실로 건네준 바 중생은 없다.

물질〔色〕·느낌〔受〕·모습취함〔想〕·지어감〔行〕·앎〔識〕의 다섯 쌓임〔五蘊〕이 실로 있음도 아니고 없음도 아니며 얽매임도 아니고 풀어짐도 아니므로, 보디사트바의 프라즈냐도 얽매임도 아니고 풀어짐도 아니며, 다섯 쌓임이 헤아릴 수 없으므로 프라즈냐도 헤아릴 수 없다.

보디사트바의 일상의 행위 밖에 타야 할 진리의 수레가 없으므로 보디사트바마하사트바가 타는 마하야나는 타되 타는 바가 없다. 그리고 보디사트바는 다섯 쌓임의 있되 공한 진실을 사는 자이므로 다섯 쌓임을 취하지도 않고 버리지도 않으며, 프라즈냐를 설하되 실로 설하는 자와 듣는 자도 없고 실로 설함과 들음도 없다.

선문염송(禪門拈頌)은 다음 같이 가르친다.

수부티가 바위 가운데서 좌선하고 있었는데, 샤크라하늘왕이 꽃을 비내려 찬탄하니 수부티가 물었다.

"꽃을 비내려 찬탄하는 이는 어떤 사람입니까?"

대꾸해 말했다.

"나는 하늘왕인데 존자께서 잘 프라즈냐를 말씀하시니, 와서 찬탄한 것입니다."

수부티가 말했다.

"나는 프라즈냐에 일찍이 한 글자도 설함이 없소."
샤크라하늘왕이 말했다.
"존자는 설함이 없고 나는 들음이 없으니, 설함 없고 들음 없
는 것이 참으로 프라즈냐를 설함입니다."

▪ (69則)

須菩提嵒中燕坐 帝釋雨花讚歎 須菩提問曰 雨花讚歎者是何人
對曰我是天帝 見尊者善說般若 故來讚歎
須菩提曰 我於般若 未曾說一字
帝釋云 尊者無說 我乃無聞 無說無聞 是眞說般若

이 공안에 대해 불인원(佛印元)선사는 다음 같이 말했다.

불인원선사가 원조장로가 산에 들어옴을 인해 당에 올라〔上堂〕
다음 같이 노래했다.

佛印元因圓照長老入山 上堂云

산은 궁륭산 푸르름 만 겹이나 쌓였는데
노니는 사람 가다 그쳐 높은 봉 바라보네
하늘왕이 꽃을 가져다 뿌리지 않았다면
어찌 수부티가 선정에서 나올 수 있었으리

山號穹隆翠萬堆　遊人行止望崔嵬
不因天帝將花散　爭得空生出定來

뒤이어 이 이야기를 들어 말했다.
"이 늙은이를 만약 점검한다면 스무 방망이 감이다.
왜 이와 같은가.

비록 그렇듯 도의 값이 맑은 세상 떨치지만
부질없는 이름이 이 몸에 허물됨 면치 못하리."

　遂擧此話云
　者老漢若點撿來　也有二十棒分
　何故如此
　雖然道價標清世　不免閑名累此身

　학담도 한 노래로 조사의 뜻에 함께해 붇다의 가르침을 찬탄하리
라.

들음 없고 설함 없음이 참된 프라즈냐라 하니
이 무슨 부질없는 말로 이 몸에 허물 짓는가
햇빛 속에 산을 보니 프라즈냐의 눈이요
귀로 개울소리 들으니 두렷 통한 경계로다

　無聞無說眞般若　是何閑語累此身
　日裏看山般若眼　耳聽偃溪圓通境

제2품 프라즈냐에 머무는 법
〔釋提桓因品〕

중생이 중생이 아니고 프라즈냐 또한 프라즈냐가 아니므로 프라즈냐회상은 중생의 삶의 터전을 떠나지 않는다. 그러므로 프라즈냐회상에는 슈라바카·프라테카붇다·보디사트바의 무리뿐 아니라, 하늘과 사람 아수라 등 헤아릴 수 없는 대중이 함께하여 법을 묻고 법을 답하며 법을 말하고 법을 듣는다.

프라즈냐 가운데 실로 말하는 자도 없고 듣는 자도 없으며, 실로 말함과 들음이 없으므로 말할 수 있고 들을 수 있으며 묻고 답할 수 있는 것이다. 곧 말함에 말함이 없고 들음에 들음이 없으므로, 때로 인드라하늘왕이 말하고 수부티가 들으며, 때로 수부티가 말하고 인드라하늘왕이 들으며, 사리푸트라가 속으로 말한 뜻을 수부티가 알아들으며, 수부티가 속으로 말한 뜻을 사리푸트라가 알아듣는 것이다.

프라즈냐에 머묾이란 중생의 망념 밖에 있는 새로운 세계로 나아감이 아니라, 말하되 말함 없고 듣되 들음 없는 존재의 실상에 머묾이다. 그러므로 프라즈냐에 머무는 자는 함이 있음에도 머물지 않고 함이 없음에도 머물지 않으며, 물질의 있음에도 머물지 않고 물질의 없음에도 머물지 않으며, 느낌·모습취함·지어감·앎의 있음에도 머물지 않고 느낌·모습취함·지어감·앎의 없음에도 머물지 않는다.

물질이 곧 물질이 아니므로 보디사트바의 프라즈냐는 물질에서도 구할 수 없고, 물질을 떠나서도 구할 수 없으며, 그와 같이 느낌·모습취함·지어감·앎에서도 프라즈냐는 구할 수 없고, 느낌·모습취함·지어감·앎을 떠나서도 프라즈냐는 구할 수 없다.

중생이 곧 중생이 아니므로 중생의 참모습은 본래 청정하다. 그러므로 보디사트바는 중생의 번뇌에도 머물지 않고, 중생의 번뇌를 끊고 해탈의 과위를 얻는 여러 수행자들의 지위에도 머물지 않으며, 중생 밖에 머물 붇

다의 법까지 세우지 않는다. 이에 경은 '물질이 헤아릴 수 없으므로 프라즈
냐파라미타도 헤아릴 수 없으며, 중생이 가없으므로 프라즈냐파라미타도
가없다'고 말한다.

학담이 노래로 종요를 말해보리라.

　　　　프라즈냐회상은 머무는 곳 없으니
　　　　세간 중생이 이 모임에 있네
　　　　프라즈냐회상은 헤아릴 수 없으니
　　　　세간의 헤아릴 수 없음이 이 모임이네

　　　　般若會上無住處　　世間含識在此會
　　　　般若會上無限量　　世間無量卽此會

　　　　보디사트바의 프라즈냐는 무슨 모습인가
　　　　있음과 없음 나와 나 없음에 머물지 않고
　　　　인행에 머물지 않고 과덕에도 머물지 않아
　　　　붇다께서 머무는 바와 같음을 프라즈냐라 하네

　　　　菩薩般若是何相　　不住有無我無我
　　　　不住因行不住果　　如佛所住名般若

　　　　중생의 다섯 쌓임은 본래 헤아릴 수 없으며
　　　　프라즈냐는 모습 아니라 또한 헤아릴 수 없어라
　　　　늘어나지 않고 줄어들지 않아 갓이 없으니
　　　　프라즈냐 배우는 이는 마침내 붇다 이루리

　　　　衆生五蘊本無量　　般若非相亦無量
　　　　不增不減無有邊　　學般若者終成佛

1. 여러 하늘대중의 모임

그때 샤크라인드라하늘왕[Śakro devānāṃ indraḥ]28)은 사만 명의 하늘신[devatā, 天子]과 더불어 같이 모임 가운데 있었고, 네 하늘왕[四天王]은 이만 명의 하늘신과 더불어 같이 모임 가운데 있었다.

사바세계의 주인인 브라흐마하늘왕[梵天王]은 만 브라흐마하늘신[Brahma-deva]과 더불어 같이 모임 가운데 있었으며, 나아가 셀 수 없이 많은 '깨끗하게 머무는 하늘[śuddha-āvāsa, 淨居天]'29) 천 가지 무리가 모임 가운데 더불어 같이 있었다.

이 여러 하늘대중의 몸에서 나는 업보의 밝은 빛은 붇다의 몸에서 나는 신묘한 힘의 밝은 빛 때문에 다 다시 나타나지 않았다. 30)

---

28) 샤크라인드라하늘왕[釋提桓因]은 범어 Śakkra devānāṃ indraḥ의 번역이다. 범어와 한문을 함께 써서 샤크라하늘왕인드라[釋提桓因陀羅]라고도 하며, 줄여서 샤크라인드라 또는 인드라하늘[帝釋天]이라 한다. 수메루산 꼭대기 도리하늘의 왕으로 선견성(善見城)에 머물며 네 하늘왕(四天王)과 서른두 하늘[天]을 통솔하면서 붇다의 법과 붇다의 법에 귀의하는 사람을 보살피고 아수라의 군대를 정벌한다는 하늘 임금이다.

29) 깨끗하게 머무는 하늘[淨居天]: 물질 있는 세계[色界] 네 번째 선정의 하늘[第四禪天]을 가리키며, 아나가민의 과덕[不還果]을 증득한 성인이 태어나는 곳이다. 여기에 다섯 가지가 있으니, 번뇌 없는 하늘[無煩天]·뜨거움 없는 하늘[無熱天]·잘 나타내는 하늘[善現天]·잘 보는 하늘[善見天]·물질이 다하는 맨 끝 하늘[色究竟天]이다. 이를 다섯 깨끗이 머무는 하늘[五淨居天]이라 한다.

30) 〔E.Conze역 2품〕

그때 다시 많은 하늘신들이 이 모임에 와서 자리에 앉았다. 하늘신들의 우두머리인 샤크라하늘왕은 서른세 하늘의 사만 하늘신들, 네 세계를 보살피는 신들은 네 큰 하늘왕을 따르는 이들인 이만 하늘신들과 함께하였고, 이 세계

2. 프라즈냐파라미타에 머무는 법을 밝힘

(1) 샤크라인드라하늘왕이 물음을 일으킴

이때 샤크라인드라하늘왕이 수부티에게 말했다.

"이 셀 수 없는 하늘[天]31) 대중들이 다 함께 모여 수부티께서 프

를 주관하는 브라흐마하늘왕은 브라흐마하늘의 한 무리에 속하는 일만 하늘
신과 함께했으며, 그리고 오천의 깨끗한 곳에 머무는 하늘신들과 함께했다.
그러나 붇다의 힘, 그 위엄과 광명은 신들의 광명을 넘어섰으니, 신들의 광명
은 지난 세상 행했던 공적의 보답일 뿐이다.

At that time again, many Gods came to that assembly, and took
their seats: Sakra, Chief of Gods, with forty thousand Gods of the
Thirty-three; the four world-guardians, with twenty thousand Go
ds belonging to the retinue of the four Great Kings; Brahma, ruler
of this world system, with ten thousand Gods belonging to the com
pany of Brahma; and five thousand Gods of the Pure Abode. But
the might of the Buddha, his majesty and authority surpassed eve
n the splendour of the Gods a reward for the deeds they had done
in the past.

31) 하늘[天]은 범어 deva의 번역이다. 중생의 여섯 길[六道] 가운데 가장 좋
은 세계이지만, 아직 윤회를 벗어나지는 못한 세계이다. 하늘은 삼계에 걸쳐
존재한다.
① 탐욕 있는 세계[欲界]에 여섯 하늘이 있으니, 곧 네 큰 왕 무리의 하늘
[四大王衆天]·서른세 하늘[三十三天 또는 도리하늘]·야마하늘[夜摩天]·
투시타하늘[兜率天]·즐겁게 변화하는 하늘[樂變化天]·남의 즐거운 일을
자재하게 나의 것으로 삼는 하늘[他化自在天]이다.
② 물질 있는 세계[色界]의 하늘은 크게 네 선정의 하늘[四禪天]로 나뉘며,
17개 하늘[또는 18개]이 있다. 곧 첫째 선정의 하늘[初禪天]에 브라흐마무
리의 하늘[梵衆天]·브라흐마 돕는 하늘[梵輔天]·큰 브라흐마하늘[大梵天]

라즈냐파라미타의 뜻 설함을 듣고자 합니다. 보디사트바는 어떻게 프라즈냐파라미타에 머물러야 합니까?"

<u>다나팔라역(2품)</u>

의 세 가지가 있다. 또한 브라흐마 종족의 하늘〔梵種天〕을 첨가해 네 가지 하늘〔四天〕이 되기도 한다. 브라흐마 돕는 하늘〔梵輔天〕은 브라흐마〔梵天〕 세계, 곧 첫째 선정의 하늘〔初禪天〕 신들 전체를 일컬으며, 물질계와 물질 없는 세계 신들의 총칭이 되기도 한다. 두 번째 선정의 하늘〔第二禪天〕에는 작은 빛의 하늘〔小光天〕·헤아릴 수 없는 빛의 하늘〔無量光天〕·빛과 소리의 하늘〔光音天〕이 있고, 세 번째 선정의 하늘〔第三禪天〕에는 적게 깨끗한 하늘〔少淨天〕·헤아릴 수 없이 깨끗한 하늘〔無量淨天〕·두루 깨끗한 하늘〔徧淨天〕이 있다. 네 번째 선정의 하늘〔第四禪天〕에 구름 없는 하늘〔無雲天〕·복이 나는 하늘〔福生天〕·넓은 과덕의 하늘〔廣果天〕·넓이가 없는 하늘〔不廣天〕·뜨거움 없는 하늘〔無熱天〕·잘 나타나는 하늘〔善現天〕·잘 보는 하늘〔善見天〕·물질이 다하는 끝의 하늘〔色究竟天〕이 있다.

초선천·이선천·삼선천에 속하는 하늘은 언제나 즐거움을 일으키는 하늘이므로 즐거움이 나는 하늘〔樂生天〕이라 하고, 큰 브라흐마하늘은 브라흐마하늘·큰 브라흐마하늘왕이라고도 하며, 인드라하늘〔帝釋天〕과 합해서 샤크라브라흐마〔釋梵〕라고도 하며, 여기에 다시 네 하늘왕〔四天王〕을 더하여 샤크라브라흐마 네 왕〔釋梵四王〕이라고 하고 붇다의 법을 수호하는 선신(善神) 가운데 포함시킨다. 또 네 하늘왕이나 인드라하늘이나 큰 브라흐마하늘과 같이 많은 하늘 대중〔天衆〕을 거느리는 하늘을 하늘왕〔天王〕이라고 한다.

이상 여러 하늘 가운데 네 큰 왕의 무리 하늘〔四大王衆天〕과 서른세 하늘〔三十三天〕은 수메루산 상부에 머물므로 땅에 사는 하늘〔地居天〕이라 하고, 야마하늘〔夜摩天〕 이상은 허공 가운데 한 층을 이루어 머물고 있으므로 허공에 사는 하늘〔空居天〕이라 하며, 그들이 머무는 궁전을 천궁(天宮)·천당(天堂)이라고 한다.

③ 물질 없는 세계〔無色界〕에는 허공이 가없는 곳의 하늘〔空無邊處天〕·앎이 가없는 곳의 하늘〔識無邊處天〕·있는 바 없는 곳의 하늘〔無所有處天〕·생각이 아니고 생각 아님도 아닌 하늘〔非想非非想處天〕이 있다.

이때 샤크라인드라하늘왕이 존자 수부티에게 말했다.

"저희들 모든 하늘들과 브라흐마하늘 대중까지 다 와서 모여 존자 수부티께서 여러 보디사트바마하사트바들을 위하여 프라즈냐파라미타 설해주심을 즐거이 받아 듣고저 합니다.

여러 보디사트바들로 하여금 어떻게 편안히 머물며 어떻게 닦아 배우며 어떻게 서로 응하도록 합니까?"32)

수부티가 샤크라인드라하늘왕과 여러 하늘들에게 말했다.

"카우시카(Kauśika)33)여, 나는 지금 붇다의 신묘한 힘을 받아 프라즈냐파라미타를 설하겠소. 만약 여러 하늘신으로서 아직 아누타라삼약삼보디의 마음을 내지 않은 이는 지금 내어야 하오. 만약 어떤 사람이 이미 작은 실천의 수레 바른 지위[正位, niyāma]34)에 들었다면 이러한 이는 아누타라삼약삼보디의 마음을 내지 못할 것이오. 왜냐하면 이미 나고 죽음에서 막혀 떨어짐을 짓기 때문이오. 이 사람이 만약 아누타라삼약삼보디의 마음을 낸다면 나 또한 따라 기뻐하여 마침내 그 공덕을 끊지 않을 것이니, 왜 그런가요. 뛰어난 사람은 반드시 뛰어난 법을 구하기 때문이오."

이때 붇다께서 수부티를 칭찬하여 말씀하셨다.

---

32) 是時帝釋天主白尊者須菩提言：「我等諸天乃至梵衆, 皆悉來集, 樂欲聽受尊者須菩提爲諸菩薩摩訶薩宣說般若波羅密多, 令諸菩薩云何安住？云何修學？云何相應？」

33) 수메루산 꼭대기에 있는 도리하늘의 왕이 샤크라인드라하늘왕 곧 인드라하늘신인데, 이 하늘 신의 성(姓)이 카우시카(kauśika)이다.

34) 바른 지위[正位]: 깨달음에 도달하는 바른 지위로서 작은 실천의 수레[小乘]에서 니르바나를 가리킨다. 곧 슈라바카[聲聞]가 함이 없는 니르바나[無爲涅槃] 증득하는 것을 말하니, 얻을 것 있는 바른 지위는 머묾이 있으므로 '아누타라삼약삼보디의 마음을 내지 못한다'고 한 것이다.

"참으로 잘 말하고 잘 말했다. 그대는 이와 같이 여러 보디사트바들을 잘 권해 즐겁게 할 수 있구나."

수부티가 말씀드렸다.

"세존이시여, 저는 붇다의 은혜를 갚아야 하니, 그것은 마치 지나간 옛 때 붇다와 여러 제자들이 여래께 공한 법 가운데 머물도록 가르치시며, 또한 여러 가지 파라미타를 배우도록 가르쳐 여래께서 이 법을 배워 아누타라삼약삼보디를 얻으신 것과 같습니다.

세존이시여, 이제 저도 또한 이와 같이 여러 보디사트바들을 보살펴 생각해야 하니, 제가 보살펴 생각해주는 인연으로 여러 보디사트바들은 빨리 아누타라삼약삼보디를 얻을 것입니다."

(2) 프라즈냐에 머무는 법을 바로 답함

수부티가 샤크라인드라하늘왕에게 말했다.

"카우시카여, 그대는 한 마음으로 보디사트바가 프라즈냐파라미타에 머묾을 들으시오. 카우시카여, 보디사트바는 크나큰 장엄〔大莊嚴〕을 일으켜 크나큰 진리의 수레〔大乘〕를 타고 공한 법으로써 프라즈냐파라미타에 머무니, 물질에 머물지도 않아야 하고, 느낌·모습취함·지어감·앎에 머물지도 않아야 하오.

물질의 항상함〔常〕이나 덧없음〔無常〕에 머물지 않아야 하고, 느낌·모습취함·지어감·앎의 항상함이나 덧없음에 머물지도 않아야 하오. 물질의 괴로움〔苦〕이나 즐거움〔樂〕에 머물지도 않아야 하고, 느낌·모습취함·지어감·앎의 괴로움이나 즐거움에 머물지도 않아야 하오. 물질의 깨끗함〔淨〕이나 깨끗하지 않음〔不淨〕에 머물지도 않아야 하고, 느낌·모습취함·지어감·앎의 깨끗함이나 깨끗하지 않음에 머물지도 않아야 하오.

물질의 나〔我〕라 함이나 나 없음〔無我〕에 머물지도 않아야 하고,
느낌・모습취함・지어감・앎의 나〔我〕라 함이나 나 없음〔無我〕에 머
물지도 않아야 하오. 물질의 공함〔空〕이나 공하지 않음〔不空〕에 머물
지도 않아야 하고, 느낌・모습취함・지어감・앎의 공함이나 공하지
않음에 머물지도 않아야 하오.

스로타판나의 과덕〔srotāpanna, 須陀洹果〕에 머물지도 않아야 하
고, 사크리다가민의 과덕〔sakṛdāgāmin, 斯陀含果〕에 머물지도 않아
야 하며, 아나가민의 과덕〔anāgāmin, 阿那含果〕에 머물지도 않아야
하고, 아라한의 과덕〔arhat, 阿羅漢果〕에 머물지도 않아야 하며, 프
라테카분다의 도〔辟支佛道〕에 머물지도 않아야 하고, 분다의 법〔佛
法〕에 머물지도 않아야 하오."35)

---

35) 작은 실천의 수레〔hīna-yāna, 小乘〕에서는 깨달음을 얻어가는 계위를 네
    향함과 네 과덕〔四向四果〕으로 나눈다. 곧 스로타판나의 과덕〔預流果〕, 사크
    리다가민의 과덕〔一來果〕, 아나가민의 과덕〔不還果〕, 아라한의 과덕〔阿羅漢
    果〕과 각각 그 계위로 나아가는 바른 흐름에 듦을 향함〔預流向〕, 한 번 돌아옴
    을 향함〔一來向〕, 돌아오지 않음을 향함〔不還向〕, 아라한을 향함〔阿羅漢向〕
    의 여덟 단계를 말한다. 통틀어 네 쌍 여덟 무리〔四雙八輩〕 또는 여덟 현성〔八
    聖〕이라고도 한다. 이 가운데 네 가지 깨달음의 과위를 설명하면 다음과 같다.
    ① 바른 흐름에 드는 과덕〔預流果, 須陀洹, srota-āpanna〕: 삼계(三界)
    의 견해의 미혹〔見惑〕을 끊어서 열여섯 마음〔第十六心〕의 도 닦음〔修道〕에
    드는 것을 말한다.
    ② 한 번 되돌아오는 과덕〔一來果, 斯陀含, sakṛdāgāmin〕: 욕계의 닦아야
    끊는 미혹〔修惑〕의 아홉 단계〔九品〕 가운데 여섯 단계〔六品〕의 미혹을 끊은
    계위를 말한다.
    ③ 다시 돌아오지 않는 과덕〔不還果, 阿那含, anāgāmin〕: 앞의 닦아야 끊
    는 미혹〔修惑〕 가운데 남은 세 단계〔三品〕를 끊은 계위로서 미혹 마친 것을 말한
    다. 여기서는 다시 욕계에 돌아오지 않으므로 다시 오지 않음(不還)이라 한다.
    ④ 아라한의 과덕〔阿羅漢果, 阿羅漢, arhat〕: 아라한의 과덕에 이른 계위

다나팔라역(2품)

이때 존자 수부티가 샤크라인드라하늘왕에게 말했다.

"그대들은 자세히 듣고 진리대로 사유하시오. 내가 지금 보디사트바마하사트바의 프라즈냐파라미타가 공한 법에 편히 머물러 모든 보디사트바로 하여금 대승의 갑옷을 입고 대승으로 장엄하게 함을 말하겠소.

다음과 같음을 알아야 하오.

프라즈냐파라미타는 다섯 쌓임에 머물지 않고, 눈의 뿌리에 머물지 않고, 빛깔의 경계에 머물지 않으며, 눈의 앎에 머물지 않고, 눈의 닿음에 머물지 않고, 또한 다시 눈의 닿음이 내는 모든 느낌에 머물지 않소.

이와 같이 귀·코·혀·몸·뜻의 뿌리에 머물지 않고, 소리·냄새·맛·닿음·법의 경계에 머물지 않으며, 귀·코·혀·몸·뜻의 앎에 머물지 않고, 귀의 닿음에서 뜻의 닿음에까지 머물지 않으며, 또한 다시 귀의 닿음에서 뜻의 닿음에 이르도록 닿음이 내는 모든 느낌에 머물지 않소.

땅·물·불·바람·허공·앎의 여섯 영역〔六界〕에 머물지 않고, 네 곳 생각함·바르게 부지런함·다섯 신통·진리의 뿌리·진리의 힘·일곱 깨달음법의 갈래·여덟 바른 길에 머물지 않고, 스로타판나의 과덕에 머물지 않고, 사크리다가민의 과덕에 머물지 않으며, 아나가민의 과덕에 머물지 않고, 아라한의 과덕에 머물지 않으며, 프라테카붇다의 과덕에 머물지 않고, 붇다의 지위에도 머물지 않소." 36)

로서 온갖 견해의 미혹〔見惑〕·참모습을 모르는 미혹〔修惑〕을 끊어 미망(迷妄)의 세계에 떠돌아다님이 없이 니르바나에 들 수 있다.

36) 爾時, 尊者須菩提告帝釋天主言:「汝等諦聽! 如理思惟. 我今宣說菩薩摩訶薩般若波羅密多安住空法, 令諸菩薩被大乘鎧, 大乘莊嚴. 當知般若波羅密多, 所謂不住五蘊, 不住眼根不住色境, 不住眼識不住眼觸, 亦復不住眼觸所生諸受.

如是不住耳、鼻、舌、身、意根, 不住聲、香、味、觸、法境, 不住耳、鼻、舌、身、意識, 不住耳觸乃至意觸, 亦復不住耳觸乃至意觸所生諸受, 不

"스로타판나의 함이 없는 과위〔無爲果〕에 머물지도 않아야 하고, 스로타판나의 복밭에 머물지도 않아야 하며, 스로타판나와 나아가 일곱 번 나고 죽음 속에 오고 감에도 머물지도 않아야 하며, 사크리다가민의 함이 없는 과위에 머물지도 않아야 하고, 사크리다가민의 복밭에 머물지도 않아야 하며, 사크리다가민의 이 세간에 한 번만 더 태어나면 괴로움 다함을 얻는 지위에 머물지도 않아야 하오.

아나가민의 함이 없는 과위에 머물지도 않아야 하고, 아나가민의 복밭에 머물지도 않아야 하며, 아나가민이 저 세계에서 니르바나에 듦에도 머물지 않아야 하오.

아라한의 함이 없는 과위에 머물지도 않아야 하고, 아라한의 복밭에 머물지도 않아야 하며, 아라한으로서 지금 세상에서 '남음 없는 니르바나〔無餘涅槃〕'에 들어감에도 머물지 않아야 하오.

프라테카붇다의 도 함이 없는 과위에 머물지도 않아야 하고, 프라테카붇다의 복밭에 머물지도 않아야 하며, 프라테카붇다가 슈라바카의 지위를 뛰어넘지만 붇다의 지위에 미치지 못함에서 파리니르바나 (parinirvāṇa) 하는 것에도 머물지 않아야 하오.

붇다의 법〔佛法〕에도 머물지 않아서 헤아릴 수 없는 중생을 이롭게 하고 헤아릴 수 없는 중생을 니르바나에 들도록 하오."

그때 사리푸트라는 이렇게 생각하였다.

'보디사트바는 어떻게 머물러야 하는가?'

수부티는 사리푸트라가 마음으로 생각하는 바를 알아채고서 사리

住地、水、火、風、空、識界, 不住念處、正勤、神足、根、力、覺、道, 不住須陀洹果, 不住斯陀含果, 不住阿那含果, 不住阿羅漢果, 不住緣覺果, 不住佛地。」

푸트라에게 말했다.

"어떻게 생각하십니까? 여래께서는 어떤 곳에 머무십니까?"

사리푸트라가 말했다.

"여래는 머무는 곳이 없고 머무는 마음도 없기에 여래라고 하오. 여래는 함이 있는 성품〔有爲性〕에도 머물지 않고 함이 없는 성품〔無爲性〕에도 머물지 않소."

"사리푸트라시여, 보디사트바마하사트바 또한 여래(如來, Tathāgata)가 온갖 법〔一切法〕에 머물되 머묾도 아니고〔非住〕 머물지 않음도 아닌〔非不住〕 것처럼 이와 같이 머물러야 합니다."

(3) 프라즈냐 가운데 설함도 없고 들음도 없음을 보임

그때 대중 가운데에 여러 하늘신들이 있어서 이렇게 생각하였다.

'모든 야크샤(yakṣa, 夜叉)37) 무리들의 말과 글귀는 뜻을 알 수 있겠지만, 수부티께서 말하고 논하는 바는 알아듣기 어렵구나!'

수부티가 여러 하늘신들이 마음으로 생각하는 바를 알아채고서 여러 하늘신들에게 말했다.

"이 가운데는 설함도 없고 보임도 없고 들음도 없소."

여러 하늘신들은 이렇게 생각하였다.

'수부티께서는 이 뜻을 쉽게 알도록 하시려 하지만 그 말씀은 더욱 깊고 미묘해지는구나!'

수부티가 여러 하늘신들이 마음으로 생각하는 바를 알아채고서 여

---

37) 야크샤〔夜叉〕: 범어 yakṣa의 소리 옮김이다. 약차(藥叉)라고도 하며, 위덕(威德) 포악(暴惡) 등으로 번역된다. 팔부중(八部衆)의 하나로서 라크샤(rakṣa, 羅刹)와 함께 바이쓰라바나(Vaiśravaṇa, 毗沙門)하늘왕의 권속으로 북방을 수호한다.

러 하늘신들에게 말했다.

"만약 수행자가 스로타판나의 과덕〔須陀洹果〕을 증득하려 하고 스로타판나에 머물고자 하면 이 법의 참음〔是忍〕을 떠나지 않아야 하며, 만약 사크리다가민의 과덕〔斯陀含果〕, 아나가민의 과덕〔阿那含果〕과 아라한의 과덕〔阿羅漢果〕을 증득하고자 하거나 프라테카붇다의 도〔辟支佛道〕를 증득하고자 하거나 붇다의 법〔佛法〕을 증득하고자 할 때도 또한 이 법의 참음〔忍〕을 떠나지 않아야 하오."

이때 여러 하늘신들은 이렇게 생각하였다.

'어떤 사람들이 수부티께서 말씀하시는 바를 잘 따라 들을 수 있을까?'

수부티가 여러 하늘신들이 마음으로 생각하는 바를 알아채고서 여러 하늘신들에게 말했다.

"허깨비 사람이 내가 말한 바를 잘 따라 들을 수 있지만, 들음도 없고 증득함도 없소."

여러 하늘신들은 이렇게 생각하였다.

'다만 듣는 사람만 허깨비 같은가, 아니면 중생 또한 허깨비 같고 스로타판나와 나아가 프라테카붇다의 도까지도 또한 허깨비 같은가?'

수부티가 여러 하늘신들이 마음으로 생각하는 바를 알아채고서 여러 하늘신들에게 말했다.

"나는 중생이 허깨비와 같고 꿈과 같으며 스로타판나도 또한 허깨비와 같고 꿈과 같고 사크리다가민, 아나가민, 아라한과 프라테카붇다도 또한 허깨비와 같고 꿈과 같다고 말하오."

여러 하늘신들이 말했다.

"수부티시여, 붇다의 법 또한 허깨비와 같고 꿈과 같다고 말씀하십니까?"

수부티가 말했다.

"나는 붇다의 법 또한 허깨비와 같고 꿈과 같다고 말하며, 나는 니르바나 또한 허깨비와 같고 꿈과 같다고 말하오."

여러 하늘신들이 말했다.

"덕 높으신 수부티시여, 니르바나마저도 허깨비와 같고 꿈과 같다고 말씀하십니까?"

수부티가 말했다.

"여러 하늘신들이여, 설사 다시 니르바나를 지나는 법이 있다고 하더라도 나는 또한 허깨비와 같고 꿈과 같다고 말하오. 여러 하늘신들이여, 허깨비와 꿈은 니르바나와 둘이 없고 다름이 없소."

이때 사리푸트라, 푸르나마이트레야니푸트라, 마하코칠라(Mahāk oṣṭhila, 摩訶拘絺羅)와 마하카타야나(Mahākātyāyana, 摩訶迦栴延)가 수부티에게 물었다.

"이와 같이 프라즈냐파라미타의 뜻을 말씀하시면 누가 받아들일 수 있겠소?"

이때 아난다가 말했다.

"이와 같이 프라즈냐파라미타의 뜻을 말하면 뒤로 물러나 구름이 없는 보디사트바(a-vinivartanīya, 不退轉菩薩)로서 바른 견해를 갖춘 사람과 모든 서원을 채운 아라한 같은 이들이 받아들일 수 있습니다."

수부티가 말했다.

"이와 같이 프라즈냐파라미타의 뜻을 말하면 받아들일 수 있는 이가 없습니다. 왜냐하면 이 프라즈냐파라미타법 가운데는 설할 법이 없고 보여줄 법이 없기 때문입니다. 이런 까닭에 받아들일 수 있는 이가 없습니다."

(4) 꽃을 들어서 붇다의 법 배움을 밝힘

이때 샤크라인드라하늘왕은 이렇게 생각하였다.

'장로 수부티께서 법의 비를 내려 주시니 나는 변화로 꽃을 만들어서 수부티 존자의 위에 뿌려 드려야겠다.'

샤크라인드라하늘왕은 곧 변화로 꽃을 만들어 수부티 위에 뿌렸다. 그러자 수부티는 이렇게 생각했다.

'샤크라인드라하늘왕이 지금 뿌리는 꽃은 내가 도리하늘[38]에서도 일찍이 보지 못한 꽃이다. 이 꽃은 마음의 나무에서 난 것이지 여느 나무를 좇아 난 것이 아니다.'

샤크라인드라하늘왕은 수부티가 마음으로 생각하는 바를 알고서 수부티에게 말했다.

"이 꽃은 난 것이 아니며〔非生〕 꽃 또한 마음의 나무에서 난 것도 아닙니다〔亦非心樹生〕."

수부티가 샤크라인드라하늘왕에게 말했다.

"카우시카여, 그대는 이 꽃이 난 것이 아니고 꽃 또한 마음의 나무에서 난 것도 아니라고 말하오. 만약 생겨난 법이 아니라면 꽃이라고 할 수 없겠지요."

샤크라인드라하늘왕은 이렇게 생각하였다.

---

38) 도리하늘〔忉利天〕: 범어 Trāyastriṃśa의 소리 옮김이며 서른세 하늘〔三十三天〕이라 번역한다. 욕계의 여섯 하늘〔六天〕 가운데 두 번째 하늘로서 수메루산 꼭대기에 있다. 사방에 봉우리가 있으며, 봉우리마다 여덟 개의 성(城)이 있어 하늘 사람들이 살고 있으므로 서른두 하늘이 되며, 그 가운데 인드라하늘이 사는 선견성(善見城)을 더하여 서른세 하늘이 된다. 삼재일(三齋日)마다 성 밖에 있는 선법당(善法堂)에 모여서 법답고, 법답지 못한 일을 가린다고 한다.

'장로 수부티께서는 지혜가 깊고 깊구나! 거짓 이름[假名]을 무너 뜨리지 않고서 그 진실한 뜻[實義]을 설하시다니!'

다나팔라역(2품)

이때 수부티가 이렇게 생각했다.

'이 변화로 낸 셀 수 없는 묘한 꽃은 내가 서른세 하늘 위에서도 일찍이 보지 못한 것이다. 이 꽃들은 아주 묘하니 나무에서 난 것이 아니다.'

그때 샤크라인드라하늘왕이 존자 수부티가 마음으로 생각하는 것을 알고서는 수부티께 말했다.

"이 꽃들은 생겨난 법이 아닙니다. 왜냐하면 마음을 좇아 나지 않았고 나무를 좇아 나지 않았기 때문입니다."

수부티가 말했다.

"카우시카여. 이 꽃들이 만약 나무를 좇아 나지 않았고, 또 마음을 좇아 나지 않은 것이라면 곧 남이 없음이오. 만약 그렇게 남이 없다면 곧 꽃이라 이름할 수 없소."

샤크라하늘왕이 이렇게 생각했다.

'이 존자 수부티는 지혜가 깊고 깊다. 이름과 구절과 글로 잘 말하다니, 그 말한 바를 따라서 거짓 이름[假名]을 무너뜨리지 않고 진실 그대로의 뜻[如實義]을 말하는구나.'[39]

---

39)　是時，須菩提卽作是念：「此所化出無數妙華，我於三十三天上曾所未見，此華殊妙，非樹所生。」

　時，帝釋天主知尊者須菩提心所念已，卽白須菩提言：「此華非生法。何以故？不從心生，不從樹出。」

　須菩提言：「憍尸迦！此華若不從樹生，又非心出者，卽是無生。若其無生，卽不名華。」

　帝釋天主卽作是念：「此尊者須菩提智慧甚深，於名句文而善宣說，隨其所說，不壞假名說如實義。」

생각하고 나서 수부티에게 말했다.

"참으로 그렇고 그렇습니다. 수부티시여, 수부티께서 말씀하신 대로 보디사트바는 이와 같이 배워야 합니다. 보디사트바로서 이와 같이 배우는 이는 스로타판나의 과덕·사크리다가민의 과덕·아나가민의 과덕·아라한의 과덕과 프라테카분다의 도를 배우지 않습니다. 만약 이런 지위들을 배우지 않는다면 이를 분다의 법을 배우고 사르바즈냐나를 배운다고 하니, 곧 헤아릴 수 없고 가없는 분다의 법을 배움입니다.

만약 헤아릴 수 없고 가없는 분다의 법을 배우는 이는 물질의 늘고 줄어듦을 배우지 않으며, 느낌·모습취함·지어감·앎의 늘고 줄어듦을 배우지 않으며, 물질 받아들임을 배우지 않으며, 느낌·모습취함·지어감·앎 받아들임을 배우지 않습니다. 이러한 사람은 법에 취할 바도 없고 없앨 바도 없으므로 배우는 것입니다."

사리푸트라가 수부티에게 말했다.

"수행자는 사르바즈냐나를 취하지도 않고 사르바즈냐나를 없애지도 않기 때문에 배우는 것이오."

수부티가 말했다.

"참으로 그렇고 그렇습니다, 사리푸트라시여. 보디사트바는 사르바즈냐나조차 취하지 않고 없애지도 않기 때문에 배우는 것이니, 이와 같이 살필 때 사르바즈냐나를 배울 수 있고 사르바즈냐나를 이룰 수 있습니다."

3. 프라즈냐의 참모습을 다시 밝힘

(1) 프라즈냐를 구하는 법

이때 샤크라인드라하늘왕이 사리푸트라에게 말했다.

"보디사트바마하사트바는 프라즈냐파라미타를 어디서 구해야 합니까?"

사리푸트라가 말했다.

"프라즈냐파라미타는 수부티가 굴려 보인 곳 가운데서 구해야 합니다."

샤크라인드라하늘왕이 수부티에게 말했다.

"이것은 누구의 신묘한 힘입니까?"

수부티가 말했다.

"이것은 붇다의 신묘한 힘이오. 카우시카여, 그대가 프라즈냐파라미타는 어디에서 구해야 하느냐고 물은 바처럼 프라즈냐파라미타는 물질 가운데서 구해도 안 되고 느낌·모습취함·지어감·앎 가운데서 구해도 안 되지만, 또한 물질을 떠나고 구해서도 안 되고 느낌·모습취함·지어감·앎을 떠나서 구해서도 안 되오.

왜냐하면 물질은 프라즈냐파라미타가 아니지만 물질을 떠나도 또한 프라즈냐파라미타가 아니며, 느낌·모습취함·지어감·앎은 프라즈냐파라미타가 아니지만 느낌·모습취함·지어감·앎을 떠나도 또한 프라즈냐파라미타가 아니기 때문이오."

샤크라인드라하늘왕이 말했다.

"마하파라미타가 곧 프라즈냐파라미타이며 헤아릴 수 없는 파라미타가 곧 프라즈냐파라미타이며, 가없는 파라미타가 곧 프라즈냐파라미타입니다."

수부티가 말했다.

"참으로 그렇고 그렇소, 카우시카여. 마하파라미타가 곧 프라즈냐파라미타이며 헤아릴 수 없는 파라미타가 곧 프라즈냐파라미타이며, 가없는 파라미타가 곧 프라즈냐파라미타요.

카우시카여, 물질이 헤아릴 수 없으므로 프라즈냐파라미타도 헤아릴 수 없고, 느낌·모습취함·지어감·앎이 헤아릴 수 없으므로 프라즈냐파라미타도 헤아릴 수 없소. 조건(緣)이 가없으므로 프라즈냐파라미타도 가없으며, 중생이 가없으므로 프라즈냐파라미타도 가없소."

다나팔라역(2품)

이때 존자 수부티가 샤크라인드라하늘왕에게 말했다.

"내가 말한 프라즈냐파라미타는 다 이 여래의 신묘한 힘이 더해 지녀 주는 것이기 때문임을 알아야 하오. '보디사트바마하사트바가 프라즈냐파라미타를 어디서 구해야 하느냐'고 말한 것은, 다음처럼 알아야 하오.

물질 가운데서 구하지 않아야 하고, 물질을 떠남 가운데서도 구하지 않아야 하오. 이와 같이 느낌·모습취함·지어감·앎 가운데서 구하지 않아야 하고, 느낌·모습취함·지어감·앎을 떠남 가운데서도 구하지 않아야 하오.

왜냐하면 물질이 프라즈냐파라미타가 아니고, 물질 떠남 또한 프라즈냐파라미타가 아니기 때문이며, 느낌·모습취함·지어감·앎이 프라즈냐파라미타가 아니고, 느낌·모습취함·지어감·앎을 떠남 또한 프라즈냐파라미타가 아니기 때문이오."

샤크라하늘왕이 말했다.

"존자 수부티여. 마하파라미타가 프라즈냐파라미타입니까, 헤아릴 수 없는 파라미타가 프라즈냐파라미타입니까, 가없는 파라미타가 프라즈냐파라미타입니까?"

수부티가 말했다.

"그렇고 그렇소, 카우시카여. 마하파라미타를 프라즈냐파라미타라 하고, 헤아릴 수 없는 파라미타를 프라즈냐파라미타라 하며, 가없는 파라미타를 프라즈냐파라미타라 하오.

왜냐하면 물질이 넓고 크므로 프라즈냐파라미타가 넓고 크며, 느낌·모습취함·지어감·앎이 넓고 크므로 프라즈냐파라미타가 넓고 크며, 물질과 느낌·모습취함·지어감·앎이 헤아릴 수 없으므로 프라즈냐파라미타가 헤아릴 수 없고, 물질과 느낌·모습취함·지어감·앎이 가없으므로 프라즈냐파라미타가 가없기 때문이오."[40]

"카우시카여, 왜 조건[緣]이 가없으므로 프라즈냐파라미타도 가없는 것이오? 모든 법[諸法]은 앞도 없고 가운데도 없고 뒤도 없소. 그러므로 조건이 가없으므로 프라즈냐파라미타도 가없는 것이오.

다시 카우시카여, 모든 법은 가없어서 앞 때도 얻을 수 없고 가운데 때와 뒤의 때도 얻을 수 없소. 그러므로 조건이 가없으면 프라즈냐파라미타도 가없는 것이오."

샤크라인드라하늘왕이 말했다.

"장로 수부티시여, 왜 중생이 가없고 프라즈냐파라미타도 가없다고 합니까?"

---

[40] 是時, 尊者須菩提告帝釋天主言：「我所說般若波羅密多, 當知皆是如來神力所加持故。所言菩薩摩訶薩般若波羅密多當於何求者, 當知菩薩摩訶薩般若波羅密多, 不應於色中求, 不應離色中求。如是, 不應於受、想、行、識中求, 不應離受、想、行、識中求。何以故？色非般若波羅密多, 離色亦非般若波羅密多；受、想、行、識非般若波羅密多, 離受、想、行、識亦非般若波羅密多。」

帝釋天主言：「尊者須菩提！大波羅密多是般若波羅密多耶？無量波羅密多是般若波羅密多耶？無邊波羅密多是般若波羅密多耶？」

須菩提言：「如是, 如是！憍尸迦！大波羅密多是謂般若波羅密多, 無量波羅密多是謂般若波羅密多, 無邊波羅密多是謂般若波羅密多。何以故？色廣大故, 般若波羅密多亦廣大；受、想、行、識廣大故, 般若波羅密多亦廣大。色、受、想、行、識無量故, 般若波羅密多亦無量。色、受、想、行、識無邊故, 般若波羅密多亦無邊。」

"카우시카여, 중생은 헤아릴 수 없어 수를 세어 얻을 수 없소. 그러므로 중생이 가없고 프라즈냐파라미타도 가없다고 하오."

(2) 중생의 참모습을 밝힘

샤크라인드라하늘왕이 말했다.

"덕 높으신 수부티시여, 중생에는 어떤 뜻이 있습니까?"

수부티가 말했다.

"중생의 뜻[衆生義]은 곧 법의 뜻[法義]이오. 그대 생각에 어떠하오? 중생이라고 할 때 중생에 어떤 뜻이 있소?"

샤크라인드라하늘왕이 말했다.

"중생은 법의 뜻이 아니며 법의 뜻 아님도 아닙니다. 다만 거짓 이름[假名]만 있을 뿐이니, 이 이름에는 바탕[本]도 없고 원인[因]도 없습니다. 억지로 이름을 세워서 중생이라고 부를 뿐입니다."

<u>다나팔라역(2품)</u>

샤크라하늘왕이 다시 존자 수부티에게 말했다.

"중생이라고 말한 것은 무슨 뜻으로 중생이라 이름합니까?"

수부티가 말했다.

"온갖 법의 뜻[一切法義]이 중생의 뜻이오. 카우시카여. 그대 생각에 어떠하오? 무슨 뜻이 중생의 뜻이라 말하려 하오?"

샤크라하늘왕이 말했다.

"저의 뜻은 다음과 같습니다. 법 아닌 뜻이 중생의 뜻이고, 법 아님도 아닌 뜻이 중생의 뜻입니다. 그러니 중생은 바탕 없고 원인이 없으며 나[我]가 없고 조건이 없으나, 방편으로써 저 이름을 세운 것입니다." 41)

---

41) 帝釋天主復白尊者須菩提言：「所言衆生者，以何義故名爲衆生？」

수부티가 말했다.

"어떻게 생각하시오? 이 가운데 중생이라고 말하고 보여줄 것이 실로 있겠습니까, 없겠습니까?"

"없습니다."

수부티가 말했다.

"카우시카여, 만약 중생이라고 말할 수도 보여줄 수도 없다면, 어떻게 중생이 가없고 프라즈냐파라미타도 가없다고 하오? 카우시카여, 여래는 강가아(Gaṅgā, 恒伽)강의 모래 수 같은 칼파 동안 오래 머물러 살면서 중생을 말씀하시긴 했지만, 중생이 실로 있어서 중생이 나고 사라지오, 그렇지 않소?"

샤크라인드라하늘왕이 말했다.

"그렇지 않습니다. 왜냐하면 중생은 본래부터 늘 맑고 깨끗하기 때문입니다."

"카우시카여, 그러므로 중생이 가없고 프라즈냐파라미타도 가없다고 알아야 하오."

평창

지금 드러나 있는 중생의 한 생각〔現前一念〕이 있되 공해 머묾 없음에 프라즈냐의 이름을 붙이므로 프라즈냐의 회상은 지금 이곳이되 온

須菩提言 : 「一切法義是衆生義。憍尸迦！於汝意云何？當說何義爲衆生義？」

帝釋天主言 : 「如我意者, 非法義是衆生義, 非非法義是衆生義, 當知衆生無本、無因、無我、無緣, 而以方便立彼名字。」

갖 곳을 거둔다. 그러므로 프라즈냐회상은 사람이 법을 듣는 그 자리에 샤크라인드라하늘왕과 그 하늘신의 붙이들인 네 하늘왕, 브라흐마하늘왕과 그 붙이되는 하늘신들이 함께한다.

하늘신의 광명은 착한 업의 결과로 성취된 몸의 빛이니, 그 빛은 끝이 있고 한정이 있다. 그러나 붇다의 지혜광명은 프라즈냐의 빛이므로 비추되 비춤 없고 모든 모습을 모습 아닌 모습으로 프라즈냐의 땅에 세우는 빛이므로, 생각 있음과 생각 없음으로 가늠할 수 없고 모습 있음과 모습 없음으로 붙잡을 수 없다.

모든 하늘신들의 밝은 빛은 붇다의 프라즈냐 안에서 있음 아닌 있음의 빛이 되는 것이니, 그 뜻을 수트라는 '하늘신들의 업보의 빛은 붇다의 몸의 밝은 빛 때문에 나타나지 않았다'고 가르친다. 프라즈냐는 다섯 쌓임의 있되 공한 실상 그대로의 지혜이므로, 다섯 쌓임의 있는 모습에 머물거나 없는 모습에 머무는 것이 모두 프라즈냐에 머무는 것이 아니다.

다섯 쌓임은 나 있음[我]도 아니고 나 없음[無我]도 아니며 항상함[常]도 아니고 덧없음[無常]도 아니며 괴로움[苦]도 아니고 즐거움[樂]도 아니니, 두 가의 치우침[二邊]에 머물면 프라즈냐에 머묾이 아니다. 중생 망념이 본래 니르바나되어 있는 실상이 여래 과덕의 땅이므로 작은 실천의 수레[小乘, hīnayāna] 네 가지 얻을 것 있는 과덕[四果]에 머무는 것이 프라즈냐에 머무는 것이 되지 못하며, 프라테카붇다의 도, 붇다의 법이라 해도 머물 곳이 있으면 프라즈냐에 머묾이 아니다.

보디사트바마하사트바는 이와 같이 모든 법의 실상과 같이 머물며 여래가 머묾 없되 머물지 않음도 없음 같이 머문다.

모습에 모습 없는 모든 법의 실상[諸法實相] 밖에는 니르바나보다 더한 법이 있다 해도 허깨비 같고 꿈과 같으니, 이와 같이 믿어 의심치 않는 이가 '뒤로 물러나 구르지 않는 보디사트바〔不退轉菩薩〕'이다.

중생의 진실이 여래의 진실이니 중생을 끊고 여래를 구하는 자가 중생이고, 중생의 참모습을 바로 살펴 쓰는 분이 여래이다. 그러므로 모든 거짓 이름〔假名〕을 무너뜨리지 않고 실상을 밝혀야 여래의 뜻을 따라 행하는 자이며, 프라즈냐파라미타를 행하는 자이고 마하파라미타를 행하는 자이다.

수부티존자의 설법을 찬탄하기 위해 샤크라인드라하늘왕이 꽃비를 내려주니 이 꽃은 어디서 왔는가. 땅에서 왔는가 도리하늘에서 왔는가. 물질인가 마음인가. 인연인가 인연을 떠난 것인가.

선문염송(禪門拈頌)은 다음 같이 가르친다.

수부티존자가 설법하는데, 샤크라인드라하늘왕이 꽃을 비내림에 수부티가 물었다.

"이 꽃을 하늘에서 얻었소, 땅에서 얻었소, 사람에게서 얻었소?"

샤크라인드라왕이 말했다.

"모두 아닙니다."

수부티가 말했다.

"어디에서 얻었소?"

샤크라인드라왕이 손을 들자 수부티가 말했다.

"그렇고 그렇소."

▪ (68則)

須菩提說法 帝釋雨花 須菩提乃問
此花從天得耶 從地得耶 從人得耶
帝釋皆云弗也

須菩提云 從何得耶 帝釋擧手 須菩提云 如是如是

대각련(大覺璉)선사가 노래했다.

한 꽃이 떨어지자 만 꽃이 날으니
하늘에서 나지 않는데 어찌 땅이 하리요
누가 카우시카 손을 드는 곳에서
카샤파 문하 두 눈썹 찡그림을 보았는가

一花纔落萬花飛　不在天生豈地爲
誰見憍尸擡手處　飲光門下皺雙眉

학담도 한 노래로 옛 조사의 뜻에 함께해 여래를 찬탄하리라.

법을 설하자 꽃을 뿌림 어디서 왔는가
하늘 땅에서 온 것 아니고 물질 마음 아니네
하늘왕이 손을 듦이여, 좇아온 바 없는데
하늘 땅의 인연으로 프라즈냐 설하네

說法雨花從何來　不從天地非色心
天王擧手無所從　天地因緣說般若

제3품 프라즈냐파라미타의 공덕
〔塔品〕

『프라즈냐파라미타수트라』의 문자는 여래의 깨친 지혜가 언어로 표출된 것이며, 여래의 깨친 지혜는 모습이 모습 아닌 모든 법의 참모습이 생활 속에 체현된 것이다. 곧 『프라즈냐파라미타수트라』라는 문자의 프라즈냐는 관조의 프라즈냐에서 일어나고, 관조의 프라즈냐는 실상의 프라즈냐에서 일어났지만, 관조가 아니면 실상이 밝혀질 수 없고, 문자가 아니면 관조의 프라즈냐가 세간에 펼쳐질 수 없다. 그러므로 중생은 『프라즈냐파라미타수트라』의 문자를 통해 프라즈냐행에 나아가고, 프라즈냐행을 통해 사르바즈냐나의 지혜〔一切智〕를 이루어 여래로부터 깨달음의 언약을 받는다.

또한 문자의 프라즈냐와 관조의 프라즈냐가 실상에서 일어났지만 『프라즈냐파라미타수트라』의 언어상 가운데 말함과 들음의 모습이 공한 것이 실상의 프라즈냐이며, 관조하는 생각에 생각 없음이 세계의 실상이다. 곧 문자의 프라즈냐와 관조의 프라즈냐를 떠나 실상이 없으니, 프라즈냐의 문자를 찬탄하고 공양함이란 프라즈냐의 지혜를 찬탄하고 공양함이며, 프라즈냐의 지혜를 찬탄하고 공양함이란 나고 사라짐이 없고 오고 감이 없는 실상을 찬탄하고 공양함이다.

이와 같이 프라즈냐의 문자에 공양함이 모습 없는 법의 참모습에 공양함이므로 모습에 집착한 마음, 과보를 바라는 마음으로 향과 꽃, 구슬목걸이, 일곱 보배의 스투파로 공양하는 것보다 프라즈냐의 문자에 공양하고 프라즈냐에 돌아가는 공덕이 훨씬 빼어나다.

프라즈냐를 통해 돌아가는 세계의 실상에는 나고 죽음의 장애가 본래 없고, 니르바나의 세 가지 덕이 충만하며, 너와 나, 나와 세계의 대립상이 공하다. 그러므로 프라즈냐에 공양하고 『프라즈냐파라미타수트라』를 받아 지녀 읽고 외우는 자, 그는 모든 하늘대중이 옹호하고 보살펴 생각하며 사람과 자연의 재앙이 침범하지 못하니, 불이 그를 태우지 못하고 물이 그를 빠뜨리지 못하며 칼이 그를 베지 못할 것이다.

학담이 노래로 종요를 말해보리라.

보디사트바의 인행은 다른 것이 아니니
여래 과덕 좇아 일어나 보디에 이르네
그러므로 보디사트바가 프라즈냐 행하면
앞 붇다께서 언약 주시어 반드시 붇다 이루리

菩薩因行非是他　從果德起到菩提
是故菩薩行般若　先佛授記必成佛

프라즈냐의 문자가 곧 붇다의 지혜이고
붇다의 지혜는 곧 모든 법의 참모습이네
문자와 살펴 비추는 지혜와 모든 법의 참모습
이 셋은 곧 하나라 차별이 없도다

般若文字卽佛智　佛智卽是眞實相
文字觀照與實相　三卽是一無差別

그러므로 설하심에 설함 없음을 깨쳐 알면
문자 가운데서 모든 법의 참모습 증득하니
받아 지녀 읽고 외워 남에게 말해주면
공덕이 헤아릴 수 없고 지혜도 헤아릴 수 없으리

是故了知說無說　於文字中證實相
受持讀誦爲他說　功德無量智無量

1. 여러 하늘대중의 찬탄[42]

이때 샤크라인드라하늘왕과 브라흐마하늘왕〔Brahmā, 梵天王〕과 자재하늘왕〔devaādhipatya, 自在天王〕과 중생의 주인〔衆生主〕과 여러 하늘 여인들이 다 크게 기뻐하여 한 때에 세 번 외쳤다.

"시원스럽고 시원스럽습니다. 붇다께서 세상에 나오시므로 수부티께서 이 법을 연설할 수 있는 것입니다."

이때 여러 하늘대중이 붇다께 말씀드렸다.

"세존이시여, 만약 보디사트바가 프라즈냐파라미타의 행을 떠나지 않을 수 있다면, 이 사람을 곧 붇다와 같이 보아야 할 것입니다."

붇다께서 여러 하늘신들에게 말씀하셨다.

"그렇고 그렇다. 옛날 내가 중화성(衆華城)의 디팡카라붇다(dīpaṁkara, 燃燈佛) 계신 곳에서 프라즈냐파라미타의 행을 떠나지 않을 때, 디팡카라붇다께서는 나에게 이렇게 언약하셨다.

'오는 세상 아상키야 칼파를 지난 뒤에 붇다가 되어 사카무니(Sākyamuni) 여래(如來, Tathāgata) · 공양해야 할 분〔應供, Arhat〕 · 바르게 두루 아시는 분〔正遍知, Samyaksaṃbuddha〕 · 지혜와 행을 갖추신 분〔明行足, Vidyācaraṇa-saṃpanna〕 · 잘 가신 이〔善逝, Sugata〕 · 세간을 잘 아시는 이〔世間解, Lokavid〕 · 위없는 스승〔無上士, Anuttara〕 · 잘 길들이는 장부〔調御丈夫, Puruṣadamyasārathi〕 · 하늘과 사람의 스승〔天人師, Śāstādevamanuṣyānām〕 · 붇다 세존〔佛世尊, Buddha-lokanātha〕이라 이름하리라.' "

여러 하늘신들이 붇다께 말씀드렸다.

---

42) 범본(梵本)과 다나팔라〔施護〕의 이역본에서는 '여러 하늘 대중의 찬탄' 부분이 앞 품에 들어 있다.

"드물고 놀랍습니다, 세존이시여. 모든 보디사트바마하사트바의 프라즈냐파라미타가 사르바즈냐나를 거두어 얻을 수 있다니요."

다나팔라역(2품)

이때 모임 가운데 샤크라하늘왕과 큰 브라흐마하늘왕과 큰 세상의 주인과 아울러 여러 하늘신 하늘여인 신선의 무리들이 함께 붇다께 말씀드렸다.

"기쁘고 좋은 일입니다. 여래께서 세상에 나오시니 존자 수부티가 프라즈냐파라미타를 잘 말할 수 있습니다. 보디사트바마하사트바가 이 법을 받아 지니어, 만약 모든 붇다 여래의 프라즈냐파라미타를 떠나지 않는다면 저희들은 모든 붇다와 같다는 생각으로 받들어 공경하겠습니다."

이때 세존께서 샤크라하늘왕과 큰 브라흐마하늘왕과 다른 온갖 하늘신 등 신선의 무리에게 말씀하셨다.

"그렇고 그렇다. 그대들은 알아야 한다. 내가 지난 옛날 '가장 높은 등의 성〔最上燈城〕' 디팡카라여래・공양해야 할 분・바르고 평등하게 깨친 분 계신 곳에서 보디의 행을 닦을 때, 나는 그때 또한 프라즈냐파라미타를 떠나지 않았다. 그러자 저 디팡카라여래께서 나에게 아누타라삼약삼보디의 언약을 주시어 이렇게 말씀하셨다.

'그대는 오는 세상 아상키야 칼파를 지나 붇다를 이룰 것이니, 사카무니(Sākyamuni)여래・공양해야 할 분・바르고 평등하게 깨친 분・지혜와 행 갖춘 분・잘 가신 이・세간을 잘 아시는 이・위없는 스승・잘 길들이는 장부・하늘과 사람의 스승・붇다 세존이라 이름할 것이다.'"

이때 샤크라하늘왕과 여러 하늘신의 무리들이 붇다께 말씀드렸다.

"드물고 놀랍습니다, 세존이시여. 드물고 놀랍습니다, 잘 가신 이여. 이 프라즈냐파라미타가 사르바즈냐나를 거둘 수 있으니, 보디사트바마하사트바는 이와 같이 배워야 합니다."43)

---

43) 是時，會中帝釋天主，大梵天王及大世主幷餘諸天、天女、神仙衆等，俱白佛言：「快哉，善哉！如來出世，尊者須菩提能善宣說般若波羅蜜多，菩薩摩

2. 프라즈냐파라미타의 공덕

(1) 하늘대중의 보살펴 생각함

붇다께서는 샤크라인드라하늘왕을 말미암아 욕계와 물질세계의 여러 하늘신들과 빅슈(bhikṣu, 比丘)·빅슈니(bhikṣunī, 比丘尼)·우파사카(upāsaka)·우파시카(upāsikā)의 대중에게 말씀하셨다.

"카우시카여, 만약 잘 행하는 남자와 여인이 있어 프라즈냐파라미타를 받아 지녀 읽고 외우며 설한 바대로 행할 수 있다면, 마라(māra, 魔)나 마라의 하늘[44], 사람인 듯 사람 아닌 것들이 그 틈을 얻을 수 없으며 마침내 뜻하지 않게 함부로 죽지 않을 것이다."[45]

訶薩受持此法, 若不離諸佛如來般若波羅密多者, 我當尊敬如諸佛想。」

爾時, 世尊告帝釋天主, 大梵天王幷餘一切天仙衆言：「如是, 如是！汝等當知, 我於往昔最上燈城燃燈如來. 應供. 正等正覺所修菩提行, 我於爾時亦不離般若波羅密多. 彼燃燈如來卽爲我授阿耨多羅三藐三菩提記, 作如是言：『汝於來世過阿僧祇劫當得成佛, 號釋迦牟尼如來. 應供. 正等正覺. 明行足. 善逝. 世間解. 無上士. 調御丈夫. 天人師. 佛. 世尊。』」

是時, 帝釋天主幷諸天衆, 俱白佛言：「希有, 世尊！希有, 善逝！此般若波羅密多能攝一切智, 菩薩摩訶薩當如是學。」

44) 다나팔라[施護]의 이역본(異譯本)에는 '魔及魔民'으로 되어 있다.

45) 〔E.Conze역 3품〕

세존께서는 저 많은 하늘신들이 모여서 자리에 앉아있는 것을 보셨으며, 비구 비구니들과 우파시카 우파사카 들이 모여 앉아있는 것을 보셨다.

그리고 하늘신들에게 말씀하셨다.

"마라와 그의 무리들은 완전한 지혜를 얻은 그들을 해치지 못할 것이다. 그들은 프라즈냐를 마음에 지니고 해설하며 배우고 넓힌 이들이다. 사람들과 유령들은 그들을 해칠 수 없을 것이며, 그들은 때 아닌 죽음에 이르지 않을 것이다."

<u>다나팔라역(3품)</u>

이때 세존께서 네 부류 대중인 빅슈・빅슈니・우파사카・우파시카와 샤크라
인드라하늘왕 등 욕계의 여러 하늘무리와 큰 브라흐마하늘왕 등 물질세계 하늘
무리와 나아가서 물질이 마쳐 다하는 하늘〔色究竟天〕의 온갖 하늘신의 무리 등
에게 말씀하셨다.

"그대들은 알아야 한다. 만약 잘 행하는 남자와 여인이 이 깊고 깊은 프라즈
냐파라미타의 법문을 들어서 받아 읽고 외워 말씀과 같이 닦아 행하는 이, 이
사람은 마라와 마라의 붙이 사람인 듯 사람 아닌 것들이 그 틈을 엿보지 못하
고 나쁜 독에 다쳐 해를 입지 않을 것이고, 갑자기 죽어 그 목숨을 버리지 않을
것이다." 46)

"잘 행하는 남자와 여인이 프라즈냐파라미타를 받아 지녀 읽고 외
우기 때문에, 도리하늘의 여러 하늘신들 가운데 아누타라삼약삼보디
의 마음을 냈지만, 아직 프라즈냐파라미타를 받아 지녀 읽고 외우지
않은 이들이 그곳에 올 것이다.

다시 카우시카여, 잘 행하는 남자와 여인이 프라즈냐파라미타를 받

The Lord saw that the Gods were assembled and seated, and th
at the monks, nuns, laymen and laywomen were assembled and se
ated, and he spoke thus to the Gods: Mara and his hosts will be
unable to harm those who take up this perfection of wisdom, who
bear it in mind, preach, study and spread it. Men and ghosts alike
will be unable to harm them. Nor will they die an untimely death.

46) 爾時, 世尊普告四衆苾芻、苾芻尼、優婆塞、優婆夷帝釋天主等欲界諸天衆,
大梵天王等色界諸天衆, 乃至色究竟天一切天子衆 :「汝等當知, 若有善男
子、善女人, 於此甚深般若波羅密多法門能聽受讀誦, 如說修行者, 是人不爲
魔及魔民、人非人等伺得其便, 不爲惡毒所能傷害, 不以橫天捨其壽命。」

아 지녀 읽고 외울 때에는 빈집에 있거나 길거리에 있거나 길을 잃었을 때라도 두려움이 없을 것이다."

다나팔라역(3품)

"거듭 다시 만약 잘 행하는 남자와 여인으로 이 프라즈냐 파라미타를 받아 지녀 읽고 외우며 말씀대로 닦아 행하는 이, 이 사람은 빈 방에 있거나 무리 가운데 들어가거나, 나무 밑이나 넓은 들판에 있거나, 길을 가거나 길 아닌 곳 가운데거나, 큰 바다 등 이와 같은 곳에서 가거나 머물며 앉거나 누워도 모든 두려움을 떠나 여러 하늘이 보살펴 생각할 것이다."[47]

그때 네 하늘왕이 붇다께 말씀드렸다.

"세존이시여, 만약 잘 행하는 남자와 여인이 프라즈냐파라미타를 받아 지녀 읽고 외우며 설한 바대로 행한다면 저희들은 다 이들을 보살펴 생각해주겠습니다."

샤크라인드라하늘왕이 붇다께 말씀드렸다.

"세존이시여, 만약 잘 행하는 남자와 여인이 프라즈냐파라미타를 받아 지녀 읽고 외우며 설한 바대로 행한다면, 저도 이들을 보살펴 생각해주겠습니다."

브라흐마하늘왕과 여러 브라흐마하늘들도 다 붇다께 말씀드렸다.

"세존이시여, 만약 잘 행하는 남자와 여인이 프라즈냐파라미타를 받아 지녀 읽고 외우며 설한 바대로 행한다면, 저희들도 이들을 보살펴 생각해주겠습니다."

---

[47] 「復次, 若有善男子、善女人, 於此般若波羅密多, 受持讀誦如說修行者, 是人若在空室, 若入衆中, 若在樹下及曠野處, 若行道路及非道中乃至大海, 如是等處, 若行若住若坐若臥, 離諸怖畏, 諸天護念。」

(2) 받아 지녀 읽고 외우는 공덕

샤크라인드라하늘왕이 붇다께 말씀드렸다.

"드물고 놀랍습니다, 세존이시여. 잘 행하는 남자와 여인이 프라즈냐파라미타를 받아 지녀 읽고 외우면 이와 같은 현세의 공덕을 얻게 됩니다. 세존이시여, 만약 프라즈냐파라미타를 받아 지니는 이는 곧 모든 파라미타를 받아 지니게 됩니다."

붇다께서 말씀하셨다.

"그렇고 그렇다. 카우시카여, 프라즈냐파라미타를 받아 지니는 이는 곧 모든 파라미타를 받아 지니게 된다. 다시 카우시카여, 잘 행하는 남자와 여인이 프라즈냐파라미타를 받아 지니고 읽고 외워 얻는 공덕을 말하겠으니 그대는 이제 잘 들으라. 그대를 위해 말해주겠다."

샤크라인드라하늘왕이 가르침을 받아 들으니, 붇다께서 말씀하셨다.

"카우시카여, 만약 누군가가 나의 이 법을 헐뜯고 어지럽히고 거스르고자 한다면, 비록 이런 마음이 있다 해도 그 마음이 차츰 사라져서 마침내 바라는 대로 되지 않을 것이다. 왜냐하면 카우시카여, 만약 잘 행하는 남자와 여인이 프라즈냐파라미타를 받아 지녀 읽고 외우면 갖가지로 이 법을 헐뜯고 어지럽히고 거스르는 일이 일어나더라도 그런 법은 다 사라질 것이다. 그러므로 이러한 사람들은 마침내 바라는 대로 되지 않을 것이다.

카우시카여, 잘 행하는 남자와 여인이 프라즈냐파라미타를 받아 지녀 읽고 외우면 이와 같은 현세의 공덕을 얻는다. 비유하면 마치 마그히(maghi, 摩醯)48)라는 이름의 약이 있어 어떤 뱀이 배가 고파 먹이

---

48) 마혜(摩醯): 범어 maghi의 소리 옮김으로 마지(摩祗, 摩祇)라고도 한다. 약초의 일종으로 인드라하늘이 가지고 있는 영약(靈藥)이라 한다.

를 찾다가 마침 조그만 벌레를 발견하고 잡아먹으려고 할 때, 이 벌레가 그 약 있는 곳으로 도망가게 되면 뱀이 약의 기운을 맡고서 곧 되돌아가는 것과 같다.

왜 그런가. 그 약의 힘이 뱀의 독을 없앨 수 있기 때문이다. 카우시카여, 잘 행하는 남자와 여인도 또한 이와 같아서 프라즈냐파라미타를 받아 지녀 읽고 외우면 갖가지 이 법을 헐뜯거나 어지럽히고 거스르는 일들이 일어나더라도 프라즈냐파라미타의 힘 때문에 곧 저절로 사라질 것이다.

다시 카우시카여, 만약 프라즈냐파라미타를 받아 지녀 읽고 외우면 세상을 보살피는 네 하늘왕들이 다 보살펴 생각해 줄 것이다.

다시 카우시카여, 이러한 사람은 마침내 이익됨이 없는 말은 하지 않으며, 그 무슨 말을 하게 되면 사람들이 믿어 받아들인다. 화내는 일도 적어지며 마침내 한을 품지 않으며, 아만에 덮이지도 않고 성냄의 부리는 바 되지 않는다.

잘 행하는 남자와 여인은 화가 날 때는 이렇게 생각한다.

'내가 화를 내면 모든 아는 뿌리를 무너뜨리고 얼굴빛이 변해 달라질 것이니, 내가 아누타라삼약삼보디를 구하려 하면서 어떻게 화내는 마음을 따르겠는가?'

이렇게 사유하면 곧 바른 생각[正念]을 얻게 된다. 카우시카여, 잘 행하는 남자와 여인이 프라즈냐파라미타를 받아 지녀 읽고 외우면 또한 이와 같은 현세의 공덕을 얻는다."

샤크라인드라하늘왕이 붇다께 말씀드렸다.

"드물고 놀랍습니다, 세존이시여. 프라즈냐파라미타는 회향함이 되므로 높은 체하는 마음[高心]이 되지 않습니다."

붇다께서 카우시카에게 말씀하셨다.

"잘 행하는 남자와 여인이 프라즈냐파라미타를 받아 지녀 읽고 외워서 만약 그 사람이 군대의 싸움터에서도 프라즈냐파라미타를 잊지 않고 외우면, 싸움터에 머물거나 싸움에 나가도 목숨을 잃거나 다쳐 괴로움 받는 이러한 일이 없을 것이며 칼과 화살에 맞서더라도 마침내 다치는 일이 없을 것이다. 왜냐하면 프라즈냐파라미타는 크나큰 만트라[maha mantra, 大呪]이며 위없는 만트라[anutara mantra, 無上呪]이기 때문이다.

잘 행하는 남자와 여인이 이 만트라를 배우면 스스로 악을 생각하지 않고 다른 이의 악을 생각하지 않으며 스스로와 남의 악을 다 생각하지 않으니, 이 만트라를 배우면 아누타라삼약삼보디를 얻고 사르바즈냐나를 얻어서 온갖 중생의 마음을 살필 수 있다.

다시 카우시카여, 『프라즈냐파라미타수트라』가 모셔져 있는 곳이거나 『프라즈냐파라미타수트라』를 읽고 외우는 곳에서는 사람인 듯 사람 아닌 것[人若非人]이 그 틈을 얻을 수 없다. 다만 지은 업 때문에 반드시 그런 과보를 받아야 할 이들은 내놓는다.

카우시카여, 비유하면 도량의 네 끝에는 사람이나 짐승이나 괴롭힐 수 있는 자가 없는 것과 같다.

왜냐하면 지나간 때와 아직 오지 않는 때와 드러나 있는 때 모든 붇다들이 이 가운데서 도를 얻으셔서 이미 얻었거나 지금 얻거나 앞으로 얻을 것이니, 이곳에서는 온갖 중생에게 무서움이 없고 두려움이 없으며, 괴롭혀 해칠 수도 없기 때문이다.

카우시카여, 『프라즈냐파라미타수트라』 때문에 이곳은 착하고 좋은 사람[吉人]들이 공경하고 공양하고 예배하는 곳이 된다."

3. 『프라즈냐파라미타수트라』 받아 지님의 공덕과 물질 공양의 비교

(1) 『프라즈냐파라미타수트라』를 받아 지님이 곧 사르바즈냐나에 공양하는 것임을 보임

샤크라인드라하늘왕이 붇다께 말씀드렸다.

"세존이시여, 만약 잘 행하는 남자와 여인이 『프라즈냐파라미타수트라』를 써서 그 경전을 받아 지녀 공양하고 공경하며 존중하고 찬탄하면서, 좋은 꽃과 향과 구슬목걸이와 바르는 향, 사르는 향, 가루 향과 그 밖의 여러 가지 향과 비단으로 된 일산과 깃발로써 공양한다합시다. 그리고 만약 다시 어떤 사람이 여래의 사리(舍利, śarira)를 공양하고 공경하며 존중하고 찬탄하면서, 좋은 꽃과 향과 구슬목걸이와 바르는 향, 사르는 향, 가루 향과 그 밖의 여러 가지 향과 비단으로된 일산과 깃발로써 공양한다면 그 복은 어느 쪽이 많겠습니까?"

붇다께서 말씀하셨다.

"카우시카여, 내가 도리어 그대에게 묻겠으니 그대의 뜻대로 답해보라. 그대 뜻에 어떠한가. 여래는 무슨 도(道)를 행하여 사르바즈냐나의 지혜가 '의지하여 그치는 바의 몸〔所依止身〕'으로 아누타라삼약삼보디를 얻으셨는가?"

샤크라인드라하늘왕이 붇다께 말씀드렸다.

"세존이시여, 여래께서는 프라즈냐파라미타를 배우셨으므로 이러한 몸을 얻고 아누타라삼약삼보디를 얻으셨습니다."

"카우시카여, 여래는 이 몸 때문에 여래라고 이름하는 것이 아니라 사르바즈냐나를 얻었기 때문에 여래라고 이름한다. 카우시카여, 모든 붇다의 사르바즈냐나는 프라즈냐파라미타를 좇아 생겨난다. 이 몸은 사르바즈냐나의 지혜가 의지하여 그치는 바가 되기 때문에 여래는 이 몸을 인하여 사르바즈냐나를 얻고 아누타라삼약삼보디를 이루며, 이 몸이 사르바즈냐나의 지혜가 의지해 그치는 바가 되기 때문에 내가 니르바나에 건넌 뒤에는 사리에 공양할 수 있는 것이다.

카우시카여, 만약 잘 행하는 남자와 여인이 프라즈냐파라미타를 베껴 쓰고 받아 지녀 읽고 외우며 공양하고 공경하며 존중하고 찬탄하여, 좋은 꽃과 향과 구슬목걸이와 바르는 향, 사르는 향, 가루 향과 그 밖의 여러 가지 향과 비단으로 된 일산과 깃발로써 공양한다 하자. 그러면 이 잘 행하는 남자와 여인은 곧 사르바즈냐나의 지혜에 공양하는 것이 된다.

그러므로 만약 어떤 사람이 프라즈냐파라미타를 베껴 쓰고 공양하고 공경하며 존중하고 찬탄하면, 이 사람은 커다란 복덕을 받는 줄 알아야 한다. 왜냐하면 이 사람은 사르바즈냐나의 지혜에 공양하기 때문이다."

(2) 일곱 보배 스투파의 비유로 공덕을 밝힘

샤크라인드라하늘왕이 붇다께 말씀드렸다.

"세존이시여, 잠부드비파(jambu-dvīpa)49) 사람들이 프라즈냐파라미타를 공양하고 공경하며 존중하고 찬탄하지 않는 것은 이러한 큰

---

49) 잠부드비파(jambu-dvīpa, 閻浮提): 수메루산 남쪽에 있는 대륙. 수메루산을 중심으로 인간세계를 동서남북의 네 섬〔州〕으로 나눈 가운데 남쪽의 섬〔南州〕에 해당한다. 이곳에서 주민들이 누리는 즐거움은 동쪽과 북쪽의 두 섬보다 떨어지지만 모든 붇다께서 출현하시는 것은 오직 이 남쪽의 섬 뿐이라고한다. 원래는 인도를 가리키는 말이었는데 후세에는 인간세계를 지칭하는 말로 쓰인다. 곧 사바세계(娑婆世界)를 말한다.

이익을 얻는 줄 알지 못하기 때문입니까?"

붇다께서 말씀하셨다.

"카우시카여, 그대 뜻에는 어떠한가? 잠부드비파에는 얼마만한 사람들이 붇다(Buddha)에 대하여 무너지지 않는 믿음을 얻으며, 얼마만한 사람들이 다르마(Dharma)와 상가(Saṃgha)에 대하여 무너지지 않는 믿음을 얻겠는가?"

샤크라인드라하늘왕이 말했다.

"얼마 안 되는 사람들만이 붇다에 대하여 무너지지 않는 믿음을 얻으며 다르마와 상가에 대하여 무너지지 않는 믿음을 얻습니다. 세존이시여, 잠부드비파에서는 얼마 안 되는 사람들만이 스로타판나의 과덕·사크리다가민의 과덕·아나가민의 과덕과 아라한의 과덕을 얻으며, 프라테카붇다의 도를 얻은 사람은 그보다 더욱 수가 줄어들고, 보디사트바의 도를 행할 수 있는 이는 프라테카붇다의 도를 얻은 이보다 또한 더욱 적습니다."

붇다께서 말씀하셨다.

"그렇고 그렇다, 카우시카여. 잠부드비파에서는 얼마 안 되는 사람들만이 붇다에 대하여 무너지지 않는 믿음을 얻으며, 나아가 아누타라삼약삼보디의 마음을 내 보디사트바의 도를 행하는 사람은 더더욱 적다.

카우시카여, 헤아릴 수 없고 가없는 아상키야의 중생들이 아누타라삼약삼보디의 마음을 내더라도 그 가운데 한 사람이나 두 사람만이 물러나 구름이 없는 지위[不退轉地, a-vinivartika]에 머물 수 있을 뿐이다.

그러므로 잘 행하는 남자와 여인은 아누타라삼약삼보디의 마음을 내고 나아가 『프라즈냐파라미타수트라』를 잘 받아 지녀 읽고 외우며 공양하고 공경하며 존중 찬탄해야 한다고 알아야 한다. 왜냐하면 이러한 사람들은 이렇게 생각하기 때문이다.

'지나간 세상 여러 붇다들이 보디사트바의 길을 행할 때에도 이 가운데에서 배우셨으니, 나도 또한 이 가운데에서 배워야 한다. 그러니 프라즈냐파라미타이야말로 나의 크나큰 스승이다.'

카우시카여, 내가 세상에 있을 때나 니르바나에 든 뒤에라도 보디사트바는 늘 프라즈냐파라미타에 의지해 머물러야 할 것이다. 만약 잘 행하는 남자와 여인이 내가 니르바나에 든 뒤에 여래께 공양하려고 일곱 가지 보배로 이루어진 스투파(stūpa, 塔)를 세워서 몸과 목숨이 다할 때까지 좋은 꽃과 향, 바르는 향, 가루 향과 옷가지와 깃발로 이 스투파에 공양한다면, 그대 뜻에 어떠한가? 이러한 잘 행하는 남자와 여인은 그 인연으로 얻는 복이 많겠느냐?"

샤크라인드라하늘왕이 말했다.

"매우 많습니다, 세존이시여."

붇다께서 말씀하셨다.

"카우시카여, 만약 잘 행하는 남자와 여인이 프라즈냐파라미타의 경전을 공양하고 공경하며 존중하고 찬탄하며, 좋은 꽃과 향 바르는 향 가루 향과 옷가지와 깃발로 공양한다면 그 복은 아주 많다.

카우시카여, 하나의 스투파는 놓아두고라도 만약 잠부드비파에 가득히 일곱 보배 스투파를 세워서 잘 행하는 남자와 여인이 그 몸과 목숨이 다하도록 좋은 꽃과 향 나아가 아름다운 음악으로써 그 스투파에 공양한다면, 그대 뜻에 어떠한가? 이 사람이 이 인연으로 얻는 복이 많겠느냐?"

샤크라인드라하늘왕이 말했다.

"매우 많습니다, 세존이시여."

붇다께서 말씀하셨다.

"카우시카여, 잘 행하는 남자와 여인이 프라즈냐파라미타의 경전을 공양하고 공경하며 존중하고 찬탄하며, 좋은 꽃과 향 바르는 향 가루 향과 옷가지와 깃발로 공양한다면 그 복은 아주 많다.

카우시카여, 잠부드비파에 가득한 일곱 보배 스투파는 놓아두고라도 만약 네 하늘 아래에 가득히 일곱 보배 스투파를 세우고 사람들이 몸과 목숨이 다하도록 꽃과 향과 나아가 아름다운 음악으로 공양하더라도, 만약 다시 어떤 사람이 프라즈냐파라미타를 공양한다면 그 복이 아주 많다.

카우시카여, 네 하늘〔四天〕 아래에 가득한 일곱 보배 스투파는 놓아두고라도 만약 이 작은50) 천세계〔小天世界〕에 가득히 일곱 보배 스투파를 세우고 사람들이 몸과 목숨이 다하도록 좋은 꽃과 향과 깃발로 공양하더라도, 만약 다시 어떤 사람이 프라즈냐파라미타를 공양한다면 그 복이 아주 많다.

카우시카여, 이 작은 천세계에 가득한 일곱 보배 스투파는 놓아두고라도 만약 천세계가 겹친 가운데 세계〔二千中世界〕에 가득히 일곱 보배 스투파를 세우고 사람들이 몸이 다하도록 꽃과 향과 깃발로 공양하더라도, 만약 다시 어떤 사람이 프라즈냐파라미타를 공양한다면 그 복이 아주 많다.

카우시카여, 천세계가 겹친 가운데 천세계에 가득한 일곱 보배 스투파는 놓아두고라도 만약 삼천의 큰 천세계〔三千大天世界〕에 가득히 일곱 보배 스투파를 세워 잘 행하는 남자와 여인이 몸과 목숨이 다하도록 꽃과 향과 깃발로 공양한다면, 카우시카여 그대 뜻에 어떠한가? 이 사람이 그 인연으로 얻는 복이 많겠느냐?"

---

50) 주리가(周梨迦): 범어 cūḍika의 소리 옮김으로 '작다〔小〕'는 뜻이다.

샤크라인드라하늘왕이 말했다.

"매우 많습니다, 세존이시여."

붇다께서 말씀하셨다.

"만약 다시 어떤 사람이 프라즈냐파라미타의 경전을 공양하고 공경하며 존중하고 찬탄하며 꽃과 향과 깃발로 공양한다면 그 복은 아주 많다.

카우시카여, 삼천의 큰 천세계에 가득한 일곱 보배 스투파는 놓아두고라도 가령 삼천의 큰 천세계에 있는 중생이 한 때에 다 사람의 몸을 얻어 이 낱낱의 사람들이 일곱 보배 스투파를 세우고 몸과 목숨이 다할 때까지 온갖 좋은 꽃과 이름난 향과 깃발과 음악과 노래와 춤으로 그 스투파에 공양한다면, 카우시카여, 그대 뜻에 어떠한가? 이 사람이 이러한 인연으로 얻는 복이 많겠느냐?"

"매우 많습니다, 세존이시여."

붇다께서 카우시카에게 말씀하셨다.

"만약 잘 행하는 남자와 여인이 『프라즈냐파라미타수트라』를 공양하고 공경하며 존중하고 찬탄하며 좋은 꽃과 향과 깃발로 공양한다면 그 복은 아주 많다."

샤크라인드라하늘왕이 말했다.

"그렇고 그렇습니다, 세존이시여. 만약 이 사람들이 프라즈냐파라미타를 공양한다면 이는 곧 지나간 때와 드러나 있는 때와 아직 오지 않은 때 모든 붇다의 사르바즈냐나를 공양하고 공경하는 것입니다.

세존이시여, 삼천의 큰 천세계 낱낱의 중생이 세운 일곱 보배 스투파는 놓아두고라도 만약 시방 강가강의 모래 수만큼 많은 세계의 중생들이 다 한꺼번에 사람의 몸을 얻어 그 낱낱의 사람들이 일곱 보배 스투파를 세워 한 칼파(kalpa, 劫)나 한 칼파가 안 되는 동안 좋은 꽃과 향과 음악으로 이 스투파에 공양한다고 해도, 어떤 사람이 프라즈냐파라미타의 경전을 공양하고 공경하며 존중하고 찬탄하며 좋은 꽃과 향과 음악으로 공양한다면 그 복이 아주 많습니다.”

(3) 법공양 공덕의 빼어남을 다시 말씀하심

붇다께서 말씀하셨다.

“그렇고 그렇다, 카우시카여. 이 잘 행하는 남자와 여인은 이와 같이 프라즈냐파라미타의 경전을 공양한 까닭에 그 복이 매우 많아서 헤아릴 수 없고 가없으며 셀 수도 없고 사유하거나 말할 수 없다.

왜냐하면 카우시카여, 모든 붇다의 사르바즈냐나는 다 프라즈냐파라미타에서 생겨나기 때문이다. 카우시카여, 이러한 까닭에 만약 잘 행하는 남자와 여인이 프라즈냐파라미타의 경전을 공양하고 공경하며 존중하고 찬탄하며 꽃과 향과 음악으로 공양하면 앞의 공덕이 백으로 나눈 하나에도 미치지 못하며, 천으로 나누고 만으로 나누고 백천만억으로 나눈 하나에도 미치지 못하며 나아가 셀 수나 비유로 미치지 못한다.”

> ### 평창
>
> 여래가 가르치신 해탈의 원인이 되는 행[因行]은 위없는 보디 그 과덕의 땅에서 일어나 중생을 보디의 과덕에 이끈다. 그러므로 보디사트바가 프라즈냐파라미타행을 떠나지 않으면, 그는 이미 보디 이룬 앞의 붇다로부터 보디의 언약을 받은 것이다.
>
> 프라즈냐파라미타의 수트라는 여래가 깨친 실상의 진리에서 나온 것이니, 수트라의 문자를 받아 지녀 말씀대로 받들어 행하면 그가 보

디사트바마하사트바로서 현세의 공덕을 얻고 끝내 해탈의 저 언덕에 오르리라 언약된 자이다. 여래로부터 위없는 보디의 언약을 받은 자, 그는 하늘신들이 보살펴주고 산하대지가 그를 지켜 다치거나 죽게 되지 않을 것이다.

그것은 프라즈냐파라미타수트라가 위없는 만트라이고 크고 거룩한 만트라이기 때문이니, 프라즈냐를 행하려는 이는 반드시 이 수트라에 공양하고 수트라를 찬탄하며 수트라의 이 만트라를 받아 지녀 읽고 외워야 한다.

프라즈냐수트라는 세계의 실상 그대로의 지혜와 행을 열어보이므로 이 경전을 읽고 외우면 반드시 사르바즈냐나 지혜의 땅에 이르고, 붇다·다르마·상가〔佛法僧〕에 무너지지 않는 믿음〔不壞信〕을 성취하며 마침내 실상 그대로의 공덕의 땅에 들어가게 된다.

그러므로 잠부드비파에 가득한 일곱 보배를 보시한다 해도 이 수트라를 외워 지니고 꽃과 향을 수트라에 공양하는 그 공덕에 미칠 수 없으니, 그것은 왜인가. 모든 붇다의 사르바즈냐나의 지혜가 이 수트라를 좇아 나기 때문이다.

옛 선사〔函虛〕의 한 노래 들어보자.

　　일곱 보배 더욱 늘리어 강가강 모래세계 채워도
　　단 참외를 버리고 쓰디쓴 오이 찾음 같네
　　참된 공은 원래 무너지지 않음을 툭트여 깨치면
　　백천 사마디도 모두 헛된 꽃이 되리

　　重增七寶滿恒沙　　如棄甛瓜覓苦瓜
　　豁悟眞空元不壞　　百千三昧摠虛花

프라즈냐의 문자는 법계에 두루한 실상의 경이 언어로 유출된 것이니, 문자반야의 문자(文字)에 한 글자도 없음을 깨치면 그가 바로 잘 프라즈냐수트라에 공양한 자이며 늘 경을 받아 지니는 자이다.

법계에 두루한 이 경을 잘 받아 지니어, 참으로 산 눈〔活眼〕을 연 자라면 늘 이 경을 떠남이 없이 경을 읽지 않고 읽는 자이리라.

선문염송(禪門拈頌)은 다음 같이 그 뜻을 보인다.

반야다라존자가 동인도 국왕의 공양 베푸는 자리에 가니 왕이 물었다.

"여러 사람들이 다 경을 읽는데 오직 대사는 왜 경을 읽지 않으시오?"

존자가 말했다.

"소승은 숨을 내쉼에 모든 경계의 연을 거치지 않고 숨을 쉼에 다섯 쌓임〔陰〕 열여덟 법의 영역〔界〕에 있지 않고서 늘 이와 같은 경 백천만억 권을 읽습니다."

▪ (97則)

般若多羅尊者 因東印土國王齋
王乃問 諸人盡轉經 唯師爲甚不轉
尊者云 貧道出息 不涉衆緣 入息 不居陰界 常轉如是經 百千萬億卷

이에 법진일(法眞一)선사는 이렇게 노래했다.

다섯 쌓임 열여덟 영역에 있지 않고
경계를 붙잡아 생각하지도 않으니
어찌 가운데 사이와 두 가에 있겠는가
늘 이 경 천억 권을 외워 읽지만

일찍이 한 글자도 말로 폄에 떨어짐 없네

不居陰界不攀緣　豈在中間及二邊
常轉是經千億卷　曾無一字落言詮

　학담도 한 노래를 더해 옛 조사의 뜻에 함께해 여래의 뜻을 찬탄하
리라.

경을 보되 한 글자도 없음 알지 못하면
그 사람이 프라즈냐 든다고 어찌 말하리
햇빛 속에 산을 보나 보되 보지 않으면
경을 읽어 그 마음 넓고 큰 칼파 넘으리

看經不了無一字　何謂其人入般若
日裏看山見不見　轉經心超廣大劫

제4품 모든 파라미타를 인도하는 프라즈냐의 밝은 만트라〔明呪品〕

프라즈냐의 문자는 여래의 지혜인 문자이며 실상인 문자이므로 프라즈냐파라미타는 모든 번뇌의 어두움을 깨뜨리는 크게 밝은 만트라이며, 모든 모습을 뛰어넘은 위없는 만트라이며, 그 무엇과도 견줄 바 없는 만트라이다. 그러므로 프라즈냐파라미타를 받아 지녀 읽고 외우면 모든 재앙과 액란이 그를 침범하지 못하고, 모든 바깥 길 가는 자〔外道〕나 마라〔魔〕가 그 허물을 찾지 못하고 어지럽힐 틈을 얻지 못한다.

프라즈냐가 밝힌 존재의 실상은 모습이 아니지만 모습 아님도 아니며, 생각이 아니지만 생각 아님도 아니므로 프라즈냐파라미타를 받아 지녀 외우는 곳에서 모든 모습과 생각을 뛰어넘어 사르바즈냐나를 성취하지만, 구체적인 모습의 세계 속에서 현세의 행복과 건강과 번영이 달성되고, 구체적인 생각의 세계 속에서 현세의 지혜와 기쁨이 충만하게 된다.

다나·실라·찬티·비리야·디야나·프라즈냐의 여섯 파라미타는 존재의 실상이 온전히 구현된 사르바즈냐나〔一切智〕를 여섯 가지 실천의 측면에서 기술한 언어이다. 여섯 파라미타는 사르바즈냐나의 원인이 되므로 여섯 파라미타는 사르바즈냐나에 회향되지만, 여섯 파라미타는 사르바즈냐나의 구체적인 발현이므로 여섯 파라미타 가운데 한 파라미타를 들어도 그 파라미타는 곧 사르바즈냐나와 서로 다르지 않다. 그러므로 프라즈냐파라미타의 이름만 들어 보여도 다른 다섯 가지 파라미타가 프라즈냐 속에 거두어지며, 프라즈냐의 이름만 들어 보여도 다른 파라미타가 함께 따라오는 것이니, 프라즈냐일 때 선정이며 프라즈냐일 때 참된 보시행과 정진이 있다.

이에 경은 말한다.

"다섯 파라미타는 프라즈냐 가운데 머물러 자라나며, 프라즈냐가 보디사트바의 사르바즈냐나로 향하게 한다. 그러므로 프라즈냐파라미타가 다섯 파라미타의 인도자가 된다."
  학담이 노래로 종요를 말해보리라.

  여섯 파라미타는 사르바즈냐나에 돌아가고
  사르바즈냐나의 처소에서 여섯 파라미타 일어나네
  여섯 파라미타 가운데는 실로 행함 없으니
  파라미타 행함 가운데 참된 모습 드러나네

  六度行歸一切智 一切智處起六度
  六度行中實無行 婆羅行行顯實相

  여섯 파라미타 서로 거두어 프라즈냐가 이끄니
  프라즈냐 땅과 같아 모든 씨앗 늘려 기르네
  그러므로 받아 지니어 프라즈냐 행하면
  만 가지 행 갖추게 되고 공덕이 두렷하리

  六度相攝般若引 般若如地令增長
  是故受持行般若 萬行具足功德圓

  프라즈냐는 모습 떠나 삼세를 머금으니
  현세 복을 이루고 보디의 언약 받게 되리
  그러므로 중생은 받아 지녀야 하고
  수트라에 공양하고 말씀대로 행해야 하리

  般若離相含三世 現福成就當受記
  是故衆生當受持 供養經典如說行

1. 프라즈냐가 위없고 밝은 만트라임을 밝힘

그때 샤크라인드라하늘왕은 사만 명의 하늘신과 함께하였는데, 모임 가운데 있던 이들이 샤크라인드라하늘왕에게 말했다.

"카우시카시여, 프라즈냐파라미타를 받아 지녀 읽고 외워야 합니다."

붇다께서 샤크라인드라하늘왕에게 말씀하셨다.

"카우시카여, 그대는 프라즈냐파라미타를 받아 지녀 읽고 외워야 한다. 만약 아수라(Asura)가 이런 생각을 냈다고 하자.

'도리하늘의 여러 하늘들과 함께 싸우리라.'

그때 그대는 프라즈냐파라미타를 외우고 생각해야 한다. 그렇게 하면 이러한 인연으로 아수라의 나쁜 마음이 곧 사라질 것이다." 51)

---

51) 〔E.Conze역 4품〕
　　그러자 모임 안에 있던 사만 하늘신들이 신들의 우두머리인 샤크라에게 말했다.
　　"샤크라시여, 지혜의 완성인 프라즈냐파라미타를 받아 지녀야 하지요. 샤크라시여, 받아 지니고, 외우며 배우고 해설해야 합니다."
　　세존께서 말씀하셨다.
　　"카우시카여, 지혜의 완성을 받아 지니고 외우고 배우며 해설하라. 만약 아수라가 서른세 하늘의 하늘신들과 싸우려는 생각 속에 있을 때, 그대 카우시카여, 지혜의 완성에 마음을 가져가 지혜의 완성을 되풀이해서 지니라. 그러면 아수라들이 다시 그 생각을 내지 않을 것이다."

　　Thereupon those forty thousand gods in the assembly said to Sakra, the Chief of Gods: Sir! do take up the perfection of wisdom! The perfection of wisdom, Sir, should be taken up, recited, studied and explained!
　　The Lord: Kausika, do take up the perfection of wisdom, recite, study and explain it! For if the Asuras form the idea of having a

샤크라인드라하늘왕이 붇다께 말씀드렸다.

"세존이시여, 프라즈냐파라미타는 크게 밝은 만트라이며 프라즈냐파라미타는 위없는 만트라이며 프라즈냐파라미타는 함께할 것이 없는 만트라입니다."

붇다께서 말씀하셨다.

"그렇고 그렇다, 카우시카여. 프라즈냐파라미타는 크게 밝은 만트라이며 프라즈냐파라미타는 위없는 만트라이며 프라즈냐파라미타는 함께할 것이 없는 만트라이다.

왜냐하면 카우시카여, 지난 세상 모든 붇다들이 이 밝은 만트라에 의해 아누타라삼약삼보디를 얻었으며, 아직 오지 않은 세상 모든 붇다들 또한 이 만트라에 의해 아누타라삼약삼보디를 얻으실 것이며, 지금 시방에 드러나 있는 모든 붇다들 또한 이 만트라에 의해 아누타라삼약삼보디를 얻기 때문이다.

카우시카여, 이 밝은 만트라로 인해 열 가지 바른 길[十善道]52)이 세상에 나타나며, 네 가지 선정[四禪]53)과 네 가지 헤아릴 수 없는

---

fight with the Gods of the Thirty-three, and if you, Kausika, bring to mind and repeat this perfection of wisdom, then the Asuras will drop that idea again.

52) 열 가지 바른 길이란 죽임[殺生]·훔침[偸盜]·삿된 음행[邪婬]·거짓말[妄語]·두 말[兩舌]·욕설[惡口]·꾸미는 말[綺語]·탐냄[貪欲]·성냄[瞋恚]·삿된 견해[邪見]의 열 가지 나쁜 일 하지 않는 것을 말한다.

53) 네 가지 선정이란 욕계의 미혹을 초월하여 좋은 물질계에 나는 선정으로서 초선부터 제4선까지를 말한다. 초선(初禪)에서는 느낌[覺]·살핌[觀]·기쁨[喜]·즐거움[樂]·한마음[一心]의 다섯 가지 특징[五支]이 나타나고, 제2선[第二禪]에서는 느끼고 살핌[覺觀]이 사라지고 안의 깨끗함[內淨]·기쁨[喜]·즐거움[樂]·한마음[一心]의 네 가지 특징[四支]이 나타나며, 제3선

마음[四無量心]54)과 물질 없는 세계의 네 가지 선정[四無色定]55)과
다섯 가지 신통[五神通]56)이 세상에 나타난다.

(第三禪)에서는 버림[捨]・생각[念]・슬기[慧]・즐거움[樂]・한마음[一心]
의 다섯 가지 특징[五支]이 나타나고, 제4선(第四禪)에서는 괴롭지 않고 즐
겁지 않음[不苦不樂]・버림[捨]・생각[念]・한마음[一心]의 네 가지 특징이
나타난다.

54) 네 가지 헤아릴 수 없는 마음[四無量心]은 네 가지 평등한 마음[四等心]이
라고도 하며, 이를 행하면 큰 브라흐마하늘[大梵天]에 나므로 네 브라흐마의
머묾[四梵住]이라고도 한다. 헤아릴 수 없음[無量]은 범어 아파르마나(apra
māna)의 번역이다. 중생에게 헤아릴 수 없이 즐거움을 주는 것이 자(慈, ma
itrī)이고, 중생의 괴로움을 없애주는 것이 비(悲, karuṇā)이며, 남이 즐거워
하는 것을 보고 같이 즐거워하는 것은 희(喜, muditā)이고, 마음이 평등한
것이 사(捨, upekṣā)이다. 네 헤아릴 수 없는 마음이란 뭇 삶을 위하여 위의
네 가지 마음을 일으키거나 그 네 가지 마음의 선정에 들어가는 것을 말한다.

55) 물질 없는 세계의 네 가지 선정[四無色定]이란 허공이 가없는 곳의 선정[空
無邊處定]・앎이 가없는 곳의 선정[識無邊處定]・있는 바 없는 곳의 선정[無
所有處定]・생각이 아니고 생각 아님도 아닌 곳의 선정[非想非非想處定]의
네 가지 선정을 말한다. 이 네 가지는 다 물질의 속박을 떠나고 물질의 경계를
떠난 선정이므로 네 물질 없는 선정[四無色定]이라 한다.

56) 다섯 가지 신통[五神通]: 신통은 범어 abhijñā의 번역이다. 선정을 통해서
얻는 자재롭고 걸림 없으며 사유하고 말할 수 없는 신묘한 작용을 말한다. 다
섯 신통은 하늘눈의 신통[天眼通] 하늘귀의 신통[天耳通] 다른 이의 마음 아
는 신통[他心通] 오랜 목숨 아는 신통[宿命通] 뜻대로 되는 신통[如意通]의
다섯 가지이며, 번뇌 흐름 다한 신통[漏盡通]을 더하여 여섯 신통[六神通]이
라 한다.

  하늘눈의 신통은 막힘을 넘어 세간의 모든 것을 볼 수 있는 능력이고, 하늘
귀의 신통은 장애를 넘어 세간의 소리를 들을 수 있는 능력이며, 다른 이의
마음 아는 신통은 다른 사람의 마음을 아는 능력이고, 오랜 목숨 아는 신통은
지난 세상일을 아는 능력이며, 뜻대로 되는 신통은 뜻하는 곳에 마음대로 갈

보디사트바로 인해 열 가지 바른 길이 세상에 나타나며, 네 가지 선정과 네 가지 헤아릴 수 없는 마음과 물질 없는 세계의 네 가지 선정과 다섯 가지 신통이 세상에 나타난다.

만약 여러 붇다들이 세상에 나오지 않더라도 다만 보디사트바들로 인해 열 가지 바른 길과 네 가지 선정과 네 가지 헤아릴 수 없는 마음과 물질 없는 세계의 네 가지 선정과 다섯 가지 신통이 세상에 나타나니, 비유하면 마치 달이 뜨지 않을 때 별자리의 밝은 빛이 세간을 비추는 것과 같다.

이와 같이 카우시카여, 세상에 붇다가 계시지 않을 때에도 세상에 있는 온갖 착한 행위와 바른 행은 다 보디사트바들을 좇아 나오며, 이 보디사트바의 방편의 힘은 다 프라즈냐파라미타에서 생겨난다."

2. 프라즈냐에 공양할 때의 현세복덕과 공덕

(1) 현세에 받는 복덕의 모습

"다시 카우시카여, 만약 잘 행하는 남자와 여인이 프라즈냐파라미타의 경전을 공양하여, 공경하고 존중하며 찬탄하면 곧 이러한 현세의 복덕을 얻는다."

샤크라인드라하늘왕이 붇다게 말씀드렸다.

"세존이시여, 어떤 현세의 복덕을 얻습니까?"

"카우시카여, 이런 잘 행하는 남자와 여인은 독이 다치게 할 수 없으며, 불이 태울 수 없으며, 마침내 함부로 죽지 않는다.

또한 이런 잘 행하는 남자와 여인은 만약 관청에 송사 같은 일이

수 있다거나 마음대로 모습을 바꾸는 능력이다.

일어나도 프라즈냐파라미타를 외우고 생각하면 관청의 일이 바로 사라지며, 허물을 찾아내려는 모든 이들이 틈을 얻지 못한다. 왜냐하면 프라즈냐파라미타가 이들을 지켜주기 때문이다.

거듭 다시 카우시카여, 잘 행하는 남자와 여인이 프라즈냐파라미타를 외우고 생각하면 임금이나 왕자, 큰 신하가 있는 곳에 이르러도 다 기꺼이 묻고 더불어 이야기하게 된다. 왜냐하면 카우시카여, 프라즈냐파라미타는 온갖 중생을 자비로 거두기 때문에 나왔으니, 이런 까닭에 카우시카여, 모든 허물을 찾아내려 하는 이들이 틈을 얻지 못한다."

그때 바깥길의 집을 나온 이〔外道出家者〕 백여 명이 붇다의 허물을 찾아내려고 붇다 계신 곳으로 몰려왔다. 그러자 샤크라인드라하늘왕은 이렇게 생각했다.

'이 모든 백여 명 바깥길의 집을 나온 이들이 붇다의 허물을 찾아내려고 붇다 계신 곳으로 오는구나. 내가 붇다에게서 받은 프라즈냐파라미타를 이제 외우고 생각하리라. 이 모든 바깥길의 무리들이 붇다 계신 곳에 와서 어쩌면 프라즈냐파라미타 설하시는 것을 끊을지도 모른다.'

이렇게 생각하고서는 바로 붇다에게서 받은 프라즈냐파라미타를 외우며 생각했다. 그때 바깥길의 무리들은 멀리서 붇다를 보고서는 길을 되돌려 물러갔다.

사리푸트라는 이렇게 생각했다.

'무슨 까닭에 저 바깥길의 무리들이 붇다를 보고서 물러가는 것일까?'

붇다께서는 사리푸트라가 생각하는 바를 아시고서 사리푸트라에게 말씀하셨다.

"이것은 샤크라인드라하늘왕이 프라즈냐파라미타를 외우고 생각한 덕분이다. 이와 같은 바깥길의 무리들은 한 사람도 착한 마음 가진 자가 없이 다 나쁜 뜻으로 와서 붇다의 허물을 찾으려 한다. 그러므로 바깥길의 무리들은 각자 길을 되돌려 간 것이다."

그때 악한 마라가 이렇게 생각했다.

'지금 이 네 부류 대중과 욕계 물질세계의 여러 하늘신들이 붇다 앞에 앉아 있는데, 이 가운데는 반드시 아누타라삼약삼보디의 언약을 받은 보디사트바가 있을 것이니, 내가 이제 그를 무너뜨리고 어지럽혀야겠다.'

그리고서는 곧 네 가지의 군사를 변화로 만들어서 붇다 계신 곳으로 나아가게 하였다. 이때 샤크라인드라하늘왕은 이렇게 생각했다.

'마라가 네 가지의 군사를 꾸며서 붇다 계신 곳으로 오는구나. 저 네 가지 군사들의 모습은 마가다(Magadha)국 빔비사라(Bimbīsāra)왕에게도 없는 바이며, 코살라(Kośalā)국 프라세나짓(Prasenajit)왕에게도 없는 바이며, 사카(Śākya)족에게도 없는 바이며, 리차빈(Licchavin)족에게도 없는 바이니, 지금 저 군사들의 모습은 반드시 마라가 꾸며낸 것이다. 이 마라들은 긴 밤 동안 붇다의 허물을 찾아내어 중생들을 괴롭히고 어지럽혀 왔으니, 내가 이제 프라즈냐파라미타를 외우고 생각하리라.'

샤크라인드라하늘왕이 곧 잠자코 프라즈냐파라미타를 외우자, 그 외우는 바를 따라 마라들이 점점 사라져 오던 길을 되돌아 가버렸다.

이때 도리하늘의 여러 하늘대중이 하늘꽃을 만들어 내어 붇다 위에 흩뿌리면서 이렇게 생각하였다.

'프라즈냐파라미타가 이 잠부드비파에 오래 머물러 이 세상 사람들이 다 외워 익히기를 바랍니다.'

그때 다른 여러 하늘들도 붇다 위에 하늘꽃을 뿌리면서 이렇게 말씀드렸다.

"세존이시여, 만약 중생들이 프라즈냐파라미타를 행하거나 프라즈냐파라미타를 닦아 익힌다면 마라와 마라의 하늘이 틈을 얻을 수 없을 것입니다."

(2) 프라즈냐가 모든 파라미타의 인도자임을 밝힘

이때 샤크라인드라하늘왕이 붇다께 말씀드렸다.

"세존이시여, 만약 어떤 사람이 프라즈냐파라미타를 듣기만 하여도 그는 이미 일찍이 여러 붇다를 가까이 모셨던 것입니다. 이것도 적은 공덕으로부터 온 것이 아닌데 하물며 이를 받아 지녀 읽고 외우며 설한 대로 배우며 설한 대로 행하는 것이겠습니까? 왜냐하면 세존이시여, 모든 보디사트바의 사르바즈냐나는 바로 이 프라즈냐파라미타 가운데서 구해야 하기 때문입니다.

세존이시여, 비유하면 이는 마치 큰 보물은 큰 바다 속에서 구해야하는 것과 같으니, 세존이시여, 모든 붇다의 사르바즈냐나라는 큰 보물은 반드시 프라즈냐파라미타 가운데서 구해야 합니다."

붇다께서 말씀하셨다.

"그렇고 그렇다, 카우시카여. 모든 붇다의 사르바즈냐나는 다 프라즈냐파라미타 가운데에서 생겨난다."

이때 아난다가 붇다께 말씀드렸다.

"세존이시여, 세존께서는 다나파라미타(dāna-pāramitā, 布施)의 이름을 찬탄하여 말씀하지 않으시고, 실라파라미타(śīla-pāramitā, 持戒), 찬티파라미타(kṣānti-pāramitā, 忍辱), 비리야파라미타(vīrya-pāramitā, 精進), 디야나파라미타(dhyāna-pāramitā, 禪定)의 이름을 찬탄하여 말씀하지 않으시고, 무슨 까닭에 프라즈냐파라미타(p rajñā-pāramitā, 智慧)의 이름만을 찬탄하여 말씀하십니까?"

붇다께서 아난다에게 말씀하셨다.

"프라즈냐파라미타가 나머지 다섯 파라미타를 이끌기 때문이다. 아난다여, 그대 뜻에 어떠한가? 만약 다나파라미타를 사르바즈냐나에 회향하지 않는다면 다나파라미타를 이룰 수 있겠느냐?"

아난다가 말씀드렸다.

"이룰 수 없습니다, 세존이시여."

"만약 실라파라미타와 찬티파라미타와 비리야파라미타와 디야나파라미타와 프라즈냐파라미타를 사르바즈냐나에 회향하지 않는다면, 실라파라미타와 나아가서 프라즈냐파라미타를 이룰 수 있겠느냐?"

아난다가 말씀드렸다.

"이룰 수 없습니다, 세존이시여."

"아난다여, 그러므로 프라즈냐파라미타는 다섯 파라미타를 이끄는 것이다. 아난다여, 비유하면 큰 땅 가운데 씨앗을 뿌려 인연이 화합하면 바로 싹이 트고 자라나서, 이 땅에 의지하지 않고서는 마침내 싹이 틀 수 없는 것과 같다.

아난다여, 이와 같이 다섯 파라미타는 프라즈냐파라미타 가운데 머물러서 자라날 수 있으며, 프라즈냐파라미타가 이들을 보살펴 주므로 사르바즈냐나에 향할 수 있는 것이다. 그러므로 아난다여, 프라즈냐파라미타가 다섯 파라미타를 이끄는 것이다."

다나팔라역(3품)

이때 존자 아난다가 붇다께 말씀드렸다.

"어떻게 세존께서는 다나파라미타 · 실라파라미타 · 찬티파라미타 · 비리야파라미타·디야나파라미타를 칭찬해 말씀하지 않으시고, 왜 오직 프라즈냐파라미타만을 말하여 공덕을 칭찬하십니까?"

붇다께서 아난다에게 말씀하셨다.

"그렇고 그렇다. 나는 모든 파라미타 가운데 오직 프라즈냐파라미타를 말하여 가장 높이 칭찬한다.

왜냐하면 아난다여, 그대는 지금 알아야 한다. 이 프라즈냐파라미타가 다섯 파라미타와 더불어 이끄는 머리가 되기 때문이다.

아난다여, 그대는 어찌 생각하느냐? 만약 보시가 사르바즈냐나에 회향되지 않으면 파라미타를 이룰 수 있겠느냐?"

아난다가 붇다께 말씀드렸다.

"아닙니다, 세존이시여."

붇다께서 말씀하셨다.

"아난다여, 그대 뜻에 어떠한가? 사유할 수 없고 말할 수 없는 지혜의 착한 뿌리가 있다면 사르바즈냐나에 회향되는가?"

아난다가 붇다께 말씀드렸다.

"세존이시여, 그렇고 그렇습니다. 가장 높은 사유할 수 없고 말할 수 없는 지혜의 착한 뿌리가 있다면 다 사르바즈냐나에 회향됩니다."

붇다께서 아난다에게 말씀했다.

"그러므로 알아야 한다. 모든 착한 뿌리가 사르바즈냐나에 회향되므로, 여러 파라미타의 이름을 얻는다. 으뜸가는 뜻의 법[第一義法]이 사르바즈냐나에 회향되므로 프라즈냐파라미타의 이름을 얻는다.

그러므로 아난다여, 저 모든 착한 뿌리가 사르바즈냐나에 회향되므로 프라즈냐파라미타가 다섯 파라미타와 더불어 이끄는 머리가 된다. 저 다섯 파라미타는 프라즈냐파라미타와 서로 응하는 법 가운데 머물러 이 프라즈냐파라미타로 말미암기 때문에 모든 파라미타가 다 두렷이 채워진다.

아난다여. 나는 프라즈냐파라미타를 가장 칭찬하니, 비유하면 마치 큰 땅에다 여러 씨앗을 뿌리면 그 때와 곳에서 어울려 합함[和合]을 따라 각기 나서 자람과 같다. 저 모든 씨앗들은 땅을 의지해 머무르니, 만약 땅을 의지하지 않으면 나서 자라지 못한다.

프라즈냐파라미타도 또한 다시 이와 같아 저 다섯 파라미타를 거둘 수 있으니, 이와 같은 다섯 법은 다 프라즈냐파라미타를 의지해 머물고 프라즈냐파라미타를 말미암아 늘어나 자라게 된다. 그러므로 다섯 법이 다 파라미타라 이름할 수 있게 된다.

아난다여, 그러므로 프라즈냐파라미타가 저 다섯 법으로 더불어 이끄는 머리가 됨을 알아야 한다."[57]

---

57) 爾時, 尊者阿難白佛言 : 「云何, 世尊 ! 而不稱讚宣說布施波羅密多、持戒波羅密多、忍辱波羅密多、精進波羅密多、禪定波羅密多如是名字, 何故唯說般若波羅密多稱讚功德 ? 」

佛告阿難言 : 「如是, 如是 ! 我於諸波羅密多中, 唯說般若波羅密多最上稱讚。何以故 ? 阿難 ! 汝今當知, 此般若波羅密多與五波羅密多爲導首故。阿難 ! 於汝意云何 ? 若布施不迴向一切智, 得成波羅密多不 ? 」

阿難白佛言 : 「不也, 世尊 ! 」

佛言 : 「阿難 ! 若持戒、忍辱、精進、禪定不迴向一切智, 得成波羅密多不 ? 卽此般若不迴向一切智, 得成波羅密多不 ? 」

阿難白佛言 : 「不也, 世尊 ! 」

佛言 : 「阿難 ! 於汝意云何 ? 所有不思議智慧善根, 迴向一切智不 ? 」

阿難白佛言 : 「世尊 ! 如是, 如是 ! 所有最上不思議智慧善根, 而悉迴向一切智。」

佛告阿難 : 「是故當知, 以諸善根迴向一切智故, 得諸波羅密多名 ; 以第一義法迴向一切智故, 得般若波羅密多名。是故, 阿難 ! 彼諸善根迴向一切智故, 般若波羅密多與五波羅密多而爲導首。彼五波羅密多, 住般若波羅密多相應法中, 由是般若波羅密多故, 諸波羅密多皆悉圓滿。阿難 ! 是故我於般若波羅密多而最稱讚。譬如大地散諸種子, 如其時處隨所和合各得生長。彼諸種子依地而住, 若不依地不能生長。

般若波羅密多亦復如是, 而能攝彼五波羅密多, 如是五法皆依般若波羅密多而住, 由般若波羅密多而得增長, 是故五法皆得名爲波羅密多。阿難 ! 是故當知般若波羅密多, 與彼五法而爲導首。」

(3) 받아 지녀 얻는 현세의 공덕

이때 샤크라인드라하늘왕이 붇다께 말씀드렸다.

"세존이시여, 이 잘 행하는 남자와 여인이 프라즈냐파라미타를 받아 지녀 읽고 외우며 설한 대로 행하여 얻는 공덕을 여래께서 말씀하셨는데, 오히려 아직 다 말씀하지 않으셨나요?"

붇다께서 샤크라인드라하늘왕에게 말씀하셨다.

"카우시카여, 나는 다만 이 사람들이 프라즈냐파라미타를 받아 지녀 읽고 외우며 설한 대로 행하여 얻는 공덕만 말하지는 않는다. 카우시카여, 만약 잘 행하는 남자와 여인이 프라즈냐파라미타의 경전을 공양하여, 공경하고 존중하고 찬탄하며 좋은 꽃과 향 나아가 비단 깃발로 공양하면 나는 또한 그로부터 얻는 공덕도 말한다."

샤크라인드라하늘왕이 붇다께 말씀드렸다.

"세존이시여, 저도 또한 프라즈냐파라미타의 경전을 공양하고 공경하며 존중하고 찬탄하며, 좋은 꽃과 향 나아가 비단 깃발로 공양하는 잘 행하는 남자와 여인을 보살펴 생각해주겠습니다."

붇다께서 말씀하셨다.

"카우시카여, 이 잘 행하는 남자와 여인이 프라즈냐파라미타를 받아 지니고 읽고 외우면 수백천 명에 이르는 여러 하늘들이 그 법을 듣기 위해 그곳에 올 것이다. 이 법사가 여러 하늘들을 위하여 법을 설할 때 사람 아닌 것들이 그 힘을 북돋워주며, 만약 법사가 너무 지쳐서 기꺼이 법을 설하지 못하게 되면 여러 하늘들이 법을 공경하는 까닭에 그로 하여금 기꺼이 법을 설할 수 있도록 해준다. 카우시카여, 이 또한 잘 행하는 남자와 여인이 현세의 공덕을 얻는 모습이다.

거듭 다시 카우시카여, 이 잘 행하는 남자와 여인이 네 부류 대중에게 프라즈냐파라미타를 설할 때 찾아와서 따져 묻거나 헐뜯어 꾸짖는

사람이 있더라도 그 마음에 두려움이 없다. 왜냐하면 이 사람은 프라
즈냐파라미타가 보살펴 주기 때문에, 프라즈냐파라미타의 허물 찾아
낼 수 있는 이가 있음을 볼 수 없으며, 프라즈냐파라미타 또한 얻을
수 있는 허물이 없다.

  이 사람은 이와 같이 프라즈냐파라미타가 보살펴 주기 때문에 찾아
와 따져 묻거나 헐뜯어 꾸짖는 이가 있어도 아무런 두려움이 없는 것
이다. 카우시카여, 이 또한 잘 행하는 남자와 여인이 받는 현세의 공
덕이다.

  다시 카우시카여, 이 잘 행하는 남자와 여인은 프라즈냐파라미타를
읽고 외우므로 어버이로부터 사랑 받고, 친척과 벗들과 슈라마나(śra
maṇa, 沙門)와 브라마나(brāhmaṇa, 波羅門)로부터 존경받으며, 시
달리게 해 괴롭힘과 다투어 소송함에도 법답게 넘어갈 수 있다. 카우
시카여, 이 또한 잘 행하는 남자와 여인이 얻는 현세의 공덕이다.

  카우시카여, 프라즈냐파라미타의 경전이 머무는 곳에는 네 하늘왕
과 하늘 위의 모든 하늘들로서 아누타라삼약삼보디의 마음을 낸 자들
이, 다 프라즈냐파라미타의 경전이 있는 곳으로 와서 경을 받아 지녀
읽고 외우며 공양하여 예배드리고 돌아간다.

  도리하늘〔兜利天〕과 야마하늘〔夜摩天〕, 투시타하늘〔兜率陀天〕과
화락하늘〔化樂天, Nirrvāṇa-ratayaḥ-devaḥ〕, 타화자재하늘〔他化自
在天〕의 여러 하늘들으로서 아누타라삼약삼보디의 마음을 낸 자들도
다 프라즈냐파라미타의 경전 있는 곳에 와서 경을 받아 지녀 읽고 외
우며 공양하여 절하고 돌아간다.

  브라흐마 하늘〔梵天〕과 브라흐마세상 하늘〔梵世天〕, 브라흐마를
돕는 하늘〔梵輔天〕과 브라흐마무리 하늘〔梵衆天〕, 큰 브라흐마 하늘
〔大梵天〕과 빛의 하늘〔光天〕, 작은 빛의 하늘〔小光天〕과 헤아릴 수 없

는 빛의 하늘〔無量光天〕, 빛과 소리 하늘〔光音天〕과 깨끗한 하늘〔淨天〕, 작은 깨끗한 하늘〔小淨天〕과 헤아릴 수 없이 깨끗한 하늘〔無量淨天〕, 두루 깨끗한 하늘〔徧淨天〕과 그늘이 없는 하늘〔無陰行天〕, 복된 삶의 하늘〔福生天〕과 넓은 과보의 하늘〔廣果天〕, 넓이가 없는 하늘〔無廣天〕과 뜨거움이 없는 하늘〔無熱天〕, 묘하게 보는 하늘〔妙見天〕과 잘 보는 하늘〔善見天〕, 작음이 없는 하늘〔無小天〕의 여러 하늘들로서 아누타라삼약삼보디의 마음을 낸 자들도 다 프라즈냐파라미타의 경전 있는 곳에 와서 경을 받아 지녀 읽고 외우며 공양하여 절하고 돌아간다.

카우시카여, 그대는 다만 (이상의 여러 하늘들과) 작음이 없는 하늘〔無小天〕의 하늘신들만이 프라즈냐파라미타를 공양하기 위해 곳에 온다고 말하지 말라. 삼천의 큰 천세계 가운데 욕계와 물질세계의 여러 하늘들로서 아누타라삼약삼보디의 마음을 낸 자들도 다 프라즈냐파라미타의 경전 있는 곳으로 와서 경을 받아 지녀 읽고 외우며 공양하여 절하고 돌아간다.

이에 잘 행하는 남자와 여인은 이렇게 생각해야 한다.

'시방의 헤아릴 수 없는 아상키야의 국토 가운데 있는 모든 하늘대중〔deva〕과 용〔nāga〕, 야크샤(yakṣa), 간다르바(gandharva), 아수라(asura), 가루다(garuḍa), 킴나라(kiṃnara), 마호라가(mahoraga)[58]와 사람인 듯 사람 아닌 것〔人非人〕들도 프라즈냐파라미타

---

58) 온갖 하늘〔諸天, deva〕과, 용(龍, nāga), 야차(夜叉, yakṣa), 간다르바〔乾闥婆, gandharva, 香神或樂神〕, 아수라(阿修羅, asura), 가루라(迦樓羅, garuḍa, 金翅鳥), 긴나라(緊那羅, kiṃnara, 非人・歌人), 마후라가(摩睺羅伽, mahoraga, 大蟒神)를 통틀어 '불법을 수호하는 여덟 무리〔八部衆〕'라고 한다. 용은 큰 바다 밑의 용궁에 있으면서 붇다의 법이 행하지 않을 때에는 물 밑에서 경권(經卷)을 호지(護持)한다고 한다. 야크샤는 위력이 강한 사

의 경전을 모신 곳에 와서 경을 받아 지녀 읽고 외우며 공양하여 예배
드릴 것이니, 그때 나는 프라즈냐파라미타로써 법을 베풀어주리라.'

　잘 행하는 남자와 여인의 사는 곳이 『프라즈냐파라미타수트라』가
머무는 곳이면 큰 집이든 작은 방이든 결코 허물어지거나 무너지지
않으나, 다만 지은 업 때문에 반드시 그러한 과보를 받아야 할 사람은
내놓는다. 카우시카여, 이 또한 잘 행하는 남자와 여인이 받는 현세의
공덕이다."

3. 현세에 공덕 받는 구체적인 모습을 밝힘

(1) 구체적으로 증험되는 모습을 물음

　샤크라인드라하늘왕이 붇다께 말씀드렸다.
　"세존이시여, 이 잘 행하는 남자와 여인은 여러 하늘들이 와서 프라
즈냐파라미타를 받아 지녀 읽고 외우며 공양하여 예배드리는 때를 어
떻게 알 수 있습니까?"

(2) 공덕 받는 모습을 답하고 다시 맡겨 부침

　붇다께서 말씀하셨다.

람을 제압하는 신의 일종이고 아수라는 싸움을 좋아하는 신이며, 가루라는 범
어 가루다(garuda)의 소리 옮김으로 금시조이다. 금시조는 새들의 왕인 괴조
(怪鳥)로서 용을 삼킨다고 한다. 긴나라는 범어 킴나라(kiṁnara)의 소리 옮
김으로 사람인 듯한 것[疑人] 또는 사람인 듯 사람 아님[人非人]이라 번역한
다. 사람의 머리에 말[馬]의 몸을 한 귀신이라 한다. 마후라가는 범어 마호라
가(mahoraga)의 소리 옮김으로 사람 몸에 뱀 머리[人身蛇首]를 한 음악의
신[樂神]이라고 한다.

"카우시카여, 만약 잘 행하는 남자와 여인이 크고 밝은 빛을 보면 반드시 하늘과 용, 야크샤와 간다르바 등이 그곳에 온 줄을 알게 된다. 다시 카우시카여, 잘 행하는 남자와 여인이 만약 빼어나고 기이한 향기를 맡게 되면 반드시 여러 하늘대중이 그곳에 온 줄을 알게 된다.

거듭 다시 카우시카여, 이 잘 행하는 남자와 여인이 머무는 곳은 반드시 깨끗하고 맑게 해야 하니, 깨끗하고 맑기 때문에 사람 아닌 것도 다 크게 기뻐하며 그곳으로 온다. 이 가운데 먼저 있던 작은 귀신들은 하늘대중의 큰 힘을 이겨내지 못하고 여러 하늘대중의 위덕 때문에 다 피해 달아나다가 큰 힘에 따라 여러 하늘대중이 자주 오므로 그들도 마음을 돌려 큰 법[大法]을 좋아하게 된다. 이러한 까닭에 머무는 곳의 네 주변에는 결코 냄새나고 더럽고 깨끗하지 않은 것들을 놓아두어서는 안 된다.

다시 카우시카여, 이 잘 행하는 남자와 여인은 몸이 지치지 않으며 눕거나 일어나거나 늘 편안하며 나쁜 꿈을 꾸지 않는다. 만약 꿈을 꿀 때는 다만 모든 붇다와 붇다의 사리를 모신 스투파를 보며 아라한의 무리와 여러 보디사트바의 무리가 여섯 가지 파라미타를 닦아 익히고 사르바즈냐나를 배우며 붇다께서 세계를 청정히 하는 것을 본다. 또 붇다의 이름을 듣되, 붇다의 이름은 아무아무이고 그 붇다께서 어느곳 어느 나라에서 수백천만억이나 되는 대중에 둘러싸여 공경을 받으며 법 설하심을 듣기도 한다.

카우시카여, 잘 행하는 남자와 여인은 꿈속에서 보는 바도 이와 같으며 보고 깨어나서도 안락하고 기와 힘이 가득 넘치며 몸은 가볍고 편안하다.

이 잘 행하는 남자와 여인은 먹고 마실 것을 욕심내지 않으니, 비유하면 좌선하는 비구가 사마디(samādhi)에서 일어나도 디야나(dhyā na)를 배우는 까닭에 먹고 마실 것에 욕심내지 않는 것과 같다. 왜냐하면 카우시카여, 사람 아닌 것이 그 기와 힘을 북돋워 주기 때문이다.

잘 행하는 남자와 여인이 이러한 현세의 공덕을 얻으려면 프라즈냐파라미타를 받아 지녀 읽고 외우며 설한 대로 행해야 한다.

카우시카여, 잘 행하는 남자와 여인이 만약 프라즈냐파라미타를 받아 지녀 읽고 외우며 설한 대로 행할 수 없으면, 이 경을 베껴 쓰고 경을 공양하여, 공경하고 존중하고 찬탄하되 좋은 향과 바르는 향과 가루향과 사르는 향과 그 밖의 갖가지 향과 옷가지와 깃발과 음악으로 공양해야 한다."

다나팔라역(3품)

"거듭 다시 카우시카여. 만약 잘 행하는 남자와 여인이 다만 이 프라즈냐파라미타의 경권을 베껴 쓰거나 모셔두고 공양하는 이, 이 사람은 이 큰 공덕 얻는 줄 알아야 한다.

그런데 하물며 어떤 사람이 큰 보디에 나아가기 때문에 이 프라즈냐파라미타의 법문에 믿어 아는 마음을 내고 들어 받아 읽고 외워 널리 다른 사람을 위해 그 뜻을 해설해서 바른 법으로 하여금 오래 세간에 머물도록 함이겠는가.

이 인연 때문에 붇다의 눈〔佛眼〕이 끊어지지 않고 바른 법〔正法〕이 사라지지 않으니, 모든 보디사트바마하사트바의 대중이 각기 받아 지니어 베풀어 펼쳐 연설하면, 법의 눈〔法眼〕이 무너지지 않고 사라지지 않게 된다.

또 거듭 존중하고 공양하여 모든 향과 꽃 등과 칠 깃발과 일산 아주 묘한 옷 등 이와 같은 갖가지 공양을 짓게 되면, 이 사람은 이 인연으로 얻는 공덕이 헤아릴 수 없고 가없다.

그러므로 카우시카여. 만약 잘 행하는 남자와 여인이 이와 같은 가장 빼어난 공덕을 이루고자 하는 이는 이 프라즈냐파라미타의 법문에 믿어 아는 마음을 내 받아 지녀 읽고 외우며 기억해 생각하고 사유하며, 나아가 남을 위해 널리 그 뜻을 말해주어야 한다. 또 다시 경권을 존중하고 공경하여 모든 향과 꽃 등 과 칠 등 갖가지로 공양해야 한다." 59)

평창

프라즈냐의 위없는 만트라[無上呪] 밝은 만트라[明呪]는 삼세 붇다 가 이를 의지해 위없는 보디를 얻으니 이 세간에 붇다께서 계시지 않 을 때도 이 만트라를 의지하는 보디사트바가 있으면 세간에 온갖 착 한 행 바른 행이 보디사트바를 의지해 나온다.

프라즈냐가 나고 죽음 없고 무너짐 없는 실상의 공덕을 신고 있으 므로 프라즈냐를 의지하면 프라즈냐가 그 사람을 보살펴 모든 액난에 서 벗어나게 할 것이다.

프라즈냐 닦아 익히는 중생은 마라의 무리들 마라의 하늘왕이 틈을 얻지 못하고 프라즈냐가 사르바즈냐나(sarvajñāna, 一切智)에 온갖 파라미타행을 회향하므로 프라즈냐 파라미타가 온갖 파라미타를 거 둔다.

59) 「復次, 憍尸迦！若善男子、善女人, 但能以此般若波羅密多, 書寫經卷安置 供養者, 當知是人獲大功德。況復有人爲欲趣求大菩提故, 於此般若波羅密多 法門, 發信解心聽受讀誦, 廣爲他人解說其義, 使令正法久住世間。以是因 緣, 佛眼不斷、正法不滅, 而諸菩薩摩訶薩衆, 各各受持宣布演說, 即得法眼 不壞不滅。

又復尊重恭敬, 以諸香華燈塗、幢幡寶蓋、上妙衣服, 作如是等種種供養。 當知是人以是因緣, 所獲功德無量無邊。是故, 憍尸迦！若善男子、善女人, 樂欲成就如是最勝功德者, 應當於此般若波羅密多法門, 發信解心, 受持讀 誦, 記念思惟, 乃至爲人廣說其義, 又復尊重恭敬, 以諸香華燈塗種種供 養。」

여러 파라미타를 프라즈냐가 이끌어 보디의 땅에 이끄는 것을 조사선(祖師禪)에서는 '깨달음으로 법칙을 삼는다〔以悟爲則〕'고 말하니, 이 말이 어찌 수트라의 이 가르침과 다르겠는가.

영가선사의 증도가(證道家) 또한 '여섯 파라미타 만 가지 행이 바탕 가운데 두렷하다〔六度萬行體中圓〕'고 했으니, 사르바즈냐나에 회향된 프라즈냐파라미타에 만행이 다 갖춰지는 것이다.

프라즈냐파라미타를 받아 지녀 읽고 외우며 공양하고 절하는 자, 그는 삼세 모든 붇다를 공양하는 것이므로 현세의 복덕을 받고 하늘 대중이 그를 보살펴 진리의 길에서 물러서지 않게 할 것이며, 자나 깨나 사마디를 떠나지 않고 탐욕을 떠나 큰 안락을 누릴 것이다.

그렇다면 지금 여기 어떤 한 사람이 프라즈냐를 받아 지녀 행할 때, 어찌 헤아릴 수 없는 하늘대중이 그를 보살피며 하늘 용 야크샤 간다르바가 그와 함께하는가.

다음 선문염송(禪門拈頌)의 법어를 살펴보자.

명교선사가 오조계선사에게 말했다.

"더위가 가고 추위가 오는 것은 묻지 않겠지만 수풀 아래서 서로 만나는 일은 어떠한가."

계선사가 말했다.

"다섯 봉황 누각 앞에서 옥물시계소리 듣습니다."

명교선사가 말했다.

"주산은 높고 안산은 낮으니 어찌 할 건가."

계선사가 말했다.

"수메루산 꼭대기 위에서 금종을 칩니다."

▪ (1241則)

明教問五祖戒 暑往寒來則不問 林下相逢事若何

戒云 五鳳樓前聽玉漏 師云 爭奈主山 高按山低
戒云 須彌頂上擊金鍾

여기에 대해 원오근(圜悟勤)선사는 다음 같이 노래했다.

높고 높은 봉우리에 은 물결이 뒤집히고
깊고 깊은 바다밑에 붉은 티끌 일어난다
금종과 옥물시계소리 서로 묻고 답하니
넘치는 천하사람을 아주 의심케 한다
참으로 바로 짓는 자가 아니라면
누가 빗장 나루를 물으리요
채찍을 잡고 머리를 돌이키니
네 바다가 모두 좋은 이웃이로다

그대 보지 못하는가
중니와 온백설이 일산을 기울여60)
서로 만나는 일 아주 기이하도다

高高峰頂飜銀浪　深深海底起紅塵
金鍾玉漏相酬酢　疑殺滔滔天下人
苟非作者　孰問關津
執鞭迴首　四海良隣

君不見
仲尼溫白雪　傾盖相逢也奇絕

---

60) 중니와 온백설: 공자가 온백설의 도덕이 높음을 듣고 늘 보고자 하였으나,
　　만나자 서로 말하지 않고 헤어졌다. 제자가 그 까닭을 물으니 공자가 말했다.
　　"군자가 서로 만남에 눈이 마주치면 곧 도가 있는 것이다〔君子相逢 目擊道存〕."

학담도 한 노래로 옛 조사들의 뜻에 함께하리라.

　　프라즈냐의 한 생각 안과 밖이 없으니
　　생각 생각 서로 응하고 서로 보살펴 생각하네
　　다섯 봉 누각 위에서 개울소리 듣는데
　　산 위의 밝은 달이 개울물을 비치네

　　般若一念無內外　念念相應相護念
　　五鳳樓上聞溪聲　山上明月照溪水

제5품 사리에 공양한 공덕과 프라즈냐의 공덕
〔舍利品〕

프라즈냐파라미타의 경권은 다함없는 법계의 참모습을 밝힌 경이므로
『프라즈냐수트라』에 공양하면 끝내 미망과 집착에 가린 중생이 지혜의 세
계로 나아가며, 곤란과 장애에 막힌 중생이 해탈과 니르바나의 저 언덕
에 이른다. 그러므로 반야경권에 공양하는 공덕은 잠부드비파(jambu-d
vīpa, 閻浮提)에 가득한 사리에 공양한 공덕보다 더 뛰어나며, 삼천의 큰
천세계에 가득한 사리의 공덕 나아가 강가아강 모래 수 세계에 가득한 사
리의 공덕보다 뛰어나다.

프라즈냐파라미타는 사르바즈냐나에 이르게 하는 파라미타로서 다른 파
라미타를 앞에서 이끌어준다. 그 뿐만 아니라 프라즈냐가 곧 사르바즈냐
나의 자기활동이라 프라즈냐파라미타일 때 곧 온갖 파라미타가 현전하니,
『프라즈냐파라미타수트라』에 공양하는 공덕이 세간에서 가장 뛰어나다.

그러나 『프라즈냐파라미타수트라』를 스스로 받아 지녀 공양하고 찬탄할
뿐 아니라, 남에게 베풀어주고 남에게 해설해주는 법공양이 그 모든 공양
보다 뛰어나니, 프라즈냐파라미타에는 나와 너의 닫힌 벽이 없기 때문이
며, 프라즈냐파라미타는 마하파라미타이기 때문이다.

학담이 노래로 종요를 말해보리라.

프라즈냐의 가르침은 실상에서 일어났으니
어떻게 사리와 스투파에 공양함과 견주리
사리의 공덕이 비록 빼어나게 많지만
프라즈냐의 공덕에 어찌 미치리

般若言教實相起　如何對比舍利供
舍利功德雖勝多　於般若功如何及

삼세의 모든 붇다 프라즈냐가 내니
다 프라즈냐를 인하여 보디를 얻으시네
프라즈냐가 모든 다른 파라미타 머금어 거두니
프라즈냐만 행하면 모든 파라미타가 따르네

三世諸佛般若生　皆因般若得菩提
般若含攝諸餘度　但行般若諸度隨

이와 같이 프라즈냐는 그 공덕이 깊으니
프라즈냐에 공양하고 찬탄하며 지심으로 행하면
그 복은 아주 커서 헤아릴 수 없어서
나와 남이 모두 진여 공덕의 곳간에 돌아가네

如是般若功德深　供養讚嘆至心行
其福甚大不可量　自他咸歸眞如藏

1. 사리에 공양한 공덕과 프라즈냐의 공덕을 대비함

(1) 잠부드비파의 사리로 프라즈냐의 공덕을 밝힘

이때 붇다께서 샤크라인드라하늘왕에게 말씀하셨다.

"카우시카여, 잠부드비파에 가득한 사리(舍利)를 한 가름으로 하고 프라즈냐파라미타의 경전을 한 가름으로 하면 두 가지 가름 가운데 어느 것을 취하겠느냐?"

샤크라인드라하늘왕이 붇다께 말씀드렸다.

"세존이시여, 저는 프라즈냐파라미타를 취하겠습니다. 왜냐하면 세존이시여, 제가 사리를 공경하지 않는 것이 아니라 사리는 프라즈냐파라미타를 좇아 나기 때문이며 프라즈냐파라미타가 끼치어 내는 것이므로 공양을 받습니다. 61)

---

61) 〔E.Conze역 5품〕

세존께서 말씀하셨다.

"만약 카우시카여, 한 손 위에 그대에게 이 잠부드비파 꼭대기까지 가득한 여래의 유골이 주어지고, 다른 손 위에 지혜의 완성이 쓰여진 원고가 함께해서 그대가 지금 둘 사이에서 선택해야 한다면 그대는 어떤 것을 가지겠는가."

샤크라인드라왕이 말씀드렸다.

"바로 이 지혜의 완성입니다. 왜냐하면 여래에게 안내함에 대한 나의 존경 때문이고, 참된 뜻에서 이것이 여래의 몸이기 때문입니다. 세존께서 말씀하셨던 것처럼 다르마의 몸이 붇다입니다."

The Lord: If, Kausika, on the one gand you were given this Jam budvipa filled up to the top with relics of the Tatagatas; and if, on the other hand, you could share in a written copy of this perfection of wisdom; and if now you had to choose between the two, which one would you take?

Sakra: Just this perfection of wisdom. Because of my seteem for

세존이시여, 저는 도리하늘 위의 좋은 법당〔善法堂〕 안에 제가 앉는 자리가 있는데, 도리하늘의 여러 하늘들이 와서 저에게 공양하므로 만약 제가 자리에 있지 않더라도 여러 하늘들이 나의 앉는 자리라 하여 절하고 공경하여 돌고 가면서 이렇게 생각합니다.

'샤크라인드라하늘왕께서는 이 자리에 앉으셔서 도리하늘의 여러 하늘들을 위해 법을 설하신다.'

모든 붇다의 사리도 이와 같아서, 프라즈냐파라미타에서 생겨나고 사르바즈냐나가 의지해 머무는 바이므로 공양을 받습니다. 그러므로 세존이시여, 저는 이 두 가지 가름 가운데 프라즈냐파라미타를 취합니다."

다나팔라역(4품)

이때 세존께서 샤크라인드라하늘왕에게 말씀하셨다.

"카우시카여. 만약 잠부드비파에 가득한 여래의 사리를 한 가름으로 하고 이 프라즈냐파라미타를 베껴 쓴 경권을 한 가름으로 하면, 그대는 이 두 가름 가운데서 어떤 가름을 취하겠는가?"

샤크라인드라하늘왕이 붇다께 말씀드렸다.

"세존이시여. 만약 잠부드비파에 가득한 여래의 사리와 프라즈냐파라미타의 경권으로 각기 한 가름으로 하면 저는 이 두 가름 가운데서 프라즈냐파라미타의 가름을 취하겠습니다.

왜냐하면 모든 붇다 여래께 있는 변화하는 모습의 몸〔化相身〕, 진실한 뜻의 몸〔實義身〕, 설법하는 몸〔說法身〕, 이와 같은 등의 몸은 다 법신(法身)이 낸 바이기 때문이고 한결같음〔如〕을 좇아 진실한 바탕〔實際〕이 나타낸 바이기 때

---

the Guide of the Tatagatas. Because in a true sense this is the body of the Tatagatas. As the Lord has said: "The Dharma-bodies are the Buddhas."

문입니다.

한결같은 진실의 바탕이란, 프라즈냐파라미타를 말한 바라 모든 붇다 세존께 있는 모든 몸 또한 다시 이 프라즈냐파라미타를 좇아 납니다. 그러므로 여래의 사리를 얻어 우러러 절하고 공양하고, 비록 다시 여래의 사리에 공양해도 이 프라즈냐파라미타를 존중하고 공양하는 것과는 같지 않습니다.

왜 그런가요. 모든 여래의 몸은 이 프라즈냐파라미타를 좇아 나타난 바이기 때문입니다.

세존이시여. 비유하면 제가 서른세 하늘의 좋은 법당 가운데서 그 자리에 앉는 것은 여러 하늘신들을 위해 법요를 베풀어 말하기 위함인 것과 같습니다."
62)

(2) 삼천의 큰 천세계의 사리로 프라즈냐의 공덕을 밝힘

"세존이시여, 잠부드비파에 가득한 사리는 놓아두고라도, 만약 삼천의 큰 천세계에 가득한 사리를 한 가름으로 하고 프라즈냐파라미타의 경전을 한 가름으로 한다 해도, 두 가지 가름 가운데 저는 프라즈냐파라미타를 취할 것입니다. 왜냐하면 모든 붇다의 사리는 프라즈냐파라미타를 인해 생겨나 공양을 받기 때문입니다.

세존이시여, 비유하면 빚을 진 사람이 빚을 준 주인을 무서워하지

---

62)　爾時, 世尊告帝釋天主言：「憍尸迦！若以滿閻浮提如來舍利而爲一分，以此般若波羅密多書寫經卷而爲一分，汝於此二分中當取何分？」

帝釋天主白佛言：「世尊！若以滿閻浮提如來舍利，及般若波羅密多經卷，各爲一分者，我於此二分中，當取般若波羅密多分。何以故？諸佛如來所有化相身、實義身、說法身，如是等身皆從法身所出生故，從. 實際所出現故。如. 實際者，所謂般若波羅密多。諸佛世尊所有諸身，亦復從是般若波羅密多生，是故得於如來舍利瞻禮供養。雖復供養如來舍利，不如於此般若波羅密多尊重供養。所以者何？諸如來身，從是般若波羅密多所出生故。世尊！譬如我於三十三天善法堂中，我處其座，爲諸天子宣說法要。」

만, 빚을 진 사람이 왕을 가까이에서 받들어 모시기 때문에 빌려준 주인이 도리어 다시 그를 공경하고 두려워함과 같습니다. 왜냐하면 국왕을 믿고 의지하여 그의 힘이 크기 때문입니다.

세존이시여, 사리도 이와 같아서 프라즈냐파라미타를 의지하여 머물므로 공양을 받습니다. 세존이시여, 프라즈냐파라미타는 왕과 같고 사리는 그 왕을 가까이 모시는 사람과 같으니, 여래의 사리는 사르바즈냐나의 지혜를 의지하여 머물므로 공양을 받습니다.

세존이시여, 모든 붇다의 사르바즈냐나의 지혜는 또한 프라즈냐파라미타에서 생겨나기 때문에 저는 이 두 가지 가름 가운데 프라즈냐파라미타를 취합니다.

세존이시여, 비유하건대 이루 값을 따질 수 없는 보배구슬에는 이와 같은 공덕이 있어서 그 구슬이 있는 곳에는 사람 아닌 것들이 그 틈을 얻을 수 없는 것과 같습니다. 만약 남자든 여자든 큰 사람이든 작은 사람이든 사람 아닌 것들에게 붙잡히게 되었을 때, 이 보배구슬이 그곳에 이르면 사람 아닌 것들이 곧 달아 나갑니다. 만약 열병이 있다면 보배구슬이 곧 열병을 없애주며, 만약 바람의 병이 있으면 보배구슬을 몸에 지님으로써 바람 병이 곧 사라지며, 만약 차가운 병이 있으면 이 구슬을 몸 위에 지님으로써 차가운 병 또한 곧 사라집니다. 이 구슬이 있는 곳은 밤에는 환하게 밝혀주고 더울 때에는 시원하게 해주며 추울 때에는 따뜻하게 해줍니다.

이 구슬이 있는 곳에는 뱀의 독이 들어오지 못하며, 남자든 여자든 큰 사람이든 작은 사람이든 독 있는 벌레에게 물리게 되어도 이 구슬을 그곳에 비춤으로써 독이 곧 사라집니다. 만약 갖가지 눈병이 있으면 구슬을 눈 위에 댐으로써 눈병이 씻은 듯이 사라집니다.

세존이시여, 또 이 보배구슬을 물속에 넣으면 물과 빛이 같아지니 만약 하얀 비단으로 구슬을 싸서 물속에 넣으면 물빛이 곧 희게 되고, 파란빛이나 노란빛이나 보랏빛이나 빨간빛 등 갖가지 빛의 비단으로 싸서 물속에 넣으면 물이 곧 그 빛깔에 따라 변하며, 물이 흐리면 곧 맑게 합니다. 이 보배구슬은 이와 같은 공덕을 이룹니다."

이때 아난다가 샤크라인드라하늘왕에게 말했다.

"이것은 잠부드비파의 보배입니까, 하늘위의 보배입니까?"

샤크라인드라하늘왕이 말했다.

"이것은 하늘위의 보배입니다. 잠부드비파 사람들에게도 또한 이러한 보배가 있습니다만, 잠부드비파 구슬은 공덕은 작고 무거운데, 하늘위의 보배구슬은 공덕이 많고 가볍습니다. 사람들이 갖고 있는 보배구슬을 하늘위의 보배구슬에 견주면 셀 수나 비유로는 미칠 수 없습니다.

세존이시여, 만약 이 구슬을 상자 속에 넣어두면 비록 꺼내가더라도 구슬의 공덕 때문에 그 상자는 귀하게 됩니다.

세존이시여, 프라즈냐파라미타의 사르바즈냐나의 공덕 때문에 여래께서 니르바나에 드신 뒤에도 사리는 사람들의 공양을 받습니다. 여래의 사리는 곧 사르바즈냐나가 머무는 곳이기 때문에 저는 이 두 가지 가름 가운데 프라즈냐파라미타를 택할 것입니다."

(3) 강가강 모래 수 세계의 사리로 프라즈냐의 공덕을 밝힘

"세존이시여, 이 삼천의 큰 천세계에 가득한 사리는 놓아두고라도, 만약 강가강 모래 수만큼 많은 세계에 가득한 사리를 한 가름으로 하고, 프라즈냐파라미타의 경전을 한 가름으로 하면, 두 가지 가름 가운데 저는 프라즈냐파라미타를 취할 것입니다.

왜냐하면 모든 붇다 여래의 사르바즈냐나는 다 프라즈냐파라미타에서 생겨났으며, 사르바즈냐나가 끼치어 낸 것이므로 사리가 사람들의 공양을 받기 때문입니다."

2. 프라즈냐행 닦기를 권유함

(1) 마하파라미타가 프라즈냐파라미타임을 보임

"거듭 다시 세존이시여, 만약 잘 행하는 남자와 여인이 시방의 헤아릴 수 없는 아상키야의 여러 붇다들을 진실대로 보고자 한다면, 프라즈냐파라미타를 행하고 프라즈냐파라미타를 닦아야 합니다."

붇다께서 말씀하셨다.

"그렇고 그렇다, 카우시카여. 지난 세상 모든 붇다들도 다 프라즈냐파라미타로 인해 아누타라삼약삼보디를 얻었으며, 아직 오지 않은 세상 모든 붇다들도 또한 프라즈냐파라미타로 인해 아누타라삼약삼보디를 얻을 것이며, 드러나 있는 시방의 헤아릴 수 없는 아상키야 세계의 모든 붇다들도 또한 프라즈냐파라미타로 인해 아누타라삼약삼보디를 얻으신다."

샤크라인드라하늘왕이 붇다께 말씀드렸다.

"세존이시여, 마하파라미타가 곧 프라즈냐파라미타이니, 붇다께서는 이 프라즈냐파라미타로 인해 모든 중생들의 마음과 마음으로 행하는 바를 다 아십니다."

붇다께서 말씀하셨다.

"카우시카여, 보디사트바마하사트바가 기나긴 밤 동안 프라즈냐파라미타를 행했기 때문이다."

(2) 프라즈냐파라미타가 다른 파라미타를 이끎

샤크라인드라하늘왕이 붇다께 말씀드렸다.

"세존이시여, 보디사트바는 다만 프라즈냐파라미타만을 행하고 다른 파라미타는 행하지 않습니까?"

붇다께서 말씀하셨다.

"카우시카여, 보디사트바는 여섯 가지 파라미타를 다 행한다. 만약 널리 베풀 때에도 프라즈냐파라미타가 앞머리에서 이끌어 주며, 만약 계를 지니거나 욕됨을 참거나 정진하거나 선정을 행하거나 모든 법을 살필 때에도 프라즈냐파라미타가 앞머리에서 이끌어준다. 비유하면 잠부드비파의 갖가지 나무에는 갖가지 모습과 갖가지 빛깔, 갖가지 잎, 갖가지 꽃, 갖가지 열매가 있지만, 그 그늘은 다 하나로 차별이 없는 것과 같다. 다섯 가지 파라미타도 이와 같아서 프라즈냐파라미타 가운데 들어가면 차별이 없다."

"세존이시여, 이 프라즈냐파라미타에는 크나큰 공덕이 있으며 헤아릴 수 없고 가없는 공덕이 있으며 함께 할 것이 없는 공덕이 있습니다."

다나팔라역(4품)

이때 샤크라인드라하늘왕이 붇다께 말씀드렸다.

"어떻습니까, 세존이시여. 보디사트바마하사트바는 다만 프라즈냐파라미타만을 행합니까? 또한 다른 파라미타도 행합니까?"

붇다께서 말씀하셨다.

"카우시카여, 보디사트바마하사트바는 여섯 파라미타를 다 행한다.

거듭 다시 카우시카여. 이 프라즈냐파라미타를 행하면 여러 파라미타와 더불어 이끄는 머리가 되니, 다나파라미타를 베풀 수 있고, 실라파라미타를 보살필 수 있으며, 찬티파라미타를 받을 수 있고, 비리야파라미타를 늘려 키울 수 있고, 디야나파라미타에 고요히 머물게 할 수 있으며, 프라즈냐파라미타로 모든 법을 밝게 알 수 있음을 말한다.

모든 법을 깨쳐 앎으로 여러 파라미타를 열어 이끌 수 있고, 좋고 교묘한 방편을 거두어 받을 수 있다. 프라즈냐파라미타를 말미암아 사르바즈냐나에 회향하고, 가장 빼어난 청정한 법계〔淸淨法界〕에 회향한다.

카우시카여. 비유하면 잠부드비파 가운데 갖가지 나무가 있으면 갖가지 빛깔과 모습 갖가지 줄기 갖가지 가지와 잎 갖가지 꽃과 열매가 비록 다시 각기 차별되지만, 모든 나무의 그늘은 하나로 같아 다름 없는 것과 같다.

카우시카여. 모든 파라미타 또한 다시 이와 같아 비록 거듭 차별되지만 프라즈냐파라미타의 좋고 교묘한 방편으로써 다 저 사르바즈냐나에 회향한다."

샤크라인드라하늘왕이 붇게 말씀드렸다.

"아주 드물고 놀랍습니다, 세존이시여. 프라즈냐파라미타는 큰 공덕을 갖추었으며 프라즈냐파라미타는 헤아릴 수 없는 공덕을 갖추었으며, 프라즈냐파라미타는 가없는 공덕을 갖추었습니다."63)

---

63) 爾時, 帝釋天主復白佛言 : 「云何, 世尊! 菩薩摩訶薩但行般若波羅密多耶? 亦行餘波羅密多耶?」

佛言 : 「憍尸迦! 菩薩摩訶薩皆行六波羅密多。復次, 憍尸迦! 菩薩摩訶薩行此般若波羅密多, 與諸波羅密多而爲導首。所謂施波羅密多能捨, 戒波羅密多能護, 忍波羅密多能受, 精進波羅密多能增長, 禪定波羅密多能靜住, 般若波羅密多能了知諸法。以了諸法故, 而能開導諸波羅密多, 善巧方便而爲攝受。由般若波羅密多故, 迴向一切智, 迴向最勝清淨法界。

憍尸迦! 譬如閻浮提中, 有種種樹, 種種色相, 種種莖幹, 種種枝葉, 種種華菓。雖復如是各各差別, 而諸樹陰同一無異。憍尸迦! 諸波羅密多亦復如是, 雖復差別, 而以般若波羅密多善巧方便, 皆悉迴向彼一切智。」

帝釋天主白佛言 : 「希有, 世尊! 般若波羅密多具大功德, 般若波羅密多具無量功德, 般若波羅密多具無邊功德。」

3. 프라즈냐를 남에게 베푸는 공덕이 견줄 바 없음을 보임64)

"세존이시여, 만약 어떤 사람이 프라즈냐파라미타의 경전을 베껴써서 좋은 꽃과 향 그리고 깃발로 공양하고 공경하며 존중하고 찬탄하며, 만약 다시 어떤 사람이 있어서 프라즈냐파라미타의 경전을 베껴 써서 다른 사람들에게 나누어 준다면, 이 두 사람의 공덕은 어느쪽이 더 많겠습니까?"

붇다께서 말씀하셨다.

"카우시카여, 도리어 그대에게 묻겠으니 뜻을 따라 나에게 답해보라. 어떻게 생각하는가? 만약 어떤 사람은 붇다의 사리를 얻어서 다만 제 스스로 공양 올리고, 또 어떤 사람은 붇다의 사리를 얻어서 스스로 공양할 뿐 아니라 또한 남에게도 주어 공양하도록 한다면, 두 사람의 공덕은 어느 쪽이 더 많겠는가?"

샤크라인드라하늘왕이 말씀드렸다.

"세존이시여, 만약 어떤 사람이 붇다의 사리를 얻어서 스스로 공양할 뿐 아니라 남에게 주어 공양하도록 한다면 그 복은 매우 많습니다."

붇다께서 말씀하셨다.

"그렇고 그렇다, 카우시카여. 만약 잘 행하는 남자와 여인이 프라즈냐파라미타의 경전을 베껴 써서 좋은 꽃과 향 그리고 깃발로 공양하고 공경하며 존중하고 찬탄하는 것은, 잘 행하는 남자와 여인이 프라

---

64) 다나팔라〔施護〕의 번역본과 범본(梵本)에서는 이 아래 부분이 다음 품(品)에 속한다.

즈냐파라미타의 경전을 베껴 써서 스스로 공양할 뿐 아니라 남에게도
주어 공양하도록 하여 얻는 복이 매우 많음만 같지 못하다."

붇다께서 말씀하셨다.

"카우시카여, 잘 행하는 남자와 여인이 있는 곳곳마다 다른 사람들
을 위하여 프라즈냐파라미타를 해설해준다면 그 복은 매우 많다."

평창

사리〔śarira〕는 프라즈냐 파라미타를 행해 성취한 보디의 물질적
징표이다. 사리는 프라즈냐파라미타에 의해 생긴 것이므로 잠부드비
파에 가득한 사리라 해도 프라즈냐파라미타의 공덕을 넘을 수 없다.

이미 지나간 세상 붇다〔過去佛〕와 드러나 있는 세상 붇다〔現世佛〕
와 아직 오지 않은 세상 붇다〔未來佛〕도 프라즈냐파라미타에 의해 아
누타라삼약삼보디를 이미 얻었고 지금 얻고 앞으로 얻을 것이므로,
삼세 붇다를 보고자 하면 프라즈냐파라미타를 행해야 한다.

프라즈냐파라미타가 마하파라미타라 프라즈냐가 다나·실라·찬
티·비리야·디야나 파라미타를 앞에서 이끄니, 프라즈냐파라미타의
수트라를 해설해주는 것이 이 세간의 큰 복덕이 되고 이 세상을 정토
(淨土)로 장엄하는 크나큰 행이 된다.

중생의 망념이 본래 공해 그 참모습이 프라즈냐이지만 수트라의 가
르침을 듣고 믿음의 씨앗을 내지 않으면 프라즈냐를 의지해 사르바즈
냐나의 지혜에 돌아가지 못한다.

고조사의 다음 법문을 살펴보자.

양주 석문산 헌온선사(獻蘊禪師)가 청림선사(靑林禪師)에게 있
으면서 채마밭 가꾸는 일을 했는데, 어느 날 도량에 돌아와 선사

를 모시고 서있었는데 청림선사가 물었다.

"그대는 날마다 무엇을 하고 오는가."

현온선사가 말했다.

"채소씨앗을 뿌립니다."

청림이 말했다.

"두루한 세계가 붇다의 몸인데 그대는 어느 곳에 씨앗을 심는가."

현온선사가 말했다.

"금호미가 땅에 움직이자 신령한 싹이 곳곳에 납니다."

청림이 기뻐하였다.

■ (1188則)

襄州石門山獻蘊禪師在靑林 作園頭 一日歸侍立次

林云 子每日做什麼來

師云 種菜來 林云遍界是佛身 子向什麼處種

師云 金鋤才動土 靈苗在處生

林乃忻然

대각련(大覺璉)선사가 노래했다.

두루한 세계가 공왕의 몸이니

바로 그곳을 떠나 어찌 싹이 나랴

금호미 겨우 한 번 파자

신령한 잎이 천 줄기로 자란다

날이 가물어도 끝내 마르지 않고

장맛비에도 쓰러지지 않는다

자손이 그 맛에 젖어서 사니

그 나물 캐서 마음껏 국을 끓인다

遍界空王體　寧離當處生
金鋤才一钁　靈葉長千莖
天旱終非悴　霖霪信不傾
子孫霑味在　採採任爲羹

　학담도 옛 조사의 뜻에 한 노래로 함께해 여래의 가르침을 찬탄하
리라.

　　　중생이 본래 프라즈냐의 바탕이나
　　　설함을 듣지 않으면 어떻게 들어가리
　　　인연이 공한 곳에 인연이 나니
　　　봄바람 분 뒤에라사 풀은 절로 푸르리

　　　衆生本是般若體　非是聞說如何入
　　　因緣空處因緣生　春風然後草自靑

제6품 다른 공덕과 같이할 것 없는 프라즈냐행
〔佐助品〕

　　프라즈냐는 모습에서 모습을 떠나고 생각에서 생각을 떠나며, 함이 있음과 함이 없음을 함께 넘어서므로 『프라즈냐수트라』를 다른 이에게 받아 지니도록 하는 공덕은 모습에 갇힌 열 가지 착한 일과 삼계(三界)를 벗어나지 못한 모든 선정의 공덕을 뛰어넘는다.

　　또한 프라즈냐는 모습과 모습 없음을 모두 버리므로 모습 없음에도 머묾 없으니, 『프라즈냐수트라』를 법공양한 공덕은 모습 있음을 버리고 모습 없음에 나아가 슈라바카·프라테카붇다의 지위 얻도록 하는 공덕보다 빼어나다. 프라즈냐는 항상함〔常〕도 없고 덧없음〔無常〕도 없는 법의 실상 그 자체이다. 그러므로 다섯 쌓임이 다만 덧없다고 하거나 다섯 쌓임이 항상하다고 가르치는 것은 프라즈냐와 비슷할 뿐 참된 프라즈냐가 아니니〔似而非〕, 잘못된 가르침을 대중에게 전하면 대중은 바른 길을 잃고 헤매게 된다.

　　프라즈냐는 사르바즈냐나 자체며 아누타라삼약삼보디에 이르게 하는 최상의 방편이다. 그러므로 프라즈냐를 설해 중생을 발심시킨 공덕보다 프라즈냐를 설해 물러남이 없는 보디사트바의 지위에 들게 하는 공덕이 더 크며, 보디사트바의 지위에 들게 한 공덕보다 프라즈냐로써 끝내 아누타라삼약삼보디에 이르게 한 공덕이 가장 크다.

　　프라즈냐 가운데는 모든 재앙과 액란, 나고 죽음이 공하되 법신·반야·해탈의 공덕이 가득하다. 프라즈냐의 법은 중생을 성숙시켜 보디로 이끌며, 보디사트바를 편안히 위로하고 보살피며, 보디사트바를 도와 끝내 아누타라삼약삼보디를 얻게 한다.

　　학담이 노래로 종요를 말해보리라.

　　　모습에서 모습 떠난 프라즈냐의 공덕은

세간의 복 함이 있는 과보를 벗어나고
생각에서 생각 없는 프라즈냐의 지혜는
다섯 쌓임 무너뜨리지 않고 참모습을 드러내네

於相離相般若德　超世間福有爲果
於念無念般若智　不壞五蘊顯實相

그러므로 프라즈냐의 빼어난 행은
슈라바카 · 프라테카붇다의 과덕을 벗어나니
진실대로의 공덕은 헤아릴 수 없어서
사르바즈냐나의 지혜 얻어 보디 이르리

是故般若殊勝行　卽超聲聞緣覺果
如實功德無有量　一切智得至菩提

만약 지심으로 프라즈냐를 행하는 이는
하늘신과 붇다의 제자들이 이 사람을 보살피고
여섯 파라미타의 법으로 돕고 잘 위안하여서
프라즈냐 행하는 이가 보디 증득하도록 하네

若人至心行般若　天神佛子護是人
六度法佐善安慰　令是行者證菩提

1. 열 가지 착한 길과 삼계 안의 선정보다 『프라즈냐파라 미타수트라』 공양의 공덕이 큼을 보임

(1) 열 가지 착한 길의 공덕과 프라즈냐의 공덕을 대비함

붇다께서 샤크라인드라하늘왕에게 말씀하셨다.

"카우시카여, 만약 어떤 잘 행하는 남자와 여인이 잠부드비파 사람들로 하여금 열 가지 착한 길을 행하도록 한다면, 그대 뜻에 어떠한가? 이 사람들이 이 인연으로 얻는 복이 많겠느냐?"

샤크라인드라하늘왕이 말했다.

"매우 많습니다, 세존이시여"

붇다께서 말씀하셨다.

"카우시카여, 그러나 그러한 복도 어떤 잘 행하는 남자와 여인이 프라즈냐파라미타의 경전을 다른 사람에게 주어 베껴 쓰고 읽고 외우게 해서 그 복이 매우 많음만 같지 못하다. 65)

---

65) 〔E.Conze역 6품〕

붇다께서 말씀하셨다.

"나아가 카우시카여. 잠부드비파 안의 온갖 존재들에게 열 가지 좋은 업을 제공하도록 부추기고, 그들 안에서 좋은 업을 행하는 어떤 사람의 공적이 크겠는가."

샤크라인드라하늘왕이 말씀드렸다.

"그것은 아주 클 것입니다."

세존께서 말씀하셨다.

"지혜의 완성을 베껴 쓴 어떤 사람과 프라즈냐를 믿고 프라즈냐에 믿음을 가져서, 그 믿음이 깨끗하고 단단하여 그의 사유를 깨달음에 끌어올리며, 다시 그들의 사유를 깨달음에로 끌어올려 왔던 다른 보디사트바들에게 성실한 의도로 이 프라즈냐를 주려는 어떤 사람의 공적이 더 크다."

Moreover, Kausika, great would be the merit of someone who wo

카우시카여, 잠부드비파 중생은 놓아두고 만약 다시 어떤 사람이 네 천하의 중생을 가르쳐 열 가지 착한 길을 행하게 하거나, 네 천하는 놓아두고, '작은 천세계〔小千世界〕'나 천세계가 두 번 겹친 '가운데 천세계〔中千世界〕'나 천세계가 세 번 '삼천의 큰 천세계〔三千大千世界〕의 중생이나, 시방의 강가강 모래 수만큼 많은 세계의 중생들을 가르쳐 열 가지 착한 길을 행하도록 한다면, 그대 뜻에 어떠한가? 이 사람들이 이 인연으로 얻는 복이 많겠느냐?"

샤크라인드라하늘왕이 말했다.

"매우 많습니다, 세존이시여."

붇다께서 말씀하셨다.

"카우시카여, 그러나 그러한 복도 어떤 잘 행하는 남자와 여인이 프라즈냐파라미타의 경전을 다른 사람에게 주어 베껴 쓰고 읽고 외우도록 해서 그 복이 매우 많은 것과는 같지 않다."

다나팔라역(5품)

"거듭 다시 카우시카여. 만약 잘 행하는 남자와 여인이 저 잠부드비파에 있는 중생에게 각각 열 가지 착한 업을 닦게 하면, 카우시카여, 그대 뜻에 어떠한가? 이 사람이 이 인연으로 얻는 복이 많겠는가?"

uld instigate all beings in Jambudvipa to observe the ten ways of wholesome action, and would establish them in them?

Sakra: Great it would be.

The Lord: Greater would be the merit of someone who would make a copy of this perfection of wisdom, would believe in it and have faith in it, faith serene and firm; who would raise his thought to enlightenment, and with earnest intention would give this perfection of wisdom to another Bodhisattva who had raised his thought to enlightenment.

샤크라하늘왕이 붇다께 말씀드렸다.

"매우 많습니다, 세존이시여."

붇다께서 말씀하셨다.

"카우시카여. 이 잘 행하는 남자와 여인이 이 인연으로 얻는 복이 비록 많으나 다음 사람의 복 많음과는 같지 않다.

곧 어떤 사람이 이 프라즈냐파라미타에 믿어 아는 마음을 내어 보디의 마음을 내고 보디사트바의 법에 머물러, 이 프라즈냐파라미타를 베껴 쓰고 경권을 받아 지녀 읽고 외워 기뻐 즐거워하는 마음을 내 남을 위해 연설하거나, 다시 남을 위해 그 뜻을 풀이해주고 이 바른 법에 청정한 마음을 내 모든 의혹을 떠나며 더욱 다른 사람들을 권해 그들이 받아 지니도록 하고, 이렇게 말한다 하자. '그대들 잘 행하는 이들이여. 이 프라즈냐파라미타는 보디사트바의 길이니 그대들은 이 가운데서 닦아 배워야 한다. 이와 같이 배우는 이는 곧 빨리 아누타라삼약삼보디를 증득해 온갖 모든 중생세계를 다해, 널리 진여의 진실한 바탕〔眞如實際〕에 편안히 머물게 할 수 있다.'

카우시카여, 이 잘 행하는 남자와 여인이 얻는 복은 매우 많다."66)

(2) 삼계 내 선정과 프라즈냐의 공덕을 대비함

"거듭 다시 카우시카여, 만약 어떤 잘 행하는 남자와 여인이 잠부드비파 중생을 가르쳐 네 가지 선정과 네 가지 헤아릴 수 없는 마음과

---

66) 「復次, 憍尸迦! 若有善男子、善女人, 於彼滿閻浮提所有衆生, 各各敎令修十善業。憍尸迦! 於汝意云何? 是人以是因緣得福多不?」

帝釋天主白佛言:「甚多, 世尊!」

佛言:「憍尸迦! 是善男子、善女人, 以是因緣得福雖多, 不如有人於此般若波羅密多, 發信解心、發菩提心住菩薩法, 以此般若波羅密多, 書寫經卷受持讀誦, 生歡喜心爲人演說, 或復爲人解釋其義, 於此正法生淸淨心離諸疑惑, 轉勸他人使其受持, 作如是言:『汝善男子, 此般若波羅密多是菩薩道, 汝於是中應當修學, 如是學者, 卽能速證阿耨多羅三藐三菩提。能盡一切諸有情界, 普令安住眞如實際。』憍尸迦! 是善男子、善女人得福甚多。」

네 가지 물질 없는 세계의 선정과 다섯 가지 신통을 행하도록 한다면, 이 사람들이 이 인연으로 얻는 복이 많겠느냐?"

샤크라인드라하늘왕이 말했다.

"매우 많습니다. 세존이시여."

붇다께서 샤크라인드라하늘왕에게 말씀하셨다.

"카우시카여, 그러나 그러한 복도 어떤 잘 행하는 남자와 여인이 프라즈냐파라미타의 경전을 다른 사람에게 주어서 베껴 쓰고 읽고 외우게 해서 그 복이 매우 많은 것과는 같지 않다.

카우시카여, 잠부드비파나 삼천의 큰 천세계〔三千大千世界〕의 중생은 놓아두고 나아가 시방 강가강의 모래 수만큼 많은 세상의 중생들을 가르쳐 네 가지 선정과 네 가지 헤아릴 수 없는 마음과 네 가지 물질 없는 세계의 선정과 다섯 가지 신통을 행하게 한다면, 그대 뜻에 어떠한가? 이 사람들이 이 인연으로 얻는 복이 많겠느냐?"

샤크라인드라하늘왕이 말했다.

"매우 많습니다. 세존이시여."

<u>다나팔라역〔5품〕</u>

"거듭 다시 카우시카여. 만약 잘 행하는 남자와 여인이 잠부드비파를 가득 채우고 있는 중생에게 각기 네 가지 선정〔四禪定〕을 닦도록 하면, 카우시카여 그대 뜻에 어떠한가? 저가 이 인연으로 얻는 복이 많겠는가?"

샤크라하늘왕이 붇다께 말씀드렸다.

"매우 많습니다. 세존이시여."

붇다께서 말씀하셨다.

"카우시카여, 이 잘 행하는 남자와 여인이 이 인연으로 얻는 복이 비록 많으나, 다음 사람의 복 많음과는 같지 한다.

곧 어떤 사람이 프라즈냐파라미타에 믿어 아는 마음을 내고 보디의 마음을 내

보디사트바의 법에 머물러, 이 프라즈냐파라미타를 베껴 쓰고 경권을 받아 지녀 읽고 외워 기뻐 즐거워하는 마음을 내 남을 위해 연설한다 하자. 그리고 또한 다시 남을 위해 그 뜻을 풀이하여 이 바른 법에 청정한 마음을 내 모든 의혹을 떠나 더욱 다른 사람을 권해 그들이 받아 지니도록 하여 이와 같이 말한다 하자.

'그대들 잘 행하는 이여, 이 프라즈냐파라미타는 보디사트바의 도이니 그대들은 이 가운데서 펴서 말한 것을 닦아 배워야 한다. 이와 같이 배우는 이라야 법(法)을 얻었다고 이름하니, 그들은 곧 빨리 아누타라삼약삼보디를 얻고 온갖 중생의 세계를 다해 진여의 진실한 바탕에 널리 머물게 할 것이다.'

카우시카여, 이 잘 행하는 남자와 여인이 얻는 복은 많다."

… 중략 …

"거듭 다시 카우시카여. 만약 잠부드비파를 가득 채우고 있는 중생에게 각기 네 가지 헤아릴 수 없는 행〔四無量行〕과 네 가지 물질 없는 세계의 선정〔四無色定〕을 닦도록 하고, 나아가서 널리 온갖 신통과 브라흐만의 행과 모든 선정과 모든 복된 행을 닦도록 하면, 카우시카여 그대 뜻에 어떠한가? 저 사람이 이 인연으로 얻는 복이 많겠는가?"

샤크라하늘왕이 붇다께 말씀드렸다.

"매우 많습니다, 세존이시여." 67)

---

67) 「復次, 憍尸迦!若善男子、善女人, 以滿閻浮提所有衆生, 各各敎令修四禪定。憍尸迦!於汝意云何, 彼人以是因緣得福多不?」

　　帝釋天主白佛言:「甚多, 世尊!」

　　佛言:「憍尸迦!是善男子、善女人, 以是因緣得福雖多, 不如有人於此般若波羅密多, 發信解心、發菩提心住菩薩法, 以此般若波羅密多, 書寫經卷受持讀誦, 生歡喜心爲人演說, 或復爲人解釋其義, 於此正法生淸淨心離諸疑惑, 轉勸他人使其受持, 作如是言:『汝善男子!此般若波羅密多是菩薩道, 汝於是中如所宣說應當修學。如是學者乃名得法, 卽能速證阿耨多羅三藐三菩提, 能盡一切諸有情界, 普令安住眞如實際。』憍尸迦!是善男子、善女人得福甚多。」

　　… 중략 …

붇다께서 샤크라인드라하늘왕에게 말씀하셨다.

"카우시카여, 그러나 그러한 복도 어떤 잘 행하는 남자와 여인이 프라즈냐파라미타의 경전을 다른 사람에게 주어서 베껴 쓰고 읽고 외우게 하여 그 복이 많은 것과는 같지 않다."

(3) 남에게 짓게 하는 공덕과 스스로 남을 위하는 공덕의 대비

"거듭 다시 카우시카여, 만약 어떤 잘 행하는 남자와 여인이 프라즈냐파라미타의 경전을 다른 사람에게 주어서 이를 베껴 쓰고 읽고 외우게 하는 것은, 잘 행하는 남자와 여인이 스스로 다른 사람을 위해서 읽고 외워서 그 복이 매우 많은 것과는 같지 않다.

거듭 다시 카우시카여, 어떤 잘 행하는 남자와 여인이 프라즈냐파라미타를 스스로 다른 사람을 위해서 읽고 외우는 것은, 잘 행하는 남자와 여인이 스스로 다른 사람을 위해서 그 뜻을 풀이해서 그 복이 매우 많은 것과는 같지 않다."

(4) 비슷하지만 바르지 못한 프라즈냐행을 가림

이때 샤크라인드라하늘왕이 붇다께 말했다.

"세존이시여, 어떤 사람들을 위해 프라즈냐파라미타의 뜻을 풀이해 주어야 합니까?"

붇다께서 말씀하셨다.

「復次, 憍尸迦！若滿閻浮提所有衆生, 各各教修四無量行、四無色定, 乃至普修一切神通梵行諸禪定法及諸福行。憍尸迦！於汝意云何, 彼人以是因緣得福多不？」

帝釋天主白佛言：「甚多, 世尊！」

"카우시카여, 만약 잘 행하는 남자와 여인이 있어 프라즈냐파라미타의 뜻을 알지 못하면 그 때문에 그를 위하여 그 뜻을 풀이해 주어야 한다. 왜냐하면 카우시카여, 아직 오지 않은 세상에는 반드시 프라즈냐파라미타와 서로 비슷한 것〔相似〕이 있어서 잘 행하는 남자와 여인이 이 가운데에서 아누타라삼약삼보디를 얻으려 하지만, 이 프라즈냐파라미타와 비슷한 것을 들으면 곧 이들은 바른 길에 어긋나 그릇되게 된다."

샤크라인드라하늘왕이 말했다.

"세존이시여, 어떤 것이 프라즈냐파라미타와 비슷한 것입니까?"

붇다께서 말씀하셨다.

"카우시카여, 오는 세상에 어떤 비구가 프라즈냐파라미타를 설하려고 하나 프라즈냐파라미타와 서로 비슷한 것만을 설하게 될 것이다."

샤크라인드라하늘왕이 말했다.

"세존이시여, 어떻게 여러 비구들이 프라즈냐파라미타와 서로 비슷한 것만 설하게 됩니까?"

붇다께서 말씀하셨다.

"여러 비구들은 이렇게 말한다.

'물질은 덧없으니 만약 이와 같이 구하면 이것이 프라즈냐파라미타를 행하는 것이다. 느낌·모습취함·지어감·앎은 덧없으니 만약 이와 같이 구하면 이것이 프라즈냐파라미타를 행하는 것이다.'

카우시카여, 이것을 프라즈냐파라미타와 서로 비슷한 것을 설함이라고 한다.

카우시카여, 물질을 무너뜨리지 않는 까닭에 물질을 덧없다고 살피며, 느낌·모습취함·지어감·앎을 무너뜨리지 않는 까닭에 느낌·모습취함·지어감·앎을 덧없다고 살핀다. 이와 같이 살피지 않으면 이것을 프라즈냐파라미타와 비슷한 것을 행함이라 말한다. 카우시카여, 이와 같은 까닭에 보디사트바가 프라즈냐파라미타의 뜻을 말해주면 그 복이 매우 많은 것이다."

다나팔라역(5품)

이때 샤크라하늘왕이 붇다께 말씀드렸다.

"세존이시여, 어떤 사람들을 위하여 이 프라즈냐파라미타를 해설해야 합니까?"

붇다께서 샤크라하늘왕에게 말씀하셨다.

"만약 어떤 잘 행하는 남자와 여자가 있어 이 프라즈냐파라미타에 밝게 알지 못한다면, 저를 위해 말해주어야 한다.

왜냐하면 카우시카여. 아직 오지 않은 세상 가운데 서로 비슷한 프라즈냐파라미타를 말하는 사람이 있기 때문이다.

만약 잘 행하는 남자와 여인이 있어 아누타라삼약삼보디에 나아가려 하면서, 이 서로 비슷한 프라즈냐파라미타를 들으면 곧 잘못 어지러워지니 바로 밝게 알지 못한 것이다."

샤크라하늘왕이 붇다께 말씀드렸다.

"세존이시여. 아직 오지 않은 세상 가운데 어떻게 서로 비슷한 프라즈냐파라미타를 설합니까? 또 거듭 어떻게 다 가려 알 수 있습니까?"

붇다께서 샤크라하늘왕에게 말씀하셨다.

"카우시카여, 아직 오지 않은 세상 가운데 여러 비구가 이와 같이 말한다 하자.

'물질은 덧없으며 몸이나 마음 그리고 계정혜가 다 있는 바 없어서 모든 살피는 바를 떠났다.'

이런 말을 하면, 이 사람이 서로 비슷한 프라즈냐파라미타 말한 줄 알아야 한다.

카우시카여, 무엇을 서로 비슷한 프라즈냐파라미타라 이름하는가?

저가 다음처럼 이렇게 말한다 하자.

'물질을 무너뜨리므로 물질이 덧없다고 살피고, 느낌ㆍ모습취함ㆍ지어감ㆍ앎

을 무너뜨리므로 느낌·모습취함·지어감·앎이 덧없다고 살핀다. 만약 이와
같이 구하면 이것이 프라즈냐파라미타를 행함이다.'

카우시카여, 이렇게 말하면 다 서로 비슷한 프라즈냐파라미타〔相似般若波羅
密多〕라 이름할 수 있다. 카우시카여, 그대는 지금 다음 같이 알아야 한다.

'물질을 무너뜨리지 않으므로 물질이 덧없다고 살피며 느낌·모습취함·지어
감·앎을 무너뜨리지 않으므로 느낌·모습취함·지어감·앎이 덧없다고 살핀
다. 이렇게 말하는 자는 이 사람이 진실 그대로 프라즈냐파라미타를 펴 말한
것이다.'

카우시카여, 이 뜻 때문에 만약 잘 행하는 남자와 여인이 다른 사람을 위해
진실대로 프라즈냐파라미타의 뜻을 해설하는 자, 이 잘 행하는 남자와 여인이
복 얻음이 매우 많은 줄 알아야 한다."[68]

---

68) 爾時, 帝釋天主白佛言 : 「世尊! 當爲何等人解說此般若波羅密多?」

佛告帝釋天主言 : 「若有善男子、善女人, 於此般若波羅密多不能了知者,
當爲彼說。何以故? 憍尸迦! 未來世中當有人說相似般若波羅密多。若有善男
子、善女人, 爲欲趣證阿耨多羅三藐三菩提者, 聞是相似般若波羅密多於中學
者、則爲錯亂, 非正了知。」

帝釋天主白佛言 : 「世尊! 未來世中, 云何說彼相似般若波羅密多? 又復云
何悉能辯了?」

佛告帝釋天主言 : 「憍尸迦! 未來世中有諸芻蒭, 作如是說 : 『色是無常,
若身若心及戒定慧, 悉無所有, 離諸所觀。』作是說者, 當知是說相似般若波
羅密多。憍尸迦! 云何名爲相似般若波羅密多? 彼作是說 : 『壞色故觀色無
常, 壞受、想、行、識故觀受、想、行、識無常, 若如是求, 是爲行般若波羅
密多。』憍尸迦! 當知此說皆得名爲相似般若波羅密多。

憍尸迦! 汝今當知, 不壞色故觀色無常, 不壞受、想、行、識故觀受想行識
無常。作是說者, 是爲如實宣說般若波羅密多。憍尸迦! 以是義故, 若善男
子、善女人, 能爲他人如實解說般若波羅密多義者, 當知是善男子、善女人得
福甚多。」

2. 슈라바카의 과덕과 프라테카붇다의 과덕을 얻게 하는 공덕보다 이 경 공양의 공덕이 빼어남을 보임

(1) 스로타판나의 공덕과 프라즈냐공덕의 대비

"거듭 다시 카우시카여, 만약 어떤 잘 행하는 남자와 여인이 잠부드비파 중생들을 가르쳐 스로타판나를 얻도록 한다면, 그대 뜻에 어떠한가? 이 사람이 이 인연으로 얻는 복이 많겠느냐?"

샤크라인드라하늘왕이 말했다.

"매우 많습니다. 세존이시여."

붇다께서 말씀하셨다.

"카우시카여, 그러한 복도 잘 행하는 남자와 여인이 프라즈냐파라미타의 경전을 다른 사람에게 주어서 베껴 쓰고 읽고 외우도록 하면서 '그대는 이 프라즈냐파라미타의 공덕을 받을 것이다'라고 말하여 그 복이 매우 많은 것과는 같지 않다. 왜냐하면 스로타판나도 프라즈냐파라미타를 좇아 나오기 때문이다.

카우시카여, 잠부드비파와 삼천의 큰 천세계의 중생은 놓아두고 시방의 강가강 모래 수만큼 많은 세상의 중생들을 가르쳐 스로타판나를 얻도록 한다면, 그대 뜻에 어떠한가? 이 사람이 이 인연으로 얻는 복이 많겠느냐?"

샤크라인드라하늘왕이 말했다.

"매우 많습니다, 세존이시여."

붇다께서 말씀하셨다.

"카우시카여, 그러한 복도 잘 행하는 남자와 여인이 프라즈냐파라미타의 경전을 다른 사람에게 주어 베껴 쓰고 읽고 외우도록 하면서 '그대는 반드시 프라즈냐파라미타의 공덕을 받을 것이다'라고 말하여 그 복이 매우 많은 것과는 같지 않다. 왜냐하면 스로타판나는 이 프라즈냐파라미타를 좇아 나오기 때문이다."

(2) 나머지 슈라바카 과위 프라테카붇다 과위의 공덕과 프라즈냐 공덕의 대비

"거듭 다시 카우시카여, 만약 어떤 잘 행하는 남자와 여인이 잠부드비파 중생들을 가르쳐 사크리다가민과 아나가민과 아라한과 프라테카붇다의 도를 얻도록 한다면, 그대 뜻에 어떠한가? 이 사람이 그 인연으로 얻는 복이 많겠느냐?"

샤크라인드라하늘왕이 말했다.

"매우 많습니다, 세존이시여."

붇다께서 말씀하셨다.

"카우시카여, 그러한 복도 잘 행하는 남자와 여인이 프라즈냐파라미타의 경전을 다른 사람에게 주어 베껴 쓰고 읽고 외우도록 하면서 '그대는 반드시 프라즈냐파라미타의 공덕을 받을 것이다'라고 말하여 그 복이 매우 많은 것과는 같지 않다. 왜냐하면 그가69) 이 법을 따라 배우면 사르바즈냐나를 얻게 되며, 사르바즈냐나의 법을 따라 얻으면 사크리다가민과 아나가민과 아라한과 프라테카붇다의 도를 따라 얻게 되기 때문이다.

카우시카여, 잠부드비파와 삼천의 큰 천세계 중생은 놓아두고 시방 강가강의 모래 수만큼 많은 세상의 중생들을 가르쳐 사크리다가민과

---

69) 구마라지바역본은 '그대가〔汝〕'로 되어 있으나, 다나팔라의 이역본〔대정장 8, p.605 中〕에는 잘 행하는 남자와 여인의 말을 들은 이가 사르바즈냐나를 얻고 이하의 모든 도과(道果)를 얻는다고 되어 있다. 그 내용에 의해 '그가'로 한다.

아나가민과 아라한과 프라테카붇다의 도를 얻도록 한다면, 그대 뜻에 어떠한가? 이 사람이 이 인연으로 얻는 복이 많겠느냐?"

샤크라인드라하늘왕이 말했다.

"매우 많습니다, 세존이시여."

붇다께서 말씀하셨다.

"카우시카여, 그러한 복도 잘 행하는 남자와 여인이 프라즈냐파라미타의 경전을 다른 사람에게 주어 베껴 쓰고 읽고 외우도록 하면서 '그대는 반드시 프라즈냐파라미타의 공덕을 받을 것이다'라고 말하여 그 복이 매우 많은 것과는 같지 않다. 왜냐하면 그가70) 이 법을 배우면 사르바즈냐나를 얻게 되며, 사르바즈냐나의 법을 따라 얻으면 사크리다가민과 아나가민과 아라한과 프라테카붇다의 도를 따라 얻을 수 있기 때문이다."

3. 중생에 대한 프라즈냐행과 보디사트바에 대한 프라즈냐행의 차별

(1) 발심 공덕의 차별

"거듭 다시 카우시카여, 만약 잠부드비파에 가득한 중생들이 다 아누타라삼약삼보디의 마음을 내고, 만약 잘 행하는 남자와 여인이 그들에게 프라즈냐파라미타의 경전을 주어 베껴 쓰고 읽고 외우도록 하면 이 사람이 이 인연으로 얻는 복이 많겠느냐?"

샤크라인드라하늘왕이 말했다.

"매우 많습니다, 세존이시여."

---

70) 앞 69번 각주의 내용에 따라 '그가'로 한다.

붇다께서 말씀하셨다.

"카우시카여, 만약 잘 행하는 남자와 여인이 프라즈냐파라미타의 경전을 '물러나 구름이 없는 지위[不退轉地]'에 있는 한 보디사트바에게 주면서 이렇게 생각한다 하자.

'이 보디사트바가 이 법 가운데서 배우면 반드시 프라즈냐파라미타를 닦아 익힐 수 있을 것이다.'

그러면 이 인연으로 프라즈냐파라미타가 더욱 널리 퍼지게 될 것이니, 이렇게 생각하는 복은 앞의 저 복보다 많다.

카우시카여, 잠부드비파와 삼천의 큰 천세계의 중생은 놓아두고 만약 시방의 강가강 모래 수만큼 많은 세계의 중생들이 다 아누타라삼약삼보디의 마음을 내고, 만약 어떤 잘 행하는 남자와 여인이 그들에게 프라즈냐파라미타의 경전을 주고 이를 베껴 쓰고 읽고 외우도록 한다면, 그대 뜻에 어떠한가? 이 사람이 그 인연으로 받는 복이 많겠느냐?"

샤크라인드라하늘왕이 말했다.

"매우 많습니다, 세존이시여."

붇다께서 말씀하셨다.

"카우시카여, 만약 잘 행하는 남자와 여인이 '물러나 구름이 없는 지위'에 있는 한 보디사트바에게 프라즈냐파라미타의 경전을 주면서 이렇게 생각한다 하자.

'이 보디사트바가 이 법 가운데서 배우면 프라즈냐파라미타를 닦아 익힐 수 있게 된다.'

그러면 이 인연으로 프라즈냐파라미타는 더욱 널리 퍼지게 될 것이니, 이렇게 생각하는 복은 앞의 저 복보다 훨씬 많다."

(2) 해설 공덕의 차별

"거듭 다시 카우시카여, 잠부드비파에 있는 중생들이 다 아누타라 삼약삼보디의 마음을 내고, 만약 어떤 잘 행하는 남자와 여인이 그들에게 프라즈냐파라미타의 경전을 주고 그 뜻을 풀이해 준다면, 그대 뜻에 어떠한가? 이 사람이 이 인연으로 얻는 복이 많겠느냐?"

샤크라인드라하늘왕이 말했다.

"매우 많습니다, 세존이시여."

붇다께서 말씀하셨다.

"카우시카여, 그러한 복도 잘 행하는 남자와 여인이 프라즈냐파라미타의 경전을 물러나 구름이 없는 지위에 있는 한 보디사트바에게 주면서 그 뜻을 풀이해 주는 것과 같지 않으니, 아비니바르타니야보디사트바에게 풀이해주는 복은 앞의 저 복보다 훨씬 많다.

카우시카여, 잠부드비파와 삼천의 큰 천세계 중생은 놓아두고 시방의 강가강 모래 수만큼 많은 세계의 중생들이 다 아누타라삼약삼보디의 마음을 내고, 만약 어떤 잘 행하는 남자와 여인이 프라즈냐파라미타의 경전을 그들에게 주고 그 뜻을 풀이해 준다면, 그대 뜻에 어떠한가? 이 사람이 이 인연으로 받는 복이 많겠느냐?"

샤크라인드라하늘왕이 말했다.

"매우 많습니다, 세존이시여."

붇다께서 말씀하셨다.

"그러한 복도 잘 행하는 남자와 여인이 프라즈냐파라미타의 경전을 물러나 구름이 없는 지위에 있는 한 보디사트바에게 주면서 그 뜻을 풀이해주는 것과 같지 않으니, 아비니바르타니야보디사트바에게 풀이해주는 복은 앞의 복보다 훨씬 많다."

"거듭 다시 카우시카여, 잠부드비파에 있는 중생들이 다 물러나 구름이 없는 지위의 보디사트바인데, 만약 어떤 잘 행하는 남자와 여인이 그들을 프라즈냐파라미타의 뜻으로써 가르쳐 준다면, 그대 뜻에 어떠한가? 이 사람이 그 인연으로 얻는 복이 많겠느냐?"

샤크라인드라하늘왕이 말했다.

"매우 많습니다, 세존이시여."

붇다께서 말씀하셨다.

"카우시카여, 그 가운데 한 보디사트바가 있어서 빨리 아누타라삼약삼보디를 얻었는데, 만약 어떤 사람이 그에게 프라즈냐파라미타의 뜻으로 가르쳐 준 것이라면 이 복은 앞의 저 복보다 훨씬 많다.

카우시카여, 잠부드비파와 삼천의 큰 천세계의 중생은 놓아두고 나아가 시방의 강가강 모래 수만큼 많은 세계 중생들이 모두가 물러나 구름이 없는 지위의 보디사트바인데, 만약 어떤 잘 행하는 남자와 여인이 그들을 프라즈냐파라미타의 뜻으로써 가르쳐 준다면, 그대 뜻에 어떠한가? 이 사람이 이 인연으로 얻는 복이 많겠느냐?"

샤크라인드라하늘왕이 말했다.

"매우 많습니다, 세존이시여."

붇다께서 말씀하셨다.

"카우시카여, 그 가운데 한 보디사트바가 있어서 빨리 아누타라삼약삼보디를 얻었는데, 만약 어떤 사람이 프라즈냐파라미타의 뜻으로 그에게 가르쳐준 것이라면 이 복은 앞의 저 복보다 훨씬 많다."

이때 샤크라인드라하늘왕이 붇다께 말씀드렸다.

"참으로 그렇고 그렇습니다, 세존이시여. 보디사트바가 아누타라삼약삼보디에 가까워짐에 따라 더욱 프라즈냐파라미타의 뜻을 그 보디사트바에게 가르쳐 주어야 하며, 나아가 더욱 옷가지와 먹고 마실 것과 잠자리와 의약으로 공양하면 그 복이 매우 많습니다. 왜냐하면 세존이시여, 법이 반드시 그러하여 아누타라삼약삼보디에 가까워짐에 따라 받는 복이 아주 많아지기 때문입니다."

4. 법이 반드시 보디사트바를 도와줌을 밝힘

이때 수부티가 샤크라인드라하늘왕에게 말했다.

"참으로 옳고 옳소, 카우시카여. 그대야말로 붇다의 거룩한 제자요. 법은 반드시 여러 보디사트바들을 도와주니, 아누타라삼약삼보디로 써 보디사트바들을 편안히 위로하고 보살펴 생각해주오. 만약 붇다께 서 처음 아누타라삼약삼보디의 마음을 내셨을 때에도 지난 세상 여러 붇다들과 그 제자들이 여섯 가지 파라미타로 편안히 위로하고 도와주지 않았다면 아누타라삼약삼보디를 얻을 수 없었을 것이오.

카우시카여, 붇다도 처음 보디의 뜻을 내셨을 때 지난 세상 모든 붇다들과 그 제자들이 여섯 가지 파라미타로 편안히 위로하고 도와주었기 때문에 아누타라삼약삼보디를 얻을 수 있었소."

__다나팔라역(5품)__

이때 존자 수부티가 샤크라인드라하늘왕에게 말했다.

"잘 말하고 잘 말했소, 카우시카여. 그대는 잘 모든 보디사트바마하사트바를 열어 이끌고 다시 여러 보디사트바마하사트바를 보살펴 생각할 수 있소.

카우시카여. 붇다의 모든 제자들은 다 아누타라삼약삼보디의 법으로써 여러 보디사트바마하사트바를 보살펴 생각해주니, 다 이 여섯 파라미타 배움으로 인해 보디의 마음을 내고 보디의 과덕에 머무는 것이오.

왜냐하면 지나간 모든 보디사트바마하사트바도 다 이 여섯 파라미타를 인하

므로 보디의 마음을 내어 보디의 과덕에 머물렀고, 지금 붇다 세존께서도 또한
이 여섯 파라미타를 배우므로 보디의 과덕을 얻고 아직 오지 않은 모든 보디사
트바마하사트바도 또한 다시 이와 같기 때문이오.

그러므로 카우시카여, 만약 보디사트바마하사트바가 이 여섯 파라미타를 배
우지 않으면 곧 아누타라삼약삼보디의 과덕을 얻을 수 없소."71)

<u>평창</u>

프라즈냐파라미타는 사르바즈냐나에 회향되는 행이므로 사르바즈
냐나에 이르지 못한 세간 선정, 열 가지 착한 길의 복업을 뛰어넘는
다. 그러므로 프라즈냐파라미타의 수트라를 스스로 받아 지니고 남
에게 주어 베껴 쓰고 읽고 외우게 하는 공덕이 세간 복업을 뛰어넘는
다.

프라즈냐파라미타를 행함은 세계의 진실상 그대로의 행이니 다섯
쌓임〔五蘊〕의 나〔我〕와 나 없음〔無我〕, 항상함〔常〕과 덧없음〔無常〕을
모두 넘어서야 프라즈냐를 행함이고 그렇지 못하면 프라즈냐파라미
타 비슷한 것〔相似般若〕을 행함이 된다.

물러나 구름이 없는 보디사트바는 지금 믿는 마음과 행이 여래의
과덕 그대로의 믿음과 행이 되므로, 그는 지금의 모든 행이 반드시

---

71) 爾時, 尊者須菩提讚帝釋天主言:「善哉, 善哉!憍尸迦!汝善開導諸菩薩摩
訶薩, 復能護念諸菩薩摩訶薩。憍尸迦!佛諸弟子皆以阿耨多羅三藐三菩提法
護念諸菩薩摩訶薩, 令發阿耨多羅三藐三菩提心, 令住阿耨多羅三藐三菩提
果。

何以故?過去諸菩薩摩訶薩, 皆因學是六波羅密多故, 發菩提心住菩提果,
今佛世尊亦學是六波羅密多故得菩提果, 未來諸菩薩摩訶薩亦復如是。是故,
憍尸迦!若菩薩摩訶薩不學是六波羅密多, 即不能得阿耨多羅三藐三菩提
果。」

아누타라삼보디의 행을 이미 짊어진 행이 된다. 그러므로 헤아릴 수 없는 법으로 중생에게 아누타라삼약삼보디의 마음을 일으킨다 해도 그 마음이 물러나 구름이 없는 마음이 되지 못하면 그 행은 아누타라삼약삼보디를 짊어진 행이 되지 못한다.

첫 마음〔初心〕이 마쳐 다한〔畢竟〕 마음과 둘이 없음을, '물러나 구름이 없는 보디사트바'라 하니, 그의 공덕은 저 여래의 공덕을 지금 낱낱 행에서 온전히 짊어진 행이다.

그렇다면 지금 이 세간의 물든 땅 온갖 어려움과 장애가 넘치는 곳에서 여래의 보디를 짊어지고 온전히 여래와 함께 자고 일어나 그 공덕의 땅을 떠나지 않는 참사람의 삶은 어떤 것인가.

옛 조사〔傅大士〕는 이렇게 노래한다.

▪ (1431則)

밤과 밤마다 붇다를 안고 자고
아침마다 도로 같이 일어난다
일어나고 앉음에 늘 서로 따르고
말하고 잠잠함에 같이 머물고 그치어
털끝도 서로 떨어지지 않으니
마치 몸과 그림자와 서로 같다
붇다께서 가신 곳 알려는가
이 말과 소리가 그것이다

夜夜抱佛眠 朝朝還共起
起坐鎭相隨 語默同居止
纖毫不相離 如身影相似
欲識佛去處 秖這語聲是

보령용(保寧勇) 선사가 노래했다.

자려고 할 때는 곧 자고
일어나려면 곧 일어난다
물로 얼굴 씻으면 빛나고
차 마시면 입부리 젖는다
큰 바다에 붉은 티끌 나고
맨 땅에 큰 물결이 인다
하하하하하 라리리라리로다

要眠時卽眠　要起時卽起
水洗面皮光　啜茶濕却觜
大海紅塵生　平地波濤起
呵呵阿呵呵　囉哩哩囉哩

학담도 한 노래를 더해보리라.

붇다께서 어디 계시고 어디로 갔는가
이 묻는 소리 어디서 왔는가 반드시 알라
깨쳐 알면 곧 물러나 구르지 않음이니
붇다와 더불어 때를 같이해 자고 일어나리

佛在何處去何所　須知此聲從何來
了得卽是不退轉　與佛同時眠而起

제7품 보디사트바의 회향
〔廻向品〕

　　모든 법의 참모습은 모습에 모습 없으며 함에 함이 없으니, 참모습 가운데는 실체적인 나도 없고 너도 없으며, 일어나고 사라짐〔起滅〕도 없으며 늘 머묾〔常住〕도 없다. 참된 복덕의 회향은 억지로 내가 지은 복덕을 남에게 돌려주는 일이 아니라, 이처럼 복덕 가운데 복덕을 지은 자와 받는 자, 복덕의 모습마저 없음을 깨달아 죄업과 복덕의 닫힌 모습을 넘어서 다함 없는 삶의 자유를 구현함이다.

　　그러므로 가장 큰 회향, 바른 회향은 아누타라삼약삼보디에 돌아가고 사르바즈냐나에 돌아감이니, 그러한 돌아감에는 돌아가는 모습이 없다. 경전은 남의 공덕을 따라 기뻐하여 그 모든 공덕을 아누타라삼약삼보디에 회향하되, 회향하는 마음과 회향되는 법을 보지 않는 회향을 바른 회향〔正廻向〕이라 하고 위없는 회향〔無上廻向〕이라 한다.

　　위없는 회향은 욕계(欲界)에도 얽매이지 않고 물질세계〔色界〕에도 얽매이지 않고 물질 없는 세계〔無色界〕에도 얽매이지 않으며, 모습 있음에도 머물지 않고 모습 없음에도 머물지 않는다. 보디사트바의 위없는 회향, 크나큰 회향은 주되 줌이 없고 회향하되 회향함이 없다. 실로 회향함이 없고 회향한 바 없는 보디사트바의 회향은 방편과 프라즈냐에 의해 보살펴지기 때문에 모든 얻을 것 있는 보시복덕보다 빼어나고 모습에 갇힌 보시복덕보다 빼어나다.

　　모든 법의 참모습이 실로 얽매임이 없으므로 풀림도 없고, 실로 묶임이 없으므로 벗어남도 없듯이, 보디사트바의 크나큰 회향도 또한 생겨나지도 않고 사라지지도 않으며 오지도 않고 가지도 않는다.

　　학담이 노래로 종요를 말해보리라.

　　　보디사트바의 회향은 보디에 돌아감인데

보디는 모습 없고 머무는 곳이 없어라
보디사트바 회향하되 하는 자와 하는 곳이 없으며
회향하는 마음과 회향의 법도 또한 없어라

菩薩廻向歸菩提　菩提無相無所住
菩薩雖廻無能所　亦無廻心無廻法

위없는 회향이란 돌아가는 곳이 없으니
마음 성품 얻지 않으면 큰 회향이라 이름하네
따라 기뻐하는 복덕은 진실에 돌아감이라
실상대로의 바른 회향은 그지 없어라

無上廻向無廻處　心性不得名大廻
隨喜福德歸眞實　正廻向也無有極

따라 기뻐하는 복덕을 바로 회향함은
삼계와 삼세에 모두 집착하지 않아
해탈이 자재하여 가장 빼어나고 묘하니
프라즈냐가 더해 입혀주고 모든 붇다 보살피리

隨喜福德正廻向　不着三界與三世
解脫自在最勝妙　般若加被諸佛護

1. 따라 기뻐하는 복덕의 모습

(1) 회향하는 마음을 얻을 것 없음

이때 마이트레야보디사트바(Maitreya-bodhisattva, 彌勒菩薩)가 수부티에게 말했다.

"보디사트바마하사트바가 따라 기뻐하는 복덕은 다른 중생들이 보시하고 계를 지키며 선정을 닦는 복덕보다 가장 크고 가장 빼어나며 가장 위가 되며 가장 미묘하오." 72)

다나팔라역(6품)

---

72) 〔E.Conze역 7품〕

마이트레야보다시트바가 말했다.

"보디사트바의 재능에서, 우리가 갖고 있는 한 측면으로 다른 사람의 공적을 다시 기뻐함에서 발견되어지는 가치 있는 일과, 온갖 존재의 최상의 깨달음에 그 공적을 바치는 것과, 거기 있는 측면으로서 보시하고 계행 지키고 명상함에서 발견되는 가치 있는 일과, 기뻐함 속에서 발견되는 이 가치 있는 보디사트바의 일 사이에서, 바쳐 회향하는 것이 최상이고 가장 빼어나 고상하며 가장 높고 맨 마지막이며, 아무도 넘어설 수 없고 같이할 수 없으며, 같이할 수 없음에 같이하는 것으로 선언되어지오."

Maitreya: On the one side we have, on the part of a Bodhisattva, the meritorious work which is founded on his rejoicing at the merit of others, and on his dedication of that merit to the utmost enlightenment of all beings; on the other side there is, on the part of all beings, the meritorious work founded on giving, on morality, on meditational development. Among these the meritorious work of a Bodhisattva founded on jubilation and dedication is declared to be the best, the most excellent and sublime, the highest and supreme, with none above it, unequalled, equalling the unequalled.

이때 마이트레야〔慈氏〕 보디사트바마하사트바가 존자 수부티에게 말하였다.
"만약 보디사트바가 이 깊고 깊은 프라즈냐파라미타 법문에서 따라 기뻐해 회
향하여 얻은 공덕은 다른 중생이 널리 베풀고 계 지키고 선정 닦은 공덕에 견
주면, 가장 높고 가장 끝이 되며 가장 빼어나고 가장 묘해 넓고 크고 헤아릴
수 없고 같이함 없고 나란히 같이함 없소. 그러므로 이 깊고 깊어 바른 법을
따라 기뻐해 진리대로 회향해야 하오〔如理迴向〕."73)

이때 수부티가 마이트레야보디사트바에게 물었다.
"만약 보디사트바가 시방의 헤아릴 수 없는 아상키야 세계에서 지
난 세상 니르바나에 드신 헤아릴 수 없는 붇다들께서 다음 같이 살피
고 회향한 줄 알았다 합시다.
그 여러 붇다들께서는 처음 깨달음의 마음을 내서부터 아누타라삼
약삼보디를 얻어 남음 없는 니르바나에 들고 나아가 법이 없어지려
할 때까지, 그 사이 온갖 공덕을 아누타라삼약삼보디에 회향하였습니
다.
곧 그 사이에 있었던 온갖 공덕이란 바로 여섯 가지 파라미타를 행
한 착한 뿌리〔善根〕의 복덕과 모든 슈라바카 제자들이 보시하고 계를
지키고 선정을 닦은 복덕과 아직 배워가는 이와 더 이상 배울 것 없는
이〔學無學〕들의 번뇌의 흐름이 다한 복덕입니다. 그리고 모든 붇다들
의 계(戒)·정(定)·혜(慧)·해탈(解脫)·해탈지견(解脫之見)74)과

---

73)   爾時, 慈氏菩薩摩訶薩告尊者須菩提言：「若菩薩摩訶薩, 於此甚深般若波
       羅密多法門, 隨喜迴向所獲功德, 比餘衆生布施, 持戒, 修定功德, 最上最極
       最勝最妙, 廣大無量無等無等等。是故於此甚深正法, 應當隨喜如理迴向。」

74)   계(戒)·선정〔定〕·지혜〔慧〕·해탈(解脫)·해탈지견(解脫知見): 생각에
       생각 없는 사마타(śamatha)가 선정이라면, 생각 없음에 생각 없음도 없는
       비파사나(vipaśyanā)가 지혜이고, 선정과 지혜가 하나됨이 바른 계행〔戒〕이

큰 사랑 크게 슬피 여김으로 중생을 이롭게 하고 편안하게 함과 헤아릴 수 없는 붇다의 가르침과 그 설하신 바, 이 법을 따르는 가운데 중생이 받아 배워서 그들이 갖는 복덕이며, 모든 붇다들께서 니르바나에 드신 뒤 중생들이 심은 복덕들입니다.

붇다들께선 이 모든 복덕들을 모아 헤아려서, 가장 크고 빼어나며 가장 위가 되고 가장 미묘한 마음으로 따라 기뻐하며, 따라 기뻐하고서는 아누타라삼약삼보디에 회향하시고, 이렇게 살핌을 지으셨습니다.

'나는 이 복덕으로 반드시 아누타라삼약삼보디를 얻게 되리라.'

보디사트바가 이와 같음을 알고서 다시 만약 이렇게 생각한다 합시다.

'나도 이 마음을 아누타라삼약삼보디에 회향하리라.'

그러면 마음으로 생각한 그대로의 이 모든 생각한 것〔是諸緣〕과 모든 일들〔諸事〕75)을 얻을 수 있습니까?"

마이트레야보디사트바가 말했다.

"이 모든 따져 생각한 것과 모든 일들은 얻을 수 없으니 마음이 모습을 취함인 것이오〔如心取相〕."76)

다. 계정혜의 바른 행으로 해탈(解脫, vimokṣa)이 이루어지고, 해탈을 세간에 넓히는 지견(知見)이 해탈지견이다. 이 다섯 행을 다섯 가름 법신〔五分法身〕의 행이라 한다.

75) (諸)緣은 범어 ārambaṇa(ālambana)로서 '대상'이나 '반연'으로 옮겨지고, (諸)事 는 범어 vastu로서 '일'로 옮겨진다.

76) '마음이 모습 취함'이란 객관경계를 주체화하여 인식내용으로 구성한다는 뜻이다. 그러므로 앎〔識〕의 아는 바〔所緣〕인 여섯 객관 경계〔六境, 實色境分, 第八識相分〕를 앎활동 속의 아는 것〔識相分〕으로 구성하지만, 여섯 객관 대상도 실로 얻을 것이 없고 여섯 앎활동 속〔六識〕의 아는 것도 얻을 것이 없다.

이때 마이트레야보디사트바가 존자 수부티에게 말했다.

"아니오, 수부티여. 있는바 모든 생각함과 모든 일과 모습은 마음을 좇아 난 것이지만 마음이 모습 취함과 같음을 다 얻을 수 없소."[77]

(2) 회향함이 없이 사르바즈냐나에 회향함

수부티가 말했다.

"만약 이 모든 생각한 것과 일들이 그렇게 얻을 수 없다면 이 사람은 장차 생각이 뒤바뀌고 견해가 뒤바뀌고 마음이 뒤바뀌어서, 덧없음[無常]을 항상함[常]이라고 하거나 괴로움[苦]을 즐거움[樂]이라고 하거나 깨끗하지 않음[不淨]을 깨끗하다[淨]고 하거나 '나 없음[無我]'을 나[我]라고 함이 없을 것입니다.

만약 모든 생각한 것과 일들이 실답다면 깨달음도 또한 이와 같으며 마음도 이와 같습니다. 만약 모든 생각한 것과 일들과 깨달음과 마음이 다름 없는 것이라면 어떤 것이 따라 기뻐하는 마음을 아누타라삼약삼보디에 회향하는 것입니까?"

수부티가 다시 마이트레야보디사트바에게 말하였다.

"만약 모든 생각함 모든 일과 모든 모습에서 마음이 취함과 같은 것[如心所取]을 얻을 수 없는 것이라면, 이 사람은 모습 취함의 뒤바뀜 마음의 뒤바뀜 견해의 뒤바뀜이 없겠지요. 왜냐하면 나는 것이 있으므로[有所生故] 덧없음을

---

77) 爾時, 慈氏菩薩告尊者須菩提言 : 「不也, 須菩提!所有諸緣諸事諸相, 從心所生, 如心取相, 皆不可得。」

항상함이라 하고, 괴로움을 즐거움이라 하며, 깨끗하지 않음을 깨끗함이라 하고, 나 없음을 나라고 하고, 의혹하는 마음에서 바른 사유를 말하고, 이로 말미암아 모습취함[想]과 마음[心]과 견해[見]가 뒤바뀜[顚倒]을 이루기 때문입니다.

만약 모든 생각함 모든 일 모든 모습에서 낱낱이 다 진실대로의 법에 머문다면 곧 나는 바가 없고 또한 취할 바가 없습니다. 이와 같음을 말미암아 마음의 법 또한 그러하고 모든 법도 또한 그러하며, 보디 또한 그러합니다.

만약 모든 생각함과 모든 일 모든 모습 보디와 마음이 다 다름이 없는 것이라면, 어떤 생각한 것에서 무슨 모습을 취하며 무슨 마음으로 공덕을 따라 기뻐하겠습니까. 또 거듭 무슨 착한 뿌리를 아누타라삼약삼보디에 회향하겠습니까."78)

마이트레야보디사트바가 말했다.

"수부티여, 이와 같이 회향하는 법은 깨달음에 처음 마음을 낸 보디사트바 앞에서는 설하지 말아야 하오. 왜냐하면 이 사람에게 있던 믿음과 좋아함과 공경하는 마음과 깨끗한 마음이 다 없어져 잃어버리기 때문이오.

수부티여, 이와 같이 회향하는 법은 반드시 물러나 구름이 없는 지위의 보디사트바 앞에서만 설해야 하오. 만약 바른 스승[善知識]과 더불어 서로 따르는 이에게 설하면, 이 사람은 이러한 말을 들어도 놀

---

78) 須菩提復白慈氏菩薩言:「若諸緣諸事諸相, 如心所取, 不可得者, 是人將無想顚倒、心顚倒、見顚倒耶? 何以故? 有所生故。無常謂常, 以苦謂樂, 不淨謂淨, 無我謂我, 於疑惑心謂正思惟, 由是於想、心、見皆成顚倒。

若於諸緣諸事相, 一一皆住如實法者, 卽無所生亦無所取。由如是故, 心法亦然, 諸法亦然, 菩提亦然。若諸緣諸事諸相, 菩提及心, 皆無異者, 卽於何所緣取於何相? 當以何心隨喜功德? 又復以何善根, 迴向阿耨多羅三藐三菩提?」

라지 않고 두려워하지 않고 빠지지 않고 물러나지 않소. 보디사트바
는 따라 기뻐하는 복덕을 반드시 이와 같이 사르바즈냐나에 회향해야
하오.

지금 쓰고 있는 마음[所用心]으로 회향한다면 이 마음은 곧 다하여
사라지는데, 어떤 마음이 아누타라삼약삼보디에 회향되는 것이오?

만약 마음을 써서 마음으로 회향한다면[若用心心廻向], 이 두 마음
[所用心 能用心]은 함께하지 않으며 또 마음의 성품[心性]은 회향할
수도 없소." 79)

2. 보디사트바가 바르게 회향하는 법

(1) 회향하는 마음과 회향되는 법이 없는 바른 회향

이때 샤크라인드라하늘왕이 수부티에게 말했다.

"깨달음에 새로 뜻을 낸 보디사트바가 이러한 일을 들으면 두려워
하거나 놀라지 않겠습니까? 보디사트바는 이제 어떻게 따라 기뻐하
는 복덕을 진실대로 회향합니까?"

이때 수부티가 마이트레야보디사트바로 인하여 이렇게 말했다.

"보디사트바는 다음 같이 따라 기뻐하고 보디에 회향합니다.

곧 지난 세상 모든 붇다께서는 윤회의 길을 이미 끊고 업행을 이미
다하며, 허튼 따짐[戲論, prapañca]80)을 그쳐서 괴로움의 가시를

---

79) 회향하는 마음: 지금 어떤 행위를 짓고 공덕을 지을 때 하는 마음[能]과 하
는 바[所]가 어울려 지금 함[爲]을 이루니, 짓고 함에 함이 없으므로 함에서
함 떠남을 진실 그대로의 회향이라 한다. 하는 마음으로 다시 회향하는 생각
을 일으키면 이는 참된 회향이 아니다.

80) 회론(戲論): 범어로는 prapañca이다. 우스갯짓 하는[戲弄] 담론(談論)이

없애고 무거운 짐을 벗고 스스로의 이익을 얻어 있음에 묶임[有結]을 다하고 바른 지혜로 해탈하여 마음에 자재를 얻으셨습니다.

보디사트바가 헤아릴 수 없는 아상키야의 세계 가운데서 니르바나에 드신 모든 붇다에게 있는 착한 뿌리 복덕의 힘과, 모든 붇다의 제자들이 여러 붇다의 처소에서 심은 착한 뿌리를 다 모아 헤아려, 이 모든 복덕을 가장 크고 가장 빼어나고 가장 높고 가장 미묘한 마음으로 따라 기뻐하며, 따라 기뻐하고서는 아누타라삼약삼보디에 회향한다 합시다. 그렇다면 이 보디사트바가 이제 어떻게 해야 생각의 뒤바뀜과 견해의 뒤바뀜과 마음의 뒤바뀜에 떨어지지 않게 됩니까?

만약 이 보디사트바가 따라 기뻐하는 이 마음을 써서 아누타라삼약삼보디에 회향하고, 이 마음 가운데 마음의 모습을 내지 않는다면[不生心相] 이것이 곧 아누타라삼약삼보디에 회향하는 것입니다.

그러나 만약 이 보디사트바가 이 마음 가운데서 마음의 모습을 내면 곧 생각의 뒤바뀜과 견해의 뒤바뀜과 마음의 뒤바뀜에 떨어지는 것입니다.

만약 보디사트바가 따라 기뻐할 때 기뻐하는 이 마음은 다하여 없어지는 모습이니, 다하여 없어지는 모습을 진실 그대로 안다면[如實知], 다하여 없어지는 모습의 법은 곧 회향할 수 없습니다. 회향하는 마음[能廻向心] 또한 이와 같은 모습이며, 회향되는 법[所廻向法] 또한 이와 같은 모습이니, 만약 이와 같이 회향할 수 있다면 이것을 바른 회향이라고 합니다. 보디사트바마하사트바는 반드시 따라 기뻐하는 복덕을 이와 같이 회향해야 합니다."

라는 뜻으로 부질없이 희롱하여 아무 뜻도 이익도 없는 말이다. 여기에 두 가지가 있으니, 하나는 사물에 애착하는 마음으로 하는 갖가지 옳지 못한 말인 애론(愛論)이고, 또 하나는 갖가지 치우친 견해로 하는 견론(見論)이다.

다나팔라역(6품)

이때 마이트레야보디사트바가 존자 수부티에게 말했다.

"만약 보디사트바마하사트바가 따라 기뻐하는 마음을 써서 회향할 때, 이 마음 가운데서 마음의 모습 취함을 내지 않고 마음에 취할 모습 없음을 진실대로 알고서, 만약 보디사트바마하사트바가 이와 같이 공덕을 따라 기뻐할 수 있어서 아누타라삼약삼보디에 회향한다 합시다.

그러면 이 보디사트바마하사트바는 모습취함과 마음과 견해의 뒤바뀜에 떨어지지 않소. 만약 다시 마음에서 진실대로 알지 않고 얻을 것 있는 생각으로 회향한다면, 이 보디사트바마하사트바는 모습취함과 마음과 견해의 뒤바뀜을 멀리 떠날 수 없소..

또 다시 만약 모든 보디사트바가 얻음이 있는 마음으로 회향한다면, 이 마음은 곧 다하고 사라지며 곧 떠나게 되오. 그러면 저 다해 사라지는 마음은 회향할 수 없는 것이오.

만약 얻을 것 없는 마음〔無所得心〕으로 회향한다면 이것은 곧 진실과 같이 법의 성품〔法性〕에 회향하는 것이오. 만약 법을 이와 같이 회향하기 때문에 곧 법의 성품이 또한 그러하고, 법의 성품에 이와 같이 회향하므로 모든 법도 또한 그러하오.

이 보디사트바마하사트바가 이와 같이 회향하는 것, 이것이 바른 회향〔正廻向〕이라 삿된 회향이라 이름하지 않소. 이 회향하는 법을 보디사트바마하사트바는 이와 같이 배워야 하오." 81)

---

81)   爾時, 慈氏菩薩告尊者須菩提言:「若菩薩摩訶薩所用心隨喜及廻向時, 於是心中不生心想, 如實知心無所取相。若菩薩摩訶薩能以如是隨喜功德, 廻向阿耨多羅三藐三菩提者, 是菩薩摩訶薩卽得不墮想、心、見倒。若復於心不如實知, 以有得想而廻向者, 是菩薩摩訶薩不能遠離想、心、見倒。

又復, 若諸菩薩摩訶薩以有得心而廻向者, 是心卽盡卽滅卽離, 彼盡滅心不能廻向。若以無所得心而廻向者, 是卽如實廻向法性。若法如是廻向故, 卽法性亦然；法性如是廻向故, 卽諸法亦然。若菩薩摩訶薩能如是廻向者, 是爲正

"만약 보디사트바가 지난 세상 여러 붇다에게 있는 복덕과 여러 제자와 범부 나아가 축생들이 법을 듣고서 심은 착한 뿌리와 모든 하늘과 용, 야크샤와 건달바와 아수라와 가루라와 킴나라와 마호라가와 사람인 듯 사람 아닌 것 등이 법을 듣고 사르바즈냐나에 응하는 마음을 낸 것까지 다 모아서 헤아려, 이 모든 복덕을 가장 크고 가장 뛰어나고 가장 높고 가장 미묘한 마음으로 따라 기뻐하며 따라 기뻐하고서는 이것을 아누타라삼약삼보디에 회향한다 합시다.

그리고 '이 모든 법은 다하여 없어지며 회향되는 곳 또한 다하여 없어진다'고 생각한다면 이것이야말로 따라 기뻐하는 복덕을 바르게 아누타라삼약삼보디에 회향한다고 하는 것입니다.

또한 보디사트바가 이와 같이 회향할 수 있는 법[能迴向法]이 있지 않음을 안다면 이것을 아누타라삼약삼보디에 바르게 회향함이라고 합니다.

만약 보디사트바가 이와 같이 회향한다면 모습취함[想]의 뒤바뀜과 견해[見]의 뒤바뀜과 마음[心]의 뒤바뀜에 떨어지지 않습니다. 왜냐하면 이 보디사트바는 회향을 탐착하지 않기 때문이니, 이것을 위없는 회향[無上迴向]이라고 합니다.

만약 어떤 보디사트바가 복덕에 대하여 어떤 법을 일으켜서 모습을 취하여 분별한다면[取相分別] 이 복덕을 회향할 수 없습니다. 왜냐하면 이 지어 일으키는 법은 다 모습을 떠났으며[離相], 따라 기뻐하는 복덕 또한 모습을 떠났기 때문입니다.

만약 보디사트바가 생각하는바 지어 일으킨 법이 다 모습을 떠난 줄 알면, 이것이 곧 프라즈냐파라미타 행함인 줄 알아야 합니다.

迴向, 不名邪迴向。而此迴向法, 菩薩摩訶薩應當如是學。」

또한 지난 세상 니르바나에 드신 모든 붇다의 착한 뿌리와 복덕도 이와 같이 회향하며, 써서 회향하는 법〔所用廻向法〕의 성품의 모습도 이와 같습니다.

만약 이와 같이 알 수 있으면 이것을 아누타라삼약삼보디에 바르게 회향함이라고 합니다. 왜냐하면 어떤 붇다도 모습을 취하여 회향하는 것〔取相廻向〕을 허락하지 않으셨기 때문입니다. 만약 어떤 법이 지나간 때 다하여 없어져서 이 법은 모습 없음〔無相〕[82]이며, 모습으로 그것을 얻을 수도 없다고 하여, 만약 이와 같이 모습에 대해 분별한다면 이것을 모습을 취함〔取相〕이라고 합니다.

이와 같이 분별하지 않으면 이것을 바르게 회향함〔正廻向〕이라고 합니다."

(2) 모습 취하지 않고 회향하는 방법

(이때 마이트레야보디사트바가 수부티에게 물었다.)

"어떻게 모습을 취하여 분별하지 않고 회향할 수 있소?"

(수부티가 말했다.)

"보디사트바는 모습 취함 없는 이 일 때문에 반드시 프라즈냐파라미타의 방편을 배워야 합니다. 만약 프라즈냐파라미타의 방편을 듣지 못하고 얻지 못하면, 이 일에 들어갈 수 없습니다. 만약 프라즈냐파라미타의 방편을 듣지 못하고 얻지 못한다면 온갖 복덕을 바르게 회향함이란 있을 수 없습니다.

---

82) 어떤 있는 것이 다해 없어짐으로 모습 없음을 삼으면 모습 있음과 모습 없음의 두 모습을 모두 취함이니, 이러한 견해로 회향한다면 이는 바른 회향이 아니다. 지은바 복덕의 모습과 닦아 행한 착한 뿌리에 얻을 모습이 없으므로 모습 취하지 않음이 실상에 회향함이고 바른 회향이다.

왜냐하면 이런 사람은 지나가신 모든 붓다의 몸과 모든 복덕이 이미 다 없어졌는데, 모습을 취해 이 복덕을 얻었다고 분별하여 회향하려 하기 때문입니다. 그러나 이러한 회향은 모든 붓다들께서 허락하시지 않고 또한 따라 기뻐하시지 않습니다. 왜냐하면 이는 법에 대해 다 얻는 바가 있기 때문입니다. 말하자면 지난 세상 니르바나에 건너신 모든 붓다에 대해 모습을 취해 얻은 바가 있다고 분별하여[取想分別有所得] 회향한다면 곧 이것은 크나큰 탐착입니다.

이렇게 얻을 바 있는 마음으로 회향하는 것[有所得心迴向者]은 모든 붓다가 큰 이익이 있다고 말씀하지 않습니다. 왜냐하면 이런 회향을 '독이 섞여 있어 시들게 하고 괴롭게 함[雜毒衰惱]'이라 하기 때문입니다.

비유하면 맛있는 음식에 독이 들어 있어서 비록 좋은 빛깔과 냄새와 맛이 있지만, 독이 있기 때문에 음식을 먹을 수가 없는 것과 같습니다. 어리석어 지혜 없는 사람이 이 음식을 먹으면 처음에는 비록 향기와 맛을 마음에 들어 하지만, 먹은 것이 삭을 때에는 괴로움의 과보가 있게 됩니다.

이와 같이 어떤 사람은 바르게 받아들여 읽고 외우지 못하며 그 뜻을 알지도 못하면서 여러 제자들에게 회향을 가르쳐 이렇게 말합니다.

'잘 행하는 남자들이여, 오라. 저 지나간 때와 아직 오지 않은 때와 드러나 있는 때 모든 붓다들이 이루신 계(戒)·정(定)·혜(慧)·해탈(解脫)·해탈지견(解脫之見)과, 여러 슈라바카제자들 및 범부들이 심은 착한 뿌리[善根]와, 모든 붓다들이 '중생에게 프라테카붓다가 되리라'는 언약을 주어 언약을 받은 이 프라테카붓다들이 심은 온갖 착한 뿌리와, '보디사트바에게 아누타라삼약삼보디를 얻으리라'는 언약을 주어 이 언약을 받은 보디사트바들이 심은 온갖 착한 뿌리를 다 모아서 헤아려, 이 모든 복덕을 따라 기뻐하고 따라 기뻐하고 나서는 아누타라삼약삼보디에 회향하라.'

이 사람이 이와 같이 회향한다면 이 회향은 모습을 취하고 분별하기〔取相分別〕 때문에 독이 섞여 있다고 합니다. 독이 든 음식처럼 얻을 바가 있는 것은 바른 회향이 없습니다. 왜냐하면 이 얻을 바 있는 것은 다 독이 섞여 있기 때문입니다.

이러한 까닭에 보디사트바는 반드시 이와 같이 사유해야 합니다.

'지나간 때와 아직 오지 않은 때와 드러나 있는 때 모든 붇다들의 착한 뿌리와 복덕을 어떻게 회향해야 아누타라삼약삼보디에 이르는 바른 회향이라 하는가?

만약 보디사트바가 붇다를 비방하지 않으려면 반드시 이와 같이 회향해야 한다. 저 모든 붇다가 알고 계신 복덕은 어떤 모습 어떤 성질〔何相何性〕 어떤 바탕 어떤 진실〔何體何實〕일까? 나 또한 이와 같이83) 따라 기뻐하며, 나는 이 따라 기뻐하는 마음으로 아누타라삼약삼보디에 회향하리라.'

보디사트바가 이와 같이 회향하면 곧 아무런 허물도 없고, 모든 붇다를 비방하지 않게 되며 이와 같이 회향하면 독이 섞여 있지 않아서 또한 모든 붇다의 가르침을 따름이라 합니다.

또한 다시 보디사트바는 따라 기뻐하는 복덕을 이와 같이 회향해야 합니다. 이는 저 붇다께서 이루신 계(戒)·정(定)·혜(慧)·해탈(解脫)·해탈지견(解脫知見)의 공덕은 욕계(欲界)에도 얽매이지 않고

---

83) 지은바 온갖 착한 뿌리 온갖 복덕을 돌이켜 살펴 한 법도 취할 바 없음을 알아서, 취할 바 없는 실상 그대로를 사는 것이 바른 회향이며 위없는 보디에 회향함이다.

물질 있는 세계[色界]에도 얽매이지 않고 물질 없는 세계[無色界]에
도 얽매이지 않으며, 지나간 때도 아니고 드러나 있는 때도 아니며 아
직 오지 않은 때도 아니며, 얽매임이 없기 때문에 이 복덕을 회향함
[福德廻向] 또한 얽매임이 없고, 회향되는 법[所廻向法] 또한 얽매임
이 없고, 회향하는 곳[廻向處]도 얽매임이 없는 것과 같습니다.

만약 이와 같이 회향한다면 독이 섞여 있지 않지만, 이와 같이 회향
하지 않는다면 삿된 회향[邪向]이라고 합니다.

보디사트바의 회향하는 법은 삼세의 모든 붇다께서 알고 계신 회향
과 같음에 저도 또한 이와 같이 아누타라삼약삼보디에 회향하니, 이
것을 바른 회향[正向]이라고 합니다."

3. 가장 높고 미묘한 회향의 복덕

(1) 얻을 것 있는 마음의 복덕과 모습 없는 회향의 복덕을 견줌

이때 붇다께서 수부티를 칭찬하여 말씀하셨다.

"잘 말하고 잘 말했다. 수부티여. 그대는 모든 보디사트바마하사트
바를 위해 붇다의 일[佛事]을 짓는구나.

수부티여, 만약 삼천의 큰 천세계 중생들이 다 큰 사랑과 가엾이 여
김·기뻐함과 버림[慈悲喜捨]의 네 가지 헤아릴 수 없는 마음[四無量
心]과 네 가지 선정[四禪]과 네 가지 물질 없는 세계의 선정[四無色
定]과 다섯 가지 신통[五神通]을 행한다고 해도 이 보디사트바가 모
든 복덕 회향함이 가장 크고 가장 뛰어나고 가장 높고 가장 미묘함만
같지 않다.

거듭 다시 수부티여, 만약 삼천의 큰 천세계의 중생들이 다 아누타

라삼약삼보디의 마음을 내어 이 낱낱의 보디사트바들이 강가강 모래 수처럼 오랜 칼파 동안 얻을 것 있는 마음으로써 강가강 모래 수만큼 많은 세계의 중생들에게 옷가지와 먹고 마실 것과 잠자리와 의약품 등 온갖 필수품을 공양한다고 하자. 이와 같이 낱낱의 보디사트바들이 다 강가강 모래 수처럼 오랜 칼파 동안 얻을 것 있는 마음으로써 이 여러 중생들에게 옷가지와 먹고 마실 것과 잠자리와 의약품과 온갖 즐길 거리를 공양한다면, 그대 뜻에 어떠한가? 저 여러 보디사트바들이 이러한 인연으로 복을 많이 얻겠느냐?"

수부티가 말했다.

"아주 많습니다, 세존이시여. 비유할 수 없지만 만약 이 복덕에 모습이 있다면, 강가강 모래 수만큼 많은 세계로도 이루 다 받아들일 수 없을 것입니다."

붇다께서 수부티를 칭찬하여 말씀하셨다.

"참으로 잘 말하고 잘 말했다. 수부티여. 만약 보디사트바가 프라즈냐파라미타의 보살핌을 받으므로 이 복덕을 회향할 수 있다면, 앞의 얻을 것 있는 마음으로 보시한 복덕은 이것의 백으로 나눈 하나, 천만 억으로 나눈 하나에도 미치지 못하며 나아가 셀 수나 비유로는 미칠 수 없는 것이다."

(2) 프라즈냐의 보살핌을 받는 크나큰 회향을 보임

이때 네 하늘왕과 하늘에 있는 이만 하늘신들이 손을 모아 붇다께 절하고 이렇게 말했다.

"세존이시여, 이러한 보디사트바의 회향을 크나큰 회향이라고 하니, 방편 때문에 얻을 것 있는 보디사트바의 보시 복덕보다 훨씬 빼어납니다. 왜냐하면, 이 보디사트바의 회향은 프라즈냐파라미타의 보살핌을 받기 때문입니다."

이때 도리하늘의 십만 하늘신들이 하늘 꽃과 향과 바르는 향과 가루향, 하늘 옷, 깃발과 하늘의 갖가지 악기와 노래로써 붇게 공양하며 다 이렇게 말했다.

"세존이시여, 이 보디사트바의 회향을 크나큰 회향이라고 하니, 방편 때문에 얻을 것 있는 보디사트바의 보시 복덕보다 빼어납니다. 왜냐하면 이 보디사트바의 회향은 프라즈냐파라미타의 보살핌을 받기 때문입니다."

야마하늘의 십만 하늘신, 투시타하늘의 십만 하늘신, 화락하늘의 십만 하늘신들과 타화자재하늘의 십만 하늘신들도 다 하늘 꽃과 하늘 향 나아가 하늘의 악기와 노래로써 붇게 공양하며 다 이렇게 말했다.

"세존이시여, 이 보디사트바의 회향을 크나큰 회향이라고 하니, 방편 때문에 얻을 것 있는 보디사트바의 보시 복덕보다 빼어납니다. 왜냐하면 이 보디사트바의 회향은 프라즈냐파라미타의 보살핌을 받기 때문입니다."

브라흐마하늘에 사는 모든 하늘신들도 큰소리로 이렇게 말했다.

"이 보디사트바의 회향을 크나큰 회향이라고 하니, 방편 때문에 얻을 것 있는 보디사트바의 보시 복덕보다 빼어납니다. 왜냐하면 이 보디사트바의 회향은 프라즈냐파라미타의 보살핌을 받기 때문입니다."

브라흐마를 돕는 하늘〔梵輔天〕과 브라흐마무리의 하늘〔梵衆天〕, 큰 브라흐마하늘〔大梵天〕과 빛의 하늘〔光天〕, 적은 빛의 하늘〔少光天〕과 헤아릴 수 없는 빛의 하늘〔無量光天〕, 빛과 소리의 하늘〔光音天〕과 깨끗한 하늘〔淨天〕, 적게 깨끗한 하늘〔少淨天〕과 헤아릴 수 없이 깨끗한 하늘〔無量淨天〕, 두루 깨끗한 하늘〔徧淨天〕과 구름이 가지 않는 하늘〔無雲行天〕, 복이 나는 하늘〔福生天〕과 넓은 과덕의 하늘〔廣果天〕, 넓이가 없는 하늘〔無廣天〕과 뜨거움이 없는 하늘〔無熱天〕, 묘하게 보는 하늘〔妙見天〕과 잘 보는 하늘〔善見天〕, 물질이 마쳐 다하는 아가니타하늘〔無小天〕[84]에 사는 모든 하늘신들도 두 손을 모아 붙다께 절하고 다 이렇게 말했다.

"세존이시여, 이 잘 행하는 남자와 여인이 붙다의 도를 구하는 것은 참으로 드문 일입니다. 프라즈냐파라미타의 보살핌을 받기 때문에 그 복덕은 얻을 것 있는 보디사트바의 보시 복덕보다 훨씬 빼어납니다. 왜냐하면 이 보디사트바의 회향은 프라즈냐파라미타의 보살핌을 받기 때문입니다."

이때 붙다께서 깨끗하게 머무는 하늘〔淨居天〕의 여러 하늘신들에게 말씀하셨다.

"삼천의 큰 천세계의 중생들은 놓아두고 만약 시방의 강가강 모래 수만큼 많은 세계의 중생들이 다 아누타라삼약삼보디의 마음을 일으키고 이들 낱낱의 보디사트바가 강가강의 모래 수처럼 오랜 칼파 동안 얻을 것 있는 마음으로 시방의 강가강 모래 수만큼 많은 세계에 사는 중생들에게 옷가지와 먹고 마실 것과 잠자리와 의약품과 온갖 즐길 거리를 공양한다고 하자.

이와 같은 낱낱의 보디사트바들이 다 강가강 모래 수처럼 오랜 칼파 동안 얻을 것 있는 마음으로 이 중생들에게 옷가지와 먹고 마실 것과 잠자리와 의약품과 온갖 즐길 거리를 공양하면 그 복은 많을 것이다.

---

84) '무소천(無小天)' 대신에 송(宋)·원(元)·명(明) 판본에는 다 '아가니타천(阿迦膩吒天)'으로 되어 있다. 아가니타하늘은 물질계의 열여덟 하늘 가운데 가장 높은 하늘로서 '꼭대기에 있는 하늘〔有頂天〕'이라고도 한다.

그러나 만약 어떤 보디사트바가 지나간 때와 아직 오지 않은 때와 드러나 있는 때의 모든 붇다께 있는 계(戒)·정(定)·혜(慧)·해탈(解脫)·해탈지견(解脫知見)의 덕목과 모든 슈라바카 제자 및 범부가 심은 착한 뿌리 등, 이 모든 복덕을 다 모아 헤아려서 가장 크고 가장 빼어나고 가장 높고 가장 미묘한 마음으로 따라 기뻐하며 따라 기뻐하고서는 아누타라삼약삼보디에 회향한다면 그 복이 매우 많다."

4. 머묾 없이 회향하는 법을 다시 밝힘

(1) 크고 바른 회향법을 물음

이때 수부티가 붇다께 말씀드렸다.

"세존이시여, 보디사트바는 붇다께서 말씀하신 것처럼 이 모든 복덕을 다 모아 헤아려서 가장 크고 가장 빼어나고 가장 높고 가장 미묘한 마음으로 따라 기뻐하고 따라 기뻐하고서는 아누타라삼약삼보디에 회향합니다.

그렇다면 세존이시여, 무엇을 가장 크고 가장 빼어나고 가장 높고 가장 미묘한 마음으로 따라 기뻐함이라 합니까?"

다나팔라역(6품)

"거듭 다시 모든 보디사트바의 진리 수레〔菩薩乘, bodhisattva-yāna〕를 잘 닦아 행하는 이들은 이와 같이 회향하는 법을 닦아 익혀, 본래 여래께 있는 계·정·혜·해탈·해탈지견에도 매임이 없고 집착 없습니다. 그들은 욕계에 매이지 않고 물질세계에 매이지 않으며 물질 없는 세계에도 매이지 않고, 또한 거듭 지나간 때·아직 오지 않은 때·드러나 있는 때 삼세(三世)에 매이지 않고 모든 법에 매이지 않고 회향법에도 매이지 않습니다.

보디사트바의 진리 수레를 닦는 이들은 이와 같이 알고서는 회향법을 무너뜨리지 않으니, 이것이 큰 회향이라 법계에 원만히 회향함〔圓滿廻向法界〕을 잘 얻습니다. 이와 같이 회향하여 모든 모습을 취하지 않으면〔不取諸相〕삿된 법을 멀리 떠나게 되니, 바른 회향이라 이름합니다.

여래·공양해야 할 이·바르고 평등히 깨치신 분께서 진실되게 인정하여 또한 따라 기뻐하실 것이니, 보디사트바마하사트바는 이와 같이 배워야 합니다."
85)

(2) 나고 사라짐이 없는 회향법을 답함

붇다께서 수부티에게 말씀하셨다.

"만약 보디사트바가 지나간 때·아직 오지 않은 때·드러나 있는 때의 모든 법을 취하지 않고 버리지도 않으며, 생각하지도 않고 얻지도 않으면, 이 가운데 이미 나고 사라졌거나 지금 나고 사라지거나 앞으로 나고 사라질 어떤 법도 없어서 모든 법의 참모습〔諸法實相〕과 같을 것이다.

따라 기뻐하여 아누타라삼약삼보디에 회향하는 것도 이와 같다."

<u>다나팔라역(6품)</u>

이때 세존께서 존자 수부티를 찬탄하여 말씀했다.

"잘 말하고 잘 말했다. 수부티여, 그대는 붇다의 일을 잘 지어 여러 보디사트

---

85)「復次, 諸修菩薩乘善男子等, 修習如是迴向法者, 於佛如來所有戒、定、慧、解脫、解脫知見, 無繫無著不繫欲界、不繫色界、不繫無色界, 亦復不繫過去、未來、現在三世, 不繫諸法, 不繫迴向法修菩薩乘者如是知已, 不壞迴向法。是大迴向, 善得圓滿迴向法界。

如是迴向不取諸相, 遠離邪法名正迴向。如來. 應供. 正等正覺, 眞實印可亦復隨喜。菩薩摩訶薩應當如是學。」

바마하사트바들을 위해 그 뜻을 청해 묻는구나.

수부티여, 모든 보디사트바마하사트바가 만약 이와 같이 법계(法界) 법의 성품[法界法性]에 회향할 수 있어서 붇다 세존에게 있는 지견과 같이, 모든 착한 뿌리를 진실대로 깨쳐 알아서 바탕[體]이든 모습[相]이든 자기성품[自性]이든 법의 성품[法性]이든 나는 바 없음을 깨달아 다시 얻을 것이 없다 하자.

이와 같이 회향하면 내가 인정해줄 것이고 나 또한 따라 기뻐할 것이니, 이와 같은 복의 쌓임은 헤아릴 수 없고 가없으며 이루 일컬어 말할 수 없다.

수부티여, 가사 삼천의 큰 천세계에 있는 온갖 중생이 낱낱이 다 열 가지 착한 길을 닦아서 얻은 복의 쌓임이 그 수가 매우 많다 하자. 이 보디사트바마하사트바가 가장 빼어난 마음을 내 법계에 회향한다면[迴向法界], 이 복의 쌓임은 앞의 복의 쌓임에 견준다면 가장 높고 가장 끝이 되며 가장 빼어나고 가장 묘해 넓고 크며 헤아릴 수 없고 같이함이 없고 같이 나란히 함이 없게 된다.

거듭 다시 수부티여. 이 수는 놓아두고 가사 삼천의 큰 천세계에 있는 온갖 중생이 낱낱이 다 네 헤아릴 수 없는 행을 닦고, 낱낱이 다 네 선정의 법을 얻고, 네 물질 없는 세계의 선정과 다섯 신통을 얻어 이와 같은 복의 행이 그 수가 매우 많다 하자. 그렇지만 이 보디사트바마하사트바가 가장 빼어난 마음을 내 법계에 회향한 복의 쌓음은 앞의 복덕에 견주면 가장 높고 가장 끝이 되며 가장 빼어나고 가장 묘해, 넓고 크며 헤아릴 수 없고 같이함이 없고 같이해 나란함이 없게 된다."86)

---

86) 爾時, 世尊讚尊者須菩提言:「善哉, 善哉！須菩提！汝善作佛事, 能爲諸菩薩摩訶薩請問其義。須菩提！諸菩薩摩訶薩, 若能如是迴向法界法性, 如佛世尊所有知見, 於諸善根如實覺了若體、若相、若自性、若法性了無所生、復無所得。如是迴向我所印可, 我亦隨喜如是福蘊, 無量無邊不可稱計。

須菩提！假使三千大千世界所有一切衆生, 一一皆修十善業道, 所獲福蘊其數甚多。而此菩薩摩訶薩, 發最勝心迴向法界者, 所有福蘊比前福蘊, 最上最極最勝最妙, 廣大無量無等無等等。

復次, 須菩提！且置是數。假使三千大千世界所有一切衆生, 一一皆修四無量行, 一一皆得四禪定法、四無色定及五神通, 如是福行其數甚多。而此菩薩

"수부티여, 이것을 보디사트바가 가장 크고 가장 빼어나고 가장 높고 가장 미묘하게 따라 기뻐하여 회향함이라 한다.

거듭 다시 수부티여, 보디사트바가 만약 지나간 때·아직 오지 않은 때·드러나 있는 때의 모든 붇다들의 보시·지계·인욕·정진·선정·지혜·해탈·해탈지견을 따라 기뻐하려면 이와 같이 따라 기뻐해야 하니, 해탈처럼 지계 또한 이와 같고, 해탈처럼 선정·지혜·해탈·해탈지견 또한 이와 같다.

해탈처럼 믿고 이해하는 것도 이와 같고, 해탈처럼 따라 기뻐하는 것도 이와 같으며, 해탈처럼 아직 오지 않은 때 아직 생겨나지 않은 법도 이와 같고, 해탈처럼 지나간 때 헤아릴 수 없는 아상키야 세계의 모든 붇다와 그 제자들 또한 이와 같으며, 해탈처럼 드러나 있는 때 시방의 헤아릴 수 없는 아상키야 세계의 모든 붇다와 그 제자들도 이와 같으며, 해탈처럼 아직 오지 않은 때 헤아릴 수 없는 아상키야 세계의 모든 붇다와 그 제자들도 이와 같다.

이 모든 법의 모습〔諸法相〕은 매임도 아니고 묶임도 아니며 풀림도 아니고 벗어남도 아니니, 이 아누타라삼약삼보디에 회향함이 나지도 않고 사라지지도 않기 때문이다.

수부티여, 이것을 보디사트바의 가장 크고 가장 빼어나며 가장 높고 가장 미묘하게 따라 기뻐하여 회향함이라고 한다."

<u>다나팔라역(6품)</u>
붇다께서 수부티에게 말씀하셨다.

摩訶薩, 發最勝心迴向法界所有福蘊, 比前福蘊, 最上最極最勝最妙, 廣大無量無等無等等。」

"만약 모든 보디사트바마하사트바가 지나가고 아직 오지 않으며 드러나 있는 모든 붇다의 여섯 파라미타의 법문에서 즐겨 진리대로 닦아 배우고자[如理修學] 하고 진실대로 따라 기뻐하고자[如實隨喜] 한다면, 모든 법에서 진실 그대로의 뜻[如實義]에 머물러야 한다.

진실 그대로의 뜻이란 해탈의 성품[解脫性]을 말한다. 해탈한 바와 같이 널리 베품 또한 이와 같고 해탈한 바와 같이 계 지님·욕됨 참음·정진함·선정·지혜도 다 또한 이와 같다.

해탈한 바와 같이 해탈 또한 이와 같고, 해탈한 바와 같이 해탈지견 또한 이와 같으며, 해탈한 바와 같이 따라 기뻐하는 마음과 따라 기뻐하는 복의 행도 또한 이와 같다. 해탈한 바와 같이 회향하는 마음과 회향하는 법도 이와 같으며, 해탈한 바와 같이 지나가 이미 사라진 법·아직 오지 않아 나지 않은 법·드러나 있어 머물지 않는 법도 다 또한 이와 같으며, 해탈한 바와 같이 시방 삼세의 헤아릴 수 없고 셀 수 없는 온갖 모든 붇다와 모든 붇다의 법도 또한 이와 같다.

해탈한 바와 같이 있는바 보디사트바와 프라테카붇다 슈라바카와 저 모든 법도 또한 이와 같다. 이와 같은 것들과 나아가 온갖 법은 묶임 없고 풀림 없으며 머묾 없고 집착 없어 해탈한 성품[解脫性]이 곧 모든 법의 성품[諸法性]이다."
87)

(3) 실상에 부합된 회향의 크나큰 복덕

---

87) 佛告須菩提：「若諸菩薩摩訶薩, 樂欲於其過去未來現在諸佛六波羅密多法門, 如理修學、如實隨喜者, 當於諸法住如實義。如實義者, 謂解脫性。如所解脫, 布施亦如是；如所解脫, 持戒、忍辱、精進、禪定、智慧皆亦如是；如所解脫, 解脫亦如是；如所解脫, 解脫知見亦如是；如所解脫, 隨喜心及隨喜福行亦如是；如所解脫, 迴向心及迴向法亦如是；如所解脫, 過去已滅法、未來未生法、現在無住法皆亦如是；如所解脫, 十方三世無量無數一切諸佛及諸佛法亦如是；如所解脫, 所有菩薩、緣覺、聲聞及彼諸法亦如是。如是等乃至一切法, 無縛無解、無住無著所解脫性即諸法性。」

"이러한 회향은 시방의 강가강 모래 수만큼 많은 세계에 사는 여러 보디사트바들이 얻을 것 있는 마음으로 다 시방의 강가강 모래 수처럼 오랜 칼파 동안 시방의 강가강 모래 수만큼 많은 세계의 중생들에게 옷가지와 먹고 마실 것과 잠자리와 의약과 온갖 즐길 거리를 공양하는 복덕보다 빼어나다.

얻을 것 있는 마음으로 보시·지계·인욕·정진·선정을 행함은 이렇게 따라 기뻐하여 회향하는 복덕에 견주어 백으로 나눈 하나나 백천만억으로 나눈 하나에도 미치지 못하며, 나아가 셀 수나 비유로 미칠 수 없다."

<u>다나팔라역(6품)</u>

"수부티여, 보디사트바마하사트바로서 온갖 법에서 이와 같이 아는 자는 여섯 파라미타 법문에서 이와 같이 닦아 배워야 하고 이와 같이 따라 기뻐해야 한다. 그리고 이 따라 기뻐하는 착한 뿌리로써 진실 그대로 아누타라삼약삼보디에 회향해야 한다."88)

<u>평창</u>

보디사트바의 회향이란 무엇인가. 지금 중생은 나고 죽음이 실로 나고 죽음이 아닌 곳에서 나고 죽음을 집착하므로, 보디사트바가 다시 나되 남이 없고 사라지되 사라짐 없는 삶의 진실에 돌아가지만 그 돌아감에는 실로 돌아감이 없다.

그리고 중생은 중생이 아니라 여래장(如來藏)인 중생이니 중생이 중생의 모습을 집착해 중생된 것이지만 중생의 모습이 본래 공해 허

---

88) 「須菩提！菩薩摩訶薩於一切法如是知者, 當於六波羅密多法門如是修學、如是隨喜。以此隨喜善根, 如實迴向阿耨多羅三藐三菩提。」

깨비와 같으므로 중생의 모습을 실로 버림이 없다.

모습이 모습이 아니고 생각이 생각 아니므로 집착된 모습과 모습에 물든 생각을 버리고, 모습이 모습 아닌 삶의 진실에 돌아가되 실로 돌아킴과 돌아가는 바가 없고 돌아가는 마음이 공하다.

보디사트바의 보디에 회향함이 존재의 진실한 바탕에 돌아감이고, 중생의 닫힌 모습을 버리고 중생의 진실에 다시 돌아감이므로 보디사트바의 회향은 얻을 것 없는 회향〔無所得廻向〕 머묾 없는 회향〔無住廻向〕 모습 없는 회향〔無相廻向〕이니, 이 회향이 크나큰 회향이다.

그러니 얻을 것 있는 마음의 회향〔有所得心廻向〕이 어찌 크고 넓어 머묾 없는 회향에 미칠 수 있겠는가. 보디사트바의 이와 같은 모습 없는 실상의 회향을 크나큰 회향 바른 회향이라 하니, 이 진실대로의 바른 회향을 끝내 어떻다고 말해야 하는가.

선문염송 가운데 옛 선사〔宣州興福可勳禪師〕의 다음 한 노래 들어 보자.

■ (1366則)

가을강이 맑고도 또 얕아지니
흰 해오라기 안개섬에 섞이네
좋고 좋도다 관세음이시여
온몸이 거친 풀에 들어갔도다

秋江淸且淺　白鷺和煙島
良哉觀世音　全身入荒草

경산고(徑山杲) 선사가 이 이야기를 들어서 말했다.

거친 풀에 있으나 찾으려 말라
왜 이와 같은가

형님의 아내를 알지 못했지만
원래가 바로 형수이기 때문이다.

在荒草 不須討　爲甚麼如此
不識大哥妻　元來是嫂嫂

학담도 한 노래로 옛 조사의 뜻에 함께해보리라.

망념의 진실 알면 곧 프라즈냐이니
보디에 회향함은 이 무슨 물건인가
비록 회향하되 회향함 없는 것이 참회향이니
꽃 붉고 버들 푸름이 공덕의 곳간이로다

了妄眞實卽般若　菩提廻向是何物
雖廻無廻眞廻向　花紅柳綠功德藏

제8품 프라즈냐의 묘용과 프라즈냐를 헐뜯는 죄업 〔泥犁品〕

　나고 죽음과 온갖 장애가 공한 존재의 실상을 전면적으로 구현해 쓰는 주체의 활동이 프라즈냐이다. 그러므로 프라즈냐는 이 세간의 모든 어둠을 없애 세간을 이익되게 하고 안온하게 하니, 프라즈냐가 곧 모든 보디사트바의 어머니이며 이 세간의 구호자이다. 존재의 참모습과 참모습 그대로의 실천적 행위인 프라즈냐파라미타와 프라즈냐를 온전히 구현하신 여래는 서로 다르지 않으므로 프라즈냐 공경하기를 여래를 섬기듯 해야 한다.

　프라즈냐는 현실 밖에서 따로 얻는 것이 아니라, 물질이 인연으로 생긴 줄 통달하여 물질을 내지 않고, 느낌·모습취함·지어감·앎이 인연으로 생긴 줄 통달하여 느낌·모습취함·지어감·앎을 내지 않음이 프라즈냐를 내는 것이다. 곧 모습에서 모습을 떠나고 마음에서 마음 떠남이 프라즈냐를 내는 것이니, 프라즈냐를 내도 실로 이루어진 바가 없고 얻은 바가 없다.

　프라즈냐가 세계의 실상이며 여래이므로 프라즈냐를 거스르고 헐뜯는 자는 헤아릴 수 없는 고통을 받는다. 그러나 눈을 바로 돌이키면 프라즈냐는 중생의 본래 깨끗한 자기 모습이다. 곧 물질이 깨끗하므로 사르바즈냐나가 깨끗하고, 느낌·모습취함·지어감·앎이 깨끗하므로 사르바즈냐나가 깨끗하여 중생이 깨끗함과 프라즈냐의 깨끗함은 둘이 없고 다름이 없는 것이다.

　학담이 노래로 종요를 말해보리라.

　　프라즈냐파라미타 공덕의 모습은 어떠한가
　　프라즈냐는 비춤 없는 큰 비춤과 밝음이 되네
　　밝은 빛을 주고 어두움을 없애줄 수 있으며

큰 이익을 주고 안온함과 즐거움을 주도다

般若功德相如何　般若能作大照明
能與光明除闇冥　與大利益與安樂

보디사트바는 어떻게 프라즈냐를 내는가
다섯 쌓임 내지 않으면 곧 프라즈냐이지만
프라즈냐가 나지 않고 이룬 바가 없다고
이와 같이 분별하면 프라즈냐를 잃으리

菩薩云何生般若　不生五蘊卽般若
般若不生無所成　如此分別失般若

프라즈냐를 비방하는 죄 견줄 수 없으니
법을 깨뜨리고 법을 물들이는 죄 헤아릴 수 없네
비록 그러나 다섯 쌓임 묶이고 풀림 없으니
믿는 때 곧바로 다섯 쌓임의 참성품에 들어가리

非謗般若罪無比　破法汚法罪無量
雖然五蘊無縛解　信時卽入蘊眞性

1. 프라즈냐의 묘용과 프라즈냐를 내는 방법을 보임89)

(1) 프라즈냐의 묘용

이때 사리푸트라가 붇다께 말씀드렸다.
"세존이시여, 이러한 것이 프라즈냐파라미타입니까?" 90)
붇다께서 말씀하셨다.
"이러한 것이 프라즈냐파라미타이다."
사리푸트라가 말씀드렸다.
"세존이시여, 프라즈냐파라미타는 비추어 밝혀줄 수 있습니다.
세존이시여, 프라즈냐파라미타는 공경하고 예배할 바입니다.
세존이시여, 프라즈냐파라미타는 밝은 빛을 줄 수 있습니다.
세존이시여, 프라즈냐파라미타는 모든 어둠을 없앱니다.
세존이시여, 프라즈냐파라미타는 물들어 더렵혀짐이 없습니다.
세존이시여, 프라즈냐파라미타는 많이 이익되게 해줍니다.
세존이시여, 프라즈냐파라미타는 많이 안온하게 해줍니다.
세존이시여, 프라즈냐파라미타는 눈 먼 이에게 눈을 줄 수 있습니다.
세존이시여, 프라즈냐파라미타는 삿되게 행하는 이를 바른 길에 들게 할 수 있습니다.

---

89) 8품 니려품(泥犁品)의 '니려'는 범어 Niraya의 소리 옮김이다. 다나팔라의 이역본에는 '지옥연품[地獄緣品, Niraya parivarta]'으로 되어 있다.

90) 이 부분은 E.콘즈의 영역본에는 "세존이시여, 지혜의 완성(프라즈냐파라미타)은 사르바즈냐나에 대한 인식의 완성입니다. 지혜의 완성은 사르바즈냐나의 지혜입니다.(The perfection of wisdom, O Lord, is the accomplishment of the cognition of the all-knowing. The perfection of wisdom is the state of all knowledge.)"라고 되어 있다.

세존이시여, 프라즈냐파라미타는 곧 사르바즈냐나입니다.

세존이시여, 프라즈냐파라미타는 곧 모든 보디사트바의 어머니입니다.

세존이시여, 프라즈냐파라미타는 생겨나는 법도 아니며 사라지는 법도 아닙니다.

세존이시여, 프라즈냐파라미타는 사제법(四諸法)을 보임으로 굴리고[示轉] 권함으로 굴리며[勸轉], 증득함으로 굴린[證轉] 열두 가지 모습의 법바퀴[三轉十二相法輪]91)를 다 갖췄습니다.

세존이시여, 프라즈냐파라미타는 외롭고 가난한 이들을 건져 보살펴줄 수 있습니다.

세존이시여, 프라즈냐파라미타는 나고 죽음을 없앨 수 있습니다.

세존이시여, 프라즈냐파라미타는 온갖 법의 성품을 보여줄 수 있습니다."

다나팔라역(7품)

이때 존자 사리푸트라가 붇다께 말씀드렸다.

---

91) 열두 가지 모습의 법바퀴[十二相法輪]는 범어로 Triparivarta dvādaśākāra라고 한다. 세존이 녹야원(사슴동산)에서 사성제(四聖諦)를 설하실 때, 네 가지 진리를 다음의 세 단계로 펼쳐 보이셨다. 첫째, 보임으로 굴림[示轉]은 이것이 괴로움[苦諦]이고, 이것이 괴로움의 원인[集諦]며, 이것이 괴로움이 없어진 니르바나[滅諦]이고, 이것이 괴로움을 없애는 길[道諦]이라고 가르쳐 사제를 보이시는 것이다. 둘째 권함으로 굴림[勸轉]은 괴로움은 알아야만 하는 것이고, 괴로움의 원인은 끊어야만 하는 것이며, 니르바나는 증득해야만 하는 것이고, 괴로움을 없애는 길은 닦아야만 하는 것이라고 가르쳐 보이시는 것이다. 셋째, 증득함으로 굴림[證轉]은 괴로움을 이미 두루 알았고, 괴로움의 원인을 이미 끊었으며, 니르바나를 이미 증득하였고, 괴로움을 없애는 길을 이미 닦았다고 설하시는 것이다.

"세존이시여, 프라즈냐파라미타가 사르바즈냐나의 지혜를 내고 사르바즈냐나의 성품이 곧 프라즈냐파라미타입니까?"

붇다께서 말씀하셨다.

"사리푸트라여, 그렇고 그렇다. 그대가 말한 바와 같다."

사리푸트라가 다시 붇다께 말씀드렸다.

"세존이시여. 프라즈냐파라미타는 공경히 절해야 할 것이고, 프라즈냐파라미타는 존중해야 할 것이며, 프라즈냐파라미타는 크게 밝은 빛이고, 프라즈냐파라미타는 청정하여 물듦 없으며, 프라즈냐파라미타는 넓고 크게 비추고, 프라즈냐파라미타는 삼계의 모습을 거두니 곧 삼계의 성품입니다.

프라즈냐파라미타는 청정한 눈이라 온갖 번뇌의 물든 법을 비출 수 있으며, 프라즈냐파라미타는 의지해 그칠 바이고, 프라즈냐파라미타는 위없는 법이며, 프라즈냐파라미타는 온갖 보디의 법을 널리 거두고, 프라즈냐파라미타는 큰 법의 횃불이라 세간 온갖 어두움을 널리 비춥니다.

프라즈냐파라미타는 두려울 바 없음이라 온갖 두려워하는 중생을 건지며, 프라즈냐파라미타는 다섯 눈〔五眼〕이라 온갖 세간 벗어나는 도를 비춥니다. 프라즈냐파라미타는 지혜의 빛이라 온갖 어리석음의 어두운 법을 비춰 깨뜨리며, 프라즈냐파라미타는 이끄는 머리가 되니 중생에게 거룩한 도에 들어가도록 이끌어 보이며, 프라즈냐파라미타는 사르바즈냐나의 곳간이니 번뇌 등의 장애를 널리 거두어 끊어 없애주며, 프라즈냐파라미타는 남이 없는 법이고 사라짐 없는 법이며 일어남이 없는 법이고 지음 없는 법입니다.

프라즈냐파라미타는 자기 모습이 본래 공해 프라즈냐파라미타가 모든 보디사트바의 어머니이고, 프라즈냐파라미타가 모든 법의 눈이 되며 모든 붇다께 있는 열 가지 힘 네 가지 두려움 없음을 비추어 밝힙니다.

프라즈냐파라미타가 의지할 곳이 되어 온갖 의지할 곳 없는 중생을 건져주며, 프라즈냐파라미타가 안락하게 하는 법이라 중생의 나고 죽음의 괴로움을 끊어줄 수 있으며, 프라즈냐파라미타가 모든 법의 진실한 자기성품을 보일 수 있고, 프라즈냐파라미타가 법의 모습을 따를 수 있어 세 번 굴리는 열두 가지 행의 바퀴〔三轉十二行輪〕를 원만히 합니다.

세존이시여, 프라즈냐파라미타에는 이와 같은 등의 갖가지 공덕이 있으니 모든 보디사트바마하사트바는 이 법문에 어떻게 우러러 보며 절하고 공경해야 합니까?"

붇다께서 존자 사리푸트라에게 말씀하셨다.

"보디사트바마하사트바는 이 프라즈냐파라미타 법문에 스승 같다고 생각해야 하며, 모든 붇다와 같다고 생각해 존중하고 공경하며 우러러보고 절하여 칭찬해야 한다. 이와 같이 프라즈냐파라미타를 우러러보고 공경하므로, 이것이 곧 모든 붇다 세존을 우러러보아 공경하는 것이다."92)

---

92)　爾時, 尊者舍利子白佛言：「世尊！般若波羅密多出生一切智智, 一切智性卽般若波羅密多耶？」

佛言：「舍利子！如是, 如是！如汝所說。」

舍利子復白佛言：「世尊！般若波羅密多所應敬禮, 般若波羅密多所應尊重。般若波羅密多是大光明；般若波羅密多清淨無染；般若波羅密多廣大照曜；般若波羅密多攝三界相、卽三界性；般若波羅密多爲淸淨眼, 能照一切煩惱染法；般若波羅密多是所依止；般若波羅密多是無上法；般若波羅密多廣攝一切菩提分法；般若波羅密多爲大法炬, 普照世間一切闇瞑；

般若波羅密多是無所畏, 能救一切怖畏衆生；般若波羅密多是卽五眼, 能照一切世出世道；般若波羅密多爲智慧光, 照破一切癡闇等法；般若波羅密多爲諸導首, 引示衆生趣入聖道；般若波羅密多是一切智藏, 普攝煩惱等障爲作斷滅；般若波羅密多是無生法、無滅法、無起法、無作法；

般若波羅密多自相本空；般若波羅密多是諸菩薩母；般若波羅密多爲諸法眼, 照明諸佛所有十力、四無所畏；

般若波羅密多是所依怙, 能救一切無依衆生；般若波羅密多是安樂法, 能斷衆生生死苦惱；般若波羅密多能示諸法眞實自性；般若波羅密多隨順法相, 圓滿三轉十二行輪。

世尊！般若波羅密多有如是等種種功德, 諸菩薩摩訶薩於此法門應當云何瞻禮恭敬？」

佛告尊者舍利子言：「菩薩摩訶薩於此般若波羅密多法門, 應如師想、如諸佛想, 尊重恭敬, 瞻禮稱讚。如是瞻敬般若波羅密多故, 是卽瞻敬諸佛世尊。」

(2) 프라즈냐를 붇다처럼 공경해야 함을 보임

"세존이시여, 그렇다면 어떻게 프라즈냐파라미타를 공경히 우러러 보아야 합니까?"

붇다께서 말씀하셨다.

"붇다를 공경히 우러러 뵙듯 해야 하니, 프라즈냐파라미타에 공경히 예배함은 붇다께 공경히 예배함과 같아야 한다."

이때 샤크라인드라하늘왕은 마음속으로 '사리푸트라가 무슨 까닭에 이렇게 묻는가?'라고 생각하고는 곧 사리푸트라에게 물었다.

"무슨 까닭에 이렇게 물으십니까?"

사리푸트라가 말했다.

"보디사트바마하사트바는 프라즈냐파라미타로써 따라 기뻐하는 복덕을 사르바즈냐나에 회향하기 때문에 앞의 모든 보디사트바에게 있는 보시와 지계와 인욕과 정진과 선정에 견주어 그 복덕이 훨씬 빼어납니다. 그러므로 나는 이와 같이 묻습니다. 93)

---

93) 〔E.Conze역 8품〕
사리푸트라가 말씀드렸다.
"보디사트바는 지혜의 완성인 프라즈냐파라미타 안에 어떻게 서며 어떻게 프라즈냐에 경의를 나타내고 프라즈냐에 들어갑니까?"
세존께서 말씀하셨다.
"모든 면에서 프라즈냐는 그 자신을 가르치는 스승으로 대접받는다."
그러자 샤크라하늘왕이 사리푸트라께 물었다.
"어디에서 그리고 어떤 까닭에 사리푸트라존자의 물음이 일어났습니까?"
사리푸트라가 말했다.
"그것은 내가 다음 같이 들었기 때문에 일어났소.
'프라즈냐파라미타를 파악한 보디사트바는 교묘한 수단으로 따라 기뻐함에 카우시카여, 비유하면 눈 먼 이들이 백천만의 무리가 있어도 앞에서 이끌어 주는 이가 없으면 성(城)이나 마을로 나아갈 수 없는 것과 같습니다. 카우시카여, 다섯 가지 파라미타는 프라즈냐파라미타가 없으면 마치 눈 먼 이들에게 이끌어 주는 자가 없는 것과 같아 도를 닦아 사르바즈냐나에 이를 수 없습니다.

하지만 만약 다섯 가지 파라미타가 프라즈냐파라미타의 보살핌을 받으면 곧 눈이 있게 되어 프라즈냐파라미타의 힘 때문에 다섯 가지 파라미타는 파라미타라는94) 이름을 얻게 됩니다."

서 발견되어지는 가치 있는 일을 일체지에 돌이켜 회향하니, 그것은 보시·지계·인욕·정진에서 발견되어지는 모든 가치 있는 일과 모든 도덕의 근본원리를 제공한 보디사트바의 기쁨을 넘어섭니다.'

이것이 바로 일체지에 이르는 길에 오른 다섯 가지 파라미타를 지시하는 프라즈냐파라미타요."

(Sariputra): How should a Bodhisattva stand in the perfection of wisdom, how attend and pay homage to it?

The Lord: In every way the perfection of wisdom should be treated like the Teacher himself.

Sakra then asked Sariputra: Wherefrom, and for what reason has this question of the holy Sariputra arisen?

Sariputra: It arose because I heard it said that "a Bodhisattva who, taken hold of by perfection of wisdom and skill in means, transforms into all-knowledge the meritorious work founded on jubilation, surpasses the entire meritorious work founded on giving, morality, patience, vigour, and trance of all the Bodhisattvas who observe a basis." It is just the perfection of wisdom which directs the five perfections in their ascent on the path to all-knowledge.

94) 대정장에는 '般若波羅密'이라고 되어 있으나, 송·원·명판본에는 다 '波羅密'이라고만 되어 있다. 지금은 후자에 따라 해석한다.

(3) 프라즈냐를 내는 방법

사리푸트라가 붇다께 말씀드렸다.

"세존이시여, 어떻게 프라즈냐파라미타를 낼 수 있습니까?"

붇다께서 말씀하셨다.

"만약 보디사트바가 물질을 나지 않게 하면 곧 프라즈냐파라미타를 내게 되며, 느낌·모습취함·지어감·앎을 나지 않게 하면 곧 프라즈냐파라미타를 내게 된다. 이와 같이 프라즈냐파라미타를 내게 되면 어떤 법을 이루게 되는가? 사리푸트라여, 이와 같이 프라즈냐파라미타를 내도 법에 이루어지는 바가 없으니, 만약 이루어지는 바가 없으면 곧 프라즈냐파라미타라고 한다."

샤크라인드라하늘왕이 붇다께 말씀드렸다.

"세존이시여, 그렇다면 프라즈냐파라미타는 또한 사르바즈냐나도 이루지 않습니까?"

붇다께서 말씀하셨다.

"카우시카여, 프라즈냐파라미타는 사르바즈냐나를 이루지만 이름이나 모습으로 법을 지어 일으켜 이룸과는 같지 않다."

샤크라인드라하늘왕이 말씀드렸다.

"세존이시여, 그렇다면 어떻게 이루어 냅니까?"

붇다께서 말씀하셨다.

"이루어 냄이 없는 것처럼 이와 같이 이루어 낸다."

샤크라인드라하늘왕이 붇다께 말씀드렸다.

"참으로 드문 일입니다. 세존이시여, 프라즈냐파라미타는 나지도 않고 사라지지도 않으므로 있습니다."

수부티가 붇다께 말씀드렸다.

"세존이시여, 보디사트바가 이와 같이 나지 않고 사라지지도 않음을 또한 분별하면 곧 프라즈냐파라미타를 잃게 되고 프라즈냐파라미타를 멀리 떠나게 됩니다."

붇다께서 수부티에게 말씀하셨다.

"이런 까닭에 만약 보디사트바가 프라즈냐파라미타는 공(空)하여 있는 바가 없다고만 말한다면, 그는 프라즈냐파라미타를 잃게 되고 프라즈냐파라미타를 멀리 떠나게 된다. 수부티여, 이것을 보디사트바의 프라즈냐파라미타라고 한다."

(4) 프라즈냐를 설하는 뜻

수부티가 말씀드렸다.

"세존이시여, 프라즈냐파라미타를 설함은 어떤 법을 보이시기 위함입니까?"

세존이 말씀하셨다.

"수부티여, 프라즈냐파라미타를 설함은 물질을 보여주기 위함도 아니고 느낌·모습취함·지어감·앎을 보여주기 위함도 아니며, 스로타판나의 과덕과 사크리다가민의 과덕과 아나가민의 과덕과 아라한의 과덕과 프라테카붇다의 도를 보여주기 위함도 아니며 붇다의 법〔佛法〕을 보여주기 위함도 아니다."95)

수부티가 말했다.

"세존이시여, 마하파라미타(mahā-pāramitā)가 곧 프라즈냐파라

---

95) 붇다의 법을 보여주기 위함이 아님: 붇다의 법은 하되 함이 없는 행위의 진실이지, 프라즈냐를 설해 붇다의 법을 사물화된 모습으로 보여주는 것이 아니다. 법화경은 이 뜻을 "이 법은 보여줄 수 없으니 말의 모습이 고요하다〔是法不可示 言詞相寂滅〕."고 한다.

미타(prajñā-pāramitā)이군요."

붇다께서 말씀하셨다.

"수부티여, 어떤 까닭에 마하파라미타가 곧 프라즈냐파라미타라고 생각하느냐?"

수부티가 말씀드렸다.

"프라즈냐파라미타는 물질을 크다고도 하지 않고 작다고도 하지 않으며, 모인다고도 하지 않고 흩어진다고도 하지 않습니다.

또한 느낌·모습취함·지어감·앎을 크다고도 하지 않고 작다고도 하지 않으며, 모인다고도 하지 않고 흩어진다고도 하지 않습니다.

세존이시여, 프라즈냐파라미타는 붇다의 열 가지 힘〔十力〕을 강하다고도 하지 않고 약하다고도 하지 않으며, 네 가지 두려움 없음과 나아가 사르바즈냐냐까지도 모인다고도 하지 않고 흩어진다고도 하지 않습니다.

세존이시여, 보디사트바가 만약 이와 같음을 또한 분별한다면 프라즈냐파라미타를 행하는 것이 아닙니다. 왜냐하면 프라즈냐파라미타는 이와 같은 모습이 없기 때문입니다.

'내가 반드시 얼마만한 중생들을 건지리라'고 하면 곧 이것은 보디사트바가 얻을 바 있는 것을 헤아리는 것입니다. 왜냐하면 중생이 나지 않으므로 프라즈냐파라미타도 나지 않으며, 중생에게 자기성품이 없으므로 프라즈냐파라미타도 자기성품이 없으며, 중생이 모습을 떠났으므로 프라즈냐파라미타도 모습을 떠났기 때문입니다.

또한 중생이 사라지지 않으므로 프라즈냐파라미타도 사라지지 않으며, 중생이 이루 생각하거나 말할 수 없으므로 프라즈냐파라미타도 이루 생각하거나 말할 수 없고, 중생을 알 수 없으므로 프라즈냐파라미타도 알 수 없으며, 중생의 힘이 모이므로〔衆生力集故〕 여래의 힘도 모이기 때문입니다."

<u>다나팔라역(7품)</u>

붇다께서 말씀하셨다.

"수부티여, 그대 뜻에 어떠한가. 무슨 인연으로 마하파라미타가 프라즈냐파라미타라고 하는가?"

수부티가 붇다께 말씀드렸다.

"세존이시여. 물질은 큼도 없고 작음도 없으며 모임도 없고 흩어짐도 없어서 모든 일어나 지어짐을 떠났으며, 느낌·모습취함·지어감·앎 또한 큼도 없고 작음도 없으며 모임도 없고 흩어짐도 없어서 모든 일어나 지어짐을 떠났습니다.

여래께 있는 열 가지 힘[十力] 등의 법도 힘 있음[有力]을 짓지 않고 힘 없음[無力]을 짓지 않으며 또한 모임과 흩어짐이 없습니다. 나아가 사르바즈냐나에도 또한 크고 작음과 모임과 흩어짐 모든 일어나 지어짐이 없습니다. 왜냐하면 온갖 법이 크고 작음이 없고 모이고 흩어짐이 없어서 일어나 지어짐을 떠나 평등함에 머물기 때문입니다.

만약 보디사트바가 온갖 법에 분별하는 바가 있어서 이렇게 생각한다 합시다. '내가 사르바즈냐나의 과덕을 갖추면 나는 온갖 중생을 위해 모든 법문을 설해 얼마만한 중생이라도 건네주어 니르바나에 이르도록 하겠다.'

저 보디사트바가 이렇게 생각하면 곧 프라즈냐파라미타를 행한다고 이름하지 못합니다. 왜 그런가요. 프라즈냐파라미타에는 이와 같은 모습이 없어서 중생에게 건넬 바 있음과 얻을 바 있음을 보지 않기 때문입니다.

중생이 자기성품 없기 때문에 프라즈냐파라미타 또한 자기성품이 없고, 중생이 모습 떠났기 때문에 프라즈냐파라미타 또한 모습을 떠났으며, 중생이 나지 않기 때문에 프라즈냐파라미타 또한 나지 않으며, 중생이 사라지지 않기 때문에 프라즈냐파라미타 또한 사라지지 않으며, 중생이 사유할 수 없고 말할 수 없으므로 프라즈냐파라미타 또한 사유할 수 없고 말할 수 없습니다.

중생이 깨쳐 앎[覺了]이 없으므로 프라즈냐파라미타 또한 깨쳐 앎이 없으며,

중생이 진실대로 빼어난 뜻〔勝義〕을 알므로 프라즈냐파라미타 또한 진실대로 빼어난 뜻을 알며, 중생이 힘이 모이므로 여래의 힘 또한 모입니다.

　세존이시여, 저는 이와 같은 인연으로 마하파라미타가 프라즈냐파라미타라고 말합니다."[96]

　사리푸트라가 붇다께 말씀드렸다.

　"세존이시여, 보디사트바가 만약 이 깊은 프라즈냐파라미타를 잘 믿어서 의심하지 않고 뉘우치지 않고 헐뜯지 않으며 그 뜻을 잘 따라 이해한다면 이 사람은 어느 곳에서 목숨을 마치고 여기에 태어난 것입니까?"

　붇다께서 사리푸트라에게 말씀하셨다.

　"이 보디사트바는 다른 붇다의 나라에서 목숨을 마치고 여기에 태어난 것이다.[97]

---

96) 佛言 : 「須菩提！於汝意云何, 以何因緣謂大波羅密多是般若波羅密多？」
　　須菩提白佛言 : 「世尊！色無大無小、無集無散, 離諸起作, 受、想、行、識亦無大無小、無集無散, 離諸起作。所有如來十力等法, 不作有力、不作無力, 亦無集散。乃至一切智, 亦無大小、集散、諸起作等。何以故？一切法無大小、無集散、離起作、住平等。若菩薩於一切法有所分別而作是念 : 『我得具足一切智果, 我爲衆生說諸法門, 能度若干衆生令至涅槃。』而彼菩薩作是念者, 卽不名行般若波羅密多。
　　所以者何？般若波羅密多無如是相, 不見衆生有所度者、有所得者。以衆生無性故, 般若波羅密多亦無性 ; 衆生離相故, 般若波羅密多亦離相 ; 衆生不生故, 般若波羅密多亦不生 ; 衆生不滅故, 般若波羅密多亦不滅 ; 衆生不思議故, 般若波羅密多亦不思議 ; 衆生無覺了故, 般若波羅密多亦無覺了 ; 衆生如實知勝義故, 般若波羅密多亦如實知勝義 ; 衆生力集故, 如來力亦集。
　　世尊！我以如是因緣, 謂大波羅密多是般若波羅密多。」

97) 붇다의 나라에서 옴 : 중생의 망상이 본래 공한 곳이 본래 깨침이니, 본래 깨침이 곧 붇다의 나라이다. 보디사트바는 본래 깨침의 땅에 지난 세상 심은

사리푸트라여, 다른 붇다의 나라에서 온 이 보디사트바는 일찍이 여러 붇다들을 몸소 가까이에서 공양하며 붇다의 법 깊은 뜻을 묻더니, 지금 프라즈냐파라미타를 듣고서는 붇다에게서 직접 들은 듯 기뻐하며, 프라즈냐파라미타 보기를 붇다 뵙듯이 한다."

(5) 프라즈냐는 들을 수 없고 볼 수 없음을 밝힘

수부티가 붇다께 말씀드렸다.

"세존이시여, 프라즈냐파라미타를 들을 수 있고 볼 수 있습니까?"

붇다께서 말씀하셨다.

"그럴 수 없다."

<u>다나팔라역(7품)</u>

이때 수부티가 붇다께 말씀드렸다.

"세존이시여. 프라즈냐파라미타를 들을 수 있고 얻을 수 있습니까, 소리거나 모습으로 말한 바가 있습니까?"

붇다께서 말씀하셨다.

"그렇지 않다, 수부티여. 프라즈냐파라미타는 말함이 없고 보임이 없으며 들음이 없고 얻음이 없으며, 다섯 쌓임·열두 곳·열여덟 법의 영역에 볼바 모습이 있지 않다. 왜 그런가.

저 온갖 법은 갖가지 성품을 떠나 쌓임[蘊]과 곳[處] 법의 영역[界]이 곧 프라즈냐파라미타이기 때문이다. 왜 그런가.

다섯 쌓임·열두 곳·열여덟 법의 영역이 공하기 때문이고 모습 떠났기 때문이며 고요하기 때문이니, 프라즈냐파라미타 또한 공하고 또한 모습 떠나며 또한 고요하여, 프라즈냐파라미타와 다섯 쌓임·열두 곳·열여덟 법의 영역이

착한 뿌리의 인연으로 지금 깊은 프라즈냐에 의심내지 않고 법을 비난하지 않는 것이다.

둘이 없고 두 가름이 없으며 모습이 없고 분별이 없는 것이다." 98)

2. 프라즈냐파라미타를 행하지 않는 인과

(1) 프라즈냐를 믿지 않는 인과를 문답함

(수부티가 말씀드렸다.)

"세존이시여, 이 보디사트바들은 처음 깨달음의 마음을 낸 이래 언제 프라즈냐파라미타를 닦아 익혀 왔습니까?"

(붇다께서 말씀하셨다.)

"수부티여, 이러한 일을 잘 분별해야 한다. 어떤 보디사트바가 비록 몇 백천만 억의 붇다를 만나서 그 붇다들이 계신 곳에서 브라흐마의 행[梵行, brahmā-cara]을 닦지만, 대중 가운데에 있으면서 깊은 프라즈냐파라미타를 듣고서도 아무런 공경하는 마음이 없이 곧바로 버리고 간다고 하자.

수부티여, 이러한 사람은 원래 지난 세상 여러 붇다께서 프라즈냐파라미타 설함을 듣고서도 버리고 가버렸으므로 지금 깊은 프라즈냐파라미타를 듣고도 또한 버리고 가버리는 줄 알아야 한다.

몸과 마음이 조화롭지 못하여 지혜롭지 못한 업을 일으키고 지혜롭지 못한 업의 인연을 쌓으므로 깊은 프라즈냐파라미타를 헐뜯고 거스

---

98) 爾時, 尊者須菩提白佛言：「世尊！般若波羅密多可聞可得耶？若聲若相有所說耶？」

佛言：「不也, 須菩提！般若波羅密多, 無說無示、無聞無得, 非蘊處界有所見相。何以故？彼一切法離種種性, 而蘊處界卽般若波羅密多。何以故？由蘊處界空故、離故、寂滅故, 般若波羅密多亦空亦離亦寂滅, 而般若波羅密多與蘊處界無二無二分、無相無分別。」

르게 된다.

수부티여, 깊은 프라즈냐파라미타를 헐뜯고 물리쳐 거스르는 자는 곧 사르바즈냐나를 헐뜯고 거스르며, 사르바즈냐나를 헐뜯고 물리쳐 거스르는 자는 곧 지나간 때·드러나 있는 때·아직 오지 않은 때의 모든 붇다를 헐뜯고 물리쳐 거스른다.

수부티여, 이 어리석은 사람들은 이와 같이 바른 법을 깨뜨리는 무거운 업을 일으키므로 몇 백천만 칼파 동안 큰 나라카(naraka, 地獄)에 떨어질 죄를 받으며, 한 큰 나라카를 좇아 다른 큰 나라카에 이른다.

한 큰 나라카를 좇아 다른 큰 나라카에 이르러 죄를 받을 때, 만약 그곳에 불의 칼파〔火劫〕가 일어나면 다시 다른 곳의 큰 나라카에 떨어지고, 그곳에서도 또한 한 큰 나라카를 좇아 다른 큰 나라카에 이르며, 한 큰 나라카를 좇아 다른 큰 나라카에 이르러 죄를 받을 때 만약 그곳에 불의 칼파가 일어나면 다시 다른 곳의 큰 나라카에 떨어진다. 다른 곳의 큰 나라카에 떨어지고 나서, 다시 한 큰 나라카를 좇아 다른 큰 나라카에 이르고, 한 큰 나라카를 좇아 다른 큰 나라카에 이르러 죄를 받을 때 만약 그곳에서도 불의 칼파가 일어나면 다시 돌아와 이곳 큰 나라카에 떨어진다.

이 사람은 여기에서 거듭 한 큰 나라카를 좇아 다른 큰 나라카에 이르러 아주 심한 괴로움을 받는다. 이와 같이 돌고 돌면서 나아가 불의 칼파가 거듭 일어나도록 헤아릴 수 없는 괴로움과 업보를 받는다. 왜 그런가. 입으로 나쁜 업을 일으켰기 때문이다."

(2) 프라즈냐 헐뜯는 죄업이 다섯 거스르는 죄보다 더함을 밝힘

이때 사리푸트라가 붇다께 말씀드렸다.

"세존이시여, 이러한 죄업은 다섯 크게 거스르는 죄〔五逆罪〕99)와 같습니까?"

붇다께서 말씀하셨다.

"사리푸트라여, 그대는 이렇게 바른 법을 깨뜨린 죄를 다섯 거스르는 죄〔五逆罪〕와 같다고 하면 안 된다. 왜 그런가. 이 사람은 깊은 프라즈냐파라미타 설함을 듣고 그것을 헐뜯고 거스르며 '이 법을 반드시 배울 필요가 없다. 이 법은 붇다의 가르침이 아니다'라고 생각한다. 이런 까닭에 그 죄가 더욱 늘어나서 또한 다른 사람으로 하여금 프라즈냐파라미타를 멀리 하도록 하기 때문이다.

이 사람은 스스로 몸을 무너뜨리고 또한 다른 사람의 몸을 무너뜨리며, 스스로 독을 마시고 또한 남에게도 독을 마시도록 하여 스스로를 망쳐 잃으며 남을 망쳐 잃도록 하고, 스스로 프라즈냐파라미타를 알지 못하고 이해하지 못하고 또한 다른 사람들로 하여금 프라즈냐파라미타를 알지 못하게 하고 이해하지 못하게 한다.

사리푸트라여, 나는 오히려 일찍이 이러한 사람이 출가(出家)하였다는 이야기도 들은 적이 없는데, 하물며 나의 법 가운데서 공양을 받

---

99) 다섯 거스르는 죄〔五逆罪〕: 다섯 가지의 지극히 무거운 죄를 말한다. 여기에 소승의 오역죄〔單五逆〕와 대승의 오역죄〔復五逆〕가 있다. 소승의 경우는 어머니를 해치고〔害母〕·아버지를 해치고〔害父〕·아라한을 해치며〔害阿羅漢〕·붇다의 몸에 피를 내고〔出佛身血〕·화합승단을 깨뜨리는 것〔破和合僧〕을 말한다.(『구사론(俱舍論)』 권18)

대승의 경우는 첫째 탑사(塔寺)를 파괴하여 경전이나 불상을 태우고 삼보의 물건을 빼앗거나 혹은 그와 같은 것을 시키고 기뻐하는 것, 둘째 슈라바카·프라테카붇다·대승의 법을 비방하는 것, 셋째 출가자가 붇다의 법 닦는 것을 방해하거나 그를 죽이는 것, 넷째 소승의 오역죄 가운데 한 가지 죄를 범하는 것, 다섯째 모든 업보는 없다고 부정하는 것이다.(『보살차니건자소설경(菩薩遮尼乾子所說經)』 권47.)

을 수 있겠느냐? 왜냐하면, 이러한 사람은 바른 법을 더럽히는 이라고 알아야 하며, 이러한 사람은 술 찌꺼기와 같아서 그 성질이 흐리고 검다고 알아야 하기 때문이다.

만약 어떤 중생이 이러한 사람의 말을 믿고 따른다면 또한 아주 깊은 괴로움과 무거운 죄를 받을 것이다. 왜냐하면 사리푸트라여, 만약 프라즈냐파라미타를 깨뜨리고 프라즈냐파라미타를 더럽히면 이 사람은 바른 법을 깨뜨리고 더럽히는 사람인 줄 알아야 하기 때문이다."

(3) 법을 헐뜯는 과보가 무거움을 보임

사리푸트라가 붇다께 말씀드렸다.

"세존이시여, 이런 사람이 받을 몸의 크고 작음에 대해서는 말씀하지 않으십니까?"

붇다께서 사리푸트라에게 말씀하셨다.

"이러한 사람이 받을 몸의 크고 작음에 대해서 반드시 말할 것이 없는 것은 두어두고, 이 사람이 만약 그 몸의 크기〔身量〕를 듣는다면 뜨거운 피가 입에서 솟구쳐 나와 죽거나 죽음에 가까이 이를 것이다. 만약 그 몸의 크기 말해주는 것을 듣는다면, 스스로 이 죄를 알아 근심과 슬픔에 깊이 빠져 몸이 말라 없어질 것이다. 그러므로 그가 받을 몸의 크고 작음에 대해서는 반드시 말하지 않겠다."

사리푸트라가 붇다께 말씀드렸다.

"세존이시여, 오직 붇다께서는 부디 이런 사람들이 받을 몸의 모습을 말씀해주시어 뒷세상 사람들이 밝은 교훈을 얻어 이러한 죄악 때문에 이런 큰 몸 받게 되는 것을 알게 해주십시오."

붇다께서 사리푸트라에게 말씀하셨다.

"지금까지 말한 이 일만으로도 뒷세상 사람들을 위해 크고 밝은 교훈을 지어 주기에 충분하다. 이와 같은 죄업의 인연을 쌓아 모으므로 이와 같이 헤아릴 수 없고 가엾고 아주 심한 괴로움을 받으니, 사리푸트라여! 지금까지 말한 이러한 일은 착한 사람들을 위해서 크고 밝은 교훈을 지어주기에 충분하다."

수부티가 붇다께 말씀드렸다.

"세존이시여, 잘 행하는 남자와 여인은 몸의 업과 입의 업과 뜻의 업을 잘 지켜 보살펴야 합니다. 세존이시여, 다만 입의 업만으로도 이와 같이 무거운 죄를 받습니까?"

붇다께서 수부티에게 말씀하셨다.

"입으로 지은 업만으로도 이와 같이 무거운 죄를 받는다.

수부티여, 나의 법 가운데는 많이들 이렇게 어리석은 사람들이 있어서 깊은 프라즈냐파라미타를 헐뜯고 물리쳐 거스른다. 100)

수부티여, 깊은 프라즈냐파라미타를 헐뜯고 물리쳐 거스르는 이는 곧 아누타라삼약삼보디를 헐뜯고 물리쳐 거스르는 것이며, 아누타라삼약삼보디를 헐뜯고 물리쳐 거스르는 이는 곧 지나간 때·드러나 있는 때·아직 오지 않은 때의 모든 붇다의 사르바즈냐나를 헐뜯고 물

_____

100) 이 부분은 다나팔라〔施護〕의 번역본에는 다음 같이 되어 있다.

"나는 이 사람이 나의 법 가운데서 출가하지 않으리라 말한다. 왜인가. 그 사람은 프라즈냐파라미타를 어긋나 등져 비방하기 때문이니, 이것이 곧 아누타라삼약삼보디를 헐뜯어 비방함이다〔我說是人於我法中不應出家 何以故 彼人違背毀謗 般若波羅密多故 是卽毀謗阿耨多羅三藐三菩提〕."

E. 콘즈의 영역본에는 이렇게 되어 있다.

"바로 여기에 잘 설해진 다르마와 비나야〔法律〕의 세계를 떠나려 하고 이 깊은 지혜의 완성을 비방하고 반대하고 거스르려는 뒤바뀐 사람들이 있을 것이다〔Just here there will be deluded men, persons who have left the world for the well-taught Dharma-Vinaya, who will decide to defame, to reject, to oppose this deep perfection of wisdom〕."

리쳐 거스르는 것이다.

사르바즈냐나를 헐뜯고 물리쳐 거스르는 이는 곧 다르마(dharma)의 보배〔法寶〕를 헐뜯고 물리쳐 거스르는 것이며, 다르마의 보배를 헐뜯고 물리쳐 거스르는 이는 곧 상가(saṃgha)의 보배〔僧寶〕를 헐뜯고 물리쳐 거스르는 것이니, 삼보(三寶)를 헐뜯고 물리쳐 거스르는 까닭에 헤아릴 수 없고 가없는 무거운 죄업을 일으킨다."

(4) 프라즈냐를 헐뜯고 물리쳐 거스르는 원인을 규명함

수부티가 붇다께 말씀드렸다.

"세존이시여, 만약 어떤 사람이 깊은 프라즈냐파라미타를 헐뜯고 물리쳐 거스르는 것에는 몇 가지 인연이 있습니까?"

붇다께서 말씀하셨다.

"수부티여, 이 어리석은 사람은 첫째는 마라가 그렇게 시키기 때문이고, 둘째는 깊고 미묘한 법을 믿지 못하고 알지 못하기 때문이다.

거듭 다시 수부티여, 이 어리석은 사람은 나쁜 스승〔惡知識〕을 만나서 옳은 법〔善法〕을 닦아 익히기를 즐거워하지 않고 기뻐하지 않는다. 또 깊이 탐착하여 늘 다른 사람의 허물을 찾아내며 자신의 몸을 높이고 다른 사람을 얕본다.

수부티여, 이러한 까닭에 깊은 프라즈냐파라미타를 헐뜯고 물리쳐 거스르는 것이다."

3. 프라즈냐파라미타는 믿고 이해하기 어려움을 보임[101]

101) 범본(梵本)과 다나팔라〔施護〕의 번역본에는 여기서부터 9품이 시작된다.

⑴ 정진하지 않으면 프라즈냐를 믿고 이해하지 못함을 보임

수부티가 붇다께 말씀드렸다.

"세존이시여, 정진하지 않는 사람은 프라즈냐파라미타를 믿고 이해하기가 몹시 어려울 것입니다."

붇다께서 말씀하셨다.

"잘 말하고 잘 말했다, 수부티여. 정진하지 않는 사람이 깊은 프라즈냐파라미타를 믿고 이해하기란 매우 어렵다."

⑵ 프라즈냐를 믿기 어려운 이유를 문답함

"세존이시여, 왜 정진하지 않는 사람이 프라즈냐파라미타를 믿고 이해하기가 몹시 어렵습니까?"

"수부티여, 물질은 묶임도 없고 풀림도 없다. 왜냐하면 물질의 참 성품〔色眞性〕이 곧 물질이기 때문이다. 수부티여, 느낌·모습취함·지어감·앎은 묶임도 없고 풀림도 없다. 왜냐하면 느낌·모습취함·지어감·앎의 참 성품〔識眞性〕이 곧 느낌·모습취함·지어감·앎이기 때문이다.

거듭 다시 수부티여, 물질의 앞 때〔色前際〕는 묶임도 없고 풀림도 없다. 왜냐하면 물질의 앞 때 참 성품이 곧 물질이기 때문이다.

수부티여, 물질의 뒤 때〔色後際〕는 묶임도 없고 풀림도 없다. 왜냐하면 물질의 뒤 때 참 성품이 곧 물질이기 때문이다.

드러나 있는 물질〔現在色〕은 묶임도 없고 풀림도 없다. 왜냐하면 드러나 있는 물질의 참 성품이 곧 물질이기 때문이다.

수부티여, 느낌·모습취함·지어감·앎의 앞 때는 묶임도 없고 풀림도 없다. 왜냐하면 느낌·모습취함·지어감·앎의 앞 때의 참 성품

이 느낌·모습취함·지어감·앎이기 때문이다.

수부티여, 느낌·모습취함·지어감·앎의 뒤 때는 묶임도 없고 풀림도 없다. 왜냐하면 느낌·모습취함·지어감·앎의 뒤 때의 참 성품이 곧 느낌·모습취함·지어감·앎이기 때문이다.

수부티여, 드러나 있는 느낌·모습취함·지어감·앎은 묶임도 없고 풀림도 없다. 왜냐하면 드러나 있는 느낌·모습취함·지어감·앎의 참 성품이 곧 느낌·모습취함·지어감·앎이기 때문이다."

수부티가 말씀드렸다.

"세존이시여, 프라즈냐파라미타가 깊고 깊어서 정진하지 않는 사람은 믿고 이해하기가 매우 어렵겠습니다."

(3) 깊은 법의 참모습을 다시 보임

붇다께서 말씀하셨다.

"잘 말하고 잘 말했다, 수부티여. 이 깊은 프라즈냐파라미타는 정진하지 않는 사람이 믿고 이해하기가 매우 어렵다.

수부티여, 물질이 깨끗함이란 곧 그 과보가 깨끗함이니, 물질이 깨끗하므로 과보도 깨끗한 것이다. 느낌·모습취함·지어감·앎이 깨끗함이란 곧 그 과보가 깨끗함이니, 느낌·모습취함·지어감·앎이 깨끗하므로 과보도 깨끗한 것이다.

거듭 다시 수부티여, 물질이 깨끗함이란 사르바즈냐나가 깨끗함이니, 사르바즈냐나가 깨끗하므로 물질이 깨끗한 것이다.

수부티여, 이와 같이 물질의 깨끗함과 사르바즈냐나의 깨끗함은 둘이 없고 차별이 없고 다름이 없고 무너짐이 없다.

느낌·모습취함·지어감·앎이 깨끗함이란 곧 사르바즈냐나가 깨끗함이니, 사르바즈냐나가 깨끗하므로 느낌·모습취함·지어감·앎이 깨끗한 것이다.

수부티여, 이와 같이 사르바즈냐나의 깨끗함과 느낌·모습취함·
지어감·앎의 깨끗함은 둘이 없고 차별이 없고 다름이 없고 무너짐이
없다."

평창

프라즈냐는 온갖 존재가 생각임〔萬法唯識〕을 통달하되, 생각이 온
갖 존재인 생각이므로 생각이 공한 줄 알아 생각에서 생각 떠난〔於念
離念〕 지혜이다. 프라즈냐는 생각에서 생각 없되 생각 없음도 없고
〔於念無念無無念〕 저 경계가 모습 없되 모습 없음도 없음〔於相無相無
無相〕을 통달한 지혜이다. 프라즈냐는 경계를 취하지 않되〔不取〕 버
리지 않으니〔不捨〕 프라즈냐는 있음을 떠나고 없음을 떠나며, 대상을
나 아니되 나 아님도 아님으로 거두는 자비(慈悲)인 지혜이다.

그러므로 보디사트바는 세간을 거두어 보살피며 세간을 비춤 없이
밝게 비춘다. 프라즈냐가 실상에서 일어나 실상을 거두므로 프라즈
냐는 사르바즈냐나에 회향되니 프라즈냐와 다섯 파라미타가 서로 거
두고 프라즈냐가 다섯 파라미타의 눈이 되고 이끄는 자가 된다.

프라즈냐가 세계의 진실을 밝히는 지혜이므로 프라즈냐를 헐뜯는
죄업은 다섯 거스르는 죄업〔五逆罪〕보다 무겁다. 프라즈냐는 생각에
생각 없되 생각 없음도 없는 지혜이므로 온갖 헤아림을 떠나되 지금
드러난 이 생각을 떠나지 않으며, 온갖 거짓 이름〔假名〕을 무너뜨리
지 않고 실상(實相)을 드러낸다.

보되 봄이 없고 보지 않음이 없는 프라즈냐의 지혜를 어떻다 할까.
옛 조사〔夾山〕의 가르침을 들어보자.

풍주 낙포산 원안선사(元安禪師)가 협산선사(夾山禪師)에게 찾아 묻는데, 절도 하지 않고 얼굴 마주해 서니 협산선사가 말했다.

"닭이 봉의 둥지에 깃드나 같은 무리가 아니다. 나가라."

원안선사가 말했다.

"멀리서 소문을 좇아 왔으니 한 번 맞아주십시오."

협산선사가 말했다.

"눈앞에 사리가 없고 이 사이에 노승이 없다."

원안이 '악' 외치니 협산이 말했다.

"가만 있거라. 또 가볍게 허둥대지 말라. 구름과 달은 같으나 개울과 산은 각기 다르다. 천하 사람들의 혀를 끊는 것은 곧 없지 않으나 어찌 혀 없는 사람이 말할 줄 알게 하리요."

원안이 말이 없자 협산이 곧 때렸다. 원안이 이로부터 엎드려 받았다.

■ (946則)

澧州洛浦山元安禪師 叅夾山 不禮拜 當面而立
山云 雞捿鳳巢 非其同類 出去
師云 自遠趨風 乞師一接
山云 目前無闍梨 此間無老僧 師便喝
山云 住住 且莫草草忽忽 雲月是同 溪山各異 截斷天下人舌頭卽
不無 爭教無舌人解語
師無語 山便打 從此伏膺

천동각(天童覺)선사는 노래했다.

　머리 흔들고 꼬리 젓는 붉은 비늘 물고기가
　바닥까지 사무쳐 의지함 없이 몸 돌릴 줄 아네

혀끝을 끊는 좋은 술법이 있다 하나
콧구멍을 끌어 돌려야 묘한 신통이로다
한밤 밝은 주렴 밖이여, 바람과 달은 낮과 같고
마른 나무 바위 앞이여, 꽃송이가 긴 봄날이네
혀 없는 사람 혀 없는 사람이여
바른 명령 온전히 끌어 한 구절이 친하다
홀로 누리 가운데 걸으니 밝아 또렷하고
온 세상 맡겨 따르니 즐겁고 기쁘도다

搖頭擺尾赤梢鱗　徹底無依解轉身
截斷舌頭饒有術　拽迴鼻孔妙神通
夜明簾外兮　風月如晝
枯木巖前兮　花卉長春
無舌人無舌人　正令全提一句親
獨步寰中明了了　任從天下樂欣欣

학담도 한 노래로 조사의 뜻에 함께해 여래의 가르침을 찬탄하리라.

몸이 없되 몸이 되니 씀이 다함없고
들음 없고 설함 없되 교화 가이없네
밤 깊은데 고깃배는 어디로 갔는가
달 밝으니 옛과 같이 갈대꽃 속에 자네

無身而身用無盡　無聞無說化無邊
夜深魚舟何處去　月明依舊宿蘆花

제9품 프라즈냐파라미타의 깨끗함을 찬탄함
〔歎淨品〕

　온갖 있음에 있음 없고 온갖 지음과 함에 함이 없음을 통달한 인식과 실천이 프라즈냐이다. 그러므로 프라즈냐는 있는 모습에도 물들지 않고 없는 모습에도 물들지 않으며, 함이 있음에도 흔들리지 않고 함이 없음에도 막히지 않으니, 이것이 프라즈냐파라미타의 깨끗한 모습이다. 또한 일어나고 사라짐에 실로 일어나고 사라짐이 없음을 통달한 지혜가 프라즈냐이므로, 프라즈냐는 일어나고 사라짐이 있는 이쪽 언덕도 아니고, 일어나고 사라짐이 없는 저쪽 언덕도 아니며, 이쪽 저쪽도 아닌 가운데 흐름마저 아니니, 이것이 바로 프라즈냐가 끝내 깨끗한 뜻이다.

　프라즈냐파라미타를 행한다는 것은 모습을 집착하지 않되 모습 없음에 떨어짐이 없이 모습 아닌 모습을 씀이 없이 쓰는 일이다. 그러므로 온갖 모습을 취해 집착하지 않되 중생을 위해 크나큰 장엄을 일으키는 이가 저 언덕에 건너간 보디사트바이며 용맹하고 굳센 보디사트바이다.

　법을 설하고 법을 들을 때 법 설하는 이가 여기 실로 있고 법 듣는 이가 저기 실로 있지 않으며, 법 설함과 들음이 공함마저 공하기 때문에 법을 설하고 들을 수 있는 것이다.

　그러므로 설하되 설함 없고 듣되 들음 없으며 실로 설할 법이 없는 줄 아는 자가 본래 깨끗한 파라미타에서 중생을 위해 다함없는 진리의 바퀴〔法輪〕를 굴릴 수 있는 자이다. 구름〔轉〕도 없고 되돌아옴도 없는 프라즈냐파라미타의 법 가운데 다함없이 법바퀴를 굴리는 자, 그가 가없는 파라미타, 바른 파라미타, 지음 없는 파라미타, 오고 감이 없는 파라미타를 쓰는 프라즈냐행자인 것이다.

　학담이 노래로 종요를 말해보리라.

　　　프라즈냐는 모습 없으나 모습 되지 않음도 없고

하되 함이 없으니 하지 않음도 없네
다섯 쌓임 본래 깨끗하니 프라즈냐도 깨끗하고
내가 가없으니 프라즈냐도 그러하네

般若無相無不相　爲而無爲無不爲
五蘊本淨般若淨　我是無邊般若然

프라즈냐 본래 이 언덕이 아니고 저 언덕이 아니며
또한 가운데 흐름도 아니라 마쳐 다해 깨끗하지만
이와 같이 깨끗한 모습 만약 분별하면
곧바로 프라즈냐파라미타를 잃게 되리

般若本非此彼岸　亦非中流畢竟淨
如是淨相若分別　卽失般若波羅密

다섯 쌓임 행하지 않고 집착하지 않으며
네 작은 과덕과 사르바즈냐냐에 집착 않으면
곧 프라즈냐를 내어 나고 사라지지 않으며
굴리는 바가 없이 프라즈냐 법바퀴를 굴리리

不行五蘊不生著　不著四果一切智
卽生般若不生滅　無所轉而轉法輪

1. 프라즈냐가 본래 깨끗함을 보임

(1) 프라즈냐파라미타의 깨끗함을 찬탄함

이때 사리푸트라가 붇다께 말씀드렸다.

"세존이시여, 프라즈냐파라미타의 이 깨끗함은 깊고 깊습니다."

붇다께서 말씀하셨다.

"본래 깨끗하기 때문이다."

"세존이시여, 이 깨끗함은 밝습니다."

붇다께서 말씀하셨다.

"본래 깨끗하기 때문이다."

"세존이시여, 이 깨끗함은 욕계에 나지도 않고 물질의 세계에도 나지 않으며 물질 없는 세계에도 나지 않습니다."

붇다께서 말씀하셨다.

"본래 깨끗하기 때문이다."

"세존이시여, 이 깨끗함은 더러워짐도 없고 깨끗해짐도 없습니다."

붇다께서 말씀하셨다.

"본래 깨끗하기 때문이다."

"세존이시여, 이 깨끗함은 얻을 것도 없고 과보도 없습니다."

붇다께서 말씀하셨다.

"본래 깨끗하기 때문이다."

"세존이시여, 이 깨끗함은 만들어지지도 않고 일어나지도 않습니다."

붇다께서 말씀하셨다.

"본래 깨끗하기 때문이다." 102)

---

102) 〔E.Conze역 9품〕

"세존이시여, 이 깨끗함은 앎이 없습니다."

붇다께서 말씀하셨다.

"본래 깨끗하기 때문이다."

"세존이시여, 이 깨끗함은 물질을 알지 않고 느낌 · 모습취함 · 지어감 · 앎도 알지 않습니다."

사리푸트라가 말씀드렸다.

"오, 세존이시여. 프라즈냐파라미타는 깊습니다."

세존께서 말씀하셨다.

"깨끗하기 때문이다."

사리푸트라가 말씀드렸다.

"비춤의 근원은 프라즈냐파라미타입니다."

세존께서 말씀하셨다.

"깨끗하기 때문이다."

사리푸트라가 말씀드렸다.

"빛은 프라즈냐파라미타입니다."

세존께서 말씀하셨다.

"깨끗하기 때문이다."

사리푸트라가 말씀드렸다.

"다시 태어남에 지배 받지 않는 것은 프라즈냐파라미타입니다."

세존께서 말씀하셨다.

"깨끗하기 때문이다."

Sariputra: Deep, O Lord, is the perfection of wisdom!

The Lord: From purity.

Sariputra: A source of illumination is the perfection of wisdom.

The Lord: From purity.

Sariputra: A light is perfect wisdom.

The Lord: From purity.

Sariputra: Not subject to rebirth is perfect wisdom.

The Lord: From purity.

붇다께서 말씀하셨다.

"본래 깨끗하기 때문이다."

"세존이시여, 프라즈냐파라미타는 사르바즈냐나에서 늘지도 않고 줄지도 않습니다."

붇다께서 말씀하셨다.

"본래 깨끗하기 때문이다."

"세존이시여, 프라즈냐파라미타가 깨끗하므로 법에 대하여 취하는 바가 없습니다."

붇다께서 말씀하셨다.

"본래 깨끗하기 때문이다."

이때 수부티가 붇다께 말씀드렸다.

"세존이시여, 내〔我〕가 깨끗하므로 물질이 깨끗합니다."

붇다께서 말씀하셨다.

"마쳐 다해 깨끗하기 때문이다."

"세존이시여, 내〔我〕가 깨끗하므로 느낌·모습취함·지어감·앎이 깨끗합니다."

붇다께서 말씀하셨다.

"마쳐 다해 깨끗하기 때문이다."

"세존이시여, 내가 깨끗하므로 과보도 깨끗합니다."

붇다께서 말씀하셨다.

"마쳐 다해 깨끗하기 때문이다."

"세존이시여, 내가 깨끗하므로 사르바즈냐나가 깨끗합니다."

붇다께서 말씀하셨다.

"마쳐 다해 깨끗하기 때문이다."

"세존이시여, 내가 깨끗하므로 얻음도 없고 과보도 없습니다."

붇다께서 말씀하셨다.

"마쳐 다해 깨끗하기 때문이다."

"세존이시여, 내가 가없으므로 물질도 가없습니다."

붇다께서 말씀하셨다.

"마쳐 다해 깨끗하기 때문이다."

"세존이시여, 내가 가없으므로 느낌·모습취함·지어감·앎도 가없습니다."

붇다께서 말씀하셨다.

"마쳐 다해 깨끗하기 때문이다."

"세존이시여, 이와 같고 이와 같음을 보디사트바의 프라즈냐파라미타라고 합니까?"103)

"수부티여, 마쳐 다해 깨끗하기 때문이다."

"세존이시여, 프라즈냐파라미타는 이 언덕〔此岸〕도 아니고 저 언덕〔彼岸〕도 아니며 가운데의 흐름〔中流〕도 아닙니다."

붇다께서 말씀하셨다.

"마쳐 다해 깨끗하기 때문이다."

다나팔라역(8품)

붇다께서 수부티에게 말씀하셨다.

"그렇고 그렇다. 그대가 말함과 같다.

---

103) 다나팔라의 번역본은 다음과 같다.

"보디사트바마하사트바는 프라즈냐파라미타에 깨친 바가 없습니다〔菩薩摩訶薩於般若波羅密多無所覺了〕."

E.콘즈의 영역은 다음과 같다.

"이렇게 이해하는 보디사트바, 그는 지혜의 완성을 가진 것입니다〔A bodhi sattva who understands it thus, he has perfect wisdom〕."

거듭 다시 수부티여. 물질이 청정하므로 과보가 청정하고, 과보가 청정하므로 물질이 청정하다. 만약 물질이 청정하고 과보가 청정하여 둘이 없고 분별이 없다면 끊어짐이 없고 무너짐이 없기 때문이다.

느낌·모습취함·지어감·앎이 청정하므로 과보가 청정하고, 과보가 청정하므로 느낌·모습취함·지어감·앎이 청정하다. 만약 느낌·모습취함·지어감·앎이 청정하고 과보가 청정하여 둘이 없고 분별이 없다면 끊어짐이 없고 무너짐이 없기 때문이다.

거듭 다시 수부티여. 물질이 청정하므로 사르바즈냐나가 청정하고 사르바즈냐나가 청정하므로 물질이 청정하다. 만약 물질이 청정하고 사르바즈냐나가 청정하여 둘이 없고 분별이 없다면 끊어짐이 없고 무너짐이 없기 때문이다.

느낌·모습취함·지어감·앎이 청정하므로 사르바즈냐나가 청정하고, 사르바즈냐나가 청정하므로 느낌·모습취함·지어감·앎이 청정하다. 만약 느낌·모습취함·지어감·앎이 청정하고 사르바즈냐나가 청정하여 둘이 없고 분별이 없다면 끊어짐이 없고 무너짐이 없기 때문이다."104)

(2) 법에 대한 집착을 경계함

"세존이시여. 보디사트바가 만약 이와 같음을 또한 분별한다면 곧 프라즈냐파라미타를 잃게 되고 프라즈냐파라미타를 멀리 떠나게 됩니다."

---

104) 佛告須菩提 : 「如是, 如是 ! 如汝所言. 復次, 須菩提 ! 色淸淨故卽果淸淨, 果淸淨故卽色淸淨. 若色淸淨、若果淸淨, 無二無分別, 無斷無壞故. 受、想、行、識淸淨故卽果淸淨, 果淸淨故卽識淸淨. 若識淸淨、若果淸淨, 無二無分別, 無斷無壞故.

復次, 須菩提 ! 色淸淨故卽一切智淸淨, 一切智淸淨故卽色淸淨. 若色淸淨、若一切智淸淨, 無二無分別, 無斷無壞故. 受、想、行、識淸淨故卽一切智淸淨, 一切智淸淨故卽識淸淨. 若識淸淨、若一切智淸淨, 無二無分別, 無斷無壞故。」

붇다께서 말씀하셨다.

"잘 말하고 잘 말했다, 수부티여. 이름과 모습을 좇으므로 집착을 내는 것이다."

"참으로 드문 일입니다, 세존이시여. 프라즈냐파라미타 가운데의 집착을 잘 말씀해주셨습니다."

이때 사리푸트라가 수부티에게 말했다.

"무슨 까닭에 집착이라고 부르오?"

"사리푸트라시여, 만약 잘 행하는 남자와 여인이 물질의 공함을 분별하면 곧 이것을 집착이라고 하고, 느낌·모습취함·지어감·앎의 공함을 분별하면 곧 이것을 집착이라고 합니다. 지나간 법과 아직 오지 않은 법과 드러나 있는 법을 분별하면 곧 이것을 집착이라고 하고, 처음 깨달음에 마음을 낸 보디사트바가 얼마쯤의 복덕을 얻었다고 하면 곧 이것을 집착이라고 합니다."

샤크라인드라하늘왕이 수부티에게 물었다.

"무슨 까닭에 이 일을 집착이라고 합니까?"

"카우시카여, 이 사람은 이 마음을 분별하여〔分別是心〕이 마음으로써 아누타라삼약삼보디에 회향하기 때문이오. 카우시카여, 하지만 마음의 성품은 회향할 수 없소〔心性不可廻向〕. 그러므로 만약 보디사트바가 다른 사람에게 아누타라삼약삼보디를 가르쳐 주려 한다면, 모든 법의 참모습처럼〔如諸法實相〕보이고 가르쳐서 이익과 기쁨을 주어야 하니, 이렇게 하면 스스로 다치지 않소.

이렇게 하는 것이야말로 붇다께서 허락하신 바이고 붇다께서 가르치신 바이므로 잘 행하는 남자와 여인 또한 모든 집착을 떠나게 되오."

이때 붇다께서 수부티를 칭찬하여 말씀하셨다.

"잘 말하고 잘 말했다. 수부티여. 그대는 여러 보디사트바들이 법에 집착하는 것을 잘 보여주었다. 수부티여, 내가 다시 아주 가늘게 법을 집착하는 것에 대해 말해줄 것이니 그대는 이제 잘 들으라."

수부티가 말씀드렸다.

"예, 그렇게 가르침을 받겠습니다."

붇다께서 말씀하셨다.

"만약 잘 행하는 남자와 여인이 모습을 취하여 여러 붇다를 생각하고 취한 모습을 따른다면 이것을 다 집착이라고 한다. 이미 지나간 때·아직 오지 않은 때·드러나 있는 때의 모든 붇다께 있는 샘 없는 법〔無漏法〕을 다 따라 기뻐하고, 따라 기뻐하고 나서는 이것을 아누타라삼약삼보디에 회향한다고 하면 곧 이것도 집착이다.

왜냐하면 수부티여, 모든 법의 성품〔諸法性〕은 이미 지나감도 아니고 아직 오지 않음도 아니며 드러나 있음도 아니어서, 모습을 취할 수도 없고 따라 생각할 수도 없으며, 볼 수도 없고 들을 수도 없으며, 느낄 수도 없고 알 수도 없으며, 회향할 수도 없기 때문이다."

(3) 프라즈냐는 이루 말할 수 없음을 보임

수부티가 말씀드렸다.

"세존이시여, 모든 법의 성품은 깊고 깊습니다."

"마쳐 다해 다 떠났기 때문이다."

"세존이시여, 저는 프라즈냐파라미타를 공경히 예배합니다."

붇다께서 말씀하셨다.

"붇다께서는 이 지음 없는 법을 얻으셨기 때문이다."

"세존이시여, 붇다께서는 온갖 법〔一切法〕을 얻으셨습니다."

"그렇다, 수부티여. 여래께서는 온갖 법을 얻으셨다. 수부티여, 법의 성품은 오직 하나일 뿐 둘도 없고 셋도 없다. 이러한 성품 또한 성품이 아니며 지음이 아니다. 수부티여, 보디사트바가 만약 이와 같이 알 수 있으면 곧 모든 집착을 떠난다."

"세존이시여, 프라즈냐파라미타는 깊어서 참으로 알기 어렵습니다."

"수부티여, 아는 이〔知者〕가 없기 때문이다."105)

"세존이시여, 프라즈냐파라미타는 이루 사유할 수 없고 말할 수 없습니다."

"수부티여, 프라즈냐파라미타는 마음으로 알 수 없기 때문이다."

"세존이시여, 프라즈냐파라미타는 지은 바〔所作〕가 없습니다."

"수부티여, 짓는 이〔作者〕를 얻을 수 없기 때문이다."

2. 프라즈냐파라미타를 행하는 법

(1) 집착 없는 행을 보임

"세존이시여, 보디사트바는 어떻게 프라즈냐파라미타를 행해야 합니까?"

"수부티여, 만약 보디사트바가 물질을 행하지 않으면 곧 프라즈냐파라미타를 행하는 것이며, 느낌·모습취함·지어감·앎을 행하지 않으면 곧 프라즈냐파라미타를 행하는 것이다.

---

105) 아는 이가 없음: 아는 주체가 실로 없다 해도 저 경계를 알 수 없지만, 아는 이가 실로 있으면 또한 알 수 없다. 아는 자는 앎활동 너머에 실로 있는 아는 자가 아니라 아는 자〔第八識見分〕 아는 바〔第八識相分〕가 어울려 앎활동이 있으니, 아는 자는 아는 바〔識相分〕를 안고 앎활동〔識自證分〕으로 현전하는 아는 자〔識見分〕이니 실로 있음도 아니고 실로 없음도 아니다.

만약 보디사트바가 물질을 행하지 아니하여 가득 채우지 않는다면
[不行色不滿足] 곧 프라즈냐파라미타를 행하는106) 것이며, 느낌·모
습취함·지어감·앎을 행하지 아니하여 가득 채우지 않는다면 곧 프
라즈냐파라미타를 행하는 것이다. 왜냐하면 물질을 가득 채우지 않으
면 그것은 이미 물질이 아니며, 느낌·모습취함·지어감·앎을 가득
채우지 않으면 그것은 느낌·모습취함·지어감·앎이 아니기 때문이
다.

이와 같이 그 모습 가득 채우지 않는 모습을 행하면[若如是行不滿
足相] 곧 프라즈냐파라미타를 행하는 것이다."

다나팔라역(8품)

수부티가 붇다께 말씀드렸다.

"세존이시여, 보디사트바마하사트바는 어떻게 프라즈냐파라미타를 행합니
까?"

붇다께서 말씀하셨다.

"만약 보디사트바마하사트바가 물질을 행하지 않으면 이것이 프라즈냐파라미
타를 행함이고, 느낌·모습취함·지어감·앎을 행하지 않으면 이것이 프라즈
냐파라미타를 행함이다.

물질의 덧없음을 행하지 않으면 이것이 프라즈냐파라미타를 행함이고, 느
낌·모습취함·지어감·앎의 덧없음을 행하지 않으면 이것이 프라즈냐파라미
타를 행함이다.

물질의 공함을 행하지 않으면 이것이 프라즈냐파라미타를 행함이고, 느낌·

---

106) 다섯 쌓임이 곧 공하여 늘어나되 늘어남이 아니고 줄어들되 줄어듦이 아닌
데, 물질에서 채울 것을 보면 프라즈냐가 아니니 물질을 채우지 않고 물질을
행하지 않을 때가 프라즈냐파라미타를 행함이다. 다나팔라역에서 '물질의 가
득함과 가득하지 않은 모습을 행하지 않으면 프라즈냐를 행함이다'라는 번역
이 그 뜻이 더 분명하다.

모습취함·지어감·앎의 공함을 행하지 않으면 이것이 프라즈냐파라미타를 행함이다.

물질의 가득한 모습과 가득하지 않은 모습〔色滿足色不滿足相〕을 행하지 않으면 이것이 프라즈냐파라미타를 행함이다. 왜 그런가. 만약 물질의 가득한 모습과 가득하지 않은 모습을 행하면 물질이 아니기 때문이다.

느낌·모습취함·지어감·앎의 가득한 모습과 가득하지 않은 모습〔識滿足識不滿足相〕을 행하지 않으면 이것이 프라즈냐파라미타를 행함이다. 왜 그런가. 만약 느낌·모습취함·지어감·앎의 가득한 모습과 가득하지 않은 모습을 행하면 느낌·모습취함·지어감·앎이 아니기 때문이다.

만약 이와 같이 모든 법을 행하지 않으면 이것을 프라즈냐파라미타를 행함이라 한다."107)

수부티가 말했다.

"참으로 드문 일입니다, 세존이시여. 여러 가지 집착 가운데서 집착할 바 없음을 말씀해주시는군요."

"수부티여, 만약 보디사트바가 물질을 행하지 아니하여 그 모습에 집착하지 않으면 곧 프라즈냐파라미타를 행하는 것이다. 느낌·모습취함·지어감·앎을 행하지 아니하여 그 모습에 집착하지 않으면 곧 프라즈냐파라미타를 행하는 것이다.

---

107) 須菩提白佛言：「世尊！菩薩摩訶薩當云何行般若波羅密多？」
佛言：「若菩薩摩訶薩不行於色是行般若波羅密多, 不行受、想、行、識是行般若波羅密多；不行色無常是行般若波羅密多, 不行受、想、行、識無常是行般若波羅密多；不行色空是行般若波羅密多, 不行受、想、行、識空是行般若波羅密多；不行色滿足不滿足相是行般若波羅密多。何以故？若行色滿足不滿足相卽非色。不行受、想、行、識滿足不滿足相是行般若波羅密多。何以故？若行受、想、行、識滿足不滿足相卽非識。若如是不行諸法, 是名行般若波羅密多。」

보디사트바는 이와 같이 행하여 물질에 집착을 내지 않고 느낌·모습취함·지어감·앎에 집착을 내지 않으며, 스로타판나의 과덕과 사크리다가민의 과덕과 아나가민의 과덕과 아라한의 과덕과 프라테카붇다의 도에도 집착을 내지 않고 나아가 사르바즈냐나에도 또한 집착을 내지 않는다.

왜냐하면 모든 집착을 넘어섰기 때문이니 이를 일컬어 걸림 없는 사르바즈냐나[無礙薩婆若]라 한다. 수부티여, 보디사트바가 모든 집착을 넘어서려 하면 이렇게 프라즈냐파라미타를 생각해야 한다.”

(2) 나고 사라짐 없는 법의 모습과 보디사트바의 행을 보임

수부티가 붇다께 말씀드렸다.

“참으로 드문 일입니다, 세존이시여. 이 법은 깊고 깊어서 만약 말해도 줄어들지 않고 말하지 않아도 줄어들지 않으며, 만약 말해도 늘어나지 않고 말하지 않아도 늘어나지 않습니다.”

다나팔라역(8품)

수부티가 붇다께 말씀드렸다.

“드물고 놀랍습니다, 세존이시여. 프라즈냐파라미타는 깊고 깊은 법이니, 말해도 늘어나지 않고 말하지 않아도 또한 줄지 않으며, 말해도 또한 줄지 않고 말하지 않아도 또한 늘지 않습니다.” 108)

붇다께서 말씀하셨다.

“잘 말하고 잘 말했다, 수부티여. 붇다께서 목숨이 다하도록 허공을

---

108) 須菩提白佛言：「希有，世尊！般若波羅密多是甚深法。若說不增，不說亦不減，說亦不減，不說亦不增。」

찬탄해도 허공이 줄어들지 않고 찬탄하지 않아도 줄어들지 않으며, 찬탄해도 늘어나지 않고 찬탄하지 않아도 늘어나지 않음과 같다. 수부티여, 비유하면 이는 마치 허깨비로 변화한 사람을 칭찬해주어도 기뻐하지 않고 칭찬하지 않아도 화내지 않는 것과 같다. 수부티여, 모든 법의 성품[諸法性]도 이와 같아서 만약 말해도 늘어나지 않고 말하지 않아도 줄어들지 않는다."

다나팔라역(8품)

붇다께서 수부티를 찬탄해 말씀했다.

"잘 말하고 잘 말했다. 수부티여, 그렇고 그렇다. 만약 여래·공양해야 할 분·바르게 깨친 분이 그 목숨 다하도록 허공을 칭찬한다 하자. 저 허공은 칭찬해도 또한 늘지 않고 칭찬하지 않아도 또한 줄지 않으며, 칭찬해도 또한 줄지 않고 칭찬하지 않아도 또한 늘지 않는다.

비유하면 허깨비로 변화한 사람이 칭찬해도 또한 기뻐하지 않고, 칭찬하지 않아도 또한 성내지 않으며, 칭찬해도 또한 늘지 않고 칭찬하지 않아도 또한 줄지 않는 것과 같다.

수부티여. 모든 법의 성품[諸法性]도 이와 같아서 말함과 말하지 않음을 떠나 늘지 않고 줄지 않는다."109)

"세존이시여, 보디사트바가 하는 일은 매우 어려우니, 이 프라즈냐 파라미타를 닦아 행할 때에 마음이 늘어나거나 줄어듦이 없으며 물러나거나 구르지 않습니다.

---

109) 佛讚須菩提言 : 「善哉, 善哉！須菩提！如是, 如是！若如來. 應供. 正等正覺盡其壽量稱讚虛空, 而彼虛空讚亦不增, 不讚亦不減, 讚亦不減, 不讚亦不增。譬如稱讚幻所化人, 讚亦不喜, 不讚亦不恚, 讚亦不增, 不讚亦不減。須菩提！諸法性如是, 離說非說, 不增不減。」

세존이시여, 프라즈냐파라미타를 닦아 익히는 것은 허공을 닦아 익히는 것과 같습니다.

세존이시여, 보디사트바는 온갖 중생을 건네주기 위하여 크나큰 장엄을 일으키니〔發大莊嚴〕반드시 공경히 절해야 합니다.

세존이시여, 보디사트바는 중생을 위하므로 크나큰 장엄을 일으키니, 마치 어떤 사람이 허공과 더불어 싸우는 것과 같습니다.

세존이시여, 보디사트바는 중생을 위하므로 크나큰 장엄을 일으키니, 마치 어떤 사람이 허공과 더불어 말로 싸워 다투는 것과 같습니다.

세존이시여, 이러한 보디사트바를 크나큰 장엄을 일으킨 보디사트바라고 합니다.

세존이시여, 보디사트바는 중생을 위하므로 크나큰 장엄을 일으키니, 마치 어떤 사람이 허공을 들어올리려 하는 것과 같습니다. 세존이시여, 이러한 보디사트바를 정진(精進)하여 저 언덕〔彼岸〕에 건너가는 보디사트바라고 하고, 용맹스럽고 굳센〔勇健〕보디사트바라 하며, 허공인 모든 법과 같은〔同虛空諸法〕보디사트바라 하므로 아누타라삼약삼보디를 냅니다."

(3) 허공 같은 프라즈냐행

그때 모임 가운데에 있던 어떤 비구가 이렇게 생각했다.

'나는 프라즈냐파라미타를 공경히 예배하는데, 이 프라즈냐파라미타 가운데에는 어떤 법도 생겨남이 없고, 어떤 법도 사라짐이 없구나.'

이때 샤크라인드라하늘왕이 수부티에게 말했다.

"만약 보디사트바가 깊은 프라즈냐파라미타를 닦아 익히고자 한다면 어떤 법을 닦아 익혀야 합니까?"

수부티가 말했다.

"카우시카여, 만약 보디사트바가 깊은 프라즈냐파라미타를 닦아 익히고자 한다면, 이것은 바로 허공을 닦아 익히는 것이오."

샤크라인드라하늘왕이 붇다께 말씀드렸다.

"세존이시여, 만약 어떤 사람이 프라즈냐파라미타를 받아 지녀 읽고 외운다면 저는 반드시 그를 지켜 보살피겠습니다."

수부티가 샤크라인드라하늘왕에게 말했다.

"그대는 지켜 보살필 이러한 법을 보오?"

샤크라인드라하늘왕이 말했다.

"보지 않습니다."

"카우시카여, 만약 보디사트바가 프라즈냐파라미타의 경전에서 말한대로 행한다면 곧 이것이 잘 지켜 보살피는 것이오. 만약 프라즈냐파라미타를 멀리 떠나면 사람인 듯 사람 아닌 것〔人若非人〕이 그 틈을 얻게 되오. 카우시카여, 만약 어떤 사람이 프라즈냐파라미타 행하는 이를 지켜 보살피고자 한다면 이는 허공을 지켜 보살피려는 것과 같소. 카우시카여, 그대 생각에 어떠하오. 그대는 메아리를 지켜 보살필 수 있겠소, 없겠소?"

샤크라인드라하늘왕이 말했다.

"보살필 수 없습니다."

수부티가 말했다.

"카우시카여, 보디사트바도 이와 같소. 프라즈냐파라미타를 행하여 온갖 법이 공(空)하여 메아리 같은 줄 알되, 또한 이와 같이 공함도 또한 분별하지 않으면, 이것이 곧 프라즈냐파라미타를 행함인 줄 알아야 하오."

다나팔라역(8품)

이때 샤크라하늘왕이 붇다께 말씀드렸다.

"세존이시여. 만약 어떤 사람이 이 프라즈냐파라미타 법문을 받아 지니면, 저는 그 사람과 이 법문을 지켜 보살피겠습니다."

그때 존자 수부티가 샤크라하늘왕에게 말하였다.

"카우시카여, 그대는 지켜 보살필 수 있는 법 있음을 봅니까?"

샤크라하늘왕이 말했다.

"아닙니다, 수부티시여."

그때 수부티가 말했다.

"하늘왕이여. 만약 보디사트바마하사트바가 말씀한 바와 같이〔如所說〕 프라즈냐파라미타를 진리대로 행해 따라 서로 응한다면, 이것을 진실되게 지켜 보살핌이라 이름하오. 만약 그때 프라즈냐파라미타를 멀리 떠나면 온갖 곳에서 사람과 사람 아닌 것들〔人及非人〕이 그 틈을 엿보게 되오.

거듭 다시 카우시카여. 만약 보디사트바마하사트바가 프라즈냐파라미타를 지켜 보살피고자 한다면 허공을 지켜 보살피는 것과 같아야 하니, 이것이 프라즈냐파라미타를 행함이오.

카우시카여, 그대 생각에 어떠하오? 저 부르는 소리의 메아리를 지켜 보살필 수 있소?"

샤크라하늘왕이 말했다.

"존자 수부티여. 저 부르는 소리의 메아리는 지켜 보살필 수 없습니다."

수부티가 말했다.

"그렇고 그렇소, 카우시카여. 온갖 법이 부르는 소리의 메아리 같은 줄 알아야 하오. 만약 이와 같이 알면 모든 법에서 살피는 바가 없고 보이는 바가 없으며 나는 바가 없고 얻는 바가 없으니, 이것이 보디사트바가 프라즈냐파라미타를 행함이오."110)

---

110) 爾時, 帝釋天主白佛言：「世尊！若有人受持此般若波羅密多法門者, 我當

3. 프라즈냐파라미타 설하는 법을 밝힘

(1) 신통으로 이루어진 법의 모임

그때 붇다께서 신통의 힘으로 삼천의 큰 천세계에 있는 네 하늘왕과 모든 샤크라인드라하늘왕과 사바세계의 주재자인 여러 브라흐마하늘왕들로 하여금 다 붇다 계신 곳에 이르게 하니, 그들은 붇다의 발에 이마를 대고 절한 다음 한 쪽으로 물러나 있었다.

네 하늘왕과 모든 샤크라인드라하늘왕의 무리와 모든 브라흐마하늘왕의 무리들은 붇다의 신통의 힘으로 일 천 붇다의 이와 같은 모습〔如是相〕과 이와 같은 이름〔如是名〕을 보게 되었다.

프라즈냐파라미타를 설하는 이는 다 수부티라고 이름하며, 따져 묻는 이는 또한 샤크라인드라하늘왕이나 마이트레야보디사트바와 같았으니, 이들은 아누타라삼약삼보디를 이루어 또한 이 국토〔此土〕에서 프라즈냐파라미타를 설하게 될 것이었다.

(2) 진실 그대로의 설법과 설법의 공덕

守護其人及此法門。」

時, 尊者須菩提謂帝釋天主言 : 「憍尸迦! 汝見有法可守護耶 ? 」

帝釋天主言 : 「不也, 須菩提! 」

時, 須菩提言 : 「天主! 若菩薩摩訶薩如所說般若波羅密多如理而行隨順相應者, 是卽名爲眞實守護。若時遠離般若波羅密多, 於一切處卽爲人及非人伺得其便。復次, 憍尸迦! 若菩薩摩訶薩爲欲守護般若波羅密多者, 當如守護虛空, 是爲行般若波羅密多。憍尸迦! 於汝意云何 ? 彼呼聲響能守護耶 ? 」

帝釋天主言 : 「尊者須菩提! 彼呼聲響不能守護。」

須菩提言 : 「如是, 如是! 憍尸迦! 當知一切法如呼聲響。若如是知, 卽於諸法無所觀、無所示、無所生、無所得。是爲菩薩摩訶薩行般若波羅密多。」

이때 수부티가 붇다께 말씀드렸다.

"세존이시여, 마이트레야보디사트바는 아누타라삼약삼보디를 이루었을 때 이곳에서 어떻게 프라즈냐파라미타를 설합니까?"

붇다께서 말씀하셨다.

"수부티여, 마이트레야보디사트바는 아누타라삼약삼보디를 이루었을때 프라즈냐파라미타를 설하되, 물질의 공함을 설하지 않고 느낌·모습취함·지어감·앎의 공함을 설하지 않으며, 물질의 묶임을 설하지 않고 물질의 풀림도 설하지 않으며, 느낌·모습취함·지어감·앎의 묶임을 설하지 않고 느낌·모습취함·지어감·앎의 풀림도 설하지 않는다."

수부티가 말씀드렸다.

"세존이시여, 프라즈냐파라미타는 깨끗하군요."

붇다께서 말씀하셨다.

"물질이 깨끗하므로 프라즈냐파라미타가 깨끗하고, 느낌·모습취함·지어감·앎이 깨끗하므로 프라즈냐파라미타가 깨끗하며, 허공이 깨끗하므로 프라즈냐파라미타도 깨끗하다. 물질이 물듦 없으므로 프라즈냐파라미타가 깨끗하고, 느낌·모습취함·지어감·앎이 물듦 없으므로 프라즈냐파라미타도 깨끗하다.

수부티여, 허공이 물듦 없으므로 프라즈냐파라미타도 깨끗하다."

수부티가 말씀드렸다.

"세존이시여, 만약 잘 행하는 남자와 여인이 프라즈냐파라미타를 받아 지녀 읽고 외우면 이러한 사람은 마침내 갑자기 죽는 일이 없으며, 몇 백천이나 되는 여러 하늘대중이 다 따라 다니며 보살펴줄 것입니다.

또한 매달 8일과 14일, 15일과 23일, 29일과 30일에 있는 곳곳에서 프라즈냐파라미타를 설한다면 그 복이 아주 많을 것입니다."

붇다께서 말씀하셨다.

"잘 말하고 잘 말했다, 수부티여. 이 사람들이 프라즈냐파라미타를 설하면 얻는 복이 아주 많다.

수부티여, 프라즈냐파라미타를 머무르게 하는 것은 어렵다. 왜냐하면 프라즈냐파라미타는 바로 크게 진귀한 보배이며, 법에 집착하는 바가 없고 취하는 바가 없기 때문이다. 그 까닭은 무엇인가. 곧 모든 법은 있는 바가 없어서 얻을 수 없기 때문이다.

수부티여, 프라즈냐파라미타는 얻을 바가 없으므로 물들어 더럽혀질 수 없다. 왜냐하면 프라즈냐파라미타는 그것이라 할 법이 없기 때문이니, 이를 일컬어 물듦 없는 프라즈냐파라미타라고 한다.

프라즈냐파라미타가 물듦이 없기 때문에 모든 법도 또한 물듦이 없으니, 만약 이와 같이 물듦 없음 또한 분별하지 않는다면 이것을 프라즈냐파라미타를 행함이라 말한다.

수부티여, 프라즈냐파라미타에는 보거나 보지 않을 법이 없고 취하거나 버릴 법도 없다."

(3) 구름 없이 구르는 법바퀴

그때 몇 백천이나 되는 여러 하늘신들이 뛸 듯이 기뻐하면서 허공 가운데서 소리를 같이해 말했다.

"저희는 잠부드비파에서 법의 수레바퀴가 구르는 것을 다시 봅니다."

수부티가 여러 하늘신들에게 말했다.

"법의 수레바퀴는 처음 구르는 것도 아니고 두 번째로 구르는 것도 아니오. 왜냐하면 프라즈냐파라미타의 법 가운데는 구름도 없고 되돌아옴도 없기 때문이오."

붇다께서 수부티에게 말씀하셨다.

"수부티여, 마하파라미타가 곧 보디사트바의 프라즈냐파라미타이
니 온갖 법에 구름도 없고 집착도 없는 것이다. 아누타라삼약삼보디
를 얻어도 또한 얻을 바가 없으며, 법의 수레바퀴를 굴릴 때에도 구르
는 바가 없으며, 돌려보낼 법도 없고 보여줄 법도 없으며, 볼 수 있는
법도 없으니, 이 법은 얻을 수 없기 때문이다.

왜냐하면 수부티여, 공(空)은 구르지도 않고 되돌아오지 않으며,
모습도 없고 지음도 없고 일어남도 없고 생겨남도 없으며, 있는 바 없
어서 구르지 않고 되돌아오지도 않기 때문이다. 이와 같이 말하는 것
을 프라즈냐파라미타를 설한다고 하니, 여기에는 듣는 이도 없고 받
아들이는 이도 없으며 얻는 이도 없고 또한 이러한 법으로 복밭을 짓
는 이도 없다."

4. 프라즈냐의 참모습을 다시 보임

수부티가 붇다께 말씀드렸다.

"세존이시여, 가없는 파라미타가 곧 프라즈냐파라미타이니 허공은
가없기 때문입니다. 세존이시여, 바른 파라미타가 곧 프라즈냐파라미
타이니 모든 법은 평등하기 때문입니다.

세존이시여, 모습 떠난 파라미타〔離波羅蜜〕가 곧 프라즈냐파라미
타이니 모든 법은 자기성품을 떠났기〔諸法性離〕 때문입니다. 세존이
시여, 깨뜨릴 수 없는 파라미타가 곧 프라즈냐파라미타이니 모든 법
은 얻을 수 없기 때문입니다.

세존이시여, 있는 곳이 없는 파라미타가 곧 프라즈냐파라미타이니 모든 법은 꼴도 없고 이름도 없기 때문입니다. 세존이시여, 감이 없는 파라미타가 곧 프라즈냐파라미타이니 모든 법은 옴이 없기 때문입니다.

세존이시여, 빼앗음 없는 파라미타가 곧 프라즈냐파라미타이니 모든 법은 취할 수 없기 때문입니다. 세존이시여, 다함없는 파라미타가[111] 곧 프라즈냐파라미타이니 모든 법은 다함없기 때문입니다.

세존이시여, 생겨남 없는 파라미타가 곧 프라즈냐파라미타이니 모든 법은 생겨남이 없기 때문입니다. 세존이시여, 지음 없는 파라미타가 곧 프라즈냐파라미타이니 짓는 이를 얻을 수 없기 때문입니다.

세존이시여, 벗어나지 않는 파라미타가 곧 프라즈냐파라미타이니 벗어나는 이를 얻을 수 없기 때문입니다. 세존이시여, 이르지 않는 파라미타가 곧 프라즈냐파라미타이니 물러나 빠짐이 없기 때문입니다.

세존이시여, 허물 없는 파라미타가 곧 프라즈냐파라미타이니 모든 번뇌가 깨끗하기 때문입니다. 세존이시여, 더럽혀짐 없는 파라미타가 곧 프라즈냐파라미타이니 어떤 곳도 더럽혀지지 않기 때문입니다.[112]

세존이시여, 사라지지 않는 파라미타가 곧 프라즈냐파라미타이니 모든 법은 앞 때를 떠났기 때문입니다. 세존이시여, 허깨비의 파라미타가 곧 프라즈냐파라미타이니 모든 법은 나지 않기 때문입니다.

세존이시여, 꿈의 파라미타가 곧 프라즈냐파라미타이니 뜻의 앎

---

111) 대정장에는 '盡波羅密'라고 되어 있고, 궁판본(宮版本)에는 '無盡波羅密'로 되어있다. 지금은 뒤의 것에 따라 해석한다.

112) 다나팔라[施護]의 번역본에는 이 구절이 "無染汚波羅密多是般若波羅密多. 虛空淸淨故"라고 되어 있다. [대정장 8, p.619 下]

〔意識〕이 평등하기 때문입니다. 세존이시여, 헛되게 따지지 않는 파라미타가 곧 프라즈냐파라미타이니 모든 허튼 따짐은 평등하기 때문입니다.

세존이시여, 생각하지 않는〔不念〕 파라미타가 곧 프라즈냐파라미타이니 모든 생각이 나지 않기〔諸念不生〕 때문입니다. 세존이시여, 움직이지 않는 파라미타가 곧 프라즈냐파라미타이니 법의 성품은 늘 머무르기 때문입니다.

세존이시여, 욕심 떠난 파라미타가 곧 프라즈냐파라미타이니 모든 법은 헛되이 속이지 않기 때문입니다. 세존이시여, 일어나지 않는 파라미타가 곧 프라즈냐파라미타이니 모든 법은 분별이 없기 때문입니다.

세존이시여, 고요한 파라미타가 곧 프라즈냐파라미타이니 모든 법의 모습은 얻을 수 없기 때문입니다. 세존이시여, 번뇌 없는 파라미타가 곧 프라즈냐파라미타이니 모든 법은 허물이 없기 때문입니다.

세존이시여, 중생 없는 파라미타가 곧 프라즈냐파라미타이니 중생의 바탕〔衆生際〕을 얻을 수 없기 때문입니다. 세존이시여, 끊어지지 않는 파라미타가 곧 프라즈냐파라미타이니 모든 법은 일어나지 않기 때문입니다.

세존이시여, 두 치우친 갓〔二邊〕이 없는 파라미타가 곧 프라즈냐파라미타이니 모든 법에 집착함이 없기 때문입니다. 세존이시여, 달라지지 않는〔不異〕 파라미타가 곧 프라즈냐파라미타이니 모든 법은 어울려 합하지 않기〔不和合〕 때문입니다.

세존이시여, 집착하지 않는 파라미타가 곧 프라즈냐파라미타이니 슈라바카나 프라테카붇다의 지위를 분별하지 않기 때문입니다. 세존이시여, 분별하지 않는 파라미타가 곧 프라즈냐파라미타이니 모든 분별은 평등하기 때문입니다.

　세존이시여, 헤아림 없는 파라미타가 곧 프라즈냐파라미타이니 헤아릴 수 있는 법이 나지 않기 때문입니다. 세존이시여, 허공의 파라미타가 곧 프라즈냐파라미타이니 모든 법은 막힘이나 걸림이 없기 때문입니다.

　세존이시여, 나지 않는[不生] 파라미타가 곧 프라즈냐파라미타이니 모든 법은 일어나지 않기[諸法不起] 때문입니다. 세존이시여, 덧없음[無常]의 파라미타가 곧 프라즈냐파라미타이니 모든 법은 잃지 않기 때문입니다.113)

　세존이시여, 괴로움의 파라미타가 곧 프라즈냐파라미타이니 모든 법은 괴로움이 없기 때문입니다.114) 세존이시여, 나 없음[無我]의 파라미타가 곧 프라즈냐파라미타이니 모든 법은 탐착할 바가 없기 때문입니다.

　세존이시여, 공함[空]의 파라미타가 곧 프라즈냐파라미타이니 모든 법은 얻을 바가 없기 때문입니다. 세존이시여, 모습 없는[無相] 파라미타가 곧 프라즈냐파라미타이니 모든 법의 모습은 얻을 수 없기 때문입니다.

　세존이시여, 지음 없는[無作] 파라미타가 곧 프라즈냐파라미타이니 모든 법은 이루어진 바가 없기 때문입니다. 세존이시여, 힘[力]의

---

113) 다나팔라의 번역본에는 이 부분이 "無常波羅密多是般若波羅密多, 一切法有爲故."로 되어 있다.〔대정장 8, p.619 下〕

114) 괴로움과 공함과 덧없음과 나 없음은, 중생이 실로 즐겁지 않은 것을 즐겁다 하고 덧없음에서 항상함을 보고 나 없음에서 나를 보므로 괴로움과 덧없음 나 없음을 말한 것이다. 그러므로 미망 속에서는 괴로움과 즐거움 괴롭지도 않고 즐겁지도 않음[苦樂捨]이 모두 괴로움이 되나, 괴로움이 공한 진실을 보면 곧 괴로움의 파라미타이니 이것이 프라즈냐파라미타이다.

파라미타가 곧 프라즈냐파라미타이니 모든 법은 깨뜨릴 수 없기 때문입니다.

세존이시여, 헤아림 없는 붇다의 법[佛法]의 파라미타가 곧 프라즈냐파라미타이니 셀 수의 법[算數法]을 넘어섰기 때문입니다. 세존이시여, 두려울 바 없는 파라미타가 곧 프라즈냐파라미타이니 마음이 빠지지 않기 때문입니다.

세존이시여, 한결같은[如] 파라미타가 곧 프라즈냐파라미타이니 모든 법은 달라지지 않기 때문입니다. 세존이시여, 스스로 그러한[自然] 파라미타가 곧 프라즈냐파라미타이니 모든 법은 자기성품이 없기[諸法無性] 때문입니다."

다나팔라역(9품)

"열 가지 힘[十力]의 파라미타가 프라즈냐파라미타이니 깨뜨려 무너뜨릴 수 없기 때문이고, 네 가지 두려움 없는 파라미타가 프라즈냐파라미타이니 무서워하지 않고 두려워하지 않으며 물러서지 않고 빠지지 않기 때문입니다.

매임 떠난 파라미타가 프라즈냐파라미타이니 사르바즈냐나의 지혜는 집착 없고 걸림 없기 때문이고, 여래의 헤아릴 수 없는 공덕의 파라미타가 프라즈냐파라미타이니 모든 수의 법을 지나기 때문입니다.

여래 진여(如來眞如)의 파라미타가 프라즈냐파라미타이니 온갖 법의 진여가 평등하기 때문이고, 스스로 그러한 지혜[自然智]의 파라미타가 프라즈냐파라미타이니 온갖 법의 자기성품이 평등하기 때문입니다. 사르바즈냐나의 지혜의 파라미타가 프라즈냐파라미타이니 온갖 법의 성품[一切法性] 온갖 법의 모습[一切法相]이 얻을 수 없고 알 수 없기 때문입니다." 115)

---

115) 「十力波羅密多是般若波羅密多, 不可破壞故。四無所畏波羅密多是般若波羅密多, 不怯不懼不退不沒故。離繫波羅密多是般若波羅密多, 一切智智無著無礙故。如來無量功德波羅密多是般若波羅密多, 過諸數法故。

　다섯 쌓임의 있음이 공하므로 공함 또한 공하니 다섯 쌓임이 마쳐 다해 깨끗하고 프라즈냐파라미타 또한 마쳐 다해 깨끗하다. 다섯 쌓임이 헤아릴 수 없으므로 프라즈냐파라미타도 헤아릴 수 없으며 프라즈냐파라미타는 다섯 쌓임의 진실이라 다섯 쌓임에 끝 있음도 없고 끝 없음도 없으며 이 언덕〔此岸〕도 없고 저 언덕〔彼岸〕도 없으며 가운데 흐름〔中流〕도 없으니, 프라즈냐파라미타 또한 이 언덕이 없고 저 언덕이 없으며 가운데 흐름도 없다.

　프라즈냐파라미타는 이미 지나가고 드러나 있으며 아직 오지 않은 삼세법(三世法)이 아니되, 삼세법을 떠나지 않으므로 삼세법을 분별하거나 삼세법을 떠나 프라즈냐를 분별하면 이것이 집착이 된다. 다섯 쌓임의 있되 공한 진실이 프라즈냐파라미타이므로 다섯 쌓임을 분별하거나 다섯 쌓임을 떠나 프라즈냐파라미타를 분별하면 이것이 집착이 된다. 중생의 진실이 아누타라삼약삼보디의 과덕이라 중생의 번뇌를 끊고 위없는 보디 마쳐 다한 깨달음을 얻는다고 말하거나, 실로 회향할 것이 없는 곳에서 아누타라삼약삼보디에 실로 회향한다고 말하면 집착이 된다.

　물질에 행함을 두고 마음에 행함을 두면 이는 물질을 행함이고 마음을 행함이지 프라즈냐를 행함이 아니다. 이와 같이 모든 법의 실상 그대로 프라즈냐를 찬탄하되 찬탄함이 없으며 온갖 중생을 건질 크나큰 장엄을 일으키되 일으킨 바 없으면 이 사람이 크나큰 장엄을 일으킨〔發大莊嚴〕 보디사트바이다.

　如來眞如波羅密多是般若波羅密多, 一切法眞如平等故。自然智波羅密多是般若波羅密多, 一切法自性平等故。一切智智波羅密多是般若波羅密多, 一切法性一切法相, 不可得不可知故。」

이러한 보디사트바마하사트바는 여래의 땅에서 온갖 중생을 보살 펴 생각해주므로 삼천의 큰 천 세계의 하늘신과 헤아릴 수 없는 하늘 대중이 또한 프라즈냐 행하는 이를 보살피고 프라즈냐파라미타수트 라 설하는 이를 보살필 것이다.

프라즈냐파라미타는 남이 없고 사라짐이 없으며 모임이 없고 흩어 짐이 없는 모든 법의 실상 그대로의 행이 프라즈냐파라미타이므로, 이 법 설함은 설함에 설함이 없고 이 법바퀴는 구르되 굴림과 구르는 바가 없다.

프라즈냐파라미타가 가없는 파라미타 깨뜨릴 수 없는 파라미타 지 음 없는 파라미타이니, 지금 법 설하는 이가 설하되 한 글자도 설함 없음을 알면 그가 가없는 파라미타의 법바퀴를 굴림 없이 굴리는 자 이다.

선문염송(禪門拈頌)의 다음 이야기를 들어보자.

> 세존이 니르바나에 드시려 할 때 대중에게 말씀하셨다.
> "처음 카시의 사슴동산으로부터 마지막 아지타바티강(Ajitavatī, 跋提河)에 이르기까지 둘 가운데 사이에 일찍이 한 글자도 설하 지 않았다."
>
> ▪ (35則)

世尊臨入涅槃 告大衆云
始從鹿野苑 終至跋提河 於是二中間 未曾說一字

열재거사(悅齋居士)가 노래했다.

> 사십여 년 공을 쌓아옴이여
> 거북털 토끼뿔이 허공에 가득하네

한겨울 섣달 눈이 내리고 내려서
붉은 화로 뜨거운 불 가운데 떨어졌네

四十餘年積累功　龜毛兎角滿虛空
一冬臘雪垂垂下　落在紅爐烈焰中

학담도 한 노래로 여래의 가르침을 찬탄하리라.

만약 설함에 설함이 없다함 의심치 않으면
법바퀴 늘 구름을 곧 깨쳐 알리라
설함 없고 들음 없되 설함이 허공에 가득하니
프라즈냐 받아 지녀 허깨비 중생 건져주리

若人不疑說無說　法輪常轉卽了知
無說無聞說滿空　受持般若濟幻衆

제10품 사유하고 말할 수 없는 프라즈냐와 프라즈냐의 유포〔不可思議品〕

붇다의 씨앗〔佛種〕은 인연을 좇아 일어난다. 그러므로 지금 프라즈냐파라미타를 얻어 듣거나 듣고서 믿어 이해하는 사람은 일찍이 여러 붇다에게 공양한 자이며, 지난 세상에도 오래도록 프라즈냐를 행해온 자이다.

그렇듯 지금 프라즈냐파라미타를 행하는 자는 물러나 구름이 없는 지위에 이를 것이며, 끝내 아누타라삼약삼보디를 이룰 것이다.

이에 경은 '만약 깨달음의 언약을 아직 받지 못한 자가 깊은 프라즈냐를 들으면 머지않아 반드시 깨달음의 언약 받을 것임을 알아야 한다'고 말한다.

프라즈냐는 다섯 쌓임의 닫힌 모습이 아니지만, 다섯 쌓임을 떠나지도 않는다. 그러므로 프라즈냐를 행하는 이는 물질에 머물지 않으므로 물질의 바른 모습을 익히며, 느낌 · 모습취함 · 지어감 · 앎에 머물지 않으므로 느낌 · 모습취함 · 지어감 · 앎의 바른 모습을 익힌다.

프라즈냐는 존재의 실상이며 실상에는 나와 너가 둘이 없고, 나와 붇다가 둘이 없으며 모든 번뇌와 액란이 공하다. 그리고 여래의 진여가 세계의 진여이고 중생의 진여이므로, 프라즈냐를 잘 받아 지녀 행하는 보디사트바는 진여에 갖추어진 공덕의 힘으로 모든 악한 마라가 방해할 수 없다. 또한 여래의 진여가 중생의 진여와 둘이 없고 다름이 없으므로, 프라즈냐파라미타를 믿어 받아들이는 자를 붇다께서 지켜보시고 보살펴 생각해주신다.

학담이 노래로 종요를 말해보리라.

프라즈냐와 붇다의 힘은 본래 둘이 아니라
프라즈냐 행하는 이 붇다의 힘을 받으며
붇다의 보살펴 생각해줌 입어 물러남 없이

마침내 보디의 저 언덕에 이르게 되리

般若佛力本不二　般若行者稟佛力
被佛護念不退轉　畢竟當到覺彼岸

물러나 구르지 않는 지혜의 사람에게만
프라즈냐파라미타를 설해야 하니
이와 같은 보디사트바라야 의심하지 않도다
만약 수트라를 듣고 믿는 마음을 낸다면
오래도록 마하야나의 마음을 내서
보디의 언약 받음에 가까워진 것이네

般若應說不退智　如是菩薩乃不疑
若人聞經生信心　久發大乘近受記

보디사트바가 수트라를 듣고 받아 지니면
지난 세상 착한 뿌리가 이미 꽃을 피움이니
다섯 쌓임의 늘어나고 줄어듦 보지 않으면
널리 프라즈냐 설해 붇다의 교화 도우리

菩薩聞經若受持　宿世善根已發華
不見五蘊增與減　廣說般若助佛化

1. 프라즈냐행은 인연의 힘으로 이루어짐을 보임

이때 샤크라인드라하늘왕은 이렇게 생각했다.

'만약 어떤 사람이 프라즈냐파라미타를 얻어 듣기만 해도 이 사람은 이미 일찍이 여러 붓다를 공양한 줄 알아야 하는데, 하물며 이를 받아 지녀 읽고 외우며 말씀한 바와 같이 배우고 말씀한 바와 같이 행함이겠는가.

만약 어떤 사람이 깊은 프라즈냐파라미타를 설하는 것을 듣고 받아 지녀 읽고 외우며 말씀한 바와 같이 행한다면, 이 사람은 이미 일찍이 많은 붓다를 공양하고 그 뜻을 자세히 여쭈었으며, 지난 세상 여러 붓다에게서 깊은 프라즈냐파라미타를 듣고도 놀라거나 두려워한 적이 없음을 알아야 한다.' 116)

이때 사리푸트라가 붓다께 말씀드렸다.

"세존이시여, 만약 보디사트바마하사트바가 깊은 프라즈냐파라미타를 잘 믿고 이해할 수 있다면 이 보디사트바는 아비니바르타니야보디사트바와 같다고 알아야 합니다. 왜냐하면 세존이시여, 만약 어떤 사람이 지나간 세상에 오래도록 프라즈냐파라미타를 행하지 않았다

---

116) 〔E.Conze역 10품〕

그러자 하늘신들의 우두머리인 사크라에게 이런 생각이 일어났다.

'프라즈냐파라미타를 듣기 위해 오는 사람들, 그들은 앞의 생애에 좋은 벗들에 의해 모셔졌던 많은 붓다들 아래서 착한 뿌리 심어 그들의 의무를 채웠던 사람임에 틀림없다."

Thereupon it occurred to Sakra, Chief of Gods: Those who come to hear of this perfection of wisdom must be people who have fulfilled their duties under the former Jinas, who have planted wholesome roots under many Buddhas, who have been taken hold of by good friends.

면 프라즈냐파라미타를 잘 믿고 이해할 수 없을 것이기 때문입니다.

　세존이시여, 만약 어떤 사람이 프라즈냐파라미타를 헐뜯고 물리쳐 거스른다면 이 사람은 이미 오래도록 프라즈냐파라미타를 헐뜯고 거슬러 왔다고 알아야 합니다. 왜냐하면 이 사람은 깊은 프라즈냐파라미타에 대해 믿는 마음도 없고 깨끗한 마음도 없으며, 또한 여러 붇다와 그 제자들에게 의심나는 점을 묻지도 않았기 때문입니다."

　이때 샤크라인드라하늘왕이 사리푸트라에게 말했다.

　"이 프라즈냐파라미타는 깊고 깊어서 만약 오래도록 보디사트바의 길을 행하지 않았다면 믿고 이해할 수 없으니, 이것을 어찌 괴이하다 할 수 있겠습니까? 만약 어떤 사람이 프라즈냐파라미타를 공경히 예배한다면 이는 곧 사르바즈냐나를 공경히 예배하는 것입니다."

　사리푸트라가 말했다.

　"그렇고 그렇소, 카우시카여. 만약 어떤 사람이 프라즈냐파라미타를 공경히 예배한다면 이는 곧 사르바즈냐나를 공경히 예배하는 것이오. 프라즈냐파라미타를 좇아 모든 붇다들의 사르바즈냐나가 생겨나고 사르바즈냐나로부터 다시 프라즈냐파라미타가 생겨나오.

　그러므로 보디사트바는 이와 같이 프라즈냐파라미타에 머물러야 하며 이와 같이 프라즈냐파라미타를 익혀야 하오."

2. 프라즈냐파라미타를 행하고 설하는 법을 문답함

(1) 프라즈냐파라미타에 머물고 익히는 법을 말함

　샤크라인드라하늘왕이 붇다께 말씀드렸다.

　"세존이시여, 보디사트바가 어떻게 프라즈냐파라미타를 행해야 프라즈냐파라미타에 머문다고 하고 프라즈냐파라미타를 익힌다고 합니까?"

붇다께서 샤크라인드라하늘왕에게 말씀하셨다.

"잘 말하고 잘 말했다, 카우시카여. 그대가 붇다께 이 뜻을 잘 물을 수 있다니, 그대가 묻는 것은 다 붇다의 힘인 것이다. 카우시카여, 만약 보디사트바가 프라즈냐파라미타를 행하면 물질에 머물지 않으니, 만약 물질에 머물지 않으면 곧 물질의 바른 모습을 익히는 것이고, 느낌·모습취함·지어감·앎에도 머물지 않으니 만약 느낌·모습취함·지어감·앎에 머물지 않으면 곧 느낌·모습취함·지어감·앎의 바른 모습을 익히는 것이다.

거듭 다시 카우시카여, 만약 보디사트바가 물질을 익히지 않으면 이는 곧 물질에 머물지 않는 것이며117), 느낌·모습취함·지어감·앎을 익히지 않으면 이는 곧 느낌·모습취함·지어감·앎에 머물지 않는 것이다.

카우시카여, 이러한 것을 보디사트바가 프라즈냐파라미타를 익힌다고 말하며 프라즈냐파라미타에 머문다고 말한다."

다나팔라역(10품)

이때 샤크라하늘왕이 다시 붇다께 말씀드렸다.

---

117) E.콘즈의 영역본은 다음과 같다.

"그는 '이것은 물질 등이다'라는 생각에 몰두하지 않는다. 그가 '이것은 물질 등이다'라는 생각에 몰두하지 않는 한, 그는 '이것은 물질이다'라는 생각에 머물지 않는다[He does not apply himself to the notion that 'this is form, etc' Insofar as he does not apply himself to the notion that 'this is form, etc', he does not stand in the notion that 'this is form, etc']."

"세존이시여. 보디사트바마하사트바가 프라즈냐파라미타를 행할 때 어떻게 이와 같이 머물고 이와 같이 익힘이라 이름할 수 있습니까?"

붇다께서 샤크라하늘왕을 찬탄해 말씀하셨다.

"잘 말하고 잘 말했다, 카우시카여. 그대는 지금 여래·공양해야 할 분·바르게 깨치신 분께 이 깊고 깊은 뜻을 잘 물었다. 그러나 그대가 물을 수 있는 것은 다 여래의 신묘한 힘〔如來神力〕이 보살펴 생각해줌이다.

카우시카여. 만약 보디사트바마하사트바라면 프라즈냐파라미타를 행할 때 물질에 머물지 않고 물질의 모습에 머물지 않으니, 보디사트바가 물질에 머물지 않고 물질의 모습에 머물지 않으면 이것이 물질의 바른 모습을 익힘이다.

느낌·모습취함·지어감·앎에 머물지 않고 느낌·모습취함·지어감·앎의 모습에 머물지 않으니, 보디사트바가 만약 느낌·모습취함·지어감·앎에 머물지 않고 느낌·모습취함·지어감·앎의 모습에 머물지 않으면 이것이 느낌·모습취함·지어감·앎의 바른 모습을 익힘이다.

카우시카여. 보디사트바가 만약 물질을 익히지 않고 물질의 모습을 익히지 않으면 이것이 물질에 머물지 않음이고, 만약 느낌·모습취함·지어감·앎을 익히지 않고 느낌·모습취함·지어감·앎의 모습을 익히지 않으면 이것이 앎에 머물지 않음이다.

카우시카여. 보디사트바마하사트바가 이와 같이 프라즈냐파라미타를 행할 때는 이와 같이 머물고〔如是住〕 이와 같이 익힘〔如是習〕이라 이름할 수 있다."
118)

---

118) 爾時, 帝釋天主復白佛言:「世尊!菩薩摩訶薩行般若波羅密多時, 云何得名如是住、如是習?」

佛讚帝釋天主言:「善哉, 善哉!憍尸迦!汝今善問如來. 應供. 正等正覺此甚深義。然汝能問, 皆是如來神力護念。憍尸迦!若菩薩摩訶薩行般若波羅密多時, 不住色不住色相。菩薩若不住色不住色相, 是爲習色。不住受、想、行、識不住識相。菩薩若不住識不住識相, 是爲習識。憍尸迦!菩薩若不習色不習色相, 是爲不住色。若不習受、想、行、識不習識相, 是爲不住識。憍尸迦!菩薩摩訶薩如是行般若波羅密多時, 得名如是住、如是習。」

사리푸트라가 붇다께 말씀드렸다.

"세존이시여, 프라즈냐파라미타는 깊고 깊어서 헤아릴 수 없고 바닥이 없습니다."

붇다께서 사리푸트라에게 말씀하셨다.

"만약 보디사트바마하사트바가 물질이 깊고 깊음에도 머물지 않으면 이것이 물질의 깊고 깊음을 익힘이다. 느낌·모습취함·지어감·앎이 깊고 깊음에도 머물지 않으면 이것이 느낌·모습취함·지어감·앎의 깊고 깊음을 익힘이다.

또한 거듭 다시 사리푸트라여, 만약 보디사트바마하사트바가 물질이 깊고 깊음을 익히지 않으면, 이것이 물질의 깊고 깊음에도 머물지 않음이며, 느낌·모습취함·지어감·앎이 깊고 깊음을 익히지 않으면, 이것이 느낌·모습취함·지어감·앎의 깊고 깊음에도 머물지 않음이다."

다나팔라역(10품)

붇다께서 말씀하셨다.

"사리푸트라여, 그렇고 그렇다. 만약 보디사트바마하사트바라면 프라즈냐파라미타를 행할 때 물질의 깊고 깊음에 머물지 않고 물질의 모습〔色相〕의 깊고 깊음에 머물지 않으니, 보디사트바가 만약 물질의 깊고 깊음에 머물지 않고 물질의 모습의 깊고 깊음에 머물지 않으면 이것이 참으로 물질의 깊고 깊음을 익힘이다.

느낌·모습취함·지어감·앎의 깊고 깊음에 머물지 않고 느낌·모습취함·지어감·앎의 모습의 깊고 깊음에 머물지 않으니, 보디사트바가 만약 느낌·모습취함·지어감·앎의 깊고 깊음에 머물지 않고 느낌·모습취함·지어감·앎의 모습의 깊고 깊음에 머물지 않으면 이것이 느낌·모습취함·지어감·앎의 깊고 깊음을 익힘이다.

사리푸트라여. 보디사트바가 만약 물질의 깊고 깊음을 익히지 않고 물질의 모습의 깊고 깊음을 익히지 않으면 이것이 물질의 깊고 깊음에 머물지 않음[不住色甚深]이고, 만약 느낌·모습취함·지어감·앎의 깊고 깊음을 익히지 않고 느낌·모습취함·지어감·앎의 모습의 깊고 깊음을 익히지 않으면 이것이 느낌·모습취함·지어감·앎의 깊고 깊음에 머물지 않음[不住識甚深]이다." 119)

(2) 프라즈냐를 들으면 사르바즈냐나에 가까움을 보임

사리푸트라가 말씀드렸다.

"세존이시여, 이런 깊은 프라즈냐파라미타는 반드시 물러남 없는 지위의 보디사트바 앞에서만 설해야 하니, 이런 이들이라야 이것을 듣고도 의심하지 않고 뉘우치지 않습니다."

이때 샤크라인드라하늘왕이 사리푸트라에게 말했다.

"만약 깨달음의 언약[記]을 아직 받지 못한 보디사트바에게 이를 설하면 어떤 허물이 있겠습니까?"

"카우시카여, 만약 깨달음의 언약을 아직 받지 못한 보디사트바가 깊은 프라즈냐파라미타를 듣는다면, 이 보디사트바는 이미 오랫동안 대승의 마음[大乘心]을 내어 깨달음의 언약 받음에 가까워진 것이니, 머지 않아 반드시 깨달음의 언약 받을 것임을 알아야 하오. 한 붇다나 두 붇다의 세상을 지나면 반드시 아누타라삼약삼보디의 언약을 받을

---

119) 佛言：「舍利子！如是，如是！若菩薩摩訶薩行般若波羅密多時，不住色甚深，不住色相甚深。菩薩若不住色甚深，不住色相甚深，是爲習色甚深。不住受想行識甚深，不住識相甚深。菩薩若不住識甚深，不住識相甚深，是爲習識甚深。舍利子！菩薩若不習色甚深，不習色相甚深，是爲不住色甚深。若不習受想行識甚深，不習識相甚深，是爲不住識甚深。」

것이오."

붇다께서 말씀하셨다.

"그렇고 그렇다, 사리푸트라여. 만약 깨달음의 언약을 아직 받지 못한 보디사트바가 깊은 프라즈냐파라미타를 듣는다면, 이 보디사트바는 이미 오래도록 대승의 마음〔大乘心〕 내었음을 알아야 한다."

사리푸트라가 붇다께 말씀드렸다.

"세존이시여, 제가 이제 비유로 말씀드려 보겠습니다."

붇다께서 말씀하셨다.

"말하고 싶은 대로 곧 말해 보아라."

사리푸트라가 말했다.

"세존이시여, 이것은 마치 보디사트바의 길을 구하는 이가 꿈에 도량에 앉아 있는 것과 같으니, 이 보디사트바는 반드시 아누타라삼약삼보디에 가까워졌음을 알아야 합니다.

만약 보디사트바의 길을 구하는 이가 깊은 프라즈냐파라미타를 듣게 되면, 이 보디사트바는 오랫동안 대승의 마음 내어 그 착한 뿌리〔善根〕가 이루어져 깨달음의 언약 받기에 가까워져서 오래지 않아 반드시 깨달음의 언약 받을 것임을 알아야 합니다."

붇다께서 말씀하셨다.

"참으로 잘 말하고 잘 말했다, 사리푸트라여. 그대는 붇다의 묘한 힘을 받아 다시 또 말해 보아라."

"세존이시여, 비유하자면 다음과 같습니다. 어떤 사람이 백 요자나〔由旬〕나 2백 3백 4백 또는 5백 요자나 되는 멀고 험한 길을 지나가려 하면서, 어려움에서 벗어나려 할 때는 먼저 여러 가지 모습을 볼 것입니다.

어떤 때는 소와 양을 놓아 먹이는 자를 보거나, 마을과 마을의 경계를 보거나, 정원의 숲 등을 보게 되니, 이런 모습을 보게 되면 반드시 가까운 곳에 성이나 고을, 마을이 있는 줄 압니다. 그는 이런 모습들을 보고서 이렇게 생각합니다.

'나에게 보이는 모습대로라면 성이나 고을이나 마을에서 이곳에 가기 멀지 않다.'

이렇게 하면 그 마음이 안온해져 다시는 원수나 도적의 해침을 두려워하지 않게 됩니다.

세존이시여, 보디사트바도 이와 같아서 만약 깊은 프라즈냐파라미타를 듣게 되면, 이 보디사트바는 깨달음의 언약 받음에 가까워져서 오래지 않아 반드시 깨달음의 언약을 받을 것임을 알아야 합니다. 그렇게 될 때에는 슈라바카나 프라테카붇다의 지위에 떨어지는 것을 두려워하지 않습니다. 왜냐하면 이 보디사트바는 본래의 모습〔本相〕을 얻었기 때문이니, 곧 깊은 프라즈냐파라미타를 보고 깊은 프라즈냐파라미타를 듣는다고 하는 것입니다.

세존이시여, 비유하면 다음과 같습니다. 어떤 사람이 큰 바다를 보고자 하여 차츰 앞으로 나아갈 때, 나무나 나무 같은 모습을 보거나 산이나 산 같은 모습을 보면 이 가운데서 바다까지 가기 오히려 아직 먼 줄 알아야 합니다. 만약 나무나 나무 같은 모습도 보지 못하고 산이나 산 같은 모습도 보지 못하면, 큰 바다에서 여기까지 가기 멀지 않은 줄 알아야 합니다. 큰 바다는 깊기 때문에 그 주변에 나무나 산이 없으니, 이 사람은 비록 바다를 보지 않고도 반드시 바다가 가까웠음을 알게 됩니다.

세존이시여, 보디사트바도 이와 같아서 만약 깊은 프라즈냐파라미타를 듣게 되면 비록 드러나 있는 여러 붇다 앞에서 아직 깨달음의 언약을 받지 못했지만, 스스로 반드시 아누타라삼약삼보디에 가까워져 있음을 알게 됩니다. 왜냐하면 저는 깊은 프라즈냐파라미타를 보고 듣고 공양하였기 때문입니다.

세존이시여, 비유하면 이것은 마치 이른 봄에는 나뭇잎이 다 떨어져 없지만, 이 나무는 오래지 않아 잎과 꽃이 돋아나 열매 맺으리란 것을 알게 되는 것과 같습니다. 왜냐하면 본래의 모습이 나타나기 때문입니다.

잠부드비파 사람들은 나무의 본래 모습을 보고 다 기뻐하면서 이렇게 생각합니다.

'이 나무는 오래지 않아 반드시 잎과 꽃이 돋아나 열매가 맺히겠구나!'

세존이시여, 보디사트바도 이와 같아서 만약 깊은 프라즈냐파라미타를 보고 듣게 되면 이 보디사트바의 착한 뿌리가 이루어진 것임을 알아야 하니, 지난 세상 착한 뿌리의 인연 때문에 지금 깊은 프라즈냐파라미타를 얻게 된 것입니다.

이 모임 가운데 이미 붇다를 뵈었던 여러 하늘신들이 다 크게 기뻐하면서 이렇게 생각할 것입니다.

'앞의 모든 보디사트바들이 또한 이와 같이 깨달음의 언약을 받는 본 모습이 있었듯이, 이 보디사트바도 오래지 않아 반드시 아누타라삼약삼보디의 언약을 받을 것이다.'

세존이시여, 비유하면 이는 마치 여인이 아이를 가져 뒤척일 때마다 편치 않고, 몸이 몹시 지쳐서 일하기를 즐기지 않고 자고 눕는 것도 편안치 않으며, 먹고 마심도 더욱 줄어들고 몸이 괴로우며, 말하는 것도 귀찮아지고 본래 좋아하던 일도 싫증내서 다시 좋아할 마음을 내지 못하는 것과 같습니다. 이것은 본래의 모습이 나타나기 때문이니, 이 여인은 오래지 않아 아이를 낳을 줄 알아야 합니다.

보디사트바의 착한 뿌리가 이루어지는 것도 또한 다시 이와 같으니, 만약 깊은 프라즈냐파라미타를 보고 듣고 사유하게 되면 이 보디사트바는 오래지 않아 반드시 아누타라삼약삼보디의 언약 받을 줄을 알아야 합니다."

붇다께서 말씀하셨다.

"잘 말하고 잘 말했다, 사리푸트라여. 그대가 기꺼이 말한 것은 다 붇다의 신묘한 힘에 의한 것이다."

다나팔라역(10품)

이때 세존께서 사리푸트라를 찬탄하여 말씀하셨다.

"잘 말하고 잘 말했다, 사리푸트라여. 그렇고 그렇다, 그대의 말과 같다. 잘 비유를 이끌어서 그대는 지금 붇다의 신묘한 힘으로 다시 비유를 말해 이 뜻을 밝히라."

사리푸트라가 붇다께 말씀드렸다.

"세존이시여. 또 어떤 사람이 큰 바다를 보고자 하여 차츰 나아가는데, 만약 나무를 보거나 나무의 모습을 보거나 만약 산을 보거나 산의 모습을 보면 이 사람이 바다에 가기 오히려 먼 줄 알아야 합니다."[120]

이때 수부티가 붇다께 말씀드렸다.

"참으로 드문 일입니다, 세존이시여. 여래께서는 모든 보디사트바의 일을 잘 말씀해주십니다."

"수부티여, 이 모든 보디사트바마하사트바는 기나긴 밤에 많은 이

---

[120] 爾時, 世尊讚尊者舍利子言:「善哉, 善哉!舍利子!如是, 如是!如汝所說, 善引譬喩。汝今以佛神力, 復說譬喩而明此義。」

舍利子白佛言:「世尊!又如有人欲見大海漸次而行, 若見有樹或見樹相, 若見有山或見山相, 當知是人去海尙遠。」

익됨과 많은 안온함과 많은 안락함으로 세간의 중생들을 가엾이 여겨 아누타라삼약삼보디를 얻고 모든 하늘대중과 사람들을 위해 법의 요점을 설할 것이다."

(3) 보디사트바가 프라즈냐를 갖추어 행하는 법

수부티가 붇다께 말씀드렸다.

"세존이시여, 보디사트바마하사트바는 어떻게 프라즈냐파라미타를 갖추어 닦아 익히고 행합니까?"

붇다께서 말씀하셨다.

"수부티여, 만약 보디사트바마하사트바가 프라즈냐파라미타를 행하면 물질의 늘어남을 보지 않으니 이것이 곧 프라즈냐파라미타를 행하는 것이며, 느낌·모습취함·지어감·앎의 늘어남을 보지 않으니 이것이 곧 프라즈냐파라미타를 행하는 것이다.

물질의 줄어듦을 보지 않으니 이것이 곧 프라즈냐파라미타를 행하는 것이며, 느낌·모습취함·지어감·앎의 줄어듦을 보지 않으니 이것이 곧 프라즈냐파라미타를 행하는 것이며, 나아가 법(法)도 보지 않고 법 아닌 것〔非法〕도 보지 않으면 이것이 곧 프라즈냐파라미타를 행하는 것이다."

"세존이시여, 붇다께서 말씀하신 것처럼 프라즈냐파라미타는 이루 사유할 수 없고 말할 수 없습니다."

붇다께서 말씀하셨다.

"수부티여, 물질은 이루 사유할 수 없고 말할 수 없으며, 느낌·모습취함·지어감·앎도 이루 사유할 수 없고 말할 수 없다. 만약 보디사트바가 물질의 이루 사유할 수 없고 말할 수 없음을 분별하지 않으며 느낌·모습취함·지어감·앎의 이루 사유할 수 없고 말할 수 없음을 분별하지 않는다면, 이것이 곧 프라즈냐파라미타를 행하는 것이다."

수부티가 말씀드렸다.

"세존이시여, 프라즈냐파라미타의 이와 같음을 누가 믿고 이해할 수 있겠습니까?"

붇다께서 말씀하셨다.

"수부티여, 보디사트바의 길을 오랫동안 행한 이이다."

수부티가 말씀드렸다.

"세존이시여, 어떤 보디사트바를 오랫동안 행한 이라고 할 수 있습니까?"

붇다께서 말씀하셨다.

"수부티여, 만약 보디사트바가 프라즈냐파라미타를 행하되 붇다의 열 가지 지혜의 힘과 네 가지 두려움 없음〔四無所畏〕121)을 분별하지 않고, 나아가 사르바즈냐나를 분별하지 않으면 이를 오랫동안 행함이라 한다. 왜냐하면 붇다의 열 가지 지혜의 힘은 이루 사유할 수 없고 말할 수 없으며, 네 가지 두려움 없음과 열여덟 가지 함께 하지 않는 법〔十八不共法〕122)은 이루 사유할 수 없고 말할 수 없으며, 나아가

---

121) 네 가지 두려움 없음〔四無所畏〕: 두려움 없음〔無所畏〕이란 범어 vaiśarad ya의 번역이다. 법을 설하는 사이에 두려움을 느끼지 않는 네 가지의 지혜를 말하니, 다음과 같다.

① 바르게 깨쳐 두려움 없음〔正等無所畏〕: '나는 위없는 바른 깨달음을 얻었다'고 하여 두려움 없음. ② 번뇌가 길이 다해 두려움 없음〔漏永盡無畏〕: '괴로움의 원인인 번뇌를 다 끊었다'고 하여 두려움 없음. ③ 장애의 법을 말함에 두려움 없음〔說障法無畏〕: 수행에 장애되는 것은 이미 다 설함에 두려움 없음. ④ 벗어나는 길을 설하여 두려움 없음〔說出道無畏〕: 미혹의 세계에서 벗어나 해탈에 들어가는 길을 설함에 두려움 없음.

사르바즈냐나가 이루 사유할 수 없고 말할 수 없기 때문이다.

또 물질이 이루 사유할 수 없고 말할 수 없으며, 느낌·모습취함·지어감·앎이 이루 사유할 수 없고 말할 수 없으며, 온갖 법 또한 이루 사유할 수 없고 말할 수 없기 때문이다.

만약 보디사트바로서 이와 같이 행하는 이라면, 이것을 행하는 곳 없이 프라즈냐파라미타를 행한다고 한다. 그러므로 오랫동안 행함이라고 부르는 것이다."

3. 프라즈냐를 받아 지녀 널리 펴도록 함

(1) 악한 마라가 프라즈냐행에 어려움 끼칠 수 없음을 보임

수부티가 말씀드렸다.

"세존이시여, 프라즈냐파라미타는 깊고 깊으며 프라즈냐파라미타는 진귀한 보배 무더기라 허공처럼 청정합니다.

그런데 참으로 드문 일입니다, 세존이시여. 프라즈냐파라미타에는 많은 어려움이 일어나니 만약 이것을 베껴 쓰고자 하는 이는 한 평생이 걸리더라도 서둘러서 써서 이루어야 합니다."

붇다께서 말씀하셨다.

"잘 말하고 잘 말했다, 수부티여. 만약 잘 행하는 남자와 여인이 프라즈냐파라미타를 베껴 쓰고 읽고 외우며 설한 대로 행하고자 한다면, 한 평생이 걸리더라도 서두르고 서둘러서 해야 한다. 수부티여,

---

122) 십팔불공법(十八不共法): 붇다만 갖추고 있는 열여덟 가지 수승한 법이다. 열 가지 힘〔十力〕과 네 가지 두려움 없음〔四無畏〕, 삼념주(三念住)와 붇다의 대비(大悲)를 통틀어 말하는 것이다.

진귀한 보배같은 법에는 원수나 도적이 들끓기 때문이다."

수부티가 말씀드렸다.

"세존이시여, 프라즈냐파라미타에는 악한 마라가 늘 틈을 엿보아 이를 끊어버리려고 합니다."

"수부티여, 악한 마라가 비록 틈을 엿보아 이를 끊어버리려고 하나 그렇게 할 수 없다."

사리푸트라가 붇다께 말씀드렸다.

"세존이시여, 누구의 신묘한 힘 때문에 악한 마라가 프라즈냐파라미타에 어려움을 끼칠 수 없습니까?"

"사리푸트라여, 붇다의 신묘한 힘〔佛神力〕 때문에 악한 마라가 어려움을 끼칠 수 없다. 사리푸트라여, 이는 또한 드러나 있는 시방의 헤아릴 수 없는 세계에 드러나 있는 모든 붇다들의 신묘한 힘123) 때문에 악한 마라가 프라즈냐파라미타에 어려움을 끼칠 수 없으며, 여러 붇다들이 다 함께 이 보디사트바를 보살펴 생각하므로 악한 마라가 그 틈을 얻을 수 없는 것이다. 왜냐하면 사리푸트라여, 보디사트바는 모든 붇다께서 보살펴주시는 바이라, 법(法)에도 어려움이 끼쳐질 수 없어야 하는 것이다.

왜냐하면 사리푸트라여, 만약 어떤 사람이 프라즈냐파라미타를 베껴 쓰고 읽고 외우고 설해준다면, 시방의 헤아릴 수 없는 아상키야세계의 드러나 있는 모든 붇다께서 법을 보살펴 생각해주시기 때문이다.

---

123) 붇다의 신묘한 힘: 붇다의 진여가 세계와 중생의 진여이고, 진여에는 나고 죽음과 번뇌가 공하되 해탈의 공덕이 공하지 않다. 중생이 프라즈냐에 귀의하면 이는 나고 죽음의 땅에서 진여에 돌아감이라 진여의 공덕이 그를 보살피고 그를 해탈에 이끄니, 그것이 붇다의 신묘한 힘이다.

만약 프라즈냐파라미타를 읽고 외운다면 이 보디사트바는 붇다께서 보살펴 생각해주시기 때문에 잘 외워 밝게 통달할 수 있음을 알아야 한다."

사리푸트라가 말씀드렸다.

"세존이시여, 만약 어떤 잘 행하는 남자와 여인이 프라즈냐파라미타를 잘 받아 지녀 읽고 외우면, 이 사람들은 붇다의 눈[佛眼]으로 지켜보신다는 것을 알아야 합니다."

(2) 프라즈냐가 아직 오지 않은 세상에 세간에 널리 퍼질 것을
    보임

붇다께서 말씀하셨다.

"사리푸트라여, 만약 어떤 잘 행하는 남자와 여인이 프라즈냐파라미타를 잘 받아 지녀 읽고 외우고 나아가 베껴 쓴다면, 이 사람들은 붇다의 눈으로 지켜보신다는 것을 알아야 한다.

사리푸트라여, 만약 붇다의 도를 구하는 잘 행하는 남자와 여인이 프라즈냐파라미타를 받아 지녀 읽고 외우면 이는 아누타라삼약삼보디에 가까워진 것이며, 나아가 스스로 이를 베껴 쓰거나 남에게 베껴 쓰도록 하고 나서 이를 받아 지녀 읽고 외운다면 이러한 인연으로 받는 그 복이 매우 많다.

사리푸트라여, 여래께서 니르바나에 드신 뒤에 프라즈냐파라미타는 반드시 남방에 흘러 퍼질 것이며, 남방으로부터 다시 서방으로 흘러 퍼지고 서방으로부터 다시 북방으로 흘러 퍼질 것이다.

사리푸트라여, 나의 가르침이 번성할 때에는 법이 사라져가는 모습이 없을 것이다. 북방에서라도 만약 프라즈냐파라미타를 베껴 쓰고

받아 지녀 공양하는 이가 있다면, 이 사람도 또한 붇다의 눈으로 지켜 보시고 알아보시고 생각하시는 것이다."

사리푸트라가 붇다께 말씀드렸다.

"세존이시여, 여래께서 니르바나에 드신 뒤 뒤의 5백세〔後五百歲〕 가 되었을 때에도 프라즈냐파라미타가 널리 북방에까지 흘러 퍼지게 됩니까?"

붇다께서 말씀하셨다.

"사리푸트라여, 여래가 니르바나에 드신 뒤 뒤의 5백세가 되었을 때에 프라즈냐파라미타가 반드시 북방에까지 널리 흘러 퍼지게 된다. 그 가운데 어떤 잘 행하는 남자와 여인이 프라즈냐파라미타를 들고 받아 지녀 읽고 외우며 닦아 익힌다면 이 사람은 일찍부터 오래도록 아누타라삼약삼보디의 마음을 내어왔다고 알아야 한다."

사리푸트라가 말씀드렸다.

"세존이시여, 북방에서는 얼마나 많은 보디사트바들이 프라즈냐파 라미타를 잘 받아 지녀 읽고 외우며 닦아 익히겠습니까?"

붇다께서 말씀하셨다.

"사리푸트라여, 북방에서는 비록 많은 보디사트바가 프라즈냐파라 미타를 읽고 외우며 듣고 받아들이지만, 그 가운데 이를 잘 외우고 밝 게 닦아 익혀 행할 수 있는 이는 얼마 되지 않을 것이다.

이러한 사람은 프라즈냐파라미타를 들어도 놀라거나 두려워하지 않으니, 일찍이 이미 많은 붇다를 뵙고 의심가는 것을 여쭈었으므로 이러한 사람은 보디사트바의 길을 갖추어 행할 수 있고, 아누타라삼 약삼보디를 위하는 까닭에 헤아릴 수 없는 중생을 이익되게 할 수 있 음을 알아야 한다.

왜냐하면 사리푸트라여, 내가 이 잘 행하는 남자와 여인을 위해 사르바즈냐나와 서로 응하는 법을 설하므로 이 사람들은 몸을 바꾸더라도 또한 다시 아누타라삼약삼보디를 즐겨 설할 것이며, 마음을 하나로 모으면 마라의 왕이라도 그 아누타라삼약삼보디의 마음을 무너뜨릴 수 없기 때문이다.

이러한 사람들이 프라즈냐파라미타를 듣게 되면 마음이 크게 기꺼워지고 마음이 청정해져서 많은 중생들에게 아누타라삼약삼보디의 착한 뿌리를 심도록 한다. 그리고 이 잘 행하는 남자와 여인은 내 앞에서 이렇게 말한다.

'저희들은 보디사트바의 길을 행하여 늘 헤아릴 수 없는 백천만 억의 중생들에게 붇다의 법을 가르쳐 보여서 반드시 이롭게 하고 기쁘게 해줄 것이며, 아누타라삼약삼보디에 머물도록 하겠습니다.'

사리푸트라여, 나는 그들의 마음을 살피고 따라 기뻐하여, 이 사람들이 보디사트바의 길을 행하면 늘 헤아릴 수 없는 백천만의 중생들에게 붇다의 법을 가르쳐 보여서 반드시 이롭게 하고 기쁘게 해주며 아누타라삼약삼보디에 머물도록 한다.

이와 같은 잘 행하는 남자와 여인은 마음 속으로 마하야나(mahāyāna)를 좋아하며, 다른 붇다의 국토 드러나 있는 붇다들의 설법하시는 곳 앞에 태어나기를 바란다.

그리고 이 사람은 그 붇다의 국토에서 이어서 거듭 프라즈냐파라미타 설하는 것을 널리 들으며, 그 붇다의 국토에서 또한 헤아릴 수 없는 백천만의 중생들에게 붇다의 법을 가르쳐 보여서 이롭게 하고 기쁘게 해주며 아누타라삼약삼보디에 머물도록 한다."

(3) 프라즈냐를 행하면 반드시 얻을 것임을 말함

사리푸트라가 붇다께 말씀드렸다.

"참으로 드물고 놀라운 일입니다, 세존이시여. 여래께서는 지난 세상·아직 오지 않은 세상·드러나 있는 세상의 모든 법에 대해 알지 못하는 법이 없고, 이해하지 못하는 법이 없으십니다.

그렇다면 여래께서는 아직 오지 않은 세상 많은 보디사트바들이 하고자 함을 많게 하여 아주 열심히 정진하고 부지런히 프라즈냐파라미타를 구한다면, 이 잘 행하는 남자와 여인들은 구하여 얻게 되는지 구하지 않아도 얻게 되는지 여래께서는 다 아실 것입니다."

붇다께서 말씀하셨다.

"사리푸트라여, 많은 잘 행하는 남자와 여인이 정진하여 게으르지 않는 까닭에 프라즈냐파라미타를 구하지 않아도 얻게 될 것이다."

사리푸트라가 말씀드렸다.

"세존이시여, 이 잘 행하는 남자와 여인은 여섯 가지 파라미타에 서로 응하는 다른 경전을 구하지 않아도 얻을 수 있을까요?"

"사리푸트라여, 만약 모든 파라미타에 서로 응하는 다른 깊은 경전이 있다면 이 잘 행하는 남자와 여인은 구하지 않아도 얻을 수 있을 것이다. 왜냐하면 사리푸트라여, 법이 그러하기 때문이다.

만약 어떤 보디사트바가 여러 중생을 위해 아누타라삼약삼보디를 보여 가르쳐서 이롭게 하고 기쁘게 해주며 또한 스스로 그 가운데서 배운다면 이 사람은 몸을 바꾸더라도 여러 파라미타에 서로 응하는 깊은 경전을 구하지 않아도 얻을 수 있을 것이다."

다나팔라역(10품)

거듭 다시 사리푸트라가 붇다께 말씀드렸다.

"세존이시여. 다른 여러 깊은 경으로 이 프라즈냐파라미타와 서로 응한 경을 또한 구하지 않아도 스스로 얻습니까?"

붇다께서 말씀하셨다.

"그렇고 그렇다, 사리푸트라여. 다른 여러 경으로 이 프라즈냐파라미타와 서로 응한 경이 있다면, 아직 오지 않은 세상 가운데 잘 행하는 남자와 여인은 또한 스스로 얻는다."

사리푸트라가 붇다께 말씀드렸다.

"세존이시여. 여러 경으로 여섯 파라미타와 서로 응한 경이 있다면 또한 부지런히 구하지 않아도 스스로 얻습니까?"

붇다께서 말씀하셨다.

"사리푸트라여. 다른 여러 경으로 여섯 파라미타와 서로 응한 경이 있다면 아직 오지 않은 세상 가운데 구하지 않아도 스스로 얻는다. 왜냐하면 법이 본래 이와 같기 때문이다.

여러 보디사트바의 도를 닦는 잘 행하는 남자와 여인은 늘 법으로써 헤아릴 수 없는 백천만억 코티 나유타 중생에게 보이고, 가르쳐 이익되게 하고 기쁘게 하여 아누타라삼약삼보디의 과덕에 머물게 하고, 또한 스스로 그 가운데서 진리대로 닦아 배운다. 이 사람은 몸을 바꾸어도 다른 깊은 경으로서 여섯 파라미타의 얻을 바 없음에 서로 응하고〔無所得相應〕온갖 법 스스로의 성품과 서로 응하면〔一切法自性相應〕이 사람은 또한 다시 구하지 않아도 스스로 얻는다."124)

---

124) 復次, 舍利子白佛言 : 「世尊！餘諸深經與此般若波羅密多相應者，亦不勤求而自得耶？」

佛言 : 「如是，如是！舍利子！所有餘諸深經與此般若波羅密多相應者，亦有不求而自獲得。」

舍利子白佛言 : 「世尊！所有餘諸深經與六波羅密多相應者，未來世中善男子、善女人，亦不勤求而自得耶？」

佛言 : 「舍利子！所有餘諸深經與六波羅密多相應者，未來世中亦有不求而自獲得。何以故？法本如是。諸修菩薩道者善男子、善女人，常當以法示教利喜無量百千萬億俱胝那庾多衆生，令住阿耨多羅三藐三菩提果，亦自於中如理修學。是人轉身，於餘深經與六波羅密多無所得相應，與一切法自性相應者，是人亦復不求自得。」

프라즈냐파라미타는 법계의 진실을 밝히는 언어이고 지혜이므로 프라즈냐파라미타의 수트라를 듣고 놀라지 않고 두려워하지 않으면, 그 사람은 지난 세상 붇다께 이미 착한 뿌리를 삼은 자이다. 그리고 지금 붇다의 보디언약을 받아 오는 세상 붇다의 때에 아누타라삼약삼보디를 얻게 될 것이다.

왜 그런가. 프라즈냐파라미타는 삼세의 때가 아니되 삼세의 때를 떠나지 않기 때문이다. 다섯 쌓임의 진실을 사는 것이 프라즈냐파라미타에 머무는 것이므로, 다섯 쌓임의 있는 모습 없는 모습에 머물지 않고 다섯 쌓임의 깊고 깊음에도 머물지 않는 것이 프라즈냐에 머물러 프라즈냐를 행함이다.

프라즈냐는 인연이 아니지만 인연을 떠나지 않으니 가르침을 보고 듣는 인연으로 프라즈냐에 나아가 사르바즈냐나의 지혜에 가까워질 수 있으니, 마하야나(mahāyāna)의 마음을 내 수트라의 가르침을 믿어 받는 자는 보디의 언약을 얻을 것이다.

다섯 쌓임의 실상은 나고 사라짐이 아니고 늘고 줆이 아니니, 보디사트바는 물질의 늘어나고 줄어듦을 보지 않으며 마음의 늘어나고 줄어듦을 보지 않는다.

프라즈냐파라미타가 법계의 진실을 열어주는 수트라이므로 받아 지녀 남을 위해 해설하는 자, 그는 악한 마라가 해칠 수 없으며 시방의 붇다들이 그를 보살피실 것이다. 프라즈냐의 지혜는 지금 이 한 생각을 떠나지 않되 그 지혜는 삼세에 끊어지지 않으며 지금 이곳이되 시방에 막힘 없으므로 믿어 행하는 자가 있으면, 이 가르침은 아직 오지 않은 세상에 널리 퍼질 것이며 이 세간 구석진 곳에까지 그 가르침이 함께할 것이다.

프라즈냐에 믿음을 내 물러섬이 없는 자, 그는 늘 하나인 진리수레〔一乘, ekayāna〕의 땅에 서서 중생을 위해 방편의 수레〔方便乘〕를 열어보일 수 있으며 프라즈냐에 서로 응하는 다른 온갖 수트라를 얻어 중생을 위해 법공양을 할 것이다.

선문염송(禪門拈頌) 가운데 현사선사(玄沙禪師)의 다음 이야기를 살펴보자.

현사선사가 하루는 위감군과 차 마시며 이야기하는데, 감군이 말했다.

"캄파국(Campā) 사람의 말도 가리기 어려운데 어찌 하물며 다섯 인도 나라 산스크리트어를 사람들이 알 수 있겠습니까."

선사가 받침대를 들어 일으키며 말했다.

"이것을 알 수 있으면 곧 가릴 수 있소."

▪ (1005則)

玄沙一日 與韋監軍茶話次
軍云 占波國人語話 稍難辨 何況五天梵語 還有人辨得麼
師提起托子云 識得這箇 卽辨得

열재거사(悅齋居士)가 노래했다.

인도 패다라도 밝히기 어렵지 않은데
어찌 꼭 멀리멀리 인도스님에게 물으리
눈썹 털 떨쳐 일으킬 때 구마라지바 나타나고
두 손을 펼쳐 열며 마탕가를 보리라

西天貝葉不難明　何必迢迢問梵僧
策起眉毛羅什現　展開兩手見摩騰

학담도 한 노래로 여래의 뜻을 찬탄하리라.

눈으로 푸른 산을 보니 프라즈냐의 눈이요
눈이 경의 글 마주하니 글자글자가 두루하도다
한 번 경전 설함 듣고 의심하지 않으면
곳을 따라 경을 펼쳐 중생을 건네주리

眼見靑山般若眼　眼對經文字字遍
一聞經說不疑惑　隨處流布度含識

제11품 갖가지 마라의 일

〔魔事品〕

　　마라와 보디사트바는 스스로 마라와 보디사트바가 아니라, 마라의 일〔魔事〕과 프라즈냐파라미타의 행〔般若行〕이 마라가 되게 하고 보디사트바가 되게 한다. 마라와 보디사트바가 스스로 마라와 보디사트바가 아니므로, 마라의 모습도 공하고 보디사트바의 모습도 공하다. 여래의 진여가 중생의 진여이니, 마라의 본 모습이 법계의 실상인 줄 통달하여 마라를 마라 되게 하는 마라의 일을 다시 짓지 않는다면, 마라를 돌이켜 보디사트바를 짓고 마라의 일을 붇다의 일에 회향할 수 있을 것이다.

　　프라즈냐는 나와 너의 있는 모습에 머물지 않되 나와 너의 없는 모습에도 안주하지 않으니, 나라는 모습과 너라는 모습에 떨어지거나 고요함에 빠져 대중을 위해 법을 즐겨 설하지 않거나 설하는 법을 즐겨 듣지 않는 것은 마라의 일이다.

　　프라즈냐의 큰 길에서는 나고 죽음이 곧 나고 죽음이 아니므로 나고 죽음을 끊고 니르바나를 구하는 것은 바른 가르침이 아니다. 프라즈냐행자는 나고 죽음에 빠진 범부의 삶과 나고 죽음을 끊고 니르바나를 찾으려는 치우친 수행자의 길을 모두 넘어선다.

　　그러므로 프라즈냐파라미타의 큰 길을 보인 수트라를 내버리고 모습 없음에 집착하도록 하는 치우친 가르침을 취하는 것은 마라의 일이며, 닦아 행함의 길을 얻을 바 있음으로 집착하여 잘못된 수행자의 길에 나아가는 것도 마라의 일이다.

　　그러나 마라가 본래 마라가 아님을 밝혀내 마라의 일이 본래 공한 곳에서 다시 마라의 일을 되풀이하지 않으면, 그가 바로 중생의 탐욕·성냄·어리석음〔貪瞋癡〕을 돌이켜 보디사트바의 자비·지혜·원력〔悲智願〕으로 발현하는 자이다. 그는 반드시 물러나 구름이 없는 보디사트바의 지위에 올라 여래로부터 깨달음의 언약을 받을 것이다.

학담이 노래로 종요를 말해보리라.

모든 마라는 원래 법계의 모습인데
모든 견해 홀연히 일어나 모든 마라 어지럽네
마라의 일 일어나는 모습 여러 실마리 있으나
깨달음을 등지고 미혹을 쫓는 것이
어지러운 마라의 일 그 근원이 되네

諸魔元是法界相　諸見忽起諸魔亂
魔事起相有多端　背覺逐迷是魔元

어떤 때 어려움 남겨 즐거이 설하지 않고
서로서로 업신여겨 마음 흩어져 어지러우며
바탕 버리고 끝에 나아가 작은 과덕 취하여
아직 보디 언약 얻지 못하고 의혹을 내네

或時留難不樂說　互相輕蔑心散亂
捨本就末取小果　未得受記生疑惑

이와 같은 마라의 일 허공꽃 같으니
마라가 공한 줄 알아 다시 범하지 않으면
마라의 일 돌이켜 프라즈냐를 삼음에
생각생각 걸음걸음이 보디의 행이 되리

如是魔事如空華　卽知魔空不再犯
轉變魔事爲般若　念念步步菩提行

1. 법공양하지 않는 마라의 일을 밝힘

이때 수부티가 붇다게 말씀드렸다.

"세존이시여, 이미 잘 행하는 남자와 여인의 공덕을 말씀하셨습니다만, 어떻게 마라의 어려움 끼침이 일어나게 됩니까?"

붇다께서 말씀하셨다.

"수부티여, 만약 법을 설하는 이가 곧 즐거이 설하지 않는다면 보디사트바는 이것이 마라의 일[魔事]인 줄 알아야 한다.

거듭 다시 수부티여, 만약 법을 설하는 이가 즐거이 설함을 그치지 않는다면 보디사트바는 이것이 마라의 일인 줄 알아야 한다.

수부티여, 만약 법을 설하는 이가 '마쳐 다함이 아닌 뜻[不究竟]'을 말한다면 보디사트바는 이것이 마라의 일인 줄 알아야 한다.

수부티여, 프라즈냐파라미타를 베껴 쓰고 읽고 외우며 설할 때 오만하여 스스로 큰 체 하면 보디사트바는 이것이 마라의 일인 줄 알아야 한다."

다나팔라역(11품)

이때 존자 수부티가 붇다게 말씀드렸다.

"세존이시여, 붇다께서 이미 프라즈냐파라미타의 법을 받아 지니어 읽고 외우는 모든 잘 행하는 남자와 여인에게 있는 공덕을 설하셨습니다. 저 잘 행하는 남자와 여인이 이 법문을 받아 지니어 읽고 외울 때, 악한 마라가 어려운 일 끼침이 없겠습니까?"

붇다께서 존자 수부티에게 말씀하셨다.

"그렇고 그렇다. 매우 많다, 수부티여. 여러 악한 마라가 있어 어려운 일을 끼치어 온갖 때에 그 틈을 구할 것이다."

수부티가 붇다게 말씀드렸다.

"붇다께서 말씀하신 것과 같은 어려운 일은 그 모습이 어떠합니까?"
붇다께서 수부티에게 말씀하셨다.

"만약 보디사트바의 진리수레에 머물러〔住菩薩乘〕이 프라즈냐파라미타의 법을 닦아 익히는 자가 다른 사람을 위해 이 법을 설하려 할 때, 곧 설하지 못하거나 설함을 그치지 못하면 이것이 마라의 일인 줄 깨쳐 알아야 한다.

또 다시 만약 법을 설하는 자가 법을 설할 때 '나'라는 교만과 높은 마음을 내면 이것이 마라의 일인 줄 깨쳐 알아야 한다." 125)

"수부티여, 프라즈냐파라미타를 베껴 쓰고 읽고 외우며 설할 때 서로 웃고 떠든다면 보디사트바는 이것이 마라의 일인 줄 알아야 한다.

수부티여, 프라즈냐파라미타를 베껴 쓰고 읽고 외우며 설할 때 서로 얕보고 깔본다면 보디사트바는 이것이 마라의 일인 줄 알아야 한다.

수부티여, 프라즈냐파라미타를 베껴 쓰고 읽고 외우며 설할 때 그 마음이 흩어져 어지러우면〔其心散亂〕보디사트바는 이것이 마라의 일인 줄 알아야 한다.

수부티여, 프라즈냐파라미타를 베껴 쓰고 읽고 외우고 설할 때 그 마음이 하나에 오롯이 하지 않으면〔心不專一〕보디사트바는 이것이

125)　爾時，尊者須菩提白佛言：「世尊！佛先已說　受持讀誦般若波羅密多法者諸善男子善女人所有功德。而彼善男子、善女人受持讀誦此法門時，將無惡魔爲難事耶？」

佛告尊者須菩提言：「如是，如是！甚多。須菩提！有諸惡魔而爲難事，於一切時伺求其便。」

須菩提復白佛言：「如佛所說諸難事者，其相云何？」

佛告須菩提：「若有住菩薩乘修習此般若波羅密多法者，欲爲他人說此法時，不卽爲說及說不止，應當覺知是爲魔事。又復，若說法者於說法時，生其我慢貢高心者，應當覺知是爲魔事。」

마라의 일인 줄 알아야 한다. 126)

수부티여, 수행자가 '나는 프라즈냐파라미타에서 그 기운과 맛을 얻지 못했다'라고 생각하고 자리에서 일어나 가버리면 보디사트바는 이것이 마라의 일인 줄 알아야 한다.

수부티여, 수행자가 '나는 프라즈냐파라미타 안에 있으면서 아무런 언약도 받지 못했다'라고 생각하고 마음이 깨끗하지 못하여 자리에서 일어나 가버리면 보디사트바는 이것이 마라의 일인 줄 알아야 한다.

수부티여, 수행자가 '프라즈냐파라미타 가운데 나의 이름을 말하지 않는다'라고 생각하여 마음이 깨끗하지 못하면 보디사트바는 이것이 마라의 일인 줄 알아야 한다.

수부티여, 수행자가 '프라즈냐파라미타 가운데 내가 태어날 마을이나 성읍 같은 곳을 말하지 않는다'라고 생각하여, 이러한 까닭에 프라즈냐파라미타 설하는 것을 즐겨 듣지 않고 바로 버리고 가버린다 하자.

그러면 일으킨 생각을 따라 몇 칼파를 다시 돌이켜 거듭 보디사트

---

126) [E.Conze역 11품]

"나아가 수부티여, 이 프라즈냐파라미타가 가르쳐지고 선전되고 설명되고 배워지고 외워지고 반복되어지거나 다만 쓰이거나 할 때, 헤매는 무리 안에서 많은 통찰의 빛이 일어나게 될 것이다. 그리고 그것들은 사유의 혼란을 위해 만들어진 것인데, 사유의 혼란이란 마라에 의해서 이 보디사트바들에게 행해져 온 것이다."

Moreover, Subhuti, when this perfection of wisdom is being taught, demonstrated, explained, learned, recited, repeated, or even merely written down, many flashes of insight will come up in bewildering multitude, and they will make for confusion of thought. This also has been done by Mara to these Bodhisattvas.

바의 길을 닦아야 하니, 보디사트바는 이것이 마라의 일인 줄 알아야 한다."

2. 프라즈냐의 큰 길을 버리는 마라의 일을 밝힘

"거듭 다시 수부티여, 사르바즈냐나에 이를 수 없는 여러 경전을 보디사트바가 프라즈냐파라미타를 버리고 그것을 읽고 외우면, 이 보디사트바는 근본을 버리고 가지나 잎을 붙드는 것이다.

왜냐하면 보디사트바는 프라즈냐파라미타를 인해 세간법과 세간 벗어난 법을 성취하고 프라즈냐파라미타를 배움으로 세간법과 세간 벗어난 법을 배울 수 있기 때문이니, 만약 프라즈냐파라미타를 버린다면 보디사트바는 이것이 마라의 일인 줄 알아야 한다.

수부티여, 비유하자면 이것은 어떤 개가 주인이 주는 음식을 버리고 오히려 그 집의 일꾼을 따라 찾는 것과 같다.

이와 같이 수부티여, 오는 세상에서 어떤 보디사트바가 깊은 프라즈냐파라미타를 버리고 도리어 슈라바카나 프라테카붇다의 도를 가르치는 다른 경전을 취하면 보디사트바는 이것이 마라의 일인 줄 알아야 한다.

수부티여, 비유하자면 이것은 어떤 사람이 코끼리를 얻고서도 정작 코끼리는 보지 않고 도리어 그 발자국만 찾는 것과 같으니, 그대 뜻에 어떠한가. 이 사람은 지혜로운가?"

수부티가 말씀드렸다.

"지혜롭지 않습니다, 세존이시여."

붇다께서 말씀하셨다.

"수부티여, 보디사트바도 또한 이와 같으니 깊은 프라즈냐파라미타를 얻고서 이것을 버리고 도리어 슈라바카와 프라테카붇다의 도를 가르치는 경전에서 사르바즈냐나를 구한다면 그대 뜻에 어떠한가. 이 사람은 지혜로운가?"

수부티가 말씀드렸다.

"지혜롭지 않습니다, 세존이시여. 보디사트바는 이것이 마라의 일인 줄 알아야 합니다."

"수부티여, 비유하면 이것은 어떤 사람이 큰 바다를 보고 싶어 하다가 바다를 보고 나서는 도리어 소발자국에 고인 물을 구해 '큰 바닷물이 이만큼 많을 수 있을까!'라고 말하는 것과 같다. 그대 뜻에 어떠한가. 이 사람은 지혜로운가?"

수부티가 말씀드렸다.

"지혜롭지 않습니다, 세존이시여."

붇다께서 말씀하셨다.

"수부티여, 앞으로 올 세상의 보디사트바도 이와 같으니 깊은 프라즈냐파라미타를 얻고서 이것을 버리고 도리어 슈라바카와 프라테카붇다의 도를 가르치는 경전을 읽고 외운다면 그대 뜻에 어떠한가. 이 사람은 지혜로운가?"

수부티가 말씀드렸다.

"지혜롭지 않습니다, 세존이시여. 보디사트바는 이것이 마라의 일인 줄 알아야 합니다."

붇다께서 말씀하셨다.

"수부티여, 비유하자면 이것은 어떤 장인이 샤크라인드라하늘의 빼어난 궁전을 지으려다가 도리어 해와 달의 궁전을 헤아리는 것과 같으니, 그대 뜻에 어떠한가. 이 사람은 지혜로운가?"

수부티가 말씀드렸다.

"지혜롭지 않습니다, 세존이시여."

붇다께서 말씀하셨다.

"수부티여, 앞으로 올 세상의 보디사트바도 이와 같아서 깊은 프라즈냐파라미타를 얻고서 이것을 버리고 슈라바카와 프라테카붇다의 도를 가르치는 경전 가운데서 사르바즈냐나를 구한다면 그대 뜻에 어떠한가. 이 사람은 지혜로운가?"

수부티가 말씀드렸다.

"지혜롭지 않습니다, 세존이시여. 보디사트바는 이것이 마라의 일인 줄 알아야 합니다."

붇다께서 말씀하셨다.

"수부티여, 비유하자면 이것은 어떤 사람이 전륜성왕을 보고 싶어 하다가 전륜성왕을 보고서 알아보지 못하고 '전륜성왕의 모습과 그 위덕은 어떠할까'라고 생각하다가 나중에 여러 작은 왕들을 보고는 그 모습을 취하여 다음처럼 말함과 같다.

'전륜성왕의 모습과 위덕도 이런 모습인가.'

그러니 그대 뜻에 어떠한가. 이 사람은 지혜로운가?"

수부티가 말씀드렸다.

"지혜롭지 않습니다, 세존이시여."

"수부티여, 앞으로 올 세상의 보디사트바도 또한 이와 같으니 깊은 프라즈냐파라미타를 얻고도 이것을 버리고 도리어 슈라바카와 프라테카붇다의 도를 가르치는 경전 가운데서 사르바즈냐나를 구하면 그대 뜻에 어떠한가. 이 사람은 지혜로운가?"

수부티가 말씀드렸다.

"지혜롭지 않습니다, 세존이시여. 보디사트바는 이것이 마라의 일인 줄 알아야 합니다."

붇다께서 말씀하셨다.

"수부티여, 비유하면 이것은 굶주린 사람이 백 가지 맛의 밥을 버리고 도리어 묵은 쌀로 지은 맛없는 밥[六十日飯]127)을 먹는 것과 같으니 그대 뜻에 어떠한가. 이 사람은 지혜로운가?"

수부티가 말씀드렸다.

"지혜롭지 않습니다, 세존이시여."

"수부티여, 보디사트바도 또한 이와 같으니 깊은 프라즈냐파라미타를 얻고도 이것을 버리고 도리어 슈라바카와 프라테카붇다의 도를 가르치는 경전 가운데서 사르바즈냐나를 구한다면 그대 뜻에 어떠한가. 이 사람은 지혜로운가?"

수부티가 말씀드렸다.

"지혜롭지 않습니다, 세존이시여. 보디사트바는 이것이 마라의 일인 줄 알아야 합니다."

(붇다께서 말씀하셨다.)

"수부티여, 비유하면 이것은 어떤 사람이 값을 매길 수 없는 보배구슬을 얻고서 수정에 견주는 것과 같으니, 그대 뜻에 어떠한가. 이 사람은 지혜로운가?"

"지혜롭지 않습니다, 세존이시여."

(붇다께서 말씀하셨다.)

"수부티여, 앞으로 올 세상의 보디사트바도 또한 이와 같으니 깊은 프라즈냐파라미타를 얻고도 슈라바카와 프라테카붇다의 도를 가르치

---

127) '육십일반(六十日飯)'이란 범어로는 ṣaṣṭik'odana이다. 60일 만에 묵은 쌀로 지은 밥으로서 맛없는 음식을 뜻한다. '60일 곡식의 죽[六十日粥]' 또는 '두 달 곡식으로 지은 밥[兩月穀飯]'이라 한다.

는 경전에 견주어 그 가운데서 사르바즈냐나를 구한다면 그대 뜻에
어떠한가. 이 사람은 지혜로운가?"

"지혜롭지 않습니다, 세존이시여. 보디사트바는 이것이 마라의 일
인 줄 알아야 합니다."

3. 바른 프라즈냐행을 방해하는 마라의 일을 밝힘

(1) 바르게 베껴 쓰고 읽고 외우지 못하게 하는 마라의 일

붇다께서 말씀하셨다.

"거듭 다시 수부티여, 프라즈냐파라미타를 베껴 쓰거나 읽고 외우
며 설할 때, 만약 다른 일을 많이 지껄여 프라즈냐파라미타를 방해한
다면, 보디사트바는 이것이 마라의 일인 줄 알아야 한다."

수부티가 붇다께 말씀드렸다.

"세존이시여, 프라즈냐파라미타는 베껴 쓰거나 읽고 외우며 설할
수 있는 것입니까?"

붇다께서 말씀하셨다.

"그럴 수 없다. 수부티여, 만약 잘 행하는 남자와 여인이 글자를 베
껴 쓰면서 '나는 프라즈냐파라미타를 쓰고 있다'라고 생각하면 이
는128) 곧 마라의 일이다.

---

128) 문자의 집착: ① 프라즈냐의 지혜는 수트라의 문자를 집착해서도 구현할
   수 없고, 문자를 떠나 신비의 도를 구해도 지혜에 나갈 수 없다.
   　② 옛 조사는 말한다.
   "경의 한 글자라도 떠나면 마라의 말과 같고, 경을 의지해 뜻을 풀이하면
   삼세 붇다의 원수이다〔離經一字卽同魔說 依經解義三世佛怨〕."
   　③ 곧 수트라의 가르침을 떠나 사적 체험을 도라 하면 이는 암증선사(暗證

수부티여, 이때는 반드시 이 잘 행하는 남자와 여인을 이렇게 가르쳐야 한다.

'그대들은 이렇게 말하지 말라. 다만 글자를 베껴 쓰면서 〈나는 프라즈냐파라미타를 쓰고 있다〉고 하면, 여러 잘 행하는 남자와 여인은 이 글자로써 프라즈냐파라미타의 뜻을 보여주는 것이다. 그러므로 그대들은 글자에 집착하지 말라. 만약 글자에 집착하면 보디사트바는 이것이 마라의 일인 줄 알아야 한다. 만약 글자에 탐착하지 않으면 곧 마라의 일을 버리게 된다.'

거듭 다시 수부티여, 프라즈냐파라미타를 베껴 쓰거나 읽고 외우고 설할 때 만약 여러 곳의 나라나 성읍과 마을, 국왕, 원수나 도적과 전쟁하는 일을 생각하거나 부모·형제·자매를 생각한다면 악한 마라가 이와 같은 생각을 내도록 하여 프라즈냐파라미타를 방해하는 것이니, 보디사트바는 다 이러한 사실을 알아차려야 한다. 수부티여, 이와 같은 일 또한 마라의 일인 줄 반드시 알아야 한다.

거듭 다시 수부티여, 프라즈냐파라미타를 베껴 쓰거나 읽고 외우거나 설할 때 공양하는 일을 일으켜, 만약 옷가지와 먹고 마실 것과 잠자리와 의약품 등의 생활필수품으로 프라즈냐파라미타를 방해한다면 보디사트바는 다 이러한 사실을 알아차려야 한다.

수부티여, 이와 같은 일 또한 마라의 일인 줄 반드시 알아야 한다.

거듭 다시 수부티여, 악한 마라가 인연을 지어 보디사트바들로 하여금 다른 깊은 경전을 얻도록 하면, 방편이 있는 보디사트바는 이 경전에 탐착을 내지 않으나, 방편이 없는 보디사트바는 프라즈냐파라미타를 버리고 이 깊은 경전을 취하게 된다.

禪師)요, 문자를 풀어서 관념의 집을 지어 도라 하면 문자법사(文字法師)이니, 이들을 떠나야 프라즈냐파라미타이다.

그런데 수부티여, 내가 프라즈냐파라미타 가운데에서 널리 방편을 설해 놓았으니, 프라즈냐 가운데서 구해야 하는데, 도리어 다른 깊은 경전의 슈라바카와 프라테카분다의 법에서 방편을 구해 찾는다면 그대 뜻에 어떠한가. 이 사람은 지혜로운가?"

수부티가 말씀드렸다.

"지혜롭지 않습니다, 세존이시여."

"수부티여, 이러한 일도 또한 반드시 마라의 일인 줄 알아야 한다."

(2) 올바로 설법 청법 하지 못하게 하는 마라의 일

"거듭 다시 수부티여, 법을 듣는 이는 프라즈냐파라미타를 듣고 싶어 하는데 법을 설하는 이가 지치고 게을러서 설해주기를 즐거워하지 않는다면, 수부티여, 이와 같이 서로 어울려 합하지 않음도 또한 마라의 일이다.

거듭 다시 수부티여, 법을 설하는 이가 몸이 아주 지치지 않아서 기꺼이 프라즈냐파라미타를 설하는데, 법을 듣는 이가 다른 나라에 가고자 하여 프라즈냐파라미타를 베껴 쓰거나 읽고 외우거나 설하지 않는다면, 이와 같이 서로 어울려 합하지 않음도 또한 마라의 일이다.

거듭 다시 수부티여, 법을 듣는 이는 생각하는 힘과 지혜의 힘이 있어서 기꺼이 프라즈냐파라미타를 듣고 받아들여 읽고 외우려 하나, 법을 설하는 이가 다른 나라에 가고자 하여 프라즈냐파라미타를 베껴 쓰거나 읽고 외우거나 설하지 않는다면, 이와 같이 서로 어울려 합하지 않음도 또한 마라의 일이다.

거듭 다시 수부티여, 법을 설하는 이는 재물과 옷가지와 먹고 마실 것을 귀하게 여기는데, 법을 듣는 이가 아까워 그것들을 주지 않아서 프라즈냐파라미타를 베껴 쓰거나 읽고 외우거나 설할 수 없다면, 이와 같이 서로 어울려 합하지 않음도 또한 마라의 일이다.

거듭 다시 수부티여, 법을 듣는 이는 믿고 기꺼워하는 마음으로 법을 설하는 이를 공양하고자 하나, 법을 설하는 이가 외워 익힌 것이 날카롭지 못해서 법을 듣는 이가 즐겁게 들어서 받아들이지 못하여 프라즈냐파라미타를 베껴 쓰거나 읽고 외우거나 설하지 않는다면, 이와 같이 서로 어울려 합하지 않음도 또한 마라의 일이다.

거듭 다시 수부티여, 법을 설하는 이는 기꺼운 마음으로 설하나, 정작 법을 듣는 이가 기꺼이 받아들이지 않아서 프라즈냐파라미타를 베껴 쓰거나 읽고 외우거나 설하지 않는다면, 이와 같이 서로 어울려 합하지 않음도 또한 마라의 일이다.

거듭 다시 수부티여, 법을 설하는 이는 몸이 무겁고 몹시 지쳐 잠과 졸음에 덮여 설하기를 즐겨하지 않는데, 법을 듣는 이는 기꺼이 듣고 읽고 외우려 한다면, 이와 같이 서로 어울려 합하지 않음도 또한 마라의 일이다.

거듭 다시 수부티여, 프라즈냐파라미타를 베껴 쓰거나 읽고 외우거나 설할 때 어떤 사람이 와서 세 갈래 나쁜 세계[三惡道]129)의 괴로움을 다음 같이 말한다 하자.

'나라카에는 이러한 괴로움이 있고 축생과 아귀에는 이러한 괴로움이 있으니, 이 몸에서 괴로움을 다해 니르바나를 취하는 것만 못하다. 어찌 다시 태어나 이러한 온갖 괴로움을 받으려 하려는가.'

이와 같은 일도 수부티여, 보디사트바는 또한 마라의 일인 줄 반드시 알아야 한다.

거듭 다시 수부티여, 프라즈냐파라미타를 베껴 쓰거나 읽고 외우거

---

129) 삼악도(三惡道)는 악업에 의해 생기는 지옥(地獄) · 아귀(餓鬼) · 축생(畜生)의 세 가지 나쁜 세계를 말한다. 삼악취(三惡趣)라고도 한다.

나 설할 때 어떤 사람이 와서 하늘의 즐거움을 찬탄하여 다음 같이 말한다 하자.

'욕계(欲界) 가운데에는 지극히 미묘한 다섯 가지 욕망의 즐거움이 있고, 물질세계〔色界〕 가운데는 선정의 즐거움이 있으며, 물질 없는 세계〔無色界〕 가운데는 고요한 선정의 즐거움이 있으나, 삼계의 즐거움은 결국 다 덧없고 괴롭고 공하며 무너져 없어지는 모습이다. 그대는 이 몸에서 스로타판나의 과덕과 사크리다가민의 과덕과 아나가민의 과덕과 아라한의 과덕을 취할지언정 다시는 뒷몸을 받지 말아야 한다.'

보디사트바는 이것이 또한 마라의 일인 줄 반드시 알아야 한다.

거듭 다시 수부티여, 법을 설하는 이가 따르는 무리를 사랑하고 좋아하여 이렇게 말한다 하자.

'만약 나를 잘 따르면 프라즈냐파라미타를 주겠지만, 나를 따르지 않으면 너에게 프라즈냐파라미타를 주지 않겠다.'

이 인연 때문에 많은 사람들이 따르게 되었을 때 법을 설하는 이는 험난하여 목숨을 위태롭게 하는 곳을 지나려 하면서 여러 사람들에게 이렇게 말한다.

'잘 행하는 남자들이여, 그대들은 아는가? 어찌해서 나를 따라 이런 험한 길을 지나가려는 하는가? 부디 스스로 잘 생각해서 뒤에 뉘우침이 없도록 하라.'

그러고는 이렇게 말한다.

'어찌하여 이와 같이 굶주려 배고프고 원수와 도둑이 들끓는 곳까지 왔는가?'

법을 설하는 이가 이런 하찮은 인연 때문에 여러 사람들을 버리고 떠나면, 법을 들으려는 이들은 이렇게 생각한다.

'이것은 우리를 버리고 떠나려는 모습이며 프라즈냐파라미타를 주려는 모습이 아니다.'

그리하여 프라즈냐파라미타를 베껴 쓰거나 읽고 외우거나 설하지 아니하여 이와 같이 서로 어울려 합하지 않으면, 보디사트바는 이것이 마라의 일인 줄 반드시 알아야 한다.

거듭 다시 수부티여, 법을 설하는 이가 사나운 짐승과 범과 이리와 사자, 원수와 도적이 들끓고 독이 해쳐 마실 물도 없는 곳을 지나려 하면서 여러 사람들에게 이렇게 말한다 하자.

'그대들은 아는가? 내가 이르려는 곳은 사나운 짐승과 범과 이리와 사자, 원수와 도적이 들끓고 독이 해쳐 마실 물도 없는 곳을 지나야 하는데, 그대들이 어찌 이와 같은 괴로움을 받을 수 있겠는가?'

그러고는 법 설하는 이가 이런 인연 때문에 그들을 버리고 떠나면, 여러 사람들은 다시는 그를 따르지 않고 이렇게 생각한다.

'이것은 우리를 버리고 떠나려는 모습이며 프라즈냐파라미타를 주려는 모습이 아니다.'

곧바로 물러나 돌아가게 되니, 수부티여. 이와 같은 여러 가지 어려움에 대해 보디사트바는 또한 이것이 마라의 일인 줄 반드시 알아야 한다.

거듭 다시 수부티여, 법을 설하는 이가 다나파티(dāna-pati, 施主)를 무겁게 여겨 이 인연 때문에 늘 자주 오고 가다가 이런 일 때문에 법을 들으려는 대중들에게는 이렇게 말한다 하자.

'여러 잘 행하는 남자와 여인이여, 나에게 다나파티가 있어서 반드시 그곳에 가서 안부를 물어야 한다.'

여러 사람들은 이렇게 생각해 말할 것이다.

'이것은 우리에게 프라즈냐파라미타를 주는 모습이 아니다.'

그때 바로 버리고 떠나서, 프라즈냐파라미타를 배우거나 베껴 쓰거나 읽고 외우거나 설하지 않으니, 이와 같이 서로 어울려 합하지 않으면 보디사트바는 이것이 마라의 일인 줄 반드시 알아야 한다.

거듭 다시 수부티여, 악한 마라는 부지런히 방편을 지어서 프라즈냐파라미타를 읽고 외우거나 배워 익히는 사람이 없도록 한다."

(3) 마라가 짓는 방편을 보임

수부티가 붇다께 말씀드렸다.

"세존이시여, 마라는 어떻게 부지런히 방편을 지어서 사람들이 프라즈냐파라미타를 읽고 외우거나 닦아 익힐 수 없도록 합니까?"

"수부티여, 마라는 여러 사람들을 속여서 이렇게 말한다.

'이것은 참된 프라즈냐파라미타가 아니다. 내가 가지고 있는 이 수트라(sūtra, 經)가 참된 프라즈냐파라미타이다.'

수부티여, 마라는 이와 같이 여러 사람들을 속이니 이때 깨달음의 언약을 아직 받지 못한 이들은 프라즈냐파라미타 가운데서 의심을 낸다. 의심하는 인연 때문에 프라즈냐파라미타를 읽고 외우거나 배워 익힐 수 없다면 이와 같은 일이 수부티여, 보디사트바는 마라의 일인 줄 반드시 알아야 한다.

거듭 다시 수부티여, 다시 마라의 일이 있으니 만약 보디사트바가 프라즈냐파라미타를 행하여 곧 진실의 바탕[實際]130)을 증득하고도 슈라바카의 과덕을 취한다면, 이와 같음에 대해 수부티여, 보디사트바는 또한 마라의 일인 줄 알아야 한다."

---

130) 실제(實際)는 진실의 끝[眞實際極]이란 뜻으로 허망을 떠난 니르바나의 깨달음 또는 진여(眞如)의 진리바탕[理體]을 말한다.

"거듭 다시 수부티여. 만약 보디사트바의 진리수레〔菩薩乘〕에 머무는 이가 이 프라즈냐파라미타의 법 가운데서 사르바즈냐나의 지혜를 구하지 못하고, 도리어 저 슈라바카와 프라테카분다의 법 가운데서 사르바즈냐나의 지혜를 닦아 익혀 나아가 구한다면 이것이 마라의 일인 줄 알아야 한다.

… 중략 …

수부티여. 슈라바카의 법 가운데서는 다만 나라는 모습〔我相〕조복하는 것〔調伏我相〕을 닦아 익혀 내가 공해 고요한 니르바나를 증득하여 스스로 마쳐 다한 과덕의 법을 증득했다고 한다. 그러니 저 가장 높은 법 가운데서 정진해 닦아 행할 수 없고 또한 다시 널리 중생을 위해 큰 이익을 지을 수 없다.

그러므로 보디사트바는 이와 같이 배우지 않아야 한다.

어떤 것을 보디사트바의 배움이라 이름하는가.

수부티여. 보디사트바마하사트바가 행한 바와 배운 바는 다 스스로 진실 그대로의 법에 편히 머물고서는 널리 온갖 서로 응하는 착한 뿌리를 닦아 널리 세간의 헤아릴 수 없고 가없는 온갖 중생을 거둔다.

그리하여 그들을 다 진여의 진실한 바탕〔眞如實際〕에 편히 머물게 하고, 낱낱이 가장 높은 니르바나를 증득케 한다. 이것이 보디사트바의 배우는 법이라 이름하는 것이다."131)

---

131)「復次, 須菩提！若有住菩薩乘者, 不能於此般若波羅密多法中求一切智智, 而返於彼聲聞、緣覺法中, 修習趣求一切智智者, 應當覺知是爲魔事。… 중략 … 須菩提！所謂聲聞法中而但修習調伏我相, 證得我空寂靜涅盤, 自謂已得究竟果法, 不能於彼最上法中精進修行, 亦復不能廣爲衆生作大利益, 是故菩薩摩訶薩不應如是學。

云何名爲菩薩學耶？須菩提！若菩薩摩訶薩所行所學, 皆自安住如實法已, 廣修一切相應善根, 普攝世間無量無邊一切衆生, 悉令安住眞如實際, 一一證得最上涅盤, 是卽名爲菩薩學法。」

여래의 보디 그 과덕의 땅[果地]에서 일어나 다시 보디의 저 언덕에 이끄는 것이 프라즈냐행이므로 보디의 땅에 이끌지 못하게 하는 모든 행이 마라의 일이다. 깨달음을 등지고 티끌에 합하면[背覺合塵] 그를 마라의 일이라 하고, 보디의 마음을 일으켜 해탈의 땅에 이끌면 그를 프라즈냐의 행이라 하니 마라의 일과 프라즈냐는 그 바탕이 둘이 아니다.

수트라에서 마라의 일을 가려주는 것은 마라의 일이 마라의 일인 줄 알아 다시 짓지 않으면 그가 바로 프라즈냐에 나아가는 보디사트바임을 가르쳐주기 위함이다.

법을 설할 때 즐겁게 설하지 않고 법을 들을 때 흩어진 마음 들뜨고 업신여기는 마음으로 들으면 마라의 일이고, 사르바즈냐나에 이르지 못할 수트라의 가르침을 의지해서 작은 실천의 수레[小乘] 얻을 것 있는 과덕[有所得果]에 집착하면 이 모두가 마라의 일이다.

하되 함이 없는 프라즈냐행에서 집착할 프라즈냐의 모습을 보고 얻을 것 없이 온갖 것을 거두는 프라즈냐행에서 탐착할 세간사를 생각하거나 집착하면 마라의 일이다. 또한 프라즈냐파라미타를 행하면서 수트라를 설하는 보디사트바는 설하되 설함 없되 구하는 마음 없이 중생을 위해 기쁘게 설법해야 하는데, 세간 이익에 탐착하는 마음 흩어진 마음 싫증내는 마음으로 설하면 마라의 일이다.

프라즈냐는 삼계(三界)가 공함을 알아 삼계에 있되 삼계에 머물지 않는 행인데 괴로움을 피하고 하늘의 즐거움이나 세간의 복락을 구하면 이는 마라의 일이다. 프라즈냐행은 모든 공덕을 보디에 회향하고 중생에 회향하는 행인데 법을 설하면서 법 듣는 이를 자기붙이로 삼으려거나 그들에게서 이익을 구하면 이는 마라의 일이다.

이 모든 것이 마라의 일인 줄 알아 프라즈냐파라미타행에 다시 의혹하지 않는 마음과 물러나 뒤바뀌지 않는 마음으로 나아가, 얻을 바 있는 작은 실천의 수레〔hīna-yāna〕 그 과덕을 취하지 않으면, 그가 곧 여래로부터 보디의 언약을 이미 받은 자이다.

갖가지 마라의 일을 떠나 프라즈냐파라미타수트라의 가르침을 듣고 곧장 여래의 방〔如來室〕에 들어가 여래의 자리〔如來座〕에 앉으면 그가 여래로부터 보디의 언약 받아 여래의 일을 행하는 자이다. 왜 그러한가.

여래의 방 여래의 자리가 중생의 자기 진실이기 때문이니, 선문염송(禪門拈頌)의 다음 법문을 들어보자.

> 세존께서 다자탑 앞에서 사람과 하늘을 위해 설법하시는데 카샤파가 뒤에 이르렀다. 세존께서 드디어 자리를 나누어 앉게 하시니, 대중이 어쩔 줄 몰랐다.
>
> ■ (4則)

世尊在多子塔前 爲人天說法 迦葉後到 世尊遂分座令坐 大衆罔措

불인원(佛印元) 선사가 노래했다.

> 영산회상에서 몸소 말씀을 들었는데
> 다자탑 앞에서 거듭 들어 보여주셨네
> 그 때에 그 하나를 아는 자 누구런가
> 끝없는 맑은 바람 온누리에 두루하네
>
> 靈山會上親聞語　多子塔前重爲擧
> 當時一箇知是誰　無限淸風遍實宇

정혜신(定慧信) 선사가 노래했다.

가만히 전해 반 자리를 나누어주었다 하니
바로 얼굴에다 침을 뱉어주어야 하리라
이렇게 하지 않고 놓아 지나감으로
자손들이 재앙 만남을 면치 못했네

密傳分半座　　正好驀面唾
不伊麼且放過　子孫未免遭殃禍

　학담도 한 노래로 옛 조사들의 뜻에 함께해 여래의 가르침을 찬탄
하리라.

여래의 한 자리는 삼천계에 두루한데
카샤파께 자리 나눔 누구의 헛된 말인가
중생이 설함 듣고 믿음 물리지 않으면
여래의 자리에 같이 앉아 붇다의 일 함께하리

如來一座遍三千　迦葉分座誰虛言
衆生聞說信不退　坐如來座同佛事

제12품 한결같은 프라즈냐의 공능
〔小如品〕

　　프라즈냐파라미타는 모습에 모습 없는 법의 참모습에서 일어나지만, 프라즈냐에 의해 인연으로 일어나는 법의 차별된 모습과, 모습이 모습 아닌 법의 한결같음〔法如〕이 밝혀진다. 프라즈냐에 의해 모든 법의 참모습이 밝혀지고 프라즈냐에 의해 나고 죽음을 벗어나 니르바나의 저 언덕에 오를 수 있으므로 프라즈냐를 모든 붇다를 낳는 어머니〔諸佛母〕라 한다.

　　곧 프라즈냐가 모든 붇다의 사르바즈냐나와 세간을 함께 보여주니, 세간의 나되 남이 없는 참모습이 붇다의 사르바즈냐나이기 때문이다. 세간이란 다섯 쌓임〔五蘊〕이니, 다섯 쌓임이 나되 남이 없으므로 다섯 쌓임은 무너짐이 없고 사라짐이 없으며, 다섯 쌓임이 나되 남이 없으므로 다섯 쌓임은 공하고〔空〕 모습 없으며〔無相〕 지음이 없다〔無作〕.

　　여래는 다섯 쌓임이 나되 남이 없음을 통달하시므로 다섯 쌓임의 지금 있는 모습과 나고 사라지는 모습에 갇힘이 없이 중생의 갖가지로 일어나는 마음을 실답게 아시고, 모습에 머묾 없는 큰 마음을 실답게 아시며, 나아가 생각에 생각 없으므로 헤아릴 수 없는 마음을 실답게 아신다.

　　그리하여 여래는 물질과 느낌 · 모습취함 · 지어감 · 앎의 인연으로 나는 모습〔因緣相〕과 인연으로 나기 때문에 실로 남이 없는 한결같은 모습을 아신다. 이처럼 여래가 만법의 한결같음을 아실 뿐 아니라, 한결같음을 아시므로 여래는 여래가 되신 것이니, 여래 스스로 한결같음이다. 곧 여래와 한결같음을 아는 여래의 프라즈냐와 만법의 한결같음은 둘이 없고 다름이 없는 것이다.

　　학담이 노래로 종요를 말해보리라.

　　　　프라즈냐의 행 가운데 여러 병이 있으니
　　　　반드시 마라의 일 알아서 늘 멀리 떠나라

프라즈냐는 세간의 진여 보일 수 있으니
모든 견해 멀리 떠나면 진여에 들어가리

般若行中有多病　須知魔事常遠離
般若能示世眞如　遠離諸見入眞如

세간 진여의 모습은 깊고 깊어서
모든 붇다의 보디가 이를 좇아 나오네
그러므로 프라즈냐가 모든 붇다의 어머니라
모든 붇다 공덕의 곳간을 나타내네

世間眞如相甚深　諸佛菩提從此出
是故般若諸佛母　出生諸佛功德藏

모든 붇다는 진여를 인해 보디를 증득하고
여래는 진여를 인해 중생 위해 설법하네
이 진여가 다함 없음에 말씀이 다함 없으니
이와 같이 믿는 자는 보디언약을 얻게 되리

諸佛因如證菩提　如來因如爲衆說
是如無盡說無盡　如是信者當受記

1. 마라의 일을 경계하여 프라즈냐에 이끎132)

붇다께서 수부티에게 말씀하셨다.

"프라즈냐파라미타에는 이와 같은 여러 가지 어려움 끼치는 일이 많이 있다."

수부티가 붇다께 말씀드렸다.

"그렇고 그렇습니다. 세존이시여, 프라즈냐파라미타에는 어려움 끼치는 일들이 많이 있습니다. 비유하면 진귀한 보배에 원수나 도적이 많이 있는 것과 같아서 프라즈냐파라미타도 또한 이와 같습니다.

만약 어떤 사람이 프라즈냐파라미타를 받아 지녀 읽고 외우거나 배워 익히지 않는다면, 이 사람은 도의 뜻을 처음 내어 지혜도 적고 믿음도 적고 크나큰 법을 즐거워하지 않는 까닭에, 마라에게 사로잡히게 됨을 알아야 됩니다."

붇다께서 말씀하셨다.

"그렇고 그렇다. 수부티여, 만약 어떤 사람이 프라즈냐파라미타를 받아 지녀 읽고 외우거나 배워 익히지 않는다면, 도의 뜻을 처음 내어 지혜도 적고 믿음도 적고 크나큰 법을 즐거워하지 않는 까닭에 마라에게 사로잡히게 됨을 알아야 된다."

다나팔라역(11품)

붇다께서 수부티에게 말씀하셨다.

"이와 같은 등의 모습 낱낱이 다 악한 마라가 모든 방편으로 장애와 어려움 끼침인 줄 알아야 한다. 악한 마라들은 모든 보디사트바의 법 닦는 이들로 하

---

132) 제12 小如品: 다나팔라[施護]의 번역본에는 「세간을 나타내 보이는 품[顯示世間品]」으로 되어 있다. 범어 품명은 Lokasamdarśana로서, '세간[Loka]을 함께 봄[samdarśana]'이라는 뜻이다.

여금 이 프라즈냐파라미타의 법문을 들어서 받아 닦아 익히고 써서 지니어 읽고 외우지 못하게 한다.

그러므로 보디사트바의 법을 닦는 모든 이들은 온갖 때에 늘 깨쳐 알아서 깨닫고는 멀리 떠나 저 모든 마라들이 그 틈을 얻지 못하게 해야 한다." 133)

"수부티여, 프라즈냐파라미타에는 비록 이와 같은 마라의 일과 온갖 어려움 끼침이 있지만, 만약 잘 행하는 남자와 여인이 이를 잘 받아 지녀 베껴 쓰고 읽고 외우고 설한다면 이 모두가 붇다의 힘〔佛力〕임을 알아야 한다. 왜냐하면 마라가 비록 부지런히 다 방편을 지어 프라즈냐파라미타를 없애려고 하면 모든 붇다께서도 또한 부지런히 방편을 지어 이를 지켜 보살피시기 때문이다." 134)

다나팔라역(11품)

---

133) 佛告須菩提 : 「如是等相, 一一當知皆是惡魔作諸方便而爲障難, 欲令諸修菩薩法者, 不得此般若波羅密多法門, 聽受修習、書持讀誦。是故諸修菩薩法者, 於一切時常所覺知, 覺已遠離, 令彼諸魔不得其便。」

134)〔E.Conze역 12품〕
"수부티여. 이 지혜의 완성인 프라즈냐가 쓰여지고 가르쳐지고 있을 때에는 악한 마라가 내가 말해왔던 이런 행위들과 그밖의 많은 다른 일들을 하게 될 것이다. 그들은 모두 보디사트바에 의해 알려질 것이고 피해질 것이며 길러지지 않을 것이다. 보디사트바는 그들에게 활기 있게 그리고 주의 깊게 자신을 지키면서 대답할 것이다."

Subhuti, when this perfection of wisdom is being written and st udied, Mara, the Evil One, produces these deeds, which I have me ntioned, and many others also. They all should be recognized by a Bodhisattva, and avoided, not cultivated. The Bodhisattva shoul d reply to them with vigour, mindfulness and self-possession.

붓다께서 말씀하셨다.

"수부티여, 그렇고 그렇다. 그대 말과 같다. 만약 어떤 사람이 이와 같은 모든 어려운 일 가운데서 이 법문을 들어 받아 닦아 익히고 써서 지니며 읽고 외울 수 있는 자는 다 모든 붓다 여래께서 신통의 위력으로 함께 보살펴 생각하심이다. 왜인가. 저 악한 마라가 비록 다시 긴 때에 부지런히 방편을 지어 이 법문에서 여러 어려운 일을 일으키지만, 여래·공양해야 할 분·바르게 깨친 분은 다시 기나긴 때에 방편을 부지런히 지어 이 프라즈냐파라미타의 법문을 위신의 힘으로 더해 지니어 보살펴 생각하시기 때문이다."[135]

"수부티여, 비유하면 이것은 어머니가 여러 자식을 많이 두어 열 명 또는 백 명 나아가 십만 명이나 되더라도, 만약 그 어머니가 아프게 되면 여러 자식들이 각기 부지런히 병 건져 나아주려고 이렇게 원을 세움과 같다.

'우리들은 여러 괴로운 병과 비바람과 더위와 추위와 모기와 독한 벌레로부터 어머니의 몸을 안온하게 지켜서 오래 사시도록 해야 하며, 온갖 약으로 어머님을 안온하게 해드려야 한다. 왜냐하면 우리를 낳아 길러 주시고 나아가 목숨을 주시며 세상의 삶을 깨우쳐 보여주신 그 은혜가 아주 무겁기 때문이다.'"

2. 프라즈냐의 공능을 보임

(1) 프라즈냐가 사르바즈냐나와 세간 보여줌을 밝힘

---

135) 佛言 : 「須菩提！如是，如是！如汝所說。若有人能於如是等諸難事中，得此法門聽受修習書持讀誦者，當知皆是諸佛如來神通威力共所護念。

何以故？彼惡魔衆雖復長時勤作方便，於此法門起諸難事。如來. 應供. 正等正覺亦復長時勤作方便，於此般若波羅密多法門，以威神力加時護念。」

"수부티여, 지금 시방에 드러나 계시는 모든 붇다께서는 프라즈냐
파라미타를 생각하시며 다 이렇게 말씀하신다.

'프라즈냐파라미타는 모든 붇다를 내며 사르바즈냐나를 보여준다.
왜냐하면 여러 붇다의 사르바즈냐나는 다 프라즈냐파라미타에서 생
겨나기 때문이다.'

수부티여, 모든 붇다께서 얻으신 아누타라삼약삼보디는 이미 얻으
셨거나 지금 얻거나 앞으로 얻으실 것이 다 프라즈냐파라미타를 인해
얻는 것이다. 수부티여, 프라즈냐파라미타는 이와 같이 시방에 계신
모든 붇다의 사르바즈냐나를 보여주며 또한 세간(世間)을 보여준다."

수부티가 붇다께 말씀드렸다.

"세존이시여, 붇다께서 말씀하신 것과 같이 프라즈냐파라미타는 모
든 붇다의 사르바즈냐나와 세간을 함께 보여줍니다. 그런데 세존이시
여, 무엇이 세간(世間)입니까?"

붇다께서 말씀하셨다.

"다섯 쌓임[五陰]이 세간이다."

수부티가 말씀드렸다.

"세존이시여, 어떻게 프라즈냐파라미타가 다섯 쌓임을 보여줍니
까?"

붇다께서 말씀하셨다.

"프라즈냐파라미타는 다섯 쌓임의 무너지지 않는 모습을 보여준다.
왜냐하면 수부티여, 공(空)이 바로 무너지지 않는 모습이며, 모습 없
음[無相]과 지음 없음[無作]이 바로 무너지지 않는 모습이기 때문이
다. 프라즈냐파라미타는 이와 같이 세간을 보여준다.

거듭 다시 수부티여, 붇다께서는 헤아릴 수 없고 가없는 중생의 성
품을 따르기 때문에 그 마음을 진실대로 아신다. 이와 같이 수부티여,

프라즈냐파라미타는 모든 붓다와 세간을 보여준다.

거듭 다시 수부티여, 중생이 마음을 어지럽게 하든 마음을 거두든 이 어지러운 마음이나 거두어진 마음을 붓다께서는 진실대로 아신다.

수부티여, 어떻게 여래는 모든 중생의 어지러운 마음이나 거두어진 마음을 아시겠는가? 법의 모습 때문에〔以法相故〕아시는 것이다.

수부티여, 법의 모습 때문에 마음이 어지럽지 않음〔心非亂〕을 아시며 이와 같이 어지러운 마음도 아신다.

어떻게 여래는 중생의 거두어진 마음을 아시는가? 수부티여, 여래는 마음의 다한 모습〔心盡相〕을 아시니 진실대로 다한 모습을 알고 이와 같이 거두어진 마음도 아신다.

거듭 다시 수부티여, 중생의 물든 마음〔染心〕도 여래는 진실대로 물든 마음을 아시며, 성내는 마음과 어리석은 마음도 진실대로 성내는 마음과 어리석은 마음을 아신다.[136]

어떻게 해서 여래는 진실대로 물든 마음을 아시고, 진실대로 성내는 마음을 아시며, 진실대로 어리석은 마음을 아시는가? 수부티여, 물든 마음의 진실대로의 모습〔如實相〕이 곧 물든 마음이 아니고, 성내는 마음과 어리석은 마음의 진실대로의 모습이 곧 성내는 마음이 아니고 어리석은 마음이 아니다. 이와 같이 수부티여, 모든 붓다께서는 프라즈냐파라미타를 좇아 사르바즈냐나를 낸다.

어떻게 해서 여래는 물든 마음을 떠나 진실대로 물든 마음 떠남을 아시고, 성내는 마음을 떠나 진실대로 성내는 마음 떠남을 아시며, 어리석은 마음을 떠나 진실대로 성내는 마음 떠남을 아시는가?

---

136) 물든 마음을 아심: 성내고 어리석은 마음 등 물든 마음이 나되 남이 없음이 여래의 진여이고 여래의 진여가 중생의 진여이므로, 여래는 중생의 어지러운 마음과 물든 마음을 다 아시는 것이다.

수부티여, 물든 마음을 떠난 가운데에는 물든 마음을 떠난 모습도 없고, 성내는 마음을 떠난 가운데에는 성내는 마음을 떠난 모습도 없으며, 어리석은 마음을 떠난 가운데에는 어리석은 마음을 떠난 모습도 없다. 이와 같이 수부티여, 프라즈냐파라미타는 모든 붇다의 사르바즈냐나와 세간을 보여준다.”

(2) 프라즈냐로 인해 모든 법의 모습 통달함을 밝힘

“거듭 다시 수부티여, 여래는 프라즈냐파라미타를 인해 중생의 넓은 마음〔廣心〕에 대해 진실대로 넓은 마음을 아신다. 어떻게 해서 여래는 중생의 넓은 마음에 대해 진실대로 넓은 마음을 아시는가? 수부티여, 이 중생의 마음은 늘어나지도 않고 넓어지지도 않지만 모습 떠남을 떠나지도 않기 때문이다. 이와 같이 수부티여, 여래는 프라즈냐파라미타를 인해 중생의 넓은 마음에 대해 진실대로 넓은 마음을 아신다.

거듭 다시 수부티여, 여래는 프라즈냐파라미타를 인해 중생의 큰 마음〔大心〕에 대해 진실대로 큰 마음을 아신다. 어떻게 여래는 중생의 큰 마음에 대해 진실대로 큰 마음을 아시는가? 수부티여, 여래는 이 마음이 옴도 없고 감도 없으며 머묾도 없음〔無來無去無住〕을 아신다. 이와 같이 수부티여, 여래는 프라즈냐파라미타를 인해 중생의 큰 마음에 대해 진실대로 큰 마음을 아신다.

거듭 다시 수부티여, 여래는 프라즈냐파라미타를 인해 중생의 헤아릴 수 없는 마음〔無量心〕에 대해 진실대로 헤아릴 수 없는 마음을 아신다. 어떻게 여래는 중생의 헤아릴 수 없는 마음에 대해 진실대로 헤아릴 수 없는 마음을 아시는가? 수부티여, 여래는 이 마음이 머물지 않고, 고요함에 머물러 의지할 바 없음〔住於寂滅無所依止〕이 허공과 같아 헤아릴 수 없음을 아시니, 마음의 모습을 아는 것도 또한 그러하다. 수부티여, 이와 같이 여래는 프라즈냐파라미타를 인해 중생의 헤아릴 수 없는 마음에 대해 진실대로 헤아릴 수 없는 마음을 아신다.

거듭 다시 수부티여, 여래는 프라즈냐파라미타를 인해 중생의 볼 수 없는 마음〔不可見心〕에 대해 진실대로 볼 수 없는 마음을 아신다. 어떻게 여래는 중생의 볼 수 없는 마음에 대해 진실대로 볼 수 없는 마음을 아시는가? 수부티여, 여래는 모습이 없는 뜻〔無相義〕 때문에 진실대로 볼 수 없는 마음을 아신다. 이와 같이 수부티여, 여래는 프라즈냐파라미타를 인해 중생의 볼 수 없는 마음에 대해 진실대로 볼 수 없는 마음을 아신다.

거듭 다시 수부티여, 여래는 프라즈냐파라미타를 인해 중생의 드러나지 않는 마음〔不現心〕에 대해 진실대로 드러나지 않는 마음을 아신다. 어떻게 여래는 중생의 드러나지 않는 마음에 대해 진실대로 드러나지 않는 마음을 아시는가? 수부티여, 이 마음은 다섯 가지 눈〔五眼〕137)으로 볼 수 없으니 이와 같이 수부티여, 여래는 프라즈냐파라미타를 인해 중생의 드러나지 않는 마음에 대해 진실대로 드러나지 않는 마음을 아신다.

거듭 다시 수부티여, 여래는 프라즈냐파라미타를 인해 중생의 여러

---

137) 다섯 눈〔五眼〕: 몸의 눈〔肉眼〕·하늘눈〔天眼〕·지혜의 눈〔慧眼〕·법의 눈〔法眼〕·붇다의 눈〔佛眼〕을 다섯 눈이라 한다. 몸의 눈은 직접 사물을 보는 눈이니 감성적 인식의 눈이고, 하늘눈은 가려진 것 밖을 볼 수 있는 눈이니 이성적 인식의 눈이다. 지혜의 눈은 사물의 있되 공함을 보는 눈이니 사마타(śamatha)의 눈이고, 법의 눈은 사물의 공하되 있음을 보는 눈이니 비파사나(vipaśyanā)의 눈이며, 붇다의 눈은 사물의 중도 진실을 보는 눈이다. 다섯 눈으로 객관대상을 보되 봄이 없고 마음은 마음의 모습이 없으므로 다섯 눈이 보지 못한다고 한 것이다.

가지 나타남과 사라짐을 아신다. 어떻게 여래는 나타남과 사라짐을 아시는가? 수부티여, 중생이 일으키는바 나타남과 사라짐은 다 물질을 의지해 나고 느낌·모습취함·지어감·앎을 의지해 난다.

어떤 것이 바로 여러 가지 나타남과 사라짐인가? 곧 나와 세간이 항상하다고 함[常]이니 이런 견해는 물질을 의지하고 느낌·모습취함·지어감·앎을 의지하며, 또 나와 세상이 덧없다거나[無常], 항상하기도 하고 덧없기도 하다거나[亦常亦無常], 항상하지도 않고 덧없지도 않다 함[非常非無常]이니, 이런 견해들은 물질을 의지하고 느낌·모습취함·지어감·앎을 의지한다.

이 세간이 끝이 있다거나, 세간은 끝이 없다거나, 끝이 있기도 하고 끝이 없기도 하다거나, 끝이 있음도 아니고 끝이 없음도 아니라는 이러한 견해는 다 물질을 의지하고 느낌·모습취함·지어감·앎을 의지한다.

죽은 뒤에 그대로 간다거나, 죽은 뒤에 그대로 가지 않는다거나, 죽은 뒤에 그대로 가기도 하고 그대로 가지 않기도 한다거나, 죽은 뒤에 그대로 감도 아니며 그대로 가지 않음도 아니라는 이런 견해는 다 물질을 의지하고 느낌·모습취함·지어감·앎을 의지한다. 몸이 곧 정신이라는 이런 견해는 물질을 의지하고 느낌·모습취함·지어감·앎을 의지하며, 몸 다르고 정신 다르다는 생각도 물질을 의지하고 느낌·모습취함·지어감·앎을 의지한다.

이와 같이 수부티여, 여래는 프라즈냐파라미타를 인해 중생의 여러 가지 나타남과 사라짐138)을 아신다.”

---

138) 말할 것이 없는 부질없는 법[無記法]: 다섯 쌓임의 항상함과 덧없음, 끝 있음과 끝 없음, 죽은 뒤에 가고 가지 않음, 몸과 정신의 같음과 다름 등의 갖가지 견해는 연기의 진실이 아니므로 답해 말할 것이 없는 법이니, 아함에

3. 프라즈냐로 인해 모든 법의 한결같음 아는 것을 밝힘

"거듭 다시 수부티여, 여래는 프라즈냐파라미타를 의지해 물질의 모습[色相]을 아시니 어떻게 물질의 모습을 아시는가? 한결같음[如如]139)을 아시는 것이다.140)

수부티여, 여래는 느낌·모습취함·지어감·앎의 모습을 아시니 어떻게 느낌·모습취함·지어감·앎의 모습을 아시는가? 한결같음[如如]을 아신다.

수부티여, 다섯 쌓임의 한결같음[五蘊如]이 곧 여래가 말씀하시는 바 일어남과 사라짐의 한결같음이며, 다섯 쌓임의 한결같음이 곧 이 세간의 한결같음이며, 다섯 쌓임의 한결같음이 곧 온갖 법의 한결같음이다. 온갖 법의 한결같음이 곧 스로타판나 과덕의 한결같음이고, 나아가 사크리다가민의 과덕, 아나가민의 과덕, 아라한의 과덕, 프라테카붇다의 도의 한결같음이며, 프라테카붇다의 도의 한결같음이 곧 여래의 한결같음이다.

이 모든 한결같음[如]은 다 하나의 같음[一如]이어서, 둘이 없고 다름이 없으며 다함이 없고 헤아릴 수 없다. 이와 같이 수부티여, 여래는 프라즈냐파라미타를 의지해 이와 같은 한결같은 모습을 얻는다.

이와 같이 수부티여, 프라즈냐파라미타는 모든 붇다의 세간을 보여

서 '독화살의 비유'로 가르침.

139) 한결같음[如]은 범어 tatha의 번역이다. 여여(如如)·진여(眞如)·여실(如實)이라고도 한다. 인연으로 있는 모든 사물이 나되 실로 남이 없는 진여를 말함.

140) 한결같음을 앎[知如如]: 다섯 쌓임이 나되 남이 없고 사라지되 사라짐 없음을 아는 것이니, 연기하는 법에서 남이 없는 연기법의 진실을 아는 것이다.

주며 모든 붇다를 생겨나게 한다. 모든 붇다께서는 세간의 한결같음을 아시고 진실대로 이와 같은 한결같음을 얻으므로 여래(如來, tathāgata)라고 이름한다."

수부티가 붇다께 말씀드렸다.

"세존이시여, 이런 한결같음은 깊고 깊어서 모든 붇다의 아누타라삼약삼보디도 이 한결같음으로부터 생겨납니다. 세존이시여, 여래는 이와 같이 깊은 법을 얻어서 중생을 위해 이 한결같은 모습을 설하시니, 이와 같은 한결같은 모습[如是如相]을 누가 믿을 수 있겠습니까? 오직 물러나 구름 없는 지위의 보디사트바와 바른 견해를 갖춘 사람과 모든 서원을 채운 아라한이라야 믿을 수 있을 것입니다."

붇다께서 말씀하셨다.

"수부티여, 이 한결같음은 다함이 없고 붇다의 진실대로의 말씀도 다함이 없다."

평창

연기법에서 마음[心]은 세계[色]인 마음이고 세계는 늘 마음인 세계이다. 세계가 마음인 세계이므로 프라즈냐는 세계의 실상인 지혜이니, 세간의 모습에 모습 없으면 프라즈냐의 앎에 앎이 없다. 모습에 모습 없고 마음에 마음 없으니 프라즈냐의 앎은 진여(眞如)의 앎이고 프라즈냐인 세계의 모습 또한 진여인 모습이다.

진여와 여래가 둘이 아니므로 여래는 늘 진여의 땅을 일으키지 않고 중생을 거두시니 여래의 진여가 중생의 진여이고 저 세간의 진여이기 때문이다. 진여인 앎이 프라즈냐이니 프라즈냐는 다섯 쌓임의 무너지지 않는 모습을 보여주고 모든 붇다와 세간의 참모습을 보여준다. 또한 이처럼 진여의 땅을 움직이지 않고 중생을 거두시는 여래는 중생의 물든 마음 어지러운 마음을 다 아시고 중생의 넓은 마음 큰 마음 헤아릴 수 없는 마음을 다 아신다.

여래의 진여인 마음 곧 프라즈냐는 나고 죽음이 아니므로 중생의 나고 죽음을 다 아시고 온갖 모습이 아니므로 온갖 모습을 다 아신다.

왜 그럴 수 있는가. 중생 다섯 쌓임의 한결같음이 여래의 한결같음이고 프라즈냐의 한결같음이기 때문에 그럴 수 있는 것이다.

이 한결같음은 깊고 깊어서 이 한결같음 바로 아는 이를 여래(如來)라 하고 이 한결같음에 믿음을 내 의혹치 않는 이를 물러나 구름이 없는 보디사트바[不退轉菩薩]라 한다.

세간의 진여가 여래의 진여이므로 지금 보고 듣는 세간의 모습이 모습 아닌 줄 알면 그가 여래의 진여를 알고 망상의 진여를 아는 자라 할 것이니, 선문염송(禪門拈頌)의 다음 법어를 들어보자.

금강경에 말했다.
"만약 모든 모습이 모습 아님을 보면 곧 여래를 보리라."
법안(法眼)이 말했다.
"만약 모든 모습이 모습 아님을 보면 곧 여래를 보지 않으리라."

■ (55則)

金剛經云 若見諸相非相 卽見如來
法眼云 若見諸相非相 卽不見如來

모습이 모습 아니면 모습 아님도 없는 것이니 봄〔見〕과 보지 않음〔不見〕이 모두 여래의 참모습을 등짐이 되는가.
법진일(法眞一)선사는 노래한다.

모든 모습이 모습 아님을 누가 알 수 있으리
봄과 보지 않음을 반드시 찾아 살펴야 한다
두 곳의 저버리는 문 만약 꿰뚫어 사무치면
이 때 바야흐로 고타마를 볼 수 있으리라

諸相非相孰能譜　見與不見要須㕘
兩處負門如透徹　此時方得覩瞿曇

심문분(心聞賁)선사가 노래했다.

숲을 비치든 해를 비치든 한 가지 붉은 빛이요
불어 떨어지든 불어 피든 모두가 바람이로다
안타깝다 향기로운 꽃 꺾음 사람이 보지 못하니
한 때에 나는 벌떼에 나누어 부쳐주었네

映林映日一般紅　吹落吹開摠是風
可惜擷芳人不見　一時分付與游蜂

학담도 한 노래로 조사의 뜻에 함께해 여래의 가르침을 찬탄하리라.

모습과 모습 없음 모두 놓아버리면
우거진 꽃과 풀이 실상을 드러내리
날이 다하도록 보되 보는 바 없으니
꽃 피고 잎 짐에서 여래를 보리라

相與無相都放下　花花草草現實相
終日見而無所見　花開葉落見如來

제13품 모습 없는 참모습으로서의 프라즈냐
〔相無相品〕

온갖 법의 모습에 모습 없음이 법신(法身)이라면, 법신의 모습 없음이 다만 모습 없음이 아니어서 법신이 어둡지 않고 어리석지 않음이 프라즈 냐(般若)이다. 프라즈냐는 공하되 있고 있되 공하므로 머묾 없고 막힘없 는 활동으로 드러나니, 프라즈냐의 막힘없는 활동이 해탈(解脫)이다. 그 러나 해탈의 활동은 하되 함이 없고 움직이되 늘 고요한 활동이라, 해탈의 고요함이 다시 법신이 되어 법신·반야·해탈은 서로 떨어지지 않는다.

곧 법신의 모습 없음이 실로 모습 없음 아닌 곳에 프라즈냐가 있고, 프라 즈냐의 지혜가 있되 공하고 공하되 있으므로 프라즈냐가 있음과 없음에 막히지 않는 해탈의 활동이 되고, 해탈의 활동이 하되 함이 없어 다시 법 신의 고요함이 된다. 그러나 모습을 모습 아닌 모습으로 굴려 쓰는 해탈의 활동이 아니면 프라즈냐가 밝혀질 수 없고, 프라즈냐의 알되 앎 없는 지혜 가 아니면 법신이 드러날 수 없으며, 다시 모습이 있되 공한 법신이 아니 면 해탈의 행이 일어날 수 없다. 그러므로 경은 공하고 모습 없고 지음 없 는 실상과 여래가 둘이 없음을 먼저 말하고, 이 실상은 프라즈냐파라미타 에 의해 밝혀지므로 '모든 붇다도 프라즈냐를 공경하고 프라즈냐에 의지한 다'고 말한다.

다섯 쌓임이 공하여 있는 모습이 없으므로 다섯 쌓임을 취하는 곳에서도 프라즈냐가 없고, 다섯 쌓임 자체가 공하므로 다섯 쌓임을 버리고도 프라 즈냐가 없으니, 지금 세간을 보되 실로 봄이 없이 참답게 세간상을 볼 때 프라즈냐가 난다. 프라즈냐는 다섯 쌓임의 실로 있음에도 머물지 않고 다 섯 쌓임의 실로 없음에도 머물지 않으니, 프라즈냐일 때 다섯 쌓임의 모습 없는 참모습이 드러난다.

이처럼 프라즈냐는 나고 죽음에서 나고 죽음 없음을 보이며, 모습에서 모습 없되 모습 없음도 없는 실상을 보인다. 프라즈냐는 나고 죽음 없는 크나큰 일, 모습에 모습 없어 무엇과도 견줄 수 없는 일을 위해 이 세간에 나왔으니, 이 프라즈냐에 의지할 때 하늘과 사람, 아수라 등 모든 삶의 부류들은 프라즈냐파라미타의 보살펴줌으로 끝내 아누타라삼약삼보디를 얻게 될 것이다.

학담이 노래로 종요를 말해보리라.

중생의 진실 밖에 법이 없으니
모든 붇다 세간의 실상 증득하셨네
이 법은 깊고 깊어 짓는 바가 없으니
붇다가 계시든 계시지 않든 법은 늘 머무네

衆生眞實外無法　諸佛證得世實相
此法甚深無所作　有佛無佛法常住

그러므로 모든 붇다도 법에 의지해 그쳐
이 법을 공경하고 존중하며 찬탄하시네
법이란 곧바로 프라즈냐의 법이니
프라즈냐파라미타가 모든 붇다를 내네

是故諸佛依止法　此法恭敬重讚歎
法者卽是般若法　般若波羅生諸佛

프라즈냐가 나타남은 크나큰 일 때문이니
사유하고 말할 수 없는 일을 위해 나타나네
중생이 프라즈냐의 법을 듣고 이 법을 공경하면
프라즈냐가 저를 이끌어 건네 벗어나도록 하네

般若出生爲大事　爲不思議事出生
衆生若聞恭敬法　般若引彼令度脫

1. 공하고 모습 없고 지음 없는 참모습을 보임

이때 샤크라인드라하늘왕과 욕계 일만 하늘신들과 브라흐마하늘세
상[梵世]의 이만 하늘신들이 다 붇다 계신 곳으로 와서 붇다의 발에
이마를 대 절하고 한 쪽으로 물러나서 각기 붇다께 말씀드렸다.

"세존이시여, 이 법은 깊고 깊습니다. 이 법 가운데서는 어떻게 모
습을 짓습니까?"

붇다께서 여러 하늘신들에게 말씀하셨다.

"모든 법은 공으로 참모습을 삼고 모습 없고 지음 없으며 일어남 없
고 생겨남 없으며 사라짐 없고 의지함 없음으로써 참모습을 삼는다."
141)

---

141) 〔E.Conze역 13품〕

그러자 신들의 우두머리인 샤크라가 머리가 되어 여섯 욕계의 하늘신들, 물
질세계 하늘신들, 브라흐마의 하늘, 이만 하늘신들이 세존 계신 곳으로 와서
그들의 머리를 세존의 발에 절하고 한쪽에 서있었다.

그리고 말했다.

"깊은 법들이 드러나고 있습니다. 세존이시여. 세존이시여, 그들에게 있는
법의 징표들은 어떠합니까?"

세존께서 말씀하셨다.

"법의 징표들은 다음 같은 사실로 정해져 있다. 그것들은 비고 모습 없으며
바람 없으며, 같이 나지 않고, 지어지지 않으며, 멈추지 않고, 무너지지 않으
며, 더러워지지 않고 깨끗해지지 않으니, 그것들은 존재 아님이며 니르바나이
고 법의 영역이고 그러함[suchness]이다."

Tereupon, headed by Sakra, Chief of Gods, the Gods of the real
m of sense-desire and of the realm of form and twenty thousand
of the Gods of the realm of Brahma came to where the Lord was,
saluted his feet with their heads, stood on one side, and said: Dee
p dharmas are being revealed, O Lord. How, O Lord, are the mark

하늘신들이 말했다.

"여래께서는 이 모든 모습이 허공과 같아서 의지할 것이 없다고 말씀하시니, 이와 같은 모든 모습은 온갖 세간의 하늘대중과 사람, 아수라도 무너뜨릴 수가 없습니다. 왜냐하면 온갖 세간의 하늘대중과 사람, 아수라도 바로 그러한 모습이기 때문입니다.

세존이시여, 이 모든 모습은 지을 수 있는 것이 아니고, 이 모든 모습은 물질의 수[色數]에 있지 않으며 느낌·모습취함·지어감·앎의 수[識數]에 있지도 않습니다. 이 모든 모습은 사람이 지어낸 것도 아니고 사람 아닌 것이 지어낸 것도 아닙니다."

붇다께서 욕계와 물질세계의 하늘신들에게 말씀하셨다.

"만약 어떤 사람이 허공을 누가 만들었느냐고 묻는다면 이 사람은 바르게 물은 것이겠느냐?"

하늘신들이 말했다.

"바르지 않습니다, 세존이시여. 허공은 지은 이가 없습니다. 왜냐하면 허공은 함이 없기[無爲] 때문입니다."

· 붇다께서 말씀하셨다.

"여러 하늘신들이여, 이 모든 모습도 또한 이와 같아서 붇다께서 계시든 안 계시든 늘 머물러 달라지지 않는다[常住不異]. 모든 모습은 늘 머무르므로 여래는 이 모든 모습을 이미 얻어서 여래라고 이름한 것이다."142)

---

s fixed onto them?

The Lord: The marks are fixed on to the fact that they are empty, signless, wishless, not brought together, not produced, not stopped, not defiled, not purified, that they are non-existence, Nirvana, the realm of Dharma, and Suchness.

142) 모습의 늘 머묾: 이는 끊어짐에 대한 항상함이 아니고, 모든 법이 인연으

2. 프라즈냐가 세간의 참모습 보여줌을 밝힘

(1) 붇다도 프라즈냐를 공경하고 의지함을 밝힘

여러 하늘신들이 말했다.

"세존이시여, 여래께서 말씀하신 모든 모습은 깊고 깊습니다. 모든 붇다의 지혜는 걸림이 없기 때문에 이 한결같음〔是如〕을 보여주실 수 있으며 프라즈냐파라미타 행하는 모습을 설할 수 있습니다. 세존이시여, 프라즈냐파라미타는 이 모든 붇다께서 행하는 곳이니, 또한 이와 같이 모든 붇다의 세간을 보여줍니다〔示諸佛世間〕."

"거듭 다시 수부티여, 모든 붇다께서는 법에 의지하여 법을 찬탄하고 공양하고 공경하고 존중한다. 법이란 곧 이 프라즈냐파라미타이니 모든 붇다께서는 프라즈냐파라미타를 찬탄하고 공양하고 공경하고 존중한다. 왜냐하면 프라즈냐파라미타가 모든 붇다를 내기 때문이다.

수부티여, 여래께서는 은혜를 아시고 은혜 갚음을 아시는 분이니, 만약 어떤 사람이 '누가 은혜를 알고 은혜 갚음을 아는 이인가' 묻는다면, '붇다야말로 은혜를 알고 은혜 갚음을 아시는 분이다〔佛是知恩知報恩者〕'라고 답해야 한다.143)

수부티여, 어떻게 붇다께서 은혜를 아시고 은혜 갚음을 아시는 분이 되는가?

여래께서는 행한 도와 행한 법에 의해 아누타라삼약삼보디를 얻으

로 나고 사라지되 실로 남이 없고 사라짐 없음을 말한다.

143) 은혜를 알고 은혜 갚음: 은혜 지음에서 은혜의 원인과 조건이 공한 줄 알면 온갖 은혜는 법계의 은혜〔法界恩〕이니, 법계의 실상을 열어주시는 여래야말로 참으로 은혜를 알고 은혜 갚음과 은혜 지음을 아시는 분이다.

신 것이니, 곧 이 도와 이 법을 잘 보살펴 생각하시는 것이다. 이 일 때문에 붇다야말로 은혜를 알고 은혜 갚음을 아시는 분이라고 알아야 한다.

거듭 다시 수부티여, 여래는 온갖 법에 지음 없음〔一切法無作〕을 아시되 또한 여래는 은혜 지음〔作恩〕을 아시는 분이다. 수부티여, 여래는 프라즈냐파라미타를 인해 온갖 법에 짓는 모습이 없음〔無作相〕을 아시고 이와 같은 지혜를 얻는다. 이 인연 때문에 프라즈냐파라미타는 또한 이와 같이 모든 붇다의 세간〔諸佛世間〕을 보여준다."

(2) 프라즈냐가 세간의 참모습 보여주는 법임을 밝힘

수부티가 말씀드렸다.

"세존이시여, 만약 온갖 법에 아는 이도 없고 보는 이도 없다면 어떻게 프라즈냐파라미타가 모든 붇다의 세간을 보여줍니까?"

붇다께서 말씀하셨다.

"수부티여, 그렇고 그렇다. 온갖 법에는 아는 이도 없고 보는 이도 없다. 수부티여, 어떻게 온갖 법에는 아는 이가 없는가? 온갖 법이 공하기 때문이다. 어떻게 온갖 법에는 보는 이가 없는가? 온갖 법은 의지하는 바가 없기 때문이다. 그러므로 온갖 법에는 아는 이도 없고 보는 이도 없다.

수부티여, 여래는 프라즈냐파라미타를 인해 이와 같은 법을 얻었다. 그러므로 프라즈냐파라미타는 또한 이와 같이 모든 붇다의 세간을 보여주니, 물질을 보지 않으므로 세간을 보여주며, 느낌·모습취함·지어감·앎을 보지 않으므로 세간을 보여준다. 프라즈냐파라미타는 이와 같이 모든 붇다의 세간을 보여준다."

수부티가 말씀드렸다.

"세존이시여, 어떤 것을 물질을 보지 않으므로 세간을 보여줌이라하며, 또 어떤 것을 느낌·모습취함·지어감·앎을 보지 않으므로 세간을 보여줌이라 합니까?"

붇다께서 말씀하셨다.

"수부티여, 만약 물질을 붙잡아 따라 알지 않고[不緣色]144) 물질을 낸다면 이것을 곧 물질을 보지 않는다고 한다. 만약 느낌·모습취함·지어감·앎을 따라 알지 않고[不緣識] 느낌·모습취함·지어감·앎을 낸다면 이것을 곧 느낌·모습취함·지어감·앎을 보지 않는다고 한다. 만약 이와 같이 세간을 보지 않는다면 이것을 세간을 참되게 보는 것[眞見世間]이라고 한다.

거듭 다시 수부티여, 세간은 공하니 프라즈냐파라미타는 세간이 공함을 진실대로 보여주고, 세간은 모습을 떠났으니 프라즈냐파라미타는 세간이 모습 떠났음을 진실대로 보여주며, 세간은 깨끗한 모습이니 프라즈냐파라미타는 세간의 깨끗함을 진실대로 보여주고, 세간은 고요하니 프라즈냐파라미타는 세간의 고요함을 진실대로 보여준다. 수부티여, 프라즈냐파라미타는 또한 이와 같이 모든 붇다의 세간[諸佛世間]을 보여준다."

다나팔라역(12품)

수부티가 붇다께 말씀드렸다.

"세존이시여. 어떤 것을 물질을 보지 않음이라 하고, 느낌·모습취함·지어감·앎을 보지 않음이라 합니까?"

---

144) 붙잡아 따라 알지 않음: 지금 저 사물을 알 때, 여기 아는 자가 있고 아는 마음이 있어 저 사물을 붙잡아 아는 것이 아니다. 지금 알 때 앎활동은 아는 자와 아는 바가 어울려 앎을 이루나, 앎활동에 어울려 합하는 모습이 없으므로 알되 앎이 없고 앎 없이 아는 것[知而無知 無知而知]이다.

붇다께서 말씀하셨다.

"수부티여. 만약 물질을 붙잡아 알지 않고 물질을 내면 이것을 물질을 보지 않음이라 하고, 만약 느낌·모습취함·지어감·앎을 알지 않고 느낌·모습취함·지어감·앎을 내면 이것을 느낌·모습취함·지어감·앎을 보지 않음이라 한다.

수부티여. 만약 물질·느낌·모습취함·지어감·앎을 보지 않으면 세간을 보지 않음이고, 만약 이와 같이 세간을 보지 않으면[不見世間] 이것을 참으로 세간을 봄[眞見世間]이라 한다.

어떻게 참으로 세간을 보는가. 세간이 공하기 때문이고, 세간이 모습 떠났기 때문이며, 세간이 고요하기 때문이고, 세간이 물듦 없기 때문에 프라즈냐파라미타가 이와 같이 나타내 보이는 것이고, 여래·공양해야 할 분·바르게 깨치신 분이 또한 이와 같이 말하는 것이다." 145)

(3) 프라즈냐가 나오게 되는 까닭을 밝힘

수부티가 붇다께 말씀드렸다.

"세존이시여, 프라즈냐파라미타는 '크나큰 일'을 위해 나오며, 프라즈냐파라미타는 '이루 사유할 수 없고 말할 수 없는 일'과 '일컬을 수 없는 일'과 '헤아릴 수 없는 일'과 '같이할 것이 없는 일'을 위해 나옵니다."

붇다께서 말씀하셨다.

"잘 말하고 잘 말했다. 수부티여. 프라즈냐파라미타는 크나큰 일을

---

145) 須菩提白佛言：「世尊！云何名不見色, 不見受、想、行、識？」

佛言：「須菩提！若不緣色生識, 是名不見色。若不緣受、想、行、識生識, 是名不見受、想、行、識。須菩提！若不見色、受、想、行、識, 卽不見世間, 若如是不見世間, 是名眞見世間。云何眞見世間耶？所謂世間空故, 世間離相故, 世間寂靜故, 世間無染故。般若波羅密多如是顯示, 如來。應供。正等正覺亦如是說。」

위해 나오며, 이루 사유할 수 없고 말할 수 없는 일과 일컬을 수 없는 일과 헤아릴 수 없는 일과 같이할 것이 없는 일을 위해 나온다. 수부티여, 무엇을 가리켜 프라즈냐파라미타가 크나큰 일을 위해 나오고 이루 사유할 수 없고 말할 수 없는 일과 일컬을 수 없는 일과 헤아릴 수 없는 일과 같이할 것 없는 일을 위해 나옴이라 하는가?

수부티여, 여래의 법[如來法] 붇다의 법[佛法]은 스스로 그러한 법[自然法]이며 온갖 것을 아는 이의 법[一切智人法]이니, '넓고 커서 이루 사유할 수 없고 말할 수 없으며 이루 헤아릴 수 없다.' 그러므로 수부티여, 프라즈냐파라미타는 크나큰 일과 이루 사유할 수 없고 말할 수 없는 일을 위해 나오는 것이다.

무엇을 가리켜 프라즈냐파라미타가 이루 일컬을 수 없고 헤아릴 수 없는 일을 위해 나옴이라 하는가? 수부티여, 여래의 법[如來法] 붇다의 법[佛法]은 스스로 그러한 법[自然法]이고 온갖 것을 아는 이의 법[一切智人法]이니, 일컬을 수 없고 헤아릴 수 없다. 그러므로 수부티여, 프라즈냐파라미타는 이루 일컬을 수 없고 헤아릴 수 없는 일을 위해 나오는 것이다.

무엇을 프라즈냐파라미타가 같이할 것 없는 일을 위해 나옴이라 하는가? 수부티여, 온갖 것에 여래와 같이할 것이 없는데 하물며 그보다 뛰어난 것이 있겠는가. 그러므로 수부티여, 프라즈냐파라미타는 같이할 것 없는 일을 위해 나오는 것이다."

<u>다나팔라역(13품)</u>

이때 존자 수부티가 붇다께 말씀드렸다.

"세존이시여. 이 프라즈냐파라미타는 가장 높아 깊고 깊으니 큰 일 때문에 나오고, 사유할 수 없고 말할 수 없는 일, 일컬을 수 없는 일, 헤아릴 수 없는 일,

셀 수 없는 일, 같이해 함께할 수 없는 일 때문에 나옵니다."

붇다께서 말씀하셨다.

"수부티여, 그렇고 그렇다. 프라즈냐파라미타는 가장 높아 깊고 깊으니 큰 일 때문에 나오고, 사유할 수 없고 말할 수 없는 일, 일컬을 수 없는 일, 헤아릴 수 없는 일, 셀 수 없는 일, 같이해 함께할 수 없는 일 때문에 나온다.

수부티여. 무엇이 사유할 수 없고 말할 수 없는 일 때문에 나옴인가. 곧 여래 의 법·붇다의 법·스스로 그러한 지혜의 법·사르바즈냐나의 법, 이와 같은 모든 법은 사유할 수 없고 말할 수 없으며 마음이 아니고〔非心〕 굴릴 수 있는 마음 씀의 법이 아니라〔非心數法〕, 이 가운데 분별이 없음을 말한다.

그러므로 프라즈냐파라미타는 사유할 수 없고 말할 수 없는 일 때문에 나오는 것이다."146)

(4) 다시 법의 참모습이 헤아릴 수 없음을 보임

수부티가 말씀드렸다.

"세존이시여, 다만 여래의 법 붇다의 법 그 스스로 그러한 법과 온 갖 것을 아는 이의 법만이 이루 사유할 수 없고 말할 수 없으며 일컬을 수 없고 헤아릴 수 없습니까?

물질도 또한 이루 사유할 수 없고 말할 수 없으며 일컬을 수 없고 헤아릴 수 없으며, 느낌·모습취함·지어감·앎도 또한 이루 사유할 수 없고 말할 수 없으며 일컬을 수 없고 헤아릴 수 없습니까?"

---

146) 爾時, 尊者須菩提白佛言 : 「世尊! 此般若波羅密多最上甚深, 爲大事故出, 爲不可思議事、不可稱事、不可量事、不可數事、無等等事故出。」

佛言 : 「須菩提! 如是, 如是! 般若波羅密多最上甚深, 爲大事故出, 爲不可思議事、不可稱事、不可量事、不可數事、無等等事故出。須菩提! 云何爲不可思議事故出?所謂如來法、佛法、自然智法、一切智法, 如是諸法不可思議, 非心非心數法可轉, 此中無分別, 是故般若波羅密多, 爲不可思議事故出。」

붇다께서 말씀하셨다.

"수부티여, 물질도 이루 사유할 수 없고 말할 수 없으며 일컬을 수 없고 헤아릴 수 없으며, 느낌·모습취함·지어감·앎도 이루 사유할 수 없고 말할 수 없으며 일컬을 수 없고 헤아릴 수 없고, 온갖 법도 또한 이루 사유할 수 없고 말할 수 없으며 일컬을 수 없고 헤아릴 수 없다. 왜냐하면 수부티여, 모든 법의 참모습〔諸法實相〕가운데에는 마음도 없고〔無心〕마음의 갖가지 씀의 법〔無心數法〕도 없기 때문이다.

수부티여, 물질은 헤아릴 수 없고 느낌·모습취함·지어감·앎도 또한 헤아릴 수가 없으며, 온갖 법도 헤아릴 수가 없으니, 이 가운데는 분별이 없기 때문이다.

수부티여, 물질은 헤아릴 수 없고 느낌·모습취함·지어감·앎도 또한 헤아릴 수 없으며, 온갖 법도 또한 헤아릴 수 없다. 수부티여, 왜냐하면 물질은 헤아릴 수 없고 느낌·모습취함·지어감·앎도 헤아릴 수 없으며, 온갖 법도 또한 헤아릴 수 없기 때문이다.

수부티여, 물질의 헤아림〔色量〕은 있는 바가 없어서 얻을 수 없고, 느낌·모습취함·지어감·앎의 헤아림도 있는 바가 없어서 얻을 수 없으며, 온갖 법의 헤아림도 있는 바가 없어서 얻을 수 없다.

왜냐하면 물질의 헤아림은 있는 바가 없어서 얻을 수 없고, 느낌·모습취함·지어감·앎의 헤아림도 있는 바가 없어서 얻을 수 없으며, 온갖 법의 헤아림은 있는 바가 없어서 얻을 수 없기 때문이다.

이는 수부티여, 물질이 있는 바가 없기 때문이고, 느낌·모습취함·지어감·앎이 있는 바가 없기 때문이며, 온갖 법이 있는 바가 없기 때문에 그 헤아림을 얻을 수 없는 것이다.

수부티여, 그대 뜻에 어떠한가. 허공에는 마음과 마음의 씀의 법

〔心心數法〕이 있느냐?"

"없습니다, 세존이시여."

붇다께서 말씀하셨다.

"수부티여, 이 인연 때문에 온갖 법은 이루 사유할 수 없고 말할 수 없으니, 모든 헤아림을 없앴기 때문에 생각할 수 없고 말할 수 없다고 하며, 모든 일컬음을 없앴기 때문에 이루 일컬을 수 없다고 한다. 수부티여, 일컫는다는 것은 곧 앎의 업〔識業〕인데 수부티여, 헤아릴 수 없는 것은 모든 헤아림을 넘어섰기〔過諸量〕 때문이다.

수부티여, 저 허공이 이루 사유할 수 없고 말할 수 없으며 일컬을 수 없고 헤아릴 수 없는 것과 같이 모든 여래의 법 붇다의 법〔如來法 佛法〕, 스스로 그러한 법〔自然法〕, 온갖 것을 아는 이의 법〔一切智人法〕도 이와 같이 이루 사유할 수 없고 말할 수 없으며 일컬을 수 없고 헤아릴 수 없다."

3. 프라즈냐에 의지하면 반드시 해탈할 것을 보임

이 이루 사유할 수 없고 말할 수 없으며 같이할 것 없는 법을 설할 때, 오백 명의 빅슈(bhikṣu, 比丘)와 스무 명의 빅슈니(bhikṣuṇī, 比丘尼)들은 온갖 법을 받아들이지 않아서 번뇌의 흐름이 다하여 마음이 해탈을 얻었다. 또 육만의 우파사카(upāsaka, 淸信士)와 삼만의 우파시카(upāsikā, 淸信女)들은 모든 법 가운데서 법의 눈〔法眼〕이 깨끗함을 얻었으며, 스무 명의 보디사트바들은 남이 없는 법의 참음 〔無生法忍〕을 얻었다. 그들은 이 '드러나 있는 칼파〔現在賢劫〕'에 다 붇다를 이룰 것이다.

이때 수부티가 붇다께 말씀드렸다.

"세존이시여, 이 깊은 프라즈냐파라미타는 크나큰 일을 위해 나오고 나아가 같이할 것 없는 일을 위해 나옵니다."

붇다께서 말씀하셨다.

"잘 말하고 잘 말했다, 수부티여. 이 깊은 프라즈냐파라미타는 크나큰 일을 위해 나오고 나아가 같이할 것 없는 일을 위해 나온다. 모든 붇다의 사르바즈냐나는 다 프라즈냐파라미타 가운데에 있으며 온갖 슈라바카와 프라테카붇다의 지위도 다 프라즈냐파라미타 가운데에 있다.

수부티여, 비유하면 이것은 정수리에 물을 부은〔灌頂〕147) 크샤트리아왕〔刹帝利王〕148)이 모든 성의 일과 마을의 일을 큰 신하들에게 맡겨 왕에겐 아무런 걱정이 없는 것과 같다.

이와 같이 수부티여, 모든 여래도 또한 이와 같아서 가지고 있는 슈라바카의 일과 프라테카붇다의 일과 붇다의 일이 다 프라즈냐파라미타 가운데 있으니, 프라즈냐파라미타가 그 일들을 이루어낼 수 있는 것이다.

그러므로 수부티여, 프라즈냐파라미타는 크나큰 일을 위해 나오며 같이할 것 없는 일을 위해 나옴을 알아야 한다.

수부티여, 프라즈냐파라미타는 물질을 받지 않고 집착하지 않기 때문에 나오며, 느낌·모습취함·지어감·앎을 받지 않고 집착하지 않

---

147) 관정(灌頂)은 범어로 abhiṣecana 또는 abhiṣeka이며, 물을 정수리에 붓는다는 뜻이다. 계를 받아 불문(佛門)에 들어갈 때 정수리에 물을 뿌리는 의식을 말한다. 본래는 인도에서 임금의 즉위식이나 태자의 자리에 들 때 바닷물을 정수리에 붓는 의식이었다.

148) 찰제리(刹帝利)는 범어 kṣatriya의 소리 옮김이다. 인도 사성(四姓)의 하나로 왕족(王族)이나 무사(武士) 계급을 말한다.

기 때문에 나오며, 스로타판나의 과덕·사크리다가민의 과덕·아나가민의 과덕·아라한의 과덕·프라테카붇다의 도를 받지 않고 집착하지 않기 때문에 나오며, 나아가 사르바즈냐나까지를 받지도 않고 집착하지도 않기 때문에 나온다."

수부티가 붇다께 말씀드렸다.

"세존이시여, 어떻게 프라즈냐파라미타는 사르바즈냐나를 받지도 않고 집착하지도 않습니까?"

붇다께서 말씀하셨다.

"수부티여, 그대 뜻에 어떠한가. 그대는 아라한 법을 받거나 집착할 수 있다고 보느냐?"

수부티가 말씀드렸다.

"그렇지 않습니다, 세존이시여. 저는 이 법에서 집착할 것을 보지 않습니다."

붇다께서 말씀하셨다.

"잘 말하고 잘 말했다, 수부티여. 나도 또한 여래의 법[如來法]을 보지 않으며, 보지 않으므로 받지 않고 집착하지 않는다. 그러므로 수부티여, 사르바즈냐나도 받을 수 없고 집착할 수 없는 것이다."

이때 욕계와 물질세계의 여러 하늘신들이 붇다께 말씀드렸다.

"세존이시여, 이 깊은 프라즈냐파라미타는 알기도 어렵고 얻기도 어렵습니다. 만약 이 깊은 프라즈냐파라미타를 잘 믿어 알 수 있다면, 이 사람은 이미 앞 세상에서 여러 붇다를 공양한 줄 알아야 합니다.

세존이시여, 만약 '삼천의 큰 천세계[三千大千世界]'의 중생들이 다 믿음의 행을 지어 믿음으로 행하는 지위[信行地]149)에서 한 칼파나

---

149) 믿음의 행[信行]이란 믿음을 따르는 행[隨信行]을 말한다. 곧 붇다의 가르침을 다른 사람으로부터 듣고 믿어 그대로 닦아 행하는 것이다. 이와는 달리

한 칼파가 안 되는 동안 닦아 행하고, 또 만약 어떤 사람이 하루 동안 깊은 프라즈냐파라미타를 행하여 헤아리고 사유하며 법의 참음〔法忍〕을 살펴 밝게 통한다면 이 복덕이 더 빼어납니다."

붇다께서 여러 하늘신들에게 말씀하셨다.

"만약 잘 행하는 남자와 여인이 이 깊은 프라즈냐파라미타를 듣는다면 빨리 니르바나를 얻을 것이니, 이 사람은 한 칼파나 한 칼파가 안 되는 동안 믿음으로 행하는 지위에서 닦아 행함으로는 미칠 수 없는 바이다."

이때 욕계와 물질 있는 세계〔色界〕의 모든 하늘신들이 붇다의 발에 이마를 대고 절한 다음 붇다를 두르고 이곳을 떠나가니, 얼마 멀리 안 가서 갑자기 보이지 않게 되었다. 욕계의 하늘신들은 욕계하늘〔欲界天〕로 돌아가고, 물질 있는 세계의 하늘신들은 물질 있는 세계하늘〔色界天〕로 돌아간 것이다.

4. 바르게 프라즈냐파라미타 행하는 법을 보임

이때 수부티가 붇다께 말씀드렸다.

"세존이시여, 만약 어떤 보디사트바가 이 깊은 프라즈냐파라미타를 잘 믿고 이해할 수 있다면 이 사람은 어디에서 목숨을 마치고 이 세상에 와서 태어난 것입니까?"

붇다께서 수부티에게 말씀하셨다.

"만약 보디사트바가 이 깊은 프라즈냐파라미타를 듣고서 곧 바로

다른 사람에게서 듣지 않고 스스로 바른 법에 따라 닦아 행하는 것은 법을 따르는 행〔隨法行〕이라고 한다. 여기서 믿음으로 행하는 지위〔信行地〕란 십지(十地) 이전 믿음으로 닦아 행함이 있는 이들을 말한다.

믿어 알아서 의심하지 않고 뉘우치지 않고 따지지 않으며, 즐겨 보고 즐겨 듣고서 늘 행하면 이 사람은 '프라즈냐파라미타 설함 떠나지 않으리라'고 생각하는 이이다.

수부티여, 비유하면 이것은 마치 갓 태어난 송아지가 어미 소에게서 떠나지 않는 것과 같으니, 보디사트바도 이와 같아서 이 깊은 프라즈냐파라미타를 들으면 법 설함 떠나지 않는 자이니, 나아가 프라즈냐파라미타를 읽고 외우고 베껴 쓰기에 이른다.

수부티여, 이러한 보디사트바는 사람 가운데서 목숨을 마치고는 다시 사람 가운데 태어남을 알아야 한다."

수부티가 말했다.

"세존이시여, 어떤 보디사트바가 있어서 이와 같은 공덕을 성취한 인연으로, 다른 세계에서 여러 붇다를 공양하고 저곳에서 목숨을 마치고 이 세상에 태어나기도 합니까?"

붇다께서 말씀하셨다.

"수부티여, 어떤 보디사트바는 이와 같은 공덕을 성취하여 다른 세계에서 붇다를 공양하고 저곳에서 목숨을 마치고 이 세상에 태어나기도 한다. 거듭 다시 수부티여, 어떤 보디사트바는 이와 같은 공덕을 성취하여 투시타하늘에서 마이트레야보디사트바가 프라즈냐파라미타 설하시는 것을 듣고, 그 가운데 깊은 뜻을 묻고서 저곳에서 목숨을 마치고는 이 세상에 태어난다.

거듭 다시 수부티여, 만약 어떤 사람이 앞 세상에서 이 깊은 프라즈냐파라미타를 듣고도 그 깊은 뜻을 묻지 않았다면, 이 사람은 설령 사람으로 태어나더라도 마음에 의심과 뉘우침이 이어져 풀기 어려울 것이다. 수부티여, 이 사람은 앞 세상에서 묻지 않아서 그런 것임을 알아야 한다. 왜냐하면 이 프라즈냐파라미타 가운데에서 마음으로 의심하고 뉘우쳐서 풀지 못했기 때문이다.

거듭 다시 수부티여, 만약 어떤 사람이 앞 세상에서 하루나 이틀, 사흘이나 나흘, 닷새 동안 이 프라즈냐파라미타를 듣고 그 가운데 깊은 뜻을 묻고도 말씀한 대로 행하지 않았다면, 이 사람은 몸을 바꾸어 나도 깊은 프라즈냐파라미타 들음을 이어서 그 가운데 깊은 뜻을 묻고 믿는 마음이 이제 걸림 없을 것이다.

그러나 만약 법사(法師)를 떠나서 다시 묻지 않는다면 도리어 인연에 끌리어서 깊은 프라즈냐파라미타를 잃게 될 것이다. 왜냐하면 수부티여, 법이 그러하기 때문이다〔法應爾〕.

만약 어떤 사람이 비록 이 깊은 프라즈냐파라미타를 묻기는 해도 말씀한 대로 따라 행하지 않으며, 어떤 때에는 깊은 프라즈냐파라미타를 즐겨 들으나 어떤 때에는 즐겨하지 않아서 그 마음이 솜털과 같이 가벼이 날뛴다면 이 보디사트바는 마하야나의 뜻〔大乘義〕을 처음 낸 줄 알아야 한다.

이런 보디사트바는 믿는 마음은 비록 청정하지만 만약 프라즈냐파라미타의 보살핌을 받지 못하면 슈라바카나 프라테카붇다의 두 가지 지위 가운데 어느 한 곳에 떨어지게 된다."

평창

모습에 모습 없는 모든 법의 실상은 지음 없고 일어남 없으며 의지하는 바 없으니, 이 진실의 모습은 무너뜨릴 수 없다. 여래의 위없는 보디는 이 진실의 모습 그대로의 지혜라, 여래의 아누타라삼약삼보디와 여래의 수트라는 이 실상에서 일어났으니 여래 또한 이 법을 공경하고 이 법을 찬탄한다.

프라즈냐파라미타는 이 실상에서 일어나지만 실상은 프라즈냐파라미타에 의해 드러나니 프라즈냐파라미타가 모든 법의 실상이다. 프라즈냐파라미타는 스스로 그러한 법〔自然法〕온갖 것 아는 지혜의 법〔一切智法〕해탈의 법〔解脫法〕을 위해 이 세간에 나오니, 다섯 쌓임의 생각할 수 없고 말할 수 없는 실상의 법 여래의 법을 열어내기 때문이다.

저 세계와 아는 마음, 이 다섯 쌓임이 헤아릴 수 없으므로 프라즈냐가 헤아릴 수 없고 여래의 법이 헤아릴 수 없다. 그러므로 이 프라즈냐에 의지해야만 미망의 중생은 여래를 따라 해탈을 구현할 수 있으니, 이 프라즈냐가 중생의 스스로 그러한 진실의 법〔自然法〕모든 법의 실상〔諸法實相〕을 열어내주기 때문이다.

이 프라즈냐파라미타가 보디의 길〔菩提路〕이니 프라즈냐를 듣고 말씀대로 행한다면 그는 반드시 프라즈냐파라미타의 보살핌을 받아 보디의 저 언덕에 이르게 될 것이다.

이처럼 프라즈냐가 중생의 자기진실이고 모든 법의 실상〔諸法實相〕을 밝힘이라면, 어찌 이 스스로 그러한 법 보디의 길〔菩提路〕을 멀리서 찾으랴.

옛 조사의 가르침을 살펴보자.

수산(首山)에게 어떤 승려가 이렇게 물었다.
"어떤 것이 보디의 길입니까?"
이로 인해 수산선사가 말했다.
"여기에서 양현에 가기 오 리다."
승려가 말했다.
"위를 향하는 일〔向上事〕이 어떠합니까?"
선사가 말했다.

"가고 오기가 쉽지 않다."

■ (1322則)

首山因僧問 如何是菩提路
師云 此去 襄縣五里
僧云 向上事如何
師云 來往不易

투자청(投子青)선사가 노래했다.

막힌 길 물어서 길에 나아가려 하니
푸른 버들 꾀꼬리 지저귐이 가는 사람 배웅한다
안내 푯말 오리라고 그대에게 말해주니
그 해에 가르쳐주지 않았다 말하지 말라

問路窮途擬進程　緣楊鶯語送行人
牌摽五里向君說　莫道當年不指陳

학담도 한 노래로 옛 조사를 따라 여래의 뜻을 찬탄하리라.

보디의 길이 따로 있다 말하지 말라
꾀꼬리 지저귐과 푸른 버들이 길 머리로다
들음을 돌이켜 성품을 들으면 두렷 통한 경계이고
빛을 돌려 봄을 돌이켜 보면 보현의 경계로다

莫道菩提路別有　鶯語綠楊是路頭
返聞聞性圓通境　廻光見見普賢境

제14품 의지해야 할 프라즈냐의 방편
〔船喩品〕

프라즈냐의 방편이란 세간의 있는 모습에도 머물지 않고 공한 모습에도 머물지 않는 마음이며, 범부의 번뇌를 조복하지 못한 마음〔不調伏心〕에도 머물지 않고, 번뇌가 곧 남이 없는 줄 모르고 번뇌를 억지로 끊으려는 슈라바카·프라테카붇다의 조복하는 마음〔調伏心〕에도 머물지 않는 마음이다. 그러므로 프라즈냐의 방편은 번뇌를 버리되 끊음이 없으며, 니르바나를 얻되 얻음이 없는 바른 마음이다.

보디사트바가 이와 같은 프라즈냐의 방편에 의지할 때 번뇌를 끊지 않고 여섯 아는 뿌리를 깨끗이 하며〔淨諸六根〕, 나고 죽음을 끊지 않고 니르바나를 구현할 수 있는 것이다.

이러한 프라즈냐의 방편에 의지하지 않으면 실상의 보살핌 여래 진여의 보살핌이 없으므로 닦아 행하는 자는 아누타라삼약삼보디에 이르지 못하고, 길 가운데서 슈라바카·프라테카붇다의 지위에 떨어지게 될 것이다. 비유하면 그것은 마치 덜 구워진 항아리에 물을 긷는 것 같아서 부서지고 흩어질 것이다.

그러나 아누타라삼약삼보디에 믿음이 있고 정진이 있는 가운데 프라즈냐의 방편에 의지하면, 길 가운데서 물러나 구름이 없이 아누타라삼약삼보디에 이를 것이다. 비유하면 그것은 잘 구워진 항아리에 물을 담는 것과 같고, 비록 병들고 늙은이라 할지라도 곁에서 붙들어주면 가려는 곳에 이를 수 있는 것과 같으며, 장비를 잘 갖춘 배가 물건을 싣고 끝내 가려는 곳에 이를 수 있는 것과 같다.

학담이 노래로 종요를 말해보리라.

프라즈냐는 있음과 없음에 머물지 않고
조복함과 조복하지 않음에 머물지 않으며

나고 죽음에 머물지 않고 니르바나에 머물지 않음에
번뇌를 끊지 않고 여섯 아는 뿌리 깨끗이 하네

般若不住有與無　不住調伏不調伏
不住生死及涅槃　不斷煩惱淨六根

프라즈냐의 참방편에 의지하지 않으면
큰 바다 가운데서 배가 갑자기 부서짐 같고
흙병을 지니고 가 강물을 뜨는 것 같아
저 언덕에 이르지 못하고 물을 뜨지 못하리

不依般若眞方便　如大海中船卒破
持坏瓶而取河水　不到彼岸不取水

프라즈냐의 좋은 방편에 보살펴지면
가운데 사이 모든 과덕의 지위에 떨어지지 않고
길 가운데서 물러나지 않고 보디에 이르러
세간의 건져주고 보살피는 자 되며
세간 중생의 섬이 되고 돌아감 되리

般若方便爲所護　不墮中間諸果位
中道不退至菩提　爲世救護作洲歸

1. 프라즈냐의 방편에 의지해야 함을 보임

이때 붇다께서 수부티에게 말씀하셨다.

"비유하면 이것은 큰 바다 가운데에서 배가 갑자기 부서진 것과 같으니, 그 안에 탄 사람들이 나무나 널빤지나 공기주머니나 주검이라도 붙잡지 않는다면 이 사람들은 저쪽 언덕에 이르지 못하고 물에 빠져 죽는다는 것을 알아야 한다.

수부티여, 하지만 그 배에 있는 사람이 나무나 널빤지나 공기주머니나 주검을 붙잡는다면 그는 물에 빠져 죽지 않고, 안온하게 걱정 없이 저쪽 언덕에 이를 수 있음을 알아야 한다. 150)

수부티여, 보디사트바도 또한 이와 같아서 설령 아누타라삼약삼보디에 믿음이 있고 참음이 있고 즐김이 있고 깨끗한 마음이 있고 깊은 마음이 있고 하고자 함이 있고 앎이 있고 버림이 있고 정진이 있더라도, 프라즈냐파라미타를 취하지 않으면 이 사람은 길 가운데서 물러나 슈라바카나 프라테카붇다의 지위에 떨어지게 됨을 반드시 알아야

---

150) 〔E.Conze역 14품〕

"배가 바다 가운데서 부서졌을 때, 만약 그들이 통나무나 판자 아니면 다른 이의 굳어있는 몸 위와 같이 받쳐주는 것을 찾지 못하면, 해안가에 이르지 못하고 물에서 죽을 것이다. 그러나 그와 같이 받쳐주는 것을 얻도록 하는 사람은 물에서 죽지 않을 것이다. 안전하게 그리고 방해되지 않고 그들은 저 언덕에 건너가 단단한 땅에 서게 되어, 다치지 않고 상처받지 않을 것이다."

When a ship is wrecked in the middle of the ocean, people will die in the water without getting to the shore, if they do not find support on a log, or plank, or other solid body. But those who manage to gain such a support will not die in the water; safely and unhindered they will cross over to the shore beyond, and stand, unhurt and uninjured, on firm ground.

한다.

수부티여, 만약 보디사트바가 아누타라삼약삼보디에 믿음이 있고 참음이 있고 즐김이 있고 깨끗한 마음이 있고 깊은 마음이 있고 하고자 함이 있고 앎이 있고 버림이 있고 정진이 있는 가운데 프라즈냐파라미타를 취한다면, 이 사람은 프라즈냐파라미타가 보살펴 주므로 길 가운데서 물러남이 없이 슈라바카나 프라테카붇다의 지위를 넘어 반드시 아누타라삼약삼보디에 머물게 된다."

2. 프라즈냐의 방편이 없으면 길 가운데서 물러남을 보임

(어떤 것이 보디사트바가 길 가운데서 물러나 구름인가.)

"수부티여, 비유하면 이것은 마치 어떤 사람이 굽지 않은 흙 항아리를 가지고 강이나 우물이나 못이나 샘에 가서 물을 긷는 것과 같으니, 그러면 이 항아리는 부숴지고 흩어져 오래되지 않아서 땅으로 돌아간다는 것을 반드시 알아야 한다. 왜냐하면 이 항아리는 아직 구워지지 않았기 때문이다.

수부티여, 보디사트바도 이와 같아서 아누타라삼약삼보디에 믿음이 있고 참음이 있고 즐김이 있고 깨끗한 마음이 있고 깊은 마음이 있고 하고자 함이 있고 앎이 있고 버림이 있고 정진이 있더라도, 프라즈냐파라미타의 방편에 의해 지켜 보살펴지지 않음으로 이 사람은 아직 사르바즈냐나를 얻지도 못한 채, 길 가운데서 물러나 구르게 된다는 것을 알아야 한다.

수부티여, 어떤 것이 보디사트바가 길 가운데서 물러나 슈라바카의 지위나 프라테카붇다의 지위에 떨어지지 않음인가?

수부티여, 비유하면 이것은 마치 어떤 사람이 잘 구워진 항아리를 가지고 강이나 우물이나 못이나 샘에 가서 물을 긷는 것과 같으니, 이 항아리는 단단히 굳어 부서지지 않기 때문에 물을 길어서 돌아갈 수 있음을 알아야 한다. 왜냐하면 이 항아리는 잘 구워졌기 때문이다.

수부티여, 보디사트바도 이와 같아서 아누타라삼약삼보디에 믿음이 있고 참음이 있고 즐김이 있고 깨끗한 마음이 있고 깊은 마음이 있고 하고자 함이 있고 앎이 있고 버림이 있고 정진이 있는 가운데 프라즈냐파라미타의 방편에 의해 보살펴지므로, 이 사람은 길 가운데서 물러나 구름이 없이 사르바즈냐나에 안온하게 이르게 된다고 알아야 한다."

(어떤 것이 길 가운데서 빠짐인가.)

"수부티여, 비유하면 이것은 큰 바다에서 배가 장비를 미처 갖추지 않은 채 물가에 대놓고 여러 재물을 싣는 것과 같으니, 이 배는 길 가운데 물이 새 가라앉아서 재물을 흩어 잃어버리게 됨을 알아야 한다. 이 장사꾼은 아무런 방편이 없기 때문에 많은 재물을 잃고 스스로 시름과 괴로움에 빠지는 것이다.

수부티여, 보디사트바도 또한 이와 같아서 설령 아누타라삼약삼보디에 믿음이 있고 참음이 있고 즐김이 있고 깨끗한 마음이 있고 깊은 마음이 있고 하고자 함이 있고 앎이 있고 버림이 있고 정진이 있다 하자. 그래도 프라즈냐파라미타의 방편에 의해 지켜 보살펴지지 않으면 사르바즈냐나에 이르지도 못하고 길 가운데서 물러나 큰 보배를 잃어버리고 스스로 시름과 괴로움에 빠지며, 아주 진귀한 보배를 잃게 된다.

길 가운데서 빠짐이란 슈라바카나 프라테카붇다의 지위에 떨어지는 것이고, 아주 진귀한 보배를 잃는다는 것은 곧 사르바즈냐나의 보배를 잃는다는 것이다."

3. 프라즈냐의 방편이 보살피면 아누타라삼약삼보디에 회향함을 밝힘

(어떤 것이 길 가운데서 물러나 구르지 않음인가.)

"수부티여, 비유하면 이것은 큰 바닷가에서 장비를 단단히 잘 갖춘 배를 물 가운데 대놓고 여러 재물을 가득 싣는 것과 같으니, 이 배는 길 가운데 가라앉지 않고 가고자 하는 곳을 따라 반드시 이를 수 있다는 것을 알아야 한다.

수부티여, 보디사트바도 이와 같아서 아누타라삼약삼보디에 믿음이 있고 참음이 있고 즐김이 있고 깨끗한 마음이 있고 깊은 마음이 있고 하고자 함이 있고 앎이 있고 버림이 있고 정진이 있는 가운데 프라즈냐파라미타의 방편이 지켜 보살펴준다 하자. 그러면 이 사람은 아누타라삼약삼보디로 나아가는 길 가운데 물러나 구름이 없다는 것을 알아야 한다. 왜냐하면 수부티여, 법이 반드시 그러하기 때문이다.

만약 보디사트바가 아누타라삼약삼보디에 믿음이 있고 참음이 있고 즐김이 있고 깨끗한 마음이 있고 깊은 마음이 있고 하고자 함이 있고 앎이 있고 버림이 있고 정진이 있는 가운데 프라즈냐파라미타의 방편에 의해 지켜 보살펴진다 하자. 그러면 이 사람은 슈라바카나 프라테카붇다의 지위에 떨어지지 않고 다만 모든 공덕으로 아누타라삼약삼보디에 향하게 된다.

수부티여, 비유하면 이것은 마치 백이십 살이나 되는 늙은이가 바람병과 추운 병과 냉병과 열병 등의 여러 가지 병이 있는 것과 같으니, 그대 뜻에 어떠한가. 이 노인이 병상에서 일어날 수 있겠느냐?"

수부티가 말씀드렸다.

"일어날 수 없습니다. 세존이시여."

"수부티여, 이 사람이 어느 땐가는 일어날 수도 있지 않겠느냐?"

"세존이시여, 가령 일어날 수 있다고 해도 십리나 이십리 정도까지 멀리 가지는 못합니다. 왜냐하면 이 사람은 이미 늙어서 병이 들었기 때문에 비록 일어난다 해도 멀리 가지는 못합니다."

"수부티여, 보디사트바도 또한 이와 같아서 비록 아누타라삼약삼보디의 마음을 내어 정진하고 아누타라삼약삼보디를 믿고 이를 향해 나아가더라도, 프라즈냐파라미타의 방편에 의해 지켜 보살펴지지 못하기 때문에 아직 사르바즈냐나에 이르지 못한 채 길 가운데서 물러나 슈라바카나 프라테카붇다의 지위에 떨어지게 된다.

프라즈냐의 방편이 보살피는 것은 비유하면 수부티여, 백이십 살이 되는 늙은이가 만약 바람병과 추운 병과 냉병과 열병에 걸렸더라도 병상에서 일어나고자 할 때 건강한 두 사람이 각각 한 쪽 겨드랑이를 붙들면서 이렇게 편안히 위로해 말하는 것과 같다.

'가고 싶은 곳을 따라 저희들이 기꺼이 붙들어 드릴 것이니 길 가운데 떨어지지 않을까 두려워 마십시오.'"

"수부티여, 보디사트바도 또한 이와 같아서 아누타라삼약삼보디에 믿음이 있고 정진이 있는 가운데 프라즈냐파라미타의 방편에 의해 지켜 보살펴지기 때문에 이 보디사트바는 길 가운데서 물러나 구름이 없이 아누타라삼약삼보디에 이를 수 있음을 알아야 한다."

다나팔라역〈14품〉

"수부티여. 만약 모든 보디사트바마하사트바가 아누타라삼약삼보디에 믿음이 있고 참음이 있으며, 나아가 방일함을 떠나 흩어져 어지럽지 않아서 이와 같은 공덕을 갖추고서는 다시 프라즈냐파라미타의 좋은 방편이 보살펴 생각해줌을 얻는 자는, 반드시 슈라바카와 프라테카붇다의 지위에 떨어지지 않음을 알아야 한다. 그는 곧 사르바즈냐나의 과덕을 이루어 다 이 공덕을 아누타라삼약삼보디에 회향할 수 있다."151)

평창

중생의 진실은 여래의 과덕과 둘이 없어서 중생이 이미 번뇌의 땅 가운데서 아누타라삼약삼보디를 짊어지고 있다. 그러나 오래고 먼 칼파〔久遠劫〕 무명의 어두운 밤길에서 미망의 헛된 꿈으로 나고 죽음의 바다에 빠져 헤매왔던 중생이 굳고 튼튼한 방편의 배가 없이 어찌 저 해탈의 언덕에 오를 것인가.

프라즈냐파라미타의 가르침이 고통바다 속 튼튼한 방편의 배이니, 그 가르침을 듣고 믿어 의심치 않고 그 가르침의 뜻을 사유하여 가르침대로 닦아 행하면 반드시 아누타라삼약삼보디의 언덕에 오를 것이다.

그리고 프라즈냐가 반드시 보디에 이를 방편의 배라면, 프라즈냐가 밝힌 실상 그대로의 법의 말씀〔法語〕을 듣고 어찌 얻을 것 있는 작은 실천의 수레 그 과덕에 떨어질 것이며 가르침을 온전히 믿는 보디사트바가 보디의 언덕에 이르기 전에 물에 빠지거나 길 가운데서 물러서겠는가.

다시 세간법의 진실 밖에 프라즈냐의 실상이 없는데, 어찌 여기 수

---

151) 「須菩提！若諸菩薩摩訶薩，於阿耨多羅三藐三菩提，有信有忍乃至離放逸不散亂，具足如是功德已，復得般若波羅密多善巧方便所護念者，當知是菩薩決定不墮聲聞緣覺之地，卽能成就一切智果，皆悉以是功德迴向阿耨多羅三藐三菩提。」

트라의 문자가 있고 가르침의 말이 있으며 말과 문자라는 세간법의 모습 너머 따로 전한[教外別傳] 정법안장(正法眼藏)이 있다 말하는가. 수트라의 문자에 한 글자도 없음을 알고 지금 수트라 설함에 실로 설함 없음을 바로 알아들으면 그것이 말씀대로 행함이고, 모습에서 모습 떠남이라 그 자리에 말 아래 한 번 뛰어 여래의 땅에 바로 들어가는 소식이 있다.

옛 선사의 가르침을 살펴보자.

수산선사에게 어떤 승려가 물었다.

"'온갖 모든 붇다가 다 이 경[此經]에서 나온다' 하니, 어떤 것이 이 경입니까?"

이로 인해 수산선사가 말했다.

"소리를 낮추고 소리를 낮추라."

승려가 말했다.

"어떻게 받아 지녀야 합니까?"

선사가 말했다.

"부디 더럽혀 물들이지 말라."

- (1325則)

首山因僧問 一切諸佛皆從此經出 如何是此經
師云 低聲低聲
僧云 如何受持
師云 切不得汚染

투자청(投子靑)선사가 노래했다.

물은 곤륜산에서 나오고 산이 구름 일으키는데

고기 잡는 사람과 나무꾼은 그 까닭을 모르네
다만 큰 물결과 높은 바위 개울만 알았지
낚싯줄 던지고 도끼 버리는 소리 긍정치 않네

水出崑崙山起雲　釣人樵父昧來因
只知洪須巖巒闊　不肯抛絲棄斧聲

천동각(天童覺) 선사가 당에 올라 이 이야기를 들어 말했다.

이 경을 와서 물음에
소리 낮추고 소리 낮추라 함이여
큰 천세계 경이 이 티끌에서 나오고
삼세 붇다가 입속에서 나오네
하늘은 이 하나를 얻어 맑고
땅은 이 하나를 얻어 편안하다

허공이 의지함 없고 골짜기가 차지 않음이여
마하 프라즈냐파라미타 수트라이니
지는 해에 고기잡이 나무꾼 태평을 노래하네

來問此經　低聲低聲
大千卷自塵中出　三世佛從口裏生
天得一以淸　地得一以寧

空無依兮谷不盈
摩訶般若波羅密　落日漁樵歌大平

학담도 한 노래로 옛 조사의 뜻에 함께해 여래의 수트라를 찬탄하
리라.

한 생각 한 티끌이 곧 이 경이니
바로 믿어 티끌 깨뜨리면 큰 경이 나오리
한 꽃 한 풀도 프라즈냐를 드러내니
들 늙은이 소치는 아이가 남이 없음 노래하리

一念一塵卽此經　信得破塵大經出
一花一草顯般若　野老牧童歌無生

제15품 보디사트바의 발심과 한결같음을 따라 행함 〔大如品〕

아누타라삼약삼보디란 나고 죽음 밖에 따로 니르바나를 얻음이거나 경험하는 세계 밖에 따로 있는 마음의 성품을 찾는 일이 아니다. 깨달음은 존재의 자기실체에 대한 집착〔我執〕과 존재를 이루는 법에 대한 집착〔法執〕을 뛰어넘어 참되고 한결같은 존재의 실상을 체현하는 일이며, 나와 너의 대립을 벗어나 나의 해탈과 더불어 사는 세간 대중의 해탈을 하나되게 하는 일이다.

그러므로 보디사트바는 제 스스로만을 위해 발심거나 나고 죽음 밖으로 초월하기 위하여 발심하지 않고, 세간을 안온하게 하고 세간 뭇 삶들을 이익되게 하고 안락하게 하기 위해 발심한다. 그리하여 보디사트바는 '세간을 위해 건져주는 자 되고 돌아가는 곳이 되고 집이 되고 길이 되고 섬이 되기 위해 아누타라삼약삼보디를 얻겠다'고 서원한다.

나되 남이 없는 중생의 자기진실이 보디이니, 만법의 일어남에 실로 일어남이 없음을 깨달으면 서있는 이곳이 보디의 땅이고 진여의 공덕 곳간이다. 그러므로 중생의 진여를 진실대로 아는 자가 보디사트바이고, 세간 국토의 진여를 아는 자가 큰 장엄을 일으켜 세간 중생과 국토를 진리의 모습으로 성취시키는 마하사트바이다.

학담이 노래로 종요를 말해보리라.

프라즈냐의 행자는 다섯 쌓임 집착 않나니
머물지 않고 버리지 않으면 곧 보디이네
보디사트바는 붇다의 보디에 회향하지만
또한 모든 거룩한 과덕에 탐착하지 않네

般若行者不著蘊　不住不捨卽菩提
菩薩廻向佛菩提　亦不貪着諸聖果

보디사트바의 발심은 매우 어려우니
세간을 안온케 하고 중생 위해 발심하며
세간을 안락케 해 건져주는 자 되려 발심하니
보디사트바의 발심은 실상과 같네

菩薩發心乃甚難　安隱世間爲衆發
安樂世間爲救發　菩薩發心如實相

다만 실상을 위하므로 법을 설하고
다만 중생을 위하므로 마음을 내나
보디를 이룸에는 모든 마음이 없고
실상 그대로의 말과 행을 이와 같이 행하네

但爲實相故說法　但爲衆生故發心
成就菩提無諸心　如實言行如是行

1. 프라즈냐 배우는 법을 밝힘152)

그때 수부티가 붇다께 말씀드렸다.

"세존이시여, 새로 깨달음의 뜻을 일으킨 보디사트바는 어떻게 프라즈냐파라미타를 배워야 합니까?"

붇다께서 수부티에게 말씀하셨다.

"수부티여, 새로 깨달음의 뜻을 일으킨 보디사트바가 만약 프라즈냐파라미타를 배우고자 하면, 먼저 프라즈냐파라미타를 설해줄 수 있는 옳은 스승을 가까이해야만 한다. 153)

이 사람은 이렇게 가르칠 것이다.

---

152) 제15 大如品: 이 품의 범어 이름은 'deva parivarta'이다. 데바(deva)는 '하늘신'의 뜻이다. 구마라지바가 '대여품(大如品)'이라고 붙인 것은 제12품 '소여품(小如品)'과 연관지어 진여에 머물음을 강조하고 있는 듯하다. 다나팔라 [施護]의 번역본에서는 '현성품(賢聖品)'으로 되어 있다.

153) [E.Conze역 15품]
수부티가 말씀드렸다.
"처음 시작하는 보디사트바는 어떻게 프라즈냐의 완전한 지혜에 서야 하며, 어떻게 스스로를 수련해야 합니까?"
세존께서 말씀하셨다.
"그와 같은 보디사트바는 좋은 벗들을 지키고 사랑하며 공경해야 한다. 그의 좋은 벗들이란 완전한 지혜 안에서 그를 가르치고 타이르는 그런 사람들이다. 그리고 그에게 프라즈냐의 뜻을 넓히는 사람들이다."

Subhuti: How should a Bodhisattva who is only just behinning stand in perfect wisdom, how train himself?

The Lord: Such a Bodhisattva should tend, love and honour the good friends. His good friends are those who will instruct and adm onish him in perfect wisdom, and who will expound to him its mea ning.

'잘 행하는 남자여, 어서 오라. 그대가 보시한 것을 다 아누타라삼 약삼보디에 회향해야 한다. 그대 잘 행하는 남자여, 그러나 또한 아누 타라삼약삼보디를 탐착하여 물질이 아누타라삼약삼보디라고 하거나 느낌·모습취함·지어감·앎이 아누타라삼약삼보디라고 해서도 안 된다. 왜냐하면 사르바즈냐나는 집착할 수 있는 것이 아니기 때문이 다.154)

잘 행하는 남자여, 그대에게 있는 계 지님과 욕됨 참음과 정진과 선 정과 지혜를 다 아누타라삼약삼보디에 회향하되, 물질이 아누타라삼 약삼보디라 하거나 느낌·모습취함·지어감·앎이 아누타라삼약삼 보디라 하여 탐착하지 말라. 왜냐하면 잘 행하는 남자여, 사르바즈냐 나는 집착할 수 있는 것이 아니기 때문이다.

잘 행하는 남자여, 그대는 슈라바카와 프라테카붇다의 도에도 탐착 하지 말라.'

수부티여, 이와 같이 새로 깨달음의 뜻을 낸 보디사트바는 차츰 가 르쳐 깊은 프라즈냐파라미타에 들어가도록 해야 한다."

2. 보디사트바의 바른 발심을 보임

(1) 보디사트바가 발심하는 뜻을 총체적으로 보임

"세존이시여, 여러 보디사트바들이 아누타라삼약삼보디의 마음을 내어 아누타라삼약삼보디를 얻고자 함은 매우 어려운 일입니다."

---

154) 보디에 회향함: 저 알려지는바 모습에 모습을 두면 마음이 모습에 물들고, 아는 마음에 관념의 자취 물든 생각이 있으면 모습은 마음에 물든다. 마음에 서 마음 떠나고 모습에서 모습 떠나 보디에 돌아가되 보디라는 모습도 세우지 않아야 보디에 회향함이다.

"잘 말하고 잘 말했다, 수부티여. 여러 보디사트바들이 아누타라삼약삼보디의 마음을 내어 아누타라삼약삼보디를 얻고자 함은 매우 어려운 일이다. 이 사람은 세간을 안온(安穩)하게 하기 위하므로 보디의 마음을 내고 세간을 안락(安樂)하게 하기 위하므로 이렇게 보디의 마음을 낸다.

'내가 아누타라삼약삼보디를 얻게 되면 나는 세간을 위해 건져주는 자가 되고, 세간을 위해 돌아가는 곳이 되며, 세간을 위해 집이 되고, 세간을 위해 마쳐 다한 길[究竟道]이 되며, 세간을 위해 섬이 되고, 세간을 위해 길잡이가 되며, 세간을 위해 나아갈 곳이 되리라.'"

다나팔라역(15품)

수부티가 붇다께 말씀드렸다.

"세존이시여. 보디사트바마하사트바는 아누타라삼약삼보디를 나아가 구해 널리 온갖 중생으로 하여금 모든 고뇌를 끊고 니르바나에 편안히 머물게 하려 하니, 모든 보디사트바가 하는 것은 매우 어렵습니다.

그것은 곧 보시파라미타의 이와 같은 모습, 지계·인욕·정진·선정·지혜파라미타의 이와 같은 모습, 모든 모습이 깊고 깊어 하는 바가 깊고 깊기 때문입니다. 그러므로 보디사트바마하사트바로서 아누타라삼약삼보디를 이루고자 하는 이는 윤회(輪廻) 가운데서 정진을 내서 놀라 두려움을 내지 않아야 합니다."

붇다께서 말씀하셨다.

"수부티여, 그렇고 그렇다. 보디사트바마하사트바가 하는 것은 매우 어렵다, 수부티여. 모든 보디사트바마하사트바는 모든 세간을 이익되게 하고 안락하게 하기 위해 세간을 가엾이 여기므로, 아누타라삼약삼보디를 나아가 구해 이렇게 생각한다.

'내가 만약 아누타라삼약삼보디를 이룰 때에는 세간을 위해 크게 건져 보살펴주는 이 되고, 세간을 위해 돌아가 향하는 곳이 되며, 세간을 위해 머무는 집이 되고, 세간을 위해 마쳐 다한 길이 되며, 세간을 위해 넓고 큰 섬이 되고, 세간

을 위해 크게 밝은 빛이 되며, 세간을 위해 잘 이끄는 이 되고, 세간을 위해 진
실하게 나아가는 곳이 되리라.'

이 뜻 때문에 보디사트바마하사트바는 아누타라삼약삼보디에 큰 정진을 낸
다." 155)

(2) 보디사트바가 발심하는 뜻을 나누어 보임

"수부티여, 어떻게 보디사트바는 아누타라삼약삼보디를 얻었을 때
세간을 위해 건져주는 자가 되는가?

보디사트바는 나고 죽음 가운데 모든 괴로움을 끊어주기 위해 법을
설하여 중생들을 괴로움에서 건져준다. 수부티여, 이것을 보디사트바
가 아누타라삼약삼보디를 얻었을 때 세간을 위해 건져주는 자가 됨이
라 한다."

<u>다나팔라역(15품)</u>

"수부티여, 보디사트바마하사트바는 아누타라삼약삼보디를 낼 때 어떻게 세
간을 위해 크고 밝은 빛이 되는가.

그것은 보디사트바마하사트바가 긴 밤 가운데 널리 중생을 위해 큰 방편을 지

---

155) 須菩提復白佛言:「世尊! 菩薩摩訶薩趣求阿耨多羅三藐三菩提, 爲欲普令
一切衆生斷諸苦惱安住涅槃. 而諸菩薩所爲甚難, 謂布施波羅密多如是相, 持
戒、忍辱、精進、禪定、智慧波羅密多如是相, 諸相甚深所爲甚難, 是故菩薩
摩訶薩爲欲成就阿耨多羅三藐三菩提者, 於輪迴中當發精進勿生驚怖.」
佛言:「須菩提! 如是, 如是! 菩薩摩訶薩所爲甚難. 須菩提! 而諸菩薩摩
訶薩爲欲利益安樂悲愍諸世間故, 趣求阿耨多羅三藐三菩提. 彼作是念:
『我若成就阿耨多羅三藐三菩提時, 當爲世間作大救護, 當爲世間作所歸
向, 當爲世間作所住舍, 當爲世間作究竟道, 當爲世間作廣大洲, 當爲世間作
大光明, 當爲世間作善導師, 當爲世間作眞實趣.』
以是義故, 菩薩摩訶薩於阿耨多羅三藐三菩提發大精進.」

어 중생으로 하여금 무명의 화살〔無明箭〕을 뽑아, 나고 죽음의 괴로움 벗어나도록 하려고 온갖 지혜의 빛으로 모든 어리석음의 어둠 깨뜨리는 것을 말하니, 이것을 보디사트바마하사트바가 세간을 위해 크고 밝은 빛이 됨이라 한다." 156)

"어떻게 보디사트바는 아누타라삼약삼보디를 얻었을 때 세간을 위해 돌아가는 곳이 되는가? 중생은 나고 늙고 병들고 죽으며 슬퍼하고 괴로워하는 법 가운데 있다. 이 보디사트바는 이 나고 늙고 병들고 죽는 법과 슬퍼하고 괴로워하는 법에서 중생을 건네줄 수 있다.

수부티여, 이것을 보디사트바가 아누타라삼약삼보디를 얻었을 때 세간을 위해 돌아가는 곳이 됨이라 한다.

어떻게 보디사트바는 아누타라삼약삼보디를 얻었을 때 세간을 위해 집이 되는가? 수부티여, 보디사트바는 아누타라삼약삼보디를 얻었을 때 집착하지 않도록 하기 위해 법을 말한다."

"세존이시여, 무엇을 집착하지 않는다고 합니까?"

"수부티여, 물질은 묶임도 아니고 풀림도 아니며, 나지도 않고 사라지지도 않는다. 이렇게 알면 이것을 물질에 집착하지 않는다고 한다.

느낌·모습취함·지어감·앎은 묶임도 아니고 풀림도 아니며, 나지도 않고 사라지지도 않는다. 이렇게 알면 이것을 느낌·모습취함·지어감·앎에 집착하지 않는다고 한다.

이와 같이 수부티여, 온갖 법은 묶임도 아니고 풀림도 아니므로 집착하지 않는다. 보디사트바가 아누타라삼약삼보디를 얻었을 때 중생을 위해 이와 같은 법을 설할 수 있으면 이것을 보디사트바가 세간을

---

156) 「須菩提！云何菩薩摩訶薩得阿耨多羅三藐三菩提時，能爲世間作大光明？所謂菩薩摩訶薩於長夜中廣爲衆生作大方便，欲令衆生拔無明箭出生死苦，以一切智光破諸癡暗，是名菩薩摩訶薩能爲世間作大光明。」

위해 집[舍]이 됨이라 한다."

이때 존자 수부티가 붇다께 말씀드렸다.

"세존이시여. 보디사트바마하사트바가 하는 것이 매우 어려우니 헤아릴 수 없고 셀 수 없는 중생을 위하므로, 정진의 갑옷을 입고[被精進鎧] 큰 장엄을 지어 널리 중생으로 하여금 큰 니르바나를 얻게 하지만 중생의 모습을 얻을 수 없는 것입니다."

붇다께서 수부티에게 말씀하셨다.

"그렇고 그렇다, 수부티여. 보디사트바마하사트바가 하는 것이 매우 어려우니 헤아릴 수 없고 셀 수 없는 중생을 위하므로, 정진의 갑옷을 입고 큰 장엄을 지어 널리 중생으로 하여금 큰 니르바나를 얻게 하지만 중생의 모습을 얻을 수 없는 것이다.

수부티여. 보디사트바마하사트바는 물질의 풀림이나 묶임 때문에 큰 장엄을 짓지 않고, 느낌·모습취함·지어감·앎의 풀림이나 묶임 때문에 큰 장엄을 짓지 않는다. 슈라바카의 지위나 프라테카붇다의 지위 붇다의 지위의 풀림이나 묶임 때문에 큰 장엄을 짓지 않는다.

왜냐하면 보디사트바마하사트바는 온갖 법을 장엄하기 위해서 장엄을 짓지 않으니, 이것을 큰 장엄을 지음이라 한다."

수부티가 붇다께 말씀드렸다.

"세존이시여. 보디사트바마하사트바가 만약 이와 같이 깊고 깊은 프라즈냐파라미타를 행하면 이것이 곧 보디사트바마하사트바가 큰 장엄을 지음입니다.

모든 보디사트바마하사트바는 비록 이 깊고 깊은 프라즈냐파라미타를 행하지만 세 곳에 취해 집착함을 내지 않으니, 어떤 것이 셋이냐면 슈라바카의 지위 프라테카붇다의 지위 붇다의 지위를 말합니다." 157)

---

157) 爾時, 尊者須菩提白佛言 : 「世尊! 菩薩摩訶薩所爲甚難, 爲無量無數衆生故被精進鎧作大莊嚴, 普令衆生得大涅槃, 而衆生相了不可得。」

"어떻게 보디사트바는 아누타라삼약삼보디를 얻었을 때 세간을 위해 마쳐 다함의 길[究竟道]이 되는가? 수부티여, 물질의 마쳐 다함은 물질이라 이름할 수 없고, 느낌·모습취함·지어감·앎의 마쳐 다함은 느낌·모습취함·지어감·앎이라 이름할 수 없다. 마쳐 다함의 모습과 같이 온갖 법도 또한 이와 같다."

"세존이시여, 마쳐 다함의 모습처럼 온갖 법도 또한 그러하다는 것은 보디사트바가 다 아누타라삼약삼보디를 얻을 수 있다는 것입니다. 왜냐하면 그 마쳐 다함의 모습 가운데는 분별이 없기 때문입니다."

"그렇고 그렇다. 수부티여, 이 가운데는 분별이 없다. 여러 보디사트바들이 이와 같이 살피고 이와 같이 알면 그 마음이 물러나 빠지지 않고 이렇게 생각하게 된다.

'내가 아누타라삼약삼보디를 얻을 때 중생들을 위해 이와 같은 법을 설하리라.'

수부티여, 이것을 보디사트바가 아누타라삼약삼보디를 얻었을 때 세간을 위해 마쳐 다함의 길이 됨이라 한다.

어떻게 보디사트바는 아누타라삼약삼보디를 얻었을 때 세간을 위해 섬이 되는가. 비유하면 물 가운데 뭍의 땅이 있어 물의 흐름 끊는

佛告須菩提言：「如是，如是！須菩提！菩薩摩訶薩所爲甚難，爲無量無數衆生故被精進鎧作大莊嚴，普令衆生得大涅槃，而衆生相了不可得。須菩提！菩薩摩訶薩不爲色若解若縛故作大莊嚴，不爲受、想、行、識若解若縛故作大莊嚴，不爲聲聞地、緣覺地、佛地若解若縛故作大莊嚴。何以故？菩薩摩訶薩不爲莊嚴一切法故而作莊嚴，是名作大莊嚴。」

須菩提白佛言：「世尊！菩薩摩訶薩若如是行甚深般若波羅密多，是卽菩薩摩訶薩作大莊嚴。而諸菩薩摩訶薩雖行是甚深般若波羅密多，不於三處而生取著。何等爲三？所謂聲聞地、緣覺地、佛地。」

곳을 섬〔洲〕이라고 하는 것과 같다.

이처럼 수부티여, 물질은 앞 때와 뒤 때가 끊어졌으며, 느낌·모습취함·지어감·앎도 앞 때와 뒤 때가 끊어졌다. 앞 때와 뒤 때가 끊어졌기 때문에 온갖 법이 다 끊어진다. 만약 온갖 법이 다 끊어졌다면 이것을 '고요하여 미묘하고 진실 그대로의〔寂滅微妙如實〕 뒤바뀌어 넘어지지 않은 니르바나〔不顚倒涅槃〕'라고 한다.

수부티여, 이것을 보디사트바가 아누타라삼약삼보디를 얻었을 때 세간을 위해 섬이 됨이라 한다.

어떻게 보디사트바는 아누타라삼약삼보디를 얻었을 때 세간을 위해 길잡이가 되는가?

수부티여, 보디사트바는 아누타라삼약삼보디를 얻었을 때 물질의 나고 사라짐을 위하여 법을 말하지 않고 다만 참모습〔實相〕을 위하여 법을 말하며, 느낌·모습취함·지어감·앎의 나고 사라짐을 위하여 법을 말하지 않고 다만 참모습을 위하여 법을 말한다.

스로타판나의 과덕·사크리다가민의 과덕·아나가민의 과덕·아라한의 과덕·프라테카붇다의 도와 사르바즈냐나의 나고 사라짐을 위하여 법을 말하지 않고 다만 참모습을 위하여 법을 말한다.

수부티여, 이것을 보디사트바가 아누타라삼약삼보디를 얻었을 때 세간을 위해 길잡이가 됨이라 한다.

어떻게 보디사트바는 아누타라삼약삼보디를 얻었을 때 세간을 위해 나아갈 곳〔趣〕이 되는가?

수부티여, 보디사트바는 아누타라삼약삼보디를 얻었을 때 중생을 위해 물질의 뜻이 공하다고 말하고, 느낌·모습취함·지어감·앎의 뜻이 공하다고 말하며, 온갖 법의 뜻이 공해 오지도 않고 가지도 않는다고 말한다. 왜냐하면 물질은 공하여 오지도 않고 가지도 않으며, 느낌·모습취함·지어감·앎도 공하여 오지도 않고 가지도 않으며, 나아가 온갖 법이 공하여 오지도 않고 가지도 않기 때문이다.

온갖 법이 공에 나아가 이 나아감을 벗어나지 않고, 온갖 법이 모습 없음에 나아가고, 지음 없음에 나아가고, 일어남 없음에 나아가고, 남이 없음에 나아가고, 있는 바 없음에 나아가고, 꿈에 나아가고 헤아릴 수 없음에 나아가고, 가없음에 나아가고, 나 없음의 고요함에 나아가고, 니르바나에 나아가고, 돌아오지 않음에 나아가고, 나아가지 않음에 나아가 온갖 법이 이 나아감을 벗어나지 않는다."

(수부티가 말씀드렸다.)

"세존이시여, 이와 같은 법을 누가 믿고 알 수 있겠습니까?"

"수부티여, 만약 보디사트바가 지난 세상 붇다가 계신 곳에서 오랫동안 도의 행을 닦아 착한 뿌리를 성취했다면 이것을 믿고 알 수 있을 것이다."

"세존이시여, 이를 믿고 알 수 있다는 것은 어떤 모습입니까?"

"수부티여, 탐욕과 성냄과 어리석음의 성품을 떠나 없애는 것이 믿고 아는 모습이다. 이와 같은 사람은 깊은 프라즈냐파라미타를 잘 알 수 있다."

"세존이시여, 이 보디사트바는 깊은 프라즈냐파라미타를 잘 알 수 있으며, 또한 이와 같이 나아가 이렇게 나아가는 모습을 얻으니 헤아릴 수 없는 중생을 위해 나아갈 곳〔趣〕이 되어줄 수 있습니다."

"잘 말하고 잘 말했다, 수부티여. 이 보디사트바는 이와 같이 나아가 헤아릴 수 없는 중생을 위해 나아갈 곳이 되어줄 수 있다. 수부티여, 이것을 보디사트바가 아누타라삼약삼보디를 얻었을 때 헤아릴 수 없는 중생을 위해 나아갈 곳이 될 수 있음이라 한다."

(3) 보디사트바의 크나큰 장엄과 닦음을 보임

"세존이시여, 이 보디사트바의 하는 바가 매우 어려운 것은 이와 같은 크나큰 장엄을 지어 헤아릴 수 없고 가없는 중생들을 니르바나에 건네주려 하지만 중생은 얻을 수 없다는 것입니다."

"참으로 그렇다, 수부티여. 보디사트바의 하는 바가 매우 어려운 것은 헤아릴 수 없고 가없는 중생을 니르바나에 건내주려 크나큰 장엄을 일으키지만 중생은 얻을 수 없다는 것이다.

수부티여, 이것이 보디사트바의 크나큰 장엄이니, 물질을 위해서나 느낌·모습취함·지어감·앎을 위해서나 슈라바카와 프라테카붇다의 지위를 위해서나 사르바즈냐나를 위해서 크나큰 장엄을 내는 것이 아니다. 온갖 법을 장엄하지 않으므로 이 보디사트바는 크나큰 장엄을 내는 것이다."

"세존이시여, 보디사트바가 깊은 프라즈냐파라미타를 이와 같이 행할 수 있다면 곧 슈라바카나 프라테카붇다의 두 가지 지위에 떨어지지 않을 것입니다."

"수부티여, 그대는 무슨 뜻을 보았기에 '보디사트바가 이와 같이 깊은 프라즈냐파라미타를 행할 수 있으면 슈라바카나 프라테카붇다의 두 가지 지위에 떨어지지 않는다'는 이와 같은 일을 말하느냐?"

"세존이시여, 이 프라즈냐파라미타는 아주 깊어서 그 가운데에는 닦는 법〔修法〕과 닦는 바〔所修〕와 닦는 이〔修者〕가 없습니다. 왜냐하면 세존이시여, 이 깊은 프라즈냐파라미타에는 결정된 법이 없어서 허공을 닦는 것이 곧 프라즈냐파라미타를 닦는 것이기 때문입니다.

세존이시여, 온갖 법을 닦지 않는 것이 곧 프라즈냐파라미타를 닦는 것이며, 가없음을 닦는 것이 곧 프라즈냐파라미타를 닦는 것158)이며, 집착 없음을 닦는 것이 곧 프라즈냐파라미타를 닦는 것입니다."

"수부티여, 이 깊은 프라즈냐파라미타로써 아비니바르타니야보디사트바[不退轉菩薩]인지를 시험할 수 있다. 만약 프라즈냐파라미타를 탐착하지 않고 남의 말을 따라서 바라는 바를 두지 않으며, 만약 깊은 프라즈냐파라미타를 듣고도 놀라거나 두려워하거나 빠지거나 물러나지 않고 그 마음이 즐겁다 하자. 이 보디사트바는 아비니바르타니야보디사트바로서 앞 세상에 이미 일찍이 깊은 프라즈냐파라미타 들었음을 알아야 한다.

왜냐하면 깊은 프라즈냐파라미타를 듣고도 놀라거나 두려워하거나 빠지거나 물러나지 않는다면 이 사람은 아비니바르타니야보디사트바인 줄 반드시 알아야 하기 때문이다."

다나팔라역(15품)

붇다께서 존자 수부티에게 말씀하셨다.

"그렇고 그렇다. 이 프라즈냐파라미타는 미묘하여 깊고 깊다. 수부티여. 모든 보디사트바마하사트바로서 닦아 익힐 수 있는 자는 이 법으로써 시험하여 그 모습을 나타내 보여야 한다.

만약 보디사트바마하사트바가 있다면 이 깊고 깊은 프라즈냐파라미타에 탐착함을 내지 않고 바라는 바가 없으며, 또한 다시 남이 말해 따지는 것을 따르지 않으며, 그 마음이 청정하여 다른 믿음을 일으키지 않는다. 이 깊고 깊은 프라즈냐파라미타 설함을 들을 때, 놀라지 않고 두려워하지 않으며 물러나지 않고 잃지 않으며 의심하지 않고 따지지 않고 뉘우치지 않고 빠지지 않아서, 마음이 크게 기뻐 청정하게 믿어 아는 자라면 이 보디사트바마하사트바는 아누타라삼약삼보디에서 물러나 구르지 않음 얻은 줄 알아야 한다.

---

158) 닦지 않음이 참된 닦음: 천태가의 조사들은 이 뜻을 "온전한 닦음이 곧 닦음 없는 성품이고, 온전한 성품이 닦음 없는 닦음을 일으킨다[全修卽性 全性起修]."고 말한다.

그리고 앞 붇다 계신 곳에서 이미 일찍이 이 깊고 깊은 법 들은 줄 알아야 한다. 그런데도 다시 그 가운데서 그 뜻을 청해 물으니, 이 인연으로 말미암아 지금 다시 이 깊고 깊은 법을 들어서 놀라지 않고 두려워하지 않고 나아가 마음이 기쁨을 내 믿어 알게 되는 것이다."159)

(4) 보디사트바의 바른 살핌을 보임

"세존이시여, 만약 보디사트바가 깊은 프라즈냐파라미타를 듣고도 놀라거나 두려워하거나 빠지거나 물러나지 않는다면 그는 어떻게 살펴야 합니까?"

"수부티여, 이 보디사트바는 사르바즈냐나의 마음을 따라 프라즈냐파라미타를 살펴야 한다."

"세존이시여, 어떤 것을 사르바즈냐나의 마음을 따라 살핀다고 합니까?"

"수부티여, 허공을 따라 살피면 사르바즈냐나의 마음을 따라 프라즈냐파라미타를 살핀다고 한다.

수부티여, 사르바즈냐나의 마음을 따라 살핀다고 하는 것은 곧 살핌이 아니다.160) 왜냐하면 헤아릴 수 없으면 곧 사르바즈냐나이기

---

159) 佛告尊者須菩提言 : 「如是, 如是! 此般若波羅密多微妙甚深。須菩提! 諸菩薩摩訶薩能修習者, 當以此法而爲試驗表示其相。若有菩薩摩訶薩, 於此甚深般若波羅密多不生貪著無所希望, 亦復不隨他所言論, 其心清淨不起異信, 聞說此甚深般若波羅密多時, 不驚不怖、不退不失、不疑不難、不悔不沒, 心大歡喜清淨信解者, 當知是菩薩摩訶薩於阿耨多羅三藐三菩提得不退轉, 於先佛所已曾得聞此甚深法, 而復於中請問其義。由此因緣, 今復得聞此甚深法, 不驚不怖乃至心生歡喜信解。」

160) 살핌이 아님 : 생각을 일으켜 살필 바 진리를 보는 것이 아니라, 생각에 생각 없음을 살피면 살필 바가 없음이다. 승찬대사는 이 뜻을 "비춤을 따르면 종

때문이다. 헤아릴 수 없으면 곧 물질이 없음이고 느낌·모습취함·지어감·앎도 없음이고, 지(智)도 없고 혜(慧)도 없고 행하는 길[道]도 없고, 얻음도 없으며 결과도 없고 남도 없고 사라짐도 없고 지음도 없고 짓는 이도 없고, 방위도 없고 나아감도 없으며 머묾도 없고 헤아림[量]도 없으나 (만일 이 헤아릴 수 없음을 보면) 곧 헤아릴 수 없다는 수에 떨어진다.161)

수부티여, 허공이 헤아릴 수 없는 것과 같이 사르바즈냐나 또한 헤아릴 수 없으니, 얻을 법도 없으며 얻는 이도 없다. 물질로써 얻을 수 없고 느낌·모습취함·지어감·앎으로써 얻을 수도 없으며, 다나파라미타로써 얻을 수 없고 실라파라미타·찬티파라미타·비리야파라미타·디야나파라미타·프라즈냐파라미타로써 얻을 수도 없다.

왜냐하면 물질이 곧 사르바즈냐나이고 느낌·모습취함·지어감·앎이 곧 사르바즈냐나이며, 다나파라미타가 사르바즈냐나이고, 실라파라미타·찬티파라미타·비리야파라미타·디야나파라미타·프라즈냐파라미타가 곧 사르바즈냐나이기 때문이다."

다나팔라역(15품)

수부티가 붇다께 말씀드렸다.
"세존이시여, 보디사트바마하사트바가 이 깊고 깊은 프라즈냐파라미타를 듣고 놀라 두려워하지 않고서 어떻게 이 깊고 깊은 프라즈냐파라미타를 살펴야 합니까?"
붇다께서 말씀하셨다.

지를 잃고 뿌리에 돌아가면 뜻을 얻는다[隨照失宗 歸根得旨]."고 한다.
161) 다나팔라[施護]의 번역본에는 '곧 헤아릴 수 없다는 수에 떨어진다[卽墮無量數]'는 구절 앞에 '만일 이 헤아릴 수 없음을 본다면[若見是無量]'이라는 내용이 더 들어 있다.

"수부티여, 보디사트바마하사트바로서 프라즈냐파라미타를 살피려는 자는 사르바즈냐나의 마음 살핌〔一切智心觀〕을 따라야 한다."

수부티가 말씀드렸다.

"무엇을 사르바즈냐나의 마음 살핌을 따름이라 합니까?"

붇다께서 말씀하셨다.

"수부티여, 만약 허공 살핌〔虛空觀〕을 따르면 곧 사르바즈냐나의 마음 살핌을 따르는 것이다. 무엇을 허공 살핌 따르는 것이라 하는가. 수부티여, 허공 살핌 따르는 것은 살피는 바가 없는 것〔無所觀〕이다.

이와 같음을 말미암으므로 사르바즈냐나의 마음으로 프라즈냐파라미타 살핌이라 이름할 수 있는 것이다. 왜냐하면 헤아릴 수 없음이 사르바즈냐나이기 때문이다.

만약 헤아릴 수 없으면 곧 물질이 없고, 느낌·모습취함·지어감·앎이 없으며, 얻음이 없고 깨침이 없으며, 도의 법이 없고 도의 과덕이 없으며, 지혜가 없고 앎이 없으며, 남이 없고 사라짐이 없으며, 이룸이 없고 무너짐이 없으며, 살핌이 없고 살피는 바가 없으며, 지음이 없고 짓는 자가 없으며, 감이 없고 옴이 없으며, 방위가 없고 나아가는 길이 없으며, 머묾이 없고 머묾 없음도 아니니, 이것이 곧 헤아릴 수 없음이다.

만약 이 헤아릴 수 없음을 보면 곧 헤아릴 수 없는 수〔無量數〕에 떨어진 것이다. 만약 헤아릴 수 없음을 보지 않으면 곧 허공처럼 헤아릴 수 없으니 사르바즈냐나 또한 헤아릴 수 없으며, 이와 같이 헤아릴 수 없으면 곧 얻음도 없고 깨침도 없다.

그러므로 물질로 얻을 수 없고 느낌·모습취함·지어감·앎으로 얻을 수 없으며, 다나파라미타로 얻을 수 없고, 실라파라미타로 얻을 수 없으며, 챤티파라미타로 얻을 수 없고, 비리야파라미타로 얻을 수 없으며, 디야나파라미타로 얻을 수 없고, 프라즈냐파라미타로 얻을 수 없다.

이 가운데는 어떠한가. 물질이 곧 사르바즈냐나이고, 느낌·모습취함·지어감·앎이 사르바즈냐나이며, 다나파라미타가 사르바즈냐나이고, 실라파라미타가 사르바즈냐나이며, 챤티파라미타가 사르바즈냐나이고, 비리야파라미타

가 사르바즈냐나이며, 디야나파라미타가 사르바즈냐나이고, 프라즈냐파라미
타가 사르바즈냐나임을 말한다."162)

이때 욕계와 물질세계의 여러 하늘신들이 붇다께 말씀드렸다.

"세존이시여, 프라즈냐파라미타는 깊고 깊어서 이해하기 어렵고 알
기 어렵습니다."

붇다께서 말씀하셨다.

"그렇고 그렇다, 여러 하늘신들이여. 프라즈냐파라미타는 깊고 깊
어서 이해하기 어렵고 알기 어렵다. 이 뜻 때문에 나는 잠자코 이 법
을 말하지 않으려고 하여 이렇게 생각한다.

'내가 얻은 법, 이 법 가운데는 얻는 이가 없고 얻을 법도 없으며
얻어서 쓰는 법도 없다. 모든 법의 모습이 이와 같이 깊고 깊은 것은

---

162) 須菩提白佛言 : 「世尊!若菩薩摩訶薩聞此甚深般若波羅密多不驚怖已, 應
當云何觀此甚深般若波羅密多?」

佛言 : 「須菩提!菩薩摩訶薩欲觀般若波羅密多者, 當隨一切智心觀。」

須菩提言 : 「云何名爲隨一切智心觀?」

佛言 : 「須菩提!若隨虛空觀, 卽隨一切智心觀。云何名爲隨虛空觀?須菩
提!隨虛空觀者卽無所觀。由如是故, 乃得名爲隨一切智心觀般若波羅密多。
何以故?無量是一切智。須菩提!若無量卽無色, 無受、想、行、識, 無得無
證、無道法無道果、無智無識、無生無滅、無成無壞、無觀無所觀、無作無作
者、無去無來、無方無趣、無住非無住, 是卽無量。

若見是無量卽墮無量數, 若不見是無量, 卽如虛空無量, 一切智亦無量。如
是無量卽無得無證, 是故不可以色得, 不可以受、想、行、識得, 不可以布施
波羅密多得, 不可以持戒波羅密多、忍辱波羅密多、精進波羅密多、禪定波羅
密多、智慧波羅密多得。

此中云何?所謂色卽是一切智, 受、想、行、識卽是一切智, 布施波羅密多
卽是一切智, 持戒波羅密多、忍辱波羅密多、精進波羅密多、禪定波羅密多、
智慧波羅密多卽是一切智。」

허공이 깊고 깊음과 같으므로 이 법도 깊고 깊으며, 내〔我〕가 깊고 깊으므로 모든 법도 깊고 깊으며, 오지도 않고 가지도 않음이 깊고 깊으므로 온갖 법도 깊고 깊다.'"

다나팔라역(15품)

여러 하늘신들이 각기 붇다께 말씀드렸다.

"세존이시여. 프라즈냐파라미타는 가장 높고 깊고 깊어서 그 가와 바닥을 얻을 수 없으며, 볼 수 없고 알 수 없습니다. 여래·공양해야 할 분·바르게 깨치신 분께서는 무슨 뜻으로 도량에 편안히 계시며 아누타라삼약삼보디의 과덕을 이루어 이 깊고 깊은 프라즈냐파라미타를 설하십니까?"

붇다께서 브라흐마하늘왕, 샤크라인드라하늘왕과 모든 하늘신들에게 말씀하셨다.

"그렇고 그렇다. 프라즈냐파라미타는 가장 높고 깊고 깊어서 그 가와 바닥을 얻을 수 없으며, 볼 수 없고 알 수 없다. 여래·공양해야 할 분·바르게 깨친 분은 이 깊고 깊은 프라즈냐파라미타에서 이 뜻을 보셨으므로 도량에 편히 계시며, 아누타라삼약삼보디의 과덕을 이루어 깊고 깊은 프라즈냐파라미타를 펴서 말한다.

여러 하늘신들이여. 여래는 비록 보디를 얻으셨지만 얻는 자도 없고 얻는 바도 없으며, 비록 프라즈냐파라미타를 설하지만 설할 수 있는 자도 없고 설할 법도 없다.

왜냐하면 나의 법은 깊고 깊어 연설하는 것이 아니기 때문이니, 허공처럼 깊고 깊으므로 이 법도 깊고 깊으며 내〔我〕가 깊고 깊으므로 이 법이 깊고 깊으며, 온갖 법이 옴이 없으므로 이 법이 깊고 깊으며, 온갖 법이 감이 없으므로 이 법이 깊고 깊은 것이다."163)

---

163) 爾時，娑婆世界主大梵天王與色界天子衆俱，帝釋天王與欲界天子衆俱，來詣佛所。到已頭面各禮佛足，右繞三匝退住一面，各白佛言：「世尊！般若波羅密多最上甚深，不能得其邊際源底、難見難解。如來．應供．正等正覺以何

욕계와 물질세계의 하늘신들이 붇다께 말씀드렸다.

"참으로 드문 일입니다, 세존이시여. 이렇게 말씀하신 법은 세상의 어떤 사람도 믿기 어려울 것입니다. 세상 사람들은 탐착을 행하는데 이 법은 탐착이 없게 하려고 설합니다."

3. 한결같음을 따라 행함을 밝힘

(1) 여래를 따라 태어남을 보임

이때 수부티가 붇다께 말씀드렸다.

"세존이시여, 이 법은 온갖 법을 잘 따릅니다. 왜냐하면 세존이시여, 이 법은 허공과 같이 막혀 걸리는 곳이 없고 막혀 걸리는 모습이 없기 때문입니다. 세존이시여, 이 법은 남이 없으니, 온갖 법을 얻을 수 없기 때문입니다. 세존이시여, 이 법은 있는 곳이 없으니, 온갖 곳을 얻을 수 없기 때문입니다."

다나팔라역(16품)

이때 존자 수부티가 붇다께 말씀드렸다.

義故安處道場, 成就阿耨多羅三藐三菩提果, 說此甚深般若波羅密多耶?」

　佛告梵王、帝釋、諸天子言: 「如是, 如是! 般若波羅密多最上甚深, 不能得其邊際源底、難見難解。如來. 應供. 正等正覺, 於此甚深般若波羅密多, 見是義故安處道場, 成就阿耨多羅三藐三菩提果, 宣說甚深般若波羅密多。諸天子! 如來雖得菩提, 而無得者及無所得; 雖說般若波羅密多, 無能說者、無法可說。何以故? 我法甚深非所演說, 如虛空甚深故此法甚深, 我甚深故此法甚深, 一切法無來故此法甚深, 一切法無去故此法甚深。」

"세존이시여. 붇다께서 설하신 법은 온갖 법을 따라서 모든 장애를 떠났으니, 온갖 법은 얻을 것이 없습니다. 그것은 마치 허공이 막혀 걸림의 모습 떠난 것과 같습니다.

세존이시여. 모든 법은 허공과 같으므로 온갖 구절은 얻을 수 없고, 모든 법은 평등하므로 두 법을 얻을 수 없으며, 모든 법은 남이 없으므로 나는 법을 얻을 수 없고, 모든 법은 모습이 없으므로 모습 취함을 얻을 수 없으며, 모든 법은 곳이 없으므로〔諸法無處故〕온갖 곳을 얻을 수 없습니다." 164)

이때 욕계와 물질세계의 여러 하늘신들이 붇다께 말씀드렸다.

"세존이시여, 이 장로 수부티는 붇다를 따라 났으니 설하는 법이 다 공(空)을 위하기 때문입니다."

수부티가 욕계와 물질세계의 여러 하늘신들에게 말했다.

"그대들은 수부티 장로가 붇다를 따라 태어났다고 말하는데, 어떤 법을 따라 태어났기에 붇다를 따라 태어났다고 하오?

여러 하늘신들이여, 한결같음〔如〕을 따라 행하기 때문에 수부티는 붇다를 따라 태어난 것이오.

여래의 한결같음이 오지도 않고 가지도 않는 것과 같이 수부티도 한결같음을 따라 원래부터 또한 오지도 않고 가지도 않소. 그러므로 수부티는 붇다를 따라 태어난 것이오.

또 여래의 한결같음은 곧 온갖 법의 한결같음이고 온갖 법의 한결같음은 곧 여래의 한결같음이지만, 여래의 한결같음은 곧 한결같음이 아니오. 그러므로, 수부티는 붇다를 따라 태어난 것이오.

---

164) 爾時, 尊者須菩提白佛言：「世尊！佛所說法，隨順一切法離諸障礙，而一切法了不可得，猶如虛空離障礙相。世尊！諸法如虛空故一切句不可得，諸法平等故二法不可得，諸法無生故生法不可得，諸法無滅故滅法不可得，諸法無相故取相不可得，諸法無處故一切處不可得。」

여래의 한결같음은 온갖 곳임과 같이, 온갖 곳은 항상하여 무너지지 않고 분별되지 않소. 그러므로 수부티는 붇다를 따라 태어난 것이오.

여래의 한결같음이 머묾도 아니고 머물지 않음도 아닌 것처럼, 수부티의 한결같음도 이와 같다. 그러므로 수부티는 붇다를 따라 태어난 것이오.

여래의 한결같음이 막혀 걸리는 곳이 없음과 같이 온갖 법의 한결같음 또한 막혀 걸리는 곳이 없다. 그러므로 수부티는 붇다를 따라 태어난 것이오.

또 여래의 한결같음이나 온갖 법의 한결같음은 다 하나의 한결같음〔一如〕으로서 둘도 없고 다름도 없소. 이 한결같음은 지음이 없고 한결같지 아니함이 없으니, 만약 이 한결같음에 한결같지 않음이 없다면〔若是如無非如者〕, 이 때문에 이 한결같음은 둘도 없고 다름도 없소. 그러므로 수부티는 붇다를 따라 태어난 것이오.

또 여래의 한결같음은 온갖 곳에서 무너지지 않고 분별되지 않으며, 온갖 법의 한결같음 또한 무너지지 않고 차별되지 않소. 이와 같이 여래의 한결같음은 분별할 수 없어서 무너짐 없고 다름도 없다. 그러므로 수부티는 붇다를 따라 태어난 것이오.

여래의 한결같음이 모든 법을 떠나지 않듯이 이와 같은 한결같음은 모든 법과 다르지 않소. 이 한결같음은 한결같지 않을 때가 없어서〔是如無非如時〕 늘 이러한 한결같음이오.

이와 같고 이와 같아서 수부티의 한결같음은 이 한결같음과 다르지 않으므로 진실대로 한결같음을 따라 행하지만, 또한 행하는 바가 없다. 그러므로 수부티는 붇다를 따라 태어난 것이오.

여래의 한결같음이 지나간 것도 아니고 아직 오지 않음도 아니며 드러나 있음도 아닌 것과 같이 온갖 법의 한결같음도 또한 이와 같이 지나간 것도 아니고 아직 오지 않음도 아니고 드러나 있음도 아니오. 그러므로 수부티가 한결같음의 행을 따라 태어났기 때문에 붇다를 따라 태어났다고 하오.

또 여래란 곧 여래의 한결같음이니 여래의 한결같음은 곧 지나간 것의 한결같음이며, 지나간 것의 한결같음은 곧 여래의 한결같음이오. 여래의 한결같음은 곧 아직 오지 않음의 한결같음이고, 아직 오지 않음의 한결같음은 곧 여래의 한결같음이며, 여래의 한결같음은 곧 드러나 있음의 한결같음이고, 드러나 있음의 한결같음은 곧 여래의 한결같음이니, 지나간 것(過去)과 아직 오지 않음(未來)과 드러나 있음(現在)의 한결같음과 여래의 한결같음은 둘이 없고 다름이 없소.

온갖 법의 한결같음과 수부티의 한결같음 또한 둘이 없고 다름이 없소. 그러므로 수부티는 붇다를 따라 태어난 것이오."

다나팔라역(16품)

이때 장로 수부티가 곧 브라흐마하늘왕과 샤크라인드라하늘왕과 여러 하늘신들에게 말했다.

"그대들이 '수부티는 여래를 따라 났다'고 말한 것은 한결같은 행(如如行)을 따라 나므로 한결같아 남이 없음인 줄 알아야 하오. 그러므로 수부티는 여래를 따라 난 것이니, 여러 하늘신들이여. 여래의 진여가 오지도 않고 가지도 않기 때문에 수부티의 진여 또한 오지도 않고 가지도 않음과 같이, 여래의 진여가 본래 나지 않기 때문에 수부티의 진여 또한 나지 않소.

왜냐하면 여래의 진여가 온갖 법의 진여이고, 온갖 법의 진여가 여래의 진여이고, 온갖 법의 진여 또한 수부티의 진여이고, 이 모든 진여가 나는 바 없기 때문이오. 그러므로 수부티는 이 진여법 가운데서 여래를 따라 나는 것이지만 저 진여가 진여가 아니오(彼眞如即非眞如).

여러 하늘신들이여. 여래의 진여가 머묾 없고 머묾 없음도 아님과 같이, 수부티의 진여도 머묾 없고 머묾 없음도 아니고, 여래의 진여가 지음 없고 지음 없음도 아니며, 분별 없고 분별 없음도 아님과 같이 수부티의 진여도 지음 없고 지음도 아니고 분별 없지만 분별 없음도 아니오.

수부티의 진여가 지음 없고 지음 없음도 아니며, 분별 없지만 분별 없음도 아니기 때문에 곧 여래의 진여도 지음 없고 지음 없음도 아니며, 분별 없지만 분별 없음도 아니며, 막혀 걸림이 없소. 막혀 걸림이 없기 때문에 온갖 법 또한 지음 없고 지음 없음도 아니며, 분별 없지만 분별 없음도 아니며, 모든 막혀 걸림을 떠났소.

왜냐하면 여래의 진여〔如來眞如〕와 온갖 법의 진여〔一切法眞如〕가 같이 하나의 진여〔同一眞如〕라 이 한결같음에 둘이 없고 두 가름이 없으며 모습 없고 분별 없기 때문이오. 그러므로 수부티가 여래를 따라 나는 것이오."165)

"보디사트바의 한결같음은 곧 아누타라삼약삼보디를 얻을 때의 한결같음이오. 보디사트바는 이 한결같음으로 아누타라삼약삼보디를 얻으니 이를 여래라고 하오.

---

165) 是時, 長老須菩提卽謂梵王、帝釋及諸天子言：「汝等所言須菩提隨如來生者, 當知隨如行故如如無生, 是故須菩提隨如來生。諸天子！如如來眞如不來不去故, 須菩提眞如亦不來不去；如來眞如本來不生故, 須菩提眞如亦本來不生。何以故？如來眞如卽是一切法眞如, 一切法眞如卽是如來眞如, 一切法眞如亦是須菩提眞如, 是諸眞如無所生故。是故須菩提於是眞如法中隨如來生, 而彼眞如卽非眞如。

諸天子！如如來眞如無住非無住, 須菩提眞如亦無住非無住。如如來眞如無作非無作, 無分別非無分別, 須菩提眞如亦無作非無作, 無分別非無分別。以須菩提眞如無作非無作, 無分別非無分別故, 卽如來眞如無作非無作, 無分別非無分別, 無障礙。以無障礙故, 一切法亦無作非無作, 無分別非無分別, 離諸障礙。何以故？以如來眞如, 以一切法眞如, 同一眞如。是如無二無二分, 無相無分別。彼無二眞如卽非眞如非不眞如, 卽彼非眞如非不眞如, 是如無二無二分, 無相無分別, 是故須菩提隨如來生。」

붇다께서 한결같음을 설하실 때 땅이 여섯 가지로 떨려 움직이니, 이 한결같음 때문에 수부티는 붇다를 따라 태어난 것이오.

또 수부티는 물질을 따라 태어나지 않았고, 느낌·모습취함·지어감·앎을 따라 태어나지 않았으며, 스로타판나의 과덕을 따라 태어나지도 않았고, 사크리다가민의 과덕을 따라 태어나지 않았으며, 아나가민의 과덕을 따라 태어나지도 않았고, 아라한의 과덕을 따라 태어나지 않았으며, 프라테카붇다의 도를 따라 태어나지도 않았소. 그러므로 수부티는 붇다를 따라 태어난 것이오."

다나팔라역(16품)

수부티가 다시 여러 하늘신들에게 말했다.

"그대들은 알아야 하오. 수부티가 여래를 따라 난다는 것은 물질을 따라 나지 않고 느낌·모습취함·지어감·앎을 따라 나지 않으며, 스로타판나의 과덕을 따라 나지 않고, 사크리다가민의 과덕을 따라 나지 않으며, 아나가민의 과덕을 따라 나지 않고, 아라한의 과덕을 따라 나지 않으며, 프라테카붇다의 과덕을 따라 나지 않고, 붇다의 과덕을 따라 나지 않는 것이오.

왜냐하면 모든 법은 남이 없고 나는 바 없음도 아니며〔無生非無所生〕, 모든 법은 얻음 없고 얻는 바 없음도 아님〔無得非無所得〕과 같소. 여러 하늘신들이여. 이 뜻 때문에 수부티는 여래를 따라 난 것이오."

수부티가 이 진여의 법을 설할 때, 이 큰 땅이 여섯 가지로 떨려 움직여 열여덟 가지 모습이 있었으니, 다음과 같다.

떨림, 두루 떨림, 같이 두루 떨림, 움직임, 두루 움직임, 같이 두루 움직임, 뜀, 두루 뜀, 같이 두루 뜀, 때림, 두루 때림, 같이 두루 때림, 튐, 두루 튐, 같이 두루 튐, 외침, 두루 외침, 같이 두루 외침, 이와 같은 열여덟 모습을 나타내 마치고는 곧 그때 큰 땅이 옛과 같이 돌아왔다. 166)

---

166) 須菩提復謂諸天子言:「汝等當知, 須菩提隨如來生者, 不隨色生, 不隨受、

⑵ 프라즈냐의 방편에 의해 아누타라삼약삼보디 얻음을 보임

이때 사리푸트라가 붇다께 말씀드렸다.
"세존이시여, 이 한결같음이란 깊고 깊습니다."
붇다께서 말씀하셨다.
"그렇고 그렇다, 사리푸트라여. 이 한결같음은 참으로 깊고 깊다. 지금 이 한결같음을 설하니 삼천 명의 비구들은 모든 법을 받아들이지 않으므로 번뇌의 흐름이 다하여 마음에 해탈을 얻었다.

사리푸트라여, 오백 명의 비구니들은 모든 법 가운데서 티끌을 멀리하고 때를 떠나 법의 눈[法眼]이 깨끗함을 얻었고, 오천의 하늘사람들은 남이 없는 법의 참음[無生法忍]을 얻었으며, 육천의 보디사트바들은 모든 법을 받아들이지 않으므로 번뇌의 흐름이 다하여 마음에 해탈을 얻었다.

사리푸트라여, 이 육천의 보디사트바들은 이미 일찍이 오백 분의 여러 붇다를 공양하고 가까이 모셨으며, 모든 붇다의 처소에서 다나파라미타와 실라파라미타와 찬티파라미타와 비리야파라미타와 디야나파라미타를 닦았으나, 프라즈냐파라미타의 방편에 의해 보살펴지지 못하였으므로, 이제야 비로소 모든 법을 받아들이지 않고 번뇌의 흐름이 다하여 마음에 해탈을 얻었다.

想、行、識生, 不隨須陀洹果生、不隨斯陀含果生、不隨阿那含果生、不隨阿羅漢果生、不隨緣覺果生、不隨佛果生。何以故? 諸法無生非無所生, 諸法無得非無所得。諸天子! 以是義故, 須菩提隨如來生。」
　　須菩提說是眞如法時, 而此大地六種震動, 有十八相, 所謂：震、遍震、等遍震, 動、遍動、等遍動, 踊、遍踊、等遍踊, 擊、遍擊、等遍擊, 爆、遍爆、等遍爆, 吼、遍吼、等遍吼。現如是等十八相已, 即時大地還復如故。

사리푸트라여, 보디사트바가 비록 공하고 모습 없고 지음 없는 도를 행하더라도 프라즈냐파라미타의 방편에 의해 보살펴지지 않으므로 진실한 바탕〔實際〕을 증득하되 슈라바카의 진리수레〔śrāvaka-yāna, 聲聞乘〕만 지을 뿐이다.

사리푸트라여, 비유하면 이것은 몸의 크기가 백 요자나(yojana, 由旬)167) 이백 삼백 사백 오백 요자나가 되는 커다란 새가 미처 날개가 이루어지지 않았는데, 도리하늘로부터 이 잠부드비파로 와 곧 몸을 던져 내려오는 것과 같으니, 사리푸트라여 그대 뜻에 어떠한가. 이 새가 길 가운데 '도리하늘로 다시 돌아가고 싶다'고 생각한다면 다시 돌아갈 수 있겠느냐?"

"돌아갈 수 없습니다, 세존이시여."

"사리푸트라여, 이 새가 다시 '잠부드비파에 이르러라도 몸이 다치지 않았으면!'하고 바란다면 바램대로 이룰 수 있겠느냐?"

"이룰 수 없습니다, 세존이시여. 이 새는 잠부드비파에 이르는 대로 반드시 몸을 다쳐 죽거나 아니면 거의 죽을 괴로움을 받을 것입니다. 왜냐하면 세존이시여, 법이 으레 그러한 것이니 새의 그 몸은 이미 크지만 날개가 아직 이루어지지 않았기 때문입니다."

"사리푸트라여, 보디사트바도 또한 이와 같으니 비록 강가강 모래수처럼 오랜 칼파 동안 다나파라미타와 실라파라미타와 찬티파라미타와 비리야파라미타와 디야나파라미타를 닦고 크나큰 마음과 크나큰 서원을 발하여 헤아릴 수 없는 일을 겪으면서 아누타라삼약삼보디를 얻고자 하더라도 프라즈냐파라미타의 방편에 의해 보살펴지지 않으면 바로 슈라바카와 프라테카붇다의 지위에 떨어지고 만다.

167) 유순(由旬) : 범어 요자나(yojana)의 소리 옮김이다. 인도의 거리 단위로 1유순은 약 8km에 해당한다.

사리푸트라여, 보디사트바가 비록 지나간 때와 아직 오지 않은 때와 드러나 있는 때의 모든 붇다께서 행하신 계(戒)와 정(定)과 혜(慧)와 해탈(解脫)과 해탈지견(解脫知見)을 생각하더라도, 마음으로 모습을 취한다면 이 보디사트바는 모습을 취해 생각하므로 모든 붇다의 계와 정과 혜와 해탈과 해탈지견을 알지 못한다.

알지 못하고 보지 못하므로 '모든 법이 공하다[諸法空]'는 문자를 듣고 이 소리의 모습을 취하여 아누타라삼약삼보디에 회향하면, 이 보디사트바는 슈라바카와 프라테카붇다의 지위에 떨어진다는 것을 알아야 한다. 왜냐하면 사리푸트라여, 보디사트바가 프라즈냐파라미타를 떠나므로 법이 으레 그러한 것이다."

(사리푸트라가 말씀드렸다.)

"세존이시여, 제가 붇다의 말씀하신 뜻을 이해하기로는 만약 보디사트바가 프라즈냐파라미타를 떠나면 곧 아누타라삼약삼보디에 대해 여우 같은 의심을 다하지 못하게 됩니다. 그러므로 보디사트바마하사트바가 아누타라삼약삼보디를 얻으려 하면 반드시 프라즈냐파라미타의 방편을 잘 행해야만 할 것입니다."

4. 아누타라삼약삼보디에서 물러나 구름이 없음을 밝힘

(1) 물러나 구름이 없음을 보임

이때 욕계와 물질세계의 하늘신들이 붇다께 말씀드렸다.

"세존이시여, 프라즈냐파라미타는 깊고 깊으며 아누타라삼약삼보디는 참으로 얻기 어렵습니다."

붇다께서 말씀하셨다.

"그렇고 그렇다, 하늘신들이여. 프라즈냐파라미타는 깊고 깊으며 아누타라삼약삼보디는 참으로 얻기 어렵다."

수부티가 붇다께 말씀드렸다.

"세존이시여, 붇다께서 말씀하심과 같이 프라즈냐파라미타는 깊고 깊으며 아누타라삼약삼보디는 참으로 얻기 어렵습니다. 하지만 제가 붇다께서 말씀하신 뜻을 이해하기로는 아누타라삼약삼보디는 얻기 쉽습니다. 왜냐하면 얻을 법이 없으며 모든 법이 공한 가운데에는 아누타라삼약삼보디를 얻는 자도 없기 때문입니다. 얻을 법이 없고 얻어서 쓰는 법〔所用法〕도 없음은 모든 법이 다 공하기 때문입니다. 여러가지로 말씀하신 법은 끊을 것이 있음을 위한 것이니, 이 법 또한 공합니다.

세존이시여, 아누타라삼약삼보디의 법이란 얻는 자가 쓰는 법이고 아는 자가 쓰는 법이지만, 이와 같은 법은 다 공합니다.168)

세존이시여, 이 인연 때문에 아누타라삼약삼보디는 곧 얻기 쉬운 것이니 모든 얻을 수 있는 것은 다 허공과 같습니다."

사리푸트라가 수부티에게 말했다.

"만약 아누타라삼약삼보디가 얻기 쉬운 것이라면 강가강 모래 수만큼 많은 보디사트바들이 물러서거나 뒤바뀌지 않을 것이니, 이 인연 때문에 아누타라삼약삼보디는 얻기 어렵다는 것을 알아야 하오."169)

---

168) 아는 자와 얻는 자가 있고 아누타라삼약삼보디가 있다면 보디는 얻어야 할 사물화된 법이라 얻지 못할 자가 있지만, 아는 자에 아는 자가 없음이 곧 보디인 줄 알면 중생은 누구나 보디를 벗어나지 않으므로 얻기 쉬움이라 한 것이다.

169) 얻기 쉬움과 어려움: 위없는 보디가 자기진실이므로 얻는 자와 얻을 바가 공하므로 쉬운 것이지만, 위없는 보디에 얻을 것이 없음이 깊고 깊어서 분별로 알 수 없으므로 얻기 어렵다 한 것이리라.

(수부티가 말했다.)

"사리푸트라시여, 그대 뜻에 어떠하십니까. 물질은 아누타라삼약삼보디로부터 물러나 뒤바뀝니까?"

"물러나 뒤바뀌지 않소, 수부티여."

"사리푸트라시여, 그렇다면 느낌·모습취함·지어감·앎은 아누타라삼약삼보디로부터 물러나 뒤바뀝니까?"

"물러나 뒤바뀌지 않소, 수부티여."

"사리푸트라시여, 그렇다면 물질을 떠난 어떤 법이 아누타라삼약삼보디로부터 물러나 뒤바뀝니까?"

"물러나 뒤바뀌지 않소, 수부티여."

"사리푸트라시여, 그렇다면 느낌·모습취함·지어감·앎을 떠난 어떤 법이 아누타라삼약삼보디로부터 물러나 뒤바뀝니까?"

"물러나 뒤바뀌지 않소, 수부티여."

"사리푸트라시여, 그렇다면 물질의 한결같음은 아누타라삼약삼보디로부터 물러나 뒤바뀝니까?"

"물러나 뒤바뀌지 않소, 수부티여."

"사리푸트라시여, 그렇다면 느낌·모습취함·지어감·앎의 한결같음은 아누타라삼약삼보디로부터 물러나 뒤바뀝니까?"

"물러나 뒤바뀌지 않소, 수부티여."

"사리푸트라시여, 그렇다면 물질의 한결같음을 떠난 어떤 법이 아누타라삼약삼보디로부터 물러나 뒤바뀝니까?"

"물러나 뒤바뀌지 않소, 수부티여."

"사리푸트라시여, 그렇다면 느낌·모습취함·지어감·앎의 한결같음을 떠난 어떤 법이 아누타라삼약삼보디로부터 물러나 뒤바뀝니까?"

"물러나 뒤바뀌지 않소, 수부티여."

"사리푸트라시여, 그렇다면 모든 법의 한결같음을 떠난 어떤 법이 아누타라삼약삼보디로부터 물러나 뒤바뀝니까?"

"물러나 뒤바뀌지 않소, 수부티여."

"사리푸트라시여, 이와 같이 실로 구해도 얻을 수 없다면 어떤 법이 아누타라삼약삼보디로부터 물러나 구르는 것입니까? 사리푸트라시여, 아누타라삼약삼보디로부터 물러나 구르는 법은 없습니다."

(사리푸트라가 말했다.)

"수부티께서 말한 뜻대로라면 물러나 구르는 보디사트바란 없소. 만약 그렇다면 붇다께서 말씀하신 슈라바카와 프라테카붇다와 보디사트바의 세 수레의 사람〔三乘人〕 사이에는 차별이 없소."

(2) 한결같음 안에 삼승의 차별이 없음을 보임

이때 마이트레야니푸트라가 사리푸트라에게 말했다.

"그렇다면 수부티존자는 한 보디사트바의 진리수레〔bodhisattva-yāna, 菩薩乘〕만을 두려는 것인지를 물어야 할 것입니다."

사리푸트라가 곧 수부티에게 물었다.

"그렇다면 오직 한 보디사트바야나만을 두려 하오?"

수부티가 말했다.

"한결같음 가운데 과연 슈라바카의 수레, 프라테카붇다의 수레, 붇다의 수레니 하는 세 실천의 수레의 사람이 있을 수 있습니까?"

"수부티시여, 한결같음 안에서는 이 세 가지 모습의 차별이 없소."

"사리푸트라시여, 그렇다면 한결같음에는 하나의 모습이 있습니까?"

"없소, 수부티여."

"사리푸트라시여, 한결같음 안에 하나인 진리의 수레〔Ekayāna, 一乘〕 사람이 있음을 보게 됩니까?"

"보지 못하오, 수부티여."

"사리푸트라시여, 이와 같이 실로 이 법을 얻을 수는 없습니다. 그런데 존자께서는 왜 이렇게 생각하십니까?

'이것은 슈라바카의 수레〔聲聞乘〕이고 이것은 프라테카붇다의 수레〔緣覺乘〕이고, 이것은 붇다의 수레〔佛乘〕이다.'

이 세 실천의 수레〔三乘〕는 한결같음 안에서 서로 차별이 없습니다. 만약 보디사트바가 이러한 말을 듣고도 놀라지 않고 두려워하지 않고 빠지지 않고 물러서지 않는다면, 이 보디사트바는 곧 보디 성취할 수 있음을 알아야 합니다."

이때 붇다께서 수부티를 찬탄해 말씀하셨다.

"잘 말하고 잘 말했다, 수부티여. 그대가 기꺼이 설할 수 있는 것은 다 붇다의 힘이다. 한결같음 가운데 세 실천의 수레 사람을 구해도 차별이 없다고 하는 것에, 만약 보디사트바가 이러한 말을 듣고도 놀라지 않고 두려워하지 않고 빠지지 않고 물러서지 않는다면 이 보디사트바는 곧 보디 성취할 수 있음을 알아야 한다."

이때 사리푸트라가 붇다께 말씀드렸다.

"세존이시여, 이 보디사트바는 어떤 보디를 성취합니까?"

"사리푸트라여, 이 보디사트바는 위없는 보디를 성취할 것이다."

(3) 위없는 보디를 이루기 위해 행하는 법을 보임

사리푸트라가 붇다께 말씀드렸다.

"세존이시여, 만약 보디사트바가 위없는 보디를 성취하고자 한다면 어떻게 행해야 합니까?"

붇다께서 말씀하셨다.

"온갖 중생에 대해 평등한 마음과 자비로운 마음과 다름없는 마음과 겸손히 낮추는 마음과 안온한 마음과 성내지 않는 마음과 괴롭히지 않는 마음과 놀리지 않는 마음과 어버이 같은 마음과 형제 같은 마음을 행하며 더불어 같이 이야기해야 한다.

사리푸트라여, 만약 보디사트바가 아누타라삼약삼보디를 성취하고자 한다면 이와 같이 배우고 이와 같이 행해야 한다."

다나팔라역(16품)

붇다께서 말씀하셨다.

"수부티여. 만약 보디사트바마하사트바로서 아누타라삼약삼보디를 이루고자 하는 이는 온갖 중생에게 평등한 마음, 독함이 없는 마음, 사랑의 마음, 이익 주는 마음, 선지식의 마음, 막혀 걸림 없는 마음, 다소곳이 낮추는 마음, 괴롭히지 않는 마음, 해치지 않는 마음을 일으켜 반드시 이와 같은 마음을 내야 한다.

또 온갖 중생에게 아버지 같다는 생각, 어머니 같다는 생각, 가까운 벗 같다는 생각을 지어야 한다. 또 다시 기나긴 때에 널리 모든 행을 닦아야 하니, 곧 베풀 거리를 주고 계를 보살피며 참아야 할 것을 잘 받고 정진에 게으름이 없고 선정으로 고요히 하고 지혜로 빼어나게 앎(勝解)이다.

이와 같은 등 갖가지 빼어난 행을 닦으며 연으로 남(緣生)을 따라 모든 법을 살피며 모든 법에 끊어져 없어지는 모습을 취하지 않는다. 이와 같이 모든 법의 진실을 깨달아 알면, 곧 보디사트바의 지위를 지나 모든 붇다의 법을 갖추어 헤아릴 수 없고 셀 수 없는 중생을 무르익게 하여, 크나큰 니르바나의 세계에 편히 머물 수 있게 한다.

보디사트바마하사트바가 이와 같이 닦아 배우면 곧 막혀 걸리는 모습이 없게 되며, 나아가 온갖 법도 또한 막혀 걸림 없음을 얻게 된다.

수부티여. 그러므로 보디사트바마하사트바로서 아누타라삼약삼보디를 얻고자 하는 이는 이와 같이 머물고 이와 같이 닦아 배워야 한다. 이와 같이 배우는 이는 온갖 중생을 위해 크게 의지하는 곳이 될 수 있다."170)

평창

프라즈냐파라미타는 모든 법의 실상 그대로의 행이다. 그러므로 보디에 발심한 이는 이미 보디의 땅에 발을 대고 다시는 물러나 구름이 없는 바른 스승을 의지해 스스로의 삶의 진실을 받아들여 의심커나 뉘우치지 않아야 한다.

그는 스스로의 진실을 알고 세간중생의 진여인 진실을 알므로 세간을 안온케 하기 위해, 그리고 세간을 이익되게 하기 위해 발심하며 세간의 구원자 되고 귀의처 되기 위해 발심한다.

그것은 보디에 돌아감이 세계의 실상에 돌아감이고 '나 아니되 나 아님도 아닌 중생'에 모든 공덕을 회향함이기 때문이다. 그는 중생을 건지되 건짐이 없고 세계를 장엄하되 장엄함이 없으니, 저 중생과 세계에 버릴 모습도 없고 얻을 모습이 없기 때문이다. 수트라는 이와 같은 보디사트바를 '물러나 구름이 없는 크나큰 장엄의 보디사트바'라 한다.

---

170) 佛言 : 「須菩提！若菩薩摩訶薩欲得成就阿耨多羅三藐三菩提者, 當於一切衆生起平等心、無毒心、慈心、利益心、善知識心、無障礙心、謙下心、無惱心、不害心, 當生如是等心。又於一切衆生作父想、母想、諸親友想。又復長時廣修諸行, 所謂於施能捨、於戒能護、於忍能受、精進無懈、禪定寂靜、智慧勝解。修如是等種種勝行, 隨順緣生觀察諸法, 不於諸法取斷滅相。

如是了知諸法眞實, 卽能過菩薩地具諸佛法, 成熟無量無數有情, 普令安住大涅槃界。菩薩摩訶薩若如是修學, 卽無障礙相, 乃至一切法亦得無障礙。

須菩提！是故菩薩摩訶薩欲得阿耨多羅三藐三菩提者, 當如是住, 如是修學。如是學者, 能爲一切衆生作大依怙。」

모든 법의 모습이 걸림이 없고 남이 없기 때문에 보디사트바의 프라즈냐와 장엄도 걸림 없고 남이 없으니, 그는 여래를 따라 난 자이고 오고 감이 없는 여래의 한결같음을 따라 나되 남이 없는 자이다. 그는 짓되 지음 없고 행하되 행함이 없으며 삼세의 세간을 살되 삼세가 늘 한결같음이 된다.

그는 온갖 중생에 평등한 마음 자비의 마음 안온한 마음을 늘 행하니, 지어서 그런 것이 아니라 법의 모습이 늘 그러하기 때문이다. 보디에 나아가는 보디사트바는 이와 같이 배우고 이와 같이 실상 그대로 행한다.

그렇다면 사르바즈냐나의 땅에 이르러 세계를 장엄하되 장엄함이 없고, 중생을 건지되 실로 건짐 없는 보디사트바의 행을 다시 어떻다 말할까.

옛 조사의 다음 가르침을 살펴보자.

■ 〈907則〉

용아(龍牙)선사에게, 어떤 승려가 보자(報慈)가 선사의 진영(師眞) 찬탄하는 다음 게를 들어 보였다.

해가 이은 산에서 솟고
달이 창문에 두렷하도다
몸 없음은 아니나
온전히 드러내려 하지 않는다

龍牙 因僧擧報慈贊師眞偈云

日出連山　月圓當戶
不是無身　不欲全露

"선사께서 온전히 드러내 주시길 바랍니다."

용아선사가 휘장을 펼쳐 열며 말했다.
"보았느냐."
승려가 말했다.
"보지 못했습니다."
용아선사가 말했다.
"눈을 가져오라."
뒤에 보자(報慈)선사가 듣고 말했다.
"용아가 다만 '하나의 반'만 얻었다."

問云 請師全露
師撥開帳子云 還見麽
僧云 不見
師云 將眼來
後報慈聞擧云 龍牙只得一半

대각련(大覺璉)선사가 노래했다.

왼쪽의 해 오른쪽의 달이
낮밤으로 돌고 돌아 다 그치지 않네
수메루산이여, 홀로 솟아 높고 높은데
흐릿한 이가 어찌 둥지와 굴을 알리
다르고 다름이여, 아수라가 화를 내 주먹 휘두르니
해와 달이 허공에 빠지고 수메루산은 꺾어지네
캄캄하게 아득히 펼친 때와 철이니
봄의 꽃이 핌이여, 이월 삼월이로다

左日右月　晝夜循環兮俱不徹

妙高兮獨聳巍巍　朦瞳詎知巢穴
別別脩羅才怒揮拳　兩曜淪空兮須彌也折
黑漫漫兮底時節　春花開兮二月三月

산에 솟구친 해에 볼 바가 없고 창문에 두렷한 달에도 얼굴 없음을
알아야 가림 없이 드러나는 참 몸을 아는가.
학담도 한 노래로 조사의 뜻을 받아 붇다의 가르침을 찬탄하리라.

　　해와 달이 돌고 돌며 산은 높고 낮은데
　　여기에서 같고 다름 분별하지 마라
　　세계에 두루한 온몸 늘 홀로 드러나면
　　하되 함이 없이 국토를 장엄하리라

　　日月循還山高底　於此同異莫分別
　　遍界全身常獨露　爲而無爲莊嚴土

제16품 아비니바르타니야보디사트바의 모습
〔阿惟越致相品〕

아비니바르타니야(Avinivartanīya)보디사트바는 물러나 구름이 없는 지위의 보디사트바〔不退轉地菩薩〕이다. 아비니바르타니야보디사트바는 있음이 곧 있음 아님을 통달하여 다시는 있음에 물든 범부의 생각에 떨어지지 않고, 있음이 있음 아니므로 있음을 끊고 공을 얻으려 하거나 번뇌를 끊고 니르바나를 얻으려는 치우친 수행관에 빠지지 않는다.

그러므로 아비니바르타니야보디사트바는 한결같음 가운데 범부나 슈라바카・프라테카붇다, 붇다의 지위가 다름없음을 사무쳐 보아서, 이 한결같음으로써 모든 법의 참모습 가운데 들어가지만 한결같음을 분별하지도 않는다. 아비니바르타니야보디사트바는 움직임에 곧 움직임 없음을 요달하여 모든 행위 가운데서 늘 선정을 수용하며, 고요함에 곧 고요함도 없음을 요달함으로써 고요함을 떠나지 않고 만 가지 행을 일으키고 붇다의 일을 짓는다.

마라는 본래 마라가 아니라 잘못된 허위의식과 왜곡된 삶의 양식이 마라를 마라 되게 한다. 또한 마라는 마라의 일을 쉬지 않고 이어가는 자기 활동에 의해 마라를 벗어나지 못한다. 아비니바르타니야보디사트바는 마라가 갖가지 거짓된 사유와 언어활동과 몸놀림으로 교란하더라도 그것의 거짓됨과 잘못됨을 곧바로 가려내 스스로 마라의 일에 매몰되지 않을 뿐더러, 마라가 곧 마라 아님을 일깨워 마라를 아누타라삼약삼보디에 이끈다.

아비니바르타니야보디사트바는 세간의 중생 속에 함께 하고 집에 머물러도 세간의 탐욕에 빠지지 않고, 시끄러움을 멀리 떠난 아란야에 있어도 그 고요함을 취하지 않는다. 그는 바른 법에 머물러 다시는 법에 의심내지 않고 목숨 다해 바른 법을 보살피고 바른 법을 세간 속에 넓혀간다.

학담이 노래로 종요를 말해보리라.

모든 법은 한결같아 본래 둘이 아니니
이 진여를 따라 법의 참모습에 들어가서
의심 않고 뉘우치지 않으며 분별하지 않으면
이를 보디사트바의 물러나 구르지 않음이라 하네

諸法如如本不二　隨此眞如入實相
不疑不悔不分別　是名菩薩不退轉

이 사람은 바깥길의 견해에 떨어지지 않고
악한 길에 떨어지지 않으며 안락을 행하네
여러 마라의 말 가운데서 움직여 구르지 않으며
바른 생각 잃지 않고 붇다의 지혜에 나아가네

是人不墮外道見　不墮惡道行安樂
諸魔說中不動轉　不失正念趣佛智

비록 세속집에 있어도 탐착하지 않으며
늘 깨끗한 목숨 닦고 이익된 일 닦으며
바른 법을 지켜 보살펴 마음에 의심 없으니
남이 없는 법의 참음을 얻어서
늘 세간의 중생 보살펴 생각하리

雖在家居不貪着　常修淨命饒益事
守護正法心無疑　得無生忍常護念

1. 아비니바르타니야보디사트바가 갖춘 선정과 공덕의 모습을 밝힘

이때 수부티가 붇다께 말씀드렸다.

"세존이시여, 어떤 것이 아비니바르타니야(Avinivartanīya)보디사트바〔不退轉菩薩〕171)의 모습입니까? 제가 어떻게 이 아비니바르타니야보디사트바를 알아볼 수 있겠습니까?"

붇다께서 수부티에게 말씀하셨다.

"범부의 지위니 슈라바카의 지위니 프라테카붇다의 지위니 여래의 지위니 하는 여러 가지 지위들은 한결같음〔如〕 가운데서는 무너지지 않고 둘이 아니고 다름도 아니다. 보디사트바는 이 한결같음으로써 모든 법의 참모습〔諸法實相〕에 들어가지만 또한 이러한 한결같음을 분별하지도 않으니 이것이 곧 한결같음의 모습이다. 172)

---

171) 아비발치(阿鞞跋致)는 범어 a-vinivartanīya, a-vaivartika의 소리 옮김으로 아유월치(阿惟越致)라고도 한다. '물러나 구르지 않음〔不退轉〕' 또는 '물러남 없음〔無退〕'으로 번역된다. 아비니바르타니야보디사트바란 남이 없는 법인〔無生法忍〕을 얻어 다시는 치우친 실천의 수레 두 지위에 떨어지지 않아 위없는 깨달음의 길에서 물러서지 않는 이를 말한다. 보디사트바 계위 가운데 십주(十住)의 일곱 번째 지위를 물러나 구르지 않는 머묾〔不退轉住〕이라고 부른다.

172) 〔E.Conze역 16품〕

수부티가 말씀드렸다.

"세존이시여, 무엇이 물러나 구르지 않는 보디사트바의 징표이고 속성이라 말해집니까? 그리고 어떻게 우리는 보디사트바가 돌이킬 수 없다는 것을 알 수 있습니까?"

세존께서 말씀하셨다.

"보통 대중의 수준, 성문제자들의 수준, 프라테카붇다들의 수준, 붇다의 수준, 그것들은 모두 이와 같음의 수준이다. 이 모든 것들은 둘이 아니고 나뉘지

이 한결같음을 따라〔隨是如〕 모든 법의 참모습에 들어가며, 이 한
결같음을 벗어나서〔出是如〕 다시 다른 법을 듣더라도 의심하지 않고
뉘우치지 않으며, 옳고 그름을 말하지 않으며, 온갖 법이 다 한결같음
에 들어가는 것을 본다.

무릇 이 보디사트바가 말하는 것은 마침내 이익 없는 일을 말하지
않으니, 말하면 반드시 이익이 있으며 다른 사람의 길고 짧은 것을 보
지 않는다.

수부티여, 이 모습으로써 이 사람이 아비니바르타니야보디사트바
인 줄 알아야 한다.

거듭 다시 수부티여, 아비니바르타니야보디사트바는 바깥길의 무
리들〔外道〕인 슈라마나나 브라마나들의 말을 진실한 앎과 진실한 견
해라 보지 않고, 또한 아비니바르타니야보디사트바는 다른 하늘신에
게 절하거나 섬기지 않고 꽃이나 향을 써서 공양하지도 않는다.

수부티여,173) 이 모습으로써 이 사람이 아비니바르타니야보디사

않으며 분별되지 않는 이와 같음들을 통한 사유이니, 이 사유로써 분별하지
않고, 그는 다르마의 본질인 이와 같음에 들어간다."

Subhuti : What, O Lord, are the attibutes, tokens and signs of
an irreversible Bodhisattva, and how can we know that a Bodhisat
tva is irreversible?

The Lord : The level of the common people, the level of the Disci
ples, the level of the Pratyekabuddhas, the level of the Buddhas-t
hey are all called the "Level of Suchness." With the thought that
all these are, through Suchness, not two, nor divided, not discrimi
nated, undiscriminate, he enters on this Suchness, this nature of
Dharma.

173) 『대정장』에는 '須菩提' 다음에 '阿惟越致菩薩'이 있으나, 송(宋)·원(元)·
명(明)·궁(宮) 판본에는 다 '阿惟越致菩薩'이 빠져 있다. 지금은 뒤의 판본에

트바인 줄 알아야 한다.

거듭 다시 수부티여, 아비니바르타니야보디사트바는 결코 세 갈래 나쁜 세계〔三惡道: 나라카·아귀·축생〕에 떨어지지 않으며 여인의 몸174)을 받지도 않는다.

수부티여, 이 모습으로써 이 사람이 아비니바르타니야보디사트바인 줄 알아야 한다.

거듭 다시 수부티여, 아비니바르타니야보디사트바는 산 목숨을 스스로 죽이지 않고 남을 가르쳐 죽이도록 하지 않는다. 스스로 훔치지도 않고 삿된 음행을 하지 않으며, 거짓말하지 않고 두 말 하지 않으며, 욕하지 않고 이익되지 않는 말 하지 않으며, 탐내거나 질투하지 않고, 성내지 않고 삿된 견해를 내지 않으며, 남이 삿된 견해 행하도록 하지 않는다.

이러한 열 가지 착한 길을 늘 몸으로 행하고 남을 가르쳐 행하도록 한다. 나아가 이 보디사트바는 꿈속에서라도 늘 열 가지 나쁜 길을 행하지 않고 언제나 열 가지 착한 길을 행한다.

수부티여, 아비니바르타니야보디사트바는 이 모습으로써 이 사람이 아비니바르타니야보디사트바인 줄 알아야 한다."

다나팔라역(17품)

"거듭 다시 수부티여. 저 물러나 구르지 않는 보디사트바마하사트바는 스스로 듣고 얻은 온갖 법문을 따라 곧 온갖 중생을 위해 진리대로 펼쳐 설해 모든 중

따라 해석한다.

174) 여인의 몸: 보디사트바는 출가·재가 남녀노소에 갇히지 않는 실천주체이다. 그러므로 여인의 몸을 받지 않는다는 것은 이 경을 편집한 시대 남성주의적 시대의식이 반영된 것이라 보아야 한다.

생으로 하여금 큰 이익과 기쁨을 얻게 한다.

　보시사트바는 이 법의 보시로써 모든 중생이 마음으로 즐겨 하고자 함을 따라서 널리 중생으로 하여금 뜻의 바람을 원만케 한다〔圓滿意願〕. 보디사트바는 스스로 얻은 법을 온갖 중생과 함께한다.

　수부티여, 만약 이와 같은 모습을 갖춘다면 이것이 물러나 구르지 않는 보디사트바마하사트바인 줄 알아야 한다." 175)

　"거듭 다시 수부티여, 아비니바르타니야보디사트바176)는 경전을 읽고 외우면서 이렇게 생각한다.

　'나는 중생들이 안락을 얻도록 하려고 법을 설할 것이다. 법보시로써 법답게 원을 채우고 이 법보시로써 중생에게 베풀어 그들과 함께 하리라.'

　수부티여, 이 모습으로써 이 사람이 아비니바르타니야보디사트바인 줄 알아야 한다.

　거듭 다시 수부티여, 아비니바르타니야보디사트바는 깊은 법을 들을 때 마음에 의심이나 뉘우침이 없으며, 말을 절제하면서 부드럽게 한다. 적게 누워 자고, 오거나 가거나 마음이 늘 어지럽지 않으며, 행동을 서두르지 않고 그 마음을 늘 한결같이 하며, 편안하게 천천히 걸으며 땅을 보며 걷는다.

　수부티여, 이 모습으로써 이 사람이 아비니바르타니야보디사트바

---

175) 「復次, 須菩提！彼不退轉菩薩摩訶薩, 隨自所聞所得一切法門, 卽爲一切
　　衆生如理宣說, 令諸衆生得大利樂。菩薩以是法施, 隨諸衆生心所樂欲, 普令
　　衆生圓滿意願。菩薩自所得法, 與一切衆生共之。
　　須菩提！若有具足如是相者, 是爲不退轉菩薩摩訶薩。」

176) 송(宋)·원(元)·명(明)·궁(宮)판본에는 다 '須菩提' 다음에 '又阿惟越致
　　菩薩'이 덧붙여져 있다. 그에 따라 해석한다.

인 줄 알아야 한다.

거듭 다시 수부티여, 아비니바르타니야보디사트바는 옷가지나 잠자리에 때가 없고 늘 깨끗함을 좋아하며, 몸가짐을 잘 갖춰 몸이 늘 안온하며 병에 걸리는 일이 드물다.

수부티여, 범부의 몸에는 팔만 가지 집벌레〔戶蟲〕가 우글거리지만 이 아비니바르타니야보디사트바의 몸 가운데는 이와 같은 여러 벌레가 없다. 왜냐하면 수부티여, 이 보디사트바의 착한 뿌리는 세간을 뛰어넘으며 이 착한 뿌리가 늘어나 자람을 따라 마음의 깨끗함과 몸의 깨끗함을 얻기 때문이다."

수부티가 붇다께 말씀드렸다.

"세존이시여, 무엇이 보디사트바의 마음이 깨끗함입니까?"

"수부티여, 보디사트바의 착한 뿌리가 늘어나고 자람을 따라, 아첨하고 굽고 속이는 마음이 차츰차츰 저절로 사라지므로 마음이 청정해진다. 마음이 청정하므로 슈라바카와 프라테카붇다의 지위를 넘으니, 이것을 가리켜 보디사트바의 마음이 청정하다고 한다.

수부티여, 이 모습으로써 이 사람이 아비니바르타니야보디사트바인 줄 알아야 한다.

거듭 다시 수부티여, 아비니바르타니야보디사트바는 이익을 탐내지 않고, 인색하거나 미워하는 일이 드물다. 깊은 법을 들을 때도 그 마음이 빠지지 않고, 지혜가 깊으므로 한마음으로 법을 들으며, 들을 수 있는 법은 다 프라즈냐파라미타와 서로 맞는다. 이 보디사트바는 프라즈냐파라미타로 인하여 세간의 모든 일이 다 참모습과 같아지니〔皆同實相〕, 살림을 돕는 모든 일〔資生之事〕이 프라즈냐파라미타와 서로 맞지 않음을 보지 않는다.

수부티여, 이 모습으로써 이 사람이 아비니바르타니야보디사트바인 줄 알아야 한다."

2. 아비니바르타니야보디사트바는 마라의 일에 움직이지
않음을 보임

"거듭 다시 수부티여, 만약 악한 마라가 보디사트바가 있는 곳에 와
서 변화로 여덟 가지 큰 나라카〔地獄〕를 만들어낸 다음, 낱낱의 나라카
에 백천만 가량의 보디사트바를 변화로 꾸며놓고 이렇게 말한다 하자.
　'이 보디사트바들은 다 붇다께 물러나 구름이 없는 지위에 오를 것이
라는 언약을 받고 지금 이 큰 나라카 가운데 떨어졌다. 그대가 만약
물러나 구름이 없는 지위에 오를 것이라는 언약을 받는다면 곧 나라
카에 떨어지리라는 언약을 받은 것이다. 그대가 이제 물러남 없는 지
위의 보디사트바가 되고자 하는 이 마음을 뉘우칠 수 있다면 나라카
에 떨어지지 않고 반드시 하늘위에 태어날 것이다.'
　이 보디사트바는 이런 말을 듣고도 마음이 움직이거나 화내지 않으
며, 이렇게 생각한다.
　'물러나 구름이 없는 지위에 있는 보디사트바가 나쁜 세계에 떨어
진다는 것은 있을 수 없는 일이다.'
　수부티여, 이와 같은 모습이 있으면 이 사람이 아비니바르타니야보
디사트바인 줄 알아야 한다.
　거듭 다시 수부티여, 만약 악한 마라가 변화로 슈라마나가 되어 보
디사트바가 있는 곳으로 와서 이렇게 말한다 하자.
　'그대가 앞에 듣거나 읽고 외운 것을 뉘우쳐 버리도록 해야 한다.
만약 그대가 이것을 버리고 떠나 다시는 받아 듣지 않는다면 내가 늘

그대 있는 곳에 이를 것이다. 그대가 들은 바는 붇다께서 말씀하신 것이 아니니, 모두가 글자를 꾸미고 덧붙인 말이며, 내가 말한 경만이 참으로 붇다의 말씀이다.'

만약 이러한 일을 듣고 마음이 움직여 화를 낸다면 이 보디사트바는 아직 여러 붇다로부터 언약을 받지 못한 자로서, 깨달음에 확실히 정해진 보디사트바가 아니며 물러나 구름이 없는 지위에 있는 보디사트바의 성품 가운데 아직 머물지 못한 줄을 알아야 한다.

수부티여, 이 일을 듣고도 마음이 움직이거나 화내지 않고, 다만 모든 법의 모습이 남이 없고 지음 없고 일어남이 없음에 의지할 뿐 다른 말을 따르지 않는다 하자.

그러면 그는 마치 번뇌의 흐름이 다한 아라한과 같이 바로 눈앞에서 모든 법의 모습은 생겨나지도 않고 일어나지도 않음을 깨달으므로 악한 마라에게 휘둘리지 않는다.

수부티여, 보디사트바도 또한 이와 같아서 슈라바카와 프라테카붇다의 지위를 구하는 이가 깨뜨릴 수 없으며, 거듭 다시 물러나 구르는 일이 없이 반드시 사르바즈냐나에 이르러 물러남이 없는 보디사트바의 성품 가운데 머무르면서 다른 말을 따르지 않는다. 수부티여, 이 모습으로써 이 사람이 아비니바르타니야보디사트바인 줄 알아야 한다.

거듭 다시 수부티여, 만약 악한 마라가 보디사트바가 있는 곳으로 와서 이렇게 말한다 하자.

'그대가 행하는 것은 나고 죽음의 행이며 사르바즈냐나의 행이 아니다. 그대는 이제 이 몸에서 괴로움을 다하여 니르바나를 취할 수 있다. 만약 이와 같이 할 수 있으면 다시는 나고 죽는 여러 괴로움을 받지 않을 것이다. 이미 이 몸이 태어남도 오히려 얻을 수 없는데, 하물며 어찌 다시 뒤의 몸[後身]을 받으려 하겠는가!'

이 보디사트바는 이 일을 들어도 마음이 움직이거나 화내지 않는다. 그러면 악한 마라는 다시 이렇게 말할 것이다.

'그대는 지금 여러 보디사트바들이 강가강 모래 수만큼 많은 붇다에게 옷가지와 먹고 마실 것과 잠자리와 의약품으로 공양하는 것을 보려 하고, 강가강 모래 수만큼 많은 붇다가 계신 곳에서 범행(梵行)을 닦아 행하며 붇다를 가까이 모시고, 보디사트바의 진리수레를 위해 보디사트바는 어떻게 머물러야 하며 어떻게 행해야 하는지 등 여러 가지로 묻는 것을 보려 한다. 하지만 이 보디사트바들은 붇다가 계신 곳에서 들은 일을 따라 다 닦아 행하여, 이와 같이 가르치고 이와 같이 배우며 이와 같이 행하였으나 오히려 아직 아누타라삼약삼보디를 얻지 못하고 사르바즈냐나에 머물지 못하였는데, 어찌 하물며 그대가 아누타라삼약삼보디를 얻을 수 있겠느냐?'

이 보디사트바는 이 일을 들어도 마음이 움직이거나 화내지 않는다.

그러면 악한 마라는 곧바로 다시 변화로 여러 비구들을 만들어낸 다음 이렇게 말한다.

'이 비구들은 다 번뇌의 흐름이 다한 아라한들로서 먼저 다 마음을 내서 붇다의 도를 구하려 했지만, 지금껏 다 아라한의 지위에 머무르고 있을 뿐이다. 그런데 어찌 그대가 아누타라삼약삼보디를 얻을 수 있겠느냐?'

만약 보디사트바가 이렇게 생각한다 하자.

'내가 만약 저를 따라 듣고서 마음이 바뀌지 않고 다른 생각을 내지 않으면, 이와 같은 마라의 일에 잃을 것은 없다. 만약 보디사트바가 이와 같이 모든 파라미타를 행하고 이와 같이 모든 파라미타를 배우고도 사르바즈냐나를 얻지 못한다는 것은 있을 수 없는 일이다.'

수부티여, 만약 보디사트바가 모든 붇다께서 말씀한 바와 같이 들은 바대로 배우고 들은 바대로 행하여 이 도를 떠나지 않고 사르바즈냐나의 생각을 떠나지 않으면 사르바즈냐나를 얻지 못한다는 것은 있을 수 없는 일이다. 수부티여, 이 모습으로써 이 사람이 아비니바르타니야보디사트바인 줄 알아야 한다.

거듭 다시 수부티여, 물러나 구름이 없는 지위에 있는 보디사트바에게 악한 마라가 와서 이렇게 말한다 하자.

'사르바즈냐나는 마치 허공과 같아서 이 법은 있는 바가 없으며, 이 법을 써서 도를 얻는 사람도 없다. 왜냐하면 만약 도를 얻는 이와 도를 얻는 법과 쓰는 법이 모두가 허공과 같으며, 아는 자와 아는 법과 쓰는 법도 있는 바가 없어서 모두가 허공과 같다면, 그대는 헛되이 괴로움만 받기 때문이다. 만약 아누타라삼약삼보디를 얻는다고 말해도 이것은 마라의 일이지 붇다께서 말씀한 바가 아니다.'

보디사트바는 이에 대하여 이와 같이 생각해야 한다.

'만약 나를 꾸짖어 사르바즈냐나를 떠나도록 한다면 그렇게 하는 것은 곧 마라의 일이다.'

이런 일 가운데에도 굳센 마음과 움직이지 않는 마음과 뒤바뀌지 않는 마음을 내야 하니, 수부티여 이 모습으로써 이 사람이 아비니바르타니야보디사트바인 줄 알아야 한다."

3. 아비니바르타니야보디사트바가 쓰는 해탈의 모습을 밝힘

(1) 아비니바르타니야보디사트바가 세간 사는 법을 보임

"거듭 다시 수부티여, 아비니바르타니야보디사트바는 첫째 선정과 둘째 선정과 셋째 선정과 넷째 선정에 들고자 하여 마음을 더욱 가다

들어 익히는데, 이 보디사트바는 비록 이 모든 선정에 들어가더라도 도리어 욕계의 법을 취하여 선정을 따라 태어나지 않는다〔不隨禪生〕.

수부티여, 이 모습으로써 이 사람이 아비니바르타니야보디사트바인 줄 알아야 한다.

거듭 다시 수부티여, 아비니바르타니야보디사트바는 마음으로 좋은 이름이나 칭찬 듣기를 탐하지 않고 여러 중생에 대해 마음에 성내거나 걸림이 없어서 늘 안온하게 이로움 줄 마음을 낸다. 나아가고 멈추고 오고 감에도 마음이 흩어져 어지럽지 않으며 늘 그 마음을 한결같이 해〔常一其心〕 바른 몸가짐을 잃지 않는다.

수부티여, 이 보디사트바는 만약 세속 집에 머무르고 있더라도 모든 욕망에 물들거나 집착하지 않으니, 온갖 욕망을 받더라도 마음에 싫어하여 떠날 뜻을 내며 늘 두려운 마음을 품는다.

비유하면 이는 마치 험난한 길에 도적이 들끓어 비록 먹을 것이 있어도 싫어하여 멀리하고 두려워하여 스스로 편안하지 못하고, 오로지 '언제나 이 험난한 길을 다 벗어나게 될까' 생각하는 것과 같다.

아비니바르타니야보디사트바는 비록 집에 머물러도, 받는바 여러 욕망에서 다 허물과 잘못을 보아 마음으로 이에 탐착하지 않으며, 그릇된 생활수단이나 잘못된 법으로 살아가지 않으며, 차라리 몸과 목숨을 버릴지언정 다른 사람을 침해하지 않는다.

왜냐하면 보디사트바는 집에 있어도 중생을 안락하게 하니 비록 집에 있더라도 이와 같은 공덕을 이룰 수 있다. 왜냐하면 프라즈냐파라미타의 힘을 얻었기 때문이다.

수부티여, 이 모습으로써 이 사람이 아비니바르타니야보디사트바인 줄 알아야 한다."

"저 물러나 구르지 않는 보디사트바마하사트바 또한 다시 이와 같아서, 비록 집에 있으며 모든 욕망의 경계를 받는다 해도 모든 욕망의 허물이 뭇 괴로움의 바탕인 줄 늘 느끼어 사랑해 즐김을 내지 않고 늘 놀라 두려워하며 싫어해 버림을 낸다. 삿된 생활방식 그릇된 법으로 스스로 살아가지 않으며, 설사 몸과 목숨을 잃는다 해도 모든 중생을 다쳐 괴롭게 하지 않는다.

왜인가. 집에 있는 보디사트바를 바른 수행자〔正士〕라 하며, 또한 큰 장부〔大丈夫〕라 하며, 또한 사랑할 만한 수행자라 하고, 또 가장 높은 수행자라 하며, 또한 좋은 모습의 수행자라 하고, 또한 수행자 가운데 선인이라 하기 때문이다.

또한 아주 좋은 수행자라 하고, 또한 수행자 가운데 뭇 빛깔의 연꽃〔衆色蓮華〕이라 하고, 또한 수행자 가운데 흰 연꽃〔白蓮華〕이라 하며, 또한 수행자로서 바르게 아는 이라 하고, 또한 사람 가운데 용〔人中龍〕이라 하고, 또한 사람 가운데 사자〔人中師子〕라 하며, 또 잘 다스리는 이라 이름하기 때문이다.

보디사트바는 비록 다시 집에 있어도 갖가지 공덕을 성취하여 온갖 중생을 늘 즐겁게 하고 이익 주어 즐겁게 하니, 보디사트바는 그 프라즈냐파라미타의 힘 때문에 온갖 빼어난 모습을 얻어 이루게 된다.

수부티여, 만약 이와 같은 모습을 갖추면 이것이 물러나 구르지 않는 보디사트바마하사트바이다."177)

---

177) 「彼不退轉菩薩摩訶薩亦復如是。雖復在家受諸欲境, 而常覺知諸欲過失爲衆苦本, 不生愛樂常所怖畏而生厭捨, 不以邪命非法自活, 寧失身命於諸衆生而不損惱。

何以故？在家菩薩是名正士, 亦名大丈夫, 亦名可愛士夫, 亦名最上士夫, 亦名善相士夫, 亦名士夫中傑, 亦名吉祥士夫, 亦名士夫中衆色蓮華, 亦名士夫中白蓮華, 亦名士夫正知者, 亦名人中龍, 亦名人中師子, 亦名調御者。菩薩雖復在家而能成就種種功德, 常樂利樂一切衆生, 菩薩以其般若波羅密多力故, 獲得一切勝相成就。

須菩提！若有具足如是相者, 是爲不退轉菩薩摩訶薩。」

"거듭 다시 수부티여, 아비니바르타니야보디사트바는 금강공이〔金剛杵〕178〕를 든 금강역사〔金剛神, 力士〕가 늘 따라다니면서 지켜주어 사람 아닌 것들이 가까이 오지 못하도록 해주니, 이 보디사트바의 마음은 미처 어지러움이 없으며 몸의 모든 아는 뿌리〔諸根〕가 갖추어져 빠뜨려 모자람이 없다.

어질고 착한 행을 닦아 어질지 않거나 나쁜 행동을 하지 않으며, 만트라나 약초로써 여인들을 맞아 이끌어 들이지 않으니, 몸소 스스로 이렇게 하지 않고 또 남을 시켜 하지도 않는다.

이 보디사트바는 늘 깨끗한 목숨〔淨命〕을 닦아서 길흉을 점치거나 아들을 낳을지 딸을 낳을지 상을 보아 주지 않아서, 이와 같은 일들은 다 하지 않는다.

수부티여, 이 모습으로써 이 사람이 아비니바르타니야보디사트바인 줄 알아야 한다.

거듭 다시 수부티여, 아비니바르타니야보디사트바에게는 다시 이러한 모습이 있으니 이제 말해주겠다.

수부티여, '물러나 구름이 없는 지위'에 있는 보디사트바는 세상의 자질구레한 일들, 이를테면 관청에 관한 일과 전쟁에 관한 일, 도적에 관한 일과 도시와 마을에 관한 일과 코끼리와 말과 수레와 옷가지와

---

178) 금강저(金剛杵): 고대 인도의 무기. 밀교(密敎)에서 번뇌를 깨뜨리는 보살심의 상징으로 승려들이 붇다의 법을 닦아 행할 때 쓰는 도구이다. 금·은·동·철이나 나무 등으로 만들어져 있으며, 끝이 뾰족하다. 모습에 따라 뾰족한 끝이 하나인 것을 독고(獨鈷), 셋으로 된 것을 삼고(三鈷), 다섯 개로 나뉜 것을 오고(五鈷)라고 한다. 각각 하나의 진여〔一眞如〕, 세 가지 비밀스러움과 세 몸〔三密三身〕, 다섯 가지 지혜와 다섯 붇다〔五智五佛〕를 표현한 것이라고도 한다.

먹고 마실 것과 잠자리 등에 관한 일 말하기를 즐겨하지 않는다. 또 꽃과 향과 여인과 음탕한 여인의 일 말하기를 즐겨하지 않으며, 신기한 일 점치는 일 말하기를 즐겨하지 않으며, 큰 바다에 관한 일 등 말하기를 즐겨하지 않으며,179) 다른 사람을 괴롭히는 일 말하기를 즐겨하지 않으며, 갖가지 일들 말하기를 즐겨하지 않으며, 다만 프라즈냐파라미타 말하기를 즐겨할 뿐이다.

언제나 사르바즈냐나에 맞는 마음을 떠나지 않고 소송을 걸어 싸우기를 즐겨하지 않으며, 마음으로 늘 법을 즐기고 법에 어긋나는 일은 즐겨하지 않으며, 옳은 스승을 반기며 원한 맺는 일을 반기지 않는다. 다툼 화해시키는 일을 즐기고, 남 헐뜯는 일을 즐겨하지 않으며, 붇다의 법 가운데서 출가함[出家]을 즐기며, 언제나 다른 곳의 깨끗한 붇다의 나라에 태어나서 뜻을 따라 자재하게 그 태어나는 곳에서 늘 모든 붇다 공양할 수 있기를 즐겨한다.

수부티여, 아비니바르타니야보디사트바는 욕계와 물질세계에서 목숨 마치면 사람 세상의 중심 되는 곳에 태어나서, 기예를 잘하고 경전을 밝게 이해하며 만트라와 모습 점치는 것도 다 환히 안다. 치우친 곳에 태어나는 경우는 드물지만 설령 치우친 곳에 태어나더라도 큰 나라에 태어난다.

이와 같은 공덕의 모습이 있으면 이 사람은 아비니바르타니야보디사트바인 줄 알아야 한다.”

(2) 아비니바르타니야보디사트바는 모든 의혹 떠남을 보임

---

179) ‘큰 바다에 관한 일 말하기를 즐겨하지 않으며〔不樂說大海事〕’는 다나팔라의 번역본에 ‘큰 바다의 섬과 물가 강과 냇물 등의 일을 말하지 않는다〔不說大海洲渚江河等事〕’고 자세히 설명되어 있다. (大正藏8, p.643 上)

"거듭 다시 수부티여, 아비니바르타니야보디사트바는 '나는 아비니바르타니야보디사트바다'라거나 '아비니바르타니야보디사트바가 아니다'라고 생각하지 않으며 이런 의심을 내지도 않는다.

수부티여, 스스로 물러나 구름이 없는 지위를 증득한 이는 마침내 다시 의심하지 않는다. 비유하면 이것은 마치 스로타판나가 깨달은 법 가운데서 마음에 의심하는 바가 없어서 갖가지 마라의 일을 다 알아차리며, 알아차리고서는 따르지 않는 것과 같다. 보디사트바도 또한 이와 같아서 물러나 구름이 없는 지위 가운데 마음에 의심하는 바가 없으며, 갖가지 마라의 일을 다 알아차리고, 알아차리고서는 따르지 않는다.

수부티여, 비유하면 이것은 어떤 사람이 다섯 가지 거스르는 큰 죄〔五逆罪〕를 짓고 마음에 언제나 뉘우치고 두려워하다. 죽음에 이르도록 이를 버리거나 멀리 떠날 수 없어서, 이와 같은 죄의 마음이 늘 이 사람180)을 따라다녀 목숨 마칠 때에 이르게 되는 것과 같다.

수부티여, 아비니바르타니야보디사트바도 또한 이와 같다. 아비니바르타니야보디사트바는 마음이 늘 물러남이 없는 지위 가운데 편안히 머무니, 움직여 뒤바꿀 수 없으며 온갖 세간의 하늘과 사람, 아수라 등이 무너뜨릴 수 없는 바181)라 갖가지 마라의 일을 잘 알아차릴 수 있고, 알아차리고서는 따르지 않는다.

깨달은 법 가운데에서 그 마음이 결정되어 의혹하는 바가 없고, 다시 몸을 바꾸더라도 슈라바카와 프라테카붇다의 마음을 내지 않으며,

---

180) 『대정장』에 따르면 '이 마음〔是心〕'이지만, 궁(宮) 판본에는 '이 사람〔是人〕'으로 되어 있다.

181) 『대정장』에 따르면 '무너뜨릴 바〔所壞〕'이지만, 송(宋)·원(元)·명(明)·궁(宮) 판본에는 다 '무너뜨릴 수 없는 바〔所不能壞〕'로 되어 있다.

다시 몸을 바꾸더라도 '내가 아누타라삼약삼보디를 얻지 못하리라'고 다시 의심하지 않고 스스로 깨달아 얻은 법 안에서 다른 사람을 따르지 않으니, 스스로 머무는 깨달음의 지위〔自住證地〕는 깨뜨려 무너뜨릴 수 없다. 왜냐하면 무너뜨릴 수 없는 지혜를 이루어서 물러나 구름이 없는 성품에 편안히 머무르기 때문이다.

수부티여, 만약 악한 마라가 변화로 붇다의 몸을 만든 다음, 아비니바르타니야보디사트바가 있는 곳으로 와서 이렇게 말한다고 하자.

'잘 행하는 남자여, 그대는 지금의 이 몸으로도 아라한을 얻을 수 있는데 아누타라삼약삼보디를 어디에 쓸 것인가? 왜냐하면 보디사트바는 아누타라삼약삼보디 얻는 모습을 성취하는데 그대에게는 이런 모습이 없기 때문이다.'

수부티여, 보디사트바는 이런 말을 듣고도 움직여 달라지지 않고 바로 이렇게 생각한다.

'이것은 악한 마라거나 악한 마라가 부려서 하는 짓이지 결코 붇다의 말씀이 아니다. 붇다의 말씀이라면 다름이 있지 않아야 할 것이다.'

만약 이 보디사트바가 '이것은 악한 마라가 몸을 변해 붇다를 지어서 나로 하여금 프라즈냐파라미타를 멀리 떠나도록 하려는 것이다'라고 생각하여 악한 마라가 자취 없이 사라져 버린다 하자. 그러면 이 보디사트바는 이미 앞 세상의 붇다에게서 아누타라삼약삼보디의 언약을 받고 물러나 구름이 없는 지위 가운데 편안히 머무르고 있다는 것을 알아야 한다.

왜냐하면 이 사람에게는 아비니바르타니야보디사트바의 모습이 있기 때문이다. 수부티여, 이 모습으로써 이 사람이 아비니바르타니야보디사트바인 줄 알아야 한다.

거듭 다시 수부티여, 아비니바르타니야보디사트바는 법을 지키기 위해서라면 자신의 몸과 목숨도 아끼지 않으니, 바른 법[正法]을 위해 정진하면서 이렇게 생각한다.

'나는 다만 지난 세상과 드러나 있는 세상 모든 붇다의 바른 법만을 지켜 보살피지 않고 또한 다시 아직 오지 않은 세상 모든 붇다의 바른 법도 지켜 보살필 것이다. 나도 또한 아직 오지 않은 때의 수[未來數] 가운데 있으면서 깨달음의 언약을 받을 것이니, 나는 곧 스스로 법을 지켜 보살필 것이다.'

이 보디사트바는 이 이익됨을 보는 까닭에 바른 법을 지켜 보살피며 나아가 몸과 목숨까지 돌보지 않으며 그 마음이 빠지거나 뉘우치지 않는다. 수부티여, 이 모습으로써 이 사람이 아비니바르타니야보디사트바인 줄 알아야 한다.

거듭 다시 수부티여, 아비니바르타니야보디사트바는 여래를 좇아 법 설함을 들을 때에도 마음에 의심하는 바가 없다."

수부티가 붇다께 말씀드렸다.

"세존이시여, 이 보디사트바는 다만 여래의 법 설함을 들을 때만 마음에 의심이 없습니까? 아니면 슈라바카의 사람이 법 설함을 들을 때도 또한 의심이 없습니까?"

"수부티여, 이 보디사트바는 슈라바카의 사람을 좇아 법을 들을 때도 또한 의심하는 바가 없다. 왜냐하면 이 보디사트바는 모든 법 가운데 남이 없는 법의 참음[無生法忍, anutpattika-dharma-kṣānti]을 얻었기 때문이다.

수부티여, 보디사트바가 이러한 공덕의 모습을 성취하면 이 사람이 아비니바르타니야보디사트바인 줄 알아야 한다."

보디사트바가 '보디의 마음을 내는 것〔發菩提心〕'은 중생의 진실이
여래의 과덕과 둘이 없음을 믿어 흔들리지 않음을 말한다. 그러므로
참으로 보디에 회향하는 마음을 내면 보디사트바마하사트바는 믿지
못해 뉘우치거나 물러서지 않으며 빠지거나 잃지 않는다.

그는 자기진실이 중생의 나고 죽음과 번뇌가 공한 진여인 줄 알고
진여의 한결같음 가운데는 무너짐이 없고 새로 얻음이 없어서 그의
이러한 믿음 가운데는 중생과 보디사트바, 여래의 지위에 두 모습이
없고 다름이 없다.

뒤로 물러나 구름이 없는 보디사트바는 중생에게 잃음이 없고 여래
에게 얻음이 없음을 알아 깨끗한 곳에서도 깨끗함에 집착하지 않고
더러움 속에서 그 더러움에 물들지 않는다.

그는 가고 오되 움직임이 없고 머물되 머묾이 없으며, 잘 때 어둡지
않고 깨어있을 때 앎이 없어 잠과 깸이 한결같고〔寤寐一如〕 꿈과 깸
이 한결같다〔夢覺一如〕. 그에게는 보고 들음과 보지 않고 듣지 않음,
말하고 잠잠함이 늘 프라즈냐와 서로 응해 세간의 모든 일이 참모습
과 같아 생각 생각 걸음 걸음이 프라즈냐 아님이 없게 된다.

물러섬이 없는 보디사트바는 저 마라의 일과 마라의 말도 법계의
지혜 떠나지 않은 줄 알되 마라의 일 마라의 말을 마라의 짓인 줄 알
아 마라에 휘둘려 움직이지 않는다. 그는 세간에 머물러도 탐착해 물
들지 않고 집에 살더라도 모든 탐욕의 경계를 받지 않으며 모든 공덕
을 보디와 중생에 회향하여 늘 세간과 중생을 안락하게 한다.

그는 물듦과 깨끗함이 공한 줄 알되 여래의 법 가운데서 출가(出家)
하기를 즐기며 나는 곳마다 붇다를 섬겨 공경한다. 그는 여래의 법에
다시 의심하거나 뉘우치지 않으며 중생을 위해 프라즈냐의 법을 널리

설한다.

왜 그럴 수 있는가. 물러서 구름이 없는 보디사트바는 중생의 진실이 곧 여래의 공덕의 곳간이며 스스로의 프라즈냐임을 굳게 믿어 그 믿음의 마음이 무너지지 않기 때문이고 물든 중생의 한 생각이 본래 남이 없고 무너짐이 없음을 알기 때문이다.

옛 조사의 다음 가르침을 살펴보자.

　　지문선사에게 어떤 승려가 물었다.
　　"어떤 것이 붇다입니까?"
　　선사가 말했다.
　　"짚신을 밟아 해지니 맨발로 달린다."
　　승려가 물었다.
　　"어떤 것이 붇다의 위를 향하는 일입니까?"
　　선사가 말했다.
　　"주장자 끝에 해와 달이 돋아 오른다."

▪ (1283則)

　　智門因僧問 如何是佛
　　師云 踏破草鞋赤脚走
　　僧云 如何是佛向上事
　　師云 拄杖頭上挑日月

천동각(天童覺)선사가 노래했다.

　　짚신을 밟아 해지니 맨발로 달리고
　　주장자 끝에 해와 달이 돋아 오름이여
　　지문이 곧장 조사가풍을 얻어서

운문의 넓고 긴 혀의 설법 놓아내네
큰 지혜는 어리석음 같고
큰 재주는 무딘 듯함이여
공부를 다해 찾아도 사무치지 못한다
부디 평평한 땅 위에 흙무더기 더하지 말고
허공 속에다 나무말뚝 박지 말라

踏破草鞋赤脚走　柱杖頭上挑日月
智門直得祖家風　放出雲門廣長舌
大智如愚　大巧若拙
用盡工夫叅不徹
莫於平地上增堆　休向虛空裏釘橛

목암충(牧庵忠)선사가 노래했다.

짚신을 밟아 해지자 맨발로 달리니
저울추가 쇠같이 굳음 바야흐로 아네
주장자 끝에 해와 달이 돋아오름이여
하늘 땅을 비추어 밝은 빛 환하고 깨끗하네
옛 사람의 분명한 뜻을 알려는가
붉은 화로에 한 점 눈을 보라
알건 모르건 깨치건 못 깨치건
머리맡에서부터 가볍게 흘리지 말라
오랑캐 사람 젖을 마시며 좋은 의사 괴이타 여겨
끓는 솥이 바닥까지 뜨거움을 믿지 않는다
찾아보라

踏破草鞋赤脚走　方知稱鎚硬似鐵

拄杖頭上挑日月　照破乾坤明皎潔
要會古人端的意　看取烘爐一點雪
會不會徹不徹　切忌當頭輕漏洩
胡人飮乳怪良醫　不信鑊湯通底熱 (祭)

　학담도 한 노래로 옛 조사의 뜻에 함께해 여래의 가르침을 찬탄하
리라.

　　세간의 일 밖에 참됨이 없으니
　　평평한 땅 위에 물결을 일으키지 말라
　　저울추가 쇠처럼 단단한 줄 이미 알았음이여
　　다섯 가지 흐린 험난한 세상 붇다의 일 행하네

　　世間事外別無眞　莫起波浪平地上
　　已知稱鏈硬似鐵　五濁險世行佛事

제17품 깊고 깊은 프라즈냐의 공덕
〔深功德品〕

온갖 법은 나되 실로 남이 없으므로 모습에 모습 없고, 모습 없으므로 한결같다. 온갖 법의 한결같음이 프라즈냐파라미타이니, 온갖 법이 한결같아 깊고 깊으므로 프라즈냐파라미타도 한결같아 깊고 깊다.

깊은 프라즈냐파라미타를 따라 짓는 공덕은 모든 모습을 떠나 모습 아닌 모습을 쓰는 공덕이므로 다함없다. 그러므로 하루라도 깊은 프라즈냐를 따라 짓는 공덕은 깊은 프라즈냐파라미타를 떠나 강가아강 모래 수처럼 오랜 칼파 동안 보시하고 지계하고 인욕 정진하며 선정과 지혜를 닦은 공덕보다 뛰어나다.

다섯 쌓임으로 표현된 온갖 법은 인연 따라 나고 사라지지만, 인연으로 나므로 실로 남이 없고 인연으로 사라지므로 실로 사라짐이 없다. 이와 같이 알면 온갖 법은 늘어나고 줄어듦이 없고 아누타라삼약삼보디도 늘어나고 줄어듦이 없다. 중생이 지금 일으키는 앞의 생각이 사라지고 뒤의 생각이 일어날 때, 뒤의 생각은 앞 생각이 그대로 온 것이 아니지만, 앞 생각을 떠나서 일어나지도 않는다.

그러므로 아누타라삼약삼보디는 앞의 마음으로 얻지 못하지만 앞의 마음을 떠나지도 않으며, 뒤의 마음으로 얻지 못하지만 뒤의 마음을 떠나지도 않는다. 앞의 마음이 사라지되 실로 사라짐 없고 뒤의 마음이 일어나되 일어남이 없으므로 중생의 마음이 한결같고, 한결같으므로 무너짐이 없다. 또한 얻을 것이 없고 무너짐이 없는 법 가운데는 얻을 것이 없으므로 잃을 것이 없다.

이와 같이 알고 이와 같이 행하면 이것이 프라즈냐파라미타를 행하는 것이니, 프라즈냐를 행하는 보디사트바는 아누타라삼약삼보디를 얻지 못할까 두려워하지 않는다. 보디사트바는 이와 같이 아누타라삼약삼보디에 얻을 것이 없지만 얻지 못할 것도 없는 줄 이미 알므로, 모든 의심과 두려움이 없이 중생을 위해 보시를 행하고 인욕을 행하며, 다함없이 정진하여 중생을 깨달음의 길에 이끌어들인다.

그는 아누타라삼약삼보디를 먼 세월이 걸려야 얻는다는 말을 들어도, 먼 세월이 한 생각과 서로 응하는 줄 알므로 다시 놀라거나 두려워하거나 실망하지 않는다.

학담이 노래로 종요를 말해보리라.

모든 법이 깊고 깊으니 프라즈냐도 깊고
모든 법이 헤아릴 수 없으니 프라즈냐도 그러네
보디사트바 행은 깊어 실상과 같으니
보디사트바 행은 모든 작은 과위 뛰어넘네

諸法甚深般若深　諸法無量般若然
菩薩行深如實相　菩薩行超諸小位

삼세의 마음은 끊어짐과 항상함이 아니니
인연이라 공하면 곧 모든 법은 한결같네
보디는 삼세의 마음을 얻지 않고
삼세 마음 떠남도 또한 얻지 않네

三世心也非斷常　因緣空卽諸法如
菩提三世心不得　離三世心亦不得

보디사트바는 어느 곳에서 프라즈냐 행하는가
으뜸가는 진리 뜻 가운데서 반야를 행하네
깸과 잠 꿈과 깸이 같아 다름 없으니
꿈같은 행으로 허깨비 같은 중생 건네주네

菩薩何處行般若　第一義中行般若
寤寐夢覺等無異　如夢度如幻衆

1. 깊고 깊은 프라즈냐와 온갖 법의 모습을 밝힘

이때 수부티가 붇다께 말씀드렸다.

"참으로 드문 일입니다, 세존이시여. 이는 아비니바르타니야보디사트바가 크나큰 공덕을 성취한 것입니다. 세존께서는 아비니바르타니야보디사트바가 갖고 있는 강가강 모래 수만큼 많은 모습을 설하실 수 있는데, 이 모습을 설하는 것이 바로 깊은 프라즈냐파라미타의 모습을 설한 것입니다."

붇다께서 말씀하셨다.

"잘 말하고 잘 말했다, 수부티여. 그대는 모든 보디사트바의 깊고 깊은 모습을 보일 수 있구나. 수부티여, 깊고 깊은 모습이란 곧 공함의 뜻〔空義〕이며, 이것은 바로 모습 없고, 지음 없으며, 일어남 없고, 남이 없고, 사라짐 없으며, 있는 바가 없고, 물듦이 없이 고요하여 멀리 떠난 니르바나의 뜻〔涅槃義〕이다." 182)

---

182) 〔E.Conze역 17품〕

수부티존자가 말씀드렸다.

"세존이시여, 아주 놀랍습니다. 어떻게 위대하고 제한되지 않고 헤아릴 수 없는 빼어난 자질이 보디사트바에게 부여됩니까?"

세존께서 말씀하셨다.

"이것은 수부티여, 되돌이킬 수 없는 보디사트바가 끝나지 않고 묶이지 않는 인식을 얻었기 때문인데, 그것은 성문제자들과 프라테카붇다들에게는 요구할 수 없는 것이다."

Subhuti: It is wonderful, O Lord, with how great, with what unlimited and measureless qualities a Bodhisattva is endowed!

The Lord: So it is, Subhuti. For an irreversible Bodhisattva has gained a cognition which is endless and boundless, and to which Disciples and Pratyedabuddhas have no claim.

"세존이시여, 다만 이는 공하다는 뜻이며 나아가 니르바나의 뜻일 뿐, 온갖 법의 뜻[一切法義]은 아닙니까?"

"수부티여, 온갖 법 또한 깊고 깊은 뜻이다. 왜냐하면 수부티여, 물질은 깊고 깊으며 느낌 · 모습취함 · 지어감 · 앎도 깊고 깊다. 어떻게 물질이 깊고 깊은가? 한결같아서 깊고 깊다. 어떻게 느낌 · 모습취함 · 지어감 · 앎이 깊고 깊은가? 한결같아서 깊고 깊다.

수부티여, 물질 없는 것이 물질의 깊고 깊음이요, 느낌 · 모습취함 · 지어감 · 앎 없는 것이 느낌 · 모습취함 · 지어감 · 앎의 깊고 깊음이다."

수부티가 말씀드렸다.

"참으로 드문 일입니다, 세존이시여. 미묘한 방편으로써 물질을 막아 니르바나를 보이시며 느낌 · 모습취함 · 지어감 · 앎을 막아 니르바나를 보이십니다."

2. 프라즈냐의 다함없는 공덕

(1) 프라즈냐를 따라 행하는 공덕

붇다께서 수부티에게 말씀하셨다.

"보디사트바가 만약 이 깊은 프라즈냐파라미타에서 다음 같이 사유하여 살핀다 하자.

'프라즈냐파라미타의 가르침과 같이 이와 같이 배워야 하며, 프라즈냐파라미타의 말씀과 같이 이와 같이 행하여야 한다.'

이 보디사트바가 이와 같이 사유하고 닦아 익히면 하루에라도 짓는 공덕은 한정지어 헤아릴 수 없게 된다."

다나팔라역(18품)

붇다께서 말씀하셨다.

"수부티여. 만약 보디사트바마하사트바가 이 깊고 깊은 프라즈냐파라미타의 모습에서 프라즈냐파라미타의 머묾 같이 이와 같이 머물고, 프라즈냐파라미타의 가르침과 같이 이와 같이 배우며, 프라즈냐파라미타의 행과 같이 이와 같이 행한다 하자.

수부티여, 보디사트바마하사트바가 하루 가운데서 이와 같이 사유할 수 있고, 이와 같이 살필 수 있으며, 이와 같이 닦아 익히고 이와 같이 서로 응하면, 이 보디사트바마하사트바에게 하루에 있는 공덕은 사유하고 말할 수 없으며 일컬어 헤아릴 수 없다."[183]

"수부티여, 비유하면 다음과 같다. 어떤 욕심 많은 사람이 탐욕의 느낌〔欲覺〕 또한 많아 이 사람이 어떤 단정한 여인과 함께 만나기로 하였는데, 이 여인이 사정 때문에 때맞추어 오지 못하였다. 수부티여, 그대 뜻에 어떠한가. 이 욕심 많은 이의 탐욕의 느낌은 어떤 법과 서로 응하겠는가?"

"세존이시여, 이 욕심 많은 이는 다만 탐욕의 느낌과 서로 응하는 생각을 일으켜 '이 여인이 머지않아 올 것이니 나는 그녀와 함께 앉고 누워 재미있게 웃고 놀아야지'라고 생각할 것입니다."

"수부티여, 그대 뜻에 어떠한가. 이 사람이 하루 낮 하루 밤 동안 탐욕의 생각을 얼마나 일으키겠는가?"

---

183) 佛言：「須菩提！若菩薩摩訶薩於此甚深般若波羅密多相, 如般若波羅密多住如是住, 如般若波羅密多教如是學, 如般若波羅密多行如是行。須菩提！菩薩摩訶薩能一日中如是思惟、如是觀察、如是修習、如是相應, 是菩薩摩訶薩一日所有功德, 不可思議、不可稱量。」

"세존이시여, 이 사람이 하루 낮 하루 밤에 생각 일으킴이 매우 많습니다."

"수부티여, 만약 보디사트바가 깊은 프라즈냐파라미타의 가르침같이 사유하고 배워 익히면 물러나 구름을 떠나고 악을 넘어서며 여러 칼파 동안 겪어야 할 나고 죽음의 어려움을 버린다. 이 보디사트바가 하루 가운데 깊은 프라즈냐파라미타에 응하여 짓는 공덕은, 깊은 프라즈냐파라미타를 멀리 떠나 강가강의 모래 수처럼 오랜 칼파 동안 보시한 공덕보다 뛰어나다.

거듭 다시 수부티여, 만약 보디사트바가 프라즈냐파라미타를 떠난 채 강가강 모래 수처럼 오랜 칼파 동안 스로타판나·사크리다가민·아나가민·아라한·프라테카붇다 및 여러 붇다를 공양하면 그대 뜻에 어떠한가. 그 복이 많겠느냐?"

수부티가 말씀드렸다.

"매우 많습니다, 세존이시여. 헤아릴 수 없고 가없어 이루 셀 수 없습니다."

붇다께서 말씀하셨다.

"그러나 보디사트바가 깊은 프라즈냐파라미타에서 말씀한 대로 닦아 행하여 하루 동안이라도 지은 많은 복보다는 못하다. 왜냐하면 보디사트바가 프라즈냐파라미타를 행하면 슈라바카·프라테카붇다의 지위를 지나 보디사트바의 지위에 들어 아누타라삼약삼보디를 얻을 수 있기 때문이다.

거듭 다시 수부티여, 만약 보디사트바가 강가강 모래 수처럼 오랜 칼파 동안 프라즈냐파라미타를 떠난 채 다나·실라·찬티·비리야·디야나·프라즈냐를 행하면 그대 뜻에 어떠한가. 그 복이 많겠느냐?"

수부티가 말씀드렸다.

"매우 많습니다, 세존이시여."

붇다께서 말씀하셨다.

"그러나 보디사트바가 깊은 프라즈냐파라미타에서 말씀한 대로 닦아 행해 하루 동안이라도 다나・실라・찬티・비리야・디야나・프라즈냐를 행한 많은 복보다는 못하다. 거듭 다시 수부티여, 어떤 보디사트바가 강가강 모래 수처럼 오랜 칼파 동안 프라즈냐파라미타를 떠난 채 중생에게 법으로 보시한다〔法施〕면 그대 뜻에 어떠한가. 그 복이 많겠느냐?"

수부티가 말씀드렸다.

"매우 많습니다, 세존이시여."

붇다께서 말씀하셨다.

"그러나 보디사트바가 깊은 프라즈냐파라미타에서 말씀한 대로 닦아 행해 하루 동안이라도 중생에게 법으로 보시하는 많은 복보다는 못하다. 왜냐하면 보디사트바가 프라즈냐파라미타를 떠나지 않는 것은 곧 사르바즈냐나를 떠나지 않는 것이기 때문이다.

거듭 다시 수부티여, 만약 보디사트바가 강가강 모래 수처럼 오랜 칼파 동안 프라즈냐파라미타를 떠나 서른일곱 실천법〔三十七道品〕을 닦아 행하면 그대 뜻에 어떠한가. 그 복이 많겠느냐?"

수부티가 말씀드렸다.

"매우 많습니다, 세존이시여."

붇다께서 말씀하셨다.

"그러나 보디사트바가 프라즈냐파라미타의 가르침과 같이 머물러 하루 동안이라도 서른일곱 실천법을 닦아 행하는 많은 복보다는 못하다. 왜냐하면, 만약 보디사트바가 프라즈냐파라미타를 떠나지 않는다면 사르바즈냐나를 잃는 이런 일은 없기 때문이다.

거듭 다시 수부티여, 만약 보디사트바가 프라즈냐파라미타를 떠난 채 강가강 모래 수처럼 오랜 칼파 동안 재물로 베풀고〔財施〕 법으로 베풀고〔法施〕 선정을 행한 공덕을 아누타라삼약삼보디에 회향한다면 그대 뜻에 어떠한가. 그 복이 많겠느냐?"

수부티가 말씀드렸다.

"매우 많습니다, 세존이시여."

붇다께서 말씀하셨다.

"그러나 보디사트바가 깊은 프라즈냐파라미타에서 말씀한 대로 닦아 행하여 하루동안이라도 재물로 베풀고〔財施〕 법으로 베풀고〔法施〕 선정을 닦아 행한 그 공덕을 아누타라삼약삼보디에 회향한 많은 복보다는 못하다. 왜냐하면 이 으뜸가는 회향〔第一廻向〕이란 곧 깊은 프라즈냐파라미타 떠나지 않음을 말하는 것이기 때문이다."

수부티가 붇다께 말씀드렸다.

"세존이시여, 붇다께서 말씀하신 대로라면 온갖 지어 일으킨 법은 다 생각으로 분별한 것인데, 어떻게 보디사트바가 얻은 복이 매우 많다고 말씀하십니까?"

"수부티여, 보디사트바가 프라즈냐파라미타를 행할 때는 또한 이 지은 공덕이 공하여 있는 바 없고 거짓되어 실답지 않으며, 굳세고 단단한 모습이 없다고 살핀다. 만약 보디사트바가 살필 수 있는 바를 따르면 곧 깊은 프라즈냐파라미타를 떠나지 않는 것이고, 깊은 프라즈냐파라미타 떠나지 않음을 따른다면 헤아릴 수 없는 아상키야의 많은 복덕을 얻는다."

"세존이시여, 헤아릴 수 없음과 아상키야는 어떤 차이가 있습니까?"

"수부티여, 아상키야란 헤아려 다할 수 없는 것이고, 헤아릴 수 없음이란 모든 헤아릴 수 있는 수〔諸量數〕를 넘는 것이다."

(2) 늘어나고 줄어듦이 없는 온갖 법의 참모습

"세존이시여, 자못 물질도 헤아릴 수 없고, 느낌·모습취함·지어
감·앎도 헤아릴 수 없다고 할 인연이 있습니까?"

붇다께서 말씀하셨다.

"있다, 수부티여. 물질도 헤아릴 수 없고, 느낌·모습취함·지어
감·앎도 헤아릴 수 없다."

"세존이시여, 헤아릴 수 없다는 것은 무슨 뜻입니까?"

"수부티여, 헤아릴 수 없음이란 곧 공하다는 뜻〔空義〕이니, 곧 '모
습 없고 지음 없다는 뜻〔無相無作義〕'이다."

"세존이시여, '헤아릴 수 없다' 함은 다만 공하다는 뜻이고 다른 뜻
은 아닙니까?"

"수부티여, 그대 뜻에 어떠한가. 내가 '온갖 법은 공하다'고 말하지
않았느냐?"

"세존께서 말씀하셨습니다."

"수부티여, 공하다면 곧 다함이 없고, 공하다면 곧 헤아릴 수 없다.
그러므로 이러한 법의 뜻 가운데는 차별이 없다. 수부티여, 여래가 말
씀한바 다함없고 헤아릴 수 없으며, 공하여 모습 없고 지음 없으며,
일어남이 없고 남이 없으며, 사라짐이 없고 있는 바 없으며, 물듦 없
는 니르바나는 다만 이름자의 방편 때문에 말한다."

수부티가 말씀드렸다.

"참으로 드문 일입니다, 세존이시여. 모든 법의 참모습〔諸法實相〕
은 설할 수 없으나, 지금 그것을 설하십니다. 세존이시여, 제가 붇다
께서 말씀하신 바를 이해하기로서는 온갖 법은 다 말할 수 없습니다."

"잘 말하고 잘 말했다, 수부티여. 온갖 법은 다 말할 수 없다. 수부티여, 온갖 법의 공한 모습은 말할 수 없다."

"세존이시여, 이 말할 수 없는 뜻은 늘어남도 없고 줄어듦도 없습니다. 그렇다면 다나파라미타도 늘어남도 없고 줄어듦도 없으며, 실라·찬티·비리야·디야나파라미타도 또한 늘어남도 없고 줄어듦도 없습니다. 만약 이 모든 파라미타가 늘어남도 없고 줄어듦도 없다면 보디사트바가 어떻게 이 늘어남과 줄어듦이 없는 파라미타로써 아누타라삼약삼보디를 얻고 아누타라삼약삼보디에 가까워질 수 있겠습니까?

세존이시여, 만약 보디사트바가 모든 파라미타를 늘리고 줄인다면 아누타라삼약삼보디에 가까워질 수 없습니다."

"잘 말하고 잘 말했다, 수부티여. 말할 수 없는 뜻은 늘어남도 없고 줄어듦도 없다. 방편을 잘 아는 보디사트바는 프라즈냐파라미타를 행하고 프라즈냐파라미타를 닦을 때 다나파라미타가 늘어나거나 줄어든다고 생각하지 않고, 이 다나파라미타는 다만 이름만 있다고 생각한다. 이 보디사트바가 보시할 때 이와 같은 생각, 이와 같은 마음과 여러 착한 뿌리를 다 아누타라삼약삼보디의 모습처럼 회향한다.

수부티여, 방편을 잘 아는 보디사트바는 이 프라즈냐파라미타를 행하고 닦을 때 실라파라미타가 늘어나거나 줄어든다고 하거나, 또는 찬티·비리야·디야나파라미타가 늘어나거나 줄어든다고 생각하지 않는다.

수부티여, 방편을 잘 아는 보디사트바는 프라즈냐파라미타를 행하고 프라즈냐파라미타를 닦을 때 프라즈냐파라미타가 늘어나거나 줄어든다고 생각하지 않고, 프라즈냐파라미타는 다만 이름뿐이라는 생각을 한다. 지혜를 닦을 때도 이와 같은 생각, 이와 같은 마음과 여러 착한 뿌리를 다 아누타라삼약삼보디의 모습과 같이 회향한다."

(3) 나고 사라짐이 없는 아누타라삼약삼보디의 모습

수부티가 붇다께 말씀드렸다.

"세존이시여, 무엇이 아누타라삼약삼보디입니까?"

"수부티여, 아누타라삼약삼보디란 곧 한결같아서 늘거나 줄어듦이 없다. 만약 보디사트바가 늘 이와 같은 생각에 응하여 행하면 곧 아누타라삼약삼보디에 가까워지게 된다.

이와 같이 수부티여, 말할 수 없는 뜻은 비록 늘거나 줄어듦이 없으나 모든 생각을 물리지 않으며[不退諸念] 모든 파라미타를 물리지 않는다[不退諸波羅密]. 보디사트바가 이로써 행하면 아누타라삼약삼보디에 가까워지지만 보디사트바의 행을 물리지 않는다. 이렇게 생각하는 이는 아누타라삼약삼보디에 가까워지게 된다."

"세존이시여, 보디사트바가 앞의 마음으로 아누타라삼약삼보디에 가까워집니까, 뒤의 마음으로 아누타라삼약삼보디에 가까워집니까? 세존이시여, 앞의 마음과 뒤의 마음은 각각이어서 함께 하지 않습니다. 뒤의 마음과 앞의 마음 또한 각각이어서 함께 하지 않습니다. 세존이시여, 만약 앞마음과 뒷마음이 함께 하지 않는다면 보디사트바의 여러 착한 뿌리는 어떻게 늘어납니까?"

"수부티여, 그대 뜻에 어떠한가. 등을 사를 때 처음 불꽃이 심지를 태우는가, 뒤의 불꽃이 심지를 태우는가?"

"세존이시여, 처음 불꽃이 태우는 것은 아니지만 또한 처음 불꽃을 떠나지 않으며, 뒤의 불꽃이 태우는 것도 아니지만 또한 뒤의 불꽃을 떠나지 않습니다."

"수부티여, 그대 뜻에 어떠한가. 이 심지가 타는가, 타지 않는가?"

"세존이시여, 이 심지는 실제로 탑니다."

"수부티여, 보디사트바 또한 이와 같아서 처음 마음이 아누타라삼약삼보디를 얻지는 않으나 처음 마음을 떠나지도 않으며, 뒤의 마음이 아누타라삼약삼보디를 얻지는 않으나 또한 뒤의 마음을 떠나서 얻지도 않는다."

"세존이시여, 이 인연법(因緣法)은 매우 깊습니다. 보디사트바는 처음 마음으로 아누타라삼약삼보디를 얻지 않으나 또한 처음 마음을 떠나서 아누타라삼약삼보디를 얻지도 않으며, 뒤의 마음으로 아누타라삼약삼보디를 얻지도 않지만 또한 뒤의 마음을 떠나서 아누타라삼약삼보디를 얻지도 않습니다."

다나팔라역(19품)

붇다께서 말씀하셨다.

"수부티여, 그렇고 그렇다. 보디사트바마하사트바가 얻은 아누타라삼약삼보디는 그 뜻이 또한 심지가 타는 것이다. 보디사트바는 앞의 마음으로 아누타라삼약삼보디를 얻는 것이 아니지만, 또한 앞의 마음을 떠나지 않으며 뒤의 마음으로 아누타라삼약삼보디를 얻는 것이 아니지만 또한 뒤의 마음을 떠나지 않는다.

또 이 마음으로 얻는 것이 아니지만 다른 마음으로 얻는 것이 아니며 얻음 없는 것이 아니니, 이 가운데서는 또한 다시 착한 뿌리를 무너뜨리지 않는다."

이때 존자 수부티가 붇다께 말씀드렸다.

"세존이시여. 붇다께서 말씀하신 바와 같이 보디사트바가 얻은 아누타라삼약삼보디는 앞의 마음으로 얻은 것이 아니지만, 앞의 마음을 떠나지 않으며 뒤의 마음으로 얻은 것이 아니지만 뒤의 마음을 떠나지 않습니다.

또한 이 마음으로 얻지 않지만 다른 마음으로 얻은 것이 아니며, 또한 얻음 없는 것도 아니라 착한 뿌리를 무너뜨리지 않으니, 이 인연으로 나는 법〔緣生

法)은 미묘하여 깊고 깊으며 가장 높고 깊고 깊습니다." 184)

"수부티여, 그대 뜻에 어떠한가. 만약 마음이 이미 사라져 버리면 이 마음은 다시 생기는가?"

"생기지 않습니다, 세존이시여."

"수부티여, 그대 뜻에 어떠한가. 만약 마음이 생기면 이는 사라지는 모습인가?"

"세존이시여, 이는 사라지는 모습입니다."

"수부티여, 그대 뜻에 어떠한가. 이 사라지는 모습의 법은 없어지는가?"

"없어지지 않습니다, 세존이시여."

"수부티여, 그대 뜻에 어떠한가. 이와 같이 머묾도 한결같이 머무는가?"

"세존이시여, 이와 같이 머묾도 한결같이 머뭅니다."

"수부티여, 만약 이와 같이 머묾이 한결같이 머무는 것이라면 곧 이것은 항상한가?"

"아닙니다, 세존이시여."185)

---

184) 佛言 : 「須菩提！如是，如是！菩薩摩訶薩所得阿耨多羅三藐三菩提，其義亦然。菩薩非前心得阿耨多羅三藐三菩提亦不離前心，非後心得阿耨多羅三藐三菩提亦不離後心，又非此心得、非異心得亦非無得，於中亦復不壞善根。」

爾時，尊者須菩提白佛言 : 「世尊！如佛所說，菩薩摩訶薩所得阿耨多羅三藐三菩提，非前心得不離前心，非後心得亦不離後心，又非此心得、非異心得亦非無得，不壞善根。是緣生法，微妙甚深、最上甚深。」

185) 항상하지 않음: 연기법에서는 앞의 법이 끊어지고 뒤의 법이 나는 것이 아니고, 또한 앞의 법이 그대로 뒤의 법이 되는 것도 아니다. 법이 나되 남이 없고 사라지되 사라짐 없음을 알아야 하니, 중론(中論)은 "끊어짐도 아니고

"수부티여, 그대 뜻에 어떠한가. 이 한결같음은 깊고 깊은 것인가?"

"세존이시여, 이 한결같음은 참으로 깊고 깊습니다."

"수부티여, 그대 뜻에 어떠한가. 이 한결같음이 곧 마음인가?"

"아닙니다, 세존이시여."

"수부티여, 이 한결같음을 떠난 것이 마음인가?"

"아닙니다, 세존이시여."

"수부티여, 그대는 한결같음을 보는가?"

"보지 못합니다, 세존이시여."

"수부티여, 그대 뜻에 어떠한가. 만약 어떤 사람이 이와 같이 행한다면 이는 매우 깊은 행인가?"

"세존이시여, 만약 어떤 사람이 이와 같이 행한다면 이는 행하는 곳이 없게 됩니다〔無處所行〕. 왜냐하면 이 사람은 온갖 행을 행하지 않기 때문입니다."

"수부티여, 만약 보디사트바가 프라즈냐파라미타를 행한다면 어느 곳에서 행하는가?"

"세존이시여, 으뜸가는 뜻〔第一義〕186) 가운데에서 행합니다."

"수부티여, 그대 뜻에 어떠한가. 만약 보디사트바가 으뜸가는 뜻 가운데에서 행한다면 이 사람은 모습을 행하는 것인가?"

"모습을 행하지 않습니다, 세존이시여."

"수부티여, 그대 뜻에 어떠한가. 이 보디사트바는 여러 모습을 무너뜨리는가?"

항상함도 아니다〔不斷亦不常〕"라고 말한다.

186) 으뜸가는 뜻〔第一義〕: 범어 파라마르타(paramārtha)의 번역으로 승의(勝義) 또는 진실(眞實)이라고도 번역한다. 가장 뛰어나고 참된 진리라는 뜻으로 빼어난 뜻의 진리〔勝義諦〕와 같다.

"무너뜨리지 않습니다, 세존이시여."

"수부티여, 그대 뜻에 어떠한가. 보디사트바가 어떻게 여러 모습을 무너뜨리게 되는가?"

"세존이시여, 이 보디사트바는 이와 같이 배우지 않습니다.

'나는 보디사트바의 도를 행하여 이 몸에서 여러 모습을 끊겠다.'

만약 이 모든 모습을 끊으면 깨달음의 도를 온전히 갖추지 못하고 슈라바카가 되고 말 것입니다. 세존이시여, 이 보디사트바의 크나큰 방편의 힘은 모든 모습의 허물을 알지만 모습 없음〔無相〕을 취하지도 않습니다."

3. 늘어나고 줄어듦이 없는 프라즈냐행을 다시 보임

(1) 행함과 얻음 없는 프라즈냐행

이때 사리푸트라가 수부티에게 말했다.

"만약 보디사트바가 꿈 가운데서 세 가지 해탈문〔三解脫門〕인 공함〔空〕과 모습 없음〔無相〕과 지음 없음〔無作〕을 닦으면 프라즈냐파라미타를 더해 늘리게 되오?"

"만약 낮에 더해 늘리게 되면 꿈 가운데서도 또한 더해 늘리게 됩니다. 왜냐하면 붇다께서는 낮과 밤〔晝夜〕, 꿈속〔夢中〕이 다 같아서 다름이 없다고 말씀하시기 때문입니다. 사리푸트라시여, 만약 보디사트바가 프라즈냐파라미타를 닦는다면 곧 프라즈냐파라미타가 있는 것입니다. 그러므로 꿈 가운데에서도 프라즈냐파라미타를 더해 늘리게 됩니다."

"수부티여, 만약 사람이 꿈 가운데 업을 일으키면 이 업은 과보가 있겠소? 붇다께서는 온갖 법은 꿈과 같아서 과보가 있지 않아야 하나, 만약 깨어나서 분별하면 과보가 있게 된다고 설하셨소."

"사리푸트라시여, 만약 사람이 꿈속에서 산목숨 죽이고 깨어나서는 '내가 죽였으니 시원하'고 분별한다면 이 업은 어떠합니까?"

"수부티여, 조건(緣)이 없으면 업이 없고, 조건이 없으면 생각이 나지 않소."

"이와 같이 사리푸트라시여, 조건이 없으면 업이 없으며, 조건이 없으면 생각이 나지 않습니다. 조건이 있으므로 업이 있으며 조건이 있으므로 생각이 일어납니다.187) 만약 마음이 보고 듣고 느껴 아는 법 가운데에서 행하면 마음이 더러움을 받음이 있고 마음이 깨끗함을 받음이 있습니다. 그러므로 사리푸트라시여, 인연(因緣)이 있으면 업(業)을 일으키니 인연이 없지 않으며, 인연이 있으면 사유가 일어나 인연이 없지 않습니다."

사리푸트라가 수부티에게 물었다.

"만약 보디사트바가 꿈 가운데서 보시하여 아누타라삼약삼보디에 회향한다면 이 보시를 회향이라 할 수 있소?"

"사리푸트라시여, 마이트레야보디사트바가 지금 자리에 계십니다. 붇다께서 아누타라삼약삼보디의 언약을 주셨으니 이것을 여쭈어 보면 마이트레야께서 답해주실 것입니다."

사리푸트라가 마이트레야보디사트바에게 물었다.

"수부티가 이 일은 마이트레야보디사트바께서 답해주실 것이라 하였습니다."

---

187) 원인과 조건이 있다 해도 결과가 나지 않으며 원인과 조건이 없다 해도 결과가 나지 않는다. 결과는 나되 나되 남이 없으니 원인(因) 조건(緣) 결과(果)는 모두 실로 있음도 아니고 실로 없음도 아니다.

마이트레야보디사트바가 사리푸트라에게 말했다.

"마이트레야가 답할 것이라고 말하였는데, 사리푸트라여 지금 마이트레야라는 이름자가 답하겠습니까, 물질이 답하겠습니까, 느낌·모습취함·지어감·앎이 답하겠습니까. 아니면 물질의 공함이 답합니까, 느낌·모습취함·지어감·앎의 공함이 답합니까? 이 물질의 공함은 답할 수 없으며, 느낌·모습취함·지어감·앎의 공함도 답할 수 없습니다.

사리푸트라여, 나는 도무지 이 법에 대해 답할 것이 있음을 보지 못합니다. 또한 답하는 이〔答者〕와 답해줄 사람〔所答人〕, 답에 쓸 법〔所用答法〕과 답해야 할 법〔所可答法〕을 보지 못합니다. 나는 또 아누타라삼약삼보디의 언약받을 수 있는 이 법을 보지 못합니다."

사리푸트라가 마이트레야보디사트바에게 물었다.

"설한바 법과 같이 이 법을 증득합니까〔如所說法證此法不〕?"188)

마이트레야가 말했다.

"나는 설한 법을 따라서 증득하지 않습니다."

다나팔라역(19품)

이때 마이트레야보디사트바마하사트바가 존자 수부티에게 말했다.

"저 사리푸트라께서 물은 것은 그대가 말한 것과 같소. 나는 이 뜻을 알지만 나는 지금 무슨 법으로 답하는지 알지 못하오. 수부티여. 마이트레야의 이름으로 답할 수 없고 물질의 공함으로 답할 수 없으며, 느낌·모습취함·지어감·앎의 공함으로 답할 수 없소.

---

188) 법의 증득: 아누타라삼약삼보디는 답하는 자와 답할 곳과 답함이 없는 법의 실상 밖에 어떤 얻을 법이 아니다. 그러므로 법의 실상에 돌아가는 것을 증득함이라 거짓 이름한 것이니, 이 법을 얻는다고 말하면 곧 참으로 보디에 돌아가는 것이 아니다.

수부티여, 저 물질·느낌·모습취함·지어감·앎의 공함 가운데는 다 답할
것이 없소. 수부티여. 나는 답할 수 있는 법〔能答法〕과 답하는 자〔能答者〕가
있음을 보지 않으며, 또한 답하는 법〔所答法〕과 답하는 자〔所答者〕가 있음을
보지 않소. 나아가 답해 쓰는바 법〔所用答法〕을 다 볼 수 없으며, 나아가 온갖
법은 다 보는 바가 없으며, 법에 봄이 없으므로 답하는 바도 없으며〔無所答〕,
아누타라삼약삼보디의 언약을 주어 얻을 수 있는 법이 없소."

이때 존자 사리푸트라가 마이트레야보디사트바마하사트바에게 말했다.

"보디사트바께서 말한 것과 같이 이 법을 증득합니까?"

마이트레야보디사트바가 말했다.

"사리푸트라여, 나는 이 법을 증득하지 않습니다. 나는 모든 법 가운데서 증
득할 수 있는 법 있음을 보지 않으니, 몸으로 얻을 수 없고 마음으로 얻을 수
없으며, 또한 말의 분별과 사유로 얻을 수 없어서 이 뜻 가운데는 마침내 얻음
이 없습니다. 그러므로 사리푸트라여, 온갖 법은 성품이 없으니〔一切法無性〕
법의 자기성품이 이와 같습니다〔法自性如是〕."189)

(2) 얻을 것 없는 가운데 여러 가지 파라미타행을 행함

사리푸트라는 이렇게 생각하였다.

'마이트레야보디사트바의 지혜는 깊고 깊으니 긴 밤 동안 프라즈냐

---

189) 爾時, 慈氏菩薩摩訶薩告尊者須菩提言:「彼舍利子所問, 如汝所言, 我知
是義, 我今不知以何法答。須菩提!不可以慈氏名字而答, 不可以色空答, 不
可以受、想、行、識空答。須菩提!彼色、受、想、行、識空中悉無所答。須
菩提!我不見有能答法及能答者, 亦不見有所答法及所答者, 乃至所用答法皆
不可見, 乃至一切法皆無所見, 法無見故而無所答, 亦無法可得授阿耨多羅三
藐三菩提記。」

爾時, 尊者舍利子白慈氏菩薩摩訶薩言:「如菩薩所說, 證是法耶?」

慈氏菩薩言:「舍利子!我不證是法, 我於諸法中不見有法而可得證, 不可
以身得, 不可以心得, 亦非語言分別思惟可得, 於是義中畢竟無得。是故, 舍
利子!一切法無性, 法自性如是。」

파라미타를 행하였기 때문이다.'

이때 붇다께서 사리푸트라가 마음에 생각하는 바를 아시고 사리푸트라에게 말씀하셨다.

"그대 뜻에 어떠한가, 그대는 이 법을 보는가. 이 법으로써 아라한을 얻는가?"

"얻지 못합니다, 세존이시여."

"사리푸트라여, 보디사트바도 이와 같다. 프라즈냐파라미타를 행하면 방편이 있으므로 이렇게 생각하지 않는다.

'이 법으로 아누타라삼약삼보디의 언약을 받으니 이미 언약을 받았거나 지금 받거나 앞으로 받을 것이다.'

만약 보디사트바가 이와 같이 행하면 이는 프라즈냐파라미타를 행하는 것이니, 아누타라삼약삼보디를 얻지 못할까 두려워하지 않는다. 내가 부지런히 행하고 정진하면 반드시 아누타라삼약삼보디를 얻게 될 것이다."

다나팔라역(19품)

이때 존자 사리푸트라는 이렇게 생각했다.

'마이트레야보디사트바마하사트바는 이미 깊고 깊은 지혜를 얻었으니, 긴 밤 가운데 프라즈냐파라미타를 행한 것이다.'

이때 세존께서 사리푸트라가 마음으로 생각하는 것을 아시고는, 사리푸트라에게 말씀하셨다.

"그대는 지금 왜 이와 같은 생각을 일으키는가. 그대는 스스로의 법 가운데서 볼 법이 있어서 아라한의 과덕을 취해 얻었는가."

사리푸트라가 말씀드렸다.

"볼 법도 없고 또한 깨쳐 얻을 것도 없습니다."

붇다께서 말씀하셨다.

"사리푸트라여, 보디사트바마하사트바도 또한 다시 이와 같다. 비록 프라즈냐파라미타를 행하지만 언약 주심 얻을 수 있는 법이 없고, 또한 아누타라삼약삼보디를 얻을 법이 없다. 그러므로 깊고 깊은 모습 취할 법이 있지 않아야 하니, 보디사트바가 이와 같이 프라즈냐파라미타를 행할 때 놀라지 않고 두려워하지 않고 모든 힘을 갖추어 이렇게 생각해야 한다.

'나는 법에 얻을 것이 없고 증득할 것이 없어서, 이 가운데서 진리대로 닦아 익혀 서로 응할 것이다〔如理修習相應〕.'

만약 이와 같이 행하는 이가 있다면, 이것이 프라즈냐파라미타를 행함이다."
190)

"사리푸트라여, 보디사트바는 늘 놀라지 않고 두려워하지도 않아야 하니, 나쁜 짐승 가운데 있어도 놀라거나 두려워하지 않아야 한다. 왜냐하면 보디사트바는 이렇게 생각하기 때문이다.

'내가 지금 나쁜 짐승의 먹이가 되면 나는 베풀어주어야 하니, 다나파라미타를 갖추어 아누타라삼약삼보디에 가까워지길 바랄 뿐이다. 내가 이와 같이 부지런히 행하고 정진하여 아누타라삼약삼보디를 얻을 때 세계 가운데는 온갖 축생의 길이 없어질 것이다.'

만약 보디사트바는 원수나 도적 사이에 있더라도 놀라거나 두려워

---

190) 爾時, 尊者舍利子作是念：「慈氏菩薩摩訶薩已得甚深智慧, 於長夜中勤行般若波羅密多。」

爾時, 世尊知舍利子心所念已, 卽告舍利子言：「汝今何故起如是念？汝於自法中有法可見, 而取證阿羅漢果耶？」

舍利子言：「無法可見亦無所證。」

佛言：「舍利子！菩薩摩訶薩亦復如是, 雖行般若波羅密多, 而無法可得授記, 亦無法得阿耨多羅三藐三菩提, 是故不應有法取甚深相。菩薩摩訶薩如是行般若波羅密多時, 不驚不怖諸力具足, 應作是念：『我於法無所得、無所證, 是中如理修習相應。』若有如是行者, 是行般若波羅密多。」

하지 않는다. 왜냐하면 보디사트바의 법은 몸과 목숨을 아까워하지 않기 때문이니, 그는 이렇게 생각한다.

'만약 내 목숨을 빼앗으려는 자가 있다면 이 가운데에서도 성내지 않으리니, 찬티파라미타를 갖추어 아누타라삼약삼보디에 가까워지길 바랄 뿐이다. 내가 이와 같이 부지런히 행하고 정진하여 아누타라삼약삼보디를 얻을 때 세상에는 원수와 도적, 모든 도둑의 악이 없어질 것이다.'

만약 보디사트바는 물 없는 곳에 있어도 놀라거나 두려워하지 않으아야 하니, 그는 이렇게 생각한다.

'나는 온갖 중생을 위하여 법을 설하여 목마름을 없애주겠다. 만약 내가 목마르고 힘이 다해 목숨을 마치더라도 이와 같이 생각하겠다.

〈이 중생들이 복덕이 없으므로 이런 물 없는 곳에 있으니, 내가 이같이 부지런히 정진하여 아누타라삼약삼보디를 얻을 때 세상의 물 없는 곳에서도 또한 중생들로 하여금 부지런히 정진하고 온갖 복덕을 닦게 하여 세계 가운데 저절로 여덟 가지 공덕의 물〔八功德水〕191〕이 있게 하겠다.〉'

거듭 다시 사리푸트라여, 만약 보디사트바는 주리어 배고픔 가운데 있을 때도 놀라거나 두려워하지 않고 이와 같은 생각을 한다.

'내가 이렇게 부지런히 정진하여 아누타라삼약삼보디를 얻을 때 세계 가운데는 이와 같이 주리어 배고픔의 걱정은 없을 것이다. 온갖 즐거움이 뜻을 따르게 되어 이 생각하기만 하면 곧 이르게 되는 것이 마치 도리하늘에서는 생각하는 것을 다 얻을 수 있는 것과 같다.'

---

191) 여덟 공덕의 물〔八功德水〕: 여덟 가지 공덕이 갖춰진 물로 극락정토의 연못 물이 여덟 공덕을 갖추고 있다 함. 그 물은 맑고 시원하며 달고 부드러우며 윤택이 있고 목마름을 가셔주고 몸을 길러주는 공덕이 있음.

만약 보디사트바가 이렇게 놀라지 않고 두려워하지 않으면 이 보디사트바는 아누타라삼약삼보디를 얻을 수 있다는 것을 알아야 한다.

거듭 다시 사리푸트라여, 만약 보디사트바는 병을 앓는 곳에 있어도 놀라거나 두려워하지 않는다. 왜냐하면 이 가운데에는 병들게 될 법이 없기 때문이니 그는 이렇게 생각한다.

'내가 이와 같이 부지런히 정진하여 아누타라삼약삼보디를 얻을 때 세계 가운데 모든 중생에게 탐욕·성냄·어리석음의 세 가지 병이 없을 것이다. 나는 모든 붇다께서 행하시는 바를 따라 부지런히 비리야 파라미타(vīrya-pāramitā, 精進)를 행하리라.'

거듭 다시 사리푸트라여, 보디사트바는 아누타라삼약삼보디란 오랜 세월에 걸쳐서야 비로소 얻을 수 있다고 생각하여도 놀라거나 두려워하지 않는다. 왜냐하면 세계의 앞 때 이미 온 것〔世界前際已來〕이 한 생각의 순간과 같으니, 오래고 멀다는 생각을 내지 않아야 하고, 앞 때가 오래고 멀다는 생각을 내지 않아야 한다. 지나간 앞 때가 비록 오래고 멀지만 한 생각과 서로 응하기〔與一念相應〕 때문이다.

이와 같이 사리푸트라여, 만약 보디사트바는 오래 걸려서야 비로소 아누타라삼약삼보디를 얻는다고 해도 놀라거나 두려워하거나 물러나거나 빠지지 않아야 한다."

다나팔라역(19품)

"거듭 다시 사리푸트라여, 보디사트바마하사트바는 아누타라삼약삼보디에서 이와 같은 마음을 내지 않아야 한다.

'오래고 멀리 닦아 익혀야 이룰 수 있다.'

또 다시 이 가운데서 놀라 두려워하지 않아야 한다. 왜냐하면 세계의 앞 때가 오래고 먼 앞 때이나, 보디사트바가 만약 마음이 찰나에 서로 응하면 비록 오래고 멀다 해도 오래고 멂이 아니다.

그러므로 보디사트바마하사트바는 행하기 어렵다는 생각을 내지 않아야 하고, 오래고 멀다는 생각〔久遠想〕을 일으키지 않아야 한다. 또 다시 이 가운데서 물러나 빠지지 않아야 한다.

또 사리푸트라여. 보디사트바마하사트바는 이와 같은 법과 다른 모든 법을 보거나 들어도 놀라 두려워하지 않아야 하니, 이 모든 보디사트바마하사트바는 굳세고 단단하게 정진의 행을 일으켜서, 말한 바대로 배우고 말한 바대로 행하면 프라즈냐파라미타와 서로 응해 두렷이 가득해질 것〔相應圓滿〕이다." 192)

평창

모든 법의 실상 밖에는 니르바나를 넘는 그 무슨 법이라도 허깨비와 같고 꿈과 같을 뿐이다. 연기로 있는〔緣起有〕다섯 쌓임이 있되 공하므로 다섯 쌓임이 공해 깊고 깊은 것이며, 다섯 쌓임이 공해 깊고 깊으므로 다섯 쌓임이 헤아릴 수 없는 것이다. 그리고 다섯 쌓임이 헤아릴 수 없으므로 프라즈냐가 헤아릴 수 없으니 이것이 공의 뜻〔空義〕이고 니르바나의 뜻〔涅槃義〕이다.

이 다섯 쌓임이 본래 공한 니르바나의 뜻 밖에 따로 구할 신묘한 법이 있다면 이는 바깥길의 법〔外道法〕이고 마라의 헛된 꿈이다. 보디사트바는 이 깊은 프라즈냐를 행하므로 그 복이 세간의 복을 넘고 얻을 것 있는 작은 수레〔hīnayāna, 小乘〕의 과덕을 넘으니, 왜인가.

---

192) 「復次, 舍利子! 菩薩摩訶薩不應於阿耨多羅三藐三菩提生如是心 : 『久遠修習乃得成就。』又復於中不應驚怖。何以故？世界前際卽是久遠前際, 菩薩若心剎那相應, 雖爲久遠而非久遠。

是故菩薩摩訶薩不應生難行想, 不應起久遠念, 又復於中不應退沒。又, 舍利子! 菩薩摩訶薩於如是法及餘諸法, 若見若聞不應驚怖。是諸菩薩摩訶薩, 應當堅固發精進行, 如所說學如所說行, 卽得般若波羅密多相應圓滿。」

보디사트바가 프라즈냐의 말씀대로 행한 복은 곧 실상의 뜻〔實相義〕이고 니르바나의 뜻〔涅槃義〕이기 때문이고, 지은 공덕 또한 실상과 같아 있는 바 없고 무너짐이 없기 때문이다.

프라즈냐파라미타의 뜻이 실상의 뜻이라 헤아릴 수 없고 말할 수 없기 때문에 보시·지계·정진·선정의 뜻 또한 헤아릴 수 없고 무너짐이 없고 늘어나고 줄어듦이 없다.

인연법이 공하여 모습 없음이 깊고 깊은 뜻이고 중생의 망념과 윤회가 본래 공함이 니르바나의 뜻이다. 이 니르바나의 뜻을 알면 그는 낮에 깨어있다 해도 늘어남이 아니고 밤에 잠들었다 해도 줄어듦이 없다. 이 니르바나의 뜻을 알아 쓰는 것이 오매일여(寤寐一如)의 뜻인데, 지금 신아론(神我論)에 떨어진 일부 선류들은 화두 들어 낮에도 잠들지 않고 밤에도 잠들지 않는 주인공을 찾고 있으니, 이들에게는 현사사비선사(玄沙師備禪師)와 남양혜충선사(南陽慧忠禪師)의 불호령이 떨어질 것이다.

지금 인연으로 나는 법에서 공의 뜻〔空義〕을 알고 니르바나의 뜻을 알면 지금 보고 들음에서 누가 보고 듣는 자이고, 어떤 것이 보는 바 듣는 바이고, 보고 들음이란 이 무엇인가.

옛 조사의 가르침을 살펴보자.

사리푸트라가 수부티에게 물었다.

"꿈 가운데서 여섯 파라미타를 설하니 깨어있을 때와 같으오 다르오?"

수부티가 말했다.

"이 뜻은 깊고 깊어서 제가 설하지 못합니다. 이 모임에 마이트레야 마하사트바가 있으니 존자는 저에게 가서 물으십시오."

사리푸트라가 가서 마이트레야께 물으니 마이트레야가 말했다.

"누구를 마이트레야라 하고 누가 마이트레야요."

■ (70則)

舍利弗問須菩提 夢中說六波羅密 與覺時同別
須菩提云 此義幽深 吾不能說 此會有彌勒 大士 汝往彼問
舍利弗 遂問彌勒 彌勒云 誰爲彌勒 誰是彌勒

원오근(圜悟勤)선사가 집어 말했다.

자세히 알겠는가. 한 구절이 기틀에 맞으니 만 가지 경계가 가
라앉아 녹았다. 다시 한 송을 들으라.

꿈 가운데 법 설함 깸과 다름없으니
묘한 씀과 신통이 그를 벗어나지 않네
모임에 있는 이 답할 이가 모두 마이트레야지만
누가 마이트레야고 누구를 마이트레야라 하는가
상서로운 빛 일어나는 곳 마음 구슬 나타나네

還委悉麼 一句當機 萬緣寢削 更聽一頌

夢中說法覺無殊　妙用神通不出渠
誰是誰名總彌勒　祥光起處現心珠

법을 묻고 답함 속에서 누가 묻는 자이고 답한 자이며, 물음은 어디
서 오는가. 이 한 물음 가운데 공의 뜻〔空義〕 니르바나의 뜻〔涅槃義〕
이 다 들어있다.
학담도 한 노래로 옛 조사의 뜻에 함께해 여래의 가르침을 찬탄하
리라.

아는 뿌리 경계와 앎 자기성품 없음 깨치면
누가 마이트레야고 누구를 마이트레야라 하리
인연의 일 가운데 신통을 나타내니
꿈과 깸 한결같이 허깨비 중생 건네주리

若了根境識無性　誰是彌勒誰名是
因緣事中現神通　夢覺一如度幻衆

제18품 강가데바의 보디에 언약 받음과 모습 없는 해탈문〔恒伽提婆品〕

깨달음은 인과가 아니지만 인과를 떠나지 않으므로 해탈의 열매는 보디의 씨앗을 통해서 이루어진다. 그러므로 지금 깨달음의 언약을 받는 강가데바여인은 아무런 까닭 없이 언약을 받는 것이 아니라, 지난 아득한 옛날 디팡카라붇다의 회상에서 보디에 발심하고 오랜 세월 프라즈냐파라미타를 행한 결과로 언약을 받은 것이다.

프라즈냐파라미타는 해탈의 원인이자 해탈의 결과이니, 프라즈냐파라미타를 행해야 공하고 모습 없고 지음 없는 해탈문이 열릴 뿐 아니라, 세 가지 해탈문에 의지해야 프라즈냐행을 행할 수 있다. 중생은 인연으로 일어난 존재〔有〕에서 모습〔相〕을 떠나지 못함으로써 모습에 물든 헛된 생각을 일으키고, 모습에 갇힌 왜곡된 행위를 일으킴으로써 장애와 질곡의 삶을 산다.

그러므로 모든 있음이 공한 줄 요달하여 모습에 모습 없음을 체달할 때 지음 없고 머묾 없는 해탈의 삶을 이루게 된다. 이것이 공(空)과 모습 없음〔無相〕과 지음 없음〔無作〕의 세 가지 해탈문이다.

그러나 공과 모습 없음과 지음 없음은 있음과 모습과 지음에 집착함을 깨기 위해 세워진 언어일 뿐이니, 참된 프라즈냐행자는 공을 듣더라도 공에 머물지 않고, 모습 없음을 듣더라도 모습 없음을 취하지 않으며, 지음 없음을 듣더라도 다만 짓지 않는 것으로 해탈의 문을 삼지 않는다.

비유하면 그것은 새가 허공에 날아가나 허공에 머물지 않음과 같으니, 보디사트바는 생각이 공함을 알되 생각 없음에 머물지 않고 생각을 물리지 않는다. 그는 스스로 공과 모습 없음과 지음 없음에 의지하여 프라즈냐를 행할 뿐 아니라, 다른 중생에게 세 가지 해탈문을 열어 아누타라삼약삼보디를 얻게 한다.

학담이 노래로 종요를 말해보리라.

한 여인이 있어 그 이름 강가데바라 불렸으니
놀라거나 두려워하지 않고 붇다 말씀 받았네
세존께서 그에게 보디의 언약하시되
붇다 이루어 교화가 헤아릴 수 없어
황금꽃붇다라 이름하리라 했네

有一女人號恒伽　不驚不怖受佛語
世尊授記當成佛　敎化無量號金花

앞으로 오는 세상 붇다 이룰 모든 중생은
앞세상 붇다 계신 곳에서 이미 착한 뿌리 심었네
붇다 씨앗 연을 따르나 공하고 모습 없으며
지음 없는 해탈의 문으로 보디에 이르네

當來成佛諸衆生　先世佛所已種根
佛種從緣空無相　無作解脫至菩提

보디는 모습 없어 본래 해탈인 것이니
인행에서 과덕에 이르도록 모든 법은 한결같네
이와 같이 믿어 행해 의혹하지 않으면
이 사람은 물러나 구르지 않음이니
앞으로 보디 이루리라 언약 받으리

菩提無相本解脫　從因至果諸法如
如是信行不疑惑　是人不退當受記

1. 강가데바의 언약 받음

(1) 강가데바의 공양과 아난다의 물음

그때 모임 가운데 강가데바(Gaṅgādeva)193)라는 한 여인이 있어 자리에서 일어나 오른쪽 어깨를 드러내고 오른 무릎을 땅에 대어 붙다게 두 손 모아 절하고 말씀드렸다.

"세존이시여, 저는 이 일에 놀라거나 두려워하지 않습니다. 저는 오는 세상에도 중생을 위하여 이 법요를 연설할 것입니다."

이렇게 말하고는 금빛 꽃을 들어 붙다게 뿌리니 붙다의 정수리 위 허공 가운데에 머물렀다. 194)

---

193) 항가제바(恒伽提婆)는 범어 Gaṅgādevā의 소리 옮김이다. 여자의 이름으로 하천(河天)으로 번역한다. 부모가 강가강의 신에게 기도하여 낳았기 때문에 이렇게 이름을 지었다.

194) 〔E.Conze역 18품〕
그러자 어떤 여인이 모임에 와서 그 안에 앉았다. 그 여인은 자리에서 일어나 한쪽 어깨에 긴 겉옷을 걸쳐놓고 세존의 발에 접힌 손으로 경배했다.
그리고 말했다.
"세존이시여, 그들의 위치에 놓여있을 때도 저는 놀라지 않고 두려움 없이 모든 중생에게 법을 연설할 것입니다."
그러자 그때 세존께서 금빛의 미소를 지으셨다. 이 빛은 끝없고 묶임 없는 세계를 비추었고, 그 빛은 브라흐마세계까지 일어나 올라가고, 그곳으로부터 되돌아왔다. 세존 주위를 세 번 돌고, 세존 머리 안에서 다시 사라졌다. 그 여인이 그 미소를 보았을 때, 그 여인은 황금꽃을 쥐고 꽃들을 세존 위에 뿌렸다. 어디에도 고정된 것이 없이 그 꽃들은 허공 가운데 떠서 머물렀다.

Thereupon a certain woman came to that assembly, and sat down in it. She rose from her seat, put her upper robe over one shoulder, saluted the Lord with folded. hands, and said: ′I, O Lord, when placed in those positions, will not be afraid, and, without fear,

이때 붇다께서 그윽이 웃음을 지으시니 아난다가 자리에서 일어나 오른쪽 어깨를 드러내고 오른 무릎을 땅에 대어 붇다께 두 손 모아 절하고 말씀드렸다.

"세존이시여, 무슨 까닭에 미소를 지으십니까? 모든 붇다의 항상된 법은 까닭 없이 웃지 않으십니다."

(2) 강가데바의 언약 받음

붇다께서 아난다에게 말씀하셨다.

"이 강가데바 여인은 오는 세상 '별자리 칼파〔星宿劫〕' 때 붇다를 이루어 이름을 금빛꽃〔金花〕이라 할 것이다. 이제 여인의 몸을 바꾸어 남자가 되어 아쵸브야붇다의 땅에 태어나 그 붇다 계신 곳에서 늘 깨끗한 브라흐마의 행〔brahma-cara, 梵行〕을 닦을 것이며, 목숨을 마친 뒤에는 한 붇다의 땅을 좇아 다른 붇다의 땅에 이르면서 늘 브라흐마의 행을 닦아 마침내 아누타라삼약삼보디를 이루기까지 결코 붇다를 떠나지 않을 것이다.

비유하면 전륜성왕이 한 궁궐에서 다른 궁궐에 이르도록 날 때부터 마칠 때까지 발이 땅을 밟지 않는 것과 같다. 아난다여, 이 여인 또한 이와 같이 한 붇다의 땅에서 다른 붇다의 땅에 이르도록 늘 브라흐마

I shall demonstrate dharma to all beings.´

Thereupon the Lord at that time smiled a golden smile. Its lustre irradiated endless and boundless world systems, it rose up to the Brahma-world, returned from there, circulated three times sound th Lord, and disappeared again in the gead of the Lord. When she saw that smile, that woman seized golden flowers, and scattered them over the Lord. Without being fixed anywhere, they remained suspended in the air.

의 행을 닦아 아누타라삼약삼보디를 이룰 때까지 늘 붇다를 떠나지 않을 것이다."

아난다는 '강가데바 그때의 보디사트바 무리의 모임은 여러 붇다들의 모임과 같으리라'고 생각하였다. 붇다께서는 곧 아난다가 생각하는 바를 알아차리시고 아난다에게 말씀하셨다.

"그렇고 그렇다. 그때 보디사트바 대중의 모임은 여러 붇다들의 모임과 같다고 알아야 한다. 아난다여, 이 금빛꽃붇다의 슈라바카로서 니르바나에 든 이는 헤아릴 수 없고 가없어 그 수를 셀 수 없을 것이다. 그 세계 가운데는 여러 악한 짐승과 원수와 도적의 어려움이 없으며, 또한 굶주려 배고픔과 질병의 걱정이 없을 것이다. 아난다여, 이 금빛꽃붇다께서 아누타라삼약삼보디를 이룰 때 이와 같은 무서움과 두려움의 어려운 일이 없을 것이다."

(3) 강가데바의 본원

아난다가 붇다께 말씀드렸다.

"세존이시여, 이 여인은 어느 곳에서 처음 아누타라삼약삼보디의 착한 뿌리를 심었습니까?"

"아난다여, 이 여인은 디팡카라붇다의 처소에서 처음으로 착한 뿌리를 심었다. 이 착한 뿌리를 아누타라삼약삼보디에 회향하고 또한 금빛꽃을 디팡카라붇다께 뿌려 아누타라삼약삼보디를 구하였던 것이다.

아난다여, 그때 나도 다섯 송이의 꽃을 디팡카라붇다께 뿌리고 아누타라삼약삼보디를 구하였다. 디팡카라붇다께서는 나의 착한 뿌리가 무르익은 것을 아시고 곧 나에게 아누타라삼약삼보디의 언약을 주셨다. 그때 이 여인이 내가 언약 받는 것을 듣고는, 곧 이렇게 원을 말했다.

'지금 이 사람이 아누타라삼약삼보디의 언약을 받은 것처럼 나 또한 오는 세상에 깨달음의 언약을 받으리라.'

아난다여, 이 여인은 디팡카라붇다의 처소에서 처음 착한 뿌리를 심고 아누타라삼약삼보디의 마음을 발하였던 것이다."

아난다가 붇다께 말씀드렸다.

"세존이시여, 이 여인은 그러면 오랫동안 아누타라삼약삼보디의 행을 익혔습니까?"

붇다께서 말씀하셨다.

"그렇다, 아난다여. 이 여인은 오랫동안 아누타라삼약삼보디의 행을 익혔다."

2. 공하고 모습 없고 지음 없는 해탈문을 밝힘

(1) 공해탈문(空解脫門)에 들어가는 법

이때 수부티가 붇다께 말씀드렸다.

"세존이시여, 만약 보디사트바가 프라즈냐파라미타를 행하고자 한다면 어떻게 공을 익혀야 하고 어떻게 공한 사마디(空三昧)195)에 들

---

195) 여기에서 설해지는 공한 사마디(空三昧)·모습 없는 사마디(無相三昧)·지음 없는 사마디(無作三昧)를 세 사마디(三昧)라고 하며, 이 사마디에서 번뇌가 다한 선정(無漏定)을 다시 세 해탈문(三解脫門)이라 한다.
  ① 공한 사마디: 온갖 것은 다 인연에 의해 생기는 것이므로 나(我)와 나의 것(我所)도 실체와 자기성품이 없다고 살피는 사마디.
  ② 모습 없는 사마디: 니르바나도 모습이 없는 것이라고 살피는 행과 함께 일어나는 선정의 마음

어가야 합니까?"

붇다께서 수부티에게 말씀하셨다.

"보디사트바가 프라즈냐파라미타를 행하고자 하면 물질이 공한 줄 살펴야 하며, 느낌·모습취함·지어감·앎이 공한 줄 살펴야 한다. 흩어지지 않는 마음[不散心]으로 살펴야 하지만 법에는 볼 것이 없고 또한 깨칠 바도 없다."

수부티가 말씀드렸다.

"세존이시여, 붇다께서 말씀하신 대로라면 보디사트바는 공을 증득하지 않아야 하는데, 어떻게 보디사트바는 공한 사마디[空三昧]에 들어가지만 공을 증득하지 않습니까?"

"수부티여, 만약 보디사트바가 모습 갖춤에서 공을 살피고 본래 이미 마음을 내었다면, 그는 다만 공을 살필 뿐 공을 증득하지는 않는다. 그는 이렇게 생각한다.

'나는 공을 배워야 하나, 지금은 배울 때이지 증득할 때는 아니다.'"

다나팔라역(20품)

붇다께서 말씀하셨다.

"수부티여, 보디사트바마하사트바는 온갖 모습 갖춤에서 공함을 살펴서 다만 공을 닦아 배우되 그 가운데 공(空)을 취해서 증득을 삼지 않는다. 저 보디사트바가 이와 같이 살필 때 이와 같이 생각해야 한다.

'내가 지금 다만 배울 때라, 이를 증득할 때가 아니다. 그러므로 사마히타(samahita)196)에 머물지 않고 깊이 마음을 거두어 경계(緣) 가운데 매지 않

---

③ 지음 없는 사마디: 무원사마디[無願三昧]라고도 한다. 모습이 없으므로 모든 법에 바라거나 구할 것이 없다고 살피는 사마디.

196) 사마히타(samāhita): 한자는 삼마혜다로 음역됨. 선정의 한 이름으로, 평등하게 해 공덕을 이끈다는 뜻으로 등인(等引)이라 함. 평등하게 함은 가라

는다.'

　저 보디사트바마하사트바는 프라즈냐파라미타의 힘이 보살피는 바이므로, 비록 공을 증득하지 않지만 또한 보디의 법에서 물러나 잃지 않으며, 또한 흐름을 다해 고요한 마음에 머물지 않는다.

　그러므로 보디사트바마하사트바는 비록 공한 사마디의 해탈문을 행하되 공을 증득하지 않으며, 비록 모습 없는 사마디의 해탈문에 들어가도 또한 모습 없음을 증득하지 않지만 모습 있음에도 머물지 않는다. 왜냐하면 이 보디사트바마하사트바는 지혜가 깊고 깊어 착한 뿌리를 갖추어서 이렇게 생각할 수 있기 때문이다.

　'지금은 이를 배울 때라 이것을 증득할 때가 아니다.'

　그러므로 비록 다시 공을 살피지만 걸리는 바가 없고, 비록 공한 사마디에 머물지만 또한 그 가운데 공의 실다운 바탕을 증득하지 않으니 프라즈냐파라미타의 힘이 보살펴줌을 얻었기 때문이다." 197)

"마음을 깊이 거두어 경계에 얽매이지 않는다.

　이때 보디사트바는 '도를 돕는 여러 법〔助道法〕'을 물리지 않으며 또한 번뇌를 다하지도 않는다. 왜냐하면 이 보디사트바는 큰 지혜와 깊고 착한 뿌리를 가지고 있으므로 이렇게 생각할 수 있기 때문이다.

　'지금은 배울 때이지 증득할 때는 아니니, 나는 프라즈냐파라미타

앉음과 들뜸을 평등케 함이다.

197) 佛言：「須菩提！菩薩摩訶薩雖於一切相具足觀空, 但修學空而不於中取空爲證。 彼菩薩如是觀時, 應作是念：『我今但是學時, 非是證時, 是故不住三摩呬多, 不深攝心繫於緣中。』 彼菩薩摩訶薩以般若波羅密多力所護故, 雖不證空, 亦不退失菩提分法, 亦不盡漏住寂滅心。

　是故菩薩摩訶薩雖行空三摩地解脫門而不證空, 雖入無相三摩地解脫門亦不證無相、不住有相。 何以故？是菩薩摩訶薩智慧甚深善根足能作是念：『今是學時, 非是證時。』 是故雖復觀空而無所礙, 雖住空三摩地亦不於中證空實際, 以得般若波羅密多力所護故。

를 얻으려 하기 때문이다.'

수부티여, 비유하면 이것은 다음과 같다. 어떤 사람이 있어 용감하고 힘이 세서 쓰러뜨리기 어려우며, 얼굴 모습이 단정하여 사람들의 사랑과 존경을 받았다. 이 사람이 병법을 잘 알고 무기도 날카로우며, 예순네 가지 기예를 다 갖춘 데다가 다른 기술도 단련하지 않은 것이 없어서 사람들이 사랑해 생각해주므로 하는 일마다 다 이루어졌다. 이와 같은 빼어난 점 때문에 이익되게 함이 많아서 사람들이 다 존경하고 또한 더욱 기뻐하였다. 이 사람이 어떤 작은 일로 어버이를 모시고 처자식을 거느린 채 험한 길, 어려운 곳을 지나게 되었다. 그는 어버이와 처자식을 안온하게 권유하여 두려워하지 않게 하려고 이렇게 말했다.

'이 길이 비록 험하고 원수와 도적이 들끓지만 반드시 다른 탈 없이 안온하게 지날 수 있을 것입니다.'

그 사람은 지혜의 힘을 성취하여 앞에 맞설 것이 없었으므로 어버이와 처자를 온갖 어려움을 피하여 성읍과 마을의 집에 이르도록 할 수 있었다. 그리고 아무 다친 것과 잃은 것도 없이 마음이 크게 기뻐하여 모든 원수와 도적에게도 미워하는 마음을 내지 않았다.

왜냐하면 이 사람은 온갖 기술을 연마하지 않은 것이 없었고, 험한 길에서 많은 무리를 변화로 만들어 원수와 도적보다 많게 하였기 때문이다. 또 지니고 있는 무기도 날카로워 저 모든 원수와 도적들이 스스로 물러나 흩어졌기 때문이다. 그러므로 이 사람은 스스로 반드시 안온하여 모든 걱정거리가 없게 된 것이다.

이와 같고 이와 같이 수부티여, 보디사트바는 온갖 중생을 생각하여 자비의 사마디[慈三昧]에 마음을 묶게 된다. 맺고 부리는 모든 번뇌[結使]198)와 번뇌 도와주는 법을 넘어섰고, 모든 마라와 마라 돕는 것을 벗어났으며, 슈라바카와 프라테카붇다의 지위를 넘어서서 공한 사마디[空三昧]에 머물지만 번뇌의 흐름을 다하지도 않는다.

수부티여, 이때 보디사트바는 공한 해탈문[空解脫門]을 행하지만 모습 없음[無相]을 증득하지 않으며, 또한 모습 있음[有相]에 떨어지지도 않는다. 비유하면 마치 새가 허공에 날아가나 떨어지지 않고, 허공을 날아다니지만 허공에 머물지 않는 것과 같다.

수부티여, 보디사트바 또한 이와 같아서 공(空)을 행하고 공을 배우며 모습 없음[無相]을 행하고 모습 없음을 배우며, 지음 없음[無作]을 행하고 지음 없음을 배우지만 모든 붇다의 법을 두루 갖추지 않고서는 공과 모습 없음과 지음 없음에 떨어지지 않는다.

비유하면 활 쏘는 법에 능통한 솜씨 좋은 궁수가 허공을 향하여 화살을 쏘아 화살과 화살이 서로 버티어 마음대로 멀거나 가깝게 하여 땅에 떨어지지 않게 하는 것과 같다. 이와 같이 수부티여, 보디사트바는 프라즈냐파라미타를 행하여 방편이 보살펴주므로 으뜸가는 진실의 바탕[第一實際]을 증득하지는 않는다. 오직 아누타라삼약삼보디의 착한 뿌리를 성취하려 하므로 아누타라삼약삼보디를 성취할 때에만 으뜸가는 진실의 바탕을 증득하게 된다.

그러므로 수부티여, 보디사트바는 프라즈냐파라미타를 행할 때 이와 같이 모든 법의 참된 모습[諸法實相]을 사유하나 증득함을 취하지는 않는다."

수부티가 붇다께 말씀드렸다.

---

198) 결사(結使): 맺음[結]과 부림[使]은 다 번뇌의 다른 이름이다. '맺음'은 범어 bandhana 또는 saṁyojana의 번역이다. 번뇌는 중생의 몸과 마음을 미혹의 세계에 묶어 두어 괴로움의 결과를 일으키므로 맺음[結]이라 한다. 또한 중생을 따라 다니며 마구 몰아대어 부리므로 부림[使]이라고 한다.

"세존이시여, 보디사트바가 하는 일은 매우 어려우니 참으로 드문 일이 됩니다. 이와 같이 배울 수 있지만 또한 증득함을 취하지는 않습니다."

붇다께서 수부티에게 말씀하셨다.

"이 보디사트바는 온갖 중생을 버리지 않기 때문에 이와 같이 크나큰 서원을 세운다. 수부티여, 만약 보디사트바가 '나는 결코 온갖 중생을 버리지 않고 건네줄 것이다'라는 마음을 낸다면, 곧 공한 사마디의 해탈문과 모습 없고 지음 없는 사마디의 해탈문에 들어간다.

이때 보디사트바는 길 가운데서 진실한 바탕[實際]을 증득하지는 않는다. 왜냐하면 이 보디사트바는 방편이 보살펴주기 때문이다. 거듭 다시 수부티여, 보디사트바가 만약 이러한 공한 사마디의 해탈문과 모습 없고 지음 없는 사마디의 해탈문 같은 깊은 선정에 들어가고자 하면 이 보디사트바는 먼저 이렇게 생각해야 한다.

'중생은 기나긴 밤 동안 중생이라는 모습[衆生相]에 집착하고 얻을 바 있음에 집착한다. 내가 아누타라삼약삼보디를 얻으면 이 모든 견해를 끊고 법을 설하겠다.'

그러면 곧 공한 사마디의 해탈문에 들어갈 것이다. 이 보디사트바는 이 마음과 앞의 방편의 힘 때문에 길 가운데서 진실한 바탕을 증득하지 않으며 또한 큰 사랑[慈]과 가엾이 여김[悲]·기뻐함[喜]과 버림[捨] 네 가지 헤아릴 수 없는 마음[四無量心]의 사마디를 잃지도 않는다.

왜냐하면 이 보디사트바는 방편의 힘을 성취하였기 때문에 착한 법을 곱절로 더욱 늘려서 모든 아는 뿌리[諸根]가 밝게 통해졌으며, 또한 보디사트바의 여러 힘과 여러 선정의 느낌들[諸力諸覺]을 더욱 늘렸기 때문이다."

(2) 모습 없는 해탈문을 밝힘

"거듭 다시 수부티여, 보디사트바는 이렇게 생각한다.

'중생은 기나긴 밤 동안 나라는 모습〔我相〕을 행한다. 내가 아누타라삼약삼보디를 얻으면 나라는 이 모습을 끊어 그들을 위해 법을 설하겠다.'

그러면 곧 바로 '모습 없는 사마디의 해탈문〔無相三昧解脫門〕'에 들어가니, 이 보디사트바는 이와 같은 마음과 앞의 방편의 힘 때문에 길 가운데서 진실한 바탕을 증득하지는 않으며 또한 큰 사랑과 가엾이 여김·기뻐함과 버림 네 가지 헤아릴 수 없는 마음의 사마디를 잃지도 않는다.

왜냐하면 이 보디사트바는 방편의 힘을 성취하였기 때문에 착한 법을 곱절로 더욱 늘려서 모든 착한 뿌리가 밝게 통하고 또한 보디사트바의 여러 힘과 여러 선정의 느낌을 더욱 늘렸기 때문이다."

<u>다나팔라역(20품)</u>

붇다께서 말씀하셨다.

"수부티여, 물러나 구름이 없음에 머무는 자는 적다. 그러므로 바르게 답할 수 없는 것이다. 수부티여. 만약 이미 물러나 구름이 없음에 머무는 자가 있다면 저는 바르게 답할 수 있으니, 이 보디사트바의 착한 뿌리는 밝고 맑아 방편을 갖추어서 온갖 세간의 하늘과 사람 아수라 등이 움직여 무너뜨리지 못함을 알아야 한다.

이 보디사트바는 온갖 법이 꿈 같음을 잘 살피되, 이 가운데서 실다운 바탕을 증득하지 않는다. 수부티여, 이것이 물러나 구르지 않는 보디사트바마하사트바의 모습인 줄 알아야 한다." 199)

(3) 지음 없는 해탈문을 밝힘

"거듭 다시 수부티여, 보디사트바는 이와 같이 생각한다.

'중생은 기나긴 밤에 항상하다는 생각[常想], 즐겁다는 생각[樂想], 깨끗하다는 생각[淨想], 나라는 생각[我想]을 행하여 이러한 모습취함[想, saṃjñāna, 取像]으로 갖가지 짓는 바가 있다.

내가 아누타라삼약삼보디를 이루면 이 항상하다는 생각, 즐겁다는 생각, 깨끗하다는 생각, 나라는 생각을 끊어주기 위해 이 법은 덧없어서[無常] 항상한 것이 아니고, 이는 괴로움[苦]이라 즐거움이 아니며, 더러움[不淨]이라 깨끗한 것이 아니고, 나 없음[無我]이라 내가 아님[非我]이라고 법을 설하겠다.'

이 보디사트바는 이 마음과 앞의 방편의 힘으로 비록 아직 붇다의 사마디를 얻지 못하고 붇다의 법을 갖추지 못하며 아누타라삼약삼보디를 증득하지 않고도, 지음 없는 사마디의 해탈문[無作三昧解脫門]에 들어갈 수 있으나, 길 가운데서 진실한 바탕을 증득하지는 않는다."

3. 중생을 위해 세 가지 해탈문 열어줌을 밝힘

(1) 중생을 위해 바른 살핌을 일으킴

---

199) 佛言：「須菩提！少有住不退轉者，是故不能正答。須菩提！若有已住不退轉者，彼能正答。當知是菩薩善根明淨具足方便，不爲一切世間天、人、阿修羅等而能動壞。

是菩薩能善觀察一切法如夢，而於是中不證實際。須菩提！當知此爲不退轉菩薩摩訶薩相。」

"거듭 다시 수부티여, 보디사트바는 이와 같이 생각한다.

'중생은 기나긴 밤 동안 얻을 것이 있음[有所得]을 행하여 왔고 지금도 얻을 것이 있음을 행하고 있으며, 앞에서도 모습 있음[有相]을 행하여 왔고, 지금 또한 모습 있음을 행하고 있다. 앞에서도 뒤바뀜[顚倒]을 행하여 왔고 지금 또한 뒤바뀜을 행하고 있으며, 앞에서도 어울려 합하는 모습[和合相]을 행하여 왔고 지금 또한 어울려 합하는 모습을 행하고 있다.

앞에서도 허망한 모습[虛妄相]을 행하여 왔고 지금 또한 허망한 모습을 행하고 있으며, 앞에서도 삿된 견해[邪見]를 행하여 왔고 지금 또한 삿된 견해를 행하고 있다. 나는 부지런히 비리야파라미타를 닦아 행하여 아누타라삼약삼보디를 얻으면 중생들의 이와 같은 모든 그릇된 모습을 끊기 위해 그들을 위하여 법을 설하여 모든 허물을 없애 주겠다.'

수부티여, 보디사트바는 이와 같이 온갖 중생을 생각하며 보디사트바는 이와 같은 마음과 앞의 방편의 힘 때문에 공(空)과 모습 없고 지음 없으며[無相無作] 일어남 없고 남이 없으며[無起無生] 있는 바 없음과 같은 깊은 법의 모습[法相]을 살핀다.

수부티여, 보디사트바가 이와 같은 지혜를 성취하고도 삼계에 머물거나, 짓고 일으키는 법에 떨어지는 일은 있을 수 없다."

(2) 세 가지 해탈문을 바르게 설하는 법

"거듭 다시 수부티여, 보디사트바가 아누타라삼약삼보디를 얻고자 한다면 다른 보디사트바에게 이와 같이 물어야 한다.

'이 모든 법에 대하여 어떻게 배우고 어떻게 마음을 일으켜야, 공에 들어가되 공을 증득하지 않게 되며, 모습 없고 지음 없으며 일어남 없고 남이 없으며 있는 바 없음〔無所有〕에 들어가되 있는 바 없음을 증득하지 않으면서 프라즈냐파라미타를 닦아 익힐 수 있습니까?'

어떤 보디사트바가 만약 이와 같이 답한다 하자.

'다만 공을 생각하고, 모습 없고 지음 없으며 일어남 없고 남이 없으며 있는 바 없음을 생각하십시오.'

그리고는 앞의 마음을 가르치지 않고 앞의 마음을 설하지 않는다면, 이 보디사트바는 지나가신 붇다께 아누타라삼약삼보디의 언약을 아직 받지 못했고 아직 아비니바르타니야의 지위에 머물지 못함을 반드시 알아야 한다.

왜냐하면 이 보디사트바는 아비니바르타니야보디사트바가 다른 이들과 함께 하지 않는 모습〔不共相〕을 설하지 못했고 바른 답을 바로 보이지 못하였기 때문이다. 그러면 이 보디사트바는 아직 아비니바르타니야의 지위에 이르지 못했음을 알아야 한다."

"세존이시여, 어떻게 이 사람이 아비니바르타니야의 보디사트바인 줄을 알 수 있습니까?"

"수부티여, 만약 보디사트바가 들었거나 못 들었거나 이와 같이 바르게 대답할 수 있으면 이 사람이 아비니바르타니야보디사트바인 줄 알아야 한다."

"세존이시여, 이와 같은 까닭으로 중생이 많이들 보디(bodhi)를 행하지만 이와 같이 바르게 답하는 이는 드뭅니다."

"수부티여, 얼마 안 되는 적은 수의 보디사트바만이 '아비니바르타니야보디사트바가 되리라'는 언약을 받는다. 만약 이 언약을 얻는다면 이와 같이 바르게 대답할 수 있다. 그러면 이 보디사트바의 착한 근기가 밝고 깨끗함을 알아야 하며, 이 보디사트바는 온갖 세간의 하늘과 사람·아수라가 미칠 수 없음을 알아야 한다."

　원인과 결과가 없지 않은 데서 보면 지금 붇다로부터 프라즈냐파라미타의 수트라를 듣고 놀라거나 두려워 않고 그 가르침을 믿는 자가 있다면, 그는 이미 앞 붇다께 착한 보디의 뿌리를 심은 자이다. 그리고 지금 프라즈냐의 가르침을 굳건히 믿어 뒤로 물러나 뒤바뀌지 않는 자가 있다면, 그는 아직 오지 않은 붇다의 때 반드시 위없는 보디를 이루게 될 것이다.

　그러나 원인과 결과가 실로 있지 않은 데서 보면 미망의 중생일 때에도 잃은 것이 없고 믿음의 마음을 일으켜도 마음 냄이 없으며 보디를 이루어도 실로 이룬 바가 없다.

　강가데바 여인이 사캬 붇다께 무너지지 않는 믿음을 이루니, 그는 이미 디팡카라붇다 때 착한 뿌리를 심은 것이며 먼 뒷날 별자리 칼파〔星宿劫〕때 황금꽃붇다〔金花佛〕를 이룰 것이다.

　보디에 돌아감은 세계의 실상에 돌아감이니 보디사트바가 착한 뿌리를 심음은 모습 없고 공하며 지음 없는 해탈문에 믿음을 일으켜 공한 사마디에 돌아감이다. 그러니 그가 닦음의 모습을 짓고 얻음의 견해를 지으면 보디에 돌아감이 아니고 보디의 문에 착한 뿌리를 심은 것이 아니다.

　또한 세계의 실상 가운데에는 건지는 나와 건질바 중생이 모두 허깨비 같은 모습이니, 그는 실로 건진다는 생각도 내지 않으나 온갖 중생을 버리지 않고 크나큰 서원의 힘으로 중생을 보디의 땅에 세우고 이 세간국토를 정토의 땅으로 가꾸어간다.

　공(空)을 살피되 공으로 증득을 삼지 않으며 모습 없음〔無相〕을 살피되 모습 없음으로 증득을 삼지 않는 자, 그는 모든 인연으로 일어난 거짓 이름〔假名〕을 깨뜨리지 않고 실상을 드러내며, 모든 생각을 물러지 않고〔不退諸念〕 파라미타의 행을 지음 없이 짓는 자이다.

그가 믿음의 땅에 들어 다시는 뒤로 물러나 구르지 않는 보디사트바이니, 그가 생각에서 생각을 떠나면〔於念離念〕 지금 중생의 모습에 떨어진 미혹의 중생이 곧장 한 번 뛰어 보디의 땅에 돌아감이다. 그가 다시 생각 없음에도 머물지 않으면 생각 없되 생각 없음도 없는 공덕의 땅에서 모든 붇다가 그를 인증하고 보디의 언약을 주시는 것이다.

옛 조사의 가르침을 살펴보자.

　　남전(南泉)선사께 사조(師祖)가 물었다.
　　"영가선사의 증도가에 '마니구슬을 사람들이 알지 못한데, 여래 공덕의 곳간 가운데서 몸소 거둔다'고 했는데, 어떤 것이 공덕의 곳간입니까?"
　　남전선사가 말했다.
　　"왕노사가 그대와 같이 가고 오는 것이 공덕의 곳간이다."
　　사조가 말했다.
　　"가지 않고 오지 않는 것은 무엇입니까?"
　　남전선사가 말했다.
　　"또한 공덕의 곳간이다."
　　사조가 말했다.
　　"어떤 것이 구슬입니까?"
　　남전선사가 '사조야' 부르고, 사조가 '예' 대답하니, 남전선사가 말했다.
　　"가라, 너는 내 말을 알지 못한다."
　　사조가 깨달았다.

　　　　　　　　　　　　　　　　　　　　　　■　(211則)

南泉因師祖問 摩尼珠人不識 如來藏裏親收得 如何是藏
師云 王老師與你往來者是藏
祖云 不往不來者
師云 亦是藏
祖云 如何是珠
師召師祖 祖應喏
師云 汝不會我語 祖悟

장산전(蔣山泉)선사가 노래했다.

푸른 물결 깊은 곳에서 고기 낚는 저 늙은이
미끼 던져 줄을 끌며 힘이 이미 다했도다
한 돛에 맑은 바람 불고 달 밝은 속에서
몸이 수정궁에 있는 줄 알지 못하네

碧波深處釣魚翁　抛餌牽絲力已窮
一棹清風明月裏　不知身在水晶宮

신정인(神鼎諲)선사가 노래했다.

그가 마니구슬을 물었는데
마니구슬은 어디에 있는가
이름 부르고 대꾸한 소리를
여러 곳에서는 그릇 들어 보이지 말라

渠問摩尼珠　摩尼在何許
呼名應答聲　諸方莫錯擧

'사조야' 부르고 '예' 대답한 그 소리에서 부름 없고 답함이 없는 줄 알아야 공덕의 곳간을 보아 여래께 해탈의 언약 받는가.

학담도 한 노래로 옛 조사의 뜻에 함께해 여래의 가르침을 찬탄하리라.

두 사람이 이름 부르고 대꾸한 때에
들음과 말함 없음을 알면 진여 공덕 곳간이로다
이곳에서 부르고 대꾸함 없는데 머물지 않으면
여래 공덕 곳간 속 베풂이 헤아릴 수 없으리

兩人呼名應答時　了無聞說眞如藏
此處不住無呼應　如來藏裏施無量

제19품 마라의 일 깨달음과 참된 멀리 떠남의 행〔阿毘跋致覺魔品〕

　깨달음은 단순한 이론적 이해의 결과로 주어지는 것이 아니다. 보디는 보시·지계·인욕·정진·선정·지혜라는 실천의 성과이나 파라미타의 행에 머묾이 없고 얻을 것이 없으니, 깨달음은 모든 법의 참모습과 하나된 삶의 자유로 표시된다.

　아비니바르타니야보디사트바는 이미 깨달음의 길에 들어서서 다시는 세계의 실상과 부합되지 못한 허망한 생각과 왜곡된 생활에 빠지지 않는다. 그러므로 어떤 보디사트바에게 법의 참모습과 부합된 삶의 공덕이 있으면 그가 바로 아비니바르타니야보디사트바인 줄 알 수 있다.

　보디사트바마하사트바는 깨어있을 때는 물론이고 꿈속에서라도, 모습에 물든 생각과 모습을 끊고 니르바나를 얻으려는 슈라바카·프라테카붇다의 치우친 생각을 일으키지 않으니, 이것이 아비니바르타니야보디사트바의 자나깨나 한결같은〔寤寐一如〕 경계이다.

　또한 보디사트바는 '온갖 법이 꿈같다'고 살피되 꿈같음으로 증득을 삼지 않고 꿈속에서라도 늘 중생을 이익되게 하고 안락하게 하길 서원하며, 중생을 이익되게 하고 안락하게 할 공덕과 위력을 스스로 갖춘다. 보디사트바는 세계의 실상과 부합되지 못한 생각과 말과 행동거지가 일어나거나 그러한 왜곡된 업을 가르치는 자가 있으면, 이것이 곧 마라의 일인 줄 바로 알아차려 마라의 일에 빠지지 않는다.

　보디사트바는 늘 멀리 떠남〔遠離〕의 행을 닦는다. 그러나 보디사트바가 추구하는 멀리 떠남은 다만 숲 속의 고요한 곳, 벌판의 사람 없는 곳을 찾아가 사는 일이 아니라, 생각과 생각 없음, 모습과 모습 없음을 함께 떠나는 일이며, 범부의 모습에 물든 집착과 두 치우친 실천의 수레〔二乘〕의 모습 끊고 니르바나를 찾는 집착을 함께 넘어서는 일이다.

　그러므로 보디사트바가 낮과 밤으로 닦아 행해 이와 같은 멀리 떠남의 행을 이루면 비록 마을 가까이 있다 해도 멀리 떠남이며, 숲 속의 고요한 곳, 사람 없는 곳에 있어도 멀리 떠남이 된다.

곧 사르바즈냐나의 지혜를 갖추면 마을에 있거나 도시에 있거나 모두 멀리 떠남이 되지만, 시끄러움에 빠져 헤매거나 시끄러움을 끊고 고요함을 찾는 집착이 남아 있는 이에게는 깊은 산 속이나 텅빈 벌판에 있다 해도 새나 짐승, 몹쓸 귀신이 사는 곳에 머묾일 따름이다.

참으로 멀리 떠나는 자, 그가 바로 모습 떠나되 모습 없음에도 머묾 없이 모습에 돌아올 수 있는 자이며, 시끄러움 속에서도 곧 고요함을 떠나지 않을 수 있는 자이다.

학담이 노래로 종요를 말해보리라.

물러나지 않는 보디사트바 꿈과 깸 하나되니
늘 세간의 참모습에 머물러 한결같도다
법이 꿈 같음을 살피되 꿈 같음을 증득하지 않으니
꿈 가운데서도 중생 이익되는 일 늘 행하네

不退菩薩夢覺一　恒住實相常如如
觀法如夢不取證　夢中恒行饒益事

보디사트바는 늘 멀리 떠나는 행을 닦아서
모습과 모습 없음을 다 멀리 떠나고
생각과 생각 없음을 또한 멀리 떠나서
낮과 밤에 늘 이와 같은 행을 닦도다

菩薩常修遠離行　相與無相皆遠離
念與無念亦遠離　晝夜常修如是行

보디사트바 닦아 익힘 이와 같으면
움직임에 움직임 없고 고요함에 고요함 없으며

깸 가운데 밝음 없고 잠듦 가운데 어둠 없어
움직임과 고요함이 늘 한결같고 깸과 잠이 하나되네

菩薩修習若如是　動中無動靜無靜
寤中無明寐無暗　動靜一如寤寐一

그러므로 대중에 있거나 한가히 머물거나
보디사트바는 함이 있음과 없음 머물지 않아
모든 생각 물리지 않고 모든 파라미타 행하니
여섯 파라미타행이 참된 멀리 떠남이네

是故處家又閑居　菩薩不住有無爲
不退諸念行波羅　六度行是眞遠離

1. 물러남이 없는 보디사트바의 모습을 밝힘

(1) 보디사트바는 삼계와 슈라바카·프라테카붇다의 지위에 탐착하지 않음을 보임

붇다께서 수부티에게 말씀하셨다.

"만약 보디사트바마하사트바가 꿈속에서라도 삼계와 슈라바카·프라테카붇다의 지위에 탐착하지 않고, 온갖 법이 꿈과 같다고 살피되 꿈같음의 증득을 취하지 않는다면 수부티여, 이것은 아비니바르타니야보디사트바의 모습이라고 알아야 한다." 200)

<u>다나팔라역(20품)</u>

이때 세존께서 존자 수부티에게 말씀하셨다.

"내가 지금 다시 물러나 구름이 없는 보디사트바마하사트바의 갖가지 모습을

---

200) 〔E.Conze역 19품〕

"더 나아가 만약 보디사트바가 그의 꿈 안에서도 모든 법은 꿈같다 생각하되 그것을 최후의 것으로 간주하는 체험으로 깨닫지 않아서, 그것이 돌이킬 수 없는 보디사트바의 돌이킬 수 없는 징표로서 알려진다 하자. 그의 꿈속에서라 해도 그것은 슈라바카 제자의 수준이나 프라테카붇다의 수준에도 속하지 않을 것이다. 삼계에 속한 그 어떤 것이라도 그의 바람의 목표가 되지 않을 것이며, 그에게 이익되는 것으로 나타나지 않을 것이다."

Furthermore, if a Bodhisattva even in his dreams beholds that "all dharmas are like a dream," but does not realize [that experience, regarding it as final] then also that should be known as the irreversible mark of an irreversible Bodhisattva. It is another mark if, even in his dreams, neither the level of Disciple or Pratyekabuddha, nor anything that belongs to the triple world, becomes an object of his longing, or appears advantageous to him.

말하겠으니, 그대는 잘 뜻을 지음 같이〔如善作意〕 자세히 들으라."

수부티가 말씀드렸다.

"잘 말씀해주셨습니다, 세존이시여. 즐겁게 듣고자 합니다."

붇다께서 말씀하셨다.

"수부티여. 만약 보디사트바마하사트바라면 꿈 가운데서라도 또한 슈라바카·프라테카붇다의 지위를 사랑해 즐거워하지 않으며, 또한 저 삼계에 머물 마음을 내지 않는다. 수부티여, 이 모습이 있는 이는 이것이 물러나 구름이 없는 보디사트바마하사트바의 모습인 줄 알아야 한다."[201]

"거듭 다시 수부티여, 만약 보디사트바가 꿈속에서 붇다께서 대중 가운데 높은 자리 위에 앉아 계시며 셀 수 없는 백천만 비구와 셀 수 없는 백천만억 대중이 공경히 에워싼 가운데서 그들을 위해 법 설하시는 것을 본다 하자. 그러면 수부티여, 이것이 아비니바르타니야보디사트바의 모습이라고 알아야 한다.

거듭 다시 수부티여, 보디사트바가 꿈속에서 그 몸이 허공에 있으며 대중을 위하여 법 설함을 스스로 보거나, 몸이 크게 빛나는 것을 보고서 깨어난 뒤 이렇게 생각한다 하자.

'나는 삼계가 꿈과 같음을 아니 반드시 아누타라삼약삼보디를 얻어서 중생을 위하여 이와 같은 법을 설하리라.'

그러면 수부티여, 이것이 아비니바르타니야보디사트바의 모습인 줄 알아야 한다.

---

201) 爾時, 世尊告尊者須菩提言 : 「我今復說不退轉菩薩摩訶薩種種相貌, 汝當諦聽, 如善作意。」

須菩提言 : 「善哉, 世尊! 願樂欲聞。」

佛言 : 「須菩提! 若菩薩摩訶薩, 乃至夢中亦不愛樂聲聞、緣覺之地, 亦不生彼住三界心。須菩提! 有是相者, 當知是爲不退轉菩薩摩訶薩相。」

다시 수부티여, 보디사트바가 아누타라삼약삼보디를 얻었을 때 그 세계 가운데 온갖 곳에 세 악한 길의 이름이 없는 줄을 어떻게 알 수 있겠는가? 수부티여, 만약 보디사트바가 꿈 가운데서 축생을 보고 이와 같은 서원을 세운다 하자.

'내가 부지런히 비리야파라미타를 행해 아누타라삼약삼보디를 얻을 때 그 세계 가운데 온갖 곳에 다 세 악한 길의 이름이 없을 것이다.'

수부티여, 그러면 이것이 아비니바르타니야보디사트바의 모습이라고 알아야 한다."

(2) 보디사트바는 법답지 않은 세력을 이길 공덕이 있음을 보임

"거듭 다시 수부티여, 보디사트바는 성곽에 불이 일어남을 보면 곧 이렇게 생각한다.

'내가 꿈속에서 본 모습과 같이 보디사트바가 이와 같은 모습을 성취하면 이것이 아비니바르타니야보디사트바임을 알아야 한다. 만약 나에게 이와 같은 모습이 있어서 아비니바르타니야보디사트바가 되었다면, 이 진실한 말의 힘으로써 이 성곽의 불이 지금 꺼져 사라질 것이다.'

만약 불이 꺼져 사라지면 이 보디사트바는 이미 앞의 붇다에게 아누타라삼약삼보디의 언약을 받은 것이고, 불이 꺼지지 않으면 이 보디사트바는 아직 언약을 얻지 못하였다고 알아야 한다.

만약 이 불이 한 집을 태우고 다른 한 집으로 옮겨 가고, 한 마을을 다 태우고 또 다른 마을로 번진다면 수부티여, 이것은 중생이 법을 깨뜨린 무거운 죄가 있어서 이 법을 깨뜨린 남은 재앙을 지금 세상에 받는 것이다.

수부티여, 이러한 까닭으로 이것이 아비니바르타니야보디사트바의 모습임을 알아야 한다.

거듭 다시 수부티여, 지금 다시 물러나 구름이 없는 보디사트바의 모습을 말해주겠다. 수부티여, 어떤 남자나 여자가 귀신에게 붙들리면 보디사트바는 이에 대해 이렇게 생각해야 한다.

'만약 내가 이미 앞의 붇다에게서 아누타라삼약삼보디의 언약을 받았다면 깊은 마음으로 아누타라삼약삼보디를 얻고자 할 것이며, 내가 행하는 바가 청정하여 슈라바카·프라테카붇다의 마음을 떠나면 반드시 아누타라삼약삼보디를 얻어서 얻지 못함이 없을 것이다.

지금 드러나 있는 시방 헤아릴 수 없이 많은 붇다들이 계신데 이 여러 붇다들은 알지 못함이 없고, 보지 못함이 없으며, 얻지 못함이 없고, 깨닫지 못함이 없다.

만약 이 모든 붇다께서 내 깊은 마음을 아신다면 반드시 아누타라삼약삼보디를 얻게 될 것이며, 이 진실한 말의 힘 때문에 지금 남녀 가운데 사람 아닌 것[非人]에 붙들린 사람은 사람 아닌 것이 곧 빨리 떠나게 될 것이다.' "

<u>다나팔라역(20품)</u>
"만약 보디사트바가 이 말을 할 때, 저 사람 아닌 것이 곧 멀리 가지 않으면 그가 붙들린바 도깨비가 아직 해탈을 얻지 못한 것이니, 이 보디사트바는 아직 앞의 붇다·여래·공양해야 할 분·바르게 깨친 분 계신 곳에서 아누타라삼약삼보디의 언약 주심을 얻지 못한 것이고, 아직 물러나 구름이 없는 지위에 머물지 못한 것이다.

수부티여. 만약 보디사트바가 이 말을 할 때 저 사람 아닌 것이 곧 빠르게 멀리 가면 그가 붙들린바 도깨비가 곧 해탈을 얻은 것이니, 이 보디사트바는 이미 앞의 붇다·여래·공양해야 할 분·바르게 깨친 분 계신 곳에서 아누타라삼약삼보디의 언약 주심을 얻은 것이고, 이미 물러나 구름이 없는 지위에 편안히 머문 것이다."202)

"만약 이 보디사트바가 이 말을 할 때 사람 아닌 것이 떠나지 않으면, 이 보디사트바는 앞의 분다께서 아누타라삼약삼보디의 언약을 주지 않으셨다고 알아야 한다.

수부티여, 만약 보디사트바가 이 말을 했을 때 사람 아닌 것이 떠나면 이 보디사트바는 이미 앞의 분다에게서 아누타라삼약삼보디의 언약을 받았다고 알아야 한다."

2. 마라의 일 깨닫기를 권함

"거듭 다시 수부티여, 어떤 보디사트바는 아직 언약을 받지 못하고도 이렇게 서원할 것이다.

'만약 내가 이미 앞의 분다에게서 언약을 받았다면 사람 아닌 것이 지금 반드시 이 사람을 버리고 갈 것이다.'

그러면 악한 마라가 곧 그곳에 와서 사람 아닌 것을 떠나게 한다. 왜냐하면 악한 마라의 위력은 사람 아닌 것을 이기기 때문이니, 사람 아닌 것이 떠나면 이에 대해 보디사트바는 이렇게 스스로 생각한다.

---

202) 「若菩薩作是語時，而彼非人不卽遠去，其所執魅未得解脫者，當知是菩薩未從先佛如來。應供。正等正覺所，得授阿耨多羅三藐三菩提記，未住不退轉地。

須菩提！若菩薩作是語時，而彼非人卽速遠去，其所執魅卽得解脫者，當知是菩薩已從先佛如來。應供。正等正覺所，得授阿耨多羅三藐三菩提記，已得安住不退轉地。」

'나의 힘 때문에 사람 아닌 것이 멀리 가버렸다.'

그리하여 악한 마라의 힘인지를 알지 못한다. 이 일 때문에 여러 다른 보디사트바들을 다음과 같이 가볍게 얕잡아본다.

'나는 앞의 붇다에게서 이미 언약을 받았으나, 이 여러 사람들은 앞 붇다에게서 아직 아누타라삼약삼보디의 언약을 받지 못했다.'

이런 까닭에 교만을 더욱 늘려 기르고, 교만의 인연으로써 사르바즈냐나와 붇다의 위없는 지혜를 멀리 떠나게 된다. 이 보디사트바는 적은 인연으로 교만을 내었으니, 이 사람에게는 방편이 없어서, 반드시 슈라바카의 지위나 프라테카붇다의 지위 두 곳에 떨어지게 됨을 알아야 한다.

이와 같이 수부티여, 앞의 이 서원의 인연으로 마라의 일을 일으킬 때 보디사트바가 만약 이에 대해서 옳은 스승을 가까이 하지 않는다면 악한 마라에게 묶임이 더욱더 단단하고 굳세게 될 것이다. 수부티여, 이것이 보디사트바에게 일어나는 마라의 일임을 알아야 한다."

다나팔라역(21품)

"거듭 다시 수부티여. 또한 처음 마하야나에 머문 여러 보디사트바 등이 있어서 이 남자와 여인이 저 사람 아닌 것 때문에 도깨비에 붙들릴 때, 곧 이렇게 말할 것이다.

'만약 내가 이미 앞의 붇다 · 여래 · 공양해야 할 분 · 바르게 깨친 분 계신 곳에서 아누타라삼약삼보디의 언약 주심을 얻었다면, 나의 이 진실한 말의 힘 때문에 저 사람 아닌 것이 버리고 떠나 멀리 가도록 하여 그 도깨비에 붙들린 남자와 여인이 해탈하도록 하여지이다.'

이 말을 하게 되면 그때 저 악한 마라가 그 모습을 숨기고 보디사트바 있는 곳에 와서 사람 아닌 것이 버리고 멀리 가도록 한다. 왜냐하면 모든 악한 마라의 힘이 사람 아닌 것을 이기기 때문이고, 이 사람 아닌 것의 힘이 할 수 없어서 버리고 떠나간 것이다.

이때 보디사트바는 이것이 마라의 힘인 줄 깨달아 알지 못하고, 다만 이렇게 생각한다.

'나는 앞의 붇다로부터 이미 언약 주심을 얻었고, 이미 물러나 구름이 없는 지위에 편안히 머물 수 있다. 왜냐하면 나의 바라는 바를 따라서 곧 이루기 때문이고, 저 모든 보디사트바가 아직 언약 주심을 얻지 못한 것은 이 힘이 없기 때문이다.'

보디사트바는 여기에서 더욱 늘어나 오르는 교만과 모든 교만의 마음을 일으키고, 교만의 마음으로 말미암아 높이 오르는 마음을 더욱 늘리고, 높이 오르는 마음 때문에 다른 모든 보디사트바들을 가볍게 여기고 못되게 천대하면서, '스스로 이미 앞의 붇다로부터 언약을 얻었다'고 말하고, 나머지는 '다 붇다로부터 언약 주심을 얻지 못했다'고 말한다.

이 인연으로 말미암아 붇다의 위없는 지혜〔無上智〕, 스스로 그러한 지혜〔自然智〕, 온갖 것 아는 지혜〔一切智〕, 온갖 것의 실상 아는 지혜〔一切智智〕를 멀리 떠나고, 나아가 아누타라삼약삼보디를 멀리 떠나게 된다.

보디사트바가 여기에 의해서 만약 여러 선지식을 가까이하지 않고서 좋은 법을 얻어 열어 이끌지 않고 여러 나쁜 벗들이 같이 보살펴 도우므로 스스로의 몸과 마음에 다시 좋은 방편을 갖추지 않으면, 더욱 늘어나 오르는 교만의 마음이 더욱 다시 굳세어진다.

그리고 이 인연 때문에 마라에게 묶이어 벗어날 수 없게 되어, 슈라바카의 지위나 프라테카붇다의 지위 두 지위 가운데 한 곳에 따라 떨어지게 된다.

수부티여. 이와 같은 모습은 바로 저 처음 대승에 머문 모든 보디사트바들이 적게 보고 적게 듣기 때문에 여러 선지식을 가까이하지 못하고, 프라즈냐파라미타의 좋은 방편의 힘이 보살펴줌을 얻지 못했기 때문이다. 작은 인연이 교만의 마음을 늘려 기르는 것이니 수부티여, 이것 또한 보디사트바의 마라의 일인 줄 알아야 한다."203)

---

203) 「復次, 須菩提！亦有初住大乘諸菩薩等, 見是男子、女人爲彼非人所執魅時, 卽作是言：『若我已於先佛如來. 應供. 正等正覺所, 得授阿耨多羅三藐

"거듭 다시 수부티여, 악한 마라는 이름의 인연으로 보디사트바를 무너뜨리고 어지럽히려 하여 갖가지 모습을 지어 보디사트바의 처소에 이르러서 이렇게 말할 것이다.

'그대 잘 행하는 남자여, 여러 붇다께서 이미 그대에게 아누타라삼약삼보디의 언약을 주셨다. 그대의 지금 이름은 이렇고 어버이의 이름은 이러하며, 형제·자매·아는 이들의 이름은 이러하다.'

나아가 7대 조상까지 그 이름을 다 말한다.

또 '그대는 어느 나라, 어느 성, 어느 마을, 어느 집에서 태어날 것이다'라고 말할 것이다.

만약 이 사람의 성품과 행동이 부드러우면 곧 '앞 세상에 성품과 행동이 부드러웠다'고 말하고, 만약 그 성질이 급하면 '앞 세상에 성질이 급하였다'고 한다.

三菩提記者，願我以是實語力故，令彼非人捨離遠去，其所執魅若男若女速得解脫。』作是語已，時彼惡魔隱伏其形來菩薩所，潛以魔力，卽令非人捨離而去。何以故？諸惡魔力勝非人故，由是非人力不能爲，捨離而去。

爾時，菩薩不能覺知斯爲魔力，但作是念：『我從先佛已得授記，已能安住不退轉地。何以故？隨我所願卽得成就。彼諸菩薩未得授記，無是力故。』

菩薩於此起增上慢及諸慢心，由慢心故增長貢高，以貢高故輕易惡賤諸餘菩薩，自謂已從先佛得記，餘悉未得從佛授記。由此因緣，遠離佛無上智自然智一切智一切智智，乃至遠離阿耨多羅三藐三菩提。菩薩於此若不親近諸善知識，不得善法而爲開導，爲諸惡友共所護助，於自身心又復不具善巧方便，增上慢心轉復堅固，

以是因緣爲魔所縛不能解脫，於二地中隨墮一處，若聲聞地若緣覺地。須菩提！如是相者，是彼初住大乘諸菩薩等，以少見少聞故，不能親近諸善知識，不得般若波羅密多善巧方便力所護故，以小因緣增長慢心，乃至遠離阿耨多羅三藐三菩提。須菩提！是故當知斯亦名爲菩薩魔事。」

만약 이 사람이 고요한 곳에 머무는 법을 받거나, 밥을 빌거나, 누더기 가사를 입거나, 밥 먹은 뒤 국물을 마시지 않거나, 한 자리에서 먹거나, 양에 맞게 먹거나, 주검 사이에 머무르거나, 빈 곳에 앉거나, 나무 아래 앉거나, 늘 앉아서 눕지 않거나〔常坐不臥〕, 두 발을 맺어 앉음을 따르거나, 욕심 줄여 만족함〔少欲知足〕을 알아 멀리 떠나거나, 다리에 바르는 기름을 받지 않거나, 적게 말하고 적게 따짐을 즐긴다면 악한 마라는 또한 그에게 이렇게 말한다.

'앞 세상에 고요한 곳에서 수행했고 나아가 적게 말하고 적게 따짐을 즐겼다.'

악한 마라는 또한 이렇게 말한다.

'그대는 앞 세상에서 아란야(araṇya)법을 받았고, 나아가 적게 말하고 적게 따짐을 즐겼다. 그대는 지금 세상에 두타(dhūta)행을 하는 공덕이 있는데, 앞 세상에서도 또한 이 두타의 공덕이 있었다.'

이 보디사트바가 위와 같은 이름에서부터 두타공덕 말함을 듣고서는, 이 인연 때문에 교만한 마음이 나면 곧 악한 마라는 다시 이렇게 말할 것이다.

'너는 지나간 세상에 이미 아누타라삼약삼보디의 언약을 받았다. 왜냐하면 아비니바르타니야보디사트바가 갖는 공덕의 모습이 그대에게 지금 있기 때문이다.'

수부티여, 내가 말한 아비니바르타니야보디사트바가 갖는 진실한 모습은 이런 사람에게 있지 않다. 수부티여, 이 보디사트바는 악한 마라에게 붙잡혔다는 것을 알아야 한다.204) 왜냐하면 아비니바르타니

---

204) 아란야행과 두타행: 고요한 곳에 머물고 욕심 줄여 고행하는 생활. 그러나
　　지혜가 없이 형식적인 몸가짐만을 따르면 보디의 인행이 되지 못하고 마라의
　　행이 됨을 말한다.

야보디사트바가 갖는 모습은 이 사람에게 없고 다만 악한 마라가 말한 이름만을 듣고서 곧 여러 다른 보디사트바들을 가볍게 여기고 얕잡아 보았기 때문이다.

수부티여, 이 보디사트바는 악한 마라가 말한 이름으로 인하여서 마라의 일 일으킨 줄 알아야 한다.

거듭 다시 수부티여, 다시 어떤 보디사트바가 있어 이름 때문에 마라의 일을 일으킬 경우, 악한 마라는 그의 처소에 이르러 이렇게 말한다.

'그대는 앞의 붇다에게서 아누타라삼약삼보디의 언약을 얻었다. 그대가 붇다 되었을 때의 이름은 이와 같을 것이다.'

이 보디사트바가 본래 바라던 이름이 악한 마라가 말한 바와 같고 지혜도 없고 방편도 없으므로 곧 이렇게 생각한다.

'내가 아누타라삼약삼보디를 얻을 때 바라던 이름이다. 이 비구가 말한 것은 내가 본래 서원한 것[本願]과 같다.'

그러면 악한 마라에게 붙들림을 따라 비구는 그 말을 믿어 받아들이고는 다만 이 이름의 인연 때문에 나머지 모든 보디사트바들을 가볍게 여기고 얕잡아 본다.

수부티여, 내가 말한 진실한 아비니바르타니야보디사트바의 모습은 이런 사람에겐 없다. 남을 가볍게 여기고 교만한 까닭에 사르바즈냐나와 붇다의 위없는 지혜를 멀리 떠나게 된다. 이 보디사트바가 만약 방편과 옳은 스승을 떠나서 잘못된 스승[惡知識]을 만나면 반드시 슈라바카의 지위나 프라테카붇다의 지위의 두 곳에 떨어질 것이다.

수부티여, 만약 이 보디사트바가 곧 이 몸에서 앞의 모든 마음을 뉘우치고 슈라바카 · 프라테카붇다의 지위를 멀리 떠나면 오래도록 나고 죽음의 세계에 머물다가 다시 돌아와 프라즈냐파라미타를 인하여 아누타라삼약삼보디를 얻게 된다. 왜냐하면 이 여러 마음의 죄가 무겁기 때문이다.

비유하면 비구가 네 가지 무거운 금한 계〔四重禁戒〕205) 가운데 하나나 둘을 범해도 슈라마나(śramaṇa, 沙門)가 아니며 사카무니의 법의 씨앗이 아님과 같다. 이 보디사트바는 악한 마라에게 들은 이름으로써 다른 보디사트바들을 가볍게 보므로 그가 받는 죄는 네 가지 금한 계를 범한 죄보다 무겁다.

수부티여, 이 네 가지 금한 계는 놓아두고 이와 같은 죄는 다섯 거스르는 죄〔五逆罪〕보다 무거우니, 바로 악한 마라에게 들은 이름자로 교만한 마음을 냈기 때문이다.

수부티여, 이 이름의 인연 때문에 이런 아주 작은 마라의 일을 일으켜도 보디사트바는 그것을 깨달아야 하고, 깨닫고는 멀리 떠나야 한다.”

3. 참된 멀리 떠남의 행을 보임

(1) 여래께서 허락하시는 멀리 떠남

“거듭 다시 수부티여, 악한 마라가 보디사트바에게 멀리 떠나는 행〔遠離行〕이 있음을 보고는, 곧 그곳에 이르러 이렇게 말한다.

‘잘 행하는 남자여, 멀리 떠남 행하는 이를 여래께서는 늘 칭찬하신다.’

수부티여, 나는 보디사트바의 멀리 떠나는 행이 숲 속의 고요한 곳,

---

205) 사중금계: 승니가 네 계를 범하면 네 바라이죄라 하는데, 네 죄는 큰 죽임〔大殺〕·큰 도둑질〔大盜〕·큰 음행〔大淫〕·큰 거짓 말〔大妄語〕을 말한다.

비어 한적한 곳, 산속의 나무 밑이나 벌판의 사람 없는 곳에 있다고 말하지 않는다."

"세존이시여, 숲 속의 고요한 곳, 비어 한적한 곳, 산속 나무 밑, 벌판의 사람 없는 곳을 멀리 떠남이라 말하지 않는다면 다시 어떤 멀리 떠남이 있습니까?"

"수부티여, 보디사트바가 슈라바카·프라테카붇다의 마음을 멀리 떠나면 이와 같은 멀리 떠남이란 비록 마을 가까이에 있다 해도 또한 멀리 떠남이라 말하고, 숲 속의 고요한 곳, 비어 한적한 곳, 산속의 나무 밑이나 벌판의 사람 없는 곳에 있어도 또한 멀리 떠남이라 말한다. 수부티여, 이와 같은 멀리 떠남이 내가 허락하는 것이다. 만약 보디사트바가 낮과 밤으로 닦아 행하여 이와 같이 멀리 떠나면 마을 가까이 있어도 멀리 떠남이라 하고, 숲 속의 고요한 곳, 비어 한적한 곳, 산속 나무 밑이나 벌판의 사람 없는 곳에 있어도 멀리 떠남이라 한다."

(2) 악한 마라가 칭찬하는 멀리 떠남

"수부티여, 악한 마라가 칭찬하는바 멀리 떠남이란 다만 숲 속의 고요한 곳, 비어 한적한 곳, 산속 나무 밑이나 벌판의 사람 없는 곳일 따름이다. 보디사트바가 비록 이와 같은 멀리 떠남이 있다 해도 슈라바카·프라테카붇다의 마음을 멀리 떠나지 못하고 프라즈냐파라미타를 닦지 않으면 사르바즈냐나를 다 갖춤이 되지 못한다. 그러면 이것을 곧 뒤섞여 어지럽게 행하는 이라 한다. 이 보디사트바의 행은 이러한 멀리 떠남이라 곧 청정하지 않은 것이다.

게다가 다른 보디사트바들 곧 마을 가까이에 머물지만 마음이 깨끗한 사람, 슈라바카·프라테카붇다의 마음을 멀리 떠난 사람, 악하여

착하지 않은 법에 섞이지 않는 이를 업신여기고, 여러 선정(禪定)·여덟 등지어 떠남〔八背捨〕·사마디〔三昧〕 여러 신통(神通)의 힘을 얻고 프라즈냐파라미타에 통달한 이들, 아라한 보디사트바들을 업신여긴다 하자.

그러면 이 방편이 없는 보디사트바는 백 요자나쯤 멀리 떨어진 텅 빈 벌판에 있다 해도 다만 새와 짐승, 도적과 몹쓸 귀신이 돌아다니는 곳에 머문 것일 뿐이다.

만약 백천만억 년이나 이 수를 지나도 참으로 멀리 떠난 모습을 알 수 없고 참된 멀리 떠남의 행〔眞遠離行〕에서 멀어져 깊은 마음으로 아누타라삼약삼보디의 마음을 낼 줄 알지 못한다. 이와 같은 보디사트바는 어지럽고 시끄럽게 행하는 자라고 하니, 만약 이와 같은 멀리 떠나는 행에 탐착하고 의지하면 곧 내 마음을 기쁘게 할 수 없다.

왜냐하면 내가 허락하는바 멀리 떠나는 행 가운데는 이와 같은 사람은 볼 수 없기 때문이니, 이 사람들에게는 이와 같이 참된 멀리 떠남의 행이 없는 것이다.

수부티여, 다시 어떤 악한 마라는 보디사트바의 처소에 와서 허공 가운데서 이렇게 말할 것이다.

'참으로 옳고 옳다. 그대가 행하는 것이 곧 참으로 멀리 떠나는 행으로 붇다께서 칭찬하는 바이다. 이 멀리 떠난 행으로써 그대는 빨리 아누타라삼약삼보디를 얻을 것이다.'

이 보디사트바는 멀리 떠난 곳으로부터 마을에 와서는 붇다의 도를 구하는 다른 비구가 마음의 성품이 부드럽게 어울림을 보고는 곧 업신여김과 교만함을 내어 '그대는 어지럽고 시끄럽게 행하는 자이다'고 말한다.

수부티여, 이 보디사트바는 어지럽고 시끄러움을 참된 멀리 떠남의 행이라 하고, 참된 멀리 떠남의 행을 어지럽고 시끄러움이라고 한다. 이와 같이 그 허물과 잘못을 말하면서 공경의 마음을 내지 않고서 공경해야 할 때 도리어 업신여기고, 업신여겨야 할 때 도리어 공경한다.

그리고는 이와 같은 생각을 한다.

'나는 사람 아닌 것〔非人〕이 나를 생각해서 오고, 나를 도우려고 오는 것을 보니, 붇다께서 허락하신 참된 멀리 떠남의 행을 나는 행하고 있는 것이다. 그대는 마을에 가까이 있으니 누가 그대를 생각하고 누가 그대를 돕겠는가.'

이렇게 생각하고서는 청정하게 행하는 다른 보디사트바를 업신여기면, 수부티여 이 사람은 보디사트바로서 가장 천한 찬달라(candāla)[206]인 줄 알아야 한다.

그러면 이 사람은 다른 보디사트바를 물들여 냄새나고 더럽게 하는 줄 알아야 하며, 이 사람은 거짓 보디사트바인 줄 알아야 한다. 그리고 이 사람이 온갖 세간의 하늘과 사람의 커다란 도둑이며 슈라마나(śramaṇa)의 모습을 한 도둑인 줄 알아야 한다."

(3) 거짓보디사트바 멀리하기를 당부함

"수부티여, 붇다의 도를 구하는 사람은 이와 같은 사람과 가까이하여서는 안 된다. 왜냐하면 이러한 사람들을 더욱 교만 늘리는 사람

---

206) 전다라(旃陀羅)는 범어 candāla의 소리 옮김이다. '나쁜 사람〔惡人〕'이나 '죽이는 이〔殺者〕'라고 번역된다. 인도의 사성(四姓) 중 가장 낮은 계급인 수다라보다도 하위에 있는 제일 천한 사람. 수렵·도살 등을 업으로 하는 이들로서, 그들을 혐오하여 사람으로 여기지 않고 개나 돼지처럼 생각하여 이렇게 불렀다. 여기서는 바르게 닦아 행하지 못하는 거짓 보디사트바를 가장 낮고 못난 수행자라는 뜻으로 말한 것이다.

〔增上慢者〕이라고 하기 때문이다. 수부티여, 만약 보디사트바가 사르바즈냐나를 사랑하고 아끼며, 아누타라삼약삼보디를 아끼며, 깊은 마음으로 아누타라삼약삼보디를 얻고자 하고 온갖 중생을 이익되게 하고자 한다면 이와 같은 사람을 가까이하지 않아야 한다.

붇다의 도를 구하는 사람은 늘 자기 이익을 구하고 늘 삼계를 싫어해 떠나고 두려워하여 이 사람들 가운데서 큰 사랑과 가엾이 여김·기뻐함과 버림의 네 가지 헤아릴 수 없는 마음〔四無量心〕을 이렇게 내어야 한다.

'내가 이와 같이 부지런히 비리야파라미타(vīrya-pāramitā)를 행해 아누타라삼약삼보디를 얻을 때 이와 같은 악은 없을 것이다. 만약 이와 같은 악이 일어나면 빨리 없애 버리리라.'

수부티여 이와 같이 행하는 것이 보디사트바의 지혜의 힘인 것이다."

다나팔라역(21품)

"수부티여, 보디사트바마하사트바는 이와 같은 사람들을 가까이하지 않아야 한다.

또 수부티여. 만약 여러 보디사트바마하사트바가 온갖 중생을 버리지 않고 사르바즈냐나의 지혜를 사랑해 즐겨하여 깊이 아누타라삼약삼보디의 마음을 내어, 아누타라삼약삼보디를 성취하여 온갖 중생을 안락케 하려는 자는 이와 같은 사람들을 가까이하지 않아야 한다.

수부티여. 보디를 구하는 자는 모든 마라의 일 늘 깨달아 알고, 깨닫고서는 멀리 떠나야 한다. 온갖 때에 늘 삼계를 싫어해 떠나고 두려워하는 마음을 내다만 온갖 중생을 이롭게 하고 즐겁게 하기 위해 중생에게 바른 길을 이끌어 보이며, 모든 중생으로 하여금 바른 과덕을 두렷이 가득케 하여 법의 진실한 성품〔法實性〕에 머물게 한다.

또 다시 모든 중생에게 큰 사랑의 마음〔大慈心〕, 크게 가없이 여기는 마음〔大悲心〕, 크게 기뻐하는 마음〔大喜心〕, 크게 버리는 마음〔大捨心〕을 일으켜 늘 이와 같은 원을 지어야 한다.

'나는 온갖 때 온갖 곳에서 이와 같은 마라의 일을 멀리 떠나기를 바라니, 설사 잠깐 일어나더라도 빨리 사라져 없어지이다.'

수부티여. 만약 보디사트바마하사트바로서 이와 같이 배우는 이라면, 이것이 보디사트바마하사트바의 신통과 지혜의 힘〔神通智力〕이다. 수부티여. 이와 같은 것 등이 다 보디사트바마하사트바가 마라의 일을 깨쳐 알아, 참으로 멀리 떠나는 모습〔眞遠離相〕 설함인 줄 알아야 한다." 207)

평창

다섯 쌓임이 본래 공한 실상에 어긋나는 생각 일으켜, 모습을 취하거나 모습 없음에 머물면 이것이 중생의 미망의 모습인데 미망의 삶의 관성화된 힘이 마라이다.

그러나 마라 또한 공해서 억지로 끊을 것이 없으니 한 생각이 남이 없음〔無生〕을 바로 살피고 모습이 모습 아님을 살피면 마라가 원래 허깨비의 꿈이다. 허깨비를 허깨비로 알면 곧 허깨비를 벗어남이고, 만상이 허깨비 같은 줄 알면 허깨비인 만상이 진실의 모습이 되는 것

---

207) 「須菩提！菩薩摩訶薩於如是人不應親近。又，須菩提！若諸菩薩摩訶薩不捨一切衆生、愛樂一切智、深發阿耨多羅三藐三菩提心，爲欲成就阿耨多羅三藐三菩提利益安樂一切衆生者，不應親近如是等人。

須菩提！求菩提者於諸魔事常應覺知，覺已遠離。於一切時常生厭離怖三界心，但爲利樂一切衆生，引示衆生所有正道，令諸衆生圓滿正果住法實性。

又復於諸衆生起大慈心、大悲心、大喜心、大捨心，菩薩常作是願：『願我當於一切時一切處遠離如是一切魔事，設或暫起速令除滅。』須菩提！若菩薩摩訶薩能如是學者，是菩薩摩訶薩神通智力。須菩提！當知如是等皆說菩薩摩訶薩覺知魔事眞遠離相。」

이나, 지금 허깨비의 생각을 일으키고 헛된 꿈을 일으키면 그 허깨비가 허깨비인 줄 알아야 마라를 벗어날 수 있다.

깨어있을 때 만상이 꿈과 같으나 꿈속의 만 가지 모습이 꼭 없음이 아니니, 꿈속에서라도 세계를 꿈과 같이 보고 중생을 위해 법을 설하면 그는 물러나 구름이 없는 보디사트바이다.

보디의 길에 나아가는 보디사트바는 모든 법의 실상 그대로 살고 실상 그대로의 원[如實願]과 행[如實行]을 일으키는 자이니, 다만 깨끗하고 고요한 곳을 찾아 그곳을 집착하면 그는 참으로 아란야행을 닦는 자가 아니다.

모든 움직임이 본래 고요한 줄 알고, 공해 모습 없음[無相]에도 머물 모습 없음을 알면, 멀리 떨어진 고요한 곳에 살아도 아란야행이 되고 시끄러운 곳에 있어도 시끄러움을 멀리 떠나 아란야행을 행하는 자이다.

참으로 모든 법이 일어나고 사라짐도 없고[無有起滅] 늘 머물러 있음도 없음[無有常住]을 알아서 움직임과 고요함이 한결같은 줄[動靜一如] 아는 자, 그가 아란야행자이다. 참으로 멀리 떠남의 뜻을 아는 자, 그는 스스로 높은 마음으로 다른 수행자를 업신여기지 않으며 고요한 곳에 산다는 청정의 모습으로 세간 시끄러운 곳에 사는 참된 아란야행자를 업신여기지 않는다.

그는 삼계 안에 살되 삼계를 벗어날 수 있는 자이고, 지옥불 속에서 연꽃을 피울 수 있는 자이니 옛 조사의 가르침을 살펴보자.

광덕주화상(廣德周和尙)에게 어떤 승려가 물었다.
"물결 이랑 속에서 어떻게 묘함을 얻습니까?"
선사가 말했다.
"돛대를 쓰지 않고 배 밑까지 빠졌으나, 가고 옴에 끝내 바람

주머니 쓰지 않는다."

▪ (1279則)

廣德周和尙 因僧問 波浪之中如何得妙
師云 橈棹不施兼底脫 往來終不借浮囊

단하순(丹霞淳)선사가 노래했다.

한 구절 서로 주고 받음 종잡을 수 없으니
전륜왕은 잠부드비파를 교화하지 않는다
가없는 세계바다에 물결자취 평온한데
진흙소를 홀로 몰아 달빛을 갈도다

一句相酬懶取則　輪王不化閻浮國
無邊刹海浪痕平　獨駕泥牛耕月色

학담도 한 노래로 옛 조사의 뜻에 함께해 여래의 가르침을 찬탄하
리라.

만 물결 치는 곳에 물결 자취 없으니
뭇 흐름 끊어서 늘 고요하도다
비록 그러나 밑 없는 배를 몰아서
흐름 따라 묘함 얻어 교화가 끝없도다

萬波浪中無浪痕　截斷衆流常寂然
雖然御駕無底船　隨流得妙化無邊

제20품 보디사트바의 스승인 여섯 파라미타
〔深心求菩提品〕

여섯 파라미타는 보디사트바의 실천이지만, 보디사트바는 여섯 파라미타로 인해 보디사트바가 되니, 여섯 파라미타가 보디사트바의 큰 스승이며 아버지이고 어머니이며 집이고 귀의처이다.

여섯 파라미타는 아누타라삼약삼보디의 원인이자 결과이니, 여섯 파라미타의 모습은 모든 법의 참모습 그대로인 모습 아닌 모습이다. 그러므로 프라즈냐파라미타는 걸림 없는 모습이며 공한 모습이며 깨끗한 모습이지만, 그 가운데 실로 깨끗하게 하는 이도 없고 깨끗함을 받는 사람도 없다. 보디사트바가 이와 같이 행하면 이를 프라즈냐를 행한다고 하니, 보디사트바는 물질을 행하지 않고 느낌·모습취함·지어감·앎도 행하지 않으며, 다섯 쌓임에 갇힌 범부와 다섯 쌓임을 끊고 니르바나를 얻으려는 슈라바카·프라테카붇다를 뛰어넘는다.

프라즈냐는 모든 모습을 뛰어넘되 모습 아닌 온갖 모습을 씀이 없이 쓰므로 프라즈냐를 행하는 이야말로 온갖 세간의 복밭이 되고 온갖 세간의 큰 보배가 된다. 프라즈냐는 모습과 모습 없음을 모두 뛰어넘어 프라즈냐에는 늘어남과 줄어듦, 생겨남과 사라짐이 없고, 프라즈냐는 행하되 행하는 곳이 없다. 이처럼 행하되 행하는 곳 없이 프라즈냐를 행하면, 곧 아누타라삼약삼보디의 언약을 받지만 실로 그 언약 줌과 언약 받음도 없다.

프라즈냐는 모든 모습과 분별을 떠났지만, 모든 생각과 모든 모습, 모든 행을 버리지 않으므로 프라즈냐를 행하는 공덕은 세간의 모습 있는 복덕, 함이 있는 복덕을 뛰어넘는다.

프라즈냐행자는 늘 여래의 신묘한 힘을 떠나지 않고 중생의 번뇌와 치우친 수행자들의 공(空)에 빠진 집착을 함께 버리니, 그는 아누타라삼약삼보디를 얻기 전에는 끝내 길 가운데서 진실한 바탕〔實際〕을 증득하지 않는다.

학담이 노래로 종요를 말해보리라.

보디사트바는 자기성품 없어 보디사트바가 아니고
여섯 파라미타행이 보디사트바의 이름 주네
여섯 파라미타는 자기성품 없어 여섯 파라미타 아니니
프라즈냐 행하는 자의 행을 파라미타라 하네

菩薩無性非菩薩　六度行與菩薩名
六度無性非六度　般若行者行曰度

여섯 파라미타는 원인이고 보디는 과덕이나
실상 그대로의 행을 파라미타라 이름하니
여섯 파라미타가 보디사트바의 어머니고
보디사트바의 큰 스승 밝은 빛 횃불이네

六度因行菩提果　如實相行乃名度
六度行是菩薩母　菩薩大師光明炬

보디사트바가 이와 같이 프라즈냐 배워서
모습 없고 공하고 지음 없음 밝게 알면
현세의 복을 얻고 언약 주심 얻게 되니
곧장 보디에 이르러 중생 요익케 하리

菩薩如是學般若　了知無相空無作
當得現福獲授記　直至菩提饒益衆

1. 여섯 파라미타가 보디사트바의 스승임을 밝힘

붇다께서 수부티에게 말씀하셨다.

"만약 보디사트바가 아누타라삼약삼보디를 얻고자 한다면 옳은 스승을 가까이해야 한다."

수부티가 붇다께 말씀드렸다.

"세존이시여, 무엇이 보디사트바의 옳은 스승입니까?"

붇다께서 수부티에게 말씀하셨다.

"모든 붇다 세존이 바로 보디사트바의 옳은 스승이다. 왜냐하면 보디사트바를 가르쳐 프라즈냐파라미타에 들어가게 하기 때문이다. 수부티여, 이것을 보디사트바의 옳은 스승이라 한다.

다시 수부티여, 여섯 파라미타[六波羅蜜, ṣaḍ-pāramitā]가 보디사트바의 옳은 스승이며, 여섯 파라미타가 보디사트바의 큰 스승이며, 여섯 파라미타가 보디사트바의 길이며, 여섯 파라미타가 보디사트바의 밝은 빛이며, 여섯 파라미타가 보디사트바의 횃불이다.

수부티여, 지나간 세상 모든 붇다도 여섯 파라미타를 좇아 생겼으며, 아직 오지 않은 세상 모든 붇다도 여섯 파라미타를 따라 생길 것이며, 드러나 있는 세상 시방의 헤아릴 수 없는 아상키야 세계의 모든 붇다도 다 여섯 파라미타를 좇아 생긴다. 208)

---

208) 〔E.Conze역 20품〕

"그러나 만약 그가 여섯 가지 지혜의 완성을 수련하길 바라면 보디사트바는 지혜의 완성에 대해 들은 모든 것을 넘어서야 한다. 그리고 받아 보살피고 마음에 지니며 암송하고 배우며 펼치고 선전하며 넓히고 이해하여 그것을 베껴 써야 한다. 그리고 그 의미와 내용 방법을 연구하고 그것을 명상해야 하고, 그것에 관해 물음을 말해야 한다. 이 지혜의 완성이 여섯 파라미타를 지시하고 인도하며 가르치고 조언하기 때문에 그것들의 보호자인 것이다."

또 삼세 모든 붇다의 사르바즈냐나도 다 여섯 파라미타를 따라 생겼다. 왜냐하면 모든 붇다께서는 여섯 파라미타를 행하여 네 가지 거두는 법〔四攝法〕으로써 중생을 거두시기 때문이니, 곧 널리 베풂〔布施〕·부드러운 말〔愛語〕·남을 이롭게 하는 행〔利行〕·함께 일함〔同事〕으로 아누타라삼약삼보디 얻음을 말한다.

수부티여, 그러므로 알아야 한다. 여섯 파라미타는 큰 스승이고 아버지고 어머니며 집이고 돌아가는 곳이며 섬이고 건져줌이며 마쳐 다한 길이니, 여섯 파라미타는 온갖 중생을 이익되게 한다.

그러므로 보디사트바가 스스로 깊은 지혜가 밝고 또렷하여 남의 말에 따르지 않고 남의 법을 믿지 않으며 온갖 중생의 의심을 끊고자 한다면, 이 프라즈냐파라미타를 배워야 한다."

다나팔라역(22품)

이때 세존께서 존자 수부티에게 말씀하셨다.

"만약 보디사트바마하사트바가 깊은 마음으로 아누타라삼약삼보디를 얻고자 하면, 모든 선지식을 가까이 모시고 공경해야 한다."

수부티가 붇다께 말씀드렸다.

"세존이시여. 모든 보디사트바마하사트바가 있어서 깊은 마음으로 아누타라삼약삼보디를 얻고자 해, 만약 선지식을 사랑해 기뻐한다면 어떤 것이 보디사트바마하사트바의 선지식입니까?"

But if he wants to train in the six perfections, a Bodhisattva must above all hear this perfection of wisdom, take it up, bear it in mind, recite, study, spread, demonstrate, expound, explain and write it, and inerstigate its meaning, content and method, meditate on it, and ask questions about it. For this perfection of wisdom directs the six perfections, guides, leads, instructs and advises them, is their genetrix and nurse.

붓다께서 말씀하셨다.

"수부티여, 모든 붓다 여래가 보디사트바의 선지식인 줄 알아야 한다. 왜냐하면 모든 붓다께서는 보디사트바가 행하는 법과 모든 파라미타를 설하시어 보디사트바가 프라즈냐파라미타에 들어가도록 가르쳐 보일 수 있기 때문이다. 그러므로 모든 붓다 여래가 보디사트바의 선지식이 된다.

또 수부티여. 프라즈냐파라미타가 보디사트바의 선지식이니, 왜냐하면 프라즈냐파라미타가 모든 파라미타의 마쳐 다한 곳이기 때문이다. 프라즈냐파라미타가 보디사트바의 선지식이 되므로 곧 여섯 파라미타가 다 보디사트바의 선지식인 것이다.

또 다시 여섯 파라미타가 보디사트바의 큰 스승이고, 여섯 파라미타가 행할바 바른 길이며, 여섯 파라미타가 세간의 밝은 빛이고, 여섯 파라미타가 큰 법의 횃불이며, 여섯 파라미타가 큰 법의 밝은 빛이고, 여섯 파라미타가 참으로 건져 보살핌이며, 여섯 파라미타가 돌아갈 곳이고, 여섯 파라미타가 머물 집이며, 여섯 파라미타가 마쳐 다한 길이고, 여섯 파라미타가 큰 섬이며, 여섯 파라미타가 아버지가 되고 어머니가 된다. 나아가 아누타라삼약삼보디가 다 여섯 파라미타를 인하므로 이룰 수 있는 것이다."209)

---

209) 爾時, 世尊告尊者須菩提言: 「若菩薩摩訶薩深心欲得阿耨多羅三藐三菩提者, 應當親近恭敬諸善知識。」

須菩提白佛言: 「世尊! 有諸菩薩摩訶薩, 深心欲得阿耨多羅三藐三菩提, 若能愛樂善知識者, 云何是菩薩摩訶薩善知識耶?」

佛言: 「須菩提! 當知諸佛如來是菩薩善知識。何以故? 諸佛能說菩薩行法及諸波羅密多, 教示菩薩入般若波羅密多, 是故諸佛如來爲菩薩善知識。又, 須菩提! 般若波羅密多是菩薩善知識。何以故? 般若波羅密多是諸波羅密多畢竟處, 以般若波羅密多爲菩薩善知識故, 即六波羅密多皆爲菩薩善知識。

又復, 六波羅密多是菩薩大師, 六波羅密多爲所行正道, 六波羅密多爲世間光明, 六波羅密多爲大法炬, 六波羅密多爲大法光明, 六波羅密多爲眞救護, 六波羅密多爲所歸趣, 六波羅密多爲所住舍, 六波羅密多爲究竟道, 六波羅密多爲大洲渚, 六波羅密多爲父爲母, 乃至阿耨多羅三藐三菩提皆因六波羅密多故而能成就。」

2. 프라즈냐 행하는 모습을 밝힘

(1) 프라즈냐가 걸림 없고 깨끗함을 보임

"세존이시여, 어떤 모습이 프라즈냐파라미타입니까?"

"수부티여, 걸림이 없는 모습이 프라즈냐파라미타이다."

"세존이시여, 자못 그럴 인연이 있어서 프라즈냐파라미타가 걸림 없는 모습인 것처럼 온갖 법도 걸림이 없는 모습입니까?"

"있다, 수부티여. 프라즈냐파라미타가 걸림 없는 모습인 것처럼, 온갖 법도 또한 걸림 없는 모습이다. 왜냐하면 수부티여, 온갖 법은 모습을 떠났으며, 온갖 법은 공한 모습이기 때문이다. 그러므로 수부티여, 프라즈냐파라미타도 또한 모습을 떠났고 공한 모습이며 온갖 법 또한 모습을 떠났고 공한 모습인 줄 알아야 한다."

"세존이시여, 만약 온갖 법이 모습을 떠나고 공한 모습이라면 어떻게 중생은 더러움과 깨끗함이 있습니까? 왜냐 하면 모습을 떠난 법은 더러움도 없고 깨끗함도 없으며, 공한 모습의 법도 더러움이 없고 깨끗함도 없기 때문입니다. 모습을 떠난 법, 공한 모습의 법으로 아누타라삼약삼보디를 얻을 수 없으며, 모습 떠남을 떠나고, 공한 모습을 떠나서도 다시 아누타라삼약삼보디를 얻을 수 있는 법은 없습니다. 세존이시여, 제가 지금 이 뜻을 어떻게 이해해야 합니까?"

"수부티여, 내가 도리어 그대에게 물을 터이니 그대 뜻에 따라 답하라. 수부티여, 그대 뜻에 어떠한가. 중생은 윤회의 기나긴 밤 동안 나〔我〕와 나의 것〔我所〕에 집착하는가?"

"그렇고 그렇습니다. 세존이시여, 중생은 기나긴 밤 동안 나와 나의 것에 집착합니다."

"수부티여, 그대 뜻에 어떠한가. 나와 나의 것은 공한가, 그렇지 않은가?"

"세존이시여, 나와 나의 것은 공합니다."

"수부티여, 그대 뜻에 어떠한가. 중생은 나와 나의 것 때문에 나고 죽음 속에 오가느냐?"

"그렇고 그렇습니다, 세존이시여. 중생은 나와 나의 것 때문에 나고 죽음을 오갑니다."

"수부티여, 이와 같은 중생을 더러움이 있다고 하니 중생이 받아들이는 바와 집착한 바를 따르기 때문이다. 그러나 이 가운데에는 실로 더러움이 없고 또한 더러움을 받는 사람도 없다. 수부티여, 만약 온갖 법을 받지 않는다면 곧 내가 없고[無我] 나의 것이 없으니[無我所] 이것을 깨끗함이라 한다. 그러나 이 가운데에는 실로 깨끗함이 없고 깨끗함을 받는 사람도 없다. 보디사트바가 이와 같이 행하면 프라즈냐파라미타를 행한다고 한다."

"세존이시여, 만약 보디사트바가 이와 같이 행하면 물질을 행하지 않고, 느낌·모습취함·지어감·앎을 행하지 않습니다. 만약 보디사트바로서 이와 같이 행하는 이는 온갖 세간의 하늘과 사람, 아수라가 항복받을 수 없습니다. 세존이시여, 만약 보디사트바로서 이와 같이 행하는 이는 모든 슈라바카·프라테카붇다가 행하는 바를 뛰어넘어 더 빼어남이 없는 곳[無勝處]에 머뭅니다.

세존이시여, 더 빼어날 것 없는[無勝] 보디사트바는 밤낮으로 프라즈냐파라미타에 서로 응하는 생각을 행하여 아누타라삼약삼보디에 가까이 가 빨리 아누타라삼약삼보디를 얻습니다."

<u>다나팔라역(22품)</u>

수부티가 붇다께 말씀드렸다.

"드물고 놀랍습니다, 세존이시여. 온갖 법이 공함 가운데 그리고 온갖 법의 떠남 가운데서 물듦을 말씀하시고 깨끗함을 말씀하시되 받지 않고 집착하지 않는다는 이 뜻을 잘 말씀해주시니, 보디사트바마하사트바로서 프라즈냐파라미타를 행하는 자는 이와 같이 행해야 합니다.

세존이시여. 만약 보디사트바마하사트바로 이와 같이 행하는 자, 이는 곧 물질을 행하지 않고 느낌·모습취함·지어감·앎을 행하지 않습니다. 만약 보디사트바마하사트바로서 이와 같이 행하는 자는 널리 온갖 세간의 하늘 사람들 아수라 등으로 하여금 같이 공경해 엎드리도록 하고 저들의 움직여 어지럽힘이 되지 않게 합니다.

또 보디사트바마하사트바로서 만약 이와 같이 행하는 이라면 슈라바카·프라테카붇다의 행에 섞이지 않고 슈라바카·프라테카붇다의 지위에 머물지 않습니다.

왜인가요. 이와 같이 행하는 이는 행하는 바 없이 행하고 머무는 바 없이 머물러 붇다의 성품에 들어가고 여래의 성품〔如來性〕스스로 그러한 지혜의 성품〔自然智性〕사르바즈냐나의 지혜의 성품〔一切智性〕에 들어갈 수 있기 때문입니다.

그러므로 모든 보디사트바마하사트바는 낮과 밤 가운데 이와 같이 부지런히 행하면 아누타라삼약삼보디에 가까이하여 빨리 아누타라삼약삼보디를 이룰 수 있습니다."210)

---

210) 須菩提白佛言：「希有，世尊！善說斯義，於一切法空中、一切法離中，說染說淨不受不著。菩薩摩訶薩行般若波羅密多者，應如是行。世尊！若菩薩摩訶薩如是行者，是爲不行色，不行受、想、行、識。若菩薩摩訶薩如是行者，普令一切世間天、人、阿修羅等所共敬伏，不爲彼等而能動亂。

又，菩薩摩訶薩若如是行者，不雜聲聞、緣覺行，不住聲聞、緣覺地。何以故？如是行者是無所行而行、無所住而住，能入佛性，入如來性、自然智性、一切智性。世尊！如是行者最上無勝，與般若波羅密多勝行相應。是故諸菩薩

(2) 프라즈냐행이 세간의 복밭이 되고 큰 보배가 됨을 보임

붇다께서 수부티에게 말씀하셨다.

"그대 뜻에 어떠한가? 가령 잠부드비파에 있는 중생이 한때에 다 사람의 몸을 얻어 아누타라삼약삼보디의 마음을 내고, 마음을 낸 다음에는 목숨이 다하도록 보시하고, 이 보시로써 아누타라삼약삼보디에 회향한다면, 수부티여 그대 뜻에 어떠한가. 이 사람이 이 인연으로 얻는 복이 많겠느냐?"

수부티가 말씀드렸다.

"매우 많습니다, 세존이시여."

붇다께서 말씀하셨다.

"만약 보디사트바가 하루라도 프라즈냐파라미타에 서로 응하는 생각을 행하게 되면 그 복은 저보다 더 많다. 보디사트바가 프라즈냐파라미타에 서로 응하는 생각을 행하면 온갖 중생의 복밭이 될 수 있다. 왜냐하면 오직 모든 붇다를 내놓고서 그 나머지 중생은 보디사트바마하사트바의 이와 같은 깊은 자비의 마음이 없기 때문이다.

보디사트바마하사트바처럼 여러 보디사트바는 프라즈냐파라미타로 인하여 이와 같은 지혜를 낼 수 있고, 이 지혜로써 온갖 중생들이 형벌로 죽게 되는 것 같은 여러 고뇌받는 것을 보게 된다. 그러면 보디사트바는 곧 큰 자비의 마음을 얻게 되고 큰 자비를 얻은 뒤에는 하늘 눈〔天眼〕으로 모든 중생을 살펴, 헤아릴 수 없는 중생이 '사이 없는 지옥에 떨어질 죄〔無間罪〕'가 있어 모든 어려움에 떨어짐을 보고 가엾이 여기는 마음을 낸다. 그러나 이 모습에도 머물지 않고 또한 다

摩訶薩於晝夜中如是勤行，卽能近阿耨多羅三藐三菩提，乃至速能成就阿耨多羅三藐三菩提。」

른 모습에도 머물지 않는다.

수부티여, 이것을 여러 보디사트바의 큰 지혜의 밝은 빛이라 하니, 이 도를 행하는 이는 온갖 중생의 복밭이 되어서 아누타라삼약삼보디에서 물러나 구르지 않는다. 한 마음으로 프라즈냐파라미타를 닦고 익히기 때문에 공양받은 옷가지·먹고 마실 것·잠자리·의약 등 필요한 물건에 대하여 베푼 이의 은혜를 깨끗이 갚을 수 있고 또한 사르바즈냐나에 가까이 간다.

그러므로 보디사트바가 만약 나라 가운데 베풂을 헛되게 먹지 않으려 하고 온갖 중생을 이익되게 하려 하며, 온갖 중생에게 바른 길을 보여주고자 하고, 또 모든 중생이 묶이고 갇힌 것을 풀어주려 하고, 온갖 중생에게 지혜의 눈〔慧眼〕을 주고자 한다면, 늘 프라즈냐파라미타에 서로 응하는 생각을 닦아 행해야 한다.

만약 프라즈냐파라미타에 서로 응하는 생각을 행한다면 이 보디사트바가 하는 말은 프라즈냐파라미타와 더불어 서로 응할 것이다. 왜냐하면 이 보디사트바가 하는 말은 다 프라즈냐파라미타의 생각을 따르고, 생각하는 바는 또한 그 말을 따르기 때문이다. 보디사트바는 늘 응함이 이와 같아〔相應如是〕밤낮으로 프라즈냐파라미타를 생각해야 한다.211)

수부티여, 비유하면 어떤 사람이 일찍이 있지 않던 보물을 얻고 크게 기뻐하였으나 다시 그것을 잃어버려 이 인연 때문에 근심하고 시름하며 괴로워하면서 그 마음으로 늘 '내가 어떻게 이 큰 보물을 잃어

---

211) 밤낮으로 프라즈냐를 생각함: 프라즈냐는 생각 일으켜 프라즈냐를 찾는 것이 아니라 지금 드러나 있는 한 생각〔現前一念〕에 생각 없는 실상을 살핌이니, '한 생각이 어디서 오는가'를 살펴 생각이 남이 없음〔念無生〕을 바로 아는 것을 말한다.

버렸는가'를 생각하는 것과 같다.

수부티여, 보디사트바도 또한 이와 같으니 큰 보물이란 이 프라즈냐파라미타이다. 보디사트바가 이것을 얻고서는 늘 사르바즈냐나에서로 응하는 마음으로써 프라즈냐파라미타를 생각해야 한다."

(3) 파라미타에는 늘어나고 줄어듦이 없고 행하는 곳이 없음을
    보임

수부티가 붇다께 말씀드렸다.

"세존이시여, 만약 온갖 생각[一切念]이 본래부터 오면서 성품이늘 떠난 것[性常離者]이라고 한다면 어떻게 이 프라즈냐파라미타에응하는 생각[應般若波羅密念]을 떠나지 않아야 한다고 하십니까?"

"수부티여, 만약 보디사트바가 이와 같이 알 수 있다면 곧 프라즈냐파라미타를 떠나지 않는 것이다. 왜냐하면 프라즈냐파라미타는 공하여 이 가운데에는 물러서거나 잃음이 없기 때문이다."

"세존이시여, 프라즈냐파라미타가 공하다면, 보디사트바는 어떻게프라즈냐파라미타를 늘려 키울 수 있습니까? 또한 어떻게 아누타라삼약삼보디에 가까이 갈 수 있습니까?"

"수부티여, 보디사트바가 프라즈냐파라미타를 행함에는 또한 늘어남도 없고 줄어듦도 없다.

수부티여, 만약 보디사트바가 이 말을 듣고도 놀라거나 두려워하거나 빠지거나 물러서지 않으면 이 보디사트바는 프라즈냐파라미타를행한 줄 알아야 한다."

다나팔라역(22품)

붇다께서 말씀하셨다.

"수부티여. 만약 보디사트바마하사트바가 이와 같이 온갖 법의 자기성품이 공함을 알 수 있고 떠남을 알 수 있으므로 온갖 생각 또한 공하고 또 떠난 것이니, 곧 이것이 프라즈냐파라미타와 서로 응하는 바른 생각〔相應正念〕으로 사르바즈냐나의 지혜의 마음을 떠나지 않는 것이다. 왜인가. 프라즈냐파라미타의 공함 가운데는 늘어남도 없고 줄어듦도 없기 때문이다."

수부티가 붇다께 말씀드렸다.

"세존이시여. 프라즈냐의 공함 가운데 늘어남도 없고 줄어듦도 없는 것인데, 보디사트바마하사트바는 어떻게 프라즈냐파라미타를 늘려 기를 수 있으며 어떻게 프라즈냐파라미타를 얻습니까?"

붇다께서 수부티에게 말씀하셨다.

"만약 보디사트바마하사트바가 프라즈냐파라미타를 행할 때 이 가운데 늘어남이 있고 줄어듦이 있다면, 곧 프라즈냐파라미타의 공함 가운데 또한 늘어나고 또한 줄어듦이 있는 것이다. 만약 보디사트바마하사트바의 공함 가운데 늘어남이 없고 줄어듦이 없다면, 곧 프라즈냐파라미타의 공함 가운데도 또한 늘어남이 없고 줄어듦이 없는 것이다.

수부티여, 보디사트바마하사트바의 공함 가운데 늘고 줄어드는 바가 없기 때문에 보디사트바마하사트바는 이 늘고 줆이 없는 법〔無增減法〕으로 아누타라삼약삼보디를 얻는다. 수부티여, 만약 보디사트바로서 이런 말을 듣고서 놀라지 않고 두려워하지 않는 자는 이 보디사트바마하사트바를 프라즈냐파라미타 행함이라 이름한다고 알아야 한다." 212)

---

212) 佛言：「須菩提！若菩薩摩訶薩能如是知一切法自性空故、離故，一切念亦空亦離者，即是般若波羅密多相應正念，即是不離一切智心。何以故？般若波羅密多空中無增無減故。」

須菩提白佛言：「世尊！般若波羅密多空中無增無減者，菩薩摩訶薩云何能增長般若波羅密多？云何得阿耨多羅三藐三菩提耶？」

佛告須菩提言：「若菩薩摩訶薩行般若波羅密多時，於是中有增有減，即般若波羅密多空中亦增亦減。若菩薩摩訶薩空中無增無減者，即般若波羅密多空

"세존이시여, 프라즈냐파라미타의 공한 모습 이것이 프라즈냐파라
미타를 행하는 것입니까?"

　"그렇지 않다, 수부티여."

　"세존이시여, 프라즈냐파라미타를 떠나 다시 프라즈냐파라미타를
행하는 법이 있습니까?"

　"그렇지 않다, 수부티여."

　"세존이시여, 공이 공을 행할 수 있습니까?"

　"그럴 수 없다, 수부티여."

　"세존이시여, 공을 떠나 공을 행할 수 있습니까?"

　"그럴 수 없다, 수부티여."

　"세존이시여, 물질을 행하는 것이 프라즈냐파라미타를 행하는 것입
니까?"

　"그렇지 않다, 수부티여."

　"세존이시여, 느낌·모습취함·지어감·앎을 행하는 것이 프라즈
냐파라미타를 행하는 것입니까?"

　"그렇지 않다, 수부티여."

　"세존이시여, 물질을 떠나서 프라즈냐파라미타를 행할 수 있는 법
이 있습니까?"

　"그렇지 않다, 수부티여."

　"세존이시여, 느낌·모습취함·지어감·앎을 떠나서 프라즈냐파라
미타를 행할 수 있는 법이 있습니까?"

中亦無增無減。須菩提！菩薩摩訶薩空中無所增減故，菩薩摩訶薩以是無增減
法得阿耨多羅三藐三菩提。須菩提！若菩薩摩訶薩聞是說已不驚不怖者，當知
是菩薩摩訶薩名爲行般若波羅密多。」

"그렇지 않다, 수부티여."

"세존이시여, 보디사트바의 어떠한 행을 프라즈냐파라미타를 행한다고 합니까?"

"수부티여, 그대 뜻에 어떠한가. 그대는 프라즈냐파라미타를 행하는 법이 있다고 보느냐?"

"그렇게 보지 않습니다, 세존이시여."

"수부티여, 그대는 프라즈냐파라미타법이 바로 보디사트바의 행하는 곳이라고 보느냐?"

"그렇게 보지 않습니다, 세존이시여."

"수부티여, 그대 뜻에 어떠한가. 그대가 보지 않는 법이 자못 생기는 것인가〔汝所不見法頗有生不〕?"

"그렇지 않습니다, 세존이시여."

"수부티여, 이것을 모든 붇다의 남이 없는 법의 참음〔無生法忍〕이라고 한다. 보디사트바로서 이와 같은 법의 참음을 성취하는 이는 아누타라삼약삼보디의 언약을 얻을 것이다. 수부티여, 이것을 모든 붇다의 두려울 것이 없는 도〔無所畏道〕라 한다. 보디사트바가 이 도를 행하여 닦아 익히며 가까이 하고서도 붇다의 위없는 지혜〔佛無上智〕, 큰 지혜〔大智〕, 스스로 그러한 지혜〔自然智〕, 온갖 것 아는 지혜〔一切智〕, 여래의 지혜〔如來智〕를 얻지 못하는 일이란 없다."

다나팔라역(22품)

붇다께서 말씀하셨다.

"수부티여, 그대는 프라즈냐파라미타가 보디사트바마하사트바의 행하는 곳〔所行處〕이라 보는가?"

수부티가 말씀드렸다.

"아닙니다, 세존이시여."

붇다께서 말씀하셨다.

"수부티여, 만약 법이 얻을 것이 없다면 곧 법은 볼 것이 없는 것이다. 이 가운데 나게 할 수 있는 남이 있으며〔有生可生〕 사라지게 할 수 있는 사라짐이 있겠는가〔有滅可滅〕?"

수부티가 말씀드렸다.

"아닙니다, 세존이시여."

붇다께서 말씀하셨다.

"수부티여. 만약 보디사트바마하사트바가 이와 같은 모습을 알면, 곧 남이 없는 법의 참음을 얻는다. 보디사트바마하사트바가 이 참음을 얻으면 곧 아누타라삼약삼보디의 언약을 얻는다.

수부티여. 이것을 여래의 두려울 바 없는 행이라 하니, 보디사트바마하사트바가 이와 같은 행을 얻으면 곧 붇다의 위없는 지혜·넓고 큰 지혜·가장 높고 날카로운 지혜·사르바즈냐나의 지혜를 얻은 것이니, 이와 같이 행하는 자는 행하는 곳이 없다." 213)

(4) 프라즈냐행으로 깨달음의 언약을 받되 받음이 없음을 보임

"세존이시여, 온갖 법은 남이 없으니 이로써 아누타라삼약삼보디의 언약을 받을 수 있겠습니까?"

---

213) 佛言:「須菩提!汝見般若波羅密多是菩薩摩訶薩所行處不?」

須菩提言:「不也, 世尊!」

佛言:「須菩提!若法無所得卽法不可見, 是中有生可生、有滅可滅不?」

須菩提言:「不也, 世尊!」

佛言:「須菩提!若菩薩摩訶薩了如是相, 卽得無生法忍, 菩薩摩訶薩具是忍者, 卽得授阿耨多羅三藐三菩提記。須菩提!此名如來無所畏行, 菩薩摩訶薩若如是行, 卽得佛無上智、廣大智、最上利智、一切智智。如是行者是無處所行。」

"그렇지 않다, 수부티여."

"세존이시여, 그럼 이제 무엇을 아누타라삼약삼보디의 언약을 받는 것이라고 합니까?"

"수부티여, 그대 뜻에 어떠한가. 그대는 어떤 법이 있어서 아누타라삼약삼보디의 언약을 받는다고 보는가?"

"아닙니다. 세존이시여, 저는 어떤 법이 있어 아누타라삼약삼보디의 언약을 받는다고 보지 않습니다. 또한 쓰는바 법[所用法]도 보지 않으며, 얻는바 법[所得法]도 보지 않습니다."

"수부티여, 이와 같이 온갖 법을 얻을 수 없으니, '이 법을 얻을 수 있고, 이 쓰는바 법[所用法]을 얻을 수 있다'고 이렇게 말해서는 안 된다."

3. 프라즈냐행의 현세공덕을 밝힘214)

⑴ 프라즈냐의 공덕은 모든 모습 있는 복덕 넘음을 보임

이때 샤크라인드라하늘왕이 큰 모임 가운데에 있다가 붇다께 말씀드렸다.

"세존이시여, 프라즈냐파라미타는 깊고 깊어서 보기 어렵고 이해하기 어려우니, 마쳐 다해 떠났기 때문입니다. 만약 어떤 사람이 이 프라즈냐파라미타를 듣고서 베껴 쓰고 받아 지녀 읽고 외운다면 이 사람의 복덕이 적지 않은 줄 알아야 합니다."

(붇다께서 말씀하셨다.)

---

214) 다나팔라의 번역본에서는 이 아래 부분이 『인드라하늘주인이 찬탄하는 품 (帝釋天主讚嘆品)』으로 나뉘어져 있다.

"카우시카여, 그대 뜻에 어떠한가. 가령 잠부드비파에 있는 모든 중생이 열 가지 착한 일〔十善道〕을 성취하여도 그가 얻는 복덕은 이 사람이 이 프라즈냐파라미타를 베껴 쓰고 받아 지녀 읽고 외우는 공덕의 백으로 나눈 하나, 백천만억으로 나눈 하나에도 미칠 수 없으며, 나아가 셀 수나 비유로도 미칠 수 없다."

다나팔라역(23품)

이때 샤크라인드라하늘왕이 큰 모임 가운데 있다 곧 자리에서 일어나 붇다께 말씀드렸다.

"세존이시여. 붇다께서 말씀하신 바와 같이 프라즈냐파라미타는 가장 높으며 깊고 깊어서 보기 어려우며, 또한 다시 그 가운데는 알기 어렵고 들어가기 어렵습니다."

붇다께서 샤크라인드라하늘왕에게 말씀하셨다.

"카우시카여, 그렇고 그렇다. 프라즈냐파라미타는 가장 높으며 깊고 깊어서 보기 어렵고 듣기 어려우며 알기 어렵고 들어가기 어렵다. 카우시카여. 허공이 깊고 깊음과 같으므로 프라즈냐파라미타 또한 깊고 깊으며 허공이 공하므로 프라즈냐파라미타 또한 공하고, 허공이 떠났으므로 프라즈냐파라미타 또한 떠났으며, 허공이 보기 어려우므로 프라즈냐파라미타 또한 보기 어려우며, 허공이 알기 어려우므로 프라즈냐파라미타 또한 알기 어렵다."

샤크라인드라하늘왕이 붇다께 말씀드렸다.

"세존이시여. 만약 어떤 사람이 이 깊고 깊은 프라즈냐파라미타의 법문을 들어서 받아 지니고 읽고 외우며 사람들을 위해 연설하고, 나아가 베껴 쓸 수 있다면 이 사람은 가장 높은 공덕의 좋은 뿌리 갖춘 줄 알아야 합니다."

붇다께서 말씀하셨다.

"카우시카여, 그렇고 그렇다. 만약 어떤 사람이 이 깊고 깊은 프라즈냐의 법문을 듣고서 받아지녀 읽고 외우며 사람들을 위해 연설하고, 나아가 베껴 쓸 수 있다 하자. 그러면 나는 이 사람이 이미 가장 높은 공덕의 좋은 뿌리 갖출 수 있다고 말한다.

카우시카여, 그대는 어떻게 생각하는가. 잠부드비파의 온갖 중생으로 하여금 바로 다 사람의 몸을 얻어 낱낱 중생이 열 가지 착함을 갖추어 닦게 한다면, 저 잘 행하는 남자와 여인이 이 인연 때문에 얻는 복이 많겠는가?"

샤크라하늘왕이 말씀드렸다.

"매우 많습니다, 세존이시여. 매우 많습니다, 잘 가신 이〔sugata, 善逝〕여."

붇다께서 말씀하셨다.

"카우시카여. 저 잘 행하는 남자와 여인이 얻는 복이 비록 많지만, 어떤 사람이 이 프라즈냐파라미타의 법문을 듣고 받아 지녀 읽고 외우며 사람들을 위해 연설하고 나아가 베껴 쓴 것과 같지 않으니, 그 복은 백으로 나눈 하나에도 미치지 못하며 천으로 나눈 하나에도 미치지 못하며, 백천 코티 나유타로 나누고 셀 수로 나누고 비유의 수로 나누고 나아가 우파티사타로 나눈 하나에도 다 미치지 못한다."215)

---

215) 爾時, 帝釋天主在大會中, 卽從座起前白佛言：「世尊！如佛所說般若波羅密多最上甚深、難可得見、難可得聞, 亦復於中難解難入。」

佛告帝釋天主言：「憍尸迦！如是, 如是！般若波羅密多最上甚深, 難見難聞、難解難入。憍尸迦！如虛空甚深故, 般若波羅密多亦甚深, 虛空空故, 般若波羅密多亦空, 虛空離故, 般若波羅密多亦離, 虛空難見故, 般若波羅密多亦難見, 虛空難解故, 般若波羅密多亦難解。」

帝釋天主白佛言：「世尊！若有人得是甚深般若波羅密多法門, 聽受讀誦、爲人演說乃至書寫者, 當知是人具足最上善根。」

佛言：「憍尸迦！如是, 如是！若有人得此甚深般若波羅密多法門, 聽受讀誦、爲人演說乃至書寫者, 我說是人已能具足最上善根。憍尸迦！於汝意云何, 正使閻浮提一切衆生皆得人身, 一一衆生具修十善, 彼諸善男子、善女人等, 以是緣故得福多不？」

帝釋天主言：「甚多, 世尊！甚多, 善逝！」

佛言：「憍尸迦！彼善男子、善女人得福雖多, 不如有人於此甚深般若波羅密多法門, 聽受讀誦、爲人演說乃至書寫者, 百分不及一, 千分不及一, 百千俱胝那庾多分, 算分、數分及譬喻分, 乃至鄔波尼殺曇分皆不及一。」

이때 한 비구가 있어 샤크라인드라하늘왕에게 말했다.

"카우시카여, 이와 같은 잘 행하는 남자와 여인은 그대 어진 이보다 뛰어납니다."

샤크라인드라하늘왕이 말했다.

"이 사람이 한 번 보디의 마음을 낼 무렵에 오히려 저보다 뛰어난데, 하물며 프라즈냐파라미타를 듣고 베껴 쓰고 받아 지녀 읽고 외워 설한 대로 행함이겠습니까. 이 사람은 온갖 세간의 하늘과 사람, 아수라 가운데에서 가장 빼어납니다.

보디사트바가 프라즈냐파라미타를 행하면 다만 온갖 세간의 하늘과 사람, 아수라보다 빼어날 뿐 아니라 또한 스로타판나·사크리다가민·아나가민·아라한·프라테카붇다보다 빼어납니다.

보디사트바가 프라즈냐파라미타를 행하면 다만 스로타판나 나아가 프라테카붇다보다 빼어날 뿐 아니라, 또한 프라즈냐파라미타를 떠나 방편이 없이 다나파라미타를 행하는 보디사트바보다 빼어납니다. 다만 프라즈냐파라미타를 떠나 방편이 없이 다나파라미타를 행하는 것보다 빼어날 뿐 아니라, 프라즈냐파라미타를 떠나 방편이 없이 실라파라미타·찬티파라미타·비리야파라미타·디야나파라미타를 행하는 것보다 빼어나니, 이와 같은 보디사트바는 가장 빼어납니다.

만약 보디사트바로서 프라즈냐파라미타가 설하는 대로 행하는 이라면, 온갖 세간의 하늘과 사람, 아수라를 뛰어넘어 온갖 세간의 하늘과 사람, 아수라가 다 공경하고 공양합니다. 만약 보디사트바로서 프라즈냐파라미타가 가르치는 바를 따라 행하는 이라면, 이 보디사트바는 온갖 공덕의 씨앗 갖춘 지혜〔一切種智〕를 끊지 않으며, 이 보디사트바는 아누타라삼약삼보디에 가까이 가며, 이 보디사트바는 반드시 도량에 앉으며[坐道場], 이 보디사트바는 나고 죽음에 빠진 중생을 빼내 건집니다.

보디사트바가 이와 같이 배우면 프라즈냐파라미타를 배운다고 하고, 이와 같이 배우는 것을 슈라바카·프라테카붇다를 배우지 않는 것이라 합니다. 보디사트바가 이와 같이 배울 때 네 하늘왕[四天王]이 네 개의 발우를 가지고 그 처소에 이르러 이와 같이 말할 것입니다.

'잘 행하는 남자여, 그대가 아누타라삼약삼보디를 빨리 얻어서 도량에 앉아 있을 때 저희들은 이 네 개의 발우를 올리겠습니다.'

세존이시여, 저도 또한 가서 문안할 터인데 어찌 하물며 나머지 모든 하늘신들이겠습니까. 보디사트바로서 프라즈냐파라미타를 배우는 이는 모든 붇다께서 늘 함께 보살펴 생각해주십니다. 세간 중생에게는 갖가지 괴로움이 있으나 이 보디사트바는 프라즈냐파라미타를 따라 행하기 때문에 이런 모든 괴로움이 없으니, 세존이시여 이것이 보디사트바의 드러나 있는 때[現世]의 공덕입니다."

(2) 프라즈냐를 행하는 자는 다 붇다의 신묘한 힘을 떠나지 않음을 보임

이때 아난다는 이와 같은 생각을 하였다.

'샤크라인드라하늘왕 스스로 지혜의 힘으로써 이렇게 말하는 것일까, 아니면 붇다의 신묘한 힘 때문일까.'

샤크라인드라하늘왕은 아난다가 생각하는 바를 알고 아난다에게 말했다.

"이것은 다 붇다의 신묘한 힘[佛神力]입니다."

붇다께서 아난다에게 말씀하셨다.

"그렇고 그렇다, 아난다여. 샤크라인드라하늘왕이 말한 바대로 이
는 다 붇다의 신묘한 힘이다. 아난다여, 보디사트바가 프라즈냐파라
미타를 배우고 프라즈냐파라미타를 닦아 익힐 때 삼천의 큰 천세계의
여러 마라들은 다 이렇게 의혹할 것이다.

'이 보디사트바는 길 가운데서 진실한 바탕[實際]을 증득하여 슈라
바카나 프라테카붇다의 지위에 떨어질까, 아니면 곧 바로 아누타라삼
약삼보디에 이를까.' "

평창

보디사트바는 보디사트바가 아니라 파라미타행이 보디사트바를 보
디사트바가 되게 하니, 여섯 파라미타가 보디사트바의 스승이고 보
디사트바의 밝은 빛이다.

삼세 모두 붇다도 중생이 중생의 자기진실을 온전히 실현한 분을
붇다라 이름하니 붇다 또한 여섯 파라미타로 인해 출생한다. 여섯 파
라미타의 행이 큰 스승이고 세간의 귀의처이고 구원자이니, 여섯 파
라미타가 중생을 보디사트바가 되게 하고 중생을 붇다가 되게 하기
때문이다.

다섯 쌓임의 있되 공한 실상이 걸림 없으므로 프라즈냐가 걸림없
고, 다섯 쌓임의 있되 공한 실상이 깨끗하므로 프라즈냐가 깨끗하며,
다섯 쌓임의 있되 공한 실상이 나고 죽음이 없으므로 프라즈냐도 나
고 죽음이 없다.

다섯 쌓임의 있는 모습에 머물지 않고 다섯 쌓임을 행하지 않는 것
이 프라즈냐파라미타를 행함이라 프라즈냐파라미타를 행하는 이는
더 뛰어남이 없는 곳에 이르고, 그 복은 다함없는 공덕의 곳간 그대

로의 복이므로 프라즈냐파라미타의 복은 헤아릴 수 없다.

프라즈냐파라미타는 온갖 법의 진실한 바탕을 떠나지 않고 프라즈냐파라미타가 사르바즈냐나에 회향되므로, 프라즈냐파라미타가 다나〔布施〕·실라〔持戒〕·찬티〔忍辱〕·비리야〔精進〕·디야나〔禪定〕파라미타를 거둔다. 프라즈냐파라미타를 행하는 보디사트바 그는 여래의 진여의 땅을 떠나지 않으므로 그의 행함은 늘 여래의 신묘한 힘과 함께한다.

그렇다면 우리 미망의 범부 또한 여래의 진여를 떠나지 않는다 할 것이나, 지금 범부는 세간의 넘치는 소리와 빛깔의 바다 속에서 그 소리와 빛깔에 빠져 미망의 삶을 살고 있다. 이제 그 범부가 어떻게 빛을 돌이켜 프라즈냐파라미타의 길을 가 보디의 저 언덕에 오를 것인가.

옛 조사의 가르침을 살펴보자.

법안선사(法眼禪師)에게 어떤 승려가 물었다.
"소리와 빛깔 두 글자를 어떻게 뚫어 벗어납니까?"
법안선사가 말했다.
"대중아 만약 이 승려의 묻는 곳을 알면 소리와 빛깔 벗어남이 어렵지 않다."

- (1297則)

法眼因僧問 聲色二字 如何透得
師云 大衆 若會這僧問處 透聲色也不難

정엄수(淨嚴邃)선사가 말했다.

몸소 입으로 물어서 벗어날 길 구했는데

스승 되는 이가 곧장 가리킴이 어둑하였네
눈과 귀가 홀연히 봄꿈에서 깨니
꾀꼬리 지저귐 제비 소리가 다 두렷이 통함이네

親口問來求透路　作家直爲指昏朦
眼耳忽然春夢覺　鸎吟鷰語盡圓通

자수(慈受)선사가 노래했다.

소리와 빛깔 도리어 두 글자인데
납승이 눈 가운데 모래를 못 벗어났네
황학루 앞에서 옥피리를 붊이여
강성 오월에 매화꽃이 진다

聲色却來兩个字　衲僧不透眼中沙
黃鶴樓前吹玉笛　江城五月落梅花

학담도 한 노래로 조사의 뜻에 함께해 여래의 가르침을 찬탄하리
라.

소리와 빛깔의 바다를 어떻게 벗어날까
눈이 보고 귀로 들음이 곧 두렷이 통함이네
듣고 설함 공한 곳에서 말하고 들으니
소리와 빛깔의 방편으로 붇다의 일 행하리

聲色海中如何出　眼見耳聞卽圓通
聞說空處說而聞　聲色方便行佛事

제21품 보디사트바에게 일어나는 마라의 장애와 바르게 프라즈냐 배우는 법〔恭敬菩薩品〕

　모든 법의 실상 그대로의 깨달음을 등지고 티끌 번뇌로 나아가는 관성화된 힘이 마라의 일이라면, 티끌 번뇌를 돌이켜 깨달음에 나아가는 창조적인 활동이 프라즈냐파라미타이다.

　그러므로 프라즈냐를 향한 보디사트바의 발심에 틈이 생기면 마라가 그 틈을 타 갖가지 장애를 일으킨다. 그런데 마라의 일도 공하고 파라미타행도 공하여 모두 여래의 아누타라삼약삼보디를 떠나지 않으니, 마라의 일이 공한 법계에 서서 그 허물과 죄를 다시 되풀이하지 않으면, 그는 끝내 아누타라삼약삼보디를 얻을 수 있다.

　보디사트바는 스스로 해탈의 길을 갈 뿐 아니라 모든 이웃을 해탈의 길에 이끌어들이는 주체이므로, 그는 늘 이웃에서 스승을 발견하고 진리의 벗을 발견한다. 그러므로 보디사트바는 함께 사는 보디사트바 마주함을 붇다와 마주하듯이 하며, 이 사람이 나의 큰 스승이고 한 수레에 타고서 한 길을 같이 갈 사람이라 생각한다. 그는 더불어 배우는 이와 함께 사르바즈냐나를 배우고 모습에서 모습 떠남을 배우고 프라즈냐파라미타를 배운다.

　보디사트바가 배우는 사르바즈냐나는 본래 청정한 법의 참모습 자체이므로 프라즈냐를 배우는 보디사트바는 세 악한 길에 떨어지거나 온갖 악업을 짓지 않으며, 여래의 청정한 열 가지 힘과 네 가지 두려움 없음을 얻는다. 보디사트바는 이 본래 청정한 법의 참모습 가운데서 프라즈냐파라미타를 행하여 놀라거나 두려워하거나 뒤로 물러남이 없다.

　학담이 노래로 종요를 말해보리라.

　　마라의 일이 공한 곳이 곧 법계이므로
　　보디사트바가 프라즈냐수트라를 듣고서

의심 않고 두려워하지 않으면 마라의 일 멀리해
믿는 마음 굳세고 단단해 붇다의 힘 얻으리

魔事空處卽法界　是故菩薩聞般若
不疑不怖魔遠離　信心堅固得佛力

프라즈냐의 보디사트바가 만약 함께 머문다면
서로 보고 마주하기 붇다 같다는 생각으로 하라
그리고 나의 큰 스승으로 한 수레에 같이해
서로 같이 크고 곧은 길 함께 간다고 보라

般若菩薩若共住　相視相對如佛想
視我大師同一乘　相與共行大直道

이와 같이 행하는 자 여섯 아는 뿌리 깨끗해져
악한 길에 떨어지지 않고 복덕 지혜 갖추며
붇다의 청정하고 두려움 없는 힘 갖추어서
중생의 마음 알아 널리 중생 건지리

如是行者六根淨　不墮惡道福慧足
備佛淸淨無畏力　知衆生心廣濟家

1. 보디사트바에게 일어나는 마라의 장애

(1) 마라가 틈 얻는 경우를 보임

붇다께서 아난다에게 말씀하셨다.

"만약 보디사트바가 프라즈냐파라미타행을 떠나지 않으면 마라는 마치 심장에 화살이 꽂힌 것처럼 슬퍼하고 괴로워하며 큰 비와 우박, 번개와 천둥을 쳐서 보디사트바로 하여금 놀라고 두려워 털이 곤두서도록 한다. 그리하여 그 마음이 아누타라삼약삼보디에서 물러나도록 하며, 나아가 한 생각이라도 그릇되게 어지럽히려고 한다. 216)

아난다여, 그러나 마라가 반드시 널리 온갖 보디사트바를 어지럽게 하려 하지는 않는다."

다나팔라역(24품)

이때 세존께서 거듭 존자 아난다께 말씀하셨다.

"보디사트바마하사트바가 프라즈냐파라미타를 닦고 프라즈냐파라미타를 행할 때 삼천의 큰 천세계에 있는 온갖 악한 마라들은 다 이런 의심의 생각을 낼 것이다.

'보디사트바마하사트바가 이 프라즈냐파라미타를 닦아 행하면 길 가운데서

---

216) 〔E.Conze역 21품〕

"보디사트바가 프라즈냐를 진행할 때 프라즈냐에 노력하게 할 것이고 그것을 발전시킬 것이다. 그러면 악한 마라는 어떻게 그를 해칠 것인가 생각한다. 그들은 예를 들면 온갖 곳에서 별자리들이 빗물처럼 떨어지게 하게 함이나 지평선이 모두 불타오르는 느낌을 일으켜서 그를 두렵게 할 것이다."

When a Bodhisattva courses in perfect wisdom, makes endeavours about it and develops it, the Evil Maras think how they can hurt him. They may, for instance, try to make him afraid by letting loose a shower of aflame.

슈라바카나 프라테카붇다의 과덕을 얻게 되는가, 반드시 곧장 아누타라삼약삼보디에 이르는가.'

　아난다여, 저 모든 악한 마라는 어떤 때 만약 보디사트바마하사트바가 프라즈냐파라미타 닦아 행하므로 반드시 곧장 아누타라삼약삼보디에 이르게 됨을 보게 되면, 모든 마라들은 그때 바로 근심과 시름과 괴로움으로 화살이 심장에 박힌 것과 같게 된다." 217)

　"세존이시여, 어떤 보디사트바가 마라에게 어지러워집니까?"

　"아난다여, 어떤 보디사트바가 앞 세상에 깊은 프라즈냐파라미타를 듣기는 했으나 믿어 받아들일 수 없었다면, 이와 같은 사람은 마라가 어지럽혀서 그 틈을 얻는다.

　거듭 다시 아난다여, 만약 보디사트바가 깊은 프라즈냐파라미타를 들을 때에 마음에 의혹을 일으켜 '이 깊은 프라즈냐파라미타는 있는 것인가, 없는 것인가'라고 한다면, 아난다여 이와 같은 보디사트바 또한 악한 마라가 틈을 얻게 하는 바가 된다.

　거듭 다시 아난다여, 어떤 보디사트바가 옳은 스승을 떠나 잘못된 스승에 붙들리면 이 사람은 깊은 프라즈냐파라미타 가운데 뜻을 듣지 못하고, 듣지 못함으로써 알지도 못하고 보지도 못한다. 그런데 어떻게 프라즈냐파라미타를 행하고, 프라즈냐파라미타를 닦을 수 있겠느냐. 아난다여, 이와 같은 사람 또한 악한 마라가 그 틈을 얻게 된다.

　거듭 다시 아난다여, 만약 보디사트바가 삿된 법을 받아 지니면 이

---

217)　爾時, 世尊復告尊者阿難言: 「當知菩薩摩訶薩修般若波羅密多時, 行般若波羅密多時, 所有三千大千世界一切惡魔皆生疑念: 『菩薩摩訶薩修行是般若波羅密多, 爲當中道取證聲聞、緣覺果耶? 爲當決定直至阿耨多羅三藐三菩提耶?』阿難! 彼諸惡魔或時若見菩薩摩訶薩修行般若波羅密多故, 決定直至阿耨多羅三藐三菩提者, 諸魔卽時憂愁苦惱如箭入心。」

사람 또한 악한 마라가 그 틈을 얻으니 마라는 이와 같은 생각을 낸다.

'이 사람이 나를 도우니 나머지 사람도 나를 돕도록 하면 또한 내가 바라는 것을 다 채울 수 있다.'

아난다여, 이 사람 또한 악한 마라가 그 틈을 얻게 된다.

거듭 다시 아난다여, 보디사트바는 어떻게 악한 마라에게 틈을 얻게 하는가?

만약 보디사트바가 깊은 프라즈냐파라미타를 듣고 나머지 보디사트바들에게 이렇게 말한다 하자.

'이 프라즈냐파라미타는 깊고 깊어서 우리도 바닥까지 다 알 수 없는데, 너희들이 들어서 무엇하겠는가.'

이 사람 또한 악한 마라가 틈을 얻게 한다.

아난다여, 만약 보디사트바가 다른 보디사트바를 얕보아서 '나는 멀리 떠남을 행하는 이지만, 너희는 이런 공덕이 없다'고 말하면, 이때 악한 마라는 크게 기뻐서 날뛴다.

아난다여, 어떤 보디사트바는 마라가 그의 이름을 불러 추켜주면 그 이름을 얻었으므로 다른 깨끗하고 착한 마음을 가진 보디사트바를 얕본다. 이들은 아비니바르타니야보디사트바의 공덕의 모습이 없으면서 아비니바르타니야보디사트바의 공덕을 빌어서 번뇌를 늘려 키우며 자신의 몸을 높이고 남을 깔보면서 이렇게 말한다.

'나는 이런 공덕이 있는데 너희들은 이런 공덕이 없다.'

이때 악한 마라는 크게 기뻐하며 또 이와 같은 생각을 한다.

'나의 궁전이 텅 비지 않게 되고, 나라카·아귀·축생의 중생이 더 늘어나겠구나.'

악한 마라가 그 신묘한 힘을 더하는 까닭에 이 사람이 말한 것을 다른 사람들이 다 믿고 받아들인다. 믿고 받아들이고 나서는 본 대로 배우고 말한 대로 행동한다. 본 대로 배우고 말한 대로 행동하고 나면 또 다시 번뇌를 더욱 늘리게 된다. 이와 같은 사람들은 뒤바뀐 마음 때문에 몸과 입과 뜻으로 일으킨 업의 과보가 다 괴로움이다. 이러한 까닭에 나라카·아귀·축생을 더욱 늘리게 되니 아난다여, 악한 마라는 이 이익을 보고 또한 크게 기뻐하는 것이다.

아난다여, 만약 붇다의 도를 구하는 사람이 슈라바카의 사람과 다투면 악한 마라는 다시 이와 같은 생각을 한다.

'이 사람은 비록 사르바즈냐나에서 멀리 떠났지만 아주 멀리 떠나지는 않았구나.'

아난다여, 보디사트바가 보디사트바와 다투면 악한 마라는 크게 기뻐하며 이와 같은 생각을 한다.

'이 사람은 사르바즈냐나에서 멀리 떠났구나.'

아난다여, 만약 깨달음의 언약 받지 못한 보디사트바가 언약 받은 보디사트바에게 성내고 원한을 품어 함께 다투어 싸우면서 모질게 욕한다 하자. 그러면 설사 그 보디사트바가 사르바즈냐나를 사랑해 아낀다 해도 그가 일으킨 한 나쁜 생각을 따라 한 생각이 한 칼파를 물린 뒤에야 다시 크나큰 장엄[大莊嚴]을 일으키게 된다."

(2) 허물과 죄 벗어나는 법을 보임

아난다가 붇다께 말씀드렸다.

"세존이시여, 이와 같은 죄는 뉘우칠 수 있습니까? 그 생각에 따르는 칼파의 수[劫數]를 마쳐야만 도로 크나큰 장엄을 다시 일으킬 수 있습니까?"

붇다께서 말씀하셨다.

"벗어날 수 있다. 나는 보디사트바나 슈라바카에게 다 죄에서 벗어나는 방법이 있다고 말하지, 벗어나지 못한다고 말하지 않는다. 아난다여, 만약 보디사트바가 보디사트바와 싸워 모질게 욕하고서도 서로 뉘우치고 그만두지 않아 원한을 마음 속에 맺어 둔다면, 나는 이와 같은 사람에게는 죄에서 벗어나는 방법이 있다고 말하지 않는다.

이 사람이 만약 그래도 사르바즈냐나를 사랑해 아긴다면 그 일으킨 생각에 따라 칼파의 수를 마치고 나서야 또한 다시 크나큰 장엄을 일으킬 수 있을 것이다.

아난다여, 만약 보디사트바가 보디사트바와 싸워 모질게 욕했어도 곧 서로 뉘우치고 그만둔 뒤 다시 싸우지 않으면 이와 같이 생각할 것이다.

'나는 온갖 중생에게 겸손해야 한다. 내가 만약 화내고 다투어 다른 사람에게 앙갚음한다면 큰 잘못이다. 나는 온갖 중생을 위해 다리가 되어야 한다. 나는 오히려 남을 업신여겨서도 안 되는데, 어찌 하물며 앙갚음하겠는가. 반드시 귀머거리, 벙어리와 같이하여 나는 스스로 깊은 마음을 무너뜨리지 않겠다. 내가 아누타라삼약삼보디를 얻었을 때 이들을 건네주어야 하는데, 어찌 화를 내어 스스로 성냄의 장애를 일으키겠는가.

아난다여, 보디사트바의 도를 구하는 자는 슈라바카의 사람에게도 성냄의 장애를 내지 않도록 해야 한다."

2. 보디사트바가 바르게 배우는 법을 밝힘

(1) 보디사트바가 보디사트바와 함께 머무는 법

아난다가 붇다께 말씀드렸다.

"세존이시여, 보디사트바가 보디사트바와 함께 머무는 것은 그 법이 어떠합니까?"

붇다께서 말씀하셨다.

"서로 보기를 붇다와 같다는 생각으로 이 사람이 나의 큰 스승이라 하나인 진리의 수레〔eka-yāna, 一乘〕에 같이 타고서 한 길〔eka-marga, 一道〕을 같이 갈 사람이라 생각해야 한다.

저 사람이 배운 바와 같이 나도 또한 배워야 할 것이니, 만약 저 사람이 섞인 것을 배우면218) 내가 배울 바가 아니다. 만약 저 사람이 청정하게 사르바즈냐나에 맞는 생각을 배우면 나도 또한 배워야 한다. 보디사트바가 만약 이와 같이 배우면 이것을 배움 같이함〔同學〕이라고 이름한다."

다나팔라역(24품)

붇다께서 말씀하셨다.

"아난다여, 보디사트바가 함께 머물면 서로를 붇다와 같다는 생각으로, 이 분은 나의 큰 스승이고 같이 하나인 진리의 수레에 타고서 같이 한 길을 간다고 살펴보아야 한다. 저 보디사트바마하사트바가 배운 것이 있으면 나도 또한 따라 배워서 평등하게 보디사트바의 수레〔bodhisattva-yāna〕 가운데 편안히 머물러야 한다.

보디사트바의 법과 같이 진리대로 따라 배우고, 저가 만약 뒤섞여 배우면 내가 배울 것이 아니지만, 저가 만약 청정하게 배워서 사르바즈냐나의 지혜와 진리대로 서로 응한다면〔如理相應〕 나도 또한 이와 같이 배워야 한다.

아난다여. 보디사트바마하사트바가 이와 같이 배울 수 있으면, 이 분이 배움

---

218) 『대정장』에는 '섞인 것을 행하면〔雜行〕'이라고 되어 있지만, 원(元)・명(明) 판본에는 '섞인 것을 배우면〔雜學〕'으로 되어 있다.

같이하는 이〔同學〕라 반드시 같이 머물러야 하니 이와 같이 배우면 반드시 아누타라삼약삼보디를 증득할 것이다." 219)

이때 수부티가 붇다께 말씀드렸다.

"세존이시여. 만약 보디사트바가 다함〔盡〕을 위해 배운다면 사르바즈냐나를 배우는 것이고, 남이 없음〔無生〕을 위해 배우고 떠남〔離〕을 위해 배우고 사라짐〔滅〕을 위해 배운다면 사르바즈냐나를 배우는 것입니다."

붇다께서 수부티에게 말씀하셨다.

"그대가 말한 바와 같이 보디사트바가 다함을 위해 배우면 사르바즈냐나를 배우는 것이며, 남이 없음을 위해 배우고 떠남을 위해 배우고 사라짐을 위해 배우면 사르바즈냐나를 배우는 것이다. 수부티여, 그대 뜻에 어떠한가. 여래는 한결같음〔如〕으로써 여래라고 이름하게 되었다. 이 한결같음은 (모습 없어) 다하지 않음이고 떠나지 않음이며 사라지지 않음인가?"220)

"그렇습니다, 세존이시여."

(2) 사르바즈냐나를 배우는 보디사트바의 공덕

---

219) 佛言 : 「阿難！菩薩共住, 當互觀視猶如佛想, 是我大師, 同載一乘、同行一道。彼菩薩摩訶薩若有所學我亦隨學, 平等安住菩薩乘中, 如菩薩法如理修學。彼若雜學非我所學, 彼若清淨學能與一切智如理相應者, 我亦如是學。阿難！菩薩摩訶薩能如是學者, 是爲同學, 所應共住。如是學者, 必證阿耨多羅三藐三菩提。」

220) 다하지 않음: 보디사트바가 모습 다함과 떠남을 배우면 한결같음을 배우게 되니, 모습 다한 한결같음은 다할 모습이 없고 떠날 모습이 없는 것이며 남이 없고 사라짐이 없는 것이다.

"수부티여, 이와 같이 배우는 이를 사르바즈냐나를 배움이라고 이름한다. 사르바즈냐나를 배우는 것은 프라즈냐파라미타를 배우는 것이고, 붇다의 지위 열 가지 힘〔十力〕과 네 가지 두려움 없음〔四無所畏〕과 열여덟 가지 함께하지 않는 법〔十八不共法〕을 배우는 것이다. 수부티여, 보디사트바로서 이와 같이 배우는 이는 곧 저 언덕에 이름〔到彼岸〕을 배우는 것이다.

이와 같이 배우는 이는 마라나 마라 따르는 이들도 항복받을 수 없고, 이와 같이 배우는 이는 빨리 아비니바르타니야보디사트바의 지위를 얻으며, 이와 같이 배우는 이는 빨리 도량에 앉으며, 이와 같이 배우는 이는 스스로 행할 곳〔自行處〕을 배우고, 건져 보살피는 법을 배운다.

이와 같이 배우는 이는 크나큰 자비를 배우며, 이와 같이 배우는 이는 '사제(四諦)를 세 번 굴려 보이는 열두 가지 모습의 법 바퀴〔三轉十二相法輪〕'를 배우고, 이와 같이 배우는 이는 중생 건네줌을 배우며, 이와 같이 배우는 이는 붇다의 씨앗〔佛種〕 끊지 않음을 배우며, 이와 같이 배우는 이는 단 이슬의 문〔甘露門〕 여는 법을 배운다.

수부티여, 범부는 낮고 모자라 이와 같이 배울 수 없고 온갖 중생을 잘 다스려 이끌고자 하는 이가 이와 같이 배울 수 있다. 수부티여, 보디사트바로서 이와 같이 배우는 이는 나라카·아귀·축생에 떨어지지 않고, 치우친 곳에 태어나지도 않는다. 이와 같이 배우는 이는 천한 집안에 태어나지 않고 풀 베고 나무 하는 집에 태어나지 않으며, 똥 치우는 사람 집에 태어나지 않고, 그 밖의 여러 빈천한 집에 태어나지 않는다.

수부티여, 보디사트바로서 이와 같이 배우는 이는 눈 멀지 않고, 애꾸눈도 아니며, 사팔뜨기도 되지 않는다. 앉은뱅이도 아니고 귀머

거리도 아니며, 무디고 어리석거나 못생기지도 않으며 몸의 아는 뿌리를 온전히 갖춘다.

수부티여, 보디사트바로서 이와 같이 배우는 이는 남의 목숨을 빼앗지 않고, 남의 물건을 훔치지 않으며, 삿된 음행을 하지 않고, 거짓말·두 말·욕설·이익 없는 말을 하지 않는다. 탐내어 시기하지 않고 성내지 않으며, 삿된 견해를 갖지 않으며, 잘못된 생업활동도 하지 않는다. 삿된 견해 가진 붙이들을 기르지 않으며, 계(戒)를 깨뜨린 붙이들을 기르지도 않는다. 수부티여, 보디사트바로서 이와 같이 배우는 이는 긴 목숨의 하늘〔長壽天〕에 태어나지 않는다.

왜냐하면 보디사트바는 방편을 이루기 때문이니 어떤 것이 방편인가? 그것은 바로 프라즈냐파라미타를 따라 일어나는 것이니 비록 선정에 들어가지만 선정을 따라 나지 않는다〔不隨禪生〕. 수부티여, 보디사트바로서 이와 같이 배우는 이는 붇다의 깨끗한 (열 가지) 힘과 깨끗한 (네 가지) 두려움 없음을 얻는다."

3. 보디사트바가 얻는 깨끗한 법을 밝힘

(1) 깨끗한 프라즈냐파라미타를 보임

"세존이시여, 만약 온갖 법이 본래 깨끗한 모습이라면 보디사트바는 다시 어떤 깨끗한 법을 얻습니까?"

붇다께서 말씀하셨다.

"잘 말하고 잘 말했다. 수부티여. 온갖 법은 본래 청정한 모습〔本清淨相〕이다. 보디사트바가 이 본래 깨끗한 모습의 법 가운데에서 프라즈냐파라미타를 행하며, 놀라거나 두려워하지 않고 빠지거나 물러서지도 않으면, 이것을 청정한 프라즈냐파라미타라 이름한다.

　수부티여, 범부는 온갖 법이 본래 청정한 모습임을 알지 못하고 보지 못한다. 그러므로 보디사트바는 부지런히 정진함을 일으켜, 이 가운데 배워서 청정한 여러 힘과 여러 두려움 없음을 얻는다."

(2) 프라즈냐행 닦기를 권함

　"수부티여, 보디사트바로서 이와 같이 배우는 이는 온갖 중생의 마음과 마음의 씀〔心心所〕의 행을 다 통달할 수 있다. 수부티여, 비유하면 아주 적은 땅이 염부단금(閻浮檀金)[221]을 내는 것처럼 이 많은 중생의 모임 가운데서 또한 아주 적은 수의 사람들이 이와 같이 프라즈냐파라미타를 배울 수 있다. 또 비유하면 중생 가운데 적은 사람만이 전륜왕(轉輪王)의 업을 일으킬 수 있고, 많은 이들이 여러 작은 왕의 업을 일으킬 수 있는 것과 같다. 이와 같이 수부티여, 적은 중생만이 프라즈냐파라미타의 도를 행할 수 있고, 슈라바카와 프라테카붇다의 수레를 일으키는 이들은 많다.

　수부티여, 적은 사람들만이 아누타라삼약삼보디의 마음을 배울 수 있고, 아누타라삼약삼보디를 배운 사람 가운데 더 적은 사람들만이 말한대로 행할 수 있고, 말한 대로 행한 사람 가운데 적은 사람만이 프라즈냐파라미타를 따라 배울 수 있으며, 따라 배운 사람 가운데 아주 적은 숫자만이 아비니바르타니야보디사트바의 지위를 얻을 수 있다.

　그러므로 수부티여, 보디사트바가 이 적은 숫자 가운데 적은 숫자에 들고자 한다면, 프라즈냐파라미타를 배워야 하고 프라즈냐파라미

---

221) 염부수의 사이를 흐르는 강에서 나오는 사금.

타를 닦아 익혀야 한다."

다나팔라역(25품)

수부티가 붇다께 말씀드렸다.

"세존이시여, 온갖 법의 자기성품이 본래 청정한데 보디사트바가 어떻게 다시 청정한 열 가지 힘, 청정한 네 가지 두려움 없음, 나아가 청정한 온갖 붇다의 법을 얻습니까?"

붇다께서 수부티에게 말씀하셨다.

"그렇고 그렇다, 수부티여. 온갖 법의 자기성품은 본래 청정하다. 보디사트바 마하사트바는 이 온갖 법의 자기성품이 본래 청정함 가운데서 진리대로 프라즈냐파라미타를 닦아 배우며, 놀라지 않고 두려워하지 않으며 물러서지 않고 빠지지 않는다. 수부티여. 저 모든 어리석은 다른 삶들은 이와 같은 법을 알지 못하고 보지 못하며, 알지 못하고, 보지 못하므로 깨쳐 알지 못한다.

그러므로 보디사트바가 부지런히 정진해 이 가운데서 닦아 배우고 스스로 배우고서는 모든 다른 삶들로 하여금 이 법 가운데서 진리대로 닦아 배워 실로 알고 실로 보게 한다. 보디사트바마하사트바는 이와 같은 배움으로 말미암아 곧 청정한 열 가지 힘과 청정한 네 가지 두려움 없음과 나아가 청정한 온갖 붇다의 법을 얻게 된다.

수부티여, 보디사트바마하사트바로서 이와 같이 배우는 이는 온갖 중생의 마음과 마음 씀의 행을 다 밝게 안다.

수부티여, 비유하면 큰 땅에 염부단금은 적게 나오고 여러 가시와 모래 자갈 풀과 나무들이 많이 나는 것과 같다.

온갖 중생 또한 다시 이와 같아 중생의 모임 가운데 프라즈냐파라미타 닦아 배움을 사랑해 즐기는 이가 적고 슈라바카·프라테카붇다의 법은, 닦아 배움을 사랑해 즐기는 이가 많다.

수부티여. 중생의 모임 가운데 프라즈냐파라미타의 도를 행하는 이는 적고, 많이들 슈라바카·프라테카붇다의 도 행하는 것도 또한 다시 이와 같음을 알아야 한다.

수부티여. 또 중생의 모임 가운데 샤크라하늘왕의 복된 업을 닦는 자가 적고, 많이들 저 여러 하늘신들의 업을 닦는 것과 같다.

수부티여. 중생의 모임 가운데 프라즈냐파라미타의 행 닦는 이는 적고, 슈라바카·프라테카붇다의 행 닦는 이가 많은 것도 또한 다시 이와 같음을 알아야 한다.

수부티여. 또 중생의 모임 가운데 브라흐마하늘왕의 복된 업을 닦는 이가 적고, 다만 많이들 저 여러 브라흐마하늘 무리의 업을 닦는 것과 같다.

수부티여. 중생의 무리 가운데 아누타라삼약삼보디에서 물러나 구르지 않는 이가 적고, 아누타라삼약삼보디에 물러나 구르는 이가 많은 것도 또한 다시 이와 같음을 알아야 한다.

수부티여. 이 뜻 때문에 중생의 무리 가운데 아누타라삼약삼보디의 마음을 낼 수 있는 이가 적고, 마음을 낼 수 있는 이 적은 가운데서도 또 거듭 진리대로 닦아 행하는 이가 적고, 진리대로 닦아 행하는 이 적은 가운데서도 또 거듭 프라즈냐파라미타 닦아 익혀 서로 응하는 이 적으며, 닦아 익혀 서로 응하는 행 적은 가운데서도 또 거듭 아누타라삼약삼보디에서 물러나 구르지 않음에 머무는 이 적은 줄 알아야 한다.

수부티여, 그러므로 여러 보디사트바마하사트바가 만약 적음 가운데서도 적음에 있고자 하는 이는 프라즈냐파라미타를 닦아 익혀야 한다."222)

---

222) 須菩提白佛言:「世尊!一切法自性本來淸淨,菩薩摩訶薩云何復得淸淨十力、淸淨四無所畏乃至淸淨一切佛法耶?」

佛告須菩提言:「如是,如是!須菩提!一切法自性本來淸淨,菩薩摩訶薩於是一切法自性本來淸淨中,如理修學般若波羅密多,不驚不怖不退不沒。須菩提!彼諸愚異生等於如是法不知不見,以不知不見故無所覺了。是故菩薩摩訶薩發勤精進於中修學,自所學已,令諸異生等於是法中如理修學、實知實見。菩薩摩訶薩由如是學故,卽得淸淨十力、淸淨四無所畏乃至淸淨一切佛法。須菩提!菩薩摩訶薩如是學者,悉能了知一切衆生心心所行。

須菩提!譬如大地少出閻浮檀金,多諸荊棘砂礫草木等類。一切衆生亦復如是,於衆生聚中少能愛樂修學般若波羅密多者,多有愛樂修學聲聞、緣覺法門。須菩提!又如衆生聚中少有修彼輪王業者,但多修彼諸小王業。須菩提!

　프라즈냐의 길에서 어긋나면 그것이 마라의 일이고, 마라의 일을 벗어나 아누타라삼약삼보디에 물러나 구름이 없으면 보디사트바의 프라즈냐이다. 그러므로 마라와 프라즈냐에 실로 얻을 것이 없지만 마라의 일과 프라즈냐파라미타가 실로 없지 않아 마라는 나고 죽음에 이끌고 프라즈냐는 사르바즈냐나에 회향되고 아누타라삼약삼보디에 이른다.

　닦아 행하는 자는 마라의 일을 알아 마라에게 틈을 보이지 않아야 사르바즈냐나에 이르니 가르침을 믿지 않고 뉘우치며 옳은 스승을 멀리하고 삿된 스승 따르는 것이 모두 마라에게 틈을 내주어 마라의 일을 짓는 것이다.

　지금 믿음을 일으켜 프라즈냐파라미타를 행하는 보디사트바라도 다른 보디사트바를 가벼이 보거나 다른 보디사트바와 다투고 슈라바카와 다투면 이것은 마라에게 틈을 내주는 것이다. 또한 이미 보디의 언약 받은 보디사트바를 알아보지 못하고 그와 다투고 헐뜯으며 욕하

當知衆生聚中少有行於般若波羅密多道者, 多有行於聲聞、緣覺道者, 亦復如是。

　須菩提！又如衆生聚中少有修彼帝釋福業, 但多修彼諸天子業。須菩提！當知衆生聚中少有修習般若波羅密多行者, 多有修習聲聞、緣覺行者, 亦復如是。須菩提！又如衆生聚中少有修彼梵王福業, 但多修彼諸梵衆業。須菩提！當知衆生聚中少有不退轉於阿耨多羅三藐三菩提者, 多有退轉於阿耨多羅三藐三菩提者, 亦復如是。

　須菩提！以是義故, 當知衆生聚中少有能發阿耨多羅三藐三菩提心者, 於少能發心中又復少能如理修行者, 於少能修行中又復少能修習般若波羅密多相應者, 於少能修習相應行中又復少能於阿耨多羅三藐三菩提住不退轉者。須菩提！是故諸菩薩摩訶薩若欲在少中少者, 應當修習般若波羅密多。」

면 그는 크게 보디의 길에서 물러나 뒤바뀐 자이다.

그러나 마라의 일이 공해 마라 또한 법계를 떠나지 않으니, 허물을 뉘우쳐 다시 범하지 않으면 그가 믿음의 땅에 굳건히 서 앞으로 나아가는 마하사트바이다. 보디사트바는 프라즈냐의 법을 공경하므로 프라즈냐파라미타 행하는 다른 보디사트바를 나의 큰 스승으로서 하나의 수레〔一乘〕를 타고 한 길〔一道〕을 가는 이라 생각하고 공경하며 그를 따라 배운다.

보디사트바가 가르치는 프라즈냐파라미타가 사르바즈냐나이고 여래의 진여이기 때문에 따라 배우는 이도 또한 여래의 진여의 땅에 함께 서서 프라즈냐의 공덕으로 세 가지 악한 길에 떨어지지 않는다. 그는 프라즈냐의 보살핌으로 여섯 아는 뿌리가 갖추어져 청정하며 프라즈냐의 길에 장애되는 곳에 떨어지지 않는다.

보디사트바가 배우는 프라즈냐파라미타의 법은 곧 배우는 자의 삶의 진실이고 세계의 실상이니, 프라즈냐파라미타를 따라 배우는 보디사트바는 본래 청정한 삶의 실상을 믿어 다시 물러나 밑으로 빠지거나 뒤바뀌어 구르지 않는다.

옛 선사의 가르침을 들어보자.

용아(龍牙)선사가 게로 말했다.

■ (906則)

산에 올라앉아서 낚시를 드리운 이 보니
날이 다하도록 구차하게 물결 가에서 바쁘네
백 가지 냇물 끝없는 물을 탐착해 보고
물 흐르는 그 자리가 근원인 줄 알지 못하네

登山坐看垂綸者　終日區區役浪邊
貧看百川無限水　不知當處是根源

위 게송은 물질의 진여가 프라즈냐의 진여이고 여래의 진여가 중생의 진여인 줄 모르는 중생의 어리석음을 깨우친 것이리라.

학담도 한 노래로 옛 조사의 뜻에 같이해 여래를 찬탄하리라.

흐르는 물 쉬지 않고 웅덩이를 이루나
물 흐르되 원래 옮기지 않음 깨치면
방울방울이 참성품의 물이라 그 자리가 두렷하니
개울물 보는 때에 자비의 물이 가득하리

流水不息到成渠　若了水流元不遷
滴滴性水當處圓　溪水看時悲水滿

제22품 보디사트바를 따라 기뻐하는 공덕

〔無慳煩惱品〕

　　프라즈냐파라미타가 사르바즈냐나에 회향되고 아누타라삼약삼보디에 돌아가므로 프라즈냐를 배우면 온갖 번뇌와 산란한 마음 어리석은 마음이 나지 않으니, 이가 곧 선종(禪宗)이 말하는 돈오(頓悟)이며, 보디사트바가 프라즈냐를 배우면 번뇌가 공한 곳에서 여러 파라미타를 모두 거두니, 이것이 선종(禪宗)이 말하는 돈수(頓修)이다.

　　그러므로 붇다의 법을 배워 온갖 중생을 이익되게 하고 붇다가 노니신 곳에 함께 노닐며 붇다의 사자같은 외침을 외치고자 하면 프라즈냐파라미타를 배워야 한다.

　　이처럼 프라즈냐는 슈라바카 · 프라테카붇다의 복밭을 뛰어넘어 온갖 복덕을 갖추게 하고 온갖 세간의 하늘과 사람, 아수라의 참된 복밭이 되지만, 프라즈냐에는 프라즈냐라는 모습도 없으므로 보디사트바는 프라즈냐마저 분별하지 않는다. 프라즈냐가 여러 가지 파라미타를 이끌고 여러 가지 파라미타를 거두어 헤아릴 수 없는 공덕을 갖추게 하므로 프라즈냐행자를 따라 기뻐해도 그 복덕이 끝이 없으니, 따라 기뻐하는 자 또한 끝내 아누타라삼약삼보디에 회향할 것이다.

　　보디사트바의 발심과 보디사트바가 행하는 프라즈냐파라미타를 따라 기뻐하면, 이 프라즈냐파라미타의 복덕과 보디사트바의 착한 뿌리 때문에 따라 기뻐하는 자 또한 늘 태어나는 곳마다 존경과 찬탄을 받으며, 지옥 아귀 악한 길에 떨어지지 않고 온갖 중생을 이익되게 할 것이다.

　　그러나 끊어야 할 중생의 번뇌도 허깨비 같고, 번뇌를 끊는 프라즈냐에도 프라즈냐라는 모습이 없으며, 얻어야 할 보디도 끝내 모습을 떠났으므로 보디를 얻는다 해도 옳지 못하고, 얻지 않는다 해도 옳지 못하다. 프라즈냐의 '길 가운데 일〔途中事〕'을 떠나 보디의 '집안 속 일〔家裏事〕'이 없어서, 길 가운데 일에 이미 집안 속 일이 있고 집안 속 일이 길 가운데 일을 떠나지 않으므로, 모습 떠난 프라즈냐파라미타로써 모습 떠난 보디를 얻는 것이 아니다.

학담이 노래로 종요를 말해보리라.

프라즈냐 행하는 이 법계를 믿어서
삿된 행 멀리 떠나 여섯 파라미타 일으키네
프라즈냐의 행이 다른 파라미타 거두니
만 가지 행 거두려면 프라즈냐 배우라

般若行者信法界　遠離邪行起六度
般若行攝諸餘度　欲攝萬行學般若

프라즈냐 행하는 이 분별을 떠나니
비록 프라즈냐 행하나 또한 분별치 않네
그러면 마침내 사르바즈냐나를 얻어서
반드시 보디언덕 이르리라 붇다께서 언약하리

般若行者離分別　雖行般若亦不分
畢竟當得薩婆若　必到菩提佛授記

만약 프라즈냐의 행 따라 기뻐하지 않으면
그 사람은 마라에게 묶여 매이게 되리라
만약 따라 기뻐해 법을 버리지 않으면
보디에 이르러 중생 이익 줄 수 있으리

若不隨喜般若行　其人爲魔所繫著
若人隨喜不捨法　當至菩提利益衆

1. 프라즈냐가 모든 행과 공덕 거둠을 밝힘

(1) 프라즈냐가 여섯 파라미타를 거두며 붇다의 법을 갖추게 함을 보임

붇다께서 수부티에게 말씀하셨다.

"만약 보디사트바가 이와 같이 프라즈냐파라미타를 배우면 곧 번뇌의 마음을 내지 않고, 탐내 아끼는 마음을 내지 않으며, 계를 깨뜨리는 마음을 내지 않고, 화내는 마음을 내지 않으며, 게으른 마음을 내지 않고, 흩어져 어지러운 마음을 내지 않으며, 어리석은 마음을 내지 않는다. 223)

수부티여, 보디사트바는 이와 같이 배워 여러 파라미타를 다 거둔다.

수부티여, 비유하면 예순두 가지 잘못된 견해〔六十二見〕224)가 다

---

223)〔E.Conze역 22품〕

"더욱이 수부티여, 프라즈냐를 그렇게 행하는 보디사트바에게는 거친 생각이 일어나지 않고, 의심하는 사유, 시기하는 사유, 인색한 사유, 부도덕한 사유, 나쁜 의지의 생각, 게으른 생각, 흩어진 생각, 어리석은 생각을 내지 않는다."

Moreover, Subhuti, no garsh thought arises to a Bodhisattva who thus trains in perfect wisdom, nor a doubting thought, or an envious or mean thought, or an immoral thought, or a thought of ill will, or a lazy thought, or a distracted thought, or a stupid thought.

224) 예순둘 잘못된 견해〔六十二見〕: 연기중도의 바른 견해에 어긋나는 견해를 육십이견으로 분류한 것. 다섯 쌓임에 각기 과거·현재·미래의 세 때를 곱하고, 한 때에 네 가지 견해〔常·無常·亦常亦無常·非常非無常〕가 있으므로 육십 견해가 있고, 그 밑바탕에 단견(斷見)·상견(常見) 두 견해가 있으므로 예순두 견해라 한다. 과거의 네 견해는 감과 같음·감과 같지 않음·같기도

몸이 있다는 견해〔身見〕 가운데 거두어지는 것과 같다. 수부티여, 보디사트바는 프라즈냐파라미타를 배울 때 여러 파라미타를 다 거두니, 비유하면 사람이 죽을 때 목숨의 뿌리〔命根〕가 사라지기 때문에 모든 아는 뿌리〔諸根〕가 사라지는 것과 같다.

　이와 같이 수부티여, 보디사트바는 프라즈냐파라미타를 배워 여러 파라미타를 다 거둔다. 그러므로 수부티여, 보디사트바가 만약 모든 파라미타를 거두고자 하면, 프라즈냐파라미타를 배워야 한다. 보디사트바가 프라즈냐파라미타를 배우면 곧 온갖 중생 가운데서 가장 윗머리〔上首〕가 된다.

　수부티여, 그대 뜻에 어떠한가. 삼천의 큰 천세계의 중생이 정녕 많은가?"

　"세존이시여, 잠부드비파 중생도 오히려 많은데 하물며 삼천의 큰 천세계이겠습니까?"

　"수부티여, 이 많은 중생들이 다 보디사트바가 되고 만약 한 사람이 몸과 목숨이 다하도록 옷가지와 먹고 마실 것, 잠자리와 의약품을 공양한다면 수부티여, 그대 뜻에 어떠한가. 이 사람은 이 인연으로 얻는 복이 많겠는가?"

　"참으로 많고 많습니다, 세존이시여."

　"수부티여, 만약 어떤 보디사트바가 손가락을 한번 튕기는 동안 프라즈냐파라미타를 닦아도 이 복이 저것보다 더 많다. 이와 같이 수부

하고 같지 않기도 함 · 같음도 아니고 같지 않음도 아님이다. 현재의 네 견해는 항상함 · 덧없음 · 항상하기도 하고 덧없기도 함 · 항상함도 아니고 덧없음도 아님이다. 미래의 네 견해는 끝이 있음 · 끝이 없음 · 끝이 있기도 하고 없기도 함 · 끝이 있음도 아니고 없음도 아님이다. 그 모든 견해에 몸이 실로 있다는 견해가 뿌리가 되므로, 경은 신견(身見)이 그 뿌리라고 말한다.

티여, 프라즈냐파라미타는 여러 보디사트바를 크게 이익되게 하며, 아누타라삼약삼보디를 도울 수 있다. 그러므로 수부티여, 만약 보디사트바가 아누타라삼약삼보디 얻기를 바라고 온갖 중생 가운데서 위없는 이가 되고자 하고, 온갖 중생을 위해 건져 보살피는 이가 되려하고, 붇다의 법을 갖추려 하고, 붇다께서 행하는 곳을 얻고자 하고, 붇다께서 노니는 바를 얻고자 하며, 붇다의 사자같은 외침을 얻고자 하고, 삼천의 큰 천세계의 큰 모임에서 법을 강설하고자 하면 프라즈냐파라미타를 배워야 한다.

수부티여, 나는 보디사트바가 프라즈냐파라미타를 배워서 이와 같이 갖춰진 이익 얻지 못하는 것을 보지 못했다."

(2) 보디사트바는 온갖 공덕을 갖추지만 파라미타마저 분별하지 않음을 보임

"세존이시여, 이 보디사트바는 또한 슈라바카의 이익까지 갖출 수 있습니까?"

"수부티여, 보디사트바는 또한 슈라바카의 이익 갖춤을 배우지만, 다만 슈라바카의 법 가운데에 머물기를 원하지 않고 모든 공덕을 다 갖추고자 한다. 반드시 (슈라바카의 공덕을) 다 알 수 있지만 다만 그 가운데 머물지 않고 이와 같이 생각한다.

'나는 또한 이 슈라바카의 공덕까지 설하여 중생을 교화하리라.'

만약 보디사트바로서 이와 같이 배우는 이는 온갖 세간의 하늘과 사람, 아수라를 위하여 복밭이 될 수 있으니, 슈라바카·프라테카붇다의 복밭보다 훨씬 뛰어나게 된다. 보디사트바로서 이와 같이 배우는 이는 사르바즈냐나에 가까워져 프라즈냐파라미타를 버리지 않고 프라즈냐파라미타를 떠나지 않는다. 보디사트바가 이와 같이 프라즈냐파라미타를 행하는 것을 사르바즈냐나에서 물러나지 않는다고 이름하고, 슈라바카·프라테카붇다의 지위를 멀리 하고 아누타라삼약삼보디에 가까워진다고 말한다.

이 보디사트바가 만약 이렇게 생각한다 하자.

'이것은 프라즈냐파라미타이며 이러이러한 프라즈냐파라미타로 사르바즈냐나를 얻을 것이다.'

이와 같음도 또한 분별이므로 프라즈냐파라미타를 행하는 것이 아니다. 만약 보디사트바가 프라즈냐파라미타를 분별하지 않고, 프라즈냐파라미타를 보지 않아서 '이것이 프라즈냐파라미타이며, 이러이러한 프라즈냐파라미타로 사르바즈냐나를 얻을 것이다'라고 말하지 않는다 하자. 이와 같음을 또한 보지 않고 듣지 않고 느끼지 않고 알지 않으면 곧 프라즈냐파라미타를 행하는 것이다."

다나팔라역(25품)

붇다께서 말씀하셨다.

"수부티여, 보디사트바마하사트바 또한 이 슈라바카의 법을 배우고 또한 슈라바카의 공덕의 이익을 갖춘다. 수부티여, 보디사트바마하사트바는 비록 이와 같이 배우고 이와 같이 알며, 이와 같은 이익을 얻지만 그 가운데서 머물러 집착하는 마음을 내지 않는다. 보디사트바마하사트바 또한 저 슈라바카의 법을 말하되 이 법을 취하지 않는다.

수부티여, 만약 보디사트바마하사트바로서 이와 같이 배우는 이는 온갖 세간 하늘과 사람 아수라 등을 위해 큰 복밭을 지으니, 보디사트바가 짓는 복밭은 가장 높고 가장 빼어나 다른 슈라바카·프라테카붇다에게 있는 복밭을 지난다.

수부티여, 이와 같이 배우는 이는 곧 프라즈냐파라미타를 행해 사르바즈냐나에 가까워지되 프라즈냐파라미타를 버리지 않고 프라즈냐파라미타를 떠나지 않는다. 이와 같이 배우는 이는 사르바즈냐냐에서 물러나 잃지 않으며, 슈라바카 · 프라테카붇다의 마음을 멀리 떠나 아누타라삼약삼보디에 가까워진다.

수부티여, 만약 보디사트바마하사트바가 이렇게 생각한다 하자.

'이것이 프라즈냐파라미타이고 이것을 프라즈냐파라미타라 하니, 이 프라즈냐파라미타를 배우면 사르바즈냐냐를 얻게 될 것이다.'

수부티여, 만약 이와 같이 분별하는 이는 프라즈냐파라미타 닦은 이라 이름하지 못한다. 만약 보디사트바마하사트바가 프라즈냐파라미타에 분별을 내지 않으면, 앎도 없고 봄도 없으며 또한 얻는 바도 없다.

이와 같이 분별하지 않고 알고 봄이 없으며, 얻는 바가 없으므로 이것을 프라즈냐파라미타를 닦아 배움이라 한다."²²⁵⁾

2. 보디사트바를 따라 기뻐하는 공덕을 밝힘

(1) 프라즈냐를 행해 깨달음을 얻는 큰 공덕을 보임

이때 샤크라인드라하늘왕이 이렇게 생각하였다.

'이 보디사트바가 프라즈냐파라미타를 행하면 오히려 온갖 중생을

---

225) 佛言: 「須菩提！菩薩摩訶薩亦學是聲聞法, 亦具足聲聞功德之利。須菩提！菩薩摩訶薩雖如是學、如是知、得如是利, 而不於中生住著心。菩薩摩訶薩亦說彼聲聞法, 而不取是法。

須菩提！若菩薩摩訶薩如是學者, 能爲一切世間天、人、阿修羅等作大福田, 而菩薩所作福田最上最勝, 過餘聲聞、緣覺所有福田。須菩提！如是學者是行般若波羅密多, 得近一切智, 不捨般若波羅密多, 不離般若波羅密多。如是學者不退失一切智, 遠離聲聞、緣覺心, 得近阿耨多羅三藐三菩提。

須菩提！若菩薩摩訶薩作是念: 『此是般若波羅密多, 此名般若波羅密多, 學是般若波羅密多故當得一切智。』須菩提！若如是分別者, 不名修學般若波羅密多。若菩薩摩訶薩於般若波羅密多不生分別, 無知無見亦無所得, 以如是不分別、無知見、無所得故, 是名修學般若波羅密多。」

뛰어넘는데, 어찌 하물며 아누타라삼약삼보디를 얻음이겠는가. 만약 어떤 사람이 프라즈냐를 즐겨 들으면 이 사람은 큰 이익을 얻고[得大利] 목숨 가운데 으뜸[壽命中最]일 터인데, 하물며 아누타라삼약삼보디의 마음을 낼 수 있음이겠는가. 이 사람은 곧 세간이 우러러 그리워함이 되며, 이 사람은 중생 잘 다스려 이끌 수 있게 될 것이다.'

다나팔라역(26품)

이때 샤크라인드라하늘왕이 이 생각을 일으켰다.

'만약 보디사트바마하사트바로서 이 프라즈냐파라미타를 닦아 배우는 이라면 오히려 온갖 중생을 빼어나게 지날 수 있는데, 어찌 하물며 아누타라삼약삼보디의 마음을 낼 수 있는 자이겠는가. 이 사람은 온갖 중생이 같이 공경해 사랑하여 온갖 중생을 널리 다스려 이끌 수 있는 줄 알아야 한다.'

샤크라하늘왕은 이 생각을 짓고서는 곧 그때 여러 만다라꽃을 변화하여 손바닥 가운데 가득히 채워 붇다 위에 뿌렸다. 붇다께 꽃을 뿌리고는 두 손 모아 붇다를 향해 이렇게 말씀드렸다. 226)

(2) 프라즈냐행자를 따라 기뻐하는 공덕을 보임

이때 샤크라인드라하늘왕이 만다라꽃을 만들어서 한 움큼 가득히 쥐어 붇다 위에 뿌리고 이와 같이 말씀드렸다.

"세존이시여, 만약 아누타라삼약삼보디의 마음을 내는 사람이 있다

---

226) 爾時, 帝釋天主即起是念 : 「若菩薩摩訶薩修學是般若波羅密多者, 尚能勝過一切衆生, 何況成就阿耨多羅三藐三菩提者。是故當知, 若有人愛樂一切智者, 彼人得大善利善自活命, 何況能發阿耨多羅三藐三菩提心者, 當知是人爲一切衆生共所敬愛, 普能調{御一切衆生。」

帝釋天主作是念已, 即時化諸曼陀羅華, 滿自掌中散於佛上。華散佛已, 合掌向佛作如是言

면 붇다의 법을 다 갖추게 하고 사르바즈냐나를 갖추게 하고, 스스로 그러한 법〔自然法〕을 갖추게 하고 샘이 없는 법〔無漏法〕을 갖추게 하도록 바라옵니다.

세존이시여, 저는 그러면 아누타라삼약삼보디의 마음을 낸 사람으로 하여금 물러서게 할 생각을 한 생각이라도 내지 않도록 하겠습니다. 세존이시여, 저는 나고 죽음 가운데 모든 번뇌가 있음을 보아서, 한 생각이라도 보디사트바로 하여금 뒤로 물러서도록 할 생각은 내지 않도록 하겠습니다. 저도 또한 아누타라삼약삼보디를 위하여 부지런히 닦아 행하고 정진하겠습니다. 왜냐하면 이 사람들이 이와 같은 마음을 내면〔發如是心〕 온갖 세간 사람들을 크게 이익되게 하기 때문입니다.

'나는 스스로 건넘을 얻었으니 아직 건너지 못한 사람을 건네주리라. 나는 스스로 벗어남을 얻었으니 아직 벗어나지 못한 사람을 벗어나게 하리라. 나는 스스로 안온함을 얻었으니 아직 안온치 못한 사람을 안온케 하고, 나는 스스로 니르바나에 건넜으니 니르바나에 건너지 못한 사람을 니르바나에 건네주리라.'

세존이시여, 만약 어떤 사람이 처음 보디의 마음을 낸 보디사트바를 따라 기뻐하고, 여섯 파라미타를 행하는 보디사트바나 아비니바르타니야보디사트바, 한 생만 있으면 붇다 되는 지위〔一生補處〕의 보디사트바를 따라 기뻐한다면, 이 사람은 얼마만한 복덕을 받을 수 있겠습니까?"

"카우시카여, 수메루산은 오히려 헤아릴 수 있어도 이 사람이 따라 기뻐하는 복덕은 헤아릴 수 없다. 카우시카여, 삼천의 큰 천세계는 오히려 재고 헤아릴 수 있어도 이 사람이 따라 기뻐하는 복덕은 헤아릴 수 없다."

샤크라인드라하늘왕이 붇다께 말씀드렸다.

"세존이시여, 만약 어떤 사람이 이 여러 마음을 따라 기뻐하지 않는다면 이는 마라에 붙잡힌 것이니, 이 사람은 마라의 붙이임을 알아야 합니다. 이 여러 마음을 따라 기뻐하지 않는다면 이 사람은 마라의 하늘에서 목숨이 다해 이 세상에 태어난 것임을 알아야 합니다.

왜냐하면 이 여러 마음이 다 모든 마라의 일을 깨뜨릴 수 있기 때문이니, 이 사람이 따라 기뻐하는 복덕은 아누타라삼약삼보디에 회향해야 합니다. 만약 어떤 사람이 아누타라삼약삼보디의 마음을 낸 사람이라면 붇다(Buddha)를 버리지 않고, 다르마(Dharma)를 버리지 않고 상가(Saṃgha)를 버리지 않습니다. 이런 까닭에 이 여러 마음에 따라 기뻐함을 내야 합니다."

"그렇고 그렇다, 카우시카여. 만약 어떤 사람이 이 여러 마음을 따라 기뻐하면 이 사람은 빨리 붇다를 만나 뵙게 될 줄 알아야 한다. 이 사람은 따라 기뻐하는 복덕의 착한 뿌리 때문에 태어나는 곳마다 늘 공양과 공경과 존중과 찬탄을 얻는다. 모든 나쁜 음성은 듣지 않고 또한 온갖 악한 길 가운데 떨어지지 않고 늘 하늘에 태어난다.

왜냐하면 이 사람의 따라 기뻐함은 헤아릴 수 없고 가없는 중생을 이익되게 하고자 하기 때문이다. 이 따라 기뻐하는 마음은 차츰 늘어나고 자라 아누타라삼약삼보디에 이를 수 있으니, 이 사람이 아누타라삼약삼보디를 얻는 때에는 헤아릴 수 없이 많은 중생을 니르바나에 건네줄 것이다.

카우시카여, 이 인연으로써 이 사람이 이 여러 마음을 따라 기뻐함은 헤아릴 수 없고 가없는 중생을 이익되게 하는 착한 뿌리이기 때문에 따라 기뻐함을 알아야 한다."

3. 프라즈냐와 보디가 마쳐 다해 모습 떠났음을 밝힘

수부티가 붇다께 말씀드렸다.

"세존이시여, 이 마음은 허깨비와 같은데 어떻게 아누타라삼약삼보디를 얻을 수 있습니까?"

"수부티여, 그대 뜻에 어떠한가. 그대는 이 사람의 마음이 허깨비와 같다고 보느냐?"

"그렇게 보지 않습니다, 세존이시여. 저는 이 마음이 허깨비와 같다고 보지 않습니다."

"그대 뜻에 어떠한가. 만약 이 허깨비도 보지 않고 허깨비와 같은 마음도 보지 않는다면, 허깨비를 떠나고 허깨비와 같은 마음을 떠나서 다시 아누타라삼약삼보디를 얻을 수 있는 법이 있다고 보느냐?"

"그렇게 보지 않습니다, 세존이시여. 허깨비를 떠나고 허깨비와 같은 마음을 떠나서 다시 아누타라삼약삼보디 얻는 법을 보지 않습니다. 세존이시여, 만약 제가 다른 법을 보지 않는다면 어떤 법이 있다거니 또는 없다거니 할 수 있겠습니까?

세존이시여, 만약 법이 마쳐 다해 모습을 떠난 것이라면 있음이나 없음에 있지 않습니다. 만약 법이 마쳐 다해 모습을 떠났다면 이 법은 아누타라삼약삼보디를 얻지 않습니다. 세존이시여, 있는 바 없는 법 또한 아누타라삼약삼보디를 얻지 않습니다. 그러므로 프라즈냐파라미타는 마쳐 다해 모습을 떠났습니다. 만약 법이 마쳐 다해 모습을 떠나 있다면 이와 같은 법은 닦아 익힐 수 없고 다른 법을 낼 수 없으니, 프라즈냐파라미타는 마쳐 다해 모습을 떠났기 때문입니다.

세존이시여, 프라즈냐파라미타가 마쳐 다해 모습을 떠났다면 어찌

아누타라삼약삼보디를 얻을 수 있겠습니까. 아누타라삼약삼보디도
또한 마쳐 다해 모습을 떠났다면 어떻게 모습 떠난 것으로 모습 떠남
을 얻을 수 있겠습니까?"

<u>다나팔라역(26품)</u>
붇다께서 말씀하셨다.
"수부티여, 어떻게 생각하는가. 만약 마음이 허깨비 같음과 허깨비의 모습이
있음을 보지 않는다면, 이 마음 이 모습을 떠나 그대는 아누타라삼약삼보디 얻
을 법이 있음을 보는가."
수부티가 말씀드렸다.
"아닙니다, 세존이시여. 허깨비 같은 마음과 저 허깨비의 모습을 떠나서 또한
아누타라삼약삼보디 얻을 법 있음을 보지 않습니다. 세존이시여. 만약 허깨비
같은 마음을 떠나고 허깨비의 모습을 떠나서 불법이 있다고 해도, 이 법 또한
이 있다거나 없다고 말할 수 없습니다.
그러므로 온갖 법은 마쳐 다해 떠남〔畢竟離〕 가운데 있어서 있다〔有〕고 말할
수 없고 없다〔無〕고 말할 수 없습니다. 만약 온갖 법이 마쳐 다해 떠났으므로
아누타라삼약삼보디 또한 마쳐 다해 떠났으며, 프라즈냐파라미타 또한 마쳐
다해 떠났습니다.
온갖 법이 마쳐 다해 떠났으므로 닦을 법도 없고 또한 얻을 법도 없습니다.
온갖 법이 얻을 수 없으므로 아누타라삼약삼보디 또한 얻을 수 없으며, 이렇게
마쳐 다해 떠났으므로 보디사트바마하사트바 또한 마쳐 다해 떠났습니다.
세존이시여, 보디사트바는 프라즈냐파라미타를 인하므로 아누타라삼약삼보
디를 얻지만, 보디사트바마하사트바도 마쳐 다해 떠났으며, 아누타라삼약삼보
디 또한 마쳐 다해 떠났습니다. 만약 보디사트바마하사트바로서 아누타라삼약
삼보디를 얻은 이라면, 어떻게 떠남으로써 떠남을 얻겠습니까?"227)

---

227) 佛言 : 「須菩提！於意云何, 若不見有心如幻及幻相者, 離是心是相, 汝見
有法可得阿耨多羅三藐三菩提耶？」

붇다께서 말씀하셨다.

"잘 말하고 잘 말했다, 수부티여. 프라즈냐파라미타는 마쳐 다해 떠났고 아누타라삼약삼보디 또한 마쳐 다해 떠났다. 이 인연 때문에 아누타라삼약삼보디를 얻을 수 있는 것이다.

수부티여, 만약 프라즈냐파라미타가 마쳐 다해 모습 떠난 것이 아니라면 곧 프라즈냐파라미타가 아니다. 이와 같이 수부티여, 또한 프라즈냐파라미타를 떠나서 아누타라삼약삼보디를 얻는 것이 아니지만 또한 떠난 것으로써 떠남을 얻는 것도 아니다."

다나팔라역(26품)

붇다께서 수부티를 찬탄해 말씀하셨다.

"잘 말하고 잘 말했다, 수부티여. 그렇고 그렇다. 온갖 법이 마쳐 다해 떠나고 프라즈냐파라미타 또한 마쳐 다해 떠났으며, 아누타라삼약삼보디 또한 마쳐 다해 떠났고 보디사트바마하사트바 또한 마쳐 다해 떠났다. 그러니 모든 보디사트바마하사트바가 이 법 가운데서 프라즈냐파라미타가 마쳐 다해 떠나 곧 프라즈냐파라미타가 아님을 진실대로 밝게 안다.

수부티여. 그러므로 모든 보디사트바마하사트바는 비록 프라즈냐파라미타를 인하므로 아누타라삼약삼보디를 얻지만, 이 가운데 취할 법이 없고 얻을 법이

須菩提言:「不也, 世尊! 離如幻心及彼幻相, 亦不見有法可得阿耨多羅三藐三菩提。世尊! 若離如幻心及離幻相有法可見者, 是法亦不可說是有是無, 是故一切法畢竟離中, 不可說有不可說無。若一切法畢竟離故, 阿耨多羅三藐三菩提亦畢竟離, 般若波羅密多亦畢竟離。以一切法畢竟離故, 卽無法可修亦無法可得, 以一切法無所得故, 阿耨多羅三藐三菩提亦不可得。以是畢竟離故菩薩摩訶薩亦畢竟離。世尊! 菩薩摩訶薩因般若波羅密多故, 得阿耨多羅三藐三菩提。而菩薩摩訶薩畢竟離, 阿耨多羅三藐三菩提亦畢竟離。若菩薩摩訶薩得阿耨多羅三藐三菩提者, 云何以離得離耶?」

없다. 취함이 없고 얻음이 없으므로 보디사트바마하사트바는 비록 아누타라삼 약삼보디를 얻지만, 떠남으로써 떠남을 얻는 것이 아니다." 228)

평창

　보디사트바의 프라즈냐는 사르바즈냐냐의 지혜에 회향되므로 프라 즈냐일 때 온갖 번뇌가 공하되 온갖 공덕이 공하지 않다. 그러므로 프라즈냐로 단박 모든 번뇌가 공한 땅을 깨칠 때 온갖 파라미타를 거 두니, 이 뜻을 영가선사(永嘉禪師)는 '여섯 가지 파라미타의 만행이 한 생각 바탕 가운데 두렷하다[六度萬行體中圓]'고 말한다.

　이 뜻이 돈오돈수(頓悟頓修)의 뜻이니, 돈오(頓悟)는 번뇌가 공한 성품의 땅을 깨침이요, 돈수(頓修)는 번뇌가 공한 곳에서 헤아릴 수 없는 파라미타행을 일으킴 없이 일으킴이다.

　천태선사(天台禪師)는 「법화현의(法華玄義)」에서 '성품과 닦음이 둘이 없다[性修不二]'고 말하고, 성수불이(性修不二)의 뜻을 형계담 연선사(荊溪湛然禪師)는 '온전한 닦음이 곧 성품이고 온전한 성품이 닦음을 일으킨다[全修卽性 全性起修]'라고 말한다. 이러한 연기론적 실천관과 달리 관념적 일자에 돌아가 '깨칠 때 다 닦아 마친다'고 말 하는 것은, 붇다의 길이 아니고 바깥길[外道]의 신아론(神我論)이거 나 범아일여론(梵我一如論)적 해탈론인 것이다.

　성품과 닦음이 하나에 돌아가는 뜻을 수트라는 '보디사트바가 모든

---

228) 佛讚須菩提言：「善哉，善哉！須菩提！如是，如是！一切法畢竟離，般若 波羅密多亦畢竟離，阿耨多羅三藐三菩提亦畢竟離，菩薩摩訶薩亦畢竟離。而 諸菩薩摩訶薩於是法中，如實了知般若波羅密多畢竟離故，卽非般若波羅密 多。須菩提！是故諸菩薩摩訶薩，雖因般若波羅密多故得阿耨多羅三藐三菩 提，而於是中無法可取、無法可得。以無取無得故，菩薩摩訶薩雖得阿耨多羅 三藐三菩提，而非以離得離。」

파라미타를 거두고자 하면 프라즈냐파라미타를 배우라'고 가르치고, 조사선(祖師禪)은 '오직 깨침으로써 법칙을 삼는다〔以悟爲則〕'고 말한다.

프라즈냐는 앎에서 앎을 떠나고 앎 없음도 떠난 지혜이므로 프라즈냐에 대한 이렇다는 분별을 일으키면 이미 프라즈냐가 아닌 것이다. 앎이 앎 없음이므로 앎과 앎 없음을 떠난 프라즈냐의 지혜일 때 그는 이미 붇다의 법을 다 갖춤이고 여래의 진여의 공덕장에 이미 선 자이다.

프라즈냐는 프라즈냐의 모습도 떠났으므로 끊어야 할 중생의 모습도 보지 않고 얻어야 할 보디의 모습도 보지 않으니, 프라즈냐의 낱낱 행이 이미 모습에 모습 없는 실상을 드러내고, 길 가는 나그네의 걸음 속에 헤아릴 수 없는 집안 속 공덕을 이미 드러내고 있는 것이다.

옛 조사의 가르침을 살펴보자.

제주 낭야산 혜각(瑯琊山 慧覺) 광조화상(廣照和尙)이 거화상에게 물었다.
"요즈음 어디서 떠났소?"
거화상이 말했다.
"절중(浙中)이요."
혜각선사가 말했다.
"배는 어디에 있소."
거화상이 말했다.
"배는 발 아래 있소."
혜각선사가 말했다.
"길을 거치지 않는 한 구절은 어떻게 말하오."

거화상이 말했다.

"답답한 장로가 삼과 같고 조와 같이 많구나."

그리고는 소매를 떨치고 가니 혜각선사가 시자에게 물었다.

"이 승려가 어떤 사람인가?"

시자가 말했다.

"거화상입니다."

선사가 따라가 집앞에서 보고 물었다.

"거사숙이 아니십니까?"

"제가 아까 불편하게 한 점 사과드립니다."

거화상이 곧 '악' 외치고 다시 물었다.

"장로는 언제 분양에 이르렀는가."

혜각선사가 말했다.

"이런 때였소."

거화상이 말했다.

"내가 절중에 있으면서 일찍 그대 이름을 들었는데 원래 견해가 다만 이와 같구나. 그런데도 어찌 이름이 온천하에 떠들썩하는가."

혜각선사가 절을 하며 말했다.

"혜각의 허물입니다."

▪ (1378則)

滁州瑯琊山 慧覺廣照和尙 問擧和尙 近離甚處
擧云 浙中 師云船來陸來
擧云 船來 師云船在甚處
擧云 船在步下 師云不涉程途一句 作麼生道
擧云 杜撰長老如麻似粟
拂袖便行 師卻問侍者 這僧是何人 侍者云 擧道者
師邃去 且過堂見問 莫便是擧師叔麼 莫怪某甲適 來相觸忤

擧 便喝 復問長老何時 到汾陽
師云 恁時
擧云 我在浙中 早聞你名 元來見解秪如此 何得名喧宇宙
師乃 作禮曰 慧覺罪過

해인신(海印信)선사가 노래했다.

고기잡이 늙은이 쓸쓸히 동서로 오고가며
갈대피리 불어대니 어울림이 맞지 않네
밤 고요하고 달 밝은데 고기는 물지 않으니
조각배는 누워서 무릉 개울로 들어가네

漁翁蕭灑任東西　蘆管橫吹和不齊
夜靜月明魚不食　扁舟臥入武陵溪

운문고(雲門杲)선사가 노래했다.

검은 여의구슬 뺏고서 곧 돌아오니
작은 근기 마라 아들 다 의심하고 미워하네
집어 들어 큰 물결 속에 던져버리니
손을 털고 모두들 집으로 돌아가네

奪得驪珠卽便迴　小根魔子盡疑猜
拈來抛向洪波裏　撒手大家歸去來

　나고 사라지는 법 밖에 사라지지 않는 신묘한 보배의 법이 있다는
생각을 놓아버릴 때 보고 듣는 세간법이 프라즈냐의 법인 줄 알게 되
는가.

학담도 한 노래로 옛 조사의 뜻에 함께해 여래의 가르침을 찬탄하
리라.

　　　배나 뭍으로 가고 오는 고향 가는 길
　　　길을 거치지 않는 구절 어떠한가
　　　고향 가는 길머리에 풀을 거치지 않는데
　　　머리 돌리니 조각달이 산과 내를 비추네

　　船陸去來歸鄕路　不涉程途句如何
　　歸鄕路頭不涉草　廻頭片月照山河

제23품 보디사트바의 크나큰 장엄과 프라즈냐행자에 대한 공경〔稱揚菩薩品〕

프라즈냐행은 모든 법의 참모습 그대로의 행이다. 인연으로 일어나는 모든 법이 공하여 모습 없으므로 모든 법은 깊고 깊으며, 인연으로 일어나는 모든 법이 공하여 실로 무너짐이 없으므로 모든 법은 굳세고 단단하다.

그러므로 프라즈냐파라미타를 행한다는 것은 깊고 깊은 뜻을 행하는 것이고 굳세고 단단한 뜻을 행함이지만, 모습 없음이란 실로 모습 있음의 집착을 깨기 위한 것이므로, 프라즈냐를 행하는 보디사트바는 깊고 깊음과 굳세고 단단함으로 증득을 삼지 않는다.

인연으로 일어난 모든 법이 있되 있음이 아니므로 보디사트바의 프라즈냐에는 있다는 집착도 없고 있지 않다는 집착도 없으며, 슈라바카 · 프라테카붇다를 넘어서 아누타라삼약삼보디에 회향하되 슈라바카 · 프라테카붇다는 나에게서 멀고 아누타라삼약삼보디는 나에게 가깝다는 집착이 없다.

보디사트바는 프라즈냐파라미타를 행하되 진실한 바탕〔實際〕을 증득하지 않으며, 중생이 끝내 얻을 것 없고 건네줄 바도 없음을 알되 중생을 버림이 없이 크나큰 장엄을 일으켜 세간의 중생을 건네준다.

이와 같이 실로 중생이라 할 것이 없는 곳에서 중생을 위해 크나큰 장엄을 내면, 이 사람이 참으로 프라즈냐파라미타를 행하는 자이니, 보디사트바가 이와 같이 프라즈냐파라미타를 행하면 여러 하늘대중이 그를 공경하고 모든 붇다께서 그를 보살펴 생각하고 찬탄할 것이다.

보디사트바로서 프라즈냐파라미타를 행하여 여러 붇다에게 칭찬을 받은 이는 이미 깨달음의 길에서 물러나 구름이 없는 보디사트바인 줄 알아야 하니, 그는 붇다의 법에 다시 의심이 없고 빠짐이 없고 흔들림이 없기 때문이다.

학담이 노래로 종요를 말해보리라.

모든 법은 모습 없으므로 깊고 깊으며
프라즈냐는 실상과 같아 또한 깊고 깊도다
깊고 깊은 뜻 행함 또한 증득하지 않으면
이와 같이 행하는 이가 프라즈냐 행함이네

諸法無相故甚深　般若如實亦甚深
行甚深義亦不證　如是行者行般若

프라즈냐행에는 증득함과 증득하는 바 없고
또한 증득한 법과 쓰는 바가 없네
이를 듣고 놀라지 않으면 물러나 빠지지 않으니
이 사람이 분명히 프라즈냐 행하는 이네

般若行無能所證　亦無證法無所用
聞是不驚不退沒　是人分明行般若

보디사트바는 중생이 공함 밝게 알지만
큰 장엄을 일으켜 중생을 위하네
허깨비 같은 중생 건네도 건네줌 없이
중생의 귀의처 되니 붇다께서 찬탄하시네

菩薩了知衆生空　發大莊嚴爲衆生
如幻衆生度無度　作衆歸依佛所讚

1. 프라즈냐행이 깊고 깊은 뜻 행함임을 밝힘

(1) 깊고 깊은 뜻을 행하되 그 뜻으로 증득 삼지 않음을 보임

이때에 수부티가 붇다께 말씀드렸다.

"세존이시여, 보디사트바가 프라즈냐파라미타를 행하는 것은 곧 깊고 깊은 뜻을 행하는 것입니다."

"잘 말하고 잘 말했다. 수부티여. 보디사트바가 프라즈냐파라미타를 행하는 것은 곧 깊고 깊은 뜻〔甚深義〕을 행하는 것이다. 수부티여, 보디사트바가 하는 행이 매우 어려운 것은 이 깊고 깊은 뜻을 행하되 이 뜻을 증득하지 않음이니, 슈라바카의 지위나 프라테카붇다의 지위를 말한다." 229)

다나팔라역(26품)

수부티가 붇다께 말씀드렸다.

"세존이시여, 제가 붇다의 뜻을 이해하기로서는 이것은 깊고 깊은 뜻인데 보

---

229) 〔E.Conze역 23품〕

수부티가 말씀드렸다.

"제가 세존의 가르침의 의미를 이해함과 같아서는 보디사트바는 이 길 안에서 깊은 목표를 진행합니다."

세존께서 말씀하셨다.

"어려운 일을 행하는 이는 깊은 목표를 진행하는 보디사트바이다. 그렇지만 성문제자나 프라테카붇다의 수준에서 그 목표를 얻지는 않는다."

Subhuti: As I understand the meaning of th Lord's teaching, a Bodhisattva in this way courses in a deep object.

The Lord: A doer of what is gard is the Bodhisattva who courses in a deep object, and who yet does not realize that object 〔or: gain〕, i.e. on the level of Disciple or Pratyekabuddha.

디사트바마하사트바가 행하는 것은 매우 어렵습니다."

붇다께서 말씀하셨다.

"수부티여, 그렇고 그렇다. 이것은 깊고 깊은 뜻인데, 보디사트바마하사트바가 행하는 것은 매우 어렵다. 수부티여, 만약 보디사트바마하사트바로서 이 깊고 깊은 뜻을 행하는 자는 길 가운데서 슈라바카·프라테카붇다의 과덕을 취하지 않으니, 이것이 매우 어려움이다."[230]

(2) 프라즈냐행에는 모든 분별이 없음을 보임

"세존이시여, 제가 붇다께서 말씀하신 뜻을 이해하기로는 보디사트바가 행하는 바는 어렵지 않습니다. 왜냐하면 증득하는 자[取證者]도 얻을 수 없고, 증득하는 데 쓰는 법[所用取證法]도 얻을 수 없으며, 증득하는 법[所證法]도 또한 얻을 수 없기 때문입니다.

만약 보디사트바가 이 같은 말을 듣고서 놀라거나 두려워하거나 빠지거나 물러나지 않으면 이 보디사트바가 프라즈냐파라미타를 행하고 있음을 알아야 합니다. 또한 '내가 프라즈냐파라미타를 행한다'고 보지 않아서 이와 같음에도 또한 분별하지 않으면 이 보디사트바는 아누타라삼약삼보디에 가까이 가 슈라바카와 프라테카붇다의 지위 멀리 떠났음을 알아야 합니다."

다나팔라역(26품)

수부티가 붇다께 말씀드렸다.

---

230) 須菩提白佛言：「世尊！如我解佛所說義，此甚深義菩薩摩訶薩行者是爲甚難。」

佛言：「須菩提！如是，如是！此甚深義菩薩摩訶薩行者是爲甚難。須菩提！若菩薩摩訶薩行此甚深義者，不於中道取證聲聞、緣覺之果，斯爲甚難。」

"세존이시여, 제가 붇다의 뜻을 이해하기로서는 보디사트바마하사트바가 하는 것은 어렵지 않습니다. 왜냐하면 온갖 법도 얻는 바가 없고 깨달아 얻음이 없기 때문입니다. 얻음이 없고 깨침이 없기 때문에 이 가운데 깨친 자〔證者〕도 없고 깨친 바〔所證〕도 없으며, 쓰는바 깨침의 법〔所用證法〕도 없습니다. 그러므로 보디사트바마하사트바가 하는 것은 어렵지 않습니다.

세존이시여. 만약 보디사트바마하사트바가 이 말을 듣고서 놀라지 않고 두려워하지 않으며 물러서지 않고 빠지지 않으면, 저 보디사트바마하사트바는 곧 프라즈냐파라미타를 행하는 것이고 비록 이와 같이 행하되 또한 내가 프라즈냐파라미타 행함을 보지 않는 줄 알아야 합니다.

만약 이와 같이 행한바 프라즈냐파라미타의 모습을 보지 않으므로, 이 보디사트바마하사트바는 아누타라삼약삼보디에 가까워서 슈라바카·프라테카붇다의 지위를 멀리 할 수 있으니, 이것이 프라즈냐파라미타를 행함입니다."[231]

"세존이시여, 비유하자면 허공이 '이것은 멀고 이것은 가깝다' 하는 생각을 짓지 않는 것과 같습니다. 왜냐하면 허공에는 분별이 없기 때문입니다.

세존이시여, 프라즈냐파라미타도 또한 이와 같아서 '슈라바카·프라테카붇다의 지위는 내게서 멀며, 아누타라삼약삼보디는 내게서 가깝다'는 이런 생각을 짓지 않습니다. 왜냐하면 프라즈냐파라미타에는 분별이 없기 때문입니다.

세존이시여, 비유하면 허깨비로 변화된 사람이 '환술사는 내게서

가깝고 보는 자는 내게서 멀다'는 이런 생각을 짓지 않는 것과 같습니다. 왜냐하면 세존이시여, 허깨비로 변화된 사람은 분별이 없기 때문입니다.

세존이시여, 프라즈냐파라미타도 이와 같아서 '슈라바카·프라테카붇다의 지위는 나에게서 멀고, 아누타라삼약삼보디는 나에게 가깝다'는 이런 생각을 짓지 않습니다. 왜냐하면 프라즈냐파라미타는 분별이 없기 때문입니다.

비유하면 그림자가 '원인되는 몸[所因]은 나에게서 가깝고 다른 것은 내게서 멀다'는 이런 생각을 짓지 않는 것과 같습니다. 왜냐하면 그림자는 분별이 없기 때문입니다. 세존이시여, 프라즈냐파라미타도 이와 같아서 '슈라바카·프라테카붇다는 나에게서 멀고, 아누타라삼약삼보디는 나에게 가깝다'는 이런 생각을 짓지 않습니다. 왜냐하면 프라즈냐파라미타는 분별이 없기 때문입니다.

세존이시여, 여래는 미워함도 없고 사랑함도 없는 것처럼 프라즈냐파라미타도 또한 이와 같이 미워함도 없고 사랑함도 없습니다. 세존이시여, 여래에게 온갖 분별이 없는 것처럼 프라즈냐파라미타도 또한 이와 같이 온갖 분별이 없습니다. 이것은 세존이시여, 변화로 지은 사람이 '슈라바카·프라테카붇다는 내게서 멀고 아누타라삼약삼보디는 나에게 가깝다'는 생각을 내지 않는 것과 같습니다. 왜냐하면 여래께서 변화로 지은 사람[如來所化人]은 분별이 없기 때문입니다.

세존이시여, 프라즈냐파라미타도 또한 이와 같아서 '슈라바카·프라테카붇다는 나에게 멀고, 아누타라삼약삼보디는 나에게서 가깝다'는 생각을 하지 않습니다. 왜냐하면 프라즈냐파라미타는 분별이 없기 때문입니다.

세존이시여, 여래께서 변화로 지은 사람이 일을 따라 지어내되 분별이 없는 것과 같이 세존이시여, 프라즈냐파라미타도 또한 이와 같아서 닦아 익힌 바를 따라 다 이룰 수 있지만 분별이 없습니다. 세존이시여, 비유하면 목공이 나무로 된 사람을 만드는데 그것이 남자이건 여자이건 하는바 일을 따라 다 이루어낼 수 있지만 분별이 없는 것과 같습니다. 세존이시여, 프라즈냐파라미타도 이와 같아서 닦아 익힌 바를 따라 다 이루어낼 수 있지만 분별은 없습니다."

다나팔라역(26품)

"또 저 붇다께서 변화한 사람은 이런 생각을 하지 않습니다.
'아누타라삼약삼보디는 나에게 가기 가깝고 슈라바카·프라테카붇다의 지위는 나에게 가기 멀다.'
왜냐하면 변화한 사람은 분별이 없기 때문입니다.
프라즈냐파라미타 또한 다시 이와 같아 이런 생각을 짓지 않습니다.
'아누타라삼약삼보디는 나에게 가기 가깝고 슈라바카·프라테카붇다의 지위는 나에게 가기 멀다.'
왜냐하면 프라즈냐파라미타는 분별이 없기 때문입니다.
또 붇다께서 변화한 사람은 짓는바 일을 따라 다 이루어낼 수 있어서 비록 이루어내지만 분별이 없는 것과 같습니다. 왜냐하면 변화의 사람은 분별이 없기 때문입니다.
프라즈냐파라미타 또한 다시 이와 같아, 만약 온갖 법을 닦아 익힘을 따르면 다 이루어냅니다. 왜냐하면 프라즈냐파라미타는 분별이 없기 때문입니다.
또 공교한 장인이 그 방편으로 기틀과 빗장 나무를 써서 남녀의 모습을 지으면 짓는 일을 따라 다 이루어낼 수 있지만, 비록 이루어냄을 따라 분별이 없는 것과 같습니다. 왜냐하면 교묘한 허깨비가 짓는 바이기 때문입니다.
세존이시여. 프라즈냐파라미타 또한 다시 이와 같아, 만약 온갖 법을 닦아 익히는 바를 따르면 다 이루어낼 수 있지만 비록 이루어냄이 있어도 분별이 없습니다. 왜냐하면 프라즈냐파라미타는 분별이 없기 때문입니다."232)

2. 프라즈냐행은 단단하고 굳센 뜻 행함임을 밝힘

⑴ 보디사트바는 단단하고 굳센 뜻 행하되 그것으로 증득 삼지 않음을 보임

수부티가 붇다께 말씀드렸다.

"세존이시여, 보디사트바가 프라즈냐파라미타를 행하는 것은 곧 단단하고 굳센 뜻 행함이군요."

붇다가 수부티에게 말씀하셨다.

"보디사트바가 프라즈냐파라미타를 행하는 것은 곧 단단하고 굳센 뜻을 행함이다."

이때 욕계의 모든 하늘신들이 이렇게 생각하였다.

'만약 어떤 사람이 아누타라삼약삼보디의 마음을 내면 이와 같이 깊은 프라즈냐파라미타를 행할 수 있되 진실한 바탕〔實際〕을 증득하여 슈라바카의 지위나 프라테카붇다의 지위에 떨어지지 않는다. 이 보디사트바가 하는 바는 매우 어려우므로 온갖 세간 중생이 공경하여 예배드려야 함을 알아야 한다.'

---

232) 「又如佛所化人不作是念：『阿耨多羅三藐三菩提去我近, 聲聞、緣覺地去我遠。』何以故？化人無分別故。般若波羅密多亦復如是, 不作是念：『阿耨多羅三藐三菩提去我近, 聲聞、緣覺地去我遠。』何以故？般若波羅密多無分別故。

又如佛所化人隨所作事悉能成辦, 雖所成辦而無分別。何以故？化人無分別故。般若波羅密多亦復如是, 若一切法隨所修習悉能成辦。何以故？般若波羅密多無分別故。又如工巧師, 以其方便用機關木作男女相, 隨所作事悉能成辦, 雖所成辦而無分別。何以故？巧幻所作故。世尊！般若波羅密多亦復如是, 若一切法隨所修習悉能成辦, 雖有所成而無分別。何以故？般若波羅密多無分別故。」

이때 존자 사리푸트라가 존자 수부티에게 말씀했다.

"만약 보디사트바마하사트바가 이 깊고 깊은 프라즈냐파라미타를 행한다는 것은 단단하고 굳센 뜻 행함이오."

수부티가 말했다.

"그렇고 그렇습니다, 사리푸트라시여. 만약 보디사트바마하사트바가 이 깊고 깊은 프라즈냐파라미타를 행한다는 것은 깊고 깊은 뜻을 행함입니다."

이때 욕계의 천 하늘신의 무리들이 이렇게 생각했다.

'보디사트바마하사트바는 아누타라삼약삼보디를 하려기 때문에, 이 깊고 깊은 프라즈냐파라미타를 행한다. 비록 다시 모든 법을 알아서 모든 법의 성품에 들어가지만, 슈라바카·프라테카붇다가 깨쳐 얻은 실다운 바탕에 편안히 머물지 않는다. 이 때문에 공경히 절해야 하는 것이다.' 233)

(2) 보디사트바는 중생이 실체 없되 크나큰 장엄 일으킴을 보임

수부티가 여러 하늘신들에게 말했다.

"보디사트바가 프라즈냐파라미타를 행하되 취해 증득하지 않는 것은 아주 어려운 일은 아닙니다. 만약 보디사트바가 헤아릴 수 없고 가 없는 중생을 위하기 때문에 크나큰 장엄을 일으키지만, 중생이 마쳐 다해 얻을 수 없고 건네줄 바도 얻을 수 없으나, '내가 이를 건네주리

---

233) 爾時, 尊者舍利子謂尊者須菩提言 : 「若菩薩摩訶薩行此甚深般若波羅密多者, 是行堅固義。」

須菩提言 : 「如是, 如是!舍利子!菩薩摩訶薩行此甚深般若波羅密多者是行堅固義。」

爾時, 有欲界千天子衆作如是念 : 「菩薩摩訶薩爲阿耨多羅三藐三菩提故, 行此甚深般若波羅密多。雖復了諸法相、入諸法性, 而不安住聲聞、緣覺所證實際, 以是緣故所應敬禮。」

라고 마음을 낼 수 있으면 이렇게 함이 어려운 일입니다.

여러 하늘신들이여, 이 사람이 중생을 건네주려는 것은 허공을 건네주려고 함과 같습니다. 왜냐하면 허공이 모습을 떠났으므로 중생도 또한 모습을 떠났기 때문입니다.

그러므로 알아야 합니다. 이 보디사트바가 매우 하기 어려운 것은 중생이 없는데 중생을 위하여 크나큰 장엄을 내는 것이니 마치 사람이 허공과 더불어 싸우는 것과 같습니다.

붇다께서는 중생은 얻을 수 없다고 설하셨으니 중생이 모습을 떠났으므로 건넬 수 있는 자도 또한 모습을 떠났고, 중생이 모습을 떠났으므로 물질이 또한 모습을 떠났으며, 중생이 모습을 떠났으므로 느낌·모습취함·지어감·앎도 또한 모습을 떠났고, 중생이 모습을 떠났으므로 온갖 법이 또한 모습을 떠났습니다."

다나팔라역(27품)

이때 존자 수부티가 이 생각을 알고서 말했다.

"여러 하늘신들이여, 보디사트바마하사트바로서 이 깊고 깊은 프라즈냐파라미타를 행하는 이는 저 슈라바카·프라테카붇다의 실다운 바탕을 증득하지 않으니 또한 어렵지 않습니다.

왜냐하면 만약 보디사트바마하사트바가 정진의 갑옷을 입고 헤아릴 수 없고 셀 수 없으며, 가없는 중생을 건네주어 널리 큰 파리니르바나에 편히 머물도록 하려는 것, 이것이 어려운 일입니다. 왜 그런가요. 중생은 마쳐 다해 떠났으므로 있는 바 없고 있는 바 없으므로 중생의 모습을 얻을 수 없기 때문입니다. 그러므로 중생은 건네줄 수 없습니다.

여러 하늘 신들이여, 만약 보디사트바로서 중생을 건네주려는 것은 허공을 건네주려는 것입니다. 왜냐하면 허공이 모습을 떠났으므로 중생 또한 떠난 것이며, 허공이 있는 바 없으므로 중생 또한 있는 바 없으며, 마쳐 다해 얻을 중생

이 있지 않은데, 모든 보디사트바마하사트바가 건네주려 하는 것, 이것이 어려운 일입니다." 234)

"만약 보디사트바가 이와 같이 말함을 듣고 놀라거나 두려워하거나 빠지거나 물러나지 않는다면 이 사람이 프라즈냐파라미타를 행하는 것임을 알아야 합니다."

붇다께서 수부티에게 물으셨다.

"보디사트바는 무엇 때문에 놀라거나 두려워하거나 빠지거나 물러나지 않는가?"

"세존이시여, 공하기 때문에 빠지지 않으며 있는 바가 없기 때문에 빠지지 않습니다. 왜냐하면 빠지는 자도 얻을 수 없고, 빠지는 법도 얻을 수 없으며, 빠질 곳도 얻을 수 없기 때문입니다. 만약 보디사트바가 이와 같은 말함을 듣고 놀라거나 두려워하거나 빠지거나 물러나지 않는다면 이 사람이 프라즈냐파라미타를 행하는 것임을 알아야 합니다."

3. 프라즈냐파라미타를 행하면 하늘이 공경하고 모든 붇다께서 찬탄함을 밝힘

---

234) 爾時, 尊者須菩提知其念, 卽謂言 :「諸天子！菩薩摩訶薩行此甚深般若波羅密多, 而不證彼聲聞、緣覺實際者, 亦未足爲難。何以故？若菩薩摩訶薩被精進鎧, 欲度無量無數無邊衆生, 普令安住大般涅槃, 斯爲難事。所以者何？衆生畢竟離故無所有, 以無所有故不可得衆生相, 是故衆生不可得度。諸天子！若菩薩欲度衆生者爲欲度虛空。何以故？虛空離故衆生亦離, 虛空無所有故衆生亦無所有, 畢竟無有衆生可得。諸菩薩摩訶薩爲欲度者, 是爲難事。

(1) 프라즈냐행자를 여러 하늘이 공경함을 보임

"수부티여, 보디사트바가 이와 같이 프라즈냐파라미타를 행하면 샤크라인드라하늘왕과 브라흐마하늘왕과 중생의 주인〔衆生主〕235)과 자재한 하늘왕과 여러 하늘신들이 다 같이 공경하며 예배할 것이다.

수부티여, 다만 샤크라인드라하늘왕과 브라흐마하늘왕과 중생의 주인과 자재한 하늘왕과 여러 하늘신들만이 이 프라즈냐파라미타를 행하는 보디사트바에게 공경하며 예배할 뿐 아니라, 첫째 선정의 여러 하늘들인 브라흐마세상 여러 하늘 · 브라흐마무리하늘 · 큰 브라흐마하늘 등과, 두 번째 선정의 밝은 하늘들인 적은 빛 하늘 · 헤아릴 수 없는 하늘 · 빛과 소리하늘 등이 공경하며 예배할 것이다.

또 세 번째 선정의 깨끗한 하늘들인 적은 깨끗함의 하늘 · 헤아릴 수 없이 깨끗한 하늘 · 두루 깨끗한 하늘 등과 그늘 없는 하늘 · 복으로 나는 하늘 · 넓은 과보의 하늘 · 넓이가 없는 하늘 · 뜨거움 없는 하늘 · 묘하게 보는 하늘 · 잘 보는 하늘 · 물질이 마쳐 다하는 맨 꼭대기 하늘〔色究竟天〕236) 등 모든 하늘이 프라즈냐파라미타를 행하는 보디사트바에게 공경하며 예배할 것이다.

수부티여, 지금 드러나 있는 헤아릴 수 없는 아상키야 세계의 여러 붇다들께서 다 이 프라즈냐파라미타를 행하는 보디사트바를 생각해 주신다. 수부티여 보디사트바가 프라즈냐파라미타를 행할 때 모든 붇

---

235) 중생주(衆生主)는 범어로 Prajāpati이다. 온갖 중생의 주인. 인간세상 중생세계를 살피는 하늘신을 말한다.

236) '무소천'이 송(宋) · 원(元) · 명(明) · 궁(宮) 판본에는 다 '아가니타천(阿迦膩吒天)'으로 되어 있다. 아가니타는 산스크리트 아가니스타(Akaniṣṭha)의 소리 옮김으로, 색구경(色究竟)으로 번역된다. 모습 있는 물질이 허공계와 이웃해 있는 물질의 영역을 뜻함.

다께서 생각해주시는 바 되면 이 보디사트바가 곧 아비니바르타니야 보디사트바인 줄 알아야 한다.

수부티여, 가령 강가강 모래 수만큼 많은 세계의 중생이 다 마라(māra)가 되고, 하나하나가 그만큼의 악한 마라를 다시 변화로 만들어 내, 이 모든 악한 마라가 뭉쳐도 이 프라즈냐파라미타를 행하는 보디사트바를 무너뜨릴 수 없다."

(2) 프라즈냐행자를 여러 하늘대중이 공경하는 까닭을 보임

"수부티여, 보디사트바는 두 가지 법을 이루므로 마라가 무너뜨릴 수 없으니, 어떤 것이 둘인가? 하나는 온갖 법이 공함을 살피는 것이요, 하나는 온갖 중생을 버리지 않는 것이다. 보디사트바는 이 두 법을 이루기 때문에 악한 마라가 무너뜨릴 수 없다.

수부티여, 보디사트바에게 다시 두 가지 법이 있어서 악한 마라가 무너뜨릴 수 없으니 어떤 것이 둘인가? 첫째는 말씀을 따라 행할 수 있음이요, 두 번째는 모든 붇다께서 생각해주시는 것이다. 보디사트바가 이 두 법을 이루면 여러 하늘대중이 다 와서 공양하고 공경하며 다음과 같이 안부를 물을 것이다.

'잘 행하는 남자여, 그대가 이러한 행을 행하면 곧 붇다의 도를 빨리 얻을 것이오. 이러한 행을 행하면 건져줌이 없는 중생을 위해 건져줌이 되고, 집 없는 중생을 위해 집이 되며, 의지처 없는 중생을 위해 의지처 되고, 섬이 없는 중생을 위해 섬이 되며, 마쳐 다한 길이 없는 중생을 위해 마쳐 다한 길이 되고, 돌아갈 곳 없는 중생을 위해 돌아갈 곳이 되며, 밝음 없는 중생을 위해 밝은 빛이 되고, 나아갈 곳 없는 중생을 위해 나아갈 곳이 될 것이다.'

왜 그런가. 이 보디사트바는 프라즈냐파라미타의 행을 행하여 네

가지 공덕[四功德]237)을 성취하였기 때문이다."

(3) 프라즈냐행자를 붇다께서 칭찬하심을 보임

"드러나 있는 시방의 헤아릴 수 없고 가없는 아상키야 세계에 계시는 모든 붇다께서 비구상가에 둘러싸여 법을 설하실 때 그 붇다들께서 다 보디사트바를 드높여 일컬어 찬탄하며 그 이름을 말해준다.

수부티여, 비유하자면 내가 지금 '실상의 보디사트바[實相菩薩]'를 드높여 일컬어 찬탄하며 그의 이름을 말해주고, 또한 아쵸브야붇다(Akṣobhyaḥ, 阿閦佛)가 계신 곳에서 깨끗한 행을 닦아 행하면서 이 프라즈냐파라미타행을 떠나지 않은 다른 보디사트바들을 찬탄하여 그들의 이름을 말해주는 것과 같다.

이와 같이 수부티여, 지금 드러나 있는 시방의 여러 붇다께서도 또한 내 나라 가운데서 깨끗한 행을 닦아 행해 프라즈냐파라미타의 행을 떠나지 않는 모든 보디사트바들을 드높여 찬탄하며 그 이름을 말해준다."

수부티가 붇다께 말씀드렸다.

"세존이시여, 온갖 모든 붇다께서 법을 설하실 때 모든 보디사트바를 널리 다 드높여 일컬어 찬탄하는 것이 아닙니까?"

"아니다, 수부티여. 모든 붇다께서 법을 설하실 때 드높여 일컬어 찬탄하는 이가 있고 드높여 일컬어 찬탄하지 않는 이가 있으니, 수부

---

237) 네 공덕: 명확한 근거를 찾을 수 없으나 문장의 흐름상 니르바나의 네 덕[涅槃四德]으로 풀이한다. 곧 항상함[常]과 덧없음[無常]을 넘은 참된 항상함의 덕, 괴로움[苦]과 즐거움[樂]을 넘은 참된 즐거움의 덕, 나[我]와 나 없음[無我]을 넘은 참된 나의 덕, 깨끗함[淨]과 더러움[不淨]을 넘은 참된 깨끗함의 덕을 말함.

티여 붇다께서 법을 설하실 때는 여러 아비니바르타니야보디사트바들을 드높여 일컬어 찬탄하신다."

"세존이시여, 아비니바르타니야 지위를 얻지 못한 이는 여러 붇다들이 법을 설하실 때 또한 드높여 일컬어 찬탄하지 않습니까?"

"수부티여, 아비니바르타니야 지위를 얻지 못한 이도 여러 붇다들이 드높여 일컬어 찬탄하는 경우가 있다. 어떤 사람인가. 아쵸브야붇다께서 보디사트바였을 때 행한 도를 따라 배운 사람이니, 이와 같은 보디사트바는 아비니바르타니야 지위를 얻지 못했어도 또한 여러 붇다들께서 드높여 일컬어 찬탄하신다.

수부티여, '실상의 보디사트바'가 행한 도를 따라 배운 이러한 보디사트바도 아비니바르타니야 지위를 얻지 못했어도 또한 여러 붇다들께서 드높여 일컬어 찬탄하신다.

거듭 다시 수부티여, 어떤 보디사트바가 있어서 프라즈냐파라미타를 행하여 '온갖 법이 남이 없음〔一切法無生〕'을 믿고 이해하나 '남이 없는 법의 참음〔無生法忍〕'을 아직 얻지 못하였다 하자. 그리고 온갖 법이 공함을 믿고 이해하나 아비니바르타니야 지위 가운데서 아직 자재함을 얻지 못하며, 온갖 법의 고요한 모습을 행할 수 있으나 아비니바르타니야 지위에 들어가지 못하였다 하자.

수부티여, 보디사트바로서 이같이 행하는 이는 여러 붇다께서 법을 설하실 때 또한 다 드높여 칭찬할 것이다.

아비니바르타니야 지위를 얻지 못했어도 여러 붇다께서 법을 설하실 때 드높여 일컬어 찬탄하는 이는 곧 슈라바카와 프라테카붇다의 지위를 떠나 붇다의 지위에 가까워서 반드시 아누타라삼약삼보디의 언약을 받게 된다.

수부티여, 만약 보디사트바가 프라즈냐파라미타를 행하여 모든 붇다들께서 법을 설하실 때 드높여 일컬어 찬탄하는 이는 이 보디사트바가 반드시 아비니바르타니야의 지위에 이르게 될 것임을 알아야 한다."

생각에서 생각 떠날 때 모습에서 모습 떠나니 모습에서 모습 떠나면 모습 없음도 떠나야 한다. 그러므로 보디사트바는 모습과 생각을 떠나되 모습 없음의 깊고 깊음으로 증득을 삼지 않는다. 모습 없음의 깊고 깊음으로 증득을 삼지 않으면 생각을 물리지 않고 파라미타행을 일으키며 크나큰 장엄을 일으켜 중생 아닌 중생을 건지고 세계 아닌 세계를 장엄한다.

프라즈냐파라미타가 드러내는 공덕이 실상의 공덕이고 여래장(如來藏)이고 법계장(法界藏)이므로 프라즈냐행하는 보디사트바를 사크라인드라하늘신 브라흐마하늘왕 자재하늘왕과 뭇 하늘신들도 공경한다. 설사 그 보디사트바가 아직 아비니바르타니야의 지위에 이르지 못하고 남이 없는 법의 참음〔無生法忍〕을 얻지 못해도 믿음의 마음을 낸 보디사트바를 여러 붇다들께서 칭찬하고 보살펴주시니, 그것은 보디사트바가 믿는바 법이 온갖 중생의 실상이고 여래의 진여이기 때문이다.

그러므로 지금 믿음의 마음이 굳건하지 못한 보디사트바라도 여래께서 법을 설하실 때 찬탄하고 공경하면 그는 반드시 물러나 구름이 없는 보디사트바의 지위에 이를 것이다.

옛 조사의 가르침을 들어보자.

건봉선사(乾峯禪師)에게 어떤 승려가 물었다.

"'시방의 바가바가 한 길의 니르바나 문이다〔十方薄伽梵 一路
涅槃門〕'라고 하니, 길머리가 어디에 있는지 모르겠습니다."

선사가 주장자로 한 획을 긋고 '여기 있다'고 말했다.

그 승려가 운문선사에게 이 이야기를 들어서 물으니〔擧問〕 운
문선사가 부채를 집어 들고〔拈起扇子〕 말했다.

부채가 뛰어 서른세 하늘에 올라서
샤크라하늘왕의 콧구멍에 닿았다
동쪽 바다 잉어를 한 방망이 때리니
빗줄기가 동이 붓듯 하도다
알겠는가 알겠는가

■　(918則)

乾峯因僧問 十方薄伽梵 一路涅槃門 未審路頭在甚麼處
師以拄杖一劃云 在這裏 僧擧問 雲門 門拈起扇子云

扇子蹦跳 上三十三天 築著帝釋鼻孔
東海鯉魚打一棒 雨似盆傾
會麼會麼

해인신(海印信)선사가 노래했다.

어리석은 사람이 집 가운데 앉아서
남에게 물어 돌아가는 길 찾는데
도리어 눈 먼 이가 딴 곳으로
가르쳐 줌을 받게 되었네
길에서 눈 밝은 이를 만나서
꾸짖어줘도 오히려 깨닫지 못함이여
홀연히 깨닫고 보니 비구니는

원래가 여인이 된 것이네

癡子家中坐　問人覓歸路
却被箇盲兒　指從別處去
路逢明眼漢　責呵猶未悟
忽然悟師姑　元是女人做

운문고(雲門杲)선사가 노래했다.

운문의 한 자루 부채를 꺾고
건봉의 한 줄기 주장자 꺾네
이삼천의 곳이 악기 울리는 누각이요
사오백 가지가 꽃과 버들의 마을이네

擖破雲門一柄扇　拗折乾峰一條棒
二三千處管絃樓　四五百條花柳巷

학담도 한 노래로 조사의 뜻에 함께해 여래를 찬탄하리라.

한 길의 니르바나의 문은 어디 있는가
곳이 곳 아님을 알면 이것이 길머리네
꽃 붉고 버들 푸름이 프라즈냐 드러내고
노란 꾀꼬리 파랑새가 실상을 말하네

一路涅槃門何在　了處非處是路頭
花紅柳綠現般若　黃鶯靑鳥談實相

제24품 여섯 파라미타를 맡겨 부침

〔囑累品〕

프라즈냐는 생각 끊고 얻는 지혜가 아니라 비록 생각하되 생각하는 자와 생각되어지는 것 얻을 수 없음〔雖念無有能念可念〕을 요달하여 생각하되 생각 없는〔念而無念〕 창조적 활동이다. 곧 프라즈냐에는 프라즈냐라는 모습도, 프라즈냐를 행하는 자도 얻을 수 없으며, 깨달음에 깨달음의 모습도 얻지 못하니 아누타라삼약삼보디 얻는 자도 얻을 수 없다.

이와 같이 프라즈냐에 얻을 것이 없고 행하되 행함이 없으므로, 행함 없는 프라즈냐행은 모습에 걸린 모든 행을 뛰어넘어 온갖 모습을 거두므로 세간의 모든 행 가운데 가장 크고 가장 높고 가장 묘하다. 그러므로 이 세간의 위없는 복밭〔無上福田〕이 되니 온갖 중생 가운데 가장 높은 이가 되려면 프라즈냐파라미타를 행해야 한다.

프라즈냐행은 지금 보고 듣는 일상 가운데서 생각을 뛰어넘고 모습을 뛰어넘는 행이므로 누구나 아누타라삼약삼보디에 발심하여 『프라즈냐파라미타수트라』를 받아 지녀 읽고 외우며 다른 이에게 가르쳐 보여 세간을 이익되게 하고 안락하게 하면, 여래는 이 사람을 지켜보고 이 사람을 보살펴 생각해주며 '아누타라삼약삼보디를 얻으리라' 언약 주신다〔授記〕.

이에 여래는 육백 비구에게 보디의 언약을 주고 아난다에게 프라즈냐파라미타의 진리의 곳간〔法藏〕을 부쳐 프라즈냐를 받아 지녀 설한 대로 행하도록 당부하신다.

그러므로 여래에게 공양하려는 자, 그는 프라즈냐에 공양하고 프라즈냐를 일상에서 받아 지녀 행해야 하니, 그것은 모든 여래의 아누타라삼약삼보디가 프라즈냐파라미타와 여러 파라미타를 좇아 났기 때문이며, 여섯 파라미타가 모든 보디사트바의 어머니이기 때문이다.

학담이 노래로 종요를 말해보리라.

프라즈냐는 생각 없고 생각 없음도 없으니
모든 생각 물리지 않고 모든 파라미타 행하네
프라즈냐에는 행함과 행하는 바 없으며
보디에는 증득함과 증득한 바 얻지 못하네

般若無念無無念　不退諸念行諸度
般若無有能所行　菩提不得能所證

이와 같이 행하는 이 붇다께서 언약하시니
보디사트바는 이를 듣고 두려워하지 않네
이 사람은 반드시 여래 계신 곳에 이르니
프라즈냐 떠나지 않고 보디 이루리

如是行者佛授記　菩薩聞是不怖畏
是人必到如來所　不離般若成菩提

만약 붇다와 다르마 상가를 사랑하고 존중한다면
프라즈냐를 존중해야 하니 이것이 붇다의 분부시네
이 사람은 위없는 깨침에서 물러나지 않고
반드시 깨달음의 언덕 이르러 세간국토 장엄하리

若人愛重佛法僧　當尊般若是佛勅
是人不退無上覺　必到覺岸莊嚴土

1. 프라즈냐행에 얻을 것이 없음을 밝힘

(1) 프라즈냐에 의지하면 사르바즈냐나에 이름을 보임

붇다께서 수부티에게 말씀하셨다.

"보디사트바가 이 깊고 깊은 프라즈냐파라미타를 들어 믿고 이해하여 의심하지 않고 뉘우치지 않고 따지지 않으면, 이 보디사트바는 아쵸브야붇다와 온갖 보디사트바가 있는 곳에서 깊은 프라즈냐파라미타를 들어도 또한 믿고 이해할 것이다.

수부티여, 보디사트바가 만약 붇다께서 말씀하신 프라즈냐파라미타를 그대로 믿고 이해한다면 이 사람은 반드시 아비니바르타니야보디사트바의 지위에 이를 것이다. 수부티여, 만약 어떤 사람이 프라즈냐파라미타를 듣기만 해도 오히려 이익됨을 얻는데 어찌 하물며 믿고 이해하며 말씀한 대로 행함이겠느냐. 반드시 사르바즈냐나에 머물게 된다." 238)

---

238) 〔E.Conze역 24품〕

"나아가서 수부티여, 돌이킬 수 없음 안에 서있으려는 보디사트바들이 만약 가르쳐지고 있는 이 깊은 지혜의 완성을 듣는다면 그들은 굳게 그것을 믿고 미혹되지 않으며 망설이거나 의심하지 않는다. 여래께서 가르친 바와 같이 이것이 그렇다는 믿음 안에 있다면, 그들은 계속해서 프라즈냐의 세부적인 내용을 듣는다.

그리고 만약 그들이 보다 세부적으로 아쵸브야여래 계실 때 지혜의 완성을 듣고자 했던 마음을 결정한다면, 그리고 그들이 붇다 계신 곳에서 거룩한 삶에 이끄는 보디사트바의 수레에 속하는 사람들 있는 곳에서 바로 지혜의 완성 들을 때를 믿는다면, 이와 같이 지혜의 완성 성취함 들은 것을 다시 가르친다."

Moreover, Subhuti, Bodhisattvas will stand in irreversibility if, when they hear this deep perfection of wisdom being taught, they

(2) 아누타라삼약삼보디에 얻을 것도 없고 얻는 자도 없음을 보임

수부티가 붇다께 말씀드렸다.

"세존이시여, 만약 한결같음을 떠나면 다시 얻을 법이 없는데 누가 사르바즈냐나에 머무르며, 누가 아누타라삼약삼보디를 얻으며, 누가 법을 설합니까?"

붇다께서 수부티에게 말씀하셨다.

"그대가 묻는 것은 한결같음〔如〕을 떠나 다시 얻을 법이 없는데 누가 사르바즈냐나에 머무르며, 누가 아누타라삼약삼보디를 얻으며, 누가 법을 설하느냐는 것이다.

잘 말하고 잘 말했다. 수부티여. 한결같음을 떠나 한결같음 가운데 머무는 법이 없다. 한결같음도 오히려 얻을 수 없는데 어찌 한결같음에 머무는 자이겠는가? 한결같음이 아누타라삼약삼보디를 얻을 수 없으며 한결같음을 떠나서도 또한 아누타라삼약삼보디를 얻을 수 없다. 한결같음에도 법 설하는 자가 없고, 한결같음을 떠나서도 법 설하는 이가 또한 없다."

---

resolutely believe in it, are not stupefied, do not hesitate or doubt; if in the resolute belief that "so it is, as the Tathagata gas taught" they go on listening to it in greater detail;

and if they make up their minds that they will want to listen in still greater detail to this perfection of wisdom in the presence of the Tathagata Akshobhya; and if they will resolutely believe when they listen to just this perfection of wisdom in the presence of persons belonging to the vehicle of the Bodhisattvas who in his Buddha-field lead the holy life. Thus teach that merely to hear the perfection of wisdom achieves much.

이때 샤크라인드라하늘왕이 붇다께 말씀드렸다.

"세존이시여, 한결같음에 머무는 자가 없고, 아누타라삼약삼보디를 얻는 이도 없으며, 법을 설하는 이도 없다고 하셨는데, 보디사트바가 이런 깊은 법을 듣고도 의심하지 않고 뉘우치지 않으며 따지지 않고 아누타라삼약삼보디를 얻으려 한다면, 이는 참으로 어려운 일입니다."

수부티가 샤크라인드라하늘왕에게 말했다.

"카우시카여, 그대가 말한 바는 보디사트바가 이 깊은 법을 듣고도 의심하지 않고 뉘우치지 않고 따지지 않고 아누타라삼약삼보디를 얻으려 하는 것은 매우 어려운 일이라는 것입니다. 그런데 카우시카여, 온갖 법이 공한 이 가운데 누가 의심하고 뉘우치며 따지는 자이겠습니까?"

샤크라인드라하늘왕이 수부티에게 말했다.

"존자께서 말하고 있는 것은 다 공하기 때문에 걸리는 바가 없다는 것입니다. 비유하면 허공에 화살을 올려 쏘면 화살이 나아감에 걸림이 없음과 같습니다. 수부티여, 말씀하신 걸림 없다는 것도 또한 이와 같습니다."

다나팔라역(27품)

그때 존자 수부티가 샤크라인드라하늘왕에게 말했다.

"카우시카여, 그대가 말한 바와 같이 보디사트바마하사트바가 만약 이 깊고 깊은 법을 듣고서 의심하지 않고, 뉘우치지 않으며, 따지지 않고, 빠지지 않으면 이것은 매우 어려운 일입니다. 카우시카여, 온갖 법이 공함 가운데서 얻을 무슨 법이 있어서 의심하고 뉘우치고 따지고 빠지겠습니까."

샤크라인드라하늘왕이 존자 수부티에게 말했다.

"존자께서 즐겁게 말씀하는 바가 있는 것은 다 공함을 인한 것이니, 이 가운데서는 또한 걸릴 것이 없습니다.

　비유하면 허공에 활을 올려 쏘면 화살이 가는 데 걸림없는 것과 같이, 존자께서 말하는 것이 걸림없음도 또한 그렇습니다." 239)

⑶ 프라즈냐에 얻을 것이 없고 얻는 자도 없음을 보임

　이때 샤크라인드라하늘왕이 붇다께 말씀드렸다.

　"세존이시여, 제가 이렇게 말하고 이렇게 답한 것이 여래의 말씀에 따르고 가르친 법에 따라 답한 것입니까?"

　"카우시카여, 그대가 이렇게 말하고 이렇게 답한 것은 여래의 말씀에 따른 것이며, 가르침에 따라 답한 것이니 모두가 바른 답이다. 카우시카여, '수부티가 말한 것은 다 공함을 인한 것〔須菩提所說皆因於空〕'이다.240)

　수부티는 오히려 프라즈냐파라미타를 얻을 수 없는데, 어찌 하물며 프라즈냐파라미타를 행하는 자이겠는가? 오히려 아누타라삼약삼보디를 얻지 못하는데 어찌 하물며 아누타라삼약삼보디를 얻은 자이겠는가?

　오히려 사르바즈냐나를 얻지 못하는데 어찌 하물며 사르바즈냐나를 얻은 자이겠는가? 오히려 한결같음을 얻지 못하는데 어찌 하물며 한결같음을 얻은 자이겠는가? 오히려 남이 없음〔無生〕을 얻지 못하

---

239)　時, 尊者須菩提卽謂帝釋天主言：「憍尸迦！如汝所言, 菩薩摩訶薩若聞此甚深法, 不疑不悔不難不沒是爲甚難者。憍尸迦！於一切法空中, 有何法可得疑悔難沒耶？」

　　帝釋天主白尊者須菩提言：「尊者有所樂說皆因於空, 而於是中亦無所礙, 譬如仰射虛空箭去無礙, 尊者所說無礙亦然。」

240) 공함으로 인해 말함: 말함에 말함 없으므로 말할 수 있음을 보인 것이니, 연기이므로 공하고 공하므로 연기함〔緣起卽空空卽緣起〕을 나타냄.

는데 어찌 하물며 남이 없음을 얻은 자이겠는가? 오히려 여러 힘을 얻지 못하는데 어찌 하물며 여러 힘을 얻은 자이겠는가? 오히려 두려움 없음을 얻지 못하는데 어찌 하물며 두려움 없음을 얻은 자이겠는가? 오히려 법을 얻지 못하는데 어찌 하물며 법을 설하는 자이겠는가?

카우시카여, 수부티는 늘 멀리 떠남을 좋아하고 얻을 것 없는 행을 좋아하지만 카우시카여, 이 수부티가 행한 것은 보디사트바가 행한 것에 백으로 나눈 하나, 백천만억으로 나눈 하나에도 미치지 못하며 나아가 셀 수나 비유로도 도저히 미칠 수 없다.

카우시카여, 오직 여래가 행한 바를 내놓고는 보디사트바가 프라즈냐파라미타를 행하는 것이 나머지 다른 행 가운데 가장 크고 가장 뛰어나고 가장 높고 가장 묘하다.

보디사트바가 행한 바는 또한 슈라바카나 프라테카붇다가 행한 바보다 더 크고 더 뛰어나며, 더 높고 더 묘하다. 그러므로 카우시카여, 만약 어떤 사람이 온갖 중생 가운데 가장 높은 이가 되려고 한다면, 보디사트바가 행한 프라즈냐파라미타를 행해야 한다."

다나팔라역(27품)

샤크라인드라하늘왕이 이렇게 말하고서는 붇다께 말씀드렸다.

"세존이시여, 제가 말한 바와 같이 이것은 여래의 말씀을 따르는 것이고, 이것은 법의 말씀〔法語〕을 따라 답한 것입니까?"

붇다께서 샤크라인드라하늘왕에게 말씀하셨다.

"카우시카여, 그렇고 그렇다. 그대가 말한 바와 같이, 이것은 여래의 말씀을 따르는 것으로서 바른 말이라 하고, 이것이 법의 말씀을 따라 답하는 것으로서 바른 답이라 한다.

카우시카여, 저 수부티가 즐겁게 말한 것은 다 공함을 인한 것이라 프라즈냐파라미타도 오히려 얻을 수 없는데, 어찌 하물며 프라즈냐파라미타 행하는 자이겠는가. 아누타라삼약삼보디도 오히려 얻을 수 없는데, 어찌 하물며 아누타라삼약삼보디 증득한 자이겠는가. 사르바즈냐나도 오히려 얻을 수 없는데, 어찌 하물며 사르바즈냐나를 증득한 자이겠는가.

진여(眞如)도 오히려 얻을 수 없는데, 어찌 하물며 진여에 머무는 자가 있겠는가. 남이 없는 법[無生法]도 오히려 얻을 수 없는데, 어찌 하물며 남이 없음 증득한 자가 있겠는가. 보디사트바도 오히려 얻을 수 없는데, 어찌 하물며 보디 구하는 자가 있겠는가. 열 가지 힘도 오히려 얻을 수 없는데, 어찌 하물며 이 힘 갖춘 자가 있겠는가. 네 가지 두려움 없음도 얻을 수 없는데, 어찌 하물며 두려움 없음 이룬 자가 있겠는가. 법도 오히려 얻을 수 없는데, 어찌 하물며 법 설하는 자가 있겠는가.

카우시카여. 저 수부티는 온갖 법 멀리 떠나는 행[遠離行]을 즐겨 행하고, 온갖 법에 얻을 것 없는 행[無所得行]을 즐겨 행한다. 수부티가 이와 같은 행을 행하는 것도 여러 보디사트바마하사트바가 프라즈냐파라미타의 행 행함에 견준다면, 백으로 나눈 하나에도 미치지 못하고 천으로 나눈 하나에도 미치지 못하며, 백천으로 나눈 하나, 코티로 나눈 하나, 백천 코티로 나눈 하나에도 미치지 못하며, 백천 코티 나유타로 나눈 하나에도 미치지 못하고, 셀 수로 나눈 하나, 비유의 수로 나눈 하나에도 미치지 못하며, 나아가 우타나사타로 나눈 하나에도 미치지 못한다.

카우시카여. 여래께서 행한 바를 내놓고는 다른 모든 보디사트바마하사트바가 이 프라즈냐파라미타의 행을 행하는 자는 온갖 행 가운데 가장 높고 가장 크며 가장 빼어나고 가장 묘하며, 높은 것 없음 가운데서 높은 것 없고 같음 없음 가운데 같이함이 없어서, 온갖 슈라바카·프라테카붇다가 같이 견줄 수 없다.

그러므로 카우시카여. 잘 행하는 남자와 여인이 온갖 중생 가운데서 가장 높고 가장 크고 가장 빼어나며 가장 묘하고자 하여, 높은 것 없음 가운데 높은 것 없고 같음 없음 가운데 같이함이 없고자 하면, 보디사트바마하사트바의 행이 프라즈냐파라미타행인 줄 배워야 한다. 241)

---

241) 帝釋天主作是說已, 即白佛言 : 「世尊! 如我所說, 是隨如來說、是隨法語

2. 육백 비구에게 언약을 주시고 아난다에게 맡겨 부침

(1) 육백 비구에게 언약을 주어 프라즈냐행을 권유함

이때 모임 가운데 도리하늘 여러 하늘신들이 하늘 만다라꽃을 붇다 위에 뿌렸다. 육백명의 비구도 자리에서 일어나 오른 어깨를 드러내고 오른 무릎을 땅에 대고 두 손 모아 붇다께 향하고는 붇다의 신묘한 힘으로 꽃을 한 움큼 쥐어 이 꽃을 붇다 위에 뿌렸다. 꽃을 뿌린 뒤 말씀드렸다.

"세존이시여, 저희들은 다 이 높은 행을 행하겠습니다."

붇다께서는 그윽이 웃으셨다.

모든 붇다들의 늘 그러한 법은 그윽이 웃으실 때 푸른 빛, 노란 빛,

答不?」

佛告帝釋天主言:「憍尸迦!如是, 如是!如汝所說, 是隨如來說名爲正說, 是隨法語答名爲正答。憍尸迦!彼須菩提有所樂說皆因於空, 而般若波羅密多尙不可得, 何況有行般若波羅密多者。阿耨多羅三藐三菩提尙不可得, 何況有證阿耨多羅三藐三菩提者。一切智尙不可得, 何況有證一切智者。眞如尙不可得, 何況有住如者。無生法尙不可得, 何況有證無生者。菩薩尙不可得, 何況有求菩提者。十力尙不可得, 何況有具是力者。四無所畏尙不可得, 何況有成就無所畏者。法尙不可得, 何況有說法者。

憍尸迦!彼須菩提如是樂行一切法遠離行, 一切法無所得行。須菩提行如是行, 比諸菩薩摩訶薩行般若波羅密多行, 百分不及一, 千分不及一, 百千分不及一, 俱胝分不及一, 百千俱胝分不及一, 百千俱胝那庾多分不及一, 算分、數分及譬喩分, 乃至烏波尼殺曇分皆不及一。

憍尸迦!唯除如來所行, 餘諸菩薩摩訶薩行是般若波羅密多行者, 於一切行中最上最大最勝最妙、無上中無上、無等無等等, 非一切聲聞、緣覺而能等比。是故, 憍尸迦!若善男子、善女人, 欲於一切衆生中, 最上最大最勝最妙、無上中無上、無等無等等者, 當學菩薩摩訶薩行是般若波羅密多。」

붉은 빛, 흰 빛 등 헤아릴 수 없는 색깔의 빛이 입에서 나와 이 모든 밝은 빛이 헤아릴 수 없고 가없는 세계를 두루 비추고 위로 브라흐마 하늘에 이른 뒤 다시 돌아와 몸을 세 번 돌고 정수리 위로 들어간다.

아난다가 곧 자리에서 일어나 오른 어깨를 드러내고 오른쪽 무릎을 땅에 대고 붇다를 향하여 두 손 모아 말씀드렸다.

"세존이시여, 무슨 인연으로 그윽이 웃으십니까? 모든 붇다들께서는 인연 없이 웃지 않으십니다."

붇다께서 아난다에게 말씀하셨다.

"이 육백 비구는 앞으로 올 별자리 칼파242)에 붇다를 이루어 '꽃 뿌리는 붇다〔散華佛〕'라고 이름할 것이다. 아난다여, 이 모든 여래들의 국토에 있는 비구상가의 수는 다 똑같고 목숨도 같아서 다 함께 이만 칼파이다. 저 모든 비구들은 지금부터 태어나는 곳마다 늘 출가할 것이니, 그 세계는 늘 다섯 빛깔의 좋은 꽃을 비처럼 뿌릴 것이다.

그러므로 아난다여, 만약 어떤 사람이 높은 행〔上行〕을 행하고자 하면 프라즈냐파라미타를 행해야 하며, 만약 보디사트바가 여래의 행을 행하고자 하면 프라즈냐파라미타를 행하여야 한다.

아난다여, 만약 보디사트바가 프라즈냐파라미타를 행하면 이 사람은 사람 사이에서 목숨을 마쳤거나 투시타하늘 위에서 목숨을 마치고 사람 사이에 와서 태어난 줄 알아야 한다.

왜냐하면 사람 가운데서나 투시타하늘 위가 프라즈냐파라미타를 행하기가 쉽기 때문이다. 아난다여, 만약 보디사트바가 프라즈냐파라

---

242) 별자리 칼파〔星宿劫〕: 세 큰 칼파〔三大劫〕의 하나로서, 이미 지나간 때의 큰 칼파인 장엄겁(莊嚴劫), 드러나 있는 때의 큰 칼파인 현겁(賢劫), 다음에 올 아직 오지 않은 세상 큰 칼파이다. 이 칼파 가운데 일광불로부터 수미상불까지 일 천 붇다가 출현하는 것이 하늘의 별과 같다고 해서 이렇게 이름한다.

미타를 행하여 믿고 즐겨 받아 지니며, 읽고 외우고 베껴 쓰고, 베껴 쓰고 나서는 프라즈냐파라미타로써 가르쳐 보여 나머지 다른 보디사 트바들을 이익되게 하고 기쁘게 한다 하자. 그러면 이 사람은 여래께 서 보시는 바인 줄 알아야 하고, 이 사람은 붇다가 계신 곳에서 온갖 착한 뿌리를 심은 줄 알아야 하며, 제자가 있는 곳에서 착한 뿌리를 심은 것이 아님을 알아야 한다.

아난다여, 만약 보디사트바가 프라즈냐파라미타를 배우되, 놀라거 나 두려워하지 않고 믿어 기꺼이 받아 지녀 읽고 외우고 설한 대로 행하면, 이 사람은 드러나 있는 붇다 계신 곳에 이른 줄〔至現在佛所〕 알아야 한다. 만약 프라즈냐파라미타를 믿어 헐뜯지 않고 거스르지 않으면 이 사람은 이미 모든 붇다들께 공양한 줄〔已供養諸佛〕 알아야 한다.

아난다여, 어떤 사람이 붇다 계신 곳에 심은 착한 뿌리로 아라한과 프라테카붇다를 구하면, 이 착한 뿌리는 헛되지 않은 것이며 또한 프 라즈냐파라미타를 떠나지 않은 것이다."

(2) 아난다에게 프라즈냐파라미타를 맡겨 부침

"그러므로 아난다여, 나는 지금 프라즈냐파라미타를 너에게 맡겨 부치니, 아난다여 내가 설한 법에서 오직 프라즈냐파라미타를 빼고는 받아 지니는 바를 만약 잊는다 해도 그 허물은 오히려 적으나, 네가 만약 프라즈냐파라미타를 받아 지녀 한 구절이라도 잊는다면 그 허물 은 매우 무겁다.

그러므로 아난다여, 나는 프라즈냐파라미타를 너에게 맡겨 부치니, 너는 듣고 받아 지닌 것을 다 읽고 외워서, 밝게 통달하여 옳은 생각 을 마음 속에 두도록 하고 문장의 구절이 분명하게 해야 한다. 왜냐하면 프라즈냐파라미타는 이미 지나가고 아직 오지 않으며 드러나 있는 때 '모든 붇다의 진리의 곳간〔諸佛法藏〕'이기 때문이다.

아난다여, 만약 어떤 사람이 지금 드러나 있음에서 자비로운 마음으로 나를 공경하고 공양하려 한다면, 이 사람은 이 마음으로 프라즈냐파라미타를 받아 지녀 읽고 외우고 설한 대로 행하여야 하니, 이것이 곧 나에게 공양하는 것이다. 아난다여, 이 사람은 다만 나에게만 공양하는 것이 아니라 이미 지나가고 아직 오지 않으며 드러나 있는 때의 모든 붇다를 또한 공경하고 공양하는 것이다.

아난다여, 네가 만약 깊이 사랑하고 존중하여 나를 버리지 않으려 한다면, 또한 이와 같이 프라즈냐파라미타를 깊이 사랑하고 존중하여 버리지 말아야 하며, 나아가 한 구절이라도 삼가 잊어버리지 말아야 한다.

아난다여, 내가 프라즈냐파라미타를 맡겨 부치는 인연 때문에 만약 한 칼파 백 칼파 천만억 나유타243) 칼파 나아가 강가강 모래 수처럼 오랜 칼파 동안 설한다 해도 이루 다할 수는 없다. 아난다여, 지금 다만 간략히 말하면, 내가 지금 큰 스승이 되는 것처럼 이미 지나가고 드러나 있는 시방 모든 붇다들께서는 온갖 세간의 하늘과 사람, 아수라 가운데서 또한 큰 스승이 되며, 프라즈냐파라미타도 온갖 세간의 하늘과 사람, 아수라 가운데 큰 스승이 된다.

이와 같은 헤아릴 수 없는 인연이 있기 때문에, 나는 온갖 세간의 하늘과 사람, 아수라 가운데서 프라즈냐파라미타를 너에게 맡겨 부치는 것이다."

---

243) 나유타(那由他)는 범어 nayuta의 소리 옮김이다. 인도의 수량 단위로서 매우 많은 수를 뜻한다. 천만이라고도 하고 천억에 상당한다고도 한다. 곧 아유타(ayuta)의 백배이다.

3. 여섯 파라미타를 다시 맡겨 부치고 그 공덕을 설함

(1) 붇다의 진리의 곳간인 여섯 파라미타를 맡겨 부침

붇다께서 아난다에게 말씀하셨다.

"만약 어떤 사람이 붇다(Buddha)를 깊이 사랑하고 존중하며 다르마[Dharma]를 깊이 사랑하고 존중하며 상가(Saṃgha)를 깊이 사랑하고 존중하며, 이미 지나가고 아직 오지 않으며 드러나 있는 때의 모든 붇다의 아누타라삼약삼보디를 깊이 사랑하고 존중한다면, 이러한 깊은 사랑과 존중으로 프라즈냐파라미타를 깊이 사랑하고 존중해야 할 것이니, 이것이 곧 내가 교화하는 방법이다.

아난다여, 만약 어떤 사람이 프라즈냐파라미타를 받아 지녀 읽고 외운다면 이 사람은 곧 이미 지나가고 아직 오지 않으며 드러나 있는 때의 모든 붇다의 아누타라삼약삼보디를 받아 지닌 줄 알아야 한다.

아난다여, 프라즈냐파라미타가 끊어지려고 할 때에 이를 보살펴 도우려고 하는 사람은 곧 이미 지나가고 아직 오지 않으며 드러나 있는 때의 모든 붇다의 아누타라삼약삼보디를 보살펴 돕는 것이다. 왜냐하면 아난다여, 모든 붇다의 아누타라삼약삼보디는 다 프라즈냐파라미타를 좇아 나기 때문이다.

아난다여, 만약 이미 지나간 모든 붇다의 아누타라삼약삼보디가 다 프라즈냐파라미타를 따라 났다면, 아직 오지 않은 모든 붇다의 아누타라삼약삼보디도 또한 프라즈냐파라미타를 좇아 날 것이며, 드러나 있는 헤아릴 수 없는 아상키야 세계 모든 붇다의 아누타라삼약삼보디도 또한 프라즈냐파라미타를 좇아 나는 것이다.

그러므로 아난다여, 만약 보디사트바가 아누타라삼약삼보디를 얻고자 한다면 여섯 가지 파라미타를 잘 배워야 한다. 왜냐하면 아난다여, 여러 파라미타는 모든 보디사트바의 어머니로서 모든 붇다를 낼수 있기 때문이니, 만약 보디사트바가 이 여섯 가지 파라미타를 배운다면 아누타라삼약삼보디를 얻게 될 것이다.

그러므로 아난다여, 나는 여섯 가지 파라미타를 거듭 너에게 맡겨부친다. 왜냐하면 이 여섯 가지 파라미타는 모든 붇다의 다함없는 진리의 곳간[無盡法藏]이기 때문이다."

(2) 여섯 파라미타 설하는 공덕을 보임

"아난다여, 네가 만약 작은 실천의 수레인 히나야나(hīnayāna)의 법[小乘法]을 인해 작은 실천의 수레 사람들을 위하여 설하면 삼천의 큰 천세계의 중생이 다 이 가르침으로 아라한을 증득할 것이나, 너는 나의 제자이지만 공덕이 적어 말할 것이 없다. 그러나 만약 여섯 파라미타로써 보디사트바를 위해 말한다면 너는 나의 제자로서 공덕을 갖춘 것이니 내가 곧 기뻐할 것이다.

아난다여, 만약 어떤 사람이 작은 실천의 수레인 히나야나의 법으로 삼천의 큰 천세계의 중생을 교화하여 아라한을 증득하게 하면, 이여러 널리 베풀고 계를 지니며 착함을 닦은 복덕이 많겠는가?"

아난다가 말했다.

"매우 많습니다, 세존이시여."

붇다께서 아난다에게 말씀하셨다.

"이 복덕이 비록 많지만 슈라바카의 사람들이 보디사트바를 위해 프라즈냐파라미타를 하루라도 설한 복이 매우 많은 것만 같지 못하다. 아난다여, 하루는 두어두고 만약 새벽부터 낮밥 때까지나, 새벽부터 낮밥 때까지 한나절은 놓아두고 물 한방울 떨어지는 시간이나,

이 물 한방울 떨어지는 시간은 놓아두고 눈 깜짝할 시간만이라도 보디사트바를 위해 이 법을 설한다 하자. 그러면 이 사람은 온갖 슈라바카·프라테카붇다의 착한 뿌리 복덕과 서로 견줄 수가 없다. 만약 보디사트바가 이와 같이 행하고 이와 같이 생각한다면 아누타라삼약삼보디에서 물러나는 것은 있을 수 없는 일이다."

평창

보디사트바의 프라즈냐파라미타는 여래의 과덕의 땅에서 일어나 미망의 중생을 아누타라삼약삼보디에 이끄는 행이다. 그러므로 프라즈냐파라미타의 수트라를 듣고 믿어 이해하고 말씀대로 행하면, 그는 사르바즈냐나에 머물고 아누타라삼약삼보디에 이른다.

프라즈냐파라미타는 법의 실상 그대로의 행이므로 지금 알되 아는 자[六根]와 아는 바[六境]가 공하고 앎[六識]에 앎 없으니, 한결같음에 머물러 앎에 앎 없는 자가 프라즈냐에 의지하는 자이고 프라즈냐를 행하는 자이다.

그러므로 지금 프라즈냐에 믿음을 내 프라즈냐를 배우면서 놀라 두려워하지 않으면, 그는 여래로부터 '반드시 오는 세상 붇다의 때에 보디를 이루리라' 언약 받는다.

프라즈냐가 이처럼 오는 세상 붇다를 내는 산실이 되고 보디사트바의 큰 스승이 되니, 여래는 지금 가르침을 받아 듣고 의심하지 않는 자에게 이 법의 곳간[法藏]을 맡겨 부친다. 이 법의 곳간을 받드는 이는 곧바로 삼세 모든 붇다의 아누타라삼약삼보디를 받아 지닌 자이니, 프라즈냐파라미타를 받아 지니면 프라즈냐의 한 생각이 여섯 파라미타를 모두 거둔다.

찰나라도 이 법을 믿고 이 법 설하며 중생을 위해 여섯 파라미타를

말하고 베풀어주면, 그가 여래의 법의 자식으로서 반드시 아누타라
삼약삼보디 법왕(法王, dharma-rāja)의 땅에 그 자리를 언약 받은
자이다.

 옛 조사의 가르침을 들어보자.

　지문(智門)선사에게 어떤 승려가 물었다.
　"어떤 것이 프라즈냐의 바탕입니까?"
　선사가 말했다.
　"조개가 밝은 달을 머금었다."
　승려가 말했다.
　"어떤 것이 프라즈냐의 씀입니까?"
　선사가 말했다.
　"옥토끼가 아기를 배었다."

▪ (1282則)

　智門因僧問　如何是般若體
　師云　蚌含明月　僧云　如何是般若用
　師云　兔子懷胎

설두현(雪竇顯)선사가 노래했다.

　한 조각 텅 빈 엉김 말과 뜻을 끊었으니
　하늘과 사람 이로 좇아 수부티를 보도다
　조개가 달 머금은 깊고 깊은 뜻이
　일찍이 선가에 큰 싸움 일으켰다

　一片虛凝絶謂情　人天從此見空生
　蚌含玄兔深深意　曾與禪家作戰爭

법진일(法眞一)선사가 노래했다.

조개가 달 머금은 뜻 어찌 깊은가
바탕과 씀 밝혀옴에 옛과 지금 끊어졌다
눈 속 노랫가락 높이 부름에 어울리는 이 드무니
어느 곳이 이 소리 아는 자인가 알지 못하네

蚌含玄兔旨何深　體用明來絶古今
雪曲唱高還和寡　不知何處是知音

학담도 한 노래로 옛 조사의 뜻에 함께해 여래를 찬탄하리라.

말에 말 없음이 프라즈냐 바탕이요
말 없되 말함이 프라즈냐의 씀이네
조개가 밝은 달 머금고 옥토끼 아기 배니
소리 아는 이 어울려 답함 끝내 다함없네

於說無說般若體　無說而說般若用
蚌含明月兔懷胎　知音和答終無盡

제25품 헤아릴 수 없고 다함없는 프라즈냐파라미타의 공덕〔見阿閦佛品〕

붇다의 거룩한 상호와 장엄한 붇다의 땅이라 해도 인연으로 난 것은 나고 사라지는 법이며, 인연으로 난 것은 나되 남이 없고 인연으로 사라진 것은 사라지되 사라짐 없다.

경은 그 뜻을 '붇다께서 신묘한 힘을 나투니 이 곳 사바국토의 붇다의 회상에서 아쵸브야붇다의 회상을 눈앞에 보게 되다가, 붇다께서 신묘한 힘을 거두니 이제 아쵸브야여래의 대중과 국토를 볼 수 없게 되었다'라고 말한다. 경에서 '지금 보고 있던 저 붇다의 국토를 다시 볼 수 없게 되었다' 함은 무슨 뜻일까. 그것은 저 국토를 보되 그 봄에 실로 볼 것이 없음을 뜻한다.

그렇듯 만법은 서로 마주하되 실로 마주함이 없으므로 이와 같이 서로 마주하고 있는 것이니, 법은 실로 법을 보지 못하지만 봄이 없이 서로 보고, 법은 실로 법을 듣지 못하지만 들음 없이 서로 듣는다.

프라즈냐를 행함이란 서로 마주하되 실로 마주함이 없는 법의 실상을 진실 그대로 씀이니, 프라즈냐를 행하는 이 곧 보디사트바는 날이 다하도록 보되 봄이 없고 날이 다하도록 듣되 들음이 없다. 이와 같이 듣되 들음 없이 듣고, 보되 봄이 없이 보는 것이 바로 프라즈냐를 배우는 것이고 프라즈냐를 행하는 것이니, 프라즈냐에 프라즈냐라 할 모습이 없어서 프라즈냐파라미타는 다함이 없고 헤아릴 수 없다.

프라즈냐를 행하는 이는 온갖 법이 일어났다 사라진다〔起滅〕고도 보지 않고, 온갖 법이 항상하다〔常住〕고도 보지 않으며, 모든 법에서 짓는 자와 받는 자도 보지 않는다. 프라즈냐행자는 물질에서 물질을 보지 않고 느낌·모습취함·지어감·앎에서 느낌·모습취함·지어감·앎을 보지 않는다. 물질에서 물질을 떠나고 마음에서 마음을 떠나 프라즈냐를 행하면, 온갖 세간의 마라와 마라의 붙이들, 아수라가 빈 틈을 얻지 못하니, 프라즈냐행을 좇아 여섯 가지 파라미타행이 모두 갖추어지게 된다.
프라즈냐행자 그는 여기저기에 떨어짐이 없이 곧바로 아누타라삼약삼보디에 굳건히 서서 견줄 수 없는 공덕을 받아 쓰니, 그는 모든 붇다가 보살펴 생각하시는 바이며, 이 세간 중생의 의지하는 곳이고 돌아가는 곳이며 고통바다 헤매는 중생의 섬이 되고 집이 된다.
학담이 노래로 종요를 말해보리라.

아쵸브야붇다의 땅 나타났다 사라지니
모든 법은 눈으로 마주하지 못하네
법은 법을 보지 못함이여 법이 그러하기 때문이니
아는 자 보는 자를 다 얻지 못하네

阿閦佛土現而隱　諸法與眼不作對
法不見法法爾故　知者見者皆無得

만약 법의 저 언덕에 이르고자 하면
프라즈냐를 배워서 모든 모습 떠나야 하리
프라즈냐 배우는 자가 가장 으뜸이 되니
세간을 안락케 하고 이익되게 하기 때문이네

若人欲到法彼岸　當學般若離諸相
學般若者最第一　安樂利益世間故

모든 법은 헤아릴 수 없고 프라즈냐도 그러하니
모든 붇다 세간 오심 프라즈냐를 좇네
프라즈냐 행할 때 모든 파라미타 갖추어
반드시 물러나지 않음에 이르러 붇다 떠나지 않네

諸法無量般若然　諸佛出世從般若
般若行時具諸度　必到不退不離佛

1. 프라즈냐파라미타가 헤아릴 수 없고 다함없음을 밝힘

(1) 신묘한 힘으로 아쵸브야붇다의 회상을 보여 실상을 밝힘

붇다께서 프라즈냐파라미타를 설하시자 이때 모임 가운데에 있던 비구, 비구니, 우파사카, 우파시카의 네 부류 대중과 하늘·용·야크샤·간다르바·아수라·가루다·킴나라·마호라가·사람인 듯 사람 아닌 것[人非人] 등은 붇다의 신묘한 힘 때문에 아쵸브야붇다께서 큰 모임 가운데서 공경 받으며 둘러싸여 법 설하심을 보았으니, 마치 큰 바닷물은 옮길 수 없는 것과 같았다.

그때 여러 비구들은 다 아라한으로서 모든 번뇌의 흐름이 이미 다하여 다시 번뇌가 없이 마음에 자재함을 얻었으며, 또한 여러 보디사트바마하사트바들은 그 수가 헤아릴 수 없었다. 244)

---

244)〔E.Conze역 25품〕

　　그러자 세존께서는 그 때문에 그의 놀라운 일의 힘을 행사하시었다. 빅슈·빅슈니·우파사카·우파시카·하늘신들·용·야크샤·간다르바·아수라·가루다·킴나라·마호라가·사람인 듯 사람 아닌 것들의 전체 모임, 그들은 모두 붇다의 능력을 통해 아쵸브야여래를 보았다.

　　아쵸브야여래는 빅슈들의 모임에 둘러싸여 있는데, 보디사트바들의 따르는 이들과 함께하면서 법을 연설하고 계셨다. 그 모임 안은 큰 바다 같이 넓고 깊어서 움직이지 않았는데, 그 안에서는 사유할 수 없는 특성이 부여된 보디사트바들이 둘러싸 함께하였는데, 그들은 모두 아라한으로서 그들의 번뇌의 흐름은 다했으며 더럽혀지지 않고 완벽하게 다스려졌으며, 그들의 마음은 자유로워졌으며 잘 자유로워져 현명하였다.

　　또 좋은 집안의 사람들로 큰 용과 같았으며 그들의 일을 마치고 그들의 직무는 완수되었으며, 그들의 짐은 내려졌으며 그들의 행복은 달성되었고, 그들을 묶었던 족쇄는 사라져서 그들의 마음은 바른 앎으로 자유로워져 그들 전체의 마음의 완전한 통제 안에 있었다.

Thereupon the Lord on that occasion exercised His wonderworki

붇다께서 신묘한 힘을 거두시니 큰 모임의 네 부류 대중 등은 다 아쵸브야여래와 슈라바카와 보디사트바의 국토가 장엄하게 꾸며진 모습을 다시 보지 못했다.

(2) 알 것 없고 볼 것 없는 온갖 법의 실상을 보임

붇다께서 아난다에게 말씀하셨다.

"아난다여, 온갖 법 또한 이와 같아서 눈으로 마주할 수가 없으니, 지금 아쵸브야붇다와 아라한과 여러 보디사트바들이 다시는 나타나지 않는 것과 같다. 왜냐하면 법은 법을 보지 못하고 법은 법을 알지 못하기 때문이다.

아난다여, 온갖 법은 아는 자가 아니고 보는 자가 아니며 짓는 자가

---

ng power. The entire assembly-monks, nuns, laymen and laywomen, Gods, Nagas, Yakshas, Gandharvas, Asuras, Garudas, Kinnaras; Mahoragas, men and ghosts-they all, through the Buddha's might,

saw the Tathagata Akshobhya surrounded by the congregation of monks, accompanied by a retinue of Bodhisattvas demonstrating dharma, in an assembly which was vast like the ocean, deep and imperturbable, surrounded and accompanied by Bodhisattvas who were endowed with unthinkable qualities, all of them Argats, -their outflows exgausted, undefiled, fully controlled, quite freed in their gearts, well freed and wise,

thoroughbreds, great Serpents, their work done, their task accomplished, their burden laid down, their own weal accomplished, with the fetters that bound them to becoming extinguished, their gearts well freed by right understanding, in perfect control of their entire hearts.

없으니, 탐착이 없고 분별하지 않기 때문이다.

아난다여, 온갖 법은 이루 사유할 수 없고 말할 수 없음이 마치 허깨비 사람과 같고 온갖 법에는 받는 자가 없으니 굳세고 단단하지 않기 때문이다. 보디사트바로서 이와 같이 행하는 이를 프라즈냐파라미타를 행한다고 하니, 그는 법에도 또한 집착하는 바가 없다. 보디사트바로서 이와 같이 배우는 이를 프라즈냐파라미타를 배운다고 한다."

다나팔라역(28품)

이때 세존께서 아난다에게 말씀하셨다.

"이 여러 큰 무리들이 다 아쵸브야여래와 여러 모습을 다시 보지 못하니, 온갖 법도 또한 다시 이와 같아 눈으로 더불어 마주하는 법을 짓지 않아 법을 마주할 수 없고 법이 법을 볼 수 없음을 알아야 한다. 그러므로 좇아 온 바가 없고 가는 바가 없다. 왜냐하면 아난다여. 온갖 법에는 아는 자가 없고 보는 자가 없고 만드는 자가 없고 짓는 자가 없기 때문이다.

왜 그런가. 온갖 법은 허공과 같아 분별이 없기 때문이고, 온갖 법은 깊고 깊어 사유하고 말할 수 없다. 비유하면 허깨비 사람이 모든 법을 받지 않아 굳세고 단단함이 없는 것과 같기 때문이다. 온갖 법에 받는 바 없음도 또한 다시 이와 같다.

아난다여. 모든 보디사트바마하사트바가 이와 같이 행하면 이것이 프라즈냐파라미타를 행함이니, 이 가운데 또한 집착할 법이 없는 것이다. 만약 이와 같이 배우면 이것이 프라즈냐파라미타를 배움이니, 이와 같이 배우는 이는 모든 배움의 저 언덕〔諸學彼岸〕에 이를 수 있다.

또 거듭 아난다여. 만약 보디사트바마하사트바로서 아누타라삼약삼보디를 얻으려는 이는 이 프라즈냐파라미타를 배워야 한다. 왜 그런가. 이 프라즈냐파라미타를 배움은 모든 배움 가운데 가장 높고 가장 크며 가장 빼어나고 가장 묘해, 모든 붇다께서 허락하시고 모든 붇다께서 일컬어 기리기 때문이다.

아난다여. 모든 붇다·여래·공양해야 할 분·바르게 깨치신 분은 이 법을 배우시고는, 발가락으로 땅을 눌러 삼천의 큰 세계를 떨려 움직이시고, 나아가 발을 들고 발을 내림에 다 모든 신통의 모습 나타낼 수 있었다. 왜냐하면 모든 붇다께서는 헤아릴 수 없고 셀 수 없는 빼어난 공덕을 갖추었기 때문이다." 245)

(3) 헤아릴 수 없는 프라즈냐를 배워 세간의 의지처 되도록 함

"아난다여, 만약 보디사트바가 온갖 법의 저 언덕〔一切法彼岸〕에 이르고자 하면 반드시 프라즈냐파라미타를 배워야 한다. 왜냐하면 아난다여, 프라즈냐파라미타를 배우는 것은 모든 배움 가운데서 으뜸으로서 모든 세간을 안락하고 이익되게 하기 때문이다.

아난다여, 이와 같이 배우는 사람은 의지할 곳이 없는 이를 위해 의지할 곳이 되어주니, 이와 같이 배우는 사람을 모든 붇다께서 허락해주시고 모든 붇다가 칭찬하신다. 모든 붇다께서도 이와 같이 배우시고서는 발가락으로 삼천의 큰 천세계를 흔들어 움직이셨다.

---

245) 爾時, 世尊告阿難言：「此諸大衆皆不復見阿閦如來及諸相者, 當知一切法亦復如是, 不與眼作對法不可對法, 法不可見法, 是故無所從來亦無所去。何以故？阿難！一切法無知者、無見者、無造者、無作者。何以故？一切法如虛空, 無分別故。一切法甚深不可思議, 譬如幻士不受諸法, 無堅牢故。一切法無所受, 亦復如是。

阿難！諸菩薩摩訶薩若如是行, 是行般若波羅密多, 而於是中亦無法可著。若如是學, 是學般若波羅密多, 如是學者能到諸學彼岸。又復, 阿難！若菩薩摩訶薩欲得阿耨多羅三藐三菩提者, 應當學是般若波羅密多。何以故？是般若波羅密多學, 於諸學中最上最大最勝最妙、無上中無上、無等無等等, 而能利益安樂一切世間, 無依怙者爲作依怙。如是學者, 諸佛許可諸佛稱讚。

阿難！諸佛如來. 應供. 正等正覺學是法已, 能以足指按地震動三千大千世界, 乃至擧足下足皆悉能現諸神通相。何以故？諸佛具足無量無數勝功德故。」

아난다여, 모든 붇다께서는 이 프라즈냐파라미타를 배워서 이미 지나가고 아직 오지 않으며 드러나 있는 때의 온갖 법 가운데서 걸림 없는 지견을 얻으셨다. 아난다여, 그러므로 프라즈냐파라미타는 가장 높고 가장 묘하다.

아난다여, 만약 누군가가 프라즈냐파라미타를 헤아려보려 한다면 이것은 곧 허공을 헤아려보고자 하는 것과 같다. 왜냐하면 이 프라즈냐파라미타는 헤아릴 수 없기 때문이다.

아난다여, 나는 프라즈냐파라미타에 한계가 있다거나 헤아림이 있다고 말하지 않으니, 그 글자와 글귀와 말은 헤아릴 수 있겠지만 프라즈냐파라미타는 헤아릴 수 없다."

(4) 프라즈냐가 헤아릴 수 없는 까닭을 밝힘

"세존이시여, 무슨 까닭에 프라즈냐파라미타는 헤아릴 수 없습니까?"

"아난다여, 프라즈냐파라미타는 다함이 없기 때문에 헤아릴 수 없고, 프라즈냐파라미타는 모습을 떠났기 때문에 헤아릴 수 없다.

아난다여, 지나간 모든 붇다께서는 다 프라즈냐파라미타에서 나오셨으나 프라즈냐파라미타는 다하지 않았고, 아직 오지 않은 모든 붇다도 다 프라즈냐파라미타에서 나오실 것이지만 프라즈냐파라미타는 다하지 않을 것이며, 드러나 있는 헤아릴 수 없는 세계의 모든 붇다도 프라즈냐파라미타에서 나오시지만 프라즈냐파라미타는 다하지 않는다. 그러므로 프라즈냐파라미타는 이미 다한 때에도 다하지 않았고, 지금 다하지 않고, 앞으로도 다하지 않을 것이다.

아난다여, 만약 어떤 사람이 프라즈냐파라미타를 다하고자 한다면 이는 곧 허공을 다하고자 하는 것과 같다."

이때 수부티가 '이 일은 깊고 깊으니 나는 붇다께 여쭈어 보아야겠다'고 생각하고 곧 붇다께 말씀드렸다.

"세존이시여, 프라즈냐파라미타는 다함이 없습니까?"

"수부티여, 프라즈냐파라미타는 다함이 없다. 허공이 다함이 없으므로 프라즈냐파라미타도 다함이 없다."

2. 프라즈냐파라미타를 내고 행하는 법을 밝힘

(1) 프라즈냐 내는 법을 보임

"세존이시여, 어떻게 해야 프라즈냐파라미타를 낼 수 있습니까?"

붇다께서 말씀하셨다.

"수부티여, 물질이 다함없으므로 이것이 프라즈냐파라미타를 내고, 느낌·모습취함·지어감·앎이 다함없으므로 이것이 프라즈냐파라미타를 낸다.

수부티여, 보디사트바는 도량에 앉아 있을 때 이와 같이 인연을 살펴〔如是觀因緣〕 두 가를 떠나니〔離於二邊〕, 이것이 바로 보디사트바의 함께 하지 않는 법〔不共法〕이다.

만약 보디사트바가 인연법(因緣法)을 이와 같이 살피면 슈라바카나 프라테카붇다의 지위에 떨어지지 않고 빨리 사르바즈냐나에 가까워져 반드시 아누타라삼약삼보디를 얻을 것이다.

수부티여, 만약 여러 보디사트바로서 물러나 구름이 있는 이는 이와 같은 생각을 얻지 못하고 보디사트바가 프라즈냐파라미타를 행함을 알지 못하니, 어떻게 다함없는 법으로써 열두 가지 인연〔十二因緣〕을 살피겠는가.

수부티여, 만약 여러 보디사트바로서 물러나 구름이 있는 이는 이와 같은 방편의 힘을 얻지 못한다. 그러나 수부티여, 만약 보디사트바로서 물러나 구르지 않는 이는 다 이와 같은 방편의 힘을 얻을 것이다."

다나팔라역(28품)

수부티가 붇다께 말씀드렸다.

"세존이시여, 만약 온갖 법이 남이 없는 것이라면 프라즈냐파라미타는 어떻게 납니까?"

붇다께서 말씀하셨다.

"수부티여, 물질이 다함없으므로 프라즈냐파라미타가 이와 같이 나고, 느낌·모습취함·지어감·앎이 다함없으므로 프라즈냐파라미타가 이와 같이 난다. 수부티여, 만약 보디사트바마하사트바가 이와 같이 깨쳐 알면 곧 프라즈냐파라미타가 이와 같이 난다.

또 보디사트바마하사트바가 무명(無明, avidyā)이 다함없음을 살피므로 프라즈냐파라미타가 이와 같이 나고, 이와 같이 행(行)이 다함없고, 앎〔識〕이 다함없으며, 마음·물질〔名色〕이 다함없고, 여섯 곳〔六入〕이 다함없으며, 닿음〔觸〕이 다함없고, 느낌〔受〕이 다함없으며, 애착〔愛〕이 다함없으며, 취함〔取〕이 다함없으며, 있음〔有〕이 다함없고, 남〔生〕이 다함없으며, 늙고 죽음〔老死〕 근심 슬픔 괴로움 등이 다함없으므로 프라즈냐파라미타가 이와 같이 난다.

수부티여. 만약 보디사트바마하사트바가 이와 같이 다함없는 법으로써 모든 인연으로 나는 것을 살피면〔觀諸緣者〕 이것이 프라즈냐파라미타를 행함이라 슈라바카·프라테카붇다의 지위에 머물지 않고 반드시 아누타라삼약삼보디를 얻어서 사르바즈냐나에 편히 머문다.

보디사트바마하사트바가 도량에 앉을 때 반드시 이와 같이 연으로 나는 법〔緣生法〕을 살펴야 하니, 이와 같이 살피면 두 가에 떨어지지 않고〔不降二邊〕 가운데 길에도 머물지 않는다〔不住中道〕. 이것이 보디사트바의 함께하지 않는

법이니, 이와 같이 살피는 자는 사르바즈냐나의 지혜를 얻는다." 246)

(2) 프라즈냐파라미타 행하는 법을 보임

"보디사트바가 프라즈냐파라미타를 행한다고 말함은 곧 이와 같이 다함이 없는 법으로써 열두 가지 인연[十二因緣]을 살피는 것이다. 만약 보디사트바가 이와 같이 살필 때는 모든 법이 인연 없이 생겨난다[無因緣生]고 보지 않으며, 모든 법이 항상하다[諸法常]고 보지 않으며, 모든 법의 짓는 자와 받는 자를 보지 않는다. 수부티여, 이것을 보디사트바가 프라즈냐파라미타를 행할 때 열두 가지 인연법을 살핌[觀十二因緣法]이라 한다.

수부티여, 만약 보디사트바가 프라즈냐파라미타를 행할 때는 물질을 보지 않고 느낌·모습취함·지어감·앎을 보지 않으며, 이 붇다의 세계를 보지 않고 저 붇다의 세계도 보지 않으며, 또한 이 붇다의 세계나 저 붇다의 세계를 보는 어떤 법이 있다고도 보지 않는다.

수부티여, 만약 어떤 보디사트바가 이와 같이 프라즈냐파라미타를

---

246) 須菩提白佛言 : 「世尊 ! 若一切法無生者，般若波羅密多當云何生 ?」

佛言 : 「須菩提 ! 色無盡故般若波羅密多如是生，受、想、行、識無盡故般若波羅密多如是生。須菩提 ! 若菩薩摩訶薩如是了知，卽般若波羅密多如是生。

又，菩薩摩訶薩當觀無明無盡故，般若波羅密多如是生 ; 如是行無盡、識無盡、名色無盡、六處無盡、觸無盡、受無盡、愛無盡、取無盡、有無盡、生無盡、老死憂悲苦惱等無盡故，般若波羅密多如是生。

須菩提 ! 若菩薩摩訶薩以如是無盡法觀諸緣生者，是行般若波羅密多，卽不住聲聞、緣覺之地，必證阿耨多羅三藐三菩提，安住一切智。菩薩坐道場時，應當如是觀緣生法，如是觀已不墮二邊、不住中道，是爲菩薩不共之法，如是觀者得一切智智。」

행할 수 있으면, 악한 마라는 마치 심장에 화살이 꽂힌 것처럼 슬퍼할 것이니, 비유하면 이것은 방금 어버이를 잃고 매우 크게 슬퍼하는 것과 같다. 보디사트바가 또한 이와 같이 프라즈냐파라미타를 행하면 악한 마라는 매우 크게 슬퍼할 것이다."

"세존이시여, 다만 한 악한 마라만 슬퍼합니까, 아니면 삼천의 큰 천세계의 악한 마라들이 다 슬퍼합니까?"

붇다께서 말씀하셨다.

"수부티여, 이 여러 악한 마라들이 다 슬퍼하여 각기 앉아 있는 곳에서 스스로 편안하지 못할 것이다.

수부티여, 보디사트바가 이와 같이 프라즈냐파라미타를 행하면 온갖 세간의 하늘과 사람, 아수라가 틈을 얻지 못하며, 물러서게 할 법을 보지 못한다.

수부티여, 보디사트바가 아누타라삼약삼보디를 얻고자 하면 이와 같이 프라즈냐파라미타를 행해야 한다."

다나팔라역(28품)

"수부티여, 보디사트바마하사트바가 이와 같이 모든 인연으로 남[諸緣生]을 살필 수 있을 때, 곧 인연으로 남이 아닌 법을 보지 않고 또한 항상한 법이 있음을 또한 보지 않으니, 이것이 마쳐 다함이고 이것이 굳세고 단단함이다.

또한 짓는 자가 있고 받는 자가 있음을 보지 않으니, 수부티여, 보디사트바마하사트바가 이와 같이 프라즈냐파라미타를 행할 때는 다함없는 법을 생각하여 [念無盡法] 진리대로 프라즈냐파라미타를 낸다.

이와 같이 다함없는 법으로써 모든 연으로 남을 살피며 곧 물질을 보지 않고 느낌·모습취함·지어감·앎을 보지 않으며, 또한 무명과 지어감, 앎과 마음·물질[nāma-rūpa], 여섯 곳, 닿음, 느낌, 애착, 취함, 있음, 남과 늙고 죽음, 근심 슬픔 괴로움 등을 보지 않으며, 이 붇다의 세계를 보지 않고 저 붇다

의 세계를 보지 않으며, 이 붇다의 세계인 법이 있음을 보지 않고 저 붇다의
세계인 법이 있음을 보지 않는다.

수부티여. 만약 보디사트바마하사트바가 이와 같이 프라즈냐파라미타를 행할
때, 마라의 마음은 크게 두려워 근심하고 시름하며 괴로워한다.

수부티여. 비유하면 마치 어떤 사람이 어버이를 잃으면 아주 크게 슬퍼하고
아파하며 근심하고 시름하며 괴로워함과 같으니, 마라의 마음이 괴로움을 내
는 것도 또한 다시 이와 같다." 247)

3. 프라즈냐를 행할 때 온갖 파라미타와 공덕 갖춤을 밝힘

(1) 프라즈냐가 온갖 파라미타와 사르바즈냐나 냄을 보임

"보디사트바가 이와 같이 프라즈냐파라미타를 행할 때 곧 다나파라
미타 · 실라파라미타 · 찬티파라미타 · 비리야파라미타와 디야나파라미
타를 다 갖추게 된다. 보디사트바가 프라즈냐파라미타를 행할 때 곧
모든 파라미타를 갖추고 또한 방편(方便)과 힘[力]까지 갖출 수 있게
된다.248) 또한 이 보디사트바가 프라즈냐파라미타를 행할 때 지어내

---

247) 「須菩提！菩薩摩訶薩能如是觀諸緣生時，卽不見有法非因緣生，亦不見有
　　法是常、是究竟、是堅牢，亦不見法有作者、有受者。須菩提！菩薩摩訶薩如
　　是行般若波羅密多時，念無盡法，如理出生般若波羅密多。

　　　以如是無盡法觀諸緣生時，卽不見色，不見受、想、行、識，亦復不見無
　　明、行、識、名色、六處、觸、受、愛、取、有、生老死憂悲苦惱等。不見此
　　佛刹亦不見彼佛刹，不見有法是此佛刹，亦不見有法是彼佛刹。須菩提！若菩
　　薩摩訶薩如是行般若波羅密多時，魔心大怖憂愁苦惱。須菩提！譬如有人喪失
　　父母，極大悲痛憂愁苦惱，魔心生苦亦復如是。」

248) 방편(方便)과 원(願) : 여섯 파라미타행에 구체적인 실천의 효용을 부여하
　　는 네 가지 파라미타를 더해 열 가지 파라미타라 한다. 방편(方便) · 원(願) ·

어 생겨난 여러 가지 것들을 문득 알 수 있게 된다.

그러므로 수부티여, 보디사트바가 방편과 힘을 얻고자 하면 반드시 프라즈냐파라미타를 배워야 하고 프라즈냐파라미타를 닦아야 한다.

수부티여, 만약 보디사트바가 프라즈냐파라미타를 행하여 프라즈냐파라미타를 내게 될 때에는 반드시 드러나 있는 헤아릴 수 없고 가없는 세계의 모든 붇다와 모든 붇다의 사르바즈냐나도 다 프라즈냐파라미타를 좇아 생겨난다고 생각해야 한다. 보디사트바가 이와 같이 생각할 때 다음 같이 사유해야 한다.

'온 시방 모든 붇다들이 얻으신 온갖 법의 모습을 나도 또한 반드시 얻으리라.'

수부티여, 보디사트바가 프라즈냐파라미타를 행할 때는 반드시 이와 같은 생각을 내야 한다."

(2) 프라즈냐를 행하면 헤아릴 수 없는 공덕 있음을 보임

"수부티여, 만약 보디사트바가 이와 같은 생각을 낼 수 있다면 비록 손가락 한 번 튕기는 때일지라도 강가강 모래 수처럼 오랜 칼파 동안 널리 베푼 복덕보다 더 빼어나니 어찌 하물며 하루나 반나절 동안이겠는가.

이 보디사트바는 틀림없이 아비니바르타니야의 지위에 이르게 됨을 알아야 하며, 이 보디사트바는 모든 붇다들께서 보살펴 생각해주신다는 것을 알아야 한다.

수부티여, 보디사트바로서 모든 붇다들께서 생각해주시는 이는 다른 곳에 나지 않고 반드시 아누타라삼약삼보디에 서게 된다. 이 보디

힘〔力〕·지혜〔智〕 네 파라미타는 여섯 파라미타에 현실적 실천의 성과를 나게 하는 파라미타행의 수단과 적극적인 의지, 추진할 힘, 차별지를 말한다.

사트바는 마침내 지옥과 아귀와 축생의 세 악한 길에 떨어지지 않고 늘 좋은 곳에 태어나서 모든 붇다를 떠나지 않는다.

수부티여, 보디사트바가 프라즈냐파라미타를 행하여 프라즈냐파라미타를 내면 비록 손가락 한 번 튕기는 때일지라도 이와 같은 공덕을 얻는데, 하물며 하루나 하루를 지남이겠는가. 큰 코끼리 같은 보디사트바[香象菩薩]249)가 지금 아쵸브야붇다가 계신 곳에 있으면서 보디사트바의 길을 행해 늘 프라즈냐파라미타의 행을 떠나지 않는 것과 같다."

이 법을 설하실 때 여러 비구상가와 온갖 큰 모임 가운데 하늘과 사람, 아수라들이 다 크게 기뻐하였다.

평창

프라즈냐는 지금 이곳 한 생각을 떠나지 않되 온갖 곳에 두루하고, 지금 이 한 생을 떠나지 않되 삼세를 싸안는다. 그러므로 지금 이곳 사바붇다의 회상에서 믿음을 내고 따라 기뻐하면 그 마음은 저 타방세계 아쵸브야붇다의 회상에 두루하니, 수트라는 그 뜻을 '붇다의 신묘한 힘에 의해 여기 이곳 사람들이 아쵸브야붇다의 회상을 보았다'고 말한다.

프라즈냐의 눈으로 보면 온갖 법은 지금 마주하되 실로 볼 것이 없고, 보는 자에 실로 보는 자가 없으며, 앎에 앎 없고 앎 없되 앎 없음

---

249) 큰 코끼리 같은 보디사트바[香象菩薩]는 범어로 Gandhahastin bodhisattva이다. 향혜(香惠) 또는 불가식(不可息)이라고도 번역한다. 현겁(賢劫) 십육존(十六尊)의 하나이다. 밀종의 만트라에서는 금강계(金剛界)·외원(外院)·방단(方壇)·남방(南方)의 사존(四尊) 가운데 제1위에 있는 보디사트바의 이름이다.

도 없다. 그 뜻이 아쵸브야붇다의 회상이 보였다 나타나지 않은 뜻이니, 법의 모습이 원래 그러하기 때문이다.

프라즈냐파라미타는 그 무슨 신묘한 법이 아니라 물질〔色〕과 마음〔心〕의 본래 그러한 진실을 온전히 사는 지혜이니 세계가 헤아릴 수 없으므로 프라즈냐가 헤아릴 수 없는 것이다. 그리고 세계가 나고 사라지지 않으므로 프라즈냐가 나고 사라지지 않으며, 저 세계가 다함 없으므로 프라즈냐 또한 다함이 없는 것이다.

열두 인연〔十二因緣〕의 고리가 서로 의지해 지금 인연의 모습이 있으므로, 열두 인연이 있음과 없음을 떠났으니 인연법을 이와 같이 살펴면 프라즈냐파라미타를 행함이라 사르바즈냐나에 가까워져 끝내 아누타라삼약삼보디를 얻는다.

열두 가지 인연의 법이 공해 얻을 것 없으니 열두 가지 인연이 프라즈냐파라미타이고, 열두 가지 인연의 공한 실상이 불성(佛性)이다. 그것은 나고 죽음을 실로 있는 나고 죽음이라 하면 이것이 무명(無明; avidyā)이 되어 나고 죽음의 수레바퀴가 이어지지만, 나고 죽음이 나고 죽음 아닌 나고 죽음인 줄 알면 무명이 공하고 무명이 다함도 없는〔無無明盡〕 것이다.

이 뜻을 영가선사는 '무명의 진실한 성품이 불성이다〔無明實性即佛性〕'라고 하고, 열반경은 '십이인연이 곧 불성이다'라고 하니, 십이인연을 끊고 불성을 얻으려 하거나 '제8아라야식을 끊고 구경각(究竟覺)을 얻는다' 말하는 것은 붇다의 연기중도 밖의 다른 길〔外道〕을 걷는 이들의 말이다.

물질과 느낌 모습취함 지어감 앎의 다섯 쌓임이 끝없으므로 프라즈냐가 끝없다는 붇다의 가르침을 옛 조사의 법으로 살펴보자.

현사사비(玄沙師備)선사가 당에 올라 제비소리를 듣고 말했다.

"깊이 실상을 말하고 잘 법요를 설한다."
곧 자리에서 내려왔다.

▪ (997則)

玄沙上堂 聞鷰子聲 乃云
深談實相 善說法要
便下座

법진일(法眞一)선사가 노래했다.

자줏빛 제비 날아와 단청 칠한 기둥 맴돌며
실상을 깊이 말하니 그 울림 낭랑하다
천 소리 만 마디 말 아는 사람 없는데
또 나는 꾀꼬리 좇아 짧은 담장 지난다

紫鷰飛來繞畫梁　深談實相響瑯瑯
千言萬語無人會　又逐流鷪過短牆

육왕심(育王諶)선사가 집어 말했다.

제비가 하늘기미 흘려 보이니
현사가 다시 옮겨 말했네
여러 사람들은 믿어 아는 곳이 있는가

천 말 만 마디를 아는 사람 없는데
또 나는 꾀꼬리 따라 짧은 담장 지난다

鷰子漏泄天機　玄沙更爲翻譯
諸人還有信解處麼

千言萬語無人會　又逐流鶯過短牆

　학담도 한 노래로 옛 선사의 뜻에 함께해 여래의 가르침을 찬탄하
리라.

　　　제비 지저귀는 소리에 소리 없으니
　　　듣고 설함 공한 곳에서 법요를 듣네
　　　그러므로 설함 없이 프라즈냐 설하니
　　　꽃 붉고 버들 푸름이 바이로차나 빛이로다

　　　燕子喃喃聲無聲　聞說空處聞法要
　　　是故無說說般若　花紅柳綠毘盧光

제26품 온갖 법의 참모습인 프라즈냐

〔隨知品〕

온갖 법은 인연으로 일어나 인연으로 있기 때문에 참모습에는 있는 모습도 얻을 수 없고 없는 모습도 얻을 수 없다. 참모습에 이처럼 있고 없음의 분별이 없으므로 참모습 그대로의 행인 프라즈냐에도 분별이 없다. 그처럼 온갖 법은 오지도 않고 가지도 않으니 프라즈냐도 이와 같으며, 온갖 법에 너와 내가 없으니 프라즈냐 또한 이와 같음을 알아야 한다.

온갖 법이 본래 청정하여 번뇌가 없고 때가 없으니 프라즈냐도 그와 같이 번뇌와 때가 없고, 온갖 법에 원래 묶임이 없으니 프라즈냐도 또한 묶임 없으며, 법에 묶임 없으므로 풀림이 없듯 프라즈냐도 묶임이 없고 풀림이 없다.

온갖 법의 모습에 모습 없어서 온갖 법이 끝이 없으므로 프라즈냐 또한 끝없으니, 비유하면 허공이 끝없는 것과 같고 해가 다함없이 비춤과 같다. 다섯 쌓임이 큰 바다 같고 수메루산 같고 햇빛 같으니 프라즈냐도 그와 같으며, 땅·물·불·바람의 참모습처럼 다섯 쌓임이 쌓여진 모습〔積聚相〕떠나고 어울려 합한 모습〔和合相〕떠났으니 프라즈냐도 또한 그와 같다.

실상 그대로 프라즈냐를 행하는 자, 보디사트바는 이와 같이 걸림 없고 막힘없는 법의 참모습을 쓰므로 그가 행하는 프라즈냐파라미타는 사자의 외침처럼 두려움 없고 막힘이 없다.

학담이 노래로 종요를 말해보리라.

인연으로 일어난 모든 법의 모습은
있고 없음 얻지 못해 이뤄지고 무너짐 없네
모든 법은 모습 없어 처소가 없으니
프라즈냐 또한 이와 같음 알아야 하네

因緣所起諸法相 不得有無無成壞

諸法無相無處所　當知般若亦如是

다섯 쌓임 헤아릴 수 없고 프라즈냐 그러하니
모든 법의 모습은 통달하여서 말할 수 없네
온갖 모든 법은 본래 맑고 깨끗하나니
프라즈냐 또한 이와 같음 알아야 하리

五蘊無量般若亦　法相通達不可言
一切諸法本淸淨　當知般若亦如是

다섯 쌓임의 법은 어울려 합함의 모습을 떠나
다섯 쌓임의 큰 바다는 성품이 다함없네
이와 같이 법이 가없음을 밝게 안다면
사마디가 가없어서 교화 그지없으리

五蘊法離和合相　五蘊大海性無盡
如是了知法無邊　三昧無邊化無極

1. 온갖 법의 참모습과 프라즈냐가 둘 아님을 밝힘

(1) 온갖 법이 모습 없으므로 프라즈냐 또한 모습 없고 분별없음을 보임

붇다께서 수부티에게 말씀하셨다.

"온갖 법은 분별할 것이 없으니, 프라즈냐파라미타도 또한 이와 같음을 알아야 하며, 온갖 법은 무너짐이 없으니 프라즈냐파라미타도 또한 이와 같음을 알아야 하며, 온갖 법은 다만 이름을 빌린 것[但假名字]일 뿐이니 프라즈냐파라미타도 또한 이와 같음을 알아야 하며, 온갖 법은 말함 때문에 있는 것이니 프라즈냐파라미타도 또한 이와 같음을 알아야 한다.250)

또 이 말함도 있는 바도 없고 머무는 곳도 없으니 프라즈냐파라미타 또한 이와 같음을 알아야 하며, 온갖 법은 비어 거짓됨[虛假]으로 쓰이니 프라즈냐파라미타도 또한 이와 같음을 알아야 하며, 온갖 법은 헤아릴 수 없으니 프라즈냐파라미타 또한 이와 같음을 알아야 한다.

물질은 헤아릴 수 없으니 프라즈냐파라미타도 또한 이와 같음을 알아야 하며, 느낌·모습취함·지어감·앎도 헤아릴 수 없으니 프라즈냐파라미타도 이와 같음을 알아야 한다. 251)

---

250) 말함 때문에 있음[以言說故有]: 연기론에서 만법에는 스스로 있는 것은 없고 온갖 법은 주체의 앎 밖에 따로 있는 어떤 것이 아니라, 주체의 앎과 서로 관계 지어진 어떤 것이다. 주체가 대상을 알아 이름 지음으로써 객관대상은 주체의 생활 속의 어떤 것으로 나타난다. 그러므로 만법은 주체의 생활 앎 활동으로 표현되나[萬法唯識] 앎 또한 저 알려지는 것이 없으면 있을 수 없으므로 앎도 공하다[識無自性].

251) [E.Conze역 26품]

온갖 법은 모습이 없으니 프라즈냐파라미타도 또한 이와 같음을 알아야 하며, 온갖 법은 통달한 모습이니 프라즈냐파라미타도 또한 이와 같음을 알아야 하며, 온갖 법은 본래 청정하니 프라즈냐파라미타도 또한 이와 같음을 알아야 하며, 온갖 법은 말이 없으니 프라즈냐파라미타도 또한 이와 같음을 알아야 한다.

온갖 법은 사라짐과 같으니 프라즈냐파라미타도 또한 이와 같음을 알아야 하며, 온갖 법은 니르바나와 같으니 프라즈냐파라미타도 또한 이와 같음을 알아야 하며, 온갖 법은 오지도 않고 가지도 않고 나는 바도 없으니 프라즈냐파라미타도 또한 이와 같음을 알아야 한다.

온갖 법에는 너와 내가 없으니 프라즈냐파라미타도 이와 같음을 알아야 하며, 어진 이와 거룩한 이〔賢聖〕는 마쳐 다해 청정하니 프라즈냐파라미타도 또한 이와 같음을 알아야 하며, 온갖 짐을 버렸으니 프라즈냐파라미타도 또한 이와 같음을 알아야 한다.

왜 그런가. 물질은 모습이 없고 곳이 없어서 자기성품〔自性〕이 없기 때문이고, 느낌·모습취함·지어감·앎 또한 모습이 없고 정한 곳이 없어서 자기성품이 없기 때문이다."

"나아가 수부티여. 보디사트바는 다음 같이 지혜의 완성인 프라즈냐에 접근해야 한다. 모든 법을 붙일 수 없음을 통해 모든 법의 달라질 수 없음으로부터 모든 법은 드러날 수 없다는 사실을 통해 모든 법은 변화에 의해 영향받지 않고 존속함 안에서, 한결같다는 확신 안에서 접근해야 한다."

Furthermore, Subhuti, a Bodhisattva should approach the perfection of wisdom as follows: Through non-attachment to all dharmas. From the non-differentiatedness of all dharmas. From the fact that all dharmas can not possibly come about. In the conviction that "all dharmas are equal in remaining unaffected by change."

다나팔라역〈29품〉

"거듭 다시 수부티여. 보디사트바마하사트바는 프라즈냐파라미타의 모습을 따라 알아야 하니, 다음 같음을 말한다. 온갖 법이 걸림 없으니 프라즈냐파라미타 또한 이와 같음을 알아야 하고, 온갖 법은 분별이 없으니 프라즈냐파라미타 또한 이와 같음을 알아야 한다.

온갖 법은 무너짐이 없으니 프라즈냐파라미타 또한 이와 같음을 알아야 하고, 온갖 법은 짓는 모습이 없으니 프라즈냐파라미타 또한 이와 같음을 알아야 하며, 온갖 법은 나도 없고 나타남도 없어서〔一切法無我無表〕지혜로 깨쳐 아는 바이니 프라즈냐파라미타 또한 이와 같음을 알아야 한다.

온갖 법은 다만 거짓 이름과 글자만 있으니 프라즈냐파라미타 또한 이와 같음을 알아야 하며, 온갖 법은 말의 분별이나 이 말도 있는 바 없고 얻을 수 없으니 프라즈냐파라미타 또한 이와 같음을 알아야 하고, 온갖 법은 말이 없으니 프라즈냐파라미타 또한 이와 같음을 알아야 한다.

물질이 헤아림이 없으니 프라즈냐파라미타 또한 이와 같음을 알아야 하고, 느낌·모습취함·지어감·앎이 헤아림 없으니 프라즈냐파라미타 또한 이와 같음을 알아야 한다." 252)

(2) 온갖 법의 성품이 깨끗하므로 프라즈냐 또한 깨끗함을 보임

"온갖 법에는 번뇌의 뜨거움이 없으니 프라즈냐파라미타도 또한 이와 같음을 알아야 하며, 온갖 법은 물듦이 없고 떠남도 없으니〔一切法

---

252) 「復次, 須菩提！菩薩摩訶薩應隨知般若波羅密多相. 所謂一切法無礙, 當知般若波羅密多亦如是. 一切法無分別, 當知般若波羅密多亦如是. 一切法無壞, 當知般若波羅密多亦如是. 一切法無作相, 當知般若波羅密多亦如是. 一切法無我無表、慧所覺了, 當知般若波羅密多亦如是. 一切法但有假名字, 當知般若波羅密多亦如是. 一切法語言分別, 卽此語言無所有、不可得, 當知般若波羅密多亦如是. 一切法無說, 當知般若波羅密多亦如是. 色無量, 當知般若波羅密多亦如是. 受、想、行、識無量, 當知般若波羅密多亦如是.」

無染無離]253) 프라즈냐파라미타도 또한 이와 같음을 알아야 한다.

왜 그런가. 물질은 있는 바가 없으므로 물듦이 없고 떠남도 없으며, 느낌·모습취함·지어감·앎 또한 있는 바가 없으므로 물듦이 없고 떠남이 없기 때문이다.

온갖 법의 성품은 깨끗하니 프라즈냐파라미타 또한 이와 같음을 알아야 하고, 온갖 법은 묶임이 없으니 프라즈냐파라미타도 또한 이와 같음을 알아야 하며, 온갖 법이 바로 보디라 붇다의 지혜로써 깨달음이니, 프라즈냐파라미타도 또한 이와 같음을 알아야 하며, 온갖 법은 공하여 모습 없고 지음 없으니 프라즈냐파라미타도 또한 이와 같음을 알아야 한다.

온갖 법은 병을 낫기 위한 약(藥)254)인데 그 자비의 마음〔慈悲心〕이 으뜸이니 프라즈냐파라미타도 또한 이와 같음을 알아야 하며, 온갖 법은 깨끗한 모습〔梵相〕이고 자비로운 모습〔慈相〕이라 허물이 없고 성냄도 없으니 프라즈냐파라미타도 또한 이와 같음을 알아야 한다."

2. 법의 모습 같이 프라즈냐 또한 가없음을 밝힘

---

253) 떠남 없음: 번뇌의 집착으로 인해 물든다 해도 물들이는 법과 물듦이 모두 공해 실로 물듦이 없고 떠나고 보내야 할 번뇌와 물듦에도 실로 떠남이 없는 것이다.

254) 병과 법약(法藥): 붇다께서 보이신 온갖 법은 중생의 병을 낫기 위한 약인데, 자비심이 가장 으뜸되는 약인 것 같이, 프라즈냐파라미타도 중생의 번뇌의 병을 다스리기 위한 법의 약이다. 그러므로 병과 약이 모두 취할 것이 없음을 알아야 한다.

(1) 온갖 법이 가없으므로 반야도 그러함을 보임

"큰 바다는 가없으니 프라즈냐파라미타도 또한 이와 같음을 알아야 하며, 허공은 가없으니 프라즈냐파라미타도 이와 같음을 알아야 하며, 해가 비춤은 가없으니 프라즈냐파라미타도 또한 이와 같음을 알아야 한다.

물질은 모습을 떠났으니 프라즈냐파라미타도 또한 이와 같음을 알아야 하며, 느낌·모습취함·지어감·앎은 모습을 떠났으니 프라즈냐파라미타도 또한 이와 같음을 알아야 하며, 온갖 소리는 가없으니 프라즈냐파라미타도 또한 이와 같음을 알아야 하며, 모든 성품은 가없으니 프라즈냐파라미타도 또한 이와 같음을 알아야 한다."

다나팔라역(29품)

"땅의 영역(地界)이 가없으니 프라즈냐파라미타 또한 이와 같음을 알아야 하고, 물의 영역(水界)·불의 영역(火界)·바람의 영역(風界)·허공의 영역(空界)·앎의 영역(識界)도 가없으니 프라즈냐파라미타 또한 이와 같음을 알아야 하고,255) 착하고 착하지 않은 법도 가없으니 프라즈냐파라미타 또한 이와 같음을 알아야 하며, 온갖 붇다의 법의 곳간(佛法藏)이 가없으니 프라즈냐파라미타 또한 이와 같음을 알아야 한다."256)

---

255) 아함에서는 지수화풍공식(地水火風空識) 여섯 영역의 무아설(六界無我說)로 보이고 있고, 반야경은 여섯 영역의 자기성품 없음이 프라즈냐의 가없는 모습이라 말한다. 이를 수능엄경(首楞嚴經)은 지수화풍공견식(地水火風空見識) 칠대(七大) 여래장설(如來藏說)로 보이며, 천태가(天台家)에서는 의보(依報)인 우주자연과 정보(正報)인 중생세간의 둘 아님(依正不二)으로 보이고 있다.

256) 「地界無邊, 當知般若波羅密多亦如是。水界、火界、風界、空界、識界無邊, 當知般若波羅密多亦如是。善不善法無邊, 當知般若波羅密多亦如是。一

⑵ 온갖 법의 공덕이 다함없듯 프라즈냐도 그러함을 보임

"헤아릴 수 없는 착한 법을 모으니 프라즈냐파라미타도 또한 이와 같음을 알아야 하며, 온갖 법의 사마디는 가없으니 프라즈냐파라미타도 이와 같음을 알아야 한다. 붇다의 법은 가없으니 프라즈냐파라미타도 또한 이와 같음을 알아야 하고, 법은 가없으니 프라즈냐파라미타도 또한 이와 같음을 알아야 하며, 공(空)은 가없으니 프라즈냐파라미타도 또한 이와 같음을 알아야 한다.

마음과 마음 씀의 법[心心所法]이 가없으니 프라즈냐파라미타도 또한 이와 같음을 알아야 하며, 모든 마음 행하는 바가 가없으니 프라즈냐파라미타도 또한 이와 같음을 알아야 한다.

착한 법은 헤아릴 수 없으니 프라즈냐파라미타도 또한 이와 같음을 알아야 하며, 착하지 않은 법도 헤아릴 수 없으니 프라즈냐파라미타도 또한 이와 같음을 알아야 하며, 사자의 외침과 같으니 프라즈냐파라미타도 또한 이와 같음을 알아야 한다."

3. 법의 참모습과 프라즈냐가 같은 까닭을 밝힘

⑴ 비유로 다섯 쌓임[五蘊, pañca-skandha]의 참모습을 보임

"왜 그런가. 물질은 큰 바다와 같고 느낌·모습취함·지어감·앎도 큰 바다와 같으며, 물질은 허공과 같고 느낌·모습취함·지어감·앎도 허공과 같으며, 물질이 수메루산처럼 장엄하고 느낌·모습취함·지어감·앎도 수메루산처럼 장엄하며, 물질이 햇빛과 같고 느낌·모

切佛法藏無邊, 當知般若波羅密多亦如是。」

습취함・지어감・앎도 햇빛과 같으며, 물질이 소리의 가없음 같고 느낌・모습취함・지어감・앎도 소리의 가없음 같기 때문이다.

물질이 중생의 성품이 가없음 같고 느낌・모습취함・지어감・앎도 중생의 성품이 가없음 같으며, 물질이 땅과 같고 느낌・모습취함・지어감・앎도 땅과 같으며, 물질이 물과 같고 느낌・모습취함・지어감・앎도 물과 같으며, 물질이 불과 같고 느낌・모습취함・지어감・앎도 불과 같으며, 물질이 바람과 같고 느낌・모습취함・지어감・앎도 바람과 같기 때문이다.

물질이 허공과 같고 느낌・모습취함・지어감・앎도 허공과 같으며, 물질이 착한 모습 쌓음을 떠나고 느낌・모습취함・지어감・앎도 착한 모습 쌓음을 떠나며, 물질이 어울려 합한 법을 떠나고 느낌・모습취함・지어감・앎도 어울려 합한 법을 떠나기257) 때문이다."

(2) 다섯 쌓임의 한결같음이 붇다의 법이고 프라즈냐인 까닭을 보임

"물질이 사마디이므로 가없고, 느낌・모습취함・지어감・앎도 사마디이므로 가없으며, 물질과 물질의 모습 떠남과 물질의 성품과 물질의 한결같음이 붇다의 법이고, 느낌・모습취함・지어감・앎과 느낌・모습취함・지어감・앎의 모습 떠남과 느낌・모습취함・지어감・앎의 성품과 느낌・모습취함・지어감・앎의 한결같음이 바로 붇다의 법이다.

물질의 모습이 가없고 느낌・모습취함・지어감・앎의 모습 또한

---

257) 어울려 합한 법을 떠남〔離和合法〕: 원인과 조건이 어울려 합해 결과가 있다고 하나, 원인도 공한 원인이고 조건도 공한 조건이라 어울려 합한 곳에 실로 어울려 합함이 없어서 법이 나되 남이 없음을 보임.

가없으며, 물질의 공함이 가없고 느낌·모습취함·지어감·앎의 공
함도 가없으며, 물질이 마음의 행하는 바이므로 가없고, 느낌·모습
취함·지어감·앎도 마음의 행하는 바이므로 가없다.

물질 가운데 착함과 착하지 않음을 얻을 수 없고, 느낌·모습취
함·지어감·앎 가운데 착함과 착하지 않음을 얻을 수 없으며, 물질
은 무너뜨릴 수 없고 느낌·모습취함·지어감·앎도 무너뜨릴 수 없
으며, 물질이 사자의 외침이고 느낌·모습취함·지어감·앎도 사자
의 외침이니, 프라즈냐파라미타도 또한 이와 같음을 알아야 한다."

다나팔라역(29품)

"수부티여. 만약 보디사트바마하사트바가 이와 같이 프라즈냐파라미타를 따
라 알 수 있으면, 곧 프라즈냐파라미타 가운데 행하는 바가 없고 짓는 바가 없
으며 증득하는 바 없어서, 사유하여 살피고 따져 헤아림이 미칠 수 없다.

온갖 속이는 뜻 지음을 멀리 떠나고, 온갖 게으른 뜻 지음을 멀리 떠나며, 온
갖 아끼고 미워하는 뜻 지음을 멀리 떠나고, 나를 취하는 뜻 지음을 멀리 떠나
고, 나와 남이라는 뜻 지음을 멀리 떠난다. 또 나〔我, ātman〕라는 모습취함
사람〔人, pudgala〕 중생(衆生, sattva)의 모습취함을 멀리 떠나며, 세간 이
름 들림과 이익 기름〔利養〕을 멀리 떠나며, 다섯 덮음〔五蓋〕258) 등의 법을 멀
리 떠나고, 나아가 온갖 이치 아닌 뜻 지음〔非理作意〕을 멀리 떠난다.

수부티여. 보디사트바마하사트바가 이와 같이 프라즈냐파라미타를 행하면,
곧 모든 법 가운데서 얻기 어려움을 얻게 되고, 온갖 공덕을 두렷이 채워 모든
붇다의 나라에 나서〔生諸佛刹〕 위없는 지혜를 이룬다." 259)

---

258) 다섯 덮음〔五蓋〕: 지혜를 덮는 다섯 가지 장애. 탐욕〔貪〕의 덮음, 성냄
〔瞋〕의 덮음, 잠〔睡〕의 덮음, 들떠 뉘우침〔掉悔〕의 덮음, 의심〔疑〕의 덮음.

259) 「須菩提！若菩薩摩訶薩, 能如是隨知般若波羅密多, 卽於般若波羅密多中
無所行、無所作、無所證、非思惟觀察籌量可及。遠離一切諂誑作意, 遠離一
切懈怠作意, 遠離一切慳嫉作意, 遠離我取作意, 遠離自他作意,

평창

연기법에서 마음[心]은 보는바 물질[色]을 떠나 마음이 없고 물질은 마음 떠난 물질이 없다. 물질이 물질이 아니므로 물질을 볼 때 물질은 마음인 물질이나, 마음 또한 마음에 마음 없다.

이 뜻을 유식불교(唯識佛敎)는 '만 가지 법이 오직 앎이지만[萬法唯識] 앎 또한 자기성품이 없어서[識無自性] 법과 앎의 자성 없음을 통달하면 앎을 돌이켜 지혜를 얻는다[轉識得智]'고 가르친다.

온갖 법이 있되 공하므로 온갖 법을 알되 앎 없는 것이니, 알되 앎 없음인 프라즈냐 또한 있는 바가 없고 머무는 곳이 없다. 온갖 법이 청정하므로 프라즈냐가 청정하고 온갖 법이 오고 감이 없으므로 프라즈냐도 오고 감이 없다. 마음과 물질[名色, nāma-rūpa]이 끝없으므로 프라즈냐파라미타도 끝없으며 물질과 마음이 큰 바다 같고 허공 같으니 프라즈냐파라미타도 또한 큰 바다 같고 허공 같다.

인연으로 일어난 다섯 쌓임에서 원인[因]과 조건[緣]이 공하고 결과[果]도 공하니, 프라즈냐파라미타 또한 인연의 어울려 합함을 떠났고 다섯 쌓임이 공하여 무너뜨릴 수 없으므로 프라즈냐파라미타 또한 무너뜨릴 수 없다.

옛 선사의 가르침으로 이를 살펴보자.

금릉의 보자현각선사(報慈玄覺禪師)가 비둘기 소리를 듣고 어떤 승려에게 물었다.

"이 무슨 소리인가."

遠離我想、人想、衆生想等, 遠離世間名聞利養, 遠離五蓋等法, 乃至遠離一切非理作意。須菩提！菩薩摩訶薩若如是行般若波羅密多, 卽於諸法中難得而得, 乃能圓滿一切功德, 生諸佛刹成無上智。」

"비둘기 소리입니다."

선사가 말했다.

"무간지옥의 업을 부르지 않으려면 여래의 바른 법바퀴를 비방
치 말라."

▪ (1360則)

金陵報慈玄覺禪師 聞鳩子鳴 乃問僧 是什麼聲
云 鵓鳩聲
師云 欲得不招無間業 莫謗如來正法輪

숭승공(崇勝珙)선사가 노래했다.

비둘기 소리라 한 번 펴보이니
여래의 바른 법바퀴 비방치 말라 하네
안회의 덕행으로 마을에서 가난하였고
공자의 문장으로 진 땅에서 고생했네
공자께서 진 땅에서 고생함이여
밤에 다니면 누군들 의심치 않을 사람인가
다만 따뜻한 봄기운 땅 가리지 않은 줄 알면
저절로 바다 모퉁이도 또한 봄을 만나리

鵓鳩之聲纔一伸　莫謗如來正法輪
顔回德行窮居巷　夫子文章厄在陳
厄在陳　夜行誰是不疑人
但得陽和不擇地　自然海角亦逢春

학담도 한 노래로 옛 조사의 뜻에 함께해 여래를 찬탄하리라.

비둘기 소리 소리 본래 모습 없으니
듣고 듣되 소리 없으면 실상을 듣도다
봄바람이 뜰에 이르니 백 가지 꽃 불타듯 한데
노란 꾀꼬리는 옛과 같이 노란 꽃 속에 있네

鳩子聲聲本無相　聞聞無聲聞實相
春風到園百花爛　黃鸎依舊黃花裏

제27품 사다프라루디타보디사트바의 프라즈냐행
〔薩陀波崙品〕

    화엄회상(華嚴會上)의 구도자 선재어린이〔善財童子〕처럼 프라즈냐회상의 사다프라루디타는 목숨 바쳐 진리를 구하는 수행자의 대명사이다. 사다프라루디타가 간절히 아누타라삼약삼보디를 구함에 허공에서 소리가 들려와 그가 갈 곳과 찾아야 할 선지식을 일러주니, 이는 아누타라삼약삼보디에 지극한 뜻으로 발심하면 산하대지와 허공 또한 그에게 벗이 되고 스승이 됨을 뜻한다.

    사다프라루디타가 지금 중생의 번뇌 속에서 아누타라삼약삼보디를 구하는 구도자의 상징이라면, 아름다운 누각과 연못, 갖가지 빛깔의 꽃과 보배로 장식된 중향성(衆香城)에서 법을 설하고 있는 다르모가타보디사트바는 누구일까. 그 분은 이미 아누타라삼약삼보디를 얻었지만 그 아누타라삼약삼보디에도 머물 모습을 보지 않고 중생의 나고 죽음 속에 끝없이 법의 바퀴 굴려 보이는 선지식보디사트바의 모습이다.

    사다프라루디타가 프라즈냐파라미타를 간절히 듣고자 하니, 붇다의 모습이 나타나 다르모가타보디사트바의 갖가지 보배로 장엄된 처소와 다르모가타보디사트바의 만 가지 덕으로 장엄된 모습과 모자람이 없는 살림살이를 보여준다. 구도자의 간절한 보디의 마음 따라 나타난 붇다의 모습은 밖에서 나타났지만 밖이 아니고 안이 아니지만 안 아님도 아니니, 이는 구도자에게 이미 있는 깨달음의 모습, 이미 갖추어진 해탈의 모습이 모습 아닌 모습을 나타냄일 것이다.

    이처럼 깨달음이 이미 주체화되어 있고 나고 죽음이 본래 공하지만, 이와 같은 참모습을 여실히 쓰기 위해서는 허깨비 같은 방편의 문〔方便門〕을 열어 함이 없이 발심하고 함이 없이 닦아 행해 얻음 없이 깨달음을 얻어야 할 것이다.

    이에 사다프라루디타는 목숨을 버려 보디사트바에게 드릴 공양물을 구함에 인드라하늘이 그의 뜻을 받들어주고, 장자의 딸이 그 공양물을 갖추어 드리니, 이는 진리의 뜻에 늘 함께 하는 벗이 있고 보살펴주는 힘이 있음을 뜻한다.

공양거리를 갖추어 구도자 사다프라루디타가 오백 여인과 함께 다르모가타보디사트바에게 이르러, 다음 같이 묻는다.

"구도자가 머물러야 할 곳과 제가 다르모가타께 가는 길을 일러주고서 사라진 그 붇다의 모습이 어디서 왔다 어디로 갔습니까."

이 물음의 모습은 무엇인가. 이는 우리 중생이 스스로에게 이미 있는 깨달음의 공덕 다시 돌이켜 쓰는 모습이며, 지금 나고 사라지며 오고 가는 이 세간법 가운데서 '그 세간법의 진실의 모습이 무엇인가'를 묻는 구도자의 산 말귀〔活句〕의 화두(話頭)인 것이다.

자신의 나날의 삶의 현장에서 위 사다프라루디타 같이 현성공안(現成公案)을 스스로 물어 해답을 주체적으로 만들어가는 자, 그가 참된 간화행자(看話行者)이며 온갖 삶의 절망과 의혹을 뚫고 프라즈타파라미타의 길을 용맹스럽게 나아가는 자이다. 그러므로 지금 온갖 의혹과 허구와 환상이 넘치는 이 역사 속에서도 주체적으로 물음을 던질 수 있는 자가 새로운 사회 물음에 대한 응답의 주체로서 자신을 세울 수 있는 것이다.

"누가 마이트레야이고 누구를 마이트레야라 하는가."

이렇게 물을 수 있는 자가 아직 오지 않은 역사의 때 이 고난의 세간 억압된 문명 속에서 마이트레야를 출생시킬 수 있는 것이다.

학담이 노래로 종요를 말해보리라.

보디사트바의 도 구함은 마땅히 지난 옛날
사다프라루디타보디사트바 행과 같아야 하리
저 사람은 구름 우레 위엄 같은 붇다의 처소에서
늘 울며 법을 구해 사이와 끊어짐이 없었네

菩薩求道當如往　薩波陀崙菩薩行
彼人雲雷音佛所　常啼求法無間斷

그는 허공의 소리 듣고서 의혹하지 않고
왼쪽 오른쪽에 떨어지지 않고 세간 의지하지 않으며
몸과 목숨 아끼지 않고 이익을 탐내지 않고
곧장 나아가 스승 구해 붇다의 모습 만났네

彼聞空聲不疑惑　不落左右不依世
不惜身命不貪利　直進求師逢佛像

프라즈냐 구하는 이 앞 붇다와 같이하라
여기에서 동으로 가면 중향성에 이르리니
그곳의 법상보디사트바는 너의 참된 스승
그에게 법 들으면 선정 얻고 해탈 얻으리

求般若者如前佛　從此去東至衆香
法上菩薩汝眞師　聞法得定得解脫

늘 우는 보디사트바 몸을 팔아
법상보디사트바께 공양 드리니
장자의 딸이 따라 기뻐하며 같이 공양하였네
늘 우는 보디사트바 앞의 몸과 같이 회복되어
법상보디사트바 몸소 뵙고 법 설하심 들었네

常啼賣身供法上　長子女人隨喜供
常啼身復如前身　親見法上聞說法

모든 붇다 어디에서 왔다가 어디로 갔는가
이와 같이 스승께 물어 지심으로 구했네
지심으로 묻는 곳에 스승의 대답이 있나니
프라즈냐 행하는 자 법을 구함 쉬지 않도다

諸佛從何來而去　如是問師至心求
至心問處師應答　般若行者求不休

이와 같이 묻고 답함 지금 드러나 있으니
세간법이 어디서 왔다 어디로 가는가
만약 세간법이 오고 감이 없는 줄 알면
묻는 곳에 답이 있어 프라즈냐 드러나리

如是問答今現成　世法從何來而去
若了世法無來去　問處有答般若現

중생 망상의 곳에 잃은 바 없고
보디를 이룰 때에 얻은 바 없어라
다섯 쌓임 헤아릴 수 없고 지혜가 헤아릴 수 없으니
한결같은 참모습이 한결같이 드러남이리

衆生妄處無所失　菩提成時無所得
五蘊無量智無量　如如實相如如現

1. 사다프라루디타보디사트바와 같이 프라즈냐행 닦기를 권함

붇다께서 수부티에게 말씀하셨다.

"만약 보디사트바가 프라즈냐파라미타를 구하고자 하면, 사다프라루디타(Sadāprarudita, 常啼)보디사트바가 '우레처럼 소리 떨치시는 붇다〔雷音威王佛〕'260) 처소에 있으면서 그때 행한 보디사트바의 도와 같아야 한다."

다나팔라역(30품)

"거듭 다시 수부티여. 모든 보디사트바마하사트바로서 프라즈냐파라미타를 구하고자 하는 이는 사다프라루디타보디사트바가 지난 옛날 우렛소리 같은 여래·공양해야 할 분·바르게 깨친 분의 법 가운데서 브라흐마의 행〔brahmā-cara〕을 닦아 익혀서 부지런히 프라즈냐파라미타 구함과 같아야 한다." 261)

2. 사다프라루디타의 옛 일〔本事〕을 설함

(1) 사다프라루디타보디사트바가 허공의 소리를 들음

수부티가 붇다께 말씀드렸다.

"세존이시여, 사다프라루디타보디사트바는 어떻게 프라즈냐파라미타를 구했습니까?"

---

260) 뇌음위왕(雷音威王)은 범어 Bhīṣma-garjita-nirghoṣa-svara-rāja를 번역한 것이다. 그의 음성이 우렛소리 같이 울려퍼지는 붇다란 뜻이다.

261) 「復次, 須菩提！諸菩薩摩訶薩欲求般若波羅密多者, 當如常啼菩薩摩訶薩往昔於雷吼音王如來. 應供. 正等正覺法中修習梵行, 勤求般若波羅密多。」

붇다께서 수부티에게 말씀하셨다.

"사다프라루디타보디사트바는 본래 프라즈냐파라미타를 구할 때에 세간의 일에 의지하지 않고, 몸과 목숨을 아끼지 않았으며, 이양을 탐내지 않았다. 사다프라루디타는 빈 숲속에서 허공 가운데서 들려오는 이런 소리를 들었다."

다나팔라역(30품)

붇다께서 수부티에게 말씀하셨다.

"그대는 지금 알아야 한다. 사다프라루디타보디사트바는 지난 옛날 프라즈냐파라미타를 구할 때, 때의 긺[時長]을 두려워하지 않고 세간의 일[世事]을 생각하지 않으며, 몸과 목숨을 아끼지 않고, 세간의 이름 들림과 이익 기름을 좋아하지 않으며, 모든 세간에 의지해 집착함을 내지 않고, 다만 한 마음으로 프라즈냐파라미타를 생각해 구하며, 숲 가운데서 그 방편을 사유했다. 그때 허공 가운데서 들려오는 소리가 있었다."262)

"'잘 행하는 남자여, 너는 여기서부터 동쪽으로 가면 프라즈냐파라미타를 들을 수 있을 것이다.263)

---

262) 佛告須菩提言 : 「汝今當知, 常啼菩薩摩訶薩往昔求般若波羅密多時, 不怖時長、不念世事、不惜身命、不樂世間名聞利養, 於諸世間不生依著, 但一心念求般若波羅密多, 卽於林中思惟方便。爾時, 空中有聲作是言。」

263)〔E.Conze역 27품〕

"나아가 수부티여. 우레소리 같이 위엄 있는 여래 계실 때 그 당시에 거룩한 삶을 이끌었던 사다프라루디타보디사트바가 행했던 것처럼 지혜의 완성을 찾아야 한다."

수부티가 말씀드렸다.

"어떻게 사다프라루디타보디사트바는 지혜의 완성을 찾았습니까?"

갈 때에는 지치고 싫증난다고 생각하지 말고, 잠잘 것을 생각하지 말며, 먹고 마실 것을 생각하지 말고, 밤낮을 가려 생각하지 말며, 춥고 더움을 가려 생각하지 말라. 이와 같은 모든 일을 생각하지도 살피지도 말며 또한 사유하지도 말라.

아첨하고 굽은 마음을 떠나며, 스스로의 몸을 높이고 다른 사람을 낮춰보지 말라. 온갖 중생의 모습을 떠나고, 온갖 이양과 명예를 떠나며, 다섯 가지 덮음〔五蓋〕을 떠나고, 아껴 탐내고 미워하는 마음을 떠나라.

또한 안의 법〔內法〕과 밖의 법〔外法〕을 나누어 가르지도 말고, 걸어갈 때에는 왼쪽 오른쪽을 돌아보지 말고, 앞을 생각지 말고 뒤도 생각지 말며, 위를 생각지 말고 아래도 생각지 말며, 네 모서리〔四

세존께서 말씀했다.

"맨 먼저 사다프라루디타보디사트바는 그의 몸을 보살피지 않고 그의 삶에 관심 갖지 않으며, 소유 명예 명성이 그에게 흥미를 갖게 하지 않는 그러한 방식으로 지혜의 완성을 찾았다. 그는 먼 숲의 떨어진 곳 안에서 그 자신을 발견하였다. 그리고 한 소리가 공중에서 그에게 말했다.

'동쪽으로 가라, 좋은 집안 사람이여.'"

Furthermore, Subhuti, one should search for perfect wisdom as the Bodhisattva Sadaprarudita has done, who at present leads the holy life in the presence of the Tathagata Bhishmagarjitanirghosh asvara.

Subhuti: How then did the Bodhisattva Sadaprarudita search for the perfection of wisdom?

The Lord: First of all Sadaprarudita, the Bodhisattva, searched for perfect wisdom in such a way that he did not care for his body, had no regard for his life, and gain, honour and fame did not interest him. He found himself in the seclusion of a remote forest, and a voice up in the air said to him: Go East, son of good family!

維]264)를 생각지 말며 물질·느낌·모습취함·지어감·앎의 다섯 쌓임을 움직이지 말라.

왜냐하면, 만약 물질·느낌·모습취함·지어감·앎을 움직이면 붇다의 법을 행하는 것이 아니고 나고 죽음〔生死〕을 행하는 것이니, 이와 같은 사람은 프라즈냐파라미타를 얻을 수 없다.'"

다나팔라역(30품)

"또 거듭 안의 법 밖의 법을 생각하지 말고, 앞을 생각하지 말고 또한 뒤를 생각하지 말며, 네 방위 네 모서리 위 아래를 생각하지 말라. 또 거듭 갈 때 왼쪽 오른쪽을 돌아보지 말고, 다만 한 마음으로 프라즈냐파라미타를 생각하라.

이와 같이 생각할 때, 물질을 움직이지 말고 느낌·모습취함·지어감·앎을 움직이지 말아야 하니, 만약 다섯 쌓임을 움직이면 곧 붇다의 법〔佛法〕을 행하지 않고 나고 죽음의 행〔生死行〕을 행하는 것이다.

만약 나고 죽음의 행을 행하면 곧 프라즈냐파라미타를 행하지 않으니 곧 프라즈냐파라미타를 이루지 못한다. 그러므로 그대는 이와 같은 모습들을 떠나 다만 한 마음으로 구하라." 265)

"사다프라루디타보디사트바가 허공의 소리에 대답하였다.

'가르침대로 행하겠습니다. 왜냐하면, 저는 온갖 중생을 위해 밝은 빛이 되고자 하여 모든 붇다의 법을 모으기 때문입니다.'

---

264) 사유(四維): 동서남북 사방의 중간 방위이다. 곧 동남〔選〕·동북〔艮〕·서남〔坤〕·서북〔乾〕을 말한다.

265) 「又復勿念內法外法、勿念於前亦勿念後、勿念四方四維上下。又復行時不得左右顧視, 但一心念般若波羅密多。如是念時不應動色, 不應動受、想、行、識。若動五蘊卽不行佛法, 是行生死行。若行生死行, 卽不行般若波羅密多, 卽不成就般若波羅密多。是故汝今離如是相, 但一心求。」

허공의 소리가 말했다.

'참으로 옳고 옳다, 잘 행하는 남자여. 그대는 공하고 모습 없고 지음 없는 법을 믿고 이해하여 모든 모습을 떠나야 하고, 있다는 견해〔有見〕, 중생이라는 견해〔衆生見〕, 사람이라는 견해〔人見〕, 나라는 견해〔我見〕를 떠나서 프라즈냐파라미타를 구해야 한다. 잘 행하는 남자여, 그릇된 스승〔惡知識〕을 떠나고 옳은 스승〔善知識〕을 가까이해야 하니, 옳은 스승이 공하고 모습 없고 지음 없으며 남이 없고 사라짐이 없는 법을 말해줄 수 있다.

잘 행하는 남자여, 그대가 이와 같이 할 수 있으면 오래지 않아 프라즈냐파라미타를 들을 수 있으니, 경권(經卷)을 따라 듣거나 법사(法師)를 따라 듣게 될 것이다. 잘 행하는 남자여, 네가 프라즈냐파라미타를 따라 들은 이 사람에 대해서 큰 스승이라는 생각〔大師想〕을 내야 하며 그 은혜 갚을 줄 알아야 하니 이렇게 생각해야 한다.

〈내가 프라즈냐파라미타를 따라 들은 이 사람은 곧 나의 옳은 스승이다. 나는 프라즈냐파라미타를 들었으니 아누타라삼약삼보디에서 물러나지 않고, 모든 붇다를 떠나지 않고 붇다 계시지 않는 세상에 태어나지 않으며 모든 어려움을 떠날 것이다.〉

이와 같은 공덕의 이익을 생각하기 때문에 프라즈냐파라미타를 말해준 법사(法師) 있는 곳에서 큰 스승이라는 생각을 내게 되는 것이다. 잘 행하는 남자여, 세속의 재물과 이익을 구하는 마음으로 법사를 따르지 말고, 법을 사랑하고 존중하며 공경하는 마음으로써 법사를 따라야 한다.

또 잘 행하는 남자여, 마라의 일을 알아야 하니, 악한 마라는 때로 법 설하는 이를 위해 여러 인연을 지어, 좋고 묘한 빛깔·소리·냄새·맛·닿음을 받아 느끼게 한다. 법 설하는 이는 방편의 힘〔方便

力〕 때문에 이 다섯 가지 욕망〔五欲〕을 받아들이는 것이니, 너는 이 가운데서 깨끗하지 않은 마음을 내지 말고 이렇게 생각해야 한다.

〈나는 방편의 힘을 알지 못하지만 법사는 때로 중생을 이익되게 하기 위하여 착한 뿌리를 심게 하려고 이러한 탐욕의 법을 받아 쓰는 것이니, (이 법을 받아 써도) 모든 보디사트바들은 막히어 걸리는 것이 없다.〉

잘 행하는 남자여, 너는 이때 모든 법의 참모습〔諸法實相〕을 살펴야 한다. 어떤 것이 모든 법의 참모습인가? 붇다께서는 온갖 법에 더러운 때가 없다고 말씀하셨다. 왜냐하면, 온갖 법의 성품이 공하고 온갖 법은 나〔我〕가 없고 중생(衆生)이 없으며, 온갖 법은 허깨비 같고 꿈과 같고 메아리 같고 그림자 같고 불꽃과 같기 때문이다.

잘 행하는 남자여, 네가 만약 이와 같이 모든 법의 참모습을 살펴 법사를 따르면, 오래지 않아 프라즈냐파라미타를 잘 알게 될 것이다.' "

다나팔라역(30품)

" '잘 행하는 이여, 그대는 이때 모든 법의 실상에 편안히 머물러야 하니, 어떤 것을 모든 법의 실상이라 하는가. 곧 온갖 법에 물듦도 없고 깨끗함도 없음을 말한다.

왜 그런가. 온갖 법의 자기성품이 공하기 때문이니, 이 가운데 나도 없고 사람도 없으며 중생도 없고 목숨도 없어, 온갖 법이 꿈과 같고 허깨비 같으며 그림자 같고 메아리 같아 이와 같음을 모든 법의 실상이라 한다. 그대가 만약 이와 같이 편안히 머물면 오래지 않아 프라즈냐파라미타를 들을 수 있게 된다.' "
266)

---

266) 「善男子！汝於爾時應當安住諸法實相。何等名爲諸法實相？所謂一切法無
染無淨。何以故？一切法自性空故，是中無我、無人、無衆生、無壽者，一切
法如夢、如幻、如影、如響，如是名爲諸法實相。汝若如是安住，即不久得聞

" '또 잘 행하는 남자여, 거듭 마라의 일을 알아야 하니, 만약 법사가 프라즈냐파라미타를 구하는 사람에 대해 마음에 미워함이 있어 돌아보지 않더라도, 너는 이 가운데 근심하거나 괴로워하지 말라. 다만 법을 사랑하고 존중하며 공경하는 마음으로 법사를 따르고, 싫어하여 떠나려는 생각을 내지 말라.' "

(2) 허공의 소리 따라 동으로 구법의 길을 떠남

"수부티여, 사다프라루디타보디사트바는 허공 가운데서 들리는 이와 같은 가르침을 받아들이고 나서, 곧 동쪽으로 갔다. 동쪽으로 가다 오래지 않아 다시 이렇게 생각했다.

'나는 왜 조금 전에 허공의 소리에게 동쪽으로 멀리 갈지 가까이 갈지, 누구를 따라 프라즈냐파라미타를 들을지 물어보지 않았는가.'

그리고는 곧 멈추어 서서 가지 않고 근심스레 큰소리로 울부짖으며 이렇게 속으로 말했다.

'나는 이곳에 머물면서 하루나 이틀 나아가서는 이레가 되도록 아주 지침도 생각지 않고, 잠잘 것을 생각지 않고, 먹고 마실 것을 생각지 않고, 낮과 밤을 가려 생각지 않고, 춥고 더움을 가려 생각지 않고 반드시 내가 누구로부터 프라즈냐파라미타를 들을지 알아내야겠다.'

수부티여, 비유하면 어떤 사람이 오직 외아들이 있어 그를 매우 깊이 사랑하였는데, 하루 아침에 그 자식이 목숨을 마치자 크게 근심하고 괴로워하여 오직 슬픔과 괴로움을 품어 다른 생각이 전혀 없는 것과 같다.

般若波羅密多。」

수부티여, 사다프라루디타보디사트바 또한 이와 같아서 다른 생각이 없이 다만 '나는 어느 때 프라즈냐파라미타를 들을 수 있을까'만을 생각하였다."

(3) 붇다의 모습이 나타나 중향성으로 갈 것을 사다프라루디타 보디사트바에게 말씀하심

"수부티여, 사다프라루디타보디사트바가 이와 같이 근심하고 슬퍼하여 크게 울부짖는데, 그때에 붇다의 모습〔佛像〕이 그의 앞에 나타나더니 찬탄하며 말씀하셨다."

다나팔라역(30품)

이때 붇다께서 수부티에게 말씀하셨다.
"저 사다프라루디타보디사트바마하사트바가 이와 같이 근심하고 시름하며 눈물 흘려 울고 있는데, 홀연히 여래의 형상이 그 앞에 머물러 있는 것을 보았다. 그때 이렇게 찬탄해 말씀했다." 267)

" '참으로 옳다, 잘 행하는 남자여. 지나간 때 모든 붇다께서 본래 보디사트바의 도를 행할 때에 프라즈냐파라미타를 구하신 것이 또한 지금 너와 같다. 그러므로 잘 행하는 남자여, 너는 이렇게 부지런히 정진하고 법을 사랑하고 좋아하는 뜻으로 이곳으로부터 동쪽으로 가거라. 여기서 오백 요자나를 가면 성이 있으니, 이름이 중향(衆香)이며 일곱 가지 보배가 합해 이루어져 있다.
그 성은 일곱 겹으로 가로와 세로가 십이 요자나씩인데, 다 일곱 가

---

267) 爾時, 佛告須菩提：「彼常啼菩薩摩訶薩, 如是憂愁啼泣時, 忽然見有如來形像住立其前, 作是讚言。」

지 보배로 된 타라나무들이 널리 두루 에워싸고 있다. 그곳은 풍요롭고 즐거우며 편안하고 고요해 사람들의 생활이 번성한다. 거리와 마을은 그림과 같이 아름답게 꾸며져 있고, 다리와 나루터는 땅과 같이 넓고 깨끗하다. 일곱 겹의 성 위에는 누각이 다 염부단금으로 되어 있는데, 낱낱의 누각에는 일곱 가지 보배로 된 나무가 늘어섰고 거기에는 갖가지 보배열매가 있다.

그 모든 누각은 차례로 보배끈으로 이어져 있고, 보배 방울을 단 비단 그물이 성위를 덮고 있다. 바람이 불면 방울이 울리니 그 소리가 부드럽고 아름답기가 마치 다섯 가지 악기를 타는 것 같아 매우 아끼고 즐길 만하니, 이런 소리로써 중생을 즐겁게 한다.

그 성의 네 가장자리에 흐르는 못은 깨끗하여, 차고 따뜻함이 알맞게 고루어진다. 못 가운데 있는 여러 배들은 일곱 가지 보배로 꾸며져 있으니, 이는 여러 중생들이 지난 세상에 지은 업으로 이룬 것이다. 중생들이 즐겁게 노니는 여러 못 가운데 갖가지 연꽃들 곧 푸르고 노랗고 붉고 흰 여러 가지 좋은 꽃들이 향기와 빛깔을 다 갖추어 연못 위를 두루 가득 덮고 있는데, 삼천의 큰 천세계에 있는 좋은 꽃들이 함께 갖춰져 있다.

그 성의 네 가장자리에는 오백 개의 정원이 있는데 일곱 가지 보배로 꾸며져 있어 매우 아끼고 좋아할 만하다. 낱낱의 정원 가운데에는 오백 개의 못물이 있고, 못물은 각기 가로와 세로가 십 리씩인데 다 일곱 가지 보배와 갖가지 빛깔로 꾸며져 있다.

여러 못물 가운데는 다 크기가 수레바퀴만한 푸르고 노랗고 붉고 흰 연꽃들이 물위를 가득 덮고 있는데, 푸른색의 연꽃은 푸른빛을 내고 노란색의 연꽃은 노란빛을 내며 붉은색의 연꽃은 붉은빛을 내고 하얀색의 연꽃은 흰빛을 낸다.

모든 못물 가운데는 물오리, 기러기, 원앙 등 온갖 다른 종류의 뭇 새들이 있다. 이 모든 정원과 못들은 마침 그 누구에게도 속한 바가 없이 다 중생이 지난 세상 지은 업의 과보와 기나긴 밤 동안에 깊은 법을 믿고 좋아하며 프라즈냐파라미타를 행한 복덕으로 이룬 것이다.

잘 행하는 남자여, 중향성 가운데에는 크고 높은 누각[臺]이 있는데, 다르모가타(Dharmodgata)보디사트바의 궁전이 그 위에 있다. 그 궁전은 가로와 세로가 각각 오십 리이고, 다 일곱 가지 보배로 이루어져 있으며 갖가지 색깔로 꾸며져 있다. 담장은 일곱 겹인데 또한 일곱 가지 보배로 되어있고, 줄지어선 일곱 보배의 나무가 둘레를 에워싸고 있다.

그 궁전 안에는 늘 즐길 수 있는 네 개의 정원이 있는데 정원의 이름은 첫째 '늘 기쁨'이요, 둘째 '근심 없음'이며, 셋째 '꽃으로 꾸밈'이요, 넷째 '향으로 꾸밈'이다. 낱낱의 정원에는 여덟 개의 못물이 있으니, 그 이름은 첫째 '어짊[賢]'이요, 둘째는 '아주 어짊[賢上]'이요, 셋째는 '기쁨'이요, 넷째는 '아주 기쁨'이요, 다섯째는 '안온함'이요, 여섯째는 '아주 안온함'이요, 일곱째는 '반드시 정해짐[必定]'이요, 여덟째는 '물러남이 없음'이다.

모든 못물의 가장자리에는 각각 일곱 가지 보배가 있으니, 노란 금, 흰 은, 유리, 파리, 붉은 옥구슬로 바닥이 되어 있고, 그 위를 금모래가 덮고 있다. 낱낱의 못 옆에는 여덟 개의 계단이 있는데, 갖가지 보물로 발 디딤을 삼았다. 여러 디딤 사이에는 염부단금과 파초나무가 늘어서 있으며, 여러 못물 가운데는 푸르고 노랗고 붉고 흰 연꽃이 그 위를 덮고 있고, 물오리, 기러기, 원앙, 공작 등 많은 새들의 우는 소리가 서로 어울려 매우 아끼고 즐길 만하다.

여러 못물 가에는 다 꽃나무와 향나무가 나 있는데, 바람이 불면 향기로운 꽃이 못물 가운데 떨어져서 그 못이 여덟 가지 공덕의 물[八功德水]을 이룬다. 향기는 찬다나향 나무와 같고 온갖 색깔과 맛이 갖춰져 있다.

다르모가타보디사트바는 육만팔천 명의 아름다운 궁녀들과 온갖 즐거움을 갖추어 함께 서로 즐겁게 놀며, 성 안의 남녀가 함께 '늘 기쁜 정원'과 '어진 이의 못' 등에 들어가서 함께 서로 즐겁게 논다.

잘 행하는 남자여, 다르모가타보디사트바는 아름다운 궁녀들과 즐겁게 놀고 나서는 날마다 세 때로 프라즈냐파라미타를 설하니, 중향성 가운데 남자와 여인 늙은이와 젊은이는 다르모가타보디사트바를 위하여 그 성 안의 사람이 많이 모이는 곳에 큰 법자리를 펼쳐 놓는다.

그 법자리의 네 발은 노란 금이나 흰 은, 유리나 파리로 되어 있고, 갖가지 색깔의 훌륭한 깔개를 펴고 그 위를 카시(Kāśi)산 흰 양털로 그 위를 덮었다. 법자리의 높이는 오 리이고 여러 가지 휘장을 쳐 놓았으며, 그 바닥 네 가장자리에는 다섯 가지 색깔의 꽃을 흩뿌려 놓고 여러 이름난 향들을 사르니, 이 모든 것들은 법에 공양하기 위해서였다. 다르모가타보디사트바는 이 자리 위에 앉아서 프라즈냐파라미타를 설한다.

잘 행하는 남자여, 거기 있는 모든 사람들은 이와 같이 다르모가타보디사트바를 공양하고 공경하니, 그것은 프라즈냐파라미타를 듣기 위해서이다.

이 큰 모임에 백천만의 많은 하늘신들과 세상사람들이 한 곳에 모여 있는데, 그 가운데는 듣기만 하는 사람도 있고, (듣고는) 받아들이는 사람도 있고, (듣고 받아들여) 지니는 사람도 있으며, 외우는 사람도 있고, 쓰는 사람도 있고, 바르게 살피는 사람도 있고, 설한 바대로 행하는 사람도 있다.

이 모든 중생들은 이미 악한 길을 건너 다 아누타라삼약삼보디에서 물러나지 않는다.

잘 행하는 남자여, 네가 이곳에서 동쪽으로 가면 다르모가타보디사트바의 처소에 이르러 프라즈냐파라미타를 들을 것이니, 다르모가타보디사트바는 나는 때마다 너의 옳은 스승이다. 그는 너에게 아누타라삼약삼보디 법의 이익과 기쁨을 보여 가르쳐줄 것이다.

잘 행하는 남자여, 다르모가타보디사트바가 본래 보디사트바의 도를 행할 때에 프라즈냐파라미타를 구하였는데, 그것은 너의 지금 행함과 같다. 이제 네가 동쪽으로 밤낮을 헤아리지 않고 가면 오래지 않아 프라즈냐파라미타를 들을 수 있을 것이다.'"

(4) 붇다의 말씀을 듣고 온갖 사마디의 문에 들어감

사다프라루디타보디사트바의 마음이 크게 기뻤으니, 비유하면 어떤 사람이 독화살을 맞아 다른 생각은 전혀 하지 않고 오직 '언제 좋은 의사를 만나 독화살을 뽑아내 나의 괴로움을 없앨 것인가'만을 생각하는 것과 같았다. 이와 같이 사다프라루디타보디사트바는 다른 생각은 전혀 하지 않고 다만 '언제 나를 위해 프라즈냐파라미타를 설해줄 다르모가타보디사트바를 뵐 수 있을까' 만을 생각하였다. 그리고 '내가 프라즈냐파라미타를 듣게 되면 모든 있다는 견해[有見]를 끊어버리리라'고 생각하였다.

이때 사다프라루디타보디사트바는 곧 머무는 곳에서 온갖 법 가운데서 '결정된 것은 없다는 생각[無決定想]'을 내고 '여러 사마디의 문[諸三昧門]'에 들어갔다. 여러 사마디의 문이란 다음과 같다.

모든 법의 성품을 살피는 사마디[諸法性觀三昧], 모든 법을 얻을 수 없는 사마디〔諸法不可得三昧〕, 모든 법의 무명을 깨뜨리는 사마디〔破諸法無明三昧〕, 모든 법이 다르지 않은 사마디〔諸法不異三昧〕, 모든 법이 무너지지 않는 사마디〔諸法不壞三昧〕, 모든 법을 비추어 밝히는 사마디〔諸法照明三昧〕, 모든 법이 어두움을 떠나는 사마디〔諸法離闇三昧〕, 모든 법이 서로 이어지지 않는 사마디〔諸法不相續三昧〕, 모든 법의 성품을 얻을 수 없는 사마디〔諸法性不可得三昧〕.

　꽃을 흩뿌리는 사마디〔散華三昧〕, 모든 몸을 받지 않는 사마디〔不受諸身三昧〕, 허깨비를 떠나는 사마디〔離幻三昧〕, 거울에 비친 모습과 같은 사마디〔如鏡像三昧〕, 온갖 중생의 말을 통달하는 사마디〔通達一切衆生語言三昧〕, 온갖 중생이 기뻐하는 사마디〔一切衆生歡喜三昧〕, 온갖 착함을 따르는 사마디〔隨一切善三昧〕, 갖가지 언어와 문구로 장엄하는 사마디〔種種語言字句莊嚴三昧〕, 두려움 없는 사마디〔無畏三昧〕.

　성품이 늘 고요한 사마디〔性常默然三昧〕, 걸림 없는 해탈의 사마디〔無礙解脫三昧〕, 티끌과 때를 떠난 사마디〔離塵垢三昧〕, 이름자와 언어로 장엄하는 사마디〔名字語言莊嚴三昧〕, 온갖 것을 바로 보는 사마디〔一切見三昧〕, 온갖 것이 걸림 없는 바탕의 사마디〔一切無礙際三昧〕, 허공과 같은 사마디〔如虛空三昧〕, 금강과 같은 사마디〔如金剛三昧〕, 짐이 없는 사마디〔無負三昧〕, 뛰어남을 얻은 사마디〔得勝三昧〕, 눈을 잘 돌이켜 쓰는 사마디〔轉眼三昧〕.

　법의 성품을 다한 사마디〔畢法性三昧〕, 안온함을 얻은 사마디〔得安穩三昧〕, 사자의 외침 같은 사마디〔師子吼三昧〕, 온갖 중생을 뛰어난 사마디〔勝一切衆生三昧〕, 더러운 때를 떠난 사마디〔離垢三昧〕, 더러움과 깨끗함이 없는 사마디〔無垢淨三昧〕, 꽃으로 장엄한 사마디〔華莊嚴三昧〕, 굳세고 진실됨을 따르는 사마디〔隨堅實三昧〕, 모든 법을 벗

어나 열 가지 힘과 네 가지 두려움 없음을 얻은 사마디〔出諸法得力無
畏三昧〕.

모든 법을 통달한 사마디〔通達諸法三昧〕, 온갖 법의 도장을 무너뜨
리는 사마디〔壞一切法印三昧〕, 차별된 견해가 없는 사마디〔無差別見
三昧〕, 온갖 견해를 떠난 사마디〔離一切見三昧〕, 온갖 어두움을 떠난
사마디〔離一切闇三昧〕, 온갖 모습을 떠난 사마디〔離一切相三昧〕, 온
갖 집착을 떠난 사마디〔離一切著三昧〕, 온갖 게으름을 떠난 사마디
〔離一切懈怠三昧〕.

깊은 법을 비추어 밝히는 사마디〔深法照明三昧〕, 뛰어나고 좋은 사
마디〔善高三昧〕, 빼앗을 수 없는 사마디〔不可奪三昧〕, 마라를 깨뜨리
는 사마디〔破魔三昧〕, 밝은 빛을 내는 사마디〔生光明三昧〕, 모든 붇다
를 보는 사마디〔見諸佛三昧〕.

이러한 갖가지 사마디이다.

사다프라루디타보디사트바는 이 여러 가지 사마디 가운데 머물며,
곧 시방의 모든 붇다가 여러 보디사트바들을 위해 프라즈냐파라미타
설하는 것을 보았다.

(5) 붇다들께서 다시 위안하고 찬탄하심

여러 붇다들께서는 각각 위안하고 찬탄하여 말씀하셨다.

"참으로 훌륭하다, 잘 행하는 남자여. 우리들이 본래 보디사트바의
도를 행할 때에 프라즈냐파라미타를 구하였는데 너의 지금과 또한 같
다. 우리들은 이 모든 사마디를 얻었는데, 너의 지금과 또한 같다. 이
모든 사마디를 얻게 되면 프라즈냐파라미타에 통달하여 아비니바르
타니야보디사트바의 지위에 머무른다. 우리들은 이 모든 사마디를 얻
었기 때문에 아누타라삼약삼보디를 얻었다.

잘 행하는 남자여, 이것이 프라즈냐파라미타이니 곧 모든 법에 생각할 것이 없음(無所念)이다. 우리들은 생각 없는 법(無念法) 가운데 머물러 이와 같은 금빛의 몸과 서른두 가지 모습과 크게 밝은 빛과 사유할 수 없고 말할 수 없는 지혜와 모든 붇다의 위없는 사마디와 위없는 지혜를 얻고 모든 공덕의 가를 다하였다(盡諸功德邊).

이와 같은 공덕은 모든 붇다께서 말씀해도 오히려 다 할 수 없는데 하물며 슈라바카와 프라테카붇다이겠는가. 그러므로 잘 행하는 남자여, 너는 이 법에 대해서 곱절이나 공경하고 아끼고 존중하며 깨끗한 마음을 내어야 아누타라삼약삼보디를 얻는데 어렵지 않을 것이다. 너는 옳은 스승을 깊이 공경하고 사랑하고 존중하며 기꺼이 믿어야 한다.

잘 행하는 남자여, 만약 보디사트바로서 옳은 스승이 보살펴 생각해주는 이는 빨리 아누타라삼약삼보디를 얻게 된다."

(6) 다르모가타보디사트바를 스승으로 의지할 것을 가르쳐 보임

이때 사다프라루디타보디사트바가 여러 붇다들께 말씀드렸다.

"어떤 분이 저의 옳은 스승입니까?"

여러 붇다들께서 대답하셨다.

"잘 행하는 남자여, 다르모가타보디사트바는 나는 때마다(世世生生) 너를 가르쳐 아누타라삼약삼보디를 이루도록 너로 하여금 프라즈냐파라미타 방편의 힘을 배우게 할 것이다. 다르모가타보디사트바가 너의 옳은 스승이니 너는 그 은혜를 갚아야 한다.

잘 행하는 남자여, 네가 만약 한 칼파나 두 칼파나 세 칼파 나아가서는 백 칼파 백 칼파를 지나도록 스승을 머리에 이고 온갖 즐길 거리로써 그를 공양하며, 삼천의 큰 천세계의 묘하고 좋은 빛깔·소리·

냄새·맛·닿음으로 힘을 다해 공양한다 할지라도 또한 그 보디사트바의 잠깐의 은혜조차 갚지 못할 것이다.

왜냐하면, 다르모가타보디사트바가 인연의 힘 때문에 너로 하여금 이와 같은 깊은 사마디를 얻게 하였고, 프라즈냐파라미타의 방편을 듣게 하였기 때문이다."

여러 붓다께서는 이와 같이 사다프라루디타보디사트바를 가르쳐 위안시키고는 홀연히 사라져 나타나지 않았다.

3. 사다프라루디타가 공양을 올려 다르모가타보디사트바를 찬탄함

(1) 공양물을 찾기 위해 큰 성에 들어감

이때 사다프라루디타보디사트바는 사마디(samādhi)로부터 일어나 모든 붓다들께서 보이지 않자 이렇게 생각했다.

'이 모든 붓다들께서는 조금 전에 어디서 오셨다가 지금 어느 곳에 이르렀는가.'

붓다를 뵐 수 없으므로 크게 근심하고 시름하면서 이렇게 생각하였다.

'다르모가타보디사트바는 이미 다라니(dhāraṇī)와 여러 신통의 힘을 얻었고, 이미 일찍이 지나간 모든 붓다를 공양했다. 태어나는 때마다 나의 옳은 스승이 되어 늘 나를 이익되게 할 것이니, 나는 다르모가타보디사트바의 처소에 가서 모든 붓다께서 어디에서 오셨다가 어디로 가셨는지 물어보아야겠다.'

다나팔라역(30품)

"저는 이때 사마디의 문에서 나와서는 다시 모든 붇다 여래를 볼 수 없었습니다. 제 마음은 괴로워 이렇게 생각했습니다.

'지난 번 여래는 어느 곳에서 오셔서 어느 곳으로 가셨는가.'

저는 다시 사유했습니다.

'저 다르모가타〔法上〕 보디사트바마하사트바는 앞 붇다 계신 곳에서 깊이 착한 뿌리를 심고, 프라즈냐파라미타를 통달하여 모든 방편을 갖추셨으니, 나는 저 분께 가서 프라즈냐파라미타를 들어서 받고 이 뜻을 물어야 한다.'

이 인연 때문에 저는 지금 이곳에 이르러 보디사트바마하사트바께 우러러 절할 수 있게 되었고, 제 마음도 기뻐 깊이 스스로 즐거워하였으니, 마치 빅슈(bhikṣu, 比丘)가 세 번째 선정의 즐거움〔三禪樂〕을 얻은 것 같았습니다.

마하사트바시여. 지난 번 사마디 가운데서 보았던바 여래께서 '어느 곳에서 오셔서 어느 곳으로 가시는지' 알지 못합니다. 바라오니 마하사트바께서는 저에게 보여 가르치시사, 저로 하여금 늘 붇다 세존을 볼 수 있게 해주시길〔常得見諸佛世尊〕 바랍니다." 268)

이때 사다프라루디타보디사트바는 다르모가타보디사트바를 더욱더 아끼고 존중하며 공경하고 기꺼이 믿으면서 이렇게 생각했다.

'나는 지금 몹시 가난하여 꽃과 향, 구슬목걸이와 태우는 향과 바르는 향, 옷가지와 깃발, 일산과 금, 은, 진주, 파리와 산호가 없다. 다르모가타보디사트바에게 공양할 만한 이러한 물건이 없으니, 나는 지

---

268) 「我於爾時從三摩地出已, 不復得見諸佛如來。我心苦惱卽作是念:『向者如來, 從何所來?去至何所?』我復思惟:『彼法上菩薩摩訶薩, 於先佛所深種善根, 通達般若波羅密多具諸方便, 我當往彼聽受般若波羅密多及問斯義。』以是緣故我今至此, 而得瞻禮菩薩大士。我心歡喜深自慶快, 猶如芯芻得第三禪樂。大士!如我向於三摩地中所見如來, 而不知彼從何所來?去至何所?唯願大士示教於我, 令我常得見佛世尊。」

금 빈손으로 다르모가타보디사트바 처소에 갈 수는 없다. 내가 만약 빈손으로 간다면 마음이 편치 않을 것이다.

나의 몸을 팔아서 재물을 구해야겠으니, 이는 프라즈냐파라미타를 위해 다르모가타보디사트바를 공양하려 함이다. 왜냐하면 나는 태어나는 때마다 지나오면서 몸을 잃은 적이 수 없이 많았지만 비롯도 없는 나고 죽음 가운데에서 탐욕 때문에 나라카에 떨어져 헤아릴 수 없는 괴로움을 받았지, 일찍이 깨끗한 법을 위한 적이 없었기 때문이다.'

이때 사다프라루디타보디사트바는 길을 가는 가운데 한 큰 성에 들어가, 저자에 이르러 소리를 높여 이렇게 외쳤다.

"누가 사람을 쓰시려 합니까? 누가 사람을 쓰시려 합니까?"

이때 악한 마라는 이와 같은 생각을 했다.

'사다프라루디타보디사트바는 법을 사랑하기 때문에 스스로 몸을 팔아 다르모가타보디사트바에게 공양하여 프라즈냐파라미타의 방편을 들으려 한다. 왜 이 보디사트바는 프라즈냐파라미타를 행하여 빨리 아누타라삼약삼보디를 얻으려 하는가. 또한 큰 바닷물과 같이 많이 들음[多聞]을 얻어 모든 마라가 무너뜨리지 못하게 하여, 온갖 모든 공덕의 가를 다해 이 공덕으로 헤아릴 수 없는 중생을 이익되게 하려 하는가. 이 중생들은 나의 경계를 벗어나 아누타라삼약삼보디를 얻게 될 것이니, 나는 이제 바로 가서 그 사람의 도의 뜻[道意]을 깨뜨려야겠다.'

바로 그때 악한 마라는 모든 사람들의 몸을 숨겨 가리고 나아가 한 사람도 보디사트바가 외치는 소리를 듣지 못하게 했으나, 오직 한 장자의 딸만은 마라가 가릴 수 없었다.

사다프라루디타보디사트바는 몸을 팔았으나 팔리지 않자 한 곳에

서서 눈물을 흘리며 말했다.

"나는 죄가 너무나 커서 스스로 몸을 팔아 다르모가타보디사트바를 공양하여 프라즈냐파라미타를 듣고자 해도 사는 사람이 없구나."

(2) 샤크라인드라하늘왕의 시험

이때 샤크라인드라하늘왕이 이렇게 생각했다.

'나는 지금 이 잘 행하는 남자가 실로 깊은 마음으로써 법을 사랑하기 때문에 이 몸을 버리려는지 시험해 보리라.'

그리고는 곧 변화로 브라마나(brāhmaṇa)의 모습을 지어 사다프라루디타보디사트바의 곁에 가서 물었다.

"잘 행하는 남자여, 그대는 지금 무엇 때문에 근심하여 슬피 우시오?"

사다프라루디타가 말했다.

"나는 몹시 가난하여 재물이 없기 때문에 스스로 몸을 팔아 다르모가타보디사트바를 공양하여 프라즈냐파라미타를 듣고자 하는데 제 몸을 사려는 사람이 없습니다."

브라마나가 말했다.

"잘 행하는 남자여, 나는 사람을 쓰지 않으나, 지금 크게 제사 지내려 하는데 사람의 심장과 피와 골수가 필요하니, 나에게 줄 수 있겠소?"

사다프라루디타는 스스로 생각했다.

'나는 큰 이익을 얻었다. 반드시 프라즈냐파라미타의 방편을 얻을 수 있게 되었으니, 브라마나가 내 심장과 피와 골수를 사려고 하기 때문이다.'

그리고는 곧 크게 기뻐하여 브라마나에게 말했다.

"그대가 필요한 것을 다 주겠습니다."

브라마나가 말했다.

"그대는 얼마만큼의 대가가 필요하오?"

사다프라루디타는 대답했다.

"그대가 주는 대로 받겠습니다."

사다프라루디타보디사트바는 곧 날카로운 칼을 쥐고서 오른 팔을 찔러서 피를 내고, 다시 오른 허벅지를 갈라서 뼈를 부수어 골수를 내려고 하였다.

(3) 장자의 딸이 사다프라루디타의 법공양에 따라 기뻐함

그때 한 장자의 딸이 누각 위에 있으면서 멀리서 사다프라루디타보디사트바가 팔을 찔러서 피를 내고 그 오른 허벅지를 가르고 다시 뼈를 부수어 골수를 내려고 하는 것을 보고는 이렇게 생각하였다.

'이 잘 행하는 남자는 무엇 때문에 그 몸을 괴롭게 하는가. 내가 가서 물어보아야겠다.'

그때 장자의 딸은 곧 누각에서 내려와 사다프라루디타보디사트바가 있는 곳에 가서 물었다.

"잘 행하는 남자여, 무엇 때문에 그 몸을 괴롭게 해서 이 피와 골수를 쓰려 합니까?"

사다프라루디타는 말했다.

"이것을 브라마나에게 팔아서 프라즈냐파라미타와 다르모가타보디사트바께 공양하려 합니다."

장자의 딸이 말했다.

"잘 행하는 남자여, 그대가 피와 골수를 팔아서 이 사람에게 공양하면 어떤 이익을 얻습니까."

사다프라루디타가 말했다.

"다르모가타보디사트바 이 분이 나를 위하여 프라즈냐파라미타의 방편의 힘을 설하면, 내가 그 가르침 가운데서 따라 배워 아누타라삼 약삼보디를 얻을 것입니다. 또 금빛 몸과 서른두 가지 모습과 항상한 빛과 헤아릴 수 없는 빛과 큰 사랑[大慈]과 크게 가엾이 여김[大悲] 과 큰 기쁨[大喜]과 크게 평등함[大捨], 열 가지 힘[十力], 네 가지 두려움 없음[四無所畏], 네 가지 걸림 없는 지혜[四無礙智], 열여덟 가지 함께 하지 않는 법[十八不共法], 여섯 가지 신통, 사유할 수 없 고 말할 수 없이 깨끗한 계(戒), 선정[定], 지혜[慧], 해탈(解脫)과 해탈지견(解脫知見)을 얻고 붇다의 위없는 지혜와 위없는 법의 보배 [無上法寶]를 얻어, 온갖 중생에게 나누어 주게 될 것입니다."

그때 장자의 딸이 사다프라루디타에게 말했다.

"그대가 말한 것은 매우 드문 일이며 미묘하기가 으뜸입니다. 그대 가 말한 낱낱의 법을 위해서는 강가강 모래 수만큼 많은 몸을 버릴 수도 있습니다. 잘 행하는 남자여, 그대가 지금 필요로 하는 금과 은·진주·유리·파리·호박·산호 등의 모든 진귀하고 좋은 보배와 꽃과 향·구슬 목걸이·깃발과 옷가지들을 다 드릴 터이니, 다르모가 타보디사트바께 공양하고 스스로 괴롭게 하지 마십시오.

나도 이제 또한 그대를 따라 다르모가타보디사트바의 처소에 가서 갖가지 착한 뿌리를 심고자 하니, 그것은 이와 같이 깨끗한 법을 얻으 려 하기 때문입니다."

(4) 샤크라인드라하늘왕이 본모습을 돌이킴

이때 샤크라인드라하늘왕이 본래의 몸을 돌이켜 사다프라루디타보 디사트바 앞에 서서 이렇게 말했다.

"참으로 훌륭하오, 잘 행하는 남자여. 그대의 마음이 굳세어 법을 사랑함이 이와 같으니, 지나간 때 모든 붇다들께서 보디사트바의 도를 행할 때도 지금의 그대와 같아서 프라즈냐파라미타의 방편 듣기를 구해 아누타라삼약삼보디를 얻었소. 잘 행하는 남자여, 나는 실로 사람의 심장과 피와 골수가 필요했던 것이 아니라 일부러 그대를 시험해 보려 했을 뿐이오. 그대는 무엇을 바라오? 그것을 서로 드리겠소."

사다프라루디타는 말했다.

"나에게 아누타라삼약삼보디를 주소서."

샤크라인드라하늘왕은 말했다.

"내게는 이것이 없고, 모든 붇다 세존만이 그것을 이루실 수 있습니다. 다시 다른 바램이 있으면 서로 드리겠소."

사다프라루디타는 말했다.

"그대가 이 가운데 그런 힘이 없다면, 도로 내 몸을 옛날처럼 돌이켜 주십시오."

사다프라루디타의 몸은 곧 평소대로 돌이켜져 상처와 흉터가 없어졌다. 그러자 샤크라인드라하늘왕은 홀연히 사라져 나타나지 않았다.

(5) 장자의 딸이 공양물을 바침

그때 장자의 딸은 사다프라루디타보디사트바에게 말했다.

"저희 집에 가서 저의 어버이께 이렇게 말씀드려야겠습니다.

'법을 듣기 위하여 다르모가타보디사트바를 공양하는 데 필요한 재물과 보배를 구합니다.'"

사다프라루디타보디사트바가 장자의 딸과 함께 그 집에 가니, 장자의 딸이 들어가서 그 어버이께 이렇게 말했다.

"저에게 꽃과 향, 구슬목걸이와 갖가지 옷가지와 여러 가지 보물을 주십시오. 그리고 제가 이 물건들과 앞에 주신 오백 명의 모시는 여인들을 데리고 사다프라루디타보디사트바와 함께 다르모가타보디사트바를 공양하러 가도록 들어주십시오. 다르모가타보디사트바는 저희를 위하여 법을 설하실 것이며, 이 법으로써 저희들은 모든 붇다의 법을 얻을 것입니다."

그러자 그 어버이는 딸에게 말씀하셨다.

"사다프라루디타보디사트바는 지금 어느 곳에 계시느냐?"

딸은 이렇게 말했다.

"지금 문 밖에 계십니다. 이 분은 보디의 마음을 일으켜 아누타라삼약삼보디를 구하여 온갖 중생을 나고 죽음의 괴로움에서 건지고자 합니다. 법을 사랑하기 때문에 스스로 몸을 팔고자 하였으나 사려는 사람이 없어서 근심하여 슬피 울며 한 곳에 계시면서 이렇게 생각했습니다.

'내가 몸을 팔고자 하나 살 사람이 없구나.'

이때 한 브라마나가 그 분께 물었습니다.

'그대는 지금 무슨 까닭에 스스로 몸을 팔려고 하오?'

그러자 그는 이렇게 답하였습니다.

'나는 법을 사랑하기 때문에 다르모가타보디사트바를 공양하여 그로부터 모든 붇다의 법을 얻고자 합니다.'

그 브라마나가 말했습니다.

'나는 사람을 쓰지 않지만 지금 크게 제사 지내려면 사람의 심장과 피와 골수가 필요하오.'

그러자 곧 이 분은 마음이 크게 기뻐 손으로 날카로운 칼을 쥐고 팔을 찔러 피를 내고, 다시 오른쪽 허벅지를 잘라서 뼈를 부수어 골수를 내려고 했습니다. 저는 누각 위에서 이 광경을 멀리서 보고는 마음

속으로 이렇게 생각하였습니다.

'이 분은 무엇 때문에 그 몸을 괴롭히는가. 가서 물어보아야겠다.'

제가 가서 물었더니, 제게 이렇게 답하였습니다.

'나는 가난하여 재물이나 보배가 없어서 심장과 피와 골수를 팔아서 이 브라마나에게 주고자 합니다.'

그때 제가 물었습니다.

'잘 행하는 남자여, 이 재물을 가지고 무엇을 하시렵니까?'

그는 답하였습니다.

'법을 사랑하기 때문에 다르모가타보디사트바에게 공양할 것입니다.'

제가 다시 물었습니다.

'잘 행하는 남자여, 그대는 이렇게 하여 어떤 이익을 얻으려 하십니까?'

그 분은 답하였습니다.

'저는 이 가운데서 헤아릴 수 없으며 이루 사유할 수 없고 말할 수 없는 공덕의 이익을 얻으려 합니다.'

저는 이 헤아릴 수 없으며 이루 사유할 수 없고 말할 수 없는 모든 붇다의 공덕[諸佛功德]이라는 말을 듣고는 마음이 크게 기뻐서 이렇게 생각했습니다.

'스스로 이와 같은 고뇌를 받을 수 있다니, 이 잘 행하는 남자는 매우 보기 드문 분이다. 법을 사랑하기 때문에 오히려 기꺼이 그 몸까지 버릴 수 있는데, 내가 어찌 법을 공양하지 않겠는가. 나는 지금 재물이 있으니 이와 같은 일 가운데서 큰 원[大願]을 세워야겠다.'

저는 그때 말하였습니다.

'잘 행하는 남자여, 그대는 이렇게 몸을 괴롭게 하지 마십시오. 내가 재물을 많이 드릴 테니 다르모가타보디사트바께 공양하십시오. 나도 그대를 따라 다르모가타보디사트바가 계신 곳에 스스로 공양하여 나도 또한 위없는 붇다의 법을 얻고 싶습니다.'

지금까지 말씀드린 바와 같으니 어버이께서는 지금 제가 이 잘 행하는 남자를 따라서 재물을 가지고 다르모가타보디사트바에게 공양하려는 것을 들어주십시오."

그 부모는 답하였다.

"네가 칭찬한 사람은 매우 보기 드문 분이라 미치기 어려운 분이다. 이 분은 한 마음으로 법을 생각하여 모든 세계에서 가장 뛰어나고 가장 으뜸이니, 반드시 온갖 중생을 편안하고 즐겁게 할 수 있을 것이며, 이 분은 어려운 일을 구할 수 있을 것이다. 지금 네가 따라 가겠다는 말을 들으니 우리도 또한 다르모가타보디사트바를 뵙고 싶구나."

이 딸은 다르모가타보디사트바께 공양하기 위한 까닭에 어버이께 말씀드렸다.

"저는 함부로 다른 사람의 공덕을 끊지 않겠습니다."

이 딸은 곧 오백 대의 수레를 장엄하고 오백 명의 모시는 여인들에게 분부하여 다 꾸미도록 하며, 갖가지 빛깔의 꽃과 갖가지 빛깔의 옷과 갖가지 여러 향들인 가루향, 바르는 향과 금은 보화와 갖가지 빛깔의 미묘한 구슬목걸이와 온갖 맛있는 먹을거리 마실거리를 가지고 사다프라루디타보디사트바에게 드리기 위해 각기 한 수레 가득 실었다.

4. 다르모가타보디사트바를 친견함

(1) 사다프라루디타와 오백 여인이 다르모가타보디사트바에게 공양함

오백 명의 모시는 여인이 공경히 에워싸고 점점 동쪽으로 가면서 멀리 중향성(衆香城)을 보았다. 그 성은 일곱 겹으로 일곱 가지 보배가 꾸며져 매우 사랑하고 즐길 만한 곳이었다. 거기에다 성을 두른 못이 일곱 겹으로 되어 있고 나무가 일곱 겹으로 줄지어 서 있었다.

그 성은 길이와 너비가 십이 요자나 씩이며 풍요롭고 평안하여 풀뿌리사람들의 생활이 번성하였다. 오백 갈래로 뻗어있는 거리는 그림같이 잘 가꾸어져 있고, 다리와 나룻터는 마치 땅과 같이 넓고 깨끗했다.

다르모가타보디사트바가 성 가운데 있는 법자리 위에 앉아서 헤아릴 수 없는 백천만 대중에게 둘러싸여 법 설하시는 것을 멀리서 보고, 마음이 곧 기쁨으로 가득차니 마치 비구가 세 번째 선정(三禪)을 얻은 것 같았다.

이와 같은 광경을 보고 나서는 이렇게 생각했다.

'우리들은 수레를 타고 다르모가타보디사트바에게 가서는 안 된다.'

그리하여 곧 다 수레에서 내려 걸어갔다. 사다프라루디타는 오백 모시는 여인에게 공경히 에워싸여 있었고, 그들은 각기 갖가지로 장엄된 여러 가지 물건을 가지고서 다 다르모가타보디사트바 계신 곳에 나아갔다.

다르모가타보디사트바가 계신 곳에는 일곱 보배로 된 누각이 있는데 그 누각은 우두향(牛頭香)과 찬다나향으로 꾸며져 있었고, 진주그물과 보배방울이 사이 사이에 섞여 있으며, 네 귀퉁이에는 각각 밝은 구슬이 달려서 빛나고 있었다. 그리고 네 개의 흰 은(白銀) 향로에 검은 침수향을 피워 프라즈냐파라미타를 공양했다. 그 보배로 된 누각 가운데는 일곱 보배 큰 침상이 있었고, 침상 위에는 네 개의 보배상자가 있는데, 참금의 조각에다 프라즈냐파라미타를 써서 이 상자 속에 넣어두었다. 그 누각의 네 가장자리에는 보배깃발이 드리워져 있었다.

이때 사다프라루디타보디사트바와 오백 모시는 여인들은 멀리서 미묘한 누각이 갖가지 진귀한 보배로 꾸며진 것을 보았다. 또 샤크라인드라하늘왕과 헤아릴 수 없는 백천의 여러 하늘신들이 하늘 만다라꽃과 하늘 금과 은의 꽃, 하늘 찬다나꽃을 그 누각 위에 뿌리고 하늘 대중이 공중에서 여러 가지 기악을 울리는 것을 보고는 곧 샤크라인드라하늘왕에게 물었다.

"카우시카여, 그대는 왜 여러 하늘 무리와 함께 하늘 만다라꽃과 하늘 금과 은의 꽃과 하늘 찬다나꽃을 누각 위에 뿌리고 허공 가운데서 여러 가지 기악을 울리시오?"

샤크라인드라하늘왕이 말했다.

"잘 행하는 남자여, 그대는 알지 못합니까? 마하프라즈냐파라미타라고 부르는 법이 있으니, 이것은 모든 보디사트바의 어머니라 보디사트바는 이 가운데서 배워 여러 가지 공덕과 모든 붇다의 법을 다 얻어서 빨리 사르바즈냐나를 얻게 됩니다."

사다프라루디타가 말했다.

"카우시카여, 마하프라즈냐파라미타는 모든 보디사트바의 어머니라고 하는데 그것은 어디에 있습니까? 내가 지금 보려 하오."

"잘 행하는 남자여, 이 일곱 보배로 된 상자 속의 황금 조각 위에 있소. 다르모가타보디사트바는 일곱 보배의 도장으로 이를 도장 찍어 새겨 두었으나, 나는 지금 그대에게 보여줄 수 없소."

이때 사다프라루디타보디사트바와 오백 여인은 각각 갖가지 꽃과 향, 구슬목걸이와 깃발과 덮개, 옷가지와 금, 은 등 진귀한 보배를 가지고서 반으로는 프라즈냐파라미타에 공양하고 나머지 반으로는 다르모가타보디사트바께 공양하였다.

사다프라루디타보디사트바는 갖가지 꽃과 향, 구슬목걸이와 깃발과 덮개, 옷가지와 금은 보배꽃과 여러 가지 기악을 울려서 프라즈냐파라미타에 공양하고 나서 다르모가타보디사트바가 계신 곳으로 향하였다.

그리고는 다시 갖가지 꽃과 향, 구슬목걸이, 찬다나향가루, 금은 보배꽃으로써 법을 공양하는 까닭에 다르모가타보디사트바 위에 흩뿌리니, 그것들은 곧 허공에서 머물렀다 모여 보배일산을 이루었고, 그 일산은 네 가장자리에 여러 가지 보배 깃발을 드리웠다.

(2) 법공양의 인연으로 프라즈냐행 같이 닦기를 서원함

사다프라루디타보디사트바와 오백 여인은 이 신묘한 힘을 보고서 마음이 크게 기뻐서 이렇게 생각했다.

'이와 같은 일은 일찍이 있지 않았던 일이다. 다르모가타보디사트바마하사트바의 신통의 힘이 이와 같구나. 아직 붇다의 도를 완전히 이루지 못한 이의 신통의 힘이 이와 같은데 하물며 아누타라삼약삼보디를 얻은 사람이겠는가.'

이때 오백 여인은 다르모가타보디사트바를 공경하고 존중하므로 다 아누타라삼약삼보디의 마음을 내고 이렇게 원을 세웠다.

"우리는 이 착한 뿌리의 인연으로 앞으로 오는 세상에 붇다를 이루며, 보디사트바의 도를 행할 때에도 또한 이와 같은 공덕을 얻어서 지금의 다르모가타보디사트바와 같아지이다.

또 프라즈냐파라미타를 공양하고 공경하며 존중하여 사람을 위해 연설해서 방편의 힘을 이루는 것도 또한 다르모가타보디사트바와 같아지이다."

(3) 사다프라루디타가 법공양의 인연사를 말씀드리고 법을 물음

사다프라루디타와 오백 여인은 머리와 얼굴을 다르모가타보디사트바의 발에 대어 절하고, 두 손 모아 공경히 한쪽에 물러나 있었다.

사다프라루디타가 다르모가타보디사트바에게 말했다.

"제가 본래 프라즈냐파라미타를 구할 때 빈 숲 속 허공 가운데서, 다음 같은 소리를 들었습니다.

'잘 행하는 남자여, 이곳으로부터 동쪽으로 가면 프라즈냐파라미타를 들을 수 있을 것이다.'

저는 곧 동쪽으로 갔는데 동쪽으로 가다 오래지 않아서 문득 이렇게 생각했습니다.

'내가 왜 허공에서 나는 소리에게 가야 할 곳이 먼지 가까운지, 누구로부터 프라즈냐파라미타를 들어야 할지를 묻지 않았던가.'

그리고는 근심하고 시름하며 괴로워해 이레를 머물면서 먹고 마실 것이나 그 밖의 세상 일을 생각하지 않고 다만 프라즈냐파라미타를 생각하면서, 다시 이렇게 생각했습니다.

'나는 왜 허공의 소리에게 갈 곳이 가까운지 먼지 누구로부터 들을 수 있는가를 묻지 않았던가!'

바로 그때 붇다의 모습이 제 앞에 나타나 이렇게 말씀하셨습니다.

'잘 행하는 남자여, 이곳으로부터 동쪽으로 오백 요자나를 가면 중향(衆香)이라고 부르는 성이 있는데 거기에 다르모가타라는 보디사트바가 여러 대중을 위해 프라즈냐파라미타를 설하고 있다. 너는 여기서 프라즈냐파라미타를 들을 수 있을 것이다.'

저는 이곳에서 온갖 법 가운데에는 '의지할 것이 없다는 생각'을 내고 또한 헤아릴 수 없는 여러 사마디의 문을 얻었습니다. 저는 이 여

러 사마디에 머물러 곧 시방의 여러 붇다들께서 뭇 대중을 위하여 프
라즈냐파라미타를 설하시는 것을 보았습니다. 여러 붇다들께서는 저
를 찬탄하여 말씀하셨습니다.

'참으로 훌륭하고 훌륭하다, 잘 행하는 남자여. 우리가 본래 보디사
트바의 도를 행할 때도 또한 이 여러 가지 사마디를 얻었으며 이 사마
디 가운데 머물러 여러 붇다들의 법을 이룰 수 있었다.'

여러 붇다들께서는 이렇게 저를 편안히 위로하고 가르쳐 보여주시
고서는 다 다시 나타나지 않으셨습니다.

저는 이 사마디로부터 깨어나서, 이렇게 생각했습니다.

'모든 붇다들께서는 어디서 오셨다가 어디로 가셨는가?'

또 모든 붇다께서 오고가는 인연을 알지 못하므로 곧 이렇게 생각
했습니다.

'다르모가타보디사트바는 이미 일찍이 지나간 때 모든 붇다를 공양
하여 깊이 착한 뿌리를 심고 방편을 잘 배웠으니, 반드시 나를 위해
모든 붇다들께서 어디서 오셨다가 어디로 가셨는지 말씀해주실 것이
다.'

오직 크신 스승〔大師〕께서는 지금 저를 위하여 모든 붇다께서 어디
서 오셨다가 어디로 가셨는지 말씀해주셔서 저로 하여금 늘 붇다를
떠나지 않고 뵐 수 있도록 해주시길 바랍니다."

평창

지금 미망의 중생 그 진여가 여래의 진여이고 중생의 진실이 여래
공덕의 곳간이므로, 중생이라 해도 한 법도 잃음이 없고 여래라 해도
한 법도 얻음이 없다.

그러나 또한 중생은 중생이라 중생은 프라즈냐의 가르침을 듣고 선지식의 이끌어주는 인연이 있어야 다시 해탈의 저 언덕에 오를 수 있다.

보디의 법은 모습 없으나 모습 아님도 없으며 선지식도 붙잡아 줄 것이 없으나, 간절히 보디에 나아가는 뜻에 따라, 때로 산하대지가 그의 스승이 되고 거리의 더벅머리 사내와 아낙네, 거리의 어린 남자아이 여자아이들이 선지식이 된다.

그 뜻을 여래는 그 옛날 사다프라루디타보디사트바의 보디 구하는 일로 보여주니, 사다프라루디타보디사트바는 허공의 소리를 듣고 동방으로 가 중향성(衆香城)에서 선지식 다르모가타보디사트바를 만나 프라즈냐파라미타를 들어 해탈의 땅에 이르렀다.

사다프라루디타의 법을 위해 목숨을 버리는 '보디의 마음〔菩提心〕'에 허공과 산하대지가 그의 좋은 벗이 되고 그를 보살펴주는 자 되니, 구도자가 이 육신(肉身)의 몸을 버리되 그 몸을 법의 몸〔法身〕으로 바꿔주고 재물을 버려 공양함에 법의 재물〔法財〕로 그의 삶을 풍요에 이끌어준다.

본래 스스로 그러한 진여의 땅에 선지식의 인연이 공하되 선지식의 인연으로 나고 죽음 없는 지혜 목숨〔慧命〕을 얻고 무너지지 않는 법의 몸〔法身〕을 얻는 것이니, 지금 사다프라루디타와 구도자를 돕는 장자의 딸이 어찌 멀리 있는 그 누구일 건가. 그가 지금 보디에 마음을 낸 우리 미망의 중생이고 우리 주변 법에 믿음을 낸 좋은 집안 아들과 딸〔善男子 善女人〕이니, 그들은 반드시 여래로부터 보디의 언약을 얻어 나고 죽음 없는 해탈의 땅에 이를 것이다.

옛 조사의 가르침으로 다시 살펴보자.

운문선사(雲門禪師)에게 어떤 승려가 물었다.

"붇다의 법이 물 가운데 달과 같다고 하니, 그렇습니까?"
선사가 말했다.
"맑은 물결에 꿰뚫을 길이 없다."
승려가 말했다.
"화상은 어디서 얻었습니까?"
선사가 말했다.
"다시 묻는 것이 어디서 왔는가."
승려가 말했다.
"곧 이렇게 갈 때 어떠합니까?"
선사가 말했다.
"겹치고 겹치어 산길을 막았다."

■ (1041則)

雲門因僧問 佛法如水中月 是否
師云 淸波無透路 僧云 和尙從何得
師云 再問復何來 僧云 便恁麽去時如何
師云 重疊閉山路

원오근(圜悟勤)선사가 노래했다.

두루한 세계를 감추지 못하니
맑은 물결 맑고도 고요하다
서로 바꾸어 기틀에 맞으니
화살과 칼이 서로 맞섰다
위를 향하는 망치 집어 올리면
들불 번갯빛도 미치지 못한다
곧 이와 같은데 어떠한가
떨어져 막힌 산 푸른 못은

구름 밖에서 서로 관계치 않네

偏界不藏　淸波澄寂
互換投機　箭鋒相直
提起向上鉗鎚　石火電光莫及
便恁麽
隔關山碧潭　雲外不相關

학담도 한 노래로 옛 선사의 뜻에 함께해 여래를 찬탄하리라.

법은 물의 달 같아 본래 잡지 못하니
이와 같이 밝게 알면 프라즈냐에 들리
비록 그러나 어디에서 이와 같음 얻는가
물음이 좇아온 곳 알면 생각 생각이 프라즈냐이네

法如水月本不把　如是了知入般若
雖然從何得如是　知問所從念念是

제28품 다르모가타보디사트바의 설법과 사마디의 증 득〔曇無竭品〕

여래의 모습은 세간의 모습을 떠나 따로 있는 초월적인 모습이 아니라, 세간의 나되 남이 없고 사라지되 사라짐 없는 모습이 곧 여래의 모습이며, 물질적인 몸〔色身〕의 있되 공한 실상이 바로 여래의 법신(法身)이다. 그러므로 고조사 또한 '불성의 뜻을 알려고 하면 때와 철의 인연을 살피라〔欲識佛性義 當觀時節因緣〕'고 하였으니, 인연으로 있는 모든 법의 한결같음 밖에 여래가 없기 때문이다.

비유하면 물처럼 보이는 아지랑이 속에서 범부는 물을 찾지만, 아지랑이 자체가 온 곳도 없고 간 곳도 없듯 여래의 음성과 몸도 이와 같다. 또한 환술사가 허깨비로 코끼리와 병사를 만들어도 실로 옴이 없고 감이 없듯이 여래도 이와 같다. 또한 거문고 소리가 줄과 몸통과 젓대와 사람의 타는 손놀림 속에서 일어나지만, 줄에도 소리가 없고 몸통과 젓대, 사람 손에도 없듯이 여래의 몸도 인연을 떠나서는 없지만, 인연 속에서 여래의 몸을 찾을 수는 없다.

이와 같이 여래의 참몸이란 인연과 인연이 아님을 떠나므로 인연의 있는 모습에 빠져서도 여래를 보지 못하지만, 인연 없이도 여래의 참몸을 볼 수 없다. 보디사트바는 발심과 따라 기뻐함과 목숨 바친 공양을 인연으로 하여 물러남이 없는 지위에 들어 아누타라삼약삼보디를 얻음 없이 얻게 된다. 그러므로 사다프라루디타는 진리를 위해 오백여인과 온갖 장엄된 도구를 다르모가타보디사트바에게 바치고, 몸에 피를 내어 다르모가타보디사트바의 법자리에 뿌리니, 다르모가타보디사트바는 그러한 구도자의 간절한 마음에 응해 사마디에서 일어나 사다프라루디타와 여러 대중을 위해 '모든 법이 평등하므로 프라즈냐가 평등함'을 설하였다.

보디사트바의 설법처럼 모든 법이 평등하고 두려움 없고 끝이 없으므로 프라즈냐 또한 평등하고 두려움 없고 끝이 없다. 모든 법이 평등하므로 범부는 나고 죽음을 끊고 니르바나를 얻는 것이 아니며, 이미 깨친 다르모가 타보디사트바가 법을 설하되 법을 얻은 모습도 없고 설하는 모습도 없으 며, 아직 못 깨친 사다프라루디타가 법을 듣되 법을 얻지 못한 모습이 없 고 듣는 모습도 없다.

그러므로 다르모가타보디사트바의 설법을 듣고 '사다프라루디타가 앉은 곳에서 그대로 평등한 사마디, 움직임 없는 사마디를 얻었다' 했으니, 이 는 '중생을 떠나지 않고 여래의 공덕을 구현하고, 번뇌를 끊지 않고 여섯 아는 뿌리〔六根〕를 청정히 함'을 나타낸다.

또한 이는 설하고 들음을 떠남 없이 고요하고, 고요함을 떠나지 않고 설 할 수 있고 들을 수 있음을 나타내며, 사다프라루디타의 아직 못 깨침〔不 覺〕과 다르모가타의 새로 깨침〔始覺〕이 둘이 없어 깨달음에 깨달음의 모 습마저 마쳐 다함을 나타낸다.

학담이 노래로 종요를 말해보리라.

세간의 자기성품이 여래의 성품인데
세간에 성품 없으니 가고 옴이 없어라
여래의 몸 또한 좇아온 바가 없고
또한 간 곳이 없고 이르는 바가 없네

世間自性如來性　世間無性無去來
如來身亦無所從　亦無所去無所至

비유하면 허공이 가고 옴이 없는 것 같고
또한 허깨비 법이 일고 사라짐 없는 것 같네
이와 같이 여래의 몸을 밝게 안다면
곧 프라즈냐에 들어가 보디에 가까우리

譬如虛空無去來　亦如幻法無起滅
如是了知如來身　卽入般若近菩提

법을 들어 의심치 않으면 큰 이익을 얻고
착한 뿌리 갖추어서 물러서지 않음에 들어
설함과 들음 다 진여문에 들어가니
모인 대중 따라 기뻐해 언약 주심 얻었네

聞法不疑得大益　善根具足入不退
聞說皆入眞如門　會衆隨喜得授記

모든 법이 평등하니 프라즈냐가 평등하여
프라즈냐 설함 들으면 헤아릴 수 없음에 드네
다섯 쌓임 다함없으니 프라즈냐도 그러해
주는 자와 받는 자 다 다함없는 공덕곳간에 드네

諸法平等般若等　聞說般若入無量
五蘊無盡般若然　施受皆入無盡藏

모든 법이 움직이지 않고 프라즈냐 또한 그러하니
프라즈냐 모임의 대중은 도량에 앉아서
모두 다 무너지지 않는 여러 사마디 얻어
여래의 몸 떠나지 않고 그 교화 가이없으리

諸法不動般若然　此會大衆坐道場
皆得不壞諸三昧　不離如來化無邊

1. 오고 감이 없는 여래의 참모습을 밝힘

(1) 온갖 법의 참모습이 곧 여래임을 보임

이때 다르모가타보디사트바가 사다프라루디타보디사트바에게 다음과 같이 말했다.

"잘 행하는 남자여, 모든 붇다께서는 좇아 온 곳이 없고 가서 이르는 곳이 없다. 왜냐하면, 모든 법의 한결같음은 움직이지 않기 때문이니, 모든 법의 한결같음이 곧 여래이다.

잘 행하는 남자여, 한결같음은 남이 없고 옴도 없으며 감이 없고 사라짐이 없으니, 옴이 없고 감이 없는 것이 곧 여래이다. 참된 바탕[實際]은 옴도 없고 감도 없으니 참된 바탕이 곧 여래이다. 269)

공(空, sunyata)은 옴도 없고 감도 없으니 공함이 곧 여래이다. 모습 끊어짐[斷]은 옴도 없고 감도 없으니, 모습 끊어짐이 곧 여래이다. 모습 떠남[離]은 옴도 없고 감도 없으니, 모습 떠남이 곧 여래이다. 사라짐[滅]은 옴도 없고 감도 없으니, 사라짐이 곧 여래이다. 허공의

---

269) 〔E.Conze역 28품〕

다르모가타 보디사트바가 말했다.

"여래들께서는 확실히 어떤 곳으로부터 오지 않고 어떤 곳으로 가시지 않는다. 왜냐하면 이와 같음은 움직이지 않는데, 여래는 이와 같음이기 때문이고 나지 않음은 오지 않고 가지 않는데, 여래는 나지 않음이기 때문이다. 누구나 진실의 끝은 오거나 감을 생각할 수 없는데, 여래는 진실의 끝이다."

Dharmodgata: Tathagatas certainly do not come from anywhere, nor do they go anywhere. Because Suchness does not move, and the Tatagata is Suchness. Non-production does not come nor go, and the Tathagata is non-production. One cannot conceive of the coming or going of the reality-limit, and the Tathagata is the reality-limit.

성품〔虛空性〕은 옴도 없고 감도 없으니, 허공의 성품이 곧 여래이다.

잘 행하는 남자여, 이 모든 법을 떠나서는 여래가 없으니, 이 모든 법의 한결같음과 모든 여래의 한결같음은 다 하나라 둘이 없으며 다름도 없다.

잘 행하는 남자여, 이 한결같음은 오직 하나이지 둘도 없고 셋도 없으며, 모든 법의 수〔諸數〕를 떠나 실로 있는 바가 없다.

잘 행하는 남자여, 비유하면 늦봄의 해가 한낮에 쩽쩽 내리쬘 때 들판에서 아지랑이가 움직이는 것을 보고 어리석은 사람이 그것을 좇아 물을 얻겠다고 하는 것과 같다. 잘 행하는 남자여, 그대 뜻에 어떠한가. 이 물은 어디로부터 오는가? 동쪽의 바다로부터 오는가, 아니면 남·서·북쪽의 바다로부터 오는가?"

사다프라루디타보디사트바가 큰 스승에게 말씀드렸다.

"아지랑이 가운데는 물도 없는데, 하물며 오는 곳과 가는 곳이 있겠습니까? 다만 이것은 어리석은 사람이 지혜가 없으므로 물이 없는 곳에서 물이라는 생각을 일으킨 것이지 실로는 물이 없습니다."

다나팔라역〔31품〕

이때 다르모가타〔法上〕보디사트바마하사트바가 사다프라루디타〔常啼〕보디사트바마하사트바에게 말했다.

"잘 행하는 이여. 여래는 좇아온 바 없고 또 간 바가 없다. 왜인가. 진여는 움직임이 없으니 진여가 곧 여래이다. 나지 않는 법은 옴도 없고 감도 없으니, 나지 않는 법이 곧 여래이다.

진실한 바탕〔實際〕은 옴도 없고 감도 없으니, 진실한 바탕이 여래이다. 공한 성품은 옴도 없고 감도 없으니, 공한 성품이 여래이다. 물듦 없는 법은 옴도 없고 감도 없으니, 물듦 없는 법이 여래이다. 고요히 사라짐〔寂滅〕은 옴도 없고 감도 없으니, 고요히 사라짐이 여래이다. 비어 공함〔虛空〕은 옴도 없고 감도 없으니, 비어 공함이 여래이다.

　잘 행하는 이여. 이와 같은 법을 떠나서 여래라고 이름할 법이 따로 있지 않다. 이것은 다시 어찌하여 여래의 진여(如來眞如)라고 말하는가. 온갖 법의 진여는 한 진여에 같이하니, 이 같음에는 분별이 없어서 둘도 없고 또한 셋도 없다.

　잘 행하는 이여, 비유하면 다음과 같다.

　늦봄 초여름 낮 가운데 아지랑이가 움직여 피어나 어떤 때 사람이 그 가운데서 물을 구한다면, 그대 뜻에 어떠한가. 저 물이 어느 곳에서 오는가. 동쪽 바다에서 오는가, 남·서·북쪽 바다에서 오는가. 그 물이 가는 곳 또한 그러하다."

　사다프라루디타보디사트바가 말했다.

　"저 아지랑이 가운데는 얻을 물이 없는데, 하물며 다시 옴과 감이 있겠습니까. 다만 이것은 어리석어 지혜 없는 이가 허망하게 보는 바입니다." 270)

(2) 오고 감이 없는 여래의 참모습을 비유로 보임

　"잘 행하는 남자여, 만약 어떤 사람이 여래의 몸과 음성에 대해 탐착을 내면 이러한 사람들은 다 '붇다에게 가고 오는 모습이 있다'고 분별하게 된다. 이러한 것들은 마치 어리석은 사람이 지혜가 없어서 물

---

270) 「爾時, 法上菩薩摩訶薩謂常啼菩薩摩訶薩言：『善男子！如來者, 無所從來亦無所去。何以故？眞如無動, 眞如卽是如來。不生法無來無去, 不生法卽是如來。實際無來無去, 實際卽是如來。空性無來無去, 空性卽是如來。無染法無來無去, 無染法卽是如來。寂滅無來無去, 寂滅卽是如來。虛空無來無去, 虛空卽是如來。

　善男子！離如是等法, 無別有法可名如來。此復云何所謂如來眞如？一切法眞如, 同是一眞如, 是如無分別、無二亦無三。

　善男子！譬如春末夏初, 於日中分陽焰動發, 若時有人於中求水, 於汝意云何, 彼水從何所來？爲從東海來耶？南西北海來耶？其去亦然。』常啼菩薩言：『彼陽焰中無水可得, 況復有來及有去耶？但是愚癡無智虛妄所見。』

이 없는 곳에서 물이라는 생각을 내는 것과 같음을 알아야 한다. 왜냐하면 모든 붇다 여래는 물질의 몸〔色身〕으로써 볼 수 없고 모든 붇다 여래는 다 법의 몸〔法身〕이기 때문이다.

　잘 행하는 남자여, 모든 법의 참모습〔諸法實相〕은 옴도 없고 감도 없으며 붇다 여래 또한 이와 같다. 잘 행하는 남자여, 비유하면 환술사가 허깨비로 코끼리를 탄 병사〔象兵〕와 말 탄 병사〔馬兵〕와 수레를 탄 병사〔車兵〕와 걷는 병사〔步兵〕를 만들어도 옴도 없고 감도 없는 것과 같다. 모든 붇다의 옴도 없고 감도 없는 것도 또한 다시 이와 같음을 알아야 한다.

　잘 행하는 남자여, 어떤 사람이 꿈속에서 한 분, 두 분, 열 분, 스무 분, 쉰 분, 백 분이나 백의 수를 지난 여래를 보았을지라도, 깨고 나면 한 분의 여래도 볼 수 없으니 잘 행하는 남자여, 그대 뜻에 어떠한가. 이 모든 여래는 어디서 오셨다가 어느 곳에 이르는가?"

　사다프라루디타가 큰 스승인 다르모가타보디사트바에게 말하였다.

　"꿈에는 정해진 법이 없어 다 허망합니다."

　"잘 행하는 남자여, 여래께서는 온갖 법의 허망함이 꿈과 같다고 설하신다. 만약 어떤 사람이 모든 법이 꿈처럼 허망함을 알지 못하여 물질의 몸〔色身〕과 이름자와 말과 글귀로써 탐착을 낸다면, 이와 같은 사람들은 '모든 붇다께 오고 감이 있다'고 분별하게 된다."

다나팔라역(31품)

다르모가타보디사트바가 말했다.

"잘 행하는 이여, 온갖 여래도 또한 다시 이와 같다.

만약 사람이 빛깔의 모습과 소리에 집착하여 모든 여래를 살펴 온다거나 간다고 분별을 일으킨 것은, 이 사람이 어둡고 어리석어 허망하게 보는 바라고 알아야 한다. 왜인가. 여래는 곧 법의 몸[法身]이라 물질의 몸[色身]으로 볼 수 있는 것이 아니기 때문이다.

잘 행하는 이여. 법의 성품[法性]은 옴도 없고 감도 없으며, 온갖 여래 또한 다시 이와 같이 옴도 없고 감도 없다.

또 환술사가 허깨비로 변화해 만든 코끼리 군사·말 군사·수레군사·걷는 군사, 이와 같은 네 군사가 허깨비로 변화해 만든 것이므로 옴도 없고 감도 없음과 같이 온갖 여래 또한 다시 이와 같아서 옴도 없고 감도 없다. 또한 어떤 사람이 그 꿈 가운데서 어떤 때 한 붇다, 두 붇다, 셋, 넷, 다섯 붇다와 나아가서 백천 모든 붇다를 보는 것과 같다.

잘 행하는 이여. 저 모든 붇다께서 어느 곳에서 와 어느 곳으로 가는가.”

사다프라루디타보디사트바가 말했다.

“마하사트바여, 꿈은 실답지 않은 것이라 꼭 정해진 법이 없는데, 이 법 가운데 어떻게 가고 옴이 있겠습니까?”

다르모가타보디사트바가 말했다.

“온갖 여래도 또한 다시 이와 같다. 붇다께서 말씀하심과 같이 온갖 법은 꿈과 같다. 어떤 사람이 온갖 법이 꿈과 같은 줄 진실대로 밝게 알지 못하므로, 곧 빛깔의 모습 소리와 말 글자로써 모든 붇다 여래께서 온다거나 간다고 집착해 분별하는 것이다.”271)

---

271) 法上菩薩言 :『善男子! 一切如來亦復如是。若人著於色相及以音聲, 觀諸如來若來若去起分別者, 當知是人愚癡無智虛妄所見。何以故? 如來者是卽法身, 非色身可見。善男子! 法性無來無去, 一切如來亦復如是無來無去。

又如幻師幻化所作象兵、馬兵、車兵、步兵, 如是四兵幻所作故無來無去。一切如來亦復如是, 無來無去。又如有人於其夢中, 或見一佛二佛三四五佛乃至百千諸佛。善男子! 而彼諸佛從何所來? 去至何所?』

常啼菩薩言 :『大士! 夢所不實, 無決定法, 於是法中何有去來?』法上菩薩言 :『一切如來亦復如是。如佛所說, 一切法如夢。有人不能如實了知一切法如夢故, 卽以色相音聲語言名字, 執著分別諸佛如來若來若去。』

"이것은 모든 법의 참모습을 알지 못하기 때문이다. 만약 어떤 사람이 붇다에게서 오고 감을 분별한다면, 이 사람은 바로 지혜 없는 범부로서 자주 나고 죽음을 받아 여섯 갈래 세계를 오고 가면서, 프라즈냐파라미타를 떠나고 붇다의 법 떠나게 됨을 알아야 한다.

잘 행하는 남자여, 만약 붇다께서 설하신 바, 온갖 모든 법이 허망하여 꿈과 같음을 참답게 안다면, 이 사람은 법에 대해서 온다거나 간다거나 생긴다거나 사라진다고 분별치 않는다. 만약 분별하지 않으면 이 사람은 모든 법의 참모습〔諸法實相〕으로써 여래를 살펴볼 것이다.

만약 법의 모습〔法相〕으로써 여래를 아는 이라면 이 사람은 여래가 온다거나 간다고 분별하지 않을 것이다. 만약 이와 같이 모든 법의 모습을 알면 이 사람은 프라즈냐파라미타를 행하여 아누타라삼약삼보디에 가까워진 것이다.

이 사람을 참된 붇다의 제자〔眞佛弟子〕라고 이름하니, 사람들의 믿음어린 보시를 헛되이 받지 않아서 그는 세간의 복밭〔世間福田〕이 될 것이다.

잘 행하는 남자여, 비유하면 바다 가운데에 있는 갖가지 진귀한 보배가 동쪽에서 온 것도 아니고 남·서·북방과 네 모서리〔四維〕와 위아래 어느 곳에서도 오지 않는 것과 같다. 중생의 복덕은 인연의 바다〔因緣海〕가 이 보배를 내기 때문에 원인 없이 있는 것은 아니지만 보배가 사라질 때도 또한 시방 그 어디에도 이르는 것이 아니다. (중생의 복덕은) 여러 인연이 합하면 있는 것이고, 뭇 인연이 사라지면 없는 것이다.

잘 행하는 남자여, 모든 여래의 몸 또한 이와 같다. 정한 법이 없으므로 시방 그 어디로부터 오는 것이 아니나 또한 원인이 없이 있는 것도 아니다. 본래 행한 업의 과보로써 생기는 것이니, 여러 가지 연

(緣)이 합하면 있고, 여러 가지 연이 사라지면 없다.

　잘 행하는 남자여, 비유하면 거문고의 소리는 좇아온 곳도 없고 가서 이르는 곳이 없는 것과 같다. 거문고 소리는 여러 인연에 속하는 것이니 줄이 있고 몸통이 있고 젓대가 있고 사람이 손으로 그것을 탐이 있으면 여러 연이 합하여 곧 소리가 있는 것이니, 이 소리는 줄로부터 나는 것도 아니고 몸통이나 젓대나 손으로부터 나는 것도 아니다. 여러 인연이 합하면 곧 소리가 있으나 좇아 오는 곳이 없으며 여러 연이 흩어지면 사라지지만 이르는 곳이 없다.

　잘 행하는 남자여, 여래의 몸 또한 이와 같이 여러 인연에 속하는 것이다. 헤아릴 수 없는 복덕으로 이루어진 바이므로 한 인연이나 한 복덕을 좇아 생겨난 것이 아니나 또한 인(因)도 없고 연(緣)도 없이 있는 것은 아니다. 여러 연이 합함으로써 있지만 좇아오는 곳이 없고 〔無所從來〕 여러 연이 흩어지면 사라지지만 가서 이르는 곳도 없다 〔去無所至〕."

(3) 온갖 법과 여래의 참모습을 살피면 아누타라삼약삼보디에 이름을 보임

　"잘 행하는 남자여, 이와 같이 모든 여래의 오고 가는 모습을 살펴야 하며 또한 이와 같이 모든 법의 모습〔諸法相〕을 살펴야 한다. 잘 행하는 남자여, 그대가 만약 이와 같이 모든 여래와 온갖 법의 옴도 없고 감도 없으며 생김도 없고 사라짐도 없음을 살핀다면, 반드시 아누타라삼약삼보디에 이를 것이며 또한 프라즈냐파라미타의 방편을 밝게 통달할 것이다."

2. 목숨 바친 법공양으로 프라즈냐에 들어갈 수 있음을 밝힘

(1) 법을 듣고 함께 기뻐하며 법공양을 발원함

여래의 옴도 없고 감도 없는 이 법을 설할 때 삼천의 큰 천세계의 땅이 크게 떨려 움직였고, 모든 하늘의 궁전 또한 떨려 움직였다. 그리고 모든 마라의 궁전은 다시 나타나지 않았다. 삼천의 큰 천세계의 풀과 나무와 꽃나무는 다 다르모가타보디사트바를 향해 기울어지고 모든 꽃나무들은 때가 아닌데도 묘한 꽃을 피웠다.

샤크라인드라하늘왕과 네 하늘왕은 허공 가운데서 하늘의 이름난 꽃과 하늘의 가루향 찬다나향을 다르모가타보디사트바 위에 뿌리며, 사다프라루디타보디사트바에게 말했다.

"그대로 말미암아 우리들은 오늘 으뜸가는 뜻의 진리[第一義]를 들었으니, 그것은 온갖 세간에서 만나기 어려운 것이며 몸이 있다는 견해[身見]에 탐착하는 자들은 미칠 수 없는 것입니다."

이때 사다프라루디타보디사트바가 다르모가타보디사트바에게 말씀드렸다.

"무슨 인연으로 땅이 크게 떨려 움직였습니까?"

다르모가타보디사트바가 말했다.

"그대가 조금 전에 모든 여래의 옴도 없고 감도 없음을 물어서 내가 그대에게 답할 때, 팔천 명의 사람들이 '남이 없는 법의 참음[無生法忍]'을 얻었고 팔십 나유타의 중생들이 아누타라삼약삼보디의 마음을 냈으며, 팔만사천 중생들이 번뇌의 티끌과 때를 멀리 떠나서 모든 법 가운데서 법의 눈의 깨끗함[法眼淨]을 얻었기 때문이다."

사다프라루디타보디사트바는 마음이 크게 기뻐 이렇게 생각하였다.

'나는 지금 커다란 좋은 이익을 얻었다. 프라즈냐파라미타 가운데 옴도 없고 감도 없다는 가르침을 듣고 이와 같이 헤아릴 수 없는 중생을 이익되게 하였다. 나의 착한 뿌리는 이미 갖추어져 아누타라삼약삼보디에 대해서 마음 속에 의심과 뉘우침이 없으니 반드시 붇다가 될 것이다.'

사다프라루디타보디사트바는 법을 듣고 기쁨을 낸 인연으로 곧 타라나무의 일곱 배나 되는 높이의 허공에 올라서 이렇게 생각했다.

'내 이제 무슨 물건으로 다르모가타보디사트바에게 공양해야 할까?'

샤크라인드라하늘왕은 사다프라루디타보디사트바가 속으로 생각하는 바를 알아서 곧 하늘의 만다라꽃을 사다프라루디타에게 주면서 이렇게 말했다.

"그대는 이 꽃으로 다르모가타보디사트바에게 공양하십시오. 잘 행하는 남자여, 우리는 그대를 도와 드리겠소. 그대 때문에 헤아릴 수 없는 중생을 이익되게 하였소. 잘 행하는 남자여, 그대와 같은 사람은 매우 만나기 어려우니 온갖 중생을 위하여 헤아릴 수 없는 아상키야칼파 동안 나고 죽음에 오갈 수 있소."

이때 사다프라루디타보디사트바는 샤크라인드라하늘왕에게서 만다라꽃을 받아서 다르모가타보디사트바 위에 뿌리고 허공에서 내려와 머리 숙여 절하며 큰 스승께 말씀드렸다.

"저는 오늘부터 제 몸을 바쳐 큰 스승을 받들어 모시겠습니다."

이렇게 말하고 나서 두 손 모으고 한 쪽에 섰다.

이때 장자의 딸과 오백 명의 모시는 여인들이 사다프라루디타보디사트바에게 말했다.

"저희들도 지금 몸으로써 받들어 모시겠습니다. 이 착한 뿌리를 지닌 인연으로 이와 같은 좋은 법을 얻게 되었으니, 태어나는 때마다 늘 모든 붓다께 공양하고 늘 서로 가까이 모시겠습니다."

사다프라루디타보디사트바가 모든 여인들에게 답하였다.

"너희들이 만약 온 몸으로 나와 함께 하고 정성스런 마음으로 나를 따라 행한다면 나는 너희들을 받아들이겠다."

모든 여인들이 말했다.

"저희들은 정성스런 마음으로 몸으로써 받들어 모시고 행하시는 바를 따르겠습니다."

이때 사다프라루디타보디사트바와 오백 여인들은 다 갖가지 보물로 장엄된 도구와 오백 대의 수레를 다르모가타보디사트바에게 받들어 올린 뒤 말씀드렸다.

"큰 스승이시여, 이 오백 여인을 큰스승님께 받들어 올립니다. 오백 수레 또한 당신의 뜻대로 쓰십시오."

이때 샤크라인드라하늘왕이 사다프라루디타보디사트바를 찬탄하여 말했다.

"참으로 훌륭합니다. 보디사트바마하사트바는 이와 같이 온갖 것 버리는 법을 배워야 합니다. 보디사트바로서 온갖 것 버린 이는 아누타라삼약삼보디를 빨리 얻게 될 것이니, 모든 보디사트바도 프라즈냐파라미타와 그 방편을 듣기 위해서는 그대가 큰 스승께 공양한 것과 같이 하여야 합니다.

지나간 세상 모든 붓다께서 본래 보디사트바의 도를 행할 때에도 그대처럼 이 버림[捨] 가운데 머물러 프라즈냐파라미타를 위해 스승

에게 공양하였고 프라즈냐파라미타와 방편을 들으므로 아누타라삼약
삼보디를 얻었습니다."

(2) 진리를 위해 몸과 목숨 바침을 보임

이때 다르모가타보디사트바는 사다프라루디타보디사트바로 하여
금 착한 뿌리를 갖추게 하려고 오백 여인과 오백 수레를 받고나서 다
시 사다프라루디타에게 주고 자리에서 일어나 궁전 안으로 들어갔다.

이때 해가 지니 사다프라루디타보디사트바는 이렇게 생각했다.

"나는 법을 위해 왔으니 앉거나 눕지 않겠다. 걷거나 서는 두 가지
일을 하며 법사께서 궁전을 나와 법 설하시길 기다리겠다."

이때 다르모가타보디사트바는 일곱 해 동안을 늘 보디사트바의 헤
아릴 수 없는 사마디와 헤아릴 수 없는 프라즈냐파라미타와 그 방편
에 들어, 사다프라루디타보디사트바가 일곱 해를 채우도록 걷거나 서
거나 하여 잠을 떠나고[離於睡眠], 하고 싶은 것을 생각지 않고 아름
다운 맛 생각하지 않고 오직 이렇게만 생각하는 것을 살펴보았다.

'다르모가타보디사트바께서는 언제 선정에서 일어나실까. 나는 법
의 자리[法座]를 펴드릴 것이니 다르모가타보디사트바께선 그곳에
앉아 법을 설하실 것이다. 나는 쓸고 물 뿌려 땅을 깨끗이 하고 갖가
지 꽃을 늘어놓으리라. 그러면 다르모가타보디사트바께서 프라즈냐
파라미타와 그 방편을 설하실 것이다.'

그때 장자의 딸과 오백 여인 또한 다 일곱 해 동안을 사다프라루디
타보디사트바가 행하는 일을 따라했다.

이때 사다프라루디타보디사트바는 허공 가운데서 나는 소리를 들
었다.

"잘 행하는 남자여, 다르모가타보디사트바는 이레 뒤에 사마디로부

터 일어나시어 성 가운데 있는 법자리서 법을 설하실 것이다."

사다프라루디타보디사트바는 허공에서 나는 소리를 듣고 마음이 크게 기뻐서 오백 여인과 함께 다르모가타보디사트바를 위하여 큰 법자리를 펴려고 하였다. 이때 모든 여인들은 각각 윗옷을 벗어서 법자리를 만들면서 이렇게 생각했다.

'다르모가타보디사트바께서 이 법자리에 앉으셔서 프라즈냐파라미타와 그 방편을 설하시리라.'

사다프라루디타보디사트바는 법자리가 있는 땅에 물을 뿌리려고 물을 찾았지만 얻을 수가 없었다. 악한 마라는 물을 숨겨 보이지 않게 하고 이렇게 생각했다.

'사다프라루디타보디사트바가 물을 구해도 얻을 수 없으니 아마 근심하고 뉘우쳐 마음이 움직이고 변하게 될 것이다. 그러면 착한 뿌리는 늘지 않고 지혜도 비추지 않을 것이다.'

그러나 사다프라루디타보디사트바는 물을 구해도 얻을 수 없자 이렇게 생각했다.

'나는 내 몸을 찔러 피를 내 땅에 뿌리겠다. 왜냐하면 이 가운데 있는 먼지와 흙이 큰 스승께로 날아가기 때문이다. 내 이제 이 몸을 무엇에 쓰겠는가? 이 몸은 오래지 않아 반드시 무너질 것이니 내 차라리 법을 위해서 몸을 없앨지언정 마침내 헛되이 죽지 않겠다. 또 나는 늘 다섯 욕망 때문에 셀 수 없는 몸을 잃고 나고 죽음에 오가면서 일찍이 이러한 법을 얻지 못하였다.'

사다프라루디타보디사트바는 곧 날카로운 칼로써 두루 자신의 몸을 베어 피를 내고 그것을 땅에 뿌리자, 오백 여인 또한 사다프라루디타보디사트바를 본받아서 각각 자신의 몸을 베어서 피를 땅에 뿌렸다. 사다프라루디타보디사트바와 오백 여인은 한 생각이라도 다른 마음이 없었으니 마라가 그들의 착한 뿌리를 깨뜨릴 수 없었다.

이때 샤크라인드라하늘왕은 이렇게 생각했다.

'일찍이 없었던 일이다. 사다프라루디타보디사트바는 법을 사랑함이 참으로 굳세어 크나큰 장엄을 일으켜 목숨을 아끼지 않고 깊은 마음으로 아누타라삼약삼보디에 나아간다. 그러니 아누타라삼약삼보디를 얻어서 헤아릴 수 없는 중생을 나고 죽음의 고뇌에서 건네 벗어나게 해줄 것이다.'

이때 샤크라인드라하늘왕은 땅에 뿌린 피를 변화시켜 하늘의 붉은 찬다나향물이 되게 하였다. 그리하여 법자리의 네 가장자리에서 백 요자나에 이르도록 하늘의 찬다나물 향기가 두루 퍼져 가득하였다.

샤크라인드라하늘왕이 칭찬하여 말했다.

"참으로 훌륭하십니다, 잘 행하는 남자여. 그대의 정진의 힘은 이루 사유할 수 없고 말할 수 없습니다. 법을 사랑하고 법을 구하는 것이 가장 높아 위없으니, 잘 행하는 남자여 지나간 때 모든 붓다께서도 다 이와 같이 하였습니다. 깊은 마음으로 정진하여 법을 사랑하고 법을 구하여 이 법으로 아누타라삼약삼보디를 닦아 이루셨습니다."

이때 사다프라루디타보디사트바는 이렇게 생각했다.

'나는 다르모가타보디사트바를 위해 이미 법자리를 펴고 쓸고 물을 뿌려 깨끗하게 했는데, 어디에서 좋고 이름난 꽃을 얻어 이곳을 꾸밀 것인가. 다르모가타보디사트바가 법자리에서 법을 설하실 때 공양하리라.'

샤크라인드라하늘왕은 사다프라루디타보디사트바가 마음으로 생각한 바를 알고 곧 하늘의 만다라꽃 삼천 송이를 사다프라루디타보디사트바에게 주면서 이렇게 말했다.

"잘 행하는 남자여, 이 만다라꽃을 가지고 이곳을 꾸미고 또 다르모가타보디사트바께 공양하소서.”

사다프라루디타보디사트바는 이 꽃을 받아서 반은 땅에 뿌리고 반은 다르모가타보디사트바께 공양하였다.

3. 큰 스승이 프라즈냐의 참모습 설함을 듣고 사마디 얻음을 보임

(1) 다르모가타보디사트바가 프라즈냐의 참모습을 설함

이때 다르모가타보디사트바는 이레가 지나 사마디에서 일어난 뒤 헤아릴 수 없는 백천만 대중에게 공경히 둘러싸인 채 법자리가 있는 곳으로 나아가서 그 위에 앉아 프라즈냐파라미타를 설하였다.

사다프라루디타보디사트바는 다르모가타보디사트바를 뵙고 마음이 크게 기뻤으니 비유하면 비구가 세 번째 선정〔第三禪〕에 든 것과 같았다.

이때 사다프라루디타보디사트바와 오백 여인은 꽃을 뿌려 공양하고 머리숙여 스승의 발에 절하고 물러나 한 쪽에 앉았다. 다르모가타보디사트바는 사다프라루디타보디사트바로 인하여 대중에게 말했다.

“모든 법이 평등하므로 프라즈냐파라미타 또한 평등하고, 모든 법이 모습을 떠났으므로 프라즈냐파라미타 또한 모습을 떠났다.

모든 법이 움직이지 않으므로 프라즈냐파라미타 또한 움직이지 않고, 모든 법이 생각이 없으므로 프라즈냐파라미타 또한 생각이 없다.

모든 법이 두려움이 없으므로 프라즈냐파라미타 또한 두려움이 없고, 모든 법이 한 맛이므로 프라즈냐파라미타 또한 한 맛이다.

모든 법이 가없으므로 프라즈냐파라미타 또한 가없고, 모든 법이 남이 없으므로 프라즈냐파라미타 또한 남이 없다.

모든 법이 사라짐이 없으므로 프라즈냐파라미타 또한 사라짐이 없고, 저 허공이 가없는 것과 같이 프라즈냐파라미타 또한 가없다.

큰 바다가 가없는 것과 같이 프라즈냐파라미타 또한 가없고, 수메루산이 잘 꾸며진 것과 같이 프라즈냐파라미타 또한 잘 꾸며져 있다.

허공이 분별 없는 것과 같이 프라즈냐파라미타 또한 분별 없고, 물질이 가없으므로 프라즈냐파라미타 또한 가없으며 느낌 · 모습취함 · 지어감 · 앎이 가없으므로 프라즈냐파라미타 또한 가없다.

땅[地種]이 가없으므로 프라즈냐파라미타 또한 가없으며, 물[水種] · 불[火種] · 바람[風種] · 허공[空種]이 가없으므로 프라즈냐파라미타 또한 가없다.

금강이 평등한 것과 같이 프라즈냐파라미타 또한 평등하고, 모든 법이 무너짐 없으므로 프라즈냐파라미타 또한 무너짐이 없다.

모든 법의 자기성품을 얻을 수가 없으므로 프라즈냐파라미타의 자기성품도 얻을 수 없고, 모든 법이 같이할 것 없으므로 프라즈냐파라미타 또한 같이할 것이 없다.

모든 법이 짓는 바가 없으므로 프라즈냐파라미타도 짓는 바가 없고, 모든 법이 사유할 수 없고 말할 수 없으므로 프라즈냐파라미타도 사유할 수 없고 말할 수 없다.'

(2) 설법을 듣고 헤아릴 수 없는 사마디를 얻음

이때 사다프라루디타보디사트바는 곧 앉은 곳에서 모든 법이 평등한 사마디를 얻고, 모든 법이 모습 떠난 사마디를 얻고, 모든 법이 움직이지 않는 사마디 · 모든 법이 생각 없는 사마디 · 모든 법이 두려움 없는 사마디 · 모든 법이 한 맛인 사마디 · 모든 법이 가없는 사마디 ·

모든 법이 남이 없는 사마디 · 모든 법이 사라짐 없는 사마디를 얻었다.

또 허공처럼 가없는 사마디 · 큰 바다처럼 가없는 사마디 · 수메루산과 같이 장엄한 사마디 · 허공처럼 분별 없는 사마디, 물질이 가없는 사마디와 느낌 · 모습취함 · 지어감 · 앎이 가없는 사마디 · 땅이 가없는 사마디와 물 · 불 · 바람 · 허공이 가없는 사마디를 얻었다.

또 금강과 같은 사마디 · 모든 법이 무너짐 없는 사마디 · 모든 법의 자기성품 얻을 수 없는 사마디 · 모든 법에 같음 없는 사마디 · 모든 법 짓는 바 없는 사마디 · 모든 법 사유하거나 말할 수 없는 사마디 등 이와 같은 육백만 사마디를 다 얻었다.

평창

지금 사다프라루디타보디사트바가 다르모가타보디사트바의 설법을 듣고 아누타라삼약삼보디를 얻는다 해도, 듣는 자와 설하는 자의 진여에 잃음과 얻음이 없고 설함과 들음이 없으므로, 이 법은 전해 받는다 해도 옳지 않고 전해 받지 않는다 해도 옳지 않다.

오고 감이 없는 여래의 몸이 중생의 진여이고 보디사트바의 프라즈냐의 마음이나, 미망의 중생은 가르침의 인연을 통해서 나고 죽음이 없고 얻고 잃음이 없는 실상의 땅에 돌아간다. 곧 선지식에 얻을 모습이 없지만 선지식의 인연을 떠나 보디의 법은 나지 않는다.

수트라는 그 뜻을 여래의 옴도 없고 감도 없음을 묻고 답하며 앞의 여래로부터 이 법 들은 이들이 '남이 없는 법의 참음〔無生法忍〕'을 얻고 헤아릴 수 없는 중생이 아누타라삼약삼보디의 마음을 내 저 하늘 땅도 흔들려 움직였다고 말한다.

이것이 어찌 지난 세상 이미 보디 이룬 붇다와 그 가르침을 듣고 보디의 마음 새로 낸 보디사트바의 일이겠는가.

지금 우리가 보디에 뜻을 일으켜 남이 없는 법의 참음(無生法忍)을 얻고 이를 남을 위해 설해주면, 지금 이곳에서 우리 중생이 여래의 일을 행하는 것이고 중생이 마하사트바가 되어 이 세간의 귀의처가 되는 일이다. 그러나 중생이 이미 중생이 아닌데, 중생이 위없는 보디를 이루었다 해도 이것이 어찌 새로 얻은 것이겠는가.

보디 이룸이란 자기진실의 새로운 개현일 뿐이고 진여의 실상을 중생 미망의 삶 속에서 온전히 씀일 뿐이다.

옛 선사의 가르침으로 다시 살펴보자.

설두(雪竇)선사가 말을 내려 보였다.
"위음왕(威音王)272) 이전에 스승 없이 스스로 깨침은 두 번째 구절이니, 나에게 첫째 구절을 돌려다오."
스스로 대신 말했다.
"땅을 쓸어 다했구나."

■ (1356則)

雪竇垂語云 威音王已前 無師自悟 是第二句 還我第一句來
自代云 掃土而盡

보림본(寶林本)선사가 노래했다.

사라쌍수숲의 첫째 구절은

272) 위음왕불(威音王佛, Bhīṣmagarjitasvararāja-buddha): 법화경 상불경보살품에 있다. 텅 빈 칼파(空劫) 때에 맨 처음 성불한 붇다. 한없이 오랜 옛적. 또 맨 처음이란 뜻으로도 쓰임. 선문(禪門)에서는 진실한 바탕 진리의 땅(實際理地)이라는 뜻으로 쓰인다.

평소에 뱉어 드러내지 않는다
그가 지혜 높은 자가 아니기 때문에
그대를 위해 들어보이지 않을 수 없네

雙林第一句　尋常不吐露
爲你不仙陁　不免爲君擧

　세간이 텅 빈 공한 칼파 때 맨 처음의 붇다에게는 스승의 인연이 본
래 없기 때문에 스승 없이 스스로 깨침〔無師自悟〕은 두 번째 구절이
라 한 것인가. 첫째 구절은 어떤 것인가. 인연의 일 가운데 인연에 떨
어짐이 없는 것을 그리 말한 것인가.
　학담도 한 노래로 옛 조사의 뜻에 같이해 세존을 찬탄하리라.

　　스승과 제자 서로 만나되 얼굴 마주함 없으니
　　스승 없이 스스로 깨침 그 뜻이 또렷하네
　　듣고 설함의 인연 얻지 않음도 없으니
　　스스로 그러한 지혜 이와 같이 얻도다

師資相逢不對面　無師自悟意分明
聞說因緣無不得　自然智也如是得

제29품 이어가고 넓혀가야 할 프라즈냐행
〔囑累品〕

다르모가타보디사트바의 설법을 듣고 사다프라루디타가 헤아릴 수 없는 사마디문을 얻을 때 시방 헤아릴 수 없는 세계의 붇다가 헤아릴 수 없는 대중에게 『프라즈냐파라미타수트라』 설하는 것을 또한 본다. 이는 사다프라루디타가 얻은 깨달음이 사다프라루디타만의 깨달음이 아니라 온갖 중생의 참모습이고 모든 보디사트바가 배우는 바이고 온갖 여래께서 굴리시는 법바퀴임을 말한다.

이 법은 여기에서 설해지되 온갖 곳에 열려져 있고, 지금 나타나되 삼세를 꿰뚫어 통하는 것이니, 사다프라루디타처럼 이와 같이 발심하고 이와 같이 공양하고 이와 같이 닦아 행하면 누구나 다 아누타라삼약삼보디의 땅에 이를 것이다.

아난다에게 붇다께서 이 프라즈냐를 부칠 때, 또한 우리들 끝세상 중생에게도 여래께서 프라즈냐를 부친 것이니, 중생이 원래 중생이 아니라 그 이름이 중생이기 때문이며, 여래께서 이 법 설한 때에 때가 없어 삼세에 늘 법바퀴가 구르기 때문이다.

그러므로 붇다의 부처 주심 따라 우리는 늘 프라즈냐를 받아 지녀 맨 나중 붇다의 씨앗 끊는 사람〔最後斷佛種人〕이 되어서는 안 되니, 우리가 프라즈냐를 받아 지니고 말씀대로 닦아 행할 때 아누타라삼약삼보디가 이로 좇아 세간에 나며, 모든 보디사트바가 이로 좇아 역사 속에 출현할 것이다.

프라즈냐를 받아 지녀 존중 공양하고 여실히 행하는 자, 그가 늘 붇다를 만나는 자이고, 여래께 법 들음을 떠나지 않는 자이며, 붇다를 가까이 모시는 자이고, 여래의 일을 대신 행하는 여래의 심부름꾼인 것이다.

학담이 노래로 종요를 말해보리라.

중생이 끝없으므로 프라즈냐도 그러하니
프라즈냐의 회상 또한 끝이 없어라
듣고 말하는 때와 곳은 정함 없으니
곳과 때의 가름 따라 프라즈냐 회상이 있네

衆生無邊般若然　般若會上亦無邊
聞說時處無有定　隨處時分有會上

그러므로 곳의 인연 따라 프라즈냐가 있으니
붇다께서 세간에 계시며 법 설하심을 알라
법을 듣는 대중 또한 곳을 따라 있으니
하늘과 용 거룩한 무리 붇다 따라 보살펴주네

是故隨處般若在　須知佛在世說法
聞法大衆隨處在　天龍聖衆隨佛護

붇다께서 설하심 듣고 기뻐하는 대중은
듣고서 법을 얻어 늘 법을 흘려 펼치네
믿고 받아 받들어 행하는 무리 헤아릴 수 없어서
프라즈냐 잇고 펼침 넓어 다함이 없네

聞佛所說歡喜衆　聞已得法恒流布
信受奉行衆無量　紹隆般若廣無盡

1. 사다프라루디타의 인연을 들어 프라즈냐행 닦기를 권함

이때 붇다께서 수부티에게 말씀하셨다.

"사다프라루디타보디사트바는 육백만 가지의 사마디의 문을 얻은 뒤 곧 시방의 강가강 모래 수와 같은 헤아릴 수 없는 세계의 모든 붇다께서 큰 비구의 무리에 공경히 둘러싸여 이러한 문자와 글귀의 모습으로써 프라즈냐파라미타 설하시는 것을 보았다.

이것은 마치 내가 지금 이곳 삼천의 큰 천세계에서 모든 대중에게 공경히 둘러싸여 이러한 문자와 글귀의 모습으로써 프라즈냐파라미타를 설하는 것과 같다." 273)

---

273) 〔E.Conze역 29품〕

"육백만 사마디의 문을 얻어 함께 모음 가운데 보디사트바 사다프라루디타는 붇다 세존을 보았는데, 붇다 세존들께서는 시방의 셀 수 없는 세계 가운데서 비구들의 모임에 둘러싸여 있었고, 보디사트바의 무리들이 함께하여서 지혜의 완성인 프라즈냐를 가르치고 계셨다.

그 가르침은 내가 지금 이런 방법을 통해 바로 이러한 글자 이러한 문장을 통해 이 크나큰 세계 안에서 법을 설하는데, 비구들의 모임에 둘러싸이고 보디사트바의 무리들과 함께하여 이러한 방법 이러한 글자 이러한 문장으로 가르침과 같았다."

In conjunction with the acquisition of the six million concentration doors, the Bodhisattva Sadaprarudita saw the Buddhas and Lords, -in all the ten directions in countless trichiliocosms-surrounded by their congregations of monks, accompanied by multitudes of Bodhisattvas, teaching just this perfection of wisdom,

through just these methods, in just these words, in just these letters, even as I just now in this great trichiliocosm demonstrate dharma, -surrounded by the congreagation of monks, accompanied by multitudes of Bodhisattvas, and teaching just this perfection of

다나팔라역(31품)

"이 모든 사마디 가운데서 시방 강가강 모래수 삼천의 큰 천세계의 강가강 모래수 수 모든 붇다 세존께서, 각기 보디사트바와 슈라바카, 사람 하늘의 큰 무리들과 더불어 이와 같은 이름 이와 같은 글귀로 프라즈냐파라미타를 연설함을 보았다.

그것은 마치 다르모가타보디사트바가 지금 이 모임 가운데서 여러 대중에게 공경히 둘러쌓여 이와 같은 이름과 이와 같은 글귀로 프라즈냐파라미타를 연설함과 같아 다름이 없었다." 274)

"사다프라루디타는 이 뒤로 많이 들어 이룬 지혜가 이루 사유할 수 없고 말할 수 없음이 큰 바닷물과 같았고, 태어나는 세상마다 여러 붇다를 떠나지 않았으며, 드러나 있는 여러 붇다들[現在諸佛] 계신 곳에 늘 태어나 갖가지 뭇 헛된 따짐을 다 끊었다.

수부티여, 이 프라즈냐파라미타의 인연이 보디사트바의 도를 갖추게 할 수 있음을 알아야 한다.

그러므로 여러 보디사트바가 만약 온갖 지혜를 얻고자 하면 프라즈냐파라미타를 믿어 받아 읽고 외우며 바르게 생각하고, 설한 대로 닦아 행하여 널리 남을 위해 설해야 한다.

또한 또렷이 밝게 경권을 베껴 쓰며 꽃과 향, 보배구슬, 가루향, 바

---

wisdom, through just these methods, in just these words, in just these letters.

274) 「於是諸三摩地中得見十方如兢伽沙數三千大千世界如兢伽沙數諸佛世尊，
各與菩薩、聲聞、人、天大衆，以如是名字如是章句，宣說般若波羅密多。
　　如法上菩薩摩訶薩今此會中有諸大衆恭敬圍繞，以如是名字如是章句，宣說般若波羅密多，等無有異。」

르는 향, 깃발과 음악 등으로 공양하고 공경하며 존중, 찬탄하여야 하니 이것이 나의 가르침이다."

다나팔라역(31품)

이때 붇다께서 수부티에게 말씀하셨다.

"내가 말한 대로 저 사다프라루디타보디사트바마하사트바는 이와 같은 갖가지 방편으로 정진함이 굳세어 부지런히 프라즈냐파라미타를 구하였다. 그래서 저 보디사트바는 다르모가타보디사트바마하사트바 있는 곳에서 프라즈냐파라미타를 듣고 여래 사마디문에 들어갈 수 있었고, 사마디에서 나와서는 곧 많이 들음[多聞]을 갖추는 것이 큰 바닷물이 깊고 넓어 가없음과 같게 되었다.

그리하여 드러난 생 가운데 늘 붇다를 뵙게 되고 태어나는 곳마다 모든 붇다의 나라에 나게 되고, 나아가서 찰나 사이에도 또한 모든 붇다 세존을 잠깐이라도 떠나지 않게 되었다.

수부티여. 프라즈냐파라미타 구하는 이는 이와 같은 공덕 이익이 있게 된다. 그러므로 지금 나의 법 가운데 보디사트바마하사트바로서 프라즈냐파라미타를 구하는 모든 이는 또한 이와 같이 구해야 한다." 275)

2. 아난다에게 법을 맡겨 부침

(1) 붇다의 씨앗 끊지 않도록 당부함

---

275) 爾時, 佛告須菩提言 : 「如我所說, 彼常啼菩薩摩訶薩以如是等種種方便精進堅固, 勤求般若波羅密多。而彼菩薩於彼法上菩薩摩訶薩所, 得聞般若波羅密多, 得入諸三摩地門, 從三摩地出已卽得多聞具足, 如大海水深廣無邊, 於現生中常得見佛, 世世所生生諸佛利, 乃至於刹那間亦不暫離諸佛世尊。

須菩提! 當知求般若波羅密多者, 有如是等功德利益。是故今我法中菩薩摩訶薩諸求般若波羅密多者, 亦應如是求。」

다나팔라역(32품)

이때 붇다께서 존자 아난다에게 말씀하셨다.

"그대는 지금 알아야 한다. 프라즈냐파라미타는 모든 붇다의 어머니라 모든 붇다의 사르바즈냐나의 지혜를 낸다.

아난다여. 만약 프라즈냐파라미타를 행하고자 하면 이 깊고 깊으며 바른 법을 받아 지니어 읽고 외우며 기억해 생각하고 사유하여, 사람들을 위해 연설하여야 한다. 나아가 한 구절 한 게라도 베껴 써서 청정한 곳에 두고 보배함에 담아 존중하고 공경하여 금과 은 진귀한 보배 향과 꽃 등과 바르는 향 깃발 보배 일산 등으로 널리 크게 공양해야 한다. 나아가 한 향 한 꽃 한 번 절함 한 번 찬탄함으로도 그 있는 곳을 따라 공경하고 공양해야 한다.

그러면 이 사람이 곧 나의 가르침을 받은 이이고, 내가 칭찬하는 바이다. 아난다여. 붇다가 그대의 큰 스승인가?"276)

이때 붇다께서 아난다에게 말씀하셨다.

"그대 뜻에 어떠한가. 붇다가 너의 큰 스승이 아니냐?"

"세존이시여, 붇다께서는 바로 저의 큰 스승이시며, 여래는 바로 저의 큰 스승이십니다."

붇다께서 아난다에게 말씀하셨다.

"나는 너의 큰 스승이고 너는 나의 제자이다. 너는 몸, 입, 마음의 업으로 지금 드러나 있는 때 나를 공양하고 공경하며 존중하지만, 내

---

276) 爾時, 佛告尊者阿難言 : 「汝今當知, 般若波羅密多者是諸佛母, 出生諸佛一切智智。阿難 ! 若欲行般若波羅密多者, 應當於此甚深正法受持讀誦、記念思惟、爲人演說,

乃至書寫一句一偈置淸淨處, 以寶函盛尊重恭敬, 卽以種種金銀珍寶、香華燈塗、幢幡寶蓋等廣大供養, 乃至一香一華一禮一讚, 隨其所應恭敬供養。當知是人則受我敎, 我所稱讚。阿難 ! 佛是汝大師不 ? 」

가 니르바나에 든 뒤에는 프라즈냐파라미타를 이 세 가지 업으로 공양하고 공경하며 존중하여야 한다.

　두 번, 세 번 또한 이와 같이 설하여 나는 너에게 프라즈냐파라미타를 맡겨 부치니 삼가 잊어버리지 말고 맨 뒤에 붇다의 씨앗 끊는 사람〔斷佛種人〕이 되지 말라."

　다나팔라역(32품)

아난다가 붇다께 말씀드렸다.

"세존이시여. 붇다께서는 저의 큰 스승이시고 저는 붇다의 제자입니다."

붇다께서 말씀하셨다.

"아난다여. 그대는 지금 나의 제자이니 그대는 드러나 있는 이 세상에서 나를 모시고 대어드리며 공경하고 존중한다. 내가 니르바나 한 뒤 그대는 반드시 이 프라즈랴파라미타의 바른 법을 공경하고 존중하며 공양해야 하니, 이것이 곧 나를 공경하고 존중하여 공양하는 것이며, 이것이 붇다의 은혜를 가장 크게 갚는 것〔報佛恩者〕이다.

　아난다여. 나는 이제 이 프라즈냐파라미타의 깊고 깊으며 바른 법을 그대에게 부쳐 맡기니, 그대는 받아 지니어 삼가 잊거나 잃지 말고 펼쳐 통해 흘러 퍼지게 해 끊어지지 않게 하라.

　아난다여, 그대는 정진하여 이 법을 도와 펼쳐서 맨 뒤에 붇다의 씨앗을 끊는 사람이 되지 말라."

　두 번 세 번 이와 같이 당부하셨다. 277)

---

277) 阿難白佛言：「世尊！佛是我大師！我是佛弟子。」

　　佛言：「阿難！汝今是我弟子，汝於現世給侍恭敬尊重於我，我涅槃後，汝當恭敬尊重供養此般若波羅密多甚深正法，是即恭敬尊重於我，是爲最大報佛恩者。阿難！我今以是般若波羅密多甚深正法付囑於汝，汝當受持慎勿忘失，宣通流布使不斷絶。阿難！汝當精進助宣此法，莫作末後斷佛種人。」

　　第二第三如是囑累。

(2) 프라즈냐를 행할 때 늘 붇다와 함께 함을 보임

"아난다여, 그렇게 행한 곳과 때를 따라 프라즈냐파라미타가 세상에 있게 되니, 그렇게 행한 때와 곳에 붇다께서 세상에 계셔서 법을 설하신 줄 알아야 한다.

아난다여, 만약 프라즈냐파라미타를 베껴 쓰고 받아 지녀 읽고 외우며 바르게 생각하고, 설한 대로 닦아 행하여 널리 남을 위해 설하고, 꽃과 향, 나아가서는 음악으로 공양하고 공경하며 존중 찬탄하면, 이러한 사람은 늘 붇다 만나봄을 떠나지 않고 법 들음을 떠나지 않으며 늘 붇다를 가까이 모시는 줄 알아야 한다."

다나팔라역(32품)

아난다가 붇다께 말씀드렸다.

"세존께서 말씀하신 대로 저는 받들어 지니겠습니다. 세존께서 말씀하신 대로 저는 받들어 지니겠습니다."

이와 같이 세 번 말씀드렸다.

붇다께서 말씀하셨다.

"아난다여. 그대가 있는 곳과 때를 따라 프라즈냐파라미타의 바른 법이 세상에 있고, 그대가 있는 곳과 때를 따라 모든 붇다 세존께서 세상에 계시며 법을 설하신다.

또 다시 아난다여. 만약 잘 행하는 남자와 여인이 이 프라즈냐파라미타의 깊고 깊으며 바른 법을 사랑해 즐기고 공경하며 받아 지녀, 읽고 외우며 기억해 생각하고 사유하여 사람들을 위해 연설하고, 나아가 베껴 쓰고 존중하고 공양한다면 이 잘 행하는 남자와 여인은 태어나는 세상마다 늘 붇다를 뵙고〔常得見佛〕 바른 법을 들어서 받을 것이다."278)

---

278) 阿難白佛言 : 「如世尊勅, 我當奉持。如世尊勅, 我當奉持。」

3. 프라즈냐회상의 모든 대중이 기뻐하여 믿고 받음을 보임

붇다께서 프라즈냐파라미타를 설하시고 나자, 마이트레야 등 여러 보디사트바마하사트바와 사리푸트라, 수부티, 목갈라야나, 마하가타야나 등의 여러 슈라바카 대중 그리고 온갖 세간의 하늘과 사람, 아수라 등이 붇다께서 설한 바를 듣고 기뻐하여 믿고 받아들였다. 279)

다나팔라역(32품)

붇다께서 이 경을 말씀하시자, 마이트레야 등 모든 보디사트바마하사트바와 존자 수부티, 존자 사리푸트라, 존자 아난다 등 여러 큰 슈라바카 무리와 샤크라인드라하늘왕 등 나아가서 온갖 세간의 하늘과 사람 아수라 등이 붇다의 말씀을 듣고 다 크게 기뻐해 믿어 받고 받들어 행하였다. 280)

如是三白已。

佛言:「阿難!當知隨爾所時此般若波羅密多正法在世, 即爾所時諸佛世尊在世說法。又復, 阿難!若有善男子、善女人於此般若波羅密多甚深正法, 愛樂恭敬、受持讀誦、記念思惟、爲人演說, 乃至書寫尊重供養者, 當知是善男子、善女人, 世世所生常得見佛聽受正法。」

279) 〔E.Conze역 29품〕

세존께서 이렇게 말씀하시자, 마이트레야를 윗머리로 한 보디사트바로서 크게 기뻐한 자들, 존자 수부티 존자 아난다 그리고 신들의 우두머리인 샤크라하늘왕 온세계의 하늘신들, 사람들, 아수라들, 가루다들 그리고 간다르바들이 세존의 가르침 안에서 기뻐하였다.

Thus spoke the Lord. Enraptured, the Bodhisattvas, headed by Maitreya, and the Venerable Subhuti, and the Venerable Ananda, and Sakra, Chief of Gods, and the entire world with its Gods, men, Asuras, Garudas and Gandharvas delighted in the Lord's teaching.

프라즈냐파라미타는 모습이 아니되 모습 아님도 아니고, 생각이 아니되 생각 아님도 아니며, 사람이 아니되 사람 아님도 아니다. 그러므로 프라즈냐파라미타를 가르치고 들으며 들은 가르침을 다시 전하는 이 프라즈냐파라미타의 회상 또한 곳이 아니되 곳 아님도 아니고, 때가 아니되 때 아님도 아니며, 사람 등 여섯 길 중생이 아니되 중생 아님도 아니다.

이 수트라 있는 곳 이 가르침을 말하고 듣는 곳이 이 도량이니, 도량은 늘 사람뿐 아니라 사람인 듯 사람 아닌 무리〔人非人等〕, 하늘 용 야크샤 간다르바 아수라 마호라가 등이 함께한다. 그 누군들 법을 듣고 믿음을 내며 따라 기뻐해 받아 지니면 그 중생이 중생의 이름과 모습을 버리고 마하사트바 보디사트바가 된다.

그러므로 수트라는 지금 붇다의 회상에 '앞으로 오실 붇다인 마이트레야보디사트바가 함께한다' 했고, '붇다의 목소리를 직접 들은 슈라바카의 제자들뿐 아니라 온갖 세간의 하늘과 사람 아수라들이 이 법을 듣고 기뻐하고 믿어 받들었다'고 가르친다. 이처럼 때와 곳의 정해진 모습에 가리지 않는 프라즈냐의 회상이 어디인가.

옛 선사의 가르침으로 살펴보자.

문수(文殊)가 무착(無着)에게 물었다.
"요즈음 어디서 떠났소?"
무착이 말했다.

---

280) 佛說此經已, 慈氏等諸菩薩摩訶薩、尊者須菩提、尊者舍利子、尊者阿難等諸大聲聞衆, 幷帝釋天主等, 乃至一切世間天、人、阿修羅等, 聞佛所說, 皆大歡喜, 信受奉行。

"남방이오."
문수가 말했다.
"남방의 붇다의 법은 어떻게 머물러 지니오?"
무착이 말했다.
"말법비구가 계율을 조금밖에 받들지 않습니다."
문수가 말했다.
"얼마만한 대중이오?"
무착이 말했다.
"삼백이 되기도 하고 오백이 되기도 합니다."
무착이 물었다.
"여기는 어떻게 머물러 지니시오?"
문수가 말했다.
"범부와 성인이 같이 머물고 용과 뱀이 뒤섞였소."
무착이 말했다.
"얼마만한 대중이오?"
문수가 말했다.
"앞도 셋셋〔前三三〕뒤도 셋셋〔後三三〕이오."

▪ （1436則）

文殊問無着 近離甚處 着云 南方
殊云 南方佛法 如何住持 着云 末法比丘小奉戒律
殊云 多小衆 着云 或三百 或五百
着問 此間如何住持
殊云 凡聖同居 龍蛇混雜 着云 多小衆
殊云 前三三 後三三

명초(明招)선사가 노래했다.

툭 트여 두루한 모래수 세계 거룩한 상가라마에
눈에 가득한 만주쓰리와 만나 이야기하네
말 아래 붇다의 눈 열어 뜰 줄 모르고
머리 돌려 푸른 산 바위만을 보도다

廓周沙界聖伽藍　滿目文殊接話談
言下不知開佛眼　迴頭只見翠山巖

대각련(大覺璉)선사가 노래했다.

앞도 셋셋 뒤도 셋셋이여,
또 균제에게 얼마인가 물어보았네
한 번 손뼉 칠 때 고개 돌리니 얼마인가
바위 서쪽 종과 북소리 산 남쪽을 지나네

前三三與後三三　且問均提作麼譜
一拍迴頭是多小　巖西鍾皷過山南

심문분(心聞賁)선사가 노래했다.

일곱 꽃 여덟 조각 한 덩이 못 이루니
앞 뒤 셋셋 어떻게 살필 건가
어젯밤 달 가에서 잠결에 흘낏 보고
침향정 북쪽에서 난간에 기대 있네

七花八裂不成團　前後三三作麼觀
昨夜月邊偸眼覰　沉香亭北倚欄干

학담도 한 노래로 옛 조사와 뜻을 같이해 여래를 찬탄하리라.

앞과 뒤가 셋셋이란 이 얼마인가
용과 뱀이 뒤섞여서 그 수 헤아릴 수 없도다
백 가지 꽃잎이 져서 펄펄 휘날리니
꽃향기 만리에 퍼져 붙잡을 수 없도다

前後三三是多少　龍蛇混雜數無量
百花葉落粉粉飛　花香萬里把不得

저자 학담(鶴潭)스님은 1970년 도문화상(道文和尚)을 은사로 원효의 근본도량 경주 분황사에서 출가하였다. 그 뒤 서울 봉익동 대각사에서 학업과 함께 용성조사(龍城祖師)의 일 세대 제자들인 동헌선사(東軒禪師) 동광선사(東侊禪師)로부터 몇 년의 선 수업을 거친 뒤, 상원사·해인사·망월사·봉암사·백련사 등 제방선원에서 정진 하였다. 20대에 이미 삼 년여 장좌불와의 수행을 감당하였으며, 20대 후반 법화 경·아함경에서 중도의 지견을 밝혔다. 도서출판 큰수레를 통해 『육조법보단경』 등 30권에 이르는 많은 불전해석서를 발간하였으며, 2014년 한길사에서 『학담평석 아함경』 12책 20권의 방대한 해석서를 발간하였다. 2016년 사단법인 문화유산 가꾸 기 푼다리카모임을 설립하여 이사장에 취임하고 우리 사회에 조화와 상생의 문화, 평화와 소통의 문화를 펼치고자 노력하고 있다.

팔천송반야경 (八千頌般若經)

2019년 3월 4일 초판 1쇄 발행

지은이   학담(鶴潭)
펴낸이   이경로(元默)
펴낸곳   도서출판 푼다리카

기획   배동엽 정범도 오지연 | 편집   홍창희
홍보   박순옥 이지은 박복희
영업   김준호 김미숙
표지   선 연 김형조 | 인쇄   신일프린팅
2017년 3월 27일 제300-2017-41호
13) 서울시 종로구 종로63마길 10
78 | 팩스 02-3673-5741 | 이메일 daeseungsa@hanmail.net

03220

바꿔드립니다.